TRATADO DE
Direito Administrativo Especial

VOLUME V

TRATADO DE
DIREITO ADMINISTRATIVO ESPECIAL

VOLUME V

COORDENADORES

PAULO OTERO
Professor da Faculdade de Direito de Lisboa

PEDRO GONÇALVES
Professor da Faculdade de Direito de Coimbra

TRATADO DE DIREITO ADMINISTRATIVO ESPECIAL – Vol. V

COORDENADORES
PAULO OTERO E PEDRO GONÇALVES

EDITOR
EDIÇÕES ALMEDINA, SA
Av. Fernão Magalhães, n.º 584, 5.º Andar
3000-174 Coimbra
Tel.: 239 851 904
Fax: 239 851 901
www.almedina.net
editora@almedina.net

PRÉ-IMPRESSÃO / IMPRESSÃO / ACABAMENTO
PAPELMUNDE, SMG, LDA.

Outubro, 2011

DEPÓSITO LEGAL
301261/09

Os dados e as opiniões inseridos na presente publicação
são da exclusiva responsabilidade do(s) seu(s) autor(es).

Toda a reprodução desta obra, por fotocópia ou outro qualquer
processo, sem prévia autorização escrita do Editor, é ilícita
e passível de procedimento judicial contra o infractor.

Biblioteca Nacional de Portugal – Catalogação na Publicação

Tratado de direito administrativo especial / coord. Paulo
Otero, Pedro Gonçalves. – v.

5º v.: p. - ISBN 978-972-40-4581-8

I – OTERO, Paulo, 1963-
II – GONÇALVES, Pedro

CDU 342

NOTA DE ABERTURA

1. Num sistema jurídico cada vez mais administrativizado, observando-se a progressiva intervenção do Direito Administrativo em todos os sectores do ordenamento jurídico, enquanto expressão da multiplicidade de tarefas confiadas ao Estado nos mais diversos domínios, pode bem afirmar-se que o Direito Administrativo é um ramo de Direito expansivo e colonizador de todas as restantes disciplinas da ciência jurídica, mostrando uma intrínseca vocação imperialista.

Não existem hoje quaisquer ramos de Direito imunes à "contaminação" gerada pelo Direito Administrativo: se, em 1956, Marcello Caetano afirmava, no prefácio à 4.ª edição do seu *Manual*, já não ser lícito ignorar o Direito Administrativo, senão aos ignorantes, pode dizer-se agora, passado mais de meio século, que nem aos ignorantes é lícito ignorar esta disciplina.

E não se trata apenas de verificar que hoje mais de noventa e nove por cento dos diplomas publicados no jornal oficial dizem respeito a matérias de Direito Administrativo, nem de se registar que existem centenas de entidades públicas e entidades privadas que exercem poderes públicos emanando actos jurídico-administrativos: o Direito Administrativo é um mundo dentro do mundo do Direito e, apesar da tradição ainda fazer do Direito Civil o repositório dos grandes princípios jurídicos, a verdade é que aquele assume hoje uma dimensão quantitativamente mais importante.

Todas as áreas do Direito, desde o Direito Privado até ao Direito Constitucional, surgem hoje influenciadas pelo Direito Administrativo, senão pelas suas regras, ao menos pelos seus valores e princípios: o próprio declínio do dogma liberal da autonomia da vontade em Direito Privado, tal como a progressiva invasão de normas de natureza injuntiva na regulação de relações jurídico-privadas, substituindo as tradicionais normas dispositivas, visando tutelar interesses de ordem pública e a própria vinculação das entidades privadas aos direitos fundamentais, revelam uma paulatina, embora consistente, tendência para a publicização do Direito Privado.

Num outro domínio, por paradoxal que possa parecer, a dita "fuga" da Administração Pública para o Direito Privado acabou por gerar, num momento subsequente, um novo e distinto fenómeno de publicização ou administrativização do Direito Privado aplicado por estruturas administrativas. Neste último sentido, a presença do Direito Administrativo contribuiu também para colocar em causa a tradicional dicotomia que, oriunda do Direito Romano, separava o Direito Privado e o Direito Público: é que o Direito Privado Administrativo já não é Direito Privado típico mas ainda não é Direito Administrativo, revelando a transversalidade e a pluralidade de matizes reguladoras da moderna Administração Pública que não se esgota no Direito Administrativo, apesar de fazer do Direito Administrativo o seu Direito comum.

Se o Estado Social do século XX se assemelhou à lenda do Rei Midas, administrativizando ou publicizando tudo aquilo que tocava, a verdade é que o recente fracasso económico das teses neoliberais adeptas da desregulação, prognosticando um regresso desejado ao Estado mínimo, faz esperar nova cruzada administrativadora dos mercados económicos e financeiros: uma nova geração de normas jusadministrativas já está a nascer, provocando um novo surto de administrativização da sociedade deste século XXI.

Depois de algumas décadas de ilusório engano, apresenta-se hoje claro que a própria efectividade da Constituição e do modelo político-social de Estado nela definido dependem mais da intervenção administrativa do que de qualquer esforço dos poderes legislativo e judicial: as promessas eleitorais feitas pelos políticos são quase todas de natureza administrativa e relativas à sociedade de bem-estar, além de que a materialização dos direitos fundamentais envolve o conferir à Administração Pública um protagonismo que a torna senhora do sucesso ou fracasso da própria ordem constitucional.

Na verdade, a Constituição está hoje, neste sentido, refém do poder administrativo: é assim que o Direito Administrativo se impõe como Constituição em movimento, tornando-se claro que só através da Administração Pública a Constituição ganha efectividade.

O Direito Privado, tendo perdido o senhorio maioritário das normas do sistema jurídico, encontra-se obnubilado pela expansão quantitativa do Direito Administrativo e surge nos nossos dias como vítima silenciosa de uma progressiva colonização que o vai contaminando e descaracterizando ao nível dos valores da liberdade e da autonomia da vontade: se exceptuarmos alguns princípios gerais de Direito que, por mera tradição histórica, ainda se localizam geograficamente no Direito Civil, apesar de serem repositório de um verdadeiro Direito Comum a todos os ramos institucionalizados da ciência jurídica, afigura-se nítido que, no jogo de influências recíprocas, a primazia indiscutível pertence hoje ao Direito Administrativo. Nascido sob o signo do desvio em relação a uma matriz jus-privatista, o Direito Administrativo impôs a sua autonomia e, na sua idade adulta, irradia os seus próprios valores para todo o ordenamento jurídico, incluindo, claro, o Direito Civil.

Em suma, recorrendo a uma ideia que tem vindo a ser generalizadamente aplicada em campos muito diversos, a noção de *Direito Administrativo Global* pode surgir, em termos adequados, como a representação simbólica do Direito Administrativo enquanto sistema de valores e de princípios jurídicos que se têm difundido com sucesso por todas as províncias do Direito.

2. Num sistema jurídico em que o Direito Administrativo não é mais um simples ramo, antes deve ser encarado como um hemisfério da ciência jurídica, urge clarificar que se recortam no seu âmbito dois distintos grupos de normas:

(i) Existem normas que, atendendo à sua dimensão reguladora de toda a Administração Pública, consubstanciando um repositório de princípios gerais comuns à organização e funcionamento da Administração e suas relações com os administrados, integram aquilo que se pode designar como o *Direito Administrativo geral* ou comum, desempenhando uma função sistémica de verdadeira teoria geral do ordenamento jusadministrativo;

(ii) Regista-se, por outro lado, a existência de uma pluralidade indeterminada de normas reguladoras de sectores específicos de intervenção administrativa, dotadas de princípios que alicerçam uma unidade interna própria de cada um desses sectores, constituindo o denominado *Direito Administrativo especial*, o qual compreende todo um conjunto de pequenos ramos autónomos do ordenamento jusadministrativo.

Sem prejuízo da necessária intercomunicabilidade científica entre os dois grupos de normas, nunca podendo o Direito Administrativo especial deixar de tomar em consideração o enquadramento legislativo e dogmático das soluções adiantadas pelo Direito Administrativo geral, nem a evolução dogmática deste na reconstrução da teoria geral do ordenamento jusadministrativo se alhear dos progressos alcançados pelos diversos Direitos Administrativos especiais, o presente *Tratado* versa, única e exclusivamente, estudar e apresentar o Direito Administrativo especial.

3. O *Tratado de Direito Administrativo Especial*, nascido da conjugação das vontades dos seus coordenadores, se, por um lado, parte da impossibilidade de uma só pessoa ser hoje capaz de abarcar a totalidade dos diversos sectores em que se desdobra o moderno Direito Administrativo especial, arranca do reconhecimento da indispensabilidade de uma tal obra no panorama científico português. Há muito que se sentia essa ausência: a ciência jusadministrativista portuguesa tinha aqui uma maioridade diminuída face às suas congéneres europeias.

Sem se correr o risco de exagero, pode dizer-se que a presente obra comporta, à partida, três inovações:

(i) Trata-se da primeira tentativa de estudar e sistematizar, à luz do ordenamento jurídico português, os diversos ramos especiais em que se desdobra hoje o Direito Administrativo: apesar de um tal intento já há muito ter sido realizado em ordenamentos jurídicos estrangeiros de língua alemã, espanhola, francesa e italiana, poderá estar-se aqui diante do primeiro Tratado de Direito Administrativo Especial escrito em língua portuguesa, desconhecendo-se a existência de algo semelhante no Brasil;

(ii) Expressa um grande esforço de participação de uma nova geração de especialistas nos diversos sectores específicos destes ramos de Direito Administrativo, provenientes de diversas escolas do país, todos integrados num projecto de construção dogmática plural e aberta de um novo Direito Administrativo para o século XXI: a própria sistemática de publicação dos diversos volumes do *Tratado*, sem obedecer a um plano fechado, recolhe os contributos já entregues e está aberta a novos estudos;

(iii) Traduz, por último, um projecto conjunto de coordenação entre dois professores de duas diferentes Universidades, comprovando que só a convergência entre os cientistas faz a ciência progredir, isto depois de já se terem perdido tantos anos de estéreis antagonismos: o *Tratado* junta, neste sentido, as tradições da Escola de Direito Administrativo de Lisboa e da Escola de Direito Administrativo de Coimbra.

Quanto ao resto, a tudo aquilo que se lerá, a partir daqui, e ao longo dos vários volumes que fazem parte deste *Tratado de Direito Administrativo Especial*, o mérito é dos Autores que, a convite dos coordenadores, elaboraram os seus textos, segundo um modelo de dimensões tendencialmente uniforme.

Se, depois da publicação deste *Tratado*, algo mudar na ciência do Direito Administrativo Português, estará justificada a sua existência e, numa outra dimensão, homenageados os fundadores de ambas as Escolas de Direito Administrativo.

Oxalá, por último, a presente iniciativa produza frutos dentro e fora do Direito Administrativo!

Os coordenadores
Paulo Otero e *Pedro Gonçalves*

DIREITO DO DOMÍNIO PÚBLICO

ANA RAQUEL GONÇALVES MONIZ

1. INTRODUÇÃO

1.1. O Direito do Domínio Público enquanto parcela do Direito Administrativo dos Bens

A partir da revisão operada em 1989, a Constituição passou a incluir no artigo 84.º (sistematicamente localizado na Parte II consagrada à organização económica) a referência ao conjunto de bens que integra o domínio público, não deixando, porém, de sublinhar a competência da lei para definir os bens que integram o domínio público do Estado, das regiões autónomas e das autarquias locais, assim como para delinear o respectivo regime jurídico, nomeadamente no que tange às condições de utilização desses bens[1]. O sentido da inclusão de um preceito com o conteúdo do artigo 84.º no interior de um texto constitucional radica na relevância que a matéria alcança, desde logo, no seio da organização económica de um Estado – basta pensarmos no rigor que reveste o respectivo regime jurídico, designadamente no que concerne à coordenada da impenhorabilidade. Assume, deste modo, importância não despicienda a conveniência decisiva de que a própria Constituição, interpretando o sentir da comunidade, identifique o conjunto de bens que se hão-de impor ao legislador ordinário como subordinados a um regime específico de direito público. Com efeito, não pode olvidar-se que uma das funções das Constituições reside justamente em reflectir a

---

[1] A par desta norma, também a alínea *d)* do artigo 80.º (referente aos princípios fundamentais da organização económico-social) consagra a propriedade pública dos recursos naturais e de meios de produção, de acordo com o interesse colectivo, mas agora no sentido (subjectivo) de propriedade na titularidade de pessoas colectivas públicas.

formação e as condições económicas de uma sociedade e em racionalizar as atitudes desta perante aquelas.

Não obstante a relevância assumida pelo domínio público no contexto da própria realização económica do Estado, a matéria tem recebido uma atenção esparsa do legislador ordinário. Como constataremos no decorrer do texto, não existe um diploma legislativo que uniformize, em torno de um eixo principial comum, os vários regimes aplicáveis ao domínio público – tarefa que vem sendo deixada para a doutrina[2]. A recente tentativa de erigir um regime geral dos bens do domínio público não chegou a ver a luz do dia[3], não se encontrando, por isso, o nosso sistema jurídico numa situação equivalente ao ordenamento espanhol (que codificou a matéria na *Ley del Patrimonio de las Administraciones Públicas* – LPAP) ou ao ordenamento francês (que já substituiu o *Code du Domaine de l'Etat* pelo *Code Général de la Propriété des Personnes Publiques* – CGPPP[4]).

Um primeiro (mas ainda incipiente) esforço de consagração legislativa de disposições gerais e comuns[5] aplicáveis aos bens do domínio público encontramo-lo no Decreto-Lei n.º 280/2007, de 7 de Agosto, que aprova

---

[2] Cf., principalmente, JOSÉ CARLOS MOREIRA, *Do Domínio Público. I – Os Bens Dominiais*, Coimbra, 1931; AFONSO QUEIRÓ, *Lições de Direito Administrativo*, vol. II, Coimbra, 1959, pp. 3 e ss.; MARCELLO CAETANO, *Manual de Direito Administrativo*, vol. II, 10.ª ed. (6.ª reimp.), Coimbra, 1999, pp. 879 e ss.; FREITAS DO AMARAL, *A Utilização do Domínio Público pelos Particulares*, Lisboa, 1965; JOSÉ PEDRO FERNANDES, *Domínio Público – Mitologia e Realidade*, in *Revista de Direito e de Estudos Sociais*, n.º 1, ano XX, Janeiro/Março 1973, pp. 25 e ss.; ANA RAQUEL MONIZ, *O Domínio Público – O Critério e o Regime Jurídico da Dominialidade*, Coimbra, 2005; BERNARDO AZEVEDO, *Servidão de Direito Público – Contributo para o seu Estudo*, Coimbra, 2005, pp. 195 e ss..

[3] Cf. a Proposta de Lei n.º 256/X (Regime geral dos bens do domínio público), in *Diário da Assembleia da República*, II Série-A, n.º 87, 21.03.2009, pp. 19 e ss.. A proposta ainda chegou a ser aprovada na generalidade (cf. o debate e a votação na generalidade in: *Diário da Assembleia da República*, I Série, n.º 76, 2009.05.07, pp. 25 e ss., e n.º 77, 2009.05.08, p. 49, respectivamente), mas a iniciativa caducou em 14 de Outubro de 2009, em consequência do fim da legislatura.

[4] Para uma panorâmica geral deste diploma, cf. DELVOLVE, *Le Code Général de la Propriété des Personnes Publiques – Regard Extérieur sur le Code*, in *Revue Française de Droit Administratif*, n.º 5, ano 22, Setembro/Outubro 2006, pp. 899 e ss..

[5] Sem prejuízo de o nosso sistema jurídico conhecer diplomas que versam, em termos sectoriais (subjectivos ou objectivos) sobre o domínio público, como decorrerá das considerações a tecer ao longo deste trabalho. Pense-se no relevantíssimo Decreto-Lei n.º 477/80, de 15 de Outubro, que estabelece o cadastro dos bens do Estado.

o *Regime Jurídico do Património Imobiliário Público* (RJPIP)[6]. Sem menosprezarmos as virtudes deste diploma (na medida em que fixa já um conjunto de princípios enformadores da gestão dos bens da Administração e, como tal, aplicáveis também ao domínio público, e estabelece, concomitantemente, algumas regras quanto à gestão dos bens dominiais), atente-se que o mesmo possui um âmbito de aplicação circunscrito aos imóveis [cf. artigo 1.º, n.º 1, alínea *a)*] e consagra disposições que, em muitos casos, revestem uma generalidade que ronda a vaguidade [pense-se, *v. g.*, na caracterização sumária da afectação, desacompanhada de uma referência às especificidades formais e procedimentais exigidas][7].

À ausência de uma codificação nesta matéria não é alheia a complexidade da disciplina jurídica dos bens da Administração, em geral, e do domínio público, em especial. O *Direito do Domínio Público* constitui, aliás, uma parcela do mais amplo *Direito Administrativo dos Bens* – expressão que, em sentido estrito, poderá identificar o ramo do Direito Administrativo que estuda a disciplina jurídica dos bens que se encontram na titularidade das entidades da Administração, mas que, em sentido amplo, representa o ramo jurídico-dogmático que versa sobre os regimes a que se estão submetidas as coisas sobre as quais a Administração detém um poder (de natureza real ou obrigacional, a título definitivo ou transitório), com vista à satisfação do interesse público. Assim, o Direito do Domínio Público afirma-se como um ramo do Direito Administrativo que tem por objecto o estudo dos bens integrados no domínio público. Nesta acepção, o Direito do Domínio Público constitui um *Direito Administrativo Especial*, enquanto corresponde à pluralidade de normas reguladoras de um sector específico de intervenção administrativa, dotadas de princípios que alicerçam uma unidade interna própria[8].

---

[6] Sobre os trabalhos preparatórios deste diploma, cf. *A Reforma do Património Imobiliário Público*, Ministério das Finanças e da Administração Pública, Lisboa, 2009.

[7] Alguma doutrina adopta uma posição muito contundente no que tange a este diploma, mesmo nas matérias atinentes ao domínio privado – cf., paradigmaticamente, BONIFÁCIO RAMOS, *Domínio Público e Domínio Privado: Mitos e Sombras*, in *O Direito*, n.º IV, ano 141.º, 2009, pp. 846 e ss. (852).

[8] Parafraseamos PAULO OTERO/PEDRO GONÇALVES, na «Nota de Abertura» dos vários volumes deste *Tratado de Direito Administrativo Especial*, ponto 2. (ii). Claro que, como nota SCHMIDT-ASSMANN (*Das Besondere Verwaltungsrecht in seinem Verhältnis zum Allgemeinen Verwaltungsrecht*, in SCHMIDT-ASSMANN/SCHOCH, *Besonderes Verwaltungsrecht*, 14.ª ed., Berlin, 2008, pp. 1 e 3) a diferenciação entre Direito Administrativo Geral e Direito Administrativo Especial constitui o resultado de uma

1.2. O DOMÍNIO PÚBLICO: A POLISSEMIA DE UMA EXPRESSÃO

A noção traçada de Direito do Domínio Público deixa entrever o carácter polissémico da própria expressão «domínio público». Efectivamente, o significante domínio público tanto se reporta a um *regime jurídico*, como às *coisas* submetidas a esse regime jurídico.

Enquanto regime, o domínio público identifica um estatuto, corporizado num conjunto de princípios e normas de Direito Administrativo, com todas as implicações que logo adiante consideraremos (cf., *infra*, 1.3.).

Na medida em que se reporta às coisas (o objecto da disciplina jurídica em causa), a referência ao domínio público afigura-se funcionalmente equivalente às expressões «coisas públicas», «bens públicos» ou «bens dominiais» ou «bens do domínio público», todas elas sinónimos de coisas submetidas, com fundamento em determinado critério, a um regime distintivo jurídico-publicístico (daí o atributo da *publicidade*)[9].

---

abstracção criada pela ciência jurídica, embora dotada de vantagens não despiciendas: por um lado, o Direito Administrativo Especial permite acentuar a especificidade de certas tarefas da Administração; por outro lado, e porque existem insuperáveis relações entre o Direito Administrativo Geral e o Direito Administrativo Especial, este último serve o importante propósito de concretização, recapitulação e aprofundamento dos conceitos e das figuras do primeiro.

[9] Em termos de direito comparado, a terminologia não se revela uniforme.

Em Itália, os *beni pubblici* abrangem não apenas os *beni demaniali* (correspondentes ao nosso domínio público), mas também os *beni patrimoniali* (que, entre nós, se identificam com os bens do domínio privado) – cf., *inter alia*, SANDULLI, **Beni Pubblici**, in *Enciclopedia del Diritto*, vol. V, Milano, 1959, pp. 277 e ss.; CAPUTI JAMBRENGHI, **Beni Pubblici**, in *Enciclopedia Giuridica*, vol. V, Roma, 1983, pp. 1 e ss.; ZANOBINI, *Corso di Diritto Amministrativo*, vol. IV, 3.ª ed., Milano, 1948, p. 5.

No direito germânico, os Autores referem-se prevalentemente a *öffentliche Sachen* (v., por todos, WOLFF/BACHOF/STOBER, **Verwaltungsrecht**, vol. II, 6.ª ed., München, 2000, pp. 678 e s.) embora, por vezes, se utilize a noção de *öffentliches Gut* com o mesmo sentido (cf., *v. g.*, MERLI, *Öffentliche Nutzungsrecht und Gemeingebrauch*, Wien/New York, 1995, pp. 19 e ss.).

Em Espanha, as coisas de que nos ocupamos são referidas indiferentemente como *dominio público* ou *bienes de dominio público* ou *bienes demaniales* em contraposição com os *bienes patrimoniales* [cf. PAREJO ALFONSO, *Dominio Público: Un Ensayo de Reconstrucción de su Teoría General*, in *Revista de Administración Pública*, n.ºˢ 100-102, vol. III, Janeiro/Dezembro 1983, p. 479; PARADA VÁZQUEZ, **Derecho Administrativo**, vol. III, 9.ª ed., Madrid, 2002, pp. 10, 36 e s.; BERMEJO VERA (dir.), **Derecho Administrativo – Parte Especial**, 3.ª ed., Madrid, 1998, pp. 314 e s.], em termos em tudo semelhantes aos que pautam o direito francês que distingue entre (*dépendances/biens du*) *domaine public* e (*dépendances/*

1.3. O ESTATUTO DA DOMINIALIDADE

Acabámos de ver no ponto anterior que o domínio público identifica (também) um regime jurídico; partindo deste sentido, avançamos agora para a ideia de que o domínio público consubstancia um *status* [na acepção de «qualidade jurídica de uma coisa»[10]]: o *estatuto da dominialidade*[11]. Com esta afirmação pretendemos indicar a ideia de que a noção de domínio público comporta uma clara «acepção institucional»[12], em termos de significar um regime jurídico específico de direito público que tem por objecto certos bens (bens do domínio público, bens dominiais ou coisas públicas). Assim, cada vez que o legislador qualifica uma coisa ou um tipo de coisas como domínio público, isso significa que sobre aqueles vão recair os particulares efeitos jurídicos característicos da «qualidade jurídica» pré-existente que lhe é atribuída[13].

O reconhecimento de um «estatuto da dominialidade» aponta no sentido da autonomização de um regime jurídico do domínio público incidente sobre certos bens, caracterizado por três vectores: institucional, subjectivo e funcional. A natureza estatutária do regime do domínio público, que havíamos acentuado noutra ocasião (onde alinhámos os referidos vectores[14]), foi recebi-

---

biens du) domaine privé [*v.* CORAIL (dir.), *Le Domaine Public*, in: *Documents d'Etudes*, n.º 2.12, Abril 1982, pp. 3 e ss.; CHAPUS, *Droit Administratif Général*, tomo 2, 15.ª ed., Paris, 2001, pp. 376 e ss.; AUBY/BON, *Droit Administratif des Biens*, 3.ª ed., Paris, 1995, *passim*; DUFAU, *Le Domaine Public*, 5.ª ed., Paris, 2001, *passim*, e logo na p. 13].

[10] SANDULLI, *Manuale di Diritto Amministrativo*, 15.ª ed., vol. I, Napoli, 1989, p. 619.

[11] Intuindo, de certa forma, esta perspectiva, cf. JOSÉ CARLOS MOREIRA, *Do Domínio...*, p. 33, quando afirma que "a dominialidade é um regime especialmente destinado a garantir, a certos bens administrativos, um estado jurídico compatível com a natureza especial da sua função". Em sentido próximo, BALLBÉ (*Domínio Público*, in *Nueva Enciclopedia Jurídica*, tomo VII, Barcelona, 1955, p. 786) já se referia, no cômputo dos elementos constituintes da «essência do domínio público), a um *elemento normativo* – a exprimir a submissão das coisas a um regime de direito público o qual permite tornar o domínio público num «instituto dotado de substantividade própria» –, a par dos elementos subjectivo, objectivo e teleológico.

[12] Assim, JOSÉ PEDRO FERNANDES, *Domínio Privado*, p. 160.

[13] Cf. SANDULLI, *Manuale...*, vol. I, p. 619.

[14] Cf. os nossos trabalhos *O Domínio..., passim*, esp.ᵗᵉ pp. 317 e ss., e *O Âmbito do Domínio Público Autárquico*, in *Estudos em Homenagem ao Professor Doutor Marcello Caetano*, Lisboa, 2006, pp. 156 e ss.. *V.* também Acórdão do Tribunal Constitucional n.º 103/99, de 10 de Fevereiro, in *Acórdãos do Tribunal Constitucional*, vol. 42.º, 1999, p. 491; e, na doutrina, M. ESTEVES DE OLIVEIRA/PEDRO GONÇALVES/PACHECO DE AMORIM,

da pelo legislador ordinário: no preâmbulo do citado Decreto-Lei n.º 280/2007 (que aprova o RJPIP) existe uma referência expressa ao «estatuto da dominialidade», aludindo-se às disposições atinentes à aquisição e perda do mesmo.

Atentemos, agora, em cada uma dos três vectores mencionados:

a) O *vector institucional* mais não é que uma consequência de o domínio público se apresentar como um estatuto específico de direito público que tem por objecto certos bens. Deparando-nos com uma disciplina jurídica (relativa a bens) informada pelo Direito Administrativo, e pressupondo um *conceito estatutário* de Direito Administrativo, enquanto «direito comum disciplinador da função administrativa»[15], tudo isto implica que se adopte como base uma Administração Pública em sentido orgânico, particularizada por uma originalidade relativamente aos processos organizatórios próprios da prossecução dos interesses dos particulares[16]; neste sentido, entendemos que o domínio público se pode configurar também como uma técnica justificativa de uma intervenção mais intensa dos poderes administrativos sobre os bens, em vista da prossecução de um determinado fim público[17].

b) O estatuto da dominialidade pressupõe a presença de um *vector subjectivo*, a acentuar que apenas entidades públicas podem ser titulares do feixe de poderes/faculdades, com os correspondentes deveres. Já saber se os entes públicos aos quais se encontra cometida essa titularidade têm de ser necessariamente apenas pessoas colectivas territoriais constitui algo que releva da discricionariedade do legislador ordinário, constituindo matéria sobre a qual nos debruçaremos mais adiante.

c) A enfatização do *vector funcional* releva do próprio sentido da existência do domínio público: o estatuto da dominialidade só deve in-

---

Código do Procedimento Administrativo, 2.ª ed., Coimbra, 1997, p. 567, anotação XXV ao artigo 120.º (aludindo à classificação de um bem como dominial como acto que marca o ingresso daquele numa "posição jurídica complexa e *estatutária*"). Cf. também PAPIER, *Recht der Öffentlichen Sachen*, 3.ª ed., Berlin/New York, 1998, pp. 3, 9 e 39; FORSTHOFF, *Traité de Droit Administratif Allemand*, Bruxelles, 1969, p. 559.

[15] PAULO OTERO, *Legalidade e Administração Pública: O Sentido da Vinculação Administrativa à Juridicidade*, Coimbra, 2003, p. 811, Autor que alude ainda à existência de uma reserva constitucional de Direito Administrativo (*Op.* cit., pp. 820 e ss.).

[16] Seguimos aqui muito de perto SÉRVULO CORREIA, *Legalidade e Autonomia Contratual nos Contratos Administrativos*, Coimbra, 1987, p. 394.

[17] PAREJO ALFONSO, *Dominio...*, p. 2415.

cidir sobre uma coisa se e enquanto a mesma estiver a cumprir a função que, da perspectiva do legislador, justificou a sua submissão a um regime especial de Direito Administrativo. Este vector assume relevância decisiva ao nível da aquisição (de forma a evitar a existência de uma qualquer «dominialidade virtual»[18]) e cessação do estatuto pela coisa, do âmbito objectivo do regime, das possibilidades de utilização da coisa. Por outro lado, o vector funcional possui um alcance não despiciendo relativamente aos poderes de autoridade (em particular, no que tange aos poderes de autotutela) da Administração, os quais apenas podem ser exercidos enquanto exigidos pela protecção da funcionalidade desempenhada pelos bens.

1.4. DOMÍNIO PÚBLICO E DOMÍNIO PRIVADO

Anunciámos logo no primeiro ponto que nem todos os bens da Administração Pública integram o domínio público. Se, como veremos, o domínio público é definido de forma positiva, o domínio privado assume natureza residual: numa palavra, integram o domínio privado todas as coisas na propriedade da Administração Pública que se não incluem no domínio público (ou, se preferirmos, que não estão submetidas ao estatuto da dominialidade)[19]. Nesta acepção, o domínio privado é formado pelo "conjunto dos bens pertencente a entidades públicas que estão, em princípio, ainda que não exclusivamente, sujeitos ao regime da propriedade estatuído na lei civil e, consequentemente, submetidos, sem prejuízo das derrogações de direito público em cada caso aplicáveis, ao comércio jurídico privado"[20]. Como se intui desta noção, e à semelhança do que sucede

---

[18] Sobre a noção de «domínio público virtual», cf. FATOME/MOREAU, *La Nullité de Conventions Incompatibles avec les Principes de la Domanialité Publique et les Nécessités de Fonctionnement d'un Service Public – Note sous CE, 6 mai 1985 Association Eurolat*, in *L'Actualité Juridique – Droit Administratif*, n.º 11, Novembro 1985, p. 622. Embora *Code Général de la Propriété des Personnes Publiques* não contenha qualquer menção sobre a matéria, vem-se entendendo que o mesmo suprimiu a teoria da dominialidade pública virtual – cf. DELVOLVE, *Le Code...*, p. 901.

[19] Criticando a ausência de uma disposição legal dirigida à identificação positiva do domínio privado, cf. BERNARDO AZEVEDO, *O Domínio Privado da Administração*, in PAULO OTERO/PEDRO GONÇALVES (coord.), *Tratado de Direito Administrativo Especial*, vol. III, Coimbra, 2010, p. 47, n. 46.

[20] BERNARDO AZEVEDO, *O Domínio...*, p. 46.

com o domínio público, também o conceito de domínio privado identifica, em simultâneo, um conjunto de bens e um regime jurídico.

A necessária destrinça entre domínio privado e domínio público passa pela percepção da *«funcionalidade»* subjacente a cada um dos institutos: se hoje a propriedade privada não prescinde do exercício de uma função social, distingue-se claramente da propriedade pública, porquanto esta se assume como integralmente funcionalizada, com todas as consequências que tal implica na delineação do respectivo objecto e dos poderes subjacentes. Além disso, mesmo quando esteja em causa o direito de propriedade privada de entidades administrativas, a eventual intervenção de notas de direito público quando se afere da disciplina jurídica da coisa resulta fundamentalmente da natureza pública do sujeito e não tanto da função pública desempenhada pelo bem.

Poderemos, por isso, afirmar que o confronto dos vários regimes jurídicos incidentes sobre a propriedade dos bens denota um *crescendo* na interferência do Direito Administrativo, emergindo, sucessivamente, a *propriedade privada dos particulares*, a *propriedade privada da Administração Pública* e a *propriedade pública da Administração Pública*. Se a intervenção do direito público na primeira corresponde à introdução de limitações por razões de interesse público aos poderes do proprietário[21], já a intervenção do Direito Administrativo no regime da propriedade dos bens da Administração se revela co-natural e necessária: tratando-se do domínio privado (é neste sentido que nos reportamos à propriedade privada da Administração Pública), a jus-administrativização da disciplina em causa decorre da *titularidade pública* das coisas; quando esteja em causa o domínio público (a propriedade público da Administração Pública), a publicização do regime emerge da *função pública* cometida aos bens em causa.

A alusão ao domínio privado não ficaria completa se não nos detivéssemos sobre a distinção – presente no Decreto-Lei n.º 477/80 – entre domínio privado *disponível* e domínio privado *indisponível* (cf. artigo 7.º, n.os 2.º e 3.º). As distinções efectuadas têm em vista o regime jurídico aplicável, entendendo-se existirem diferenças de grau (em termos de protec-

---

[21] Cf., *v. g.*, SANTOS JUSTO, **Direitos Reais**, 2.ª ed., Coimbra, 2010, pp. 231 e s., sublinhando que tais limitações remontam já ao Direito Romano, sem prejuízo da evolução que conheceram ao longo dos tempos, em função do sistema politico-económico vigente em cada momento histórico. Sobre os deveres positivos, decorrentes de normas de direito público, impostos aos titulares de direitos reais privados, *v.* M. HENRIQUE MESQUITA, **Obrigações Reais e Ónus Reais**, Coimbra, 1997, pp. 11 e ss..

ção) relativamente a cada um dos bens: as coisas pertencentes ao domínio público estão sujeitas a um regime jurídico mais exigente de direito público, e mais ou menos protectora consoante esteja em causa domínio privado indisponível ou disponível, respectivamente. A destrinça entre domínio privado disponível e indisponível possui uma nítida influência do direito italiano: de acordo com o disposto no Código Civil italiano (artigos 826 e seguintes), os bens patrimoniais indisponíveis, para além daqueles que se encontram taxativamente previstos como tal[22], identificam-se com aqueles que se destinam a um serviço público ("beni destinati a un pubblico servizio") e que, por conseguinte, se assumem como submetidos a um regime jurídico de carácter privado com traços (vínculos) de direito público[23]. Objecto de uma enumeração pelo *Codice Civile*, alguma doutrina, desde logo, perante os dados legislativos existentes, tende a defender que o alcance do património indisponível se revela superior, manifestando-se especialmente vocacionado para a tutela de bens ambientais[24].

---

[22] Incluem-se no património indisponível do Estado (com algumas compressões a favor das Regiões, a partir de 1970) as florestas; os minérios, as minas e as turfeiras subtraídas à disponibilidade do proprietário do solo; as coisas de interesse histórico, arqueológico, paletnológico, paleontológico e artístico encontradas no subsolo; os quartéis, o equipamento militar, os navios e aeronaves militares; a fauna selvagem (1977); as áreas protegidas/património natural (1991). Integram o património indisponível do Estado, das Províncias e das Comunas, consoante a entidade a que pertençam, os edifícios (e respectivo conteúdo) destinados a sede de serviços públicos. Cf. SANDULLI, *Manuale...*, vol. II, cit., p. 775 e s.; VIRGA, *Diritto Amministrativo*, vol. I, 4.ª ed., Milano, 1995, pp. 395 e ss.; GIANNINI, *Istituzioni...*, pp. 607 e ss..

[23] Cf. FALZONE, *I Beni del «Patrimonio Indisponibile»*, Milano, 1957, p. 5; v. ainda GIANNINI, *I Beni...*, pp. 64 e s., que se refere, a este propósito, a um «critério de descrição taxativa» em relação a alguns bens e a um «critério classificatório geral e genérico». Note-se, porém, que a categoria *«patrimonio indisponibile»*, ainda que desconhecida nos códigos civis italianos anteriores a 1942, já havia sido aflorada no *Regolamento* relativo à contabilidade geral do Estado aprovado pelo *R. D.* de 4 de Maio de 1885, n. 3074, no qual se indicavam os bens indisponíveis (*beni indisponibili*) como uma espécie do género bens patrimoniais (*beni patrimoniali*), em contraposição aos bens dominiais (*beni demaniali*), identificando-se os primeiros com "os outros bens, seja qual for a sua natureza, sobre os quais o Estado, quer pela sua destinação, quer por disposições de leis especiais, não pode fazer qualquer das operações indicadas para os disponíveis" (v. FALZONE, *I Beni...*, p. 9).

[24] Cf., neste sentido, VIRGA, *Diritto...*, p. 396, para quem a categoria dos bens patrimoniais indisponíveis tem conhecido alterações no sentido da sua ampliação, com o objectivo de submeter a idêntica tutela o ambiente ou património natural, designadamente no que concerne à necessidade de assegurar a todos a respectiva fruição. V. ainda, no que respeita às florestas e aos bosques, as considerações expendidas por MALINCONICO, *I Beni Ambientali*, vol. V de SANTANIELLO (dir.), *Trattato di Diritto Amministrativo*, vol. V, Padova, 1991, pp. 96 e ss..

Entre nós, e perante os dados normativos existentes, a doutrina, encabeçada por Marcello Caetano[25], tem efectuado a distinção entre domínio privado disponível e indisponível[26] mediante a invocação de que, dentro do amplo horizonte do domínio privado, haverá que distinguir bens que exercem um papel relevante na prossecução dos fins administrativos e bens cuja função reside primacialmente na produção de rendimentos ou que apenas vieram à posse da Administração por mera ocasionalidade[27]. Ora, desta consideração partiu-se para a consequente necessidade da existência de regimes jurídicos diferenciados, ainda que pautados ambos pelo direito privado com especiais condicionamentos de direito público: a diferença reside na consideração de que a indisponibilidade pressupõe a invalidade dos actos jurídicos praticados em prejuízo da finalidade a que os bens em causa se acham adstritos – no fundo, recuperam-se aqui os efeitos que o

---

[25] MARCELLO CAETANO, *Manual...*, vol. II, pp. 968 e ss..
[26] Nos termos do n.º 2.º do artigo 7.º do Decreto-Lei n.º 477/80, constituem bens do domínio privado indisponível estadual os bens do Estado afectos a organismos da Administração estadual desprovidos de personalidade jurídica; bens do Estado português afectos a missões diplomáticas e similares; bens do Estado afectos aos serviços e fundos autónomos dotados de personalidade jurídica; bens do Estado expropriados ou mantidos ao abrigo da Lei de Bases da Reforma Agrária; bens do Estado afectos a quaisquer outras entidades.
[27] Note-se, porém, que o artigo 7.º do Decreto-Lei n.º 477/80 parece efectuar a destrinça entre domínio privado disponível e domínio privado indisponível mediante o recurso à noção de utilidade pública (na esteira, aliás, do que também sugere MARCELLO CAETANO, *Manual...*, vol. I, p. 219, de acordo com quem "os bens que desempenham qualquer papel na prossecução das atribuições administrativas são *indisponíveis*", ao passo que se assumem como *disponíveis* "os bens patrimoniais que não estejam afectados a fins de utilidade pública"). Com efeito, a norma constante do n.º 3.º do mencionado preceito determina, para efeitos da realização do inventário dos bens do Estado, que sejam indigitados como domínio privado disponível todos os bens do Estado que, excluídos do número anterior (dedicado à enumeração dos bens do domínio privado indisponível), não se encontrem afectos a fins de utilidade pública (a par de se encontrarem na administração directa da Direcção-Geral do Património do Estado). Trata-se, aliás, de uma solução que se não revela totalmente consentânea com a opção pelo critério da utilidade pública para delimitar o âmbito do domínio público em relação ao domínio privado, sendo, portanto, susceptível de crítica: nesta ordem de raciocínio, também os bens do domínio privado indisponível prosseguem a utilidade pública (talqualmente sucede com as coisas do domínio público), não se compreendendo a necessidade da distinção, a qual acaba apenas por se justificar em vista da conveniência sentida pelo legislador ordinário em submeter as coisas do domínio privado indisponível a um regime menos exigente que o dos bens dominiais, mas ainda pautado por normas de direito público.

vincolo di destinazione detém no que se refere aos *beni patrimoniali indisponibili*[28].

Parece-nos, porém, que uma adequada compreensão do regime dos bens da Administração prescinde da complexificação de regime criada pela autonomização de um regime próprio do domínio privado indisponível[29]. A superação desta categoria passa pela consideração de duas coordenadas:

---

[28] O que se reconduz à impossibilidade de alienação e oneração sempre que estes actos coloquem em causa a *utilidade pública* que esses bens se encontram sujeitos a servir (*v.* MARCELLO CAETANO, *Manual*..., vol. II, pp. 969 e s.); na hipótese de sair magoada tal utilidade pública, esses actos serão inválidos, não em virtude de uma impossibilidade de objecto como sucederia no caso das coisas públicas, mas atenta a ilicitude do fim. Trata-se, como afirmámos, da solução igualmente defendida no direito italiano, dado também aí ser relevante o *vincolo di destinazione* (sobre a relevância deste vínculo, *v.* GIANNINI, *I Beni...*, pp. 63 e s., 66 e ss.), em consequência do que se encontra disposto no artigo 828 do *Codice Civile*, de acordo com o qual os bens patrimoniais indisponíveis são aqueles que "não podem ser subtraídos à sua destinação, senão nos modos estabelecidos nas leis que lhes respeitam" – assim, *v. g.*, ZANOBINI, *Corso di Diritto Amministrativo*, vol. IV, 3.ª ed., Milano, 1948, pp. 101 e s., para quem a indisponibilidade tem como consequência uma «relativa limitação da faculdade de alienar» (*Op.* cit., p. 102); CAPUTI JAMBRENGHI, *Beni...*, pp. 19 e s.; repare-se, porém, na posição de CANNADA-BARTOLI (*In Tema di Alienabilità di Beni Patrimoniali Indisponibili*, in *Rivista Trimestrale di Diritto Pubblico*, fasc. 4, ano III, 1953, pp. 823 e s.), que põe a tónica na defesa de que a invalidade do negócio jurídico de alienação resultará sobretudo de um vício do próprio conteúdo negocial.

Quanto à possibilidade de penhora, parece reger neste âmbito o n.º 1 do artigo 823.º do Código de Processo Civil, nos termos do qual "estão isentos de penhora, salvo tratando-se de execução para pagamento de dívida com garantia real, *os bens do Estado e das restantes pessoas colectivas públicas*, de entidades concessionárias de obras ou serviços públicos ou de pessoas colectivas de utilidade pública, *que se encontrem especialmente afectados à realização de fins de utilidade pública*" (itálico nosso) – e que não consubstanciem bens do domínio público do Estado e das restantes pessoas colectivas públicas, uma vez que estes constituem já bens absoluta ou totalmente penhoráveis nos termos da alínea *b)* do artigo 822.º. A parte final do preceito em causa, na medida em que acentua a especial afectação que tais bens hão-de possuir para a realização de fins de utilidade pública aponta-nos no sentido do critério defendido por Marcello Caetano justamente para a identificação das coisas do domínio privado indisponível. Maiores dúvidas poderia suscitar a salvaguarda estabelecida pelo início da norma: todavia, nos termos apontados, a oneração de bens do domínio privado indisponível só é válida na medida em que não fira os fins de utilidade pública servidos pelo bem.

[29] Categoria que se encontra crise no próprio direito italiano. Cf., *v. g.*, CERULLI IRELLI, *Proprietà*..., pp. 48 s., que apelida a categoria dos *beni patrimoniali indisponibile* de vaga e confusa, desde logo, em virtude do relevo conferido à *destinazione*, cuja importância atinge todos os *beni pubblici* e não só o património indisponível. Cf. ainda GIANNINI, *I Beni...*, pp. 29 ss., e *Istituzioni...*, p. 607.

por um lado, pela ideia[30] de que a realização do interesse público pode (e deve) ser efectuada por todos os bens do domínio privado, em razão da respectiva titularidade pública; por outro lado, pela ductilização do regime do domínio público, a partir do momento em que se admita, como vimos defendendo[31], que as coisas enquadráveis no domínio público formal possam encontrar-se sujeitas a regimes jurídicos diferenciados (mais ou menos flexíveis), desde que respeitem uma matriz comum[32].

2. O DOMÍNIO PÚBLICO ENTRE A CONSTITUIÇÃO, A LEI E O REGULAMENTO

Em dado sistema jurídico, a definição do domínio público consiste essencialmente numa decisão do legislador e, sobretudo, numa opção de política legislativa[33]. A veracidade (tendencial) desta afirmação não dis-

---

[30] Subjacente à perspectiva de BERNARDO AZEVEDO, *Direito...*, pp. 62 e s..

[31] Cf. o nosso *O Domínio...*, pp. 300 e ss..

[32] Dúvidas ficavam quanto à sobrevivência da categoria do domínio privado indisponível na citada Proposta de Lei n.º 256/X (Regime geral dos bens do domínio público), tendo em conta que o respectivo artigo 104.º se limitava a revogar o artigo 4.º do Decreto-Lei n.º 477/80, de 15 de Outubro, mas deixava (pelo menos, formalmente) em vigor as restantes normas do diploma, *inter alia*, o artigo 7.º. Ora, não só no n.º 2.º deste preceito o legislador identifica os bens que se encontram compreendidos naquela figura, como o no n.º 3.º esclarece que se incluem no domínio privado disponível "os bens do Estado não afectos a fins de utilidade pública", a permitir, *a contrario*, integrar no domínio privado indisponível, além dos bens elencados no número anterior, todos aqueles que estejam afectos a fins de utilidade pública.
Na prática, tal opção legislativa revelava-se potenciadora da complexidade no seio do ordenamento jurídico, na medida em que determinava a existência de vários regimes de bens diferenciados: domínio privado disponível, domínio privado indisponível, domínio público sem propriedade pública (em casos excepcionais) e domínio público com propriedade pública. Além disso, tratava-se de uma solução de compromisso errónea, resultante da restrição do âmbito objectivo das hipóteses em que o domínio público não envolve a apropriação do bem (circunscritas aos bens culturais e aos bens militares). A partir do momento em que o legislador venha admitir a possibilidade de ductilização do regime do domínio público relativamente a certos tipos de bens, pareceria avisado haver eliminado a categoria intermédia do domínio privado indisponível, que ficaria sem razão.

[33] Em sentido próximo, cf. já BERNARDO AZEVEDO, *Linhas Fundamentais por que se Rege a Disciplina Jurídico-Normativa Aplicável à Constituição, Gestão e Extinção dos Bens Públicos*, in CÂNDIDO DE OLIVEIRA (coord.), *Domínio Público Local*, Braga, 2006, pp. 42 s. (nota assinalada com *).

pensa, porém, alguns esclarecimentos complementares: por um lado, a discricionariedade legislativa nesta matéria apresenta, pelo menos, os limites impostos pela Lei Fundamental, designadamente decorrentes da existência de um catálogo de bens do domínio público *ex constitutione*; por outro lado, a definição a operar pelo legislador não pode abstrair de um conjunto de critérios materiais, destinados a orientar a sua tarefa de submissão de bens (tipos de bens) ao domínio público.

2.1. A distinção entre domínio público material e domínio público formal

A identificação do critério da dominialidade pressupõe que tomemos a noção de coisa pública numa acepção *objectiva*, para adoptarmos a terminologia de Giannini. Este Autor distinguia entre *beni pubblici* em sentido subjectivo (de acordo com o qual um bem é público quando pertence a um ente público) e em sentido objectivo (em que a publicidade do bem resulta do facto de este «fornecer uma utilidade à colectividade pública»)[34]. Ora, apenas quando encaramos a questão de uma perspectiva objectiva[35], urge apontar em que termos certas coisas podem identificar-se como públicas e indagar sobre a existência de um critério da dominialidade. Critério esse que, como decorre do que até agora já foi considerado, nunca poderá ambicionar assumir uma índole absoluta, mas que se pretende histórica e espacialmente condicionado[36] e, por conseguinte, com frequência dependente do sentir de cada comunidade.

---

[34] Cf. GIANNINI, *I Beni...*, pp. 9 e ss.; *v.* ainda SANDULLI, *Manuale...*, vol. II, pp. 756 e s.. Entre nós, AFONSO QUEIRÓ (*Lições...*, pp. 6 e s.) adopta uma sistematização assente em idênticos pressupostos quando se refere à classificação das coisas especialmente relevante no horizonte do Direito Administrativo: assim, o referido Professor contrapõe as coisas que pertencem aos particulares às coisas que pertencem à Administração (e, dentro destas, inclui os bens públicos, os bens comuns e os bens particulares, cuja definição subentende a perspectivação de um critério de índole objectiva, *hoc sensu*).

[35] Cf. também, *v. g.*, SANDULLI, *Beni...*, p. 278.

[36] Cf., no mesmo sentido, AUBY/BON, *Droit...*, p. 29, n. 2; SCHMIDT-JORTZIG, *Vom Öffentlichen Eigentum zur Öffentlichen Sache*, in *Neue Zeitschrift für Verwaltungsrecht*, n.º 12, ano 6, Dezembro 1987, p. 1031; GUICCIARDI, *Il Demanio*, Padova, 1934, p. 160 e *Il Concetto di Demanio Pubblico nel Nuovo Codice Civile*, in *Scritti Giuridici in Onore della Cedam nel Cinquantenario della sua Fondazione*, vol. II, Padova, 1953, pp. 506 e 510; *v.* também BORNECQUE-WINANDY, *Nouvelles Conceptions de la Structure et de la Protection du Domaine Public*, in *Revue du Droit Public et de la Science Politique*,

A dominialidade identifica um *estatuto jurídico* de uma coisa. Ora, atentas as considerações anteriormente explanadas, esse estatuto jurídico deriva, desde logo, de uma *disposição constitucional ou legal* (*critério formal*) – aquilo que denominaremos *domínio público formal* ou «*por determinação da lei*»[37]: em regra, o carácter dominial de um bem pressupõe uma norma de direito positivo nesse sentido[38], pelo que, nesta acepção, o critério da dominialidade reveste uma natureza formal. Parece evidente que a própria qualificação de bens como sujeitos ao regime jurídico do domínio público pelo legislador ordinário (e também constituinte[39]), se se encontra especialmente dependente de critérios de oportunidade e conveniência política e, portanto, se assume como mutável (em virtude do seu carácter mais ou menos conjuntural), não poderá deixar de ser pautada por determinados *topoi*.

Por outras palavras, a tarefa de identificação (legislativa) de um conjunto de bens ou de tipos de bens a submeter a um regime específico de direito público, não se acha inteiramente livre, devendo orientar-se por directrizes (jurídicas) que, em simultâneo, vão revelar ao intérprete a

---

ano 59.º, 1953, pp. 68 e ss., que, ao salientar, sem surpresa, a própria evolução temporal e as concomitantes alterações mentais acompanhadas da percepção da tematização de problemas novos, alude a sucessivos estados da evolução do domínio público, os quais determinaram a evolução de uma compreensão «horizontal» do domínio público (anterior às questões relacionadas com as problemáticas suscitadas pelos recursos do subsolo ou pela ocupação do espaço aéreo).

[37] Repare-se que o próprio GIANNINI (*I Beni...*, p. 77) já indiciava esta posição quando defendia que a *destinazione nazionale* nascia não tanto de um acto da Administração, mas da lei. Podemos interrogar-nos em termos de saber em que medida tal qualificação legal há-de ser expressa (*i. e.*, o legislador explicitamente determina que aquele bem ou aquele tipo de bens integra o domínio público) ou pode resultar do regime jurídico-legal a que se encontra submetido o bem ou tipo de bens em causa, o qual, pelas suas características, permite concluir que se trata de uma disciplina jurídica com os traços fundamentais da dominialidade (cf., em sentido idêntico, CHINCHILLA MARÍN, *La Radiotelevisión como Servicio Público Esencial*, Madrid, 1988, p. 136; mas também já ZANOBINI, *Il Concetto della Proprietà Pubblica e i Requisiti Giuridice della Demanialità*, in *Scritti Vari di Diritto Pubblico*, Milano, 1955, pp. 201 e s.) – sem que a esta asserção seja oponível a norma constante da alínea *f*) do n.º 1 do artigo 84.º da Constituição, visto a mesma poder ser interpretada no sentido de que pertencem ao domínio público outros bens como tal classificados *explícita ou implicitamente* (como acontece com os cemitérios) por lei.

[38] Cf. também SANTI ROMANO, *Corso di Diritto Amministrativo*, 2.ª ed., Padova, 1932, p. 169.

[39] Pense-se, *v. g.*, na opção da dominialização das estradas ou das linhas férreas nacionais [artigo 84.º, n.º 1, alíneas *d*) e *e*), da Constituição].

função precípua que aqueles bens desempenham e por força da qual são qualificados como dominiais. Se nos interrogarmos sobre o conteúdo dessas directrizes, podemos afirmar que as mesmas nos hão-de ser fornecidas pelos diversos índices (trata-se, pois, de uma perspectiva tipológica) que anteriormente constituíram alguns dos critérios identificadores das coisas públicas, todos conexionados com uma ideia do exercício *pelos bens* de uma *função (predominantemente) pública*[40] – eis o que se passa, *v. g.*, com o critério do *uso público*, com o critério da *realização directa de fins administrativos* ou com o critério da *utilidade pública*, enquanto aptidão das coisas para a satisfação de necessidades colectivas, ou ainda com a ideia da *importância dos bens para a sobrevivência e/ou o desenvolvimento económico nacional*[41].

---

[40] Sugerindo já a relevância da categoria da função pública como elemento determinante da dominialidade, cf. SÁNCHEZ BLANCO, *La Afectación de Bienes al Dominio Público*, Sevilla, 1979, p. 46. Cf. também GONZÁLEZ GARCÍA, *La Titularidad de los Bienes del Dominio Público*, Madrid, 1998, p. 194.

[41] Note-se que à posição de MARCELLO CAETANO (*Manual...*, pp. 886 e s.), marcada pela ideia de que a publicidade das coisas resultava da lei, não era estranha a ideia de que o legislador recorria a «índices» ou «sinais indicativos» para determinar quais as coisas sujeitas ao domínio público; simplesmente, concebia-os, em coerência com o critério que adopta, como denunciativos do grau de utilidade pública dos bens. Também FREITAS DO AMARAL (*Classificação das Coisas Públicas*, in *Estudos de Direito Público e Matérias Afins*, vol. I, 2004, p. 563) parece apontar para a existência, na mente do legislador, de um critério tipológico, com o recurso a índices distintos em cada uma das situações – isso mesmo poderemos concluir da afirmação de que a lei considera como públicas certas coisas quer em função das suas características materiais, quer com base no grau de utilidade pública que produzem, quer ainda atenta a sua afectação actual ao uso directo e imediato do público. JORGE MIRANDA/RUI MEDEIROS (*Constituição Portuguesa Anotada*, tomo II, Coimbra, 2006, p. 82, anotação VI ao artigo 84.º) entendem que o elenco de bens constante das várias alíneas do n.º 1 do artigo 84.º da Constituição deve servir de parâmetro de referência à qualificação legislativa.

Por sua vez, GIANNINI (*I Beni...*, p. 11) sublinha que o legislador, na sua tarefa de identificação dos bens públicos, não se inspira num critério unitário, mas em diversos cânones – na expressiva formulação do Autor, estamos aqui diante de uma *«commistioni di canoni»*. Cf. ainda GROS, *L'Affectation, Critère Central de la Domanialité Publique*, in *Revue du Droit Public et de la Science Politique*, tomo 108, 1992, p. 750, para quem "é à volta de numerosos elementos e índices que se situa a fronteira dos bens privados e dos bens públicos das colectividades públicas".

Para uma exposição crítica de alguns dos critérios propostos para a identificação dos bens públicos, cf. CAMMARANO, *Saggio sulla Pubblicità dei Beni Publici*, Padova, 1972, pp. 28 ss.; ARSÌ, *I Beni Pubblici*, in CASSESE (dir.), *Trattato di Diritto Amministrativo*: *Diritto Amministrativo Speciale*, vol. II, Milano, 2000, pp. 1269 ss..

Por outro lado, a circunstância de o regime jurídico dos bens públicos ser enformado por uma nota de maior rigidez e exigência implica que o legislador apenas tenha legitimidade para considerar como públicas as coisas que revistam tais características. Sem que defendamos que o estatuto da dominialidade consista numa restrição ao direito de propriedade privada[42], e até por consideração para com uma ideia de coerência interna do instituto da dominialidade, permanecem aqui inteiramente válidas as considerações de González García, na sequência da posição expendida pelo Tribunal Constitucional espanhol, de acordo com o qual a dominialização consubstancia uma opção dos poderes públicos que se encontra subordinada ao «princípio do último procedimento»[43]. Com efeito, dadas as restrições extremas que as mesmas acarretam para o comércio jurídico privado, torna-se conveniente acentuar que a sua sujeição ao estatuto da dominialidade por acção legislativa deve ser pautada por um imperativo de moderação e necessidade, sob pena de descaracterização do próprio direito de propriedade privada[44] – nesta medida e parafraseando Cassese[45], o regime da dominialidade constitui um *limite a uma situação jurídica privada*. Também nesta matéria se torna imprescindível que o legislador não perca de vista o direito de propriedade privada (artigo 62.º) ou a livre iniciativa

---

[42] Cf. a posição de RUI MACHETE (*O Domínio Público e a Rede Eléctrica Nacional*, in *Revista da Ordem dos Advogados*, ano 61, Dezembro 2001, p. 1408), da qual se parece poder concluir que o Autor concebe que o artigo 84.º da Constituição, ao prever um conjunto de coisas submetidas ao estatuto da dominialidade, representa, no fundo, uma autorização à restrição do direito fundamental de propriedade privada, pelo que a qualificação pelo legislador ordinário de certos bens como dominiais consubstanciaria uma medida restritiva de um direito fundamental (de natureza análoga aos direitos, liberdades e garantias) e, por conseguinte, sujeita aos requisitos estabelecidos no artigo 18.º.

[43] GONZÁLEZ GARCÍA, *La Titularidad...*, p. 109. Com efeito, de acordo com a Sentença 149/91, de 7 de Julho, do Tribunal Constitucional espanhol, a faculdade que a Constituição concede ao legislador de determinar quais os bens do domínio público não pode ser utilizada (de forma legítima) para colocar fora do comércio (jurídico-privado) quaisquer bens, nem para prosseguir finalidades que de outro modo se revelassem susceptíveis de ser alcançadas (cf. ponto 17).

[44] Assim FONT I LLOVET, *La Ordenación Constitucional del Dominio Público*, in MARTIN-RETORTILLO (coord.), *Estudios sobre la Constitución Española. Homenaje al Profesor Eduardo García de Enterría*, vol. V, Madrid, 1991, p. 3930. Defendendo que a classificação legal de bens como domínio público se encontra submetida ao princípio da proporcionalidade, v. JORGE MIRANDA/RUI MEDEIROS, *Constituição...*, p. 84, anotação VI ao artigo 84.º.

[45] CASSESE, *I Beni Pubblici. Circolazione e Tutela*, Milano, 1969, p. 4.

económica privada (artigo 61.º, n.º 1)[46]. A ideia de limitação do estatuto da dominialidade aos bens relativamente aos quais a disciplina jurídica privativa desse estatuto se torna necessária encontra hoje particular acolhimento no âmbito das infra-estruturas tradicionalmente concebidas como dominiais; com efeito, a já referida liberalização dos sectores em causa e a crescente influência do Direito Europeu permitiram considerar que, nesta matéria, se não revela já decisiva a titularidade pública do bem, mas sim o regime jurídico (menos exigente) de vinculação da rede a um fim determinado (semelhante ao dos bens afectos a concessões), acompanhada do livre acesso da mesma a todos os operadores económicos, de acordo com uma gestão imparcial e não discriminatória[47].

Afigura-se transparente que os limites a respeitar pelo legislador ordinário para a submissão ao regime do domínio público de certo tipo de bens hão-de revelar-se mais amplos: com efeito, ao lado destas balizas materiais, existem limitações de natureza formal. Assim, também o legislador se encontra adstrito à consideração como dominiais do tipo de bens previstos como tal no n.º 1 do artigo 84.º da Constituição – além de obedecer às mencionadas directrizes (de carácter essencialmente material) o domínio público *ex lege* (domínio público legal) há-de conformar-se como o domínio público *ex constitutione* (domínio público constitucional formal).

Impõe-se determinar se, a par de um domínio público legal e de um domínio público constitucional formal, não haverá lugar para um *domínio público constitucional material* e, por conseguinte, para a defesa de um critério material da dominialidade. Destarte, a outra questão que se afigura, neste momento, como premente relaciona-se com os eventuais limites que o legislador constituinte encontra não tanto na definição (já existente) do domínio público, mas na alteração ao que hoje se encontra disposto no texto constitucional. Trata-se, pois, de averiguar em que termos uma ulterior revisão constitucional poderia entender como não integrantes do domínio público alguns bens que a Constituição actualmente qualifica como domi-

---

[46] Cf., em sentido semelhante, SAÍNZ MORENO, *Artículo 132: Dominio Público, Patrimonio del Estado y Patrimonio Nacional*, in: ALZAGA VILLAAMIL (dir.), *Comentarios a las Leyes Políticas. Constitución Española de 1978*, tomo X, Madrid, 1985, p. 153.

[47] ARIÑO ORTIZ, *Infraestructuras: Nuevo Marco Legal*, in *Nuevo Derecho de las Infraestructuras*, Madrid, 2001, p. 39. Estamos, pois, diante do que se vem denominando «infra-estruturas privadas de interesse público».

niais[48] – o que está em causa é, pois, a determinação da existência de um critério material vinculador do próprio juízo constitucional. Se parece claro revelar-se mais ou menos indiferente do ponto de vista do sentir da comunidade que, em termos constitucionais, se consagrem como pertencentes ao domínio público as estradas ou as linhas férreas nacionais [cf. artigo 84.º, alíneas *d)* e *e)*], já o mesmo não sucederá com as águas territoriais ou as camadas aéreas superiores ao território acima dos limites pertencentes ao proprietário ou superficiário, ou eventualmente com os recursos geológicos do subsolo nacional; com efeito, estamos diante de bens conexionados de uma forma muito especial com a *integridade territorial do Estado*[49] e com a respectiva *sobrevivência* enquanto tal, senão mesmo com a própria *identidade (identificação) nacional*[50]. Nesta óptica, poder-se-ia afirmar

---

[48] Podíamos questionar a possibilidade de ir mais longe e dizer que, se em determinado momento histórico a comunidade sentir que certos bens satisfazem interesses e necessidades impreteríveis e que, por conseguinte, tenham de se encontrar submetidos a um regime jurídico-administrativo particularmente exigente, tal se impõe mesmo em relação ao poder constituinte originário, pelo menos em termos negativos (*i. e.*, impedindo que o legislador constitucional consagrasse qualquer solução que contrariasse aquele princípio assumido pela sociedade). Parece, porém, que se trata hoje, face à actual Constituição que já prevê um conjunto de tipos de bens como pertencentes ao domínio público, de uma questão puramente teórica (o problema apenas teria autonomia no caso da elaboração de uma novo texto constitucional).

[49] Não se pode, todavia, confundir o território do Estado com as parcelas territoriais sobre as quais o Estado também detém direitos – como é justamente o caso dos bens integrantes no domínio público (aludindo igualmente a esta problemática, cf. JORGE MIRANDA, **Manual...**, tomo III, pp. 249 ss.). Com esta afirmação pretendemos sublinhar que os direitos que o Estado exerce sobre o território (cuja natureza é ainda hoje objecto de controvérsia – cf., *v. g.*, a síntese de JORGE MIRANDA, **Manual...**, tomo III, p. 244 e bibliografia aí citada) são distintos dos direitos que o Estado *enquanto pessoa colectiva pública* (na «acepção administrativa» de Estado – *v.* FREITAS DO AMARAL, **Curso de Direito Administrativo**, vol. I, 3.ª ed., Coimbra, 2006, p. 219) detém sobre essas parcelas territoriais submetidas à dominialidade, uma vez que as perspectivas pelas quais se aborda a questão também diferem: adopta-se um ponto de vista internacional no primeiro caso; encara-se o problema a partir de uma óptica interna, no segundo. Só esta precisão permite explicar que existam parcelas territoriais (terrenos) pertencentes, a título de propriedade privada, a particulares. O que está em causa, neste momento, é a identificação daqueles bens que, no âmbito do território (compreendido em termos internacionais), se hão-de submeter imperativamente a uma específica disciplina publicística, em virtude da suprema relevância que detêm para a identificação nacional de um Estado.

[50] Em qualquer dos casos referidos no texto, podemos aludir a um limite material implícito, a impedir o legislador da revisão constitucional, pelo menos enquanto o sentir da comunidade assim o ditar (no fundo, enquanto os limites se assumirem como tais), de

que, independentemente de qualquer previsão textual, existem certas coisas cuja dominialidade resulta da circunstância de as mesmas se destinarem, na perspectiva de uma sociedade concreta, ao serviço de necessidades e interesses impreteríveis próprios sentidos por essa mesma sociedade, e que, nessa medida, hão-de ficar subtraídos à disponibilidade dos particulares[51] e sujeitos à titularidade pública estadual. Nesta hipótese, encaramos tais bens do domínio público como verdadeiros elementos constitutivos do Estado (*hoc sensu*)[52]. Como logo se compreende, também este *critério material* se assume como espacial e historicamente condicionado: a submissão de certos bens ao estatuto da dominialidade encontra-se dependente do sentir de cada comunidade em determinado momento histórico[53]. Trata-se

---

retirar aos mencionados bens o estatuto da dominialidade. Considerando a integridade do território nacional como uma imposição constitucional de intangibilidade, *v.* GOMES CANOTILHO/VITAL MOREIRA, *Constituição da República Portuguesa Anotada*, 3.ª ed., Coimbra, 1993, p. 1062, anotação II ao artigo 288.º, que compreendem a integridade do território como um limite implicado no limite expresso consagrado na alínea *a)* do artigo 288.º, acerca da independência nacional e da unidade do Estado (também neste sentido, JORGE MIRANDA, *Manual...*, tomo III, p. 257). Cf. também JORGE MIRANDA/RUI MEDEIROS, *Constituição...*, pp. 94 e s., anotação XIII ao artigo 84.º.

[51] Apelando, da mesma forma, ao especial valor que para a comunidade revestem certos bens e a necessidade de os proteger contra quaisquer situações de perigo provocadas por ocupações privadas, assim como de os submeter a uma gestão que prossiga os fins públicos, ainda que para justificar a previsão de certos bens como dominiais pela norma constante do n.º 2 do artigo 132 da Constituição espanhola, cf. GONZÁLEZ GARCÍA, *La Titularidad...*, p. 108.

[52] Em sentido idêntico, mas em termos mais abrangentes (que se reportam a todos os bens do domínio público), cf. LAVIALLE, *Des Rapports entre la Domanialité Publique et le Régime des Fondations*, in *Revue du Droit Public et de la Science Politique*, tomo 106.º, 1990, p. 483. Repare-se que o Autor concebe mesmo o domínio público como o espaço onde têm lugar as relações sociais que se estabelecem no seio do Estado – com efeito, "o domínio público é o local onde o social se prende, e não é por acaso que a Ágora ou o Fórum são as metáforas de Atenas e Roma" (*Op.* loc. cit.; *v.* também LAVIALLE, *Le Domaine Public: une Catégorie Juridique Ménacée?*, in *Revue Française de Droit Administratif*, n.º 3, ano 15, Maio/Junho 1999, p. 580).

[53] Efectivamente, ainda quando se defende a necessidade de certo tipo de bens se encontrar sujeito ao regime jurídico-publicístico característico do estatuto da dominialidade, essa exigência tem de ser sempre referenciada a um momento histórico determinado. Neste mesmo sentido parece concluir também MEILÁN GIL (*El Dominio Público Natural y la Legislación de Costas*, in *Revista de Administración Pública*, n.º 139, Janeiro/Abril 1996, pp. 15 e ss. e 25 e s.) quando, atentando na problemática da existência de enclaves privados na zona marítimo-terrestre, entende que a qualificação actual dos bens domínio marítimo como bens imprescindivelmente dominiais se não pode impor a períodos histó-

de um critério que, no fundo, apela à realidade constitucional, impondo a observância ou uma especial atenção para com a constelação de valores socialmente acatados[54]. Unicamente por questões didácticas, denominaremos ao estatuto das coisas consideradas com públicas em consequência deste critério *domínio público material* (por contraposição ao domínio público formal) ou «*domínio público por natureza*» (a par do que antes referimos como «domínio público por determinação da lei») – está agora em causa o apelo a um critério formal e a um critério material na tentativa de identificar quais as coisas que, no actual ordenamento jurídico português, integram o estatuto da dominialidade. Portanto, para além e acima do domínio público (formal) legal, temos sucessivamente um domínio público constitucional formal e um domínio público constitucional material[55].

A distinção efectuada entre domínio público material e domínio público formal assume-se como relevante na medida em que alcançar projecção no plano da disciplina jurídica aplicável. Destarte, em relação ao domínio público material, o regime jurídico aplicável há-de apresentar caracteres mais exigentes que os previstos para o domínio público formal, cuja disciplina jurídica, ainda que tenha de manter alguns traços fundamentais, vai denotar alguma ductilidade. Aliás, a própria diversidade de regimes jurídicos há-de resultar da lei – *i. e.*, o legislador, ao considerar como relevante, do ponto de vista da oportunidade política, que certo tipo de bens se encontre submetido a um regime de Direito Administrativo, pode modelar (ainda que respeitada uma matriz fundamental) esse regime do modo que entender mais adequado em vista da função pública a desempenhar pelas concretas coisas que se enquadrem dentro daquele tipo legal: é a extrema heterogeneidade das coisas públicas que justifica as variantes a surgir no

---

ricos anteriores, por forma a excluir direitos dos particulares incidentes sobre as mesmas coisas constituídos ao abrigo de legislação então em vigor (e consonante com o sentir de certa comunidade): nas palavras do Autor, "no estado actual da história, do Estado social e *democrático* de Direito, não é necessário acudir, nesta matéria, a predestinação jurídica alguma" (*Op.* p. 47).

[54] ROGÉRIO SOARES, ***Direito Público e Sociedade Técnica***, Coimbra, 2008, p. 41; acerca das formas de influência da realidade constitucional sobre a Constituição, v. *Op.* pp. 40 ss..

[55] Isto não significa que as noções identificadas se revelem absolutamente estanques em termos de os bens enquadrados numa delas não integrarem outra(s) – repare-se o que se passa em relação às águas territoriais que, em conformidade com os critérios avançados, integram concomitantemente o domínio público material e formal.

respectivo regime jurídico[56]. Embora com um alcance diverso do que lhes é conferido pelo Autor, têm aqui pleno cabimento as considerações de Auby, quando defendia que o regime da dominialidade não constitui um «conjunto aplicável em bloco» (*ensemble aplicable en bloc*) a uma categoria de bens, mas uma série de regras que podem actuar independentemente umas das outras, encontrando-se cada categoria submetida a uma fórmula variável de tais regras[57]. O regime jurídico da dominialidade não assume, nessa medida, um «carácter monolítico», mas possuirá sempre um elemento unificador marcado por um grau (variável) de «exorbitância» relativamente à disciplina jurídica das coisas privadas[58].

Assim se compreende, por exemplo, a legitimidade de o legislador admitir a existência de bens do domínio público militar que se encontrem a ser utilizados pelo Estado ao abrigo de um contrato de locação ou consa-

---

[56] *V.* SAÍNZ MORENO, *El Dominio Público: Una Reflexión sobre su Concepto y Naturaleza, Cincuenta Años Después de la Fundación de la «Revista de Administración Pública»*, in **Revista de Administración Pública**, n.º 150, Setembro/Dezembro 1999, p. 495; noutro local (***Artículo 132...***, pp. 153 e s.), o mesmo Autor já salientava a percepção de uma teoria do domínio público como uma construção baseada em múltiplos regimes especiais e não num regime de aplicação genérica a todos os bens dominiais, desde que respeitado um núcleo essencial caracterizador do estatuto da dominialidade. No mesmo sentido, CASSESE (***I Beni...***, p. 3) sublinhava a variabilidade do regime jurídico administrativo dos bens dominiais consoante as várias categorias de bens que o integram (embora o Autor vá mais longe e acrescente que não é dado um regime administrativo típico). Cf., em sentido idêntico, entre nós, CASALTA NABAIS (***Alguns Perfis da Propriedade Colectiva nos Países do* Civil Law**, in *Estudos em Homenagem ao Prof. Doutor Rogério Soares*, Coimbra, 2001, p. 245), para quem o feixe de poderes públicos que a Administração exerce sobre os bens do domínio público "não tem de ser uniforme e homogéneo relativamente a todos os bens públicos, podendo antes variar de acordo com o específico interesse público a que cada um ou a que cada grupo de bens está afectado".

[57] AUBY, ***Contribution à l'Etude du Domaine Privé de l'Administration***, in **Etudes et Documents – Conseil d'Etat**, fasc. 12, 1958, p. 57.

[58] AUBY/BON, ***Droit...***, pp. 68 s., referindo-se, a este propósito, a uma pluralidade de regimes jurídicos dos bens integrantes do domínio público. Neste sentido, o relatório do *Conseil d'Etat* de 1986 já se tinha inclinado no sentido de que a revisão da matéria do domínio público devia desenvolver-se à volta de duas ideias principais: a previsão de um «núcleo duro» da dominialidade pública e, para além deste, a criação de um conjunto de regras mais flexíveis para os outros bens dominiais – cf. SABLIERE, ***Les Servitudes sur le Domaine Public***, in **L'Evolution Contemporaine du Droit des Biens**, Paris, 1991, p. 133; LATOURNERIE, ***Les Critéres de la Domanialité Publique***, in **Cahier Juridique de l'Electricité et du Gaz**, fora de série, Outubro 1991, pp. 15 ss. e, para novas perspectivas a partir daquelas ideias, pp. 19 ss..

grar soluções (embora excepcionais) em que a propriedade de certas coisas públicas pertença a particulares, o mesmo não sucedendo, em geral, no âmbito do domínio público formal e nunca sendo de acolher para o domínio público material.

2.2. A REMISSÃO PARA DEFINIÇÃO LEGISLATIVA DO REGIME DO DOMÍNIO PÚBLICO: RESERVA DE LEI E INTERVENÇÕES NORMATIVAS EM MATÉRIA DE DOMÍNIO PÚBLICO

A remissão constitucional para a definição legislativa dos bens classificados como dominiais, bem como do respectivo regime, condições de utilização e limites [cf. artigos 84.º, n.º 1, alínea *f)*, e 165.º, n.º 1, alínea *v)*, da CRP] deve, à luz dos critérios enunciados, orientar-se em torno da ideia de extracomercialidade privada das coisas incluídas no domínio público. Nesta acepção poder-se-á afirmar que o conceito de «domínio público» é um dado pré-constitucional[59], cujo regime carece de uma concretização do legislador ordinário, com o objectivo de esclarecer o sentido da subtracção de determinados bens à livre disponibilidade dos particulares, atenta a função pública que os mesmos desempenham. Importa, pois, conhecer qual o âmbito da intervenção legislativa no quadro do cumprimento desta tarefa.

A referida remissão constitucional da delineação do regime do domínio público para o legislador ordinário não prescinde, porém, de uma atenção especial aos diversos tipos de intervenção normativa na matéria. Só uma adequada intelecção dos cambiantes neste horizonte percepcionáveis permitirá um correcto entendimento da reserva de lei no âmbito do domínio público, atenta o tipo (*rectius*, o grau) de intervenção normativa em causa. Considerando o disposto no n.º 2 do artigo 84.º necessariamente conjugado com o prescrito na alínea *v)* do n.º 1 do artigo 165.º [60], *todas* as

---

[59] Que o Tribunal Constitucional já teve oportunidade de concretizar, no sentido de que tais bens "não podem ser objecto de propriedade privada ou de posse civil, nem de contratos de direito civil, designadamente de venda ou permuta; mais: tais coisas são imprescritíveis", pondo em relevo as notas da inalienabilidade, impenhorabilidade e imprescritibilidade. Cf. Acórdão n.º 103/99, de 10 de Fevereiro, in *Acórdãos do Tribunal Constitucional*, 42.º vol., 1999, p. 491; no mesmo sentido, *v.* Acórdão n.º 150/2006, de 22 de Fevereiro, in *Diário da República*, II Série, n.º 85, 03.05.2006, p. 6362.

[60] A *lei* a que alude o n.º 2 do artigo 84.º corresponde à lei da Assembleia da República ou ao decreto-lei autorizado do Governo, mas não ao decreto legislativo regional (o vocábulo *lei* não assume o significado de acto legislativo), à semelhança do que sucede

intervenções normativas *mencionadas* devem revestir a forma de lei da Assembleia da República (ou decreto-lei autorizado do Governo), sob pena de inconstitucionalidade. Mas – atentas as razões motivadoras da reserva de lei ("a necessidade de preservar a integridade dos bens públicos e o respeito pela sua afectação a finalidades de indiscutível interesse nacional"[61]) – *apenas estas e com este âmbito*.

Assim, a *identificação dos bens* (ou dos tipos de bens) que se encontram subordinados a este regime especial de Direito Administrativo encontra-se cometida ao legislador, enquadrando-se na reserva de lei prevista na alínea *v)* do n.º 1 do artigo 165.º[62]. Por outro lado, inclui-se também na reserva de lei a *definição da titularidade* dominial, quer em geral, quer relativamente a determinados bens dominiais (cf., *v. g.*, artigo 1.º, n.º 2, do Decreto-Lei n.º 90/90, de 16 de Março, que determina a titularidade do domínio público geológico; artigos 4.º, 6.º e 8.º da Lei n.º 54/2005, de 15 de Novembro, que identifica os titulares do domínio público marítimo, lacustre e fluvial, e das restantes águas, respectivamente). No que tange a estes dois aspectos, e tal como propugna o Tribunal Constitucional[63], a CRP previu uma «reserva legislativa de densificação total». Ao lado destas matérias, considera-se ainda matéria reservada o desenho do *regime do domínio público*, designadamente, os aspectos que contendem com a aquisição, modificação e extinção do estatuto da dominialidade, bem como a definição dos princípios e normas que hão-de pautar a gestão e a defesa dos bens dominiais.

---

noutros lugares paralelos da Constituição – veja-se o que se passa com as *leis* restritivas de direitos, liberdades e garantias e com a articulação do n.º 2 do artigo 18.º com a alínea *b)* do n.º 1 do artigo 165.º.

[61] Acórdão do Tribunal Constitucional n.º 330/99, de 2 de Junho, in ***Acórdãos do Tribunal Constitucional***, 44.º vol., 1999, p. 21. Cf. também Acórdão n.º 288/2004, de 27 de Abril, in *Diário da República*, II Série, n.º 135, 09.06.2004, p. 8894.

[62] Pense-se, *v. g.*, no artigo 4.º Decreto-Lei n.º 477/80, de 15 de Outubro (que contém o elenco dos bens do domínio público do Estado, para efeitos de elaboração do cadastro), no artigo 144.º do *Estatuto Político-Administrativo da Região Autónoma da Madeira* (EPAM – Lei n.º 13/91, de 5 de Junho, alterada pelas Leis n.ºˢ 130/99, de 21 de Agosto, e 12/2000, de 21 de Junho) que recorta o domínio público da Região Autónoma da Madeira, e no artigo 22.º do *Estatuto Político-Administrativo da Região Autónoma dos Açores* (EPAA – Lei n.º 39/80, de 5 de Agosto, alterada pelas Leis n.ºˢ 9/87, de 26 de Março, 61/98, de 27 de Agosto, e 2/2009, de 12 de Janeiro) que estabelece o domínio público da Região Autónoma dos Açores.

[63] Acórdão do Tribunal Constitucional n.º 131/2003, de 11 de Março, in ***Diário da República***, I Série-A, n.º 80, 04.04.2003, pp. 2226 e s..

A correcta definição dos limites da reserva de lei no âmbito do domínio público comporta duas implicações: por um lado, e como sucede, em geral, permite efectuar a repartição da competência legislativa entre a Assembleia da República e o Governo, delimitando, por via negativa, a zona de competência concorrente[64]; por outro lado, e com especial relevo na matéria em apreço, viabiliza a determinação do espaço normativo pertencente aos titulares dominiais, a preencher através de decretos legislativos regionais e regulamentos administrativos, pois que se refere aos "aspectos mais «regulamentares»"[65] da matéria atinente ao domínio público.

Com efeito, uma vez legalmente delineado o regime do domínio público, nada impede que os respectivo titulares (também legalmente identificados) emanem normas destinadas a disciplinar aspectos específicos relativos aos bens dominiais que lhes pertencem. Com efeito, as decisões sobre os modos de gestão do domínio público constituem uma prerrogativa do respectivo proprietário público (ou, no mínimo, do titular de poderes de domínio exclusivos e excludentes) que, sem perder de vista, as normas legais existentes e os princípios de Direito Administrativo, releva sobretudo de considerações de mérito e oportunidade. O mesmo se passa com os actos nucleares da titularidade dominial que contendem com a integridade do estatuto da dominialidade (nomeadamente, com os actos de desafectação ou de modificação do estatuto).

Por outras palavras, a forma como cada ente público gere o seu domínio público estará naturalmente limitada por um conjunto de princípios consignados ou emergentes de disposições legais, mas releva, no essencial, de juízos de conveniência. Em relação aos bens que constituem o seu domínio público, a entidade pública titular pode editar normas que desempenharão uma função autovinculativa[66].

---

[64] Cf., a propósito do regime *legal* do domínio público, GOMES CANOTILHO/VITAL MOREIRA, *Constituição da República Portuguesa Anotada*, 4.ª ed., vol. I, Coimbra, 2007, p. 1007, anotação XIV ao artigo 84.º.

[65] Cf. Acórdão do Tribunal Constitucional n.º 402/2008, de 29 de Julho, louvando-se também na Declaração de Voto da Conselheira MARIA DOS PRAZERES BELEZA ao Acórdão n.º 330/99, que autonomiza, dentro da matéria atinente ao regime do domínio público, "a definição do regime no que a dominialidade tem de essencial" face aos aspectos não essenciais.

[66] Não é, pois, de estranhar a existência de decretos legislativos regionais que versem sobre questões de administração ou gestão do domínio público – e, por conseguinte, que contendam com o exercício dos poderes jurídicos sobre o domínio público – da região autónoma a que se reportam (cf., *v. g.*, quanto às condições de uso privativo dos aeroportos

E não se afirme que tais normas constituem um atentado à reserva de lei. Estando em causa um poder ínsito na titularidade dominial – cuja pertinência e conteúdo se encontram legalmente definidos –, o seu exercício relativamente a determinados bens em concreto não poderia caber à Assembleia da República, sob pena de, *ad absurdum*, qualquer alteração ao modo de gestão de bens dominiais concretos implicar uma intervenção da Assembleia da República.

As considerações expendidas permitem desenhar já as fronteiras (do âmbito material) da reserva de lei. Compreendendo a relevância do domínio público nos planos político e económico, a Constituição cometeu aos órgãos de soberania (*in concreto*, à Assembleia da República ou ao Governo, com autorização desta) as decisões fundamentais ou essenciais[67] nesta matéria (os "aspectos básicos e centrais do estatuto da dominialidade, definidores do seu objecto, das regras de aquisição e cessação desse estatuto e dos parâmetros nucleares da sua exploração"[68]) – motivada por um intuito de protecção e valorização –, mas sem ignorar que aos titulares dominiais cabem, atenta uma ponderação dos interesses públicos em presença, decisões relativas à gestão dos bens públicos, as quais, embora respeitando sempre a protecção legislativamente assegurada, propendem no sentido da respectiva rentabilização no interior da função pública adstrita pelo legislador. Assim, a reserva de lei na matéria atinente ao domínio público não impõe sempre à Assembleia da República (ou ao Governo autorizado) o dever de a disciplinar de modo integral, nem proíbe, por conseguinte, que aspectos não fundamentais possam constituir objecto de decreto legislativo regional ou mesmo de regulamento autárquico.

---

regionais, Decreto Legislativo Regional n.ºs 7/2000/M, de 1 de Março e 35/2002/A, de 21 de Novembro). O mesmo sucede relativamente a regulamentos administrativos emanados pelas autarquias locais, destinados a especificar as condições de utilização e/ou gestão dos respectivos bens dominiais (eis o que sucede, designadamente, com os regulamentos dos cemitério municipais – cf., *v. g.*, o *Regulamento do Cemitério Municipal de Coimbra*, Edital n.º 251/98, disponível em www.cm-coimbra.pt).

[67] Cf. também VIEIRA DE ANDRADE, **Autonomia Regulamentar e Reserva de Lei**, in **Estudos em Homenagem ao Prof. Doutor Afonso Rodrigues Queiró**, vol. I, Coimbra, 1984, p. 14.

[68] Acórdão do Tribunal Constitucional n.º 402/2008, de 29 de Julho, in *Diário da República*, I Série, n.º 158, 18.08.2008, p. 5715; também seguido pelo Acórdão do Tribunal Constitucional n.º 654/2009, de 16 de Dezembro, in *Diário da República*, I Série, n.º 30, 12.02.2010, p. 443.

No que tange ao domínio público regional, há que ter em conta o grau de autonomia constitucionalmente conferido às regiões autónomas. Enquanto portadoras de um conjunto de interesses próprios e exponentes de uma colectividade primária – motivos que, em conjunto, justificam a titularidade dominial –, as regiões autónomas possuem uma zona normativa de competência exclusiva, destinada à satisfação de interesses próprios, no quadro da prossecução de tarefas próprias, onde se incluem indubitavelmente os modos de gestão do respectivo domínio público[69]. Por outro lado, e em plena consonância com uma *concepção descentralizada do domínio público*[70], a *garantia institucional do domínio público regional* não pode ser dissociada da *garantia da autonomia político-administrativa* dos arquipélagos dos Açores e da Madeira, erigindo-se como sua consequência necessária. Assim se compreende que a própria Assembleia da República tenha considerado como matérias de interesse específico as infra-estruturas marítimas e aéreas, a administração de portos e aeroportos ou os recursos hídricos [cf. artigos 8.º, alíneas *f)*, *h)* e *i)*, do EPAA e 40.º, alíneas *d)*, *e)* e *j)*, do EPAM][71].

---

[69] Neste sentido, já VIEIRA DE ANDRADE, **Autonomia...**, p. 23 – ainda que reportando-se às autarquias, as considerações aí tecidas valem, *a fortiori*, para as regiões autónomas que, a par da autonomia administrativa possuem autonomia política, económica, financeira e normativa (passando esta última pela emissão de actos legislativos).

[70] Assim, Acórdão do Tribunal Constitucional n.º 130/2003, de 11 de Março, in *Diário da República*, I Série-A, n.º 80, 04.04.2003, p. 2228; associando a previsão de um domínio público regional e autárquico à estrutura descentralizada do Estado democrático, cf. JOSÉ MAGALHÃES, *Dicionário da Revisão Constitucional*, Mem Martins, 1989, p. 48.

[71] Esta posição foi também sustentada por VIEIRA DE ANDRADE, em parecer inédito – *O Domínio Público Portuário Regional: Reflexões sobre a Constitucionalidade e a Legalidade dos Decretos Legislativos Regionais n.*ᵒˢ *18/2000/M, 19/99/M e 25/2003/M e das Resoluções do Governo Regional da Madeira n.*ᵒˢ *190/2004 e 778/2005*, Coimbra, 2006 (amavelmente cedido pelo Autor, a quem agradecemos).

Embora criticável sob muitos aspectos, o Acórdão do Tribunal Constitucional n.º 654/2009, de 16 de Dezembro (in *Diário da República*, I Série, n.º 30, 12.02.2010, pp. 438 e ss.), acolheu esta solução: ao inviabilizar a intervenção normativa da Assembleia Legislativa da Região Autónoma da Madeira, dirigida à desafectação sobre determinadas parcelas dominiais – por as considerar incluídas no domínio público marítimo (do Estado) e não no domínio público portuário (da Região) –, da decisão decorre que, caso estivéssemos perante bens que o Tribunal tivesse compreendido no domínio público regional, a reserva de lei não impediria o exercício dos poderes do titular mediante decreto legislativo regional, excluindo, por conseguinte, a matéria da reserva de lei (cf., em especial, pp. 443 e s.).

Raciocínio idêntico vale para os bens dominiais das autarquias locais: a consagração de uma reserva de autonomia local, cifrada, desde logo, na autonomia *normativo-regulamentar* das autarquias locais constitucionalmente alicerçada no artigo 241.º, aliada ao reconhecimento de uma *garantia institucional do domínio público local*[72], dita que os aspectos laterais do regime da utilização dos próprios bens possam constar de regulamentos autónomos que, enquanto tais, constituem disciplina primária sobre a matéria em causa. Também neste horizonte a concepção descentralizada do domínio público a que aludimos impõe alguma flexibilidade na definição do regime da gestão e utilização dos bens dominiais locais, em termos que permitam a salvaguarda, também por via normativa, das competências autárquicas relativas à administração do domínio público[73].

Do exposto decorre que o exercício de poderes normativos em matéria de domínio público constitui uma área particularmente sensível.

Primo, há que ter em atenção a impossibilidade da *ofensa da reserva de lei* – a determinar que o essencial do regime jurídico do domínio público (*lato sensu*, de forma a compreender também a definição dos bens e respectiva titularidade) tem de constar de lei da Assembleia da República ou decreto-lei autorizado do Governo. Assim, *v. g.*, cumprem parcialmente esta função o artigo 4.º do Decreto-Lei n.º 477/80 ou os artigos 14.º e seguintes do RJPIP, bem como os diversos diplomas legais que incidem sobre sectores determinados (seja ao nível da titularidade, seja no plano da previsão das linhas do regime jurídico); desempenhá-la-ia integralmente o *Regime Geral dos Bens do Domínio Público*, caso a Proposta de Lei houvesse sido aprovada. Todavia, e como acabámos de ver, a reserva de lei não poderá excluir a intervenção normativa regional e autárquica, sob pena de atentado às autonomias normativas consagradas pela Lei Fundamental. Encontra aqui terreno fértil a distinção (necessariamente tendencial e tipológica, mercê da ausência de uma rigorosa delimitação constitucional) entre a matéria da função legislativa e a matéria da função administrativa: considerando que as autonomias constitucionais já consubstanciam uma

---

[72] Assim já nos havíamos pronunciado em *O Âmbito...*, p. 161.

[73] Cf. a Lei n.º 169/99, de 18 de Setembro, alterada pela Lei n.º 5-A/2002, de 11 de Janeiro: artigo 64.º, n.º 7, alínea *b)*, quanto à competência da câmara municipal em matéria de administração do domínio público municipal; artigo 17.º, n.º 1, alíneas *i)* e *j)*, quanto à competência da assembleia de freguesia para estabelecer as normas gerais de administração do património (onde se incluem também os bens dominiais, como resulta do n.º 4 do artigo 34.º) deliberar sobre a administração das águas públicas sob jurisdição da freguesia

compressão ao princípio da reserva de lei na sua dimensão de proibição de remissão normativa[74], deve considerar-se admissível, mesmo em matéria reservada, a intervenção normativa primária das regiões autónomas e das autarquias locais, dentro do círculo de interesses próprios, em aspectos que se não revelem essenciais. Assim, e no que tange à matéria em análise, se a definição das linhas do regime da utilização do domínio público pelos particulares integra a reserva de lei, não padecerá de inconstitucionalidade uma norma legal que remeta para decreto legislativo regional ou regulamento autárquico (o qual, *in casu*, se assumirá como regulamento autónomo) a definição de aspectos laterais dessa utilização quando se trate de bens do domínio público regional ou autárquico.

Secundo, importa acautelar a eventual *ofensa da titularidade* (estadual, regional ou autárquica), o que inviabiliza a possibilidade de remeter para uma entidade a definição do regime dos bens dominiais na titularidade de outra[75]. Pense-se, *v. g.*, na norma apreciada pelo Tribunal Constitucional no Acórdão n.º 402/2008, de 29 de Julho, através da qual a Assembleia da República remetia a definição da utilização dos bens do domínio público marítimo (por conseguinte, do domínio público do Estado) para a competência da Assembleia Legislativa da Região Autónoma dos Açores[76]; do mesmo modo, e como reverso, também se não pode negar o exercício de competências normativas, dirigidas à delineação da gestão dominial, aos titulares dos bens dominiais, sob pena de esvaziar o sentido da consagração

---

[74] Cf. AFONSO QUEIRÓ, *Lições de Direito Administrativo*, vol. I, Coimbra, 1976, p. 433. Interpretando nestes termos a posição daquele Autor, VIEIRA DE ANDRADE, *Autonomia...*, p. 3.

[75] A questão está, como bem sublinha PEDRO LOMBA [*Regiões Autónomas e Transferência de Competências sobre o Domínio Natural (Anotação ao Acórdão do Tribunal Constitucional n.º 131/03)*, in **Jurisprudência Constitucional**, n.º 2, Abril/Junho 2004, p. 58] a propósito do domínio público (marítimo) do Estado situado em território regional, em determinar até onde vão as competências reservadas à administração estadual, e em que medida se revela legítima respectiva transferência para a administração regional de (certas) competências estaduais relativas ao domínio público do Estado.

[76] Acórdão n.º 402/2008, de 29 de Julho, cit., pp. 5714 e s.: em causa estava a inconstitucionalidade da alínea i) do n.º 2 do artigo 53.º do Decreto n.º 217/X da Assembleia da República, de 27 de Junho de 2008, que "aprova a terceira revisão do Estatuto Político-Administrativo da Região Autónoma dos Açores", nos termos da qual "compete à Assembleia Legislativa legislar em matéria de pescas, mar e recursos marinhos", considerando abrangidos nessas matérias "os regimes de licenciamento, no âmbito da utilização privativa dos bens do domínio público marítimo do Estado, das actividades de extracção de inertes e da pesca".

constitucional do domínio público não só a favor do Estado, mas também das regiões autónomas e das autarquias locais. Nesta ordem de ideias, a lei não pode ofender a garantia institucional do domínio público estadual, regional ou autárquico (consoante os casos), consagrada, desde logo, no n.º 2 do artigo 84.º da Constituição: à titularidade de bens dominiais pelo Estado, regiões autónomas e autarquias locais corresponde um conjunto de poderes próprios e exclusivos, que não podem ser "expropriados" pelo Estado-legislador e entregues a outras entidades (cf. ainda, *infra*, 4.3.).

3. OS BENS DO DOMÍNIO PÚBLICO

3.1. A IDENTIFICAÇÃO DOS BENS DO DOMÍNIO PÚBLICO: CLÁUSULA GERAL OU MÉTODO ENUMERATIVO?

É dentro do quadro delineado nos números anteriores que o legislador se moveu para a recortar quais os bens submetidos ao regime do domínio público.

A identificação dos bens sujeitos ao estatuto da dominialidade nem sempre se revela tarefa fácil, atenta a dispersão legislativa que se verifica nesta matéria. Com efeito, recusando (e bem) a identificação dos bens dominiais através do recurso ao método de cláusula geral (ou método conceptual) como o da afectação ao uso público ou afectação à utilidade pública, o nosso sistema jurídico optou pelo método enumerativo.

Uma opção diversa conduziria a um alargamento indiscriminado das coisas submetidas ao regime jurídico-administrativo do domínio público (que, pela exigência que o caracteriza, goza da nota da especialidade) – alargamento tão contestado em ordenamentos paralelos ao nosso[77]. Repare-se, porém, que, apesar das críticas, os diplomas espanhol e francês mais recentes sobre a matéria do domínio público voltam a optar pelo critério da cláusula geral, incluindo no domínio público os "bens que, sendo de titularidade pública, se encontrem afectados ao uso geral ou ao serviço público" (na terminologia do artigo 5.º, n.º 1, da *Ley del Patrimonio del Estado*, de 2003) ou os "bens (...) quer afectados ao uso directo do público,

---

[77] Cf., *v. g.*, MELLERAY, *La Recherche d'un Critère Réducteur de la Domanialité Publique*, in *L'Actualité Juridique – Droit Administratif*, n.º 9, Março 2004, pp. 490 e ss..

quer afectados a um serviço público, desde que neste caso sejam objecto de uma acomodação (*aménagement*) à execução das missões deste serviço público" (de acordo com o artigo L. 2111-1 do *Code Général de la Propriété des Personnes Publiques*, de 2006)[78].

Assim, desde 1989, estabelece a alínea *f)* do n.º 1 do artigo 84.º da Constituição que pertencem ao domínio público, para além dos mencionados nas alíneas anteriores, outros bens como tal classificados (explícita ou implicitamente – *hoc sensu*, por referência à delineação do respectivo regime jurídico) por lei e, na sequência da norma constitucional, dispõe o artigo 14.º do RJPIP que "os imóveis do domínio público são os classificados pela Constituição ou por lei, individualmente ou mediante a identificação por tipos". Destarte, a percepção de quais os bens sobre que incidem as concessões em causa pressupõe que se compulse a diversa legislação sobre a matéria[79].

---

[78] Em França, o método da cláusula geral e a correspectiva abertura à identificação interpretativa (*maxime*, jurisprudencial) dos bens do domínio público não representa uma opção histórica inicial. Com efeito, a emergência da categoria deve-se à legislação emanada no período da revolução francesa (*Décret* de 22 de Novembro/1 de Dezembro de 1790), que consagra formalmente a propriedade da Nação sobre o domínio público ou o domínio nacional, orientação esta retomada posteriormente pelo artigo 538 do *Code Civil*. Trata-se, aliás, de uma decorrência da concepção então vigente da lei como expressão da vontade geral que, nesta altura, se dirige à apropriação dos bens necessários à existência do poder político: na síntese de LAVIALLE (***Remarques sur la Définition Législative du Domaine Public***, in *Revue Française de Droit Administratif*, n.º 3, ano 24, Maio/Junho 2008, p. 492), "o domínio público é uma coisa legislativa, antes mesmo de ser uma coisa pública". Sobre a evolução que determinou a ultrapassagem desta concepção para um conceito material de domínio público, *v.* LAVIALLE, *Remarques...*, pp. 492 ss.. Cf. ainda HUBRECHT, ***Faut-il Définir le Domaine Public et Comment?***, in *L'Actualité Juridique – Droit Administratif*, n.º 11, ano 61, Março 2005, pp. 598 ss..

Note-se, porém, que a noção avançada pelo citado artigo L. 2111-1 se reporta apenas ao domínio público *imobiliário*, já que, para o domínio público mobiliário, o *Code* optou pelo método enumerativo – cf. MELLERAY, ***Définitions et Critères du Domaine Public***, in *Revue Française de Droit Administratif*, n.º 5, ano 22, Setembro/Outubro 2006, pp. 908 e ss., 910 e ss. (sublinha este Autor que, através da convocação dos dois métodos, o *Code* sujeitou o domínio público a uma «cura de emagrecimento», cujo êxito só a longo termo se poderá observar – *Op.* cit., p. 915)

[79] O n.º 1 do artigo 3.º da citada Proposta de Lei n.º 256/X (que aprovava o regime geral dos bens do domínio público) optava pelo método enumerativo temperado por um critério material. Tal preceito dispunha que "integram o domínio público os bens cuja inclusão em tal domínio seja determinada por lei, individualmente ou mediante a identificação por tipos", acrescentando o n.º 3 do mesmo preceito uma lista dos bens do domínio público, ape-

3.2. OS BENS CLASSIFICADOS COMO DOMINIAIS

A dilucidação dos (tipos de) bens que integram o domínio público constitui uma tarefa que releva essencialmente da análise do direito positivado, em consequência do critério enumerativo adoptado entre nós. Nesta medida, a análise a seguir empreendida visa esclarecer quais os bens do domínio público de acordo com o direito português, bem como aludir aos regimes jurídicos a que se encontram sujeitos – intenção que não prescinde de duas observações complementares: a primeira, para sublinhar que a repartição do domínio público em *vários domínios públicos* (*i.e.*, diversos *tipos* de bens dominiais), ainda que orientada pelas opções legislativas, possui, em alguns casos, um recorte essencialmente dogmático, dirigido a ordenar e facilitar a exposição da matéria; a segunda, para acentuar que da frequente previsão de *disciplinas especiais* para determinados bens do domínio público não decorre de qualquer falta de unidade do instituto, mas aponta para o carácter não monolítico do domínio público, que suporta bem a convivência de um regime geral com diversos regimes especiais, emanados em atenção às especificidades dos bens em causa.

3.2.1. Domínio público hídrico

Nos termos da alínea *a)* do n.º 1 do artigo 84.º da Constituição pertencem ao domínio público "as águas territoriais com os seus leitos e os fundos marinhos contíguos, bem como os lagos, lagoas e cursos de água navegáveis e flutuáveis, com os respectivos leitos"; no mesmo sentido, o Decreto-Lei n.º 477/80 dispõe que integram o domínio público estadual as águas marítimas com os seus leitos e a plataforma continental, os lagos e

---

nas aberta à inclusão de outros bens classificados como dominiais por lei especial. Por seu lado, o n.º 2 do artigo *sub iudice* esclarecia que "a inclusão e manutenção de quaisquer bens no domínio público assentam sempre no pressuposto de que os bens são indispensáveis à satisfação de necessidades colectivas". Esta articulação não deixava de suscitar algumas dificuldades e de gerar alguma equivocidade, desde logo, em termos de determinar qual o alcance da fixação legislativa do critério da «indispensabilidade à satisfação das necessidades colectivas»: excluída a possibilidade da vinculação de decisões futuras do legislador ordinário (algo que apenas se revelaria constitucionalmente possível, caso estivéssemos diante de uma lei de valor reforçado – o que, *in concreto*, não sucedia), a consagração legal de tal critério constituiria apenas um auxílio interpretativo das disposições do diploma que estabeleciam o elenco dos bens dominiais.

os cursos de água navegáveis ou flutuáveis com os respectivos leitos e margens e os legalmente reconhecidos como aproveitáveis para produção de energia eléctrica ou para irrigação, assim como os demais bens referidos nos artigos 3.º, 5.º e 7.º da Lei n.º 54/2005, de 15 de Novembro (estabelece a titularidade dos recursos hídricos). Assim, no que respeita ao âmbito do *domínio público hídrico*, revela-se imprescindível destacar, desde logo pela especificidade do tratamento jurídico de que constitui objecto, intrinsecamente marcado pela multiplicidade de convenções internacionais, a situação do *domínio público marítimo* face ao *domínio público hidráulico* (que abrange os tradicionalmente designados *domínio público fluvial* e *domínio público lacustre*[80], a que o artigo 7.º da Lei n.º 54/2005 acrescenta o "domínio público hídrico das restantes águas"). Por outro lado, como resulta dos próprios textos legais, uma referência ao domínio público hídrico não abrange tão-só as águas dominiais, mas inclui ainda os terrenos conexionados com aquelas, atenta, desde logo, a função que desempenham, como veremos suceder, *v. g.*, com as margens ou os leitos.

Não obstante persistir a dicotomia entre águas dominiais e águas privadas ou particulares (as identificadas no artigo 1386.º do Código Civil),

---

[80] Cf., *v. g.*, MARCELLO CAETANO, *Manual*..., pp. 898 e ss.; FREITAS DO AMARAL/JOSÉ PEDRO FERNANDES, *Comentário à Lei dos Terrenos do Domínio Hídrico*, Coimbra, 1978, pp. 39 e ss.. Sem prejuízo de o adjectivo «hidráulico» não se revelar totalmente adequado, porquanto denota a movimentação de algo através da água, a verdade é que já AFONSO QUEIRÓ (*Lições*..., pp. 50 e s.) utilizava a expressão «domínio hidráulico» com o intuito de abranger o domínio lacustre e o domínio fluvial, por contraposição às águas marítimas. *V.* ainda em sentido semelhante a *Ley de Aguas* espanhola (texto refundido aprovado pelo *Real Decreto Legislativo* 1/2001, de 20 de Julho) que se refere expressamente ao *domínio público hidráulico* (cf., *v. g.*, artigos 1, n.º 2, e 2) formado, *inter alia*, pelas águas continentais e subterrâneas renováveis integradas no ciclo hidrológico (na decorrência do que já sucedia em momentos anteriores – cf. SÁNCHEZ BLANCO, *Distribución Constitucional de Competencias en Materia de Recursos Naturales (Aguas, Minas, Montes)*, in *Estudios sobre la Constitución Española. Homenaje a Eduardo García de Enterría*, vol. IV, Madrid, 1991, pp. 3628 e s. e 3633; SÁNCHEZ MORÓN, *Los Bienes Públicos (Régimen Jurídico)*, Madrid, 1997, pp. 88 e ss.; BERMEJO VERA, *Derecho*..., pp. 373 e ss.; GONZÁLEZ GARCÍA, *La Titularidad*..., pp. 253 e ss.). Diferentemente, em Itália (cf., *v. g.*, GUICCIARDI, *Il Demanio*, pp. 84 e ss.; ZANOBINI, *Corso*..., pp. 49 e ss.; CAPUTI JAMBRENGHI, *Beni*..., pp. 15 e ss.; ARSÌ, *I Beni*..., pp. 1293 e ss.) emprega-se a expressão «domínio hídrico» para designar somente o que referenciamos como domínio público hidráulico.

a *Lei da Água* (Lei n.º 58/2005, de 29 de Dezembro)[81] atenuou algumas diferenças de regime, ao promover uma disciplina harmonizadora de todos os recursos hídricos. Trata-se de uma consequência do facto de a citada *Lei da Água* se destinar a transpor a *Directiva-Quadro da Água*[82], a qual estabeleceu objectivos exigentes em matéria de água, como meio de desenvolver estratégias dirigidas à integração da protecção e à gestão sustentável da água noutras políticas comunitárias (desde logo, na política energética) e de melhorar o «ambiente aquático» nos Estados membros (cf. preâmbulo). A necessidade de uma disciplina jurídica específica e integrada para as águas articula-se com a consideração de que as mesmas revestem um carácter indispensável para os diversos usos humanos, para o desenvolvimento de actividades económicas (*v. g.*, a produção de energia eléctrica), mas também para o suporte de ecossistemas e *habitats*[83]. É neste sentido, aliás, que vai a própria disciplina jurídica da gestão dos recursos hídricos, encontrando-se cometida ao *Instituto da Água, I. P.* (INAG)[84], enquanto

---

[81] Entretanto complementada pelo Decreto-Lei n.º 77/2006, de 30 de Março, pelo Decreto-Lei n.º 226-A/2007, de 31 de Maio [estabelece o regime da utilização dos recursos hídricos, já alterado pelos Decretos-Leis n.ºs 391-A/2007, de 21 de Dezembro, 93/2008, de 4 de Junho (na versão da Declaração de Rectificação n.º 32/2008, de 11 de Junho), 107/2009, de 15 de Maio, 245/2009, de 22 de Setembro, e 82/2010, de 2 de Julho], pelo Decreto-Lei n.º 311/2007, de 17 de Setembro (estabelece o regime de constituição e gestão dos empreendimentos de fins múltiplos, bem como o respectivo regime económico e financeiro), pelo Decreto-Lei n.º 353/2007, de 26 de Outubro (estabelece o procedimento de delimitação do domínio público hídrico) e pelo Decreto-Lei n.º 5/2008, 8 de Janeiro (estabelece o regime jurídico de acesso e exercício da actividade de produção de electricidade a partir da energia das ondas).
A *Lei da Água* foi adaptada para a Região Autónoma da Madeira pelo Decreto Legislativo Regional n.º 33/2008/M, de 14 de Agosto.
[82] Directiva n.º 2000/60/CE, do Parlamento Europeu e do Conselho, de 23 de Outubro de 2000, in *JOCE*, n.º L 327, de 22.12.2000, pp. 1 e ss.. Cf. também Decisão n.º 2455/2001/CE do Parlamento Europeu e do Conselho, de 20 de Novembro de 2001, in: *JOCE*, n.º L 331, de 15.12.2001, pp. 1 e ss.; Directiva n.º 2008/32/CE do Parlamento Europeu e do Conselho, de 11 de Março de 2008, in *JOUE*, n.º L 81, 20.03.2008, pp. 60 e ss.; Directiva n.º 2008/105/CE do Parlamento Europeu e do Conselho, de 16 de Dezembro de 2008, in *JOUE*, n.º L 348, 24.12.2008, pp. 84 e ss.; Directiva n.º 2009/31/CE do Parlamento Europeu e do Conselho, de 23 de Abril de 2009, in *JOUE*, n.º L 140, 05.06.2009, pp. 114 e ss..
[83] Em sentido próximo, cf. ponto 41 do capítulo 2 do *Relatório PNPOT* (*v.* já a seguir, em texto).
[84] Cf. também o Decreto-Lei n.º 135/2007, de 27 de Abril (aprova a orgânica do INAG) e a Portaria n.º 529/2007, de 30 de Abril (aprova os Estatutos do INAG).

«autoridade nacional da água», assegurar a nível nacional a gestão das águas e a consecução dos objectivos previstos na *Lei da Água*, garantindo a representação internacional do Estado neste domínio [cf. artigos 7.º, n.º 1, alínea *a)*, e 8.º, da *Lei da Água*][85].

3.2.1.1. Domínio público marítimo

O problema da identificação dos bens concretamente constitutivos do domínio público marítimo pressupõe uma consideração de instrumentos jurídicos nacionais (do artigo 3.º da Lei n.º 54/2005, de 15 de Novembro[86], que estabelece a titularidade dos recursos hídricos, com a Lei n.º 34/2006, de 28 de Julho, que determina a extensão das zonas marítimas sob soberania ou jurisdição nacional e os poderes que o Estado Português nelas exerce, bem como os poderes exercidos no alto mar) e de instrumentos jurídicos internacionais, *maxime*, da *Convenção das Nações Unidas sobre Direito do Mar* (CDM)[87][88]. Assim, a alínea *a)* do artigo 3.º da Lei n.º 54/2005 sujeita ao domínio público marítimo as "águas costeiras e ter-

---

[85] Sem prejuízo das atribuições conferidas às Administrações das Regiões Hidrográficas (ARH) – cf. artigos 7.º, n.º 1, alínea *b)*, e 9.º, da *Lei da Água*; *v.* ainda Decreto-Lei n.º 208/2007, de 29 de Maio (Aprova a orgânica das Administrações das Regiões Hidrográficas, I. P.), Decreto-Lei n.º 347/2007, de 19 de Outubro (aprova a delimitação georreferenciada das regiões hidrográficas) e Portaria n.º 394/2008, de 5 de Junho (aprova os estatutos das ARH), alterada pelas Portarias n.ºs 198/2010, de 14 de Abril, e 1311/2010, de 24 de Dezembro.

A jurisdição de certas parcelas do domínio público encontra-se ainda cometida às administrações portuárias – sobre estas, cf., *infra*.

[86] Este preceito (conjugado com o artigo 4.º) explicita o sentido da alínea *a)* do artigo 4.º do Decreto-Lei n.º 477/80, substituindo-o.

[87] A *Convenção das Nações Unidas sobre o Direito do Mar* foi assinada em Montego Bay, em 10.12.1982, aprovada pela Resolução da Assembleia da República n.º 60-B/97 e ratificada pelo Decreto do Presidente da República n.º 67-A/97 (in ***Diário da República***, I Série-A, n.º 238, Suplemento, 14.10.1997).

[88] A CDM assume uma posição de indiferença quanto ao(s) regime(s) nacional(is) a que se encontra submetido o mar territorial; de qualquer modo, decorre da forma como concebe o respectivo regime que compreende o mesmo como uma parte integrante do domínio territorial do Estado, sem que isso escamoteie o reconhecimento de limites jurídico-internacionais (como sucede com o direito de passagem inofensiva) – neste sentido, cf. também JÓNATAS MACHADO, ***Direito Internacional: Do Paradigma Clássico ao Pós-11 de Setembro***, 3.ª ed., Coimbra, 2006, pp. 194 e 196.

ritoriais", devendo compreender-se como tais as águas do mar territorial, que, nos termos combinados do artigo 3.º da CDM e do artigo 6.º da Lei n.º 34/2006, se estende pela largura de doze milhas marítimas[89], medidas a partir do ponto mais próximo das linhas de base[90]. Por outro lado, integram também o domínio público marítimo as águas interiores sujeitas à influência das marés, nos rios, lagos e lagoas[91].

O domínio público marítimo não envolve apenas águas, incluindo, nos termos das alíneas *c)*, *d)* e *e)* do artigo 3.º da Lei n.º 54/2005, os terrenos que lhes estão associados (margens, leitos e plataforma continental). As noções de leito e margem das águas do mar e das águas sujeitas à influência das marés surgem legalmente definidas (respectivamente pelos artigos 10.º, n.º 2, e 11.º, n.os 2, 5 e 6 da Lei n.º 54/2005), assumindo a sua concretização especiais dificuldades quando o legislador mobiliza critérios materiais de identificação. Assim sucede tradicionalmente com a noção de praia (hoje também constante do n.º 5 do artigo 11.º), a qual, não obstante as hesitações doutrinais, se poderá identificar com terrenos marginais planos (ou quase planos) contíguos à linha máxima de preia-mar de águas vivas equinociais, constituídos por areias soltas ou pedras, dotados de escassa ou nula vegetação característica[92]. Repare-se que a dominializa-

---

[89] Uma milha marítima (ou milha náutica) corresponde a 1852 metros.

[90] Identificada com a linha de baixa-mar ao longo da costa, representada nas cartas náuticas oficiais de maior escala (cf. artigo 5.º da CDM e artigo 5.º, n.º 1, da Lei n.º 34/2006).

[91] Repare-se que não existe uma inteira coincidência entre os conceitos de «águas interiores» (enquanto águas que, nos termos do artigo 8.º da CDM, estão situadas no interior da linha de base do mar territorial) e de «águas interiores sujeitas à influência das marés» constante da Lei n.º 54/2005. *V.* ainda o conceito de «águas interiores» contido na alínea *e)* do artigo 4.º da *Lei da Água*.

[92] Adoptamos aqui uma formulação resultante da fusão de vários contributos doutrinais, entre os quais ressaltam MARCELLO CAETANO, **Manual...**, vol. II, p. 901, AFONSO QUEIRÓ, *As Praias e o Domínio Público*, in *Estudos de Direito Público*, vol. II, tomo 1, Coimbra, 2000, p. 366; FREITAS DO AMARAL/JOSÉ PEDRO FERNANDES, **Comentário...**, p. 92.

Ainda que a outros propósitos, o legislador não se tem escusado a ensaiar uma noção de praia, que pode servir de critério orientador (não vinculativo): assim sucede, *v. g.*, no Anexo I, Secção I, alínea *b)*, do Decreto-Lei n.º 166/2008, que define as praias como "formas de acumulações de sedimentos não consolidados, geralmente de areia ou cascalho, compreendendo um domínio emerso, que corresponde à área sujeita à influência das marés e ainda à porção geralmente emersa com indícios do último sintoma de actividade do espraio das ondas ou de galgamento durante episódios de temporal, bem como um domínio

ção destas faixas de terreno ao longo da costa prossegue uma função ambientalmente orientada, porquanto as subtrai ao jogo do comércio privado, proporcionando-lhes uma disciplina vocacionada para a protecção[93].

Igualmente sujeitos ao estatuto da dominialidade estão os fundos marinhos da plataforma continental e respectivo subsolo [cf. artigos 84.º, n.º 1, alínea *a)*, da CRP, 3.º, alínea *d)*, da Lei n.º 54/2005, 4.º, alínea *a)*, do Decreto-Lei n.º 477/80]. A delimitação da plataforma continental pode revestir algumas dificuldades, tendo em conta que não existe uma posição do Estado português que, após a ratificação da CDM, venha desvelar qual o limite exterior da mesma. Com efeito, o regime jurídico dos fundos marinhos encontra-se plasmado no artigo 9.º da Lei n.º 34/2006 (preceito que define a respectiva largura), no Decreto-Lei n.º 49 369, de 11 de Novembro de 1969 (sobre o aproveitamento de recursos minerais) e no Decreto-Lei n.º 109/94, de 26 de Abril (que estabelece o regime jurídico dos actos de prospecção, pesquisa e exploração de petróleo na plataforma continental). Ao contrário do que sucedia com a anterior Lei n.º 2080, de 21 de Março de 1956, o artigo 9.º da Lei n.º 34/2006 adopta hoje critérios de delimitação coincidentes com os constantes da CDM, de acordo com os quais a plataforma continental estende-se até ao bordo exterior da margem continental ou até uma distância de 200 milhas marítimas das linhas de base, aglutinando um critério geológico com um critério numérico[94][95].

---

submerso, que se estende até à profundidade de fecho e que corresponde à área onde, devido à influência das ondas e das marés, se processa a deriva litoral e o transporte de sedimentos e onde ocorrem alterações morfológicas significativas nos fundos proximais".

[93] Em sentido semelhante, a propósito do Decreto-Lei n.º 468/71, de 5 de Novembro, v. o *Relatório do Programa Nacional da Política de Ordenamento do Território* (aprovado pela Lei n.º 58/2007, de 4 de Setembro), ed. organizada pelo CEDOUA, Coimbra, 2007, pp. 68 e s. (ponto 66)

[94] Neste sentido, QUOC DINH/DAILLIER/PELLET, **Droit International Public**, Paris, 2002, pp. 1186 ss..

[95] A *Estrutura de Missão Para a Extensão da Plataforma Continental* foi criada pela Resolução do Conselho de Ministros n.º 9/2005, de 17 de Janeiro, com o objectivo de preparar, à luz da CDM, uma proposta de extensão da Plataforma Continental de Portugal, para além das 200 milhas náuticas, destinada a ser apresentada à Comissão de Limites para a Extensão da Plataforma Continental – CLPC. Cf. Relatório, conclusões e parecer da Comissão de Defesa Nacional, elaborado a propósito da Proposta de Lei n.º 58/X (in **Diário da Assembleia da República**, II Série-A, n.º 101, 08.04.2006, p. 22) e a apresentação da mesma feita pelo Secretário de Estado da Defesa Nacional e dos Assuntos do Mar perante o Plenário da Assembleia da República (in **Diário da Assembleia da República**, I Série, n.º 111, 12.04.2006, pp. 5100 e ss., esp.te p. 5101). A Resolução do Conselho de Ministros

3.2.1.2. Domínio público hidráulico

No que tange ao domínio lacustre, fluvial e das restantes águas – domínio público formal ou «por determinação da lei» – o legislador adoptou critérios diferenciados de submissão das águas ao estatuto da dominialidade:

a) *Navegabilidade e flutuabilidade*: cf. artigo 5.º, alíneas *a)*, *b)* e primeira parte da alínea *d)*, os quais submetem ao domínio público os cursos de água, os lagos e lagoas, os canais e valas navegáveis ou flutuáveis[96];

---

n.º 32/2009, de 16 de Abril, veio prorrogar o mandato da *Estrutura de Missão* (até 31 de Dezembro de 2010), criando novos objectivos (cf. n.º 2) e reforçando a respectiva equipa (cf. n.º 3). Em 11 de Maio de 2009, a *Estrutura de Missão* submeteu a proposta portuguesa à CLPC. Pela Resolução do Conselho de Ministros n.º 3/2011, de 12 de Janeiro, foi extinta a referida *Estrutura de Missão*, e as respectivas competências transferidas para a *Estrutura de Missão para os Assuntos do Mar*.

Sobre a temática do alargamento da plataforma continental, cf. MARISA FERRÃO, *A Delimitação da Plataforma Continental Além das 200 Milhas Marítimas*, Lisboa, 2009.

[96] Atente-se na manutenção da referência aos caracteres de navegabilidade e flutuabilidade tradicionalmente exigidos pelo nosso ordenamento para a dominialização das águas não marítimas. Em face da ausência de uma definição legal desses conceitos ou de uma eventual classificação administrativa nesse sentido (ao contrário do que sucedia no horizonte da Lei das Águas de 1919), impõe-se compreender como se identificam, em concreto, os lagos, as lagoas e os cursos de água cuja dominialidade radica nestas características. A inexistência de uma definição dos apontados conceitos não se revela preocupante: o intérprete lançará mão de expedientes linguísticos e doutrinais que funcionarão como arrimo na tarefa interpretativa. Desde logo, a mobilização das definições anteriormente constantes da citada Lei das Águas de 1919 não se revelará despicienda: nos termos do § 2.º do artigo 8.º desse diploma, considera-se como corrente navegável "a que for acomodada à navegação, com fins comerciais, de barcos de qualquer forma, construção e dimensões", e como corrente flutuável "aquela por onde estiver efectivamente em costume fazer derivar objectos flutuantes, com fins comerciais".

A não referência a uma classificação de navegabilidade e flutuabilidade pode afigurar-se mais complexa, na óptica da segurança jurídica. Embora compreendendo o objectivo intentado pela abertura legislativa – evitar que, por ausência de classificação (causada, *v. g.*, por inércia da Administração), lagos, lagoas ou cursos de água navegáveis e flutuáveis não se encontrassem submetidos a este estatuto –, julgamos que a opção intermédia seguida em 1919 revestia vantagens importantes: sem descurar as características naturais da água, impunha uma classificação de navegabilidade e flutuabilidade, a fim de tornar certa (e não apenas provisória) a aplicação do regime do domínio público. Aliás, constituía esta uma das raras hipóteses em que a classificação administrativa consubstanciava elemento determinante da aquisição da dominialidade por um bem – neste sentido, cf. o nosso trabalho, *O Domínio...*, pp. 131 e s..

b) *Integração em prédios dominiais*[97]: cf. artigo 5.º, primeira parte da alínea *c)*, e alínea *f)*; artigo 7.º, alíneas *a)* e *f)* – preceitos que aludem, respectivamente, aos cursos de água (não navegáveis nem flutuáveis) localizados em terrenos públicos, aos lagos e lagoas (não navegáveis nem flutuáveis) formados pela natureza em terrenos públicos, às águas nascidas e águas subterrâneas existentes em terrenos públicos e águas pluviais que caiam em terrenos públicos ou que, abandonadas, neles corram;

c) *Exercício de uma específica função de utilidade pública*: v. artigo 5.º, alíneas *c)*, segunda parte, e *e)*, que dominializam os cursos de água que *por lei* sejam reconhecidos como aproveitáveis para fins de utilidade pública, como a produção de energia eléctrica[98], irrigação ou canalização de água para consumo público, assim como as albufeiras destinadas à prossecução de fins de utilidade pública, designadamente produção de energia eléctrica ou irrigação[99]. Superando a ideia (comum durante séculos e ainda vigente no início do século XX) de que a publicidade das águas decorria de as mesmas constituírem vias de comunicação privilegiadas[100], a *aptidão para a satisfação de outros fins de utilidade público* constitui hoje

---

[97] A expressão «terreno público» surge interpretada *stricto sensu* (como terreno dominial), e não mais amplamente enquanto terreno na titularidade de um ente público. Embora favoráveis (por princípio) a uma autocontenção legislativa no horizonte da classificação legislativa da dominialidade, não ignoramos que a defesa desta posição comporta alguns óbices resultantes da contraposição efectuada pelo diploma entre terrenos públicos e terrenos particulares. Uma perspectiva coerente com a ideia da não desintegração das águas dos prédios em que se encontram e, sobretudo, do respectivo regime jurídico aponta, porém, para a perspectiva que propugnamos.

[98] Sobre o relevo dos recursos hídricos para a produção de energia eléctrica, cf. o nosso trabalho, **Energia Eléctrica e Utilização de Recursos Hídricos**, in **Temas de Direito da Energia**, Coimbra, 2008, pp. 13 e ss..

[99] Embora a alínea *e)* se refira como bens dominiais às albufeiras *criadas* para fins de utilidade pública, supomos que a norma deve ser interpretada no sentido de que apenas integrarão o domínio público a partir do momento em que se encontrem adstritas às funções enunciadas.

[100] Assim se compreendia que os cursos de água tivessem de revestir as características da navegabilidade e da flutuabilidade para assumirem natureza pública (cf., *supra*, em nota); sem prejuízo de não se ignorar a relevante função que aqueles continuam a desempenhar enquanto meios de garantia da liberdade de circulação – nestes termos, também CAPUTI JAMBRENGHI, **Beni Pubblici tra Uso Pubblico e Interesse Finanziario**, in **Diritto Amministrativo**, fasc. 2, ano XV, 2007, p. 169.

também critério da dominialização dos recursos hídricos. Repare-se que, nesta hipótese, o reconhecimento dos cursos de água como aproveitáveis para tais fins não se basta com uma classificação administrativa nesse sentido[101], mas pressupõe uma actuação legislativa (com algum exagero formal, porquanto a determinação de um recurso hídrico como apto para a produção de energia escapa, em largo espectro, ao sentido da função legislativa, assumindo indubitável natureza administrativa). A formulação acolhida pelo legislador quanto à dominialidade das albufeiras destinadas à prossecução de fins de utilidade pública recorda, em larga medida, a noção de *aménagement spécial*, construída pela jurisprudência do *Conseil d'Etat* (no caso *Société Le Béton*[102]) e hoje acolhida no *Code Générale de la Propriété des Personnes Publiques* (cf. artigos L.2111-1, L.2122-13): de acordo com aquela teoria, o início da aplicação do estatuto da dominialidade pode ser determinado pela realização das obras de adaptação imprescindíveis ao exercício da destinação do bem, de molde a torná-lo adequado à função que deve cumprir[103]. Ora, também na situação em análise, o legislador confere à circunstância de as albufeiras serem criadas para a produção de energia eléctrica ou para a irrigação uma importância decisiva para a aquisição da dominialidade. Todavia, e para que não tombemos numa «dominialidade virtual», o simples facto de a albufeira haver sido objecto de obras que a tornaram apta para a produção de energia não pode, por si só, desencadear a aplicação do regime jurídico do domínio público: para tal, necessário se torna que a Administração destine a albufeira a essa função. Tudo isto para dizer que não basta

---

[101] Como sucedia, por exemplo, com a classificação dos cursos de água como navegáveis ou flutuáveis no âmbito da anterior Lei das Águas de 1919, classificação essa que, revestindo a forma de acto administrativo, constituía uma condição necessária da dominialidade do bem – sobre a natureza jurídica e o significado desta classificação administrativa, v. o nosso trabalho ***O Domínio...***, pp. 131 e ss..

[102] *Arrêt* do *Conseil d'Etat*, de 19.10.1956, in: LONG/WEIL/BRAIBANT/DELVOLVE/ GENEVOIS, ***Les Grands Arrêts de la Jurisprudence Administrative***, 9.ª ed., Paris, 1990, pp. 546 ss..

[103] Sobre a noção de *aménagement spécial*, cf., por todos, HERVOUET, ***L'Utilité de la Notion d'Aménagement Spécial dans la Théorie du Domaine Public***, in ***Revue du Droit Public et de la Science Politique***, 1983, pp. 140 ss.. Cf. também RAPP, ***Entrée et Sortie des Biens (La Propriété «Choisie»)***, in ***Revue Française de Droit Administratif***, n.º 5, ano 22, Setembro/Outubro 2006, pp. 928 e ss..

que a albufeira seja criada para fins de utilidade pública para, *ipso facto*, ficar imediatamente sujeita ao regime jurídico da dominialidade, para tanto carecendo de um acto administrativo de afectação – a afectação consiste, pois, no acto através do qual a Administração vai efectivamente colocar a albufeira ao serviço da produção de energia eléctrica ou da irrigação[104];

d) *Abastecimento por ou futura integração em águas dominiais*: cf. artigo 5.º, alíneas *g)* e *h)*, artigo 7.º, alínea *d)*, reportando-se, respectivamente, a lagos e lagoas circundados por diversos terrenos particulares ou existentes dentro de um prédio particular, quando alimentados por corrente pública, cursos de água (não navegáveis nem flutuáveis), nascidos em prédios privados, logo que transponham abandonados os limites dos prédios onde nasceram ou para onde foram conduzidos pelo seu proprietário se, no final, se lançarem em águas públicas, e águas pluviais caídas em terreno particular, quando transponham os limites desse prédio se se lançarem em águas públicas. Dir-se-á que neste critério se incluiria igualmente a previsão constante da alínea *b)* do artigo 7.º: "águas nascidas em prédios privados, logo que transponham abandonadas os limites dos terrenos ou prédios onde nasceram ou para onde foram conduzidas pelo seu dono se no final forem lançar-se no mar ou em outras águas públicas"; sem sonegarmos este aspecto, omitimo-lo por considerarmos que tal norma se revela desnecessária, por se encontrar abrangida pela alínea *h)* do artigo 5.º.

Diversamente do que vimos suceder com o domínio público marítimo, a titularidade do domínio público hidráulico não se circunscreve ao Estado, mas pertence também às regiões autónomas e às autarquias locais, nos termos dos artigos 6.º e 8.º da Lei n.º 54/2005[105].

---

[104] Sobre o problema da conexão entre domínio público e energia como forma de garantir a publicização das actividades da produção de energia eléctrica, *v.* o nosso trabalho **Energia Eléctrica e Utilização de Recursos Hídricos**, in **Temas de Direito da Energia**, Coimbra, 2008, pp. 31 s..

[105] As alíneas *a)* e *b)* do n.º 2 do artigo 22.º do EPAA recuperam o disposto na Lei n.º 54/2005, determinando que pertencem ao domínio público da Região Autónoma dos Açores os lagos, lagoas, ribeiras e outros cursos de água, com os respectivos leitos e margens, bem como os que por lei forem reconhecidos como aproveitáveis para produção de energia eléctrica ou para irrigação, e as valas e os canais de irrigação abertos pela Região e as barragens de utilidade pública.

3.2.1.3. Algumas singularidades

A enumeração (mais ou menos pacificamente) avançada nos pontos anteriores não preclude a existência de um conjunto de aspectos particulares.

Em primeiro lugar, assinale-se a possibilidade de desafectação constante do artigo 19.º da Lei n.º 54/2005, nos termos do qual "pode, mediante diploma legal, ser desafectada do domínio público qualquer parcela do leito ou da margem que deva deixar de ser afecto exclusivamente ao interesse público do uso das águas que serve, passando a mesma, por esse facto, a integrar o património do ente público a que estava afecto", prescrição recuperada, sem prejuízo das várias deficiências que o diploma enferma[106], pelo n.º 1 do artigo 4.º do Decreto-Lei n.º 100/2008, de 16 de Junho (estabelece os procedimentos relativos ao destino a dar às áreas compreendidas no domínio público hídrico do Estado em relação a usos com este compatíveis, nos termos legais, ou quando deixem de estar afectas exclusivamente ao interesse público do uso das águas)[107]. Neste cenário importa ter em consideração que estamos diante de bens que consubstanciam o tradicionalmente designado domínio público natural, pelo que, em rigor, a respectiva desdominialização apenas poderá suceder quando o bem perca as características legalmente exigidas para a assunção do estatuto da dominialidade (degradação). Compreendia-se, porém, que, nas hipóteses em que a publicidade de um bem não estivesse associada às suas qualidades

---

[106] Além da enigmática referência ao conceito de "domínio público geral" (cf., *infra*, 6.2.1., em nota), o legislador incorre, pelo menos, em duas deficiências: na alínea *b)* do n.º 1 do artigo 3.º, alude à utilização privativa do domínio público hídrico através de *autorização* (esquecendo que, nos termos dos diplomas para que expressamente remete, este título se refere a recursos hídricos privados); no n.º 1 do artigo 4.º, estabelece como condição da desafectação a não aplicação dos mecanismos previstos no artigo 3.º, referente aos usos compatíveis com o domínio hídrico, parecendo ignorar que os âmbitos de aplicação dos preceitos nunca se sobrepõem, visto que o artigo 3.º pressupõe que os bens se revelem necessários para o desempenho das finalidades públicas determinantes da integração no domínio hídrico, partindo o artigo 4.º do pressuposto precisamente inverso (de contrário, nunca se admitiria a possibilidade de desafectação).

[107] Encontramos um exemplo desta desafectação no Decreto-Lei n.º 75/2009, de 31 de Março (estabelece a desafectação do domínio público marítimo dos bens identificados pela APL – Administração do Porto de Lisboa, S. A., sem utilização portuária reconhecida na frente ribeirinha de Lisboa e a sua integração no que designa como «domínio público geral do Estado»).

naturais – mas sim, *v. g.*, ao facto de haver sido reconhecido como aproveitável para fins de utilidade pública [cf. o disposto nas alíneas *c)* e *e)* do artigo 5.º da Lei n.º 54/2005] –, a dominialidade do mesmo cessasse em consequência do acto administrativo que retirasse a coisa do desempenho da função de utilidade pública que justificara a sua integração no domínio público. Estranhamos, pois, a formulação simultaneamente restrita e ampla do artigo 19.º, porquanto alude apenas à possibilidade de desafectação dos terrenos do domínio hídrico (mas já não das águas) e admite que estes possam deixar de ser afectos ao interesse público das águas associadas[108].

---

[108] Aliás, o pressuposto desta desafectação nem sequer reside na circunstância de o terreno deixar de ser (de todo) afecto ao interesse público das águas, mas no facto de o deixar de o ser *exclusivamente* – aspecto que tornava o dispositivo legal ainda mais intrigante. Com efeito, admitindo-se a existência de sobreposição de afectações, afigura-se também viável que o mesmo bem servisse concomitantemente duas funções diversas que solicitassem a aplicação de estatutos da dominialidade igualmente diferenciados; por outro lado, mesmo que o terreno seja necessário para fins privados, existe a possibilidade de recurso às figuras de direito público que o possibilitam (*maxime*, por recurso à técnica concessória), não se tornando necessário prescindir do estatuto da dominialidade. E esta posição não se revela necessariamente incompatível com a defesa do carácter especial do domínio público. A auto-contenção exigida aquando da qualificação dos bens como dominiais impõe-se ao legislador e à forma como este identifica os bens dominiais. Se a lei modelasse os bens sujeitos ao domínio hídrico em redor da(s) função(ões) de interesse público pelos mesmos desempenhadas, já se revelaria legítima a desdominialização quando cessasse(m) tal(is) função(ões); utilizando o legislador características naturais, existe uma presunção *iuris et de iure* (sob pena de subversão do critério) de que, enquanto as mesmas se mantiverem, o interesse público subjacente à respectiva publicidade também permanece.

Esta ideia foi acolhida no n.º 1 do artigo 4.º do Decreto-Lei n.º 100/2008 (apenas aplicável ao domínio público do Estado e, por conseguinte, com um âmbito mais reduzido que o do artigo 19.º da Lei n.º 54/2005), que acabou por reconduzir esta desafectação a uma figura de *ultima ratio*, apenas mobilizável quando aos bens não se atribua valor ambiental relevante e não haja utilização portuária reconhecida.

No fundo, a desafectação a que se reporta o artigo 19.º da Lei n.º 54/2005 corresponde a uma autêntica desclassificação legal, assim se compreendendo, aliás, a exigência de que a mesma revista a forma de lei (ou decreto-lei autorizado). Mas nem esta ideia isenta o citado preceito de algumas dificuldades: se se trata de uma desclassificação legal, o "diploma legal" deverá assumir a forma de lei ou decreto-lei autorizado?; tratando-se de avaliar se o terreno em causa deixou de "ser afecto exclusivamente ao interesse público do uso das águas que serve", não causará estranheza que tal juízo se encontre cometido à Assembleia da República?; mesmo admitindo-se que a desafectação do artigo 19.º possa ser efectuada pelo Governo, mediante decreto-lei, revelar-se-á admissível retirar a realização de tal juízo da esfera regional ou autárquica, quando estejam em causa terrenos do domínio hídrico das regiões autónomas ou das autarquias locais?

Outra novidade introduzida pela Lei n.º 54/2005 respeita ao problema do reconhecimento da propriedade privada sobre parcelas de leitos e margens públicos (artigo 15.º)[109]. A possibilidade da existência de direitos de propriedade privada sobre terrenos do domínio hídrico (já admitida por diversos diplomas – cf., por último, o artigo 8.º do Decreto-Lei n.º 468/71) sofre com a Lei n.º 54/2005 algumas alterações. Impõe-se hoje ao interessado em obter o reconhecimento do seu direito de propriedade privada sobre leitos ou margens das águas do mar ou de quaisquer águas navegáveis ou flutuáveis o ónus de intentar a respectiva acção até 1 de Janeiro de 2014, verificando-se que, depois, desse momento, se forma como que uma presunção *iuris et de iure* sobre a natureza pública das mesmas. Efectivamente, tendo em vista a unificação das disciplinas jurídicas dos leitos e das margens das águas públicas (marítimas) e a prossecução de um imperativo de segurança jurídica, o legislador optou por fixar um prazo

---

Muito mais adequado se mostrava, *v. g.*, o Decreto-Lei n.º 48 784, de 21 de Dezembro de 1968, que estabelecia novo processo para a desafectação dos terrenos do domínio público sob a administração da Direcção-Geral dos Serviços Hidráulicos: nos termos deste diploma – cujo âmbito de aplicação se circunscrevia a bens estaduais –, previa-se um procedimento mais exigente para a desafectação daqueles terrenos (iniciativa do Ministério das Obras Públicas e forma de decreto referendado pelo respectivo Ministro e pelo Ministro das Finanças), a qual só ocorreria quando se considerassem prevalentes, em relação ao uso público a que estavam destinados, outros fins de interesse geral para que os terrenos fossem aptos e para cuja conveniente satisfação fosse inadequado o regime da dominialidade.

[109] O reconhecimento do direito de propriedade privada sobre terrenos de águas marítimas não obsta a que os seus titulares fiquem sujeitos a limitações de direito público, visto que, nos termos do n.º 1 do artigo 21.º, tais terrenos encontram-se onerados por servidões administrativas, em especial, por uma servidão de uso público, tendo em vista o acesso às águas, a passagem ao longo das águas de pesca, a navegação e flutuação, a fiscalização e policiamento.
Observe-se que, de um ponto de vista dogmático, a diferenciação efectuada pelo legislador entre leitos/margens *públicos* e leitos/margens *privados* onerados por servidões administrativas demonstra com clareza a ultrapassagem de um paradigma que inclua no conceito de domínio público também os direitos públicos sobre coisas, *maxime*, as servidões. Sem precludirmos a possibilidade de o estatuto da dominialidade se reconduzir, em casos excepcionais, a poderes de domínio exclusivos e excludentes sobre os bens (cf., *infra*, 5.2.), o respectivo conteúdo radica no direito de propriedade pública, e já não, em qualquer caso, numa servidão administrativa, porquanto os poderes que esta confere ao titular público não determinam a extracomercialidade privada do objecto (como o regime do domínio público postula). Sobre a rejeição de um conceito amplo de domínio público, cf. os nossos trabalhos *O Domínio...*, pp. 320 s. (n. 48) e, com uma argumentação orientada, *O Âmbito...*, pp. 155 ss..

de invocação dos direitos privados pré-existentes a 1864 ou 1868, findo o qual os mesmos se extinguem, passando as parcelas em causa a integrar *ipso iure* o domínio público estadual[110]. Apesar de o legislador não circunscrever a sua previsão, entendemos que o prazo máximo de propositura da acção contemplado pelo n.º 1 do artigo 15.º pode vigorar tão-só relativamente aos casos em que o eventual direito de propriedade privada resulta de título anterior a 31 de Dezembro de 1864 ou 22 de Março de 1868, mas já não nas hipóteses subjacentes ao n.º 2 do artigo 14.º, em que o terreno não estava fisicamente incluído nos leitos dominiais, mas, em virtude do avanço das águas (desacompanhado embora da corrosão dos terrenos), passa a estar. Ora, em face de controvérsia ou dúvida quanto ao *status* deste terreno, pode o particular, *a qualquer momento*, intentar uma acção de simples apreciação positiva a fim de obter o reconhecimento do seu direito de propriedade privada.

Por último, importa enfatizar a *vis attractiva* que o estatuto da dominialidade exerce quando os bens preencham em concreto os requisitos físicos legalmente estabelecidos. Assim, o artigo 16.º da Lei n.º 54/2005, que prevê, na linha do que sucedia com o Decreto-Lei n.º 468/71, um direito de preferência do Estado na alienação entre vivos destes terrenos (n.º 1), assim como a possibilidade de expropriação por utilidade pública, sempre que tal se revele necessário para submeter ao regime da dominialidade pública todas as parcelas existentes em certa zona (n.º 2), ficando em ambos os casos as coisas automaticamente (*i. e.*, independentemente de outro acto da Administração para além do que operou a aquisição para a titularidade de um ente público) subordinadas ao domínio público (n.º 3). Na mesma linha, quando ocorra uma corrosão lenta e sucessiva de parcelas privadas contíguas a leitos dominiais, aquelas consideram-se automaticamente integradas no domínio público (artigo 14.º, n.º 1); já se o avanço das águas e inundação das parcelas privadas não forem acompanhados da corrosão de terrenos ou se resultarem da instalação de uma infra-estrutura realizada pelo Estado (ou por ele consentida a um utilizador de recursos hídricos), a submissão ao estatuto da dominialidade não se revela imediata, mas depende do exercício do poder de expropriar conferido ao Estado pelo legislador (cf. artigos 14.º, n.º 2, e 27.º, respectivamente).

---

[110] Atente-se no regime especial de prova previsto pelos n.ºˢ 2 e 3 do artigo 15.º da Lei n.º 54/2005. Ao âmbito de possibilidades já recortado pelo Decreto-Lei n.º 468/71, o citado n.º 3 acrescentou uma outra: a posse pública pelo período necessário à formação de usucapião.

3.2.2. Domínio público aéreo

Tal como resulta do disposto na alínea *b)* do n.º 1 do artigo 84.º da Constituição, pertencem ao domínio público (estadual, acrescentamos) as camadas aéreas superiores ao território acima do limite reconhecido ao proprietário ou ao superficiário. Este preceito recebe ainda uma concretização na segunda parte da alínea *f)* do artigo 4.º do Decreto-Lei n.º 477/80 (integrando-se no domínio público estadual as camadas aéreas situadas sobre qualquer imóvel do domínio privado, para além dos limites estabelecidos na lei em benefício do proprietário do solo).

Mais uma vez, estamos diante de uma dependência do domínio público que coloca problemas relevantes na óptica da sua delimitação relativamente aos espaços sob jurisdição internacional[111]. Como decorre da evolução tecnológica, foi sobretudo a partir da Primeira Guerra Mundial que se tornou premente a necessidade de regulamentar, em termos internacionais, o espaço aéreo territorial, quer em termos de utilização por outros Estados, quer, mais tarde, de delimitação em termos verticais face a um espaço aéreo sujeito ao direito internacional. Assim, de acordo com os artigos I e II do *Tratado sobre os Princípios que regem as Actividades dos Estados na Exploração e Utilização do Espaço Exterior*[112], o espaço extra-atmosférico

---

[111] No caso do domínio público aéreo, torna-se, portanto, imprescindível estabelecer com alguma clareza tanto os limites verticais inferiores (decorrentes da delimitação do direito de propriedade privada e do direito de superfície) como os limites verticais superiores (relacionados com a determinação do ponto a partir do qual vigora um regime jurídico internacional semelhante ao do alto mar). Cf. também GOMES CANOTILHO/VITAL MOREIRA, *Constituição da República Portuguesa Anotada*, 4.ª ed., vol. I, Coimbra, 2007, p. 1003, anotação V ao artigo 84.º.

[112] *Tratado sobre os Princípios que Regem as Actividades dos Estados na Exploração e Utilização do Espaço Exterior, incluindo a Lua e Outros Corpos Celestes*, assinado em Washington, Londres e Moscovo em 27 de Janeiro de 1967, cujo texto inglês e respectiva tradução portuguesa se encontram publicados em anexo ao Decreto-Lei n.º 286/71, de 30 de Junho, que o aprova para adesão. Cf., sobre a evolução do direito internacional convencional nesta área, AZEVEDO SOARES, *Lições...*, pp. 259 e ss..

Aliás, como salienta BRIERLY (*Direito Internacional*, pp. 216 s.), afirmar, em termos internacionais, a soberania de um Estado relativamente a todo o espaço aéreo (incluindo extra-atmosférico) sobrejacente ao território estadual não tem muito sentido, desde logo de um ponto de vista físico. Com efeito, não apenas os objectos lançados para fora do campo de atracção da Terra se revelam insusceptíveis de manter uma posição constante por referência a um qualquer ponto da superfície, como, mesmo dentro do campo de atracção da Terra, os objectos movem-se a altitudes e velocidades tais que, em termos práticos, tor-

(espaço exterior)[113] tem um regime semelhante ao do alto mar[114] (além de as respectivas exploração e utilização deverem ser conduzidas em benefício e de acordo com os interesses de todos os Estados, preside-lhes uma intenção de liberdade e de igualdade relativamente ao acesso a todas as regiões dos corpos celestes, não se revelando o espaço exterior susceptível de apropriação nacional[115]) – o que nos permite concluir que, atentos os limites superiores, o espaço aéreo integrante do domínio público aéreo compreende apenas as camadas atmosféricas (cf. ainda artigos III e IX do mesmo Tratado)[116].

Repare-se, contudo, que afirmar, no plano internacional, a soberania estadual sobre o espaço atmosférico sobrejacente ao território[117] não significa que não existam limitações implicadas pelo reconhecimento de

---

nam incompreensível qualquer tentativa de domínio de um Estado sobre essas zonas. Por outro lado, uma posição diferente redundaria num somatório de dificuldades à exploração e utilização do espaço exterior, em vista das objecções que então seriam colocadas pelos Estados.

[113] Acerca das dificuldades desta delimitação, v. QUOC DINH/DAILLIER/PELLET, *Droit...*, pp. 1244 e s.. Cf. ainda BRIERLY, *Direito Internacional*, Lisboa, 1968, pp. 217 s..

[114] Embora esta matéria resulte essencialmente de convenções internacionais. Cf., entre nós, PAULA VEIGA, *O Direito do Espaço Extra-Atmosférico: Contributo para o Estudo do Direito Internacional Cooperativo*, Coimbra, 2002, pp. 28 e ss., e *Direito do Espaço Extra-Atmosférico: Notas sobre uma Nova Área do Direito*, in *Boletim da Faculdade de Direito*, vol. LXXX, 2004, pp. 403 e ss.. AZEVEDO SOARES (*Lições...*, p. 261) sugere a existência de um verdadeiro costume (internacional) que levaria a considerar o espaço aéreo superior a certo limite como *res communis*.

[115] Vigoram nesta matéria os princípios da liberdade de exploração e de utilização, da não apropriação, da utilização pacífica, do benefício da humanidade, da aplicabilidade do direito internacional, da responsabilidade estadual – acerca dos princípios materiais do direito do espaço extra-atmosférico, v. PAULA VEIGA, *O Direito...*, pp. 72 e ss., e *Direito...*, pp. 439 e ss..

[116] Está também sujeito a um regime de direito internacional o espaço aéreo sobrejacente ao alto mar – «espaço aéreo internacional». Em termos «laterais», não se encontra estabelecida qualquer regra específica que distinga os espaços aéreos dos diversos Estados, devendo, pois, adoptar-se como critério a delimitação das fronteiras terrestres e marítimas, apesar das dificuldades inerentes ao mesmo – v., neste sentido, QUOC DINH/DAILLIER/ PELLET, *Direito...*, p. 1249.

[117] Com a possibilidade de o Estado poder restringir as áreas sobrevoadas – cf., v. g., entre nós, Decreto-Lei n.º 248/91, de 16 de Julho, que estabelece proibições de sobrevoo sobre áreas onde estão localizados órgãos de soberania, património histórico e natural e instalações ligadas à defesa e segurança interna (enumerando as áreas proibidas de sobrevoo na zona de Lisboa, v. Portaria n.º 837/91, de 16 de Agosto).

algumas liberdades, como resulta da Convenção de Chicago de 1944[118]. Aliás, se, nesta matéria, vigora o princípio da "soberania plena e exclusiva" (cf. artigo 1.º da Convenção de Chicago), permitindo a intercepção de aeronaves estrangeiras que violem o espaço aéreo de um Estado, não pode olvidar-se a imprescindibilidade de prevenir abusos e condenar acções desproporcionadas – isso mesmo resulta do Protocolo de Montreal de 1984[119], nos termos do qual os Estados reconhecem que devem abster-se do recurso à força contra aeronaves civis que sobrevoem sem autorização o espaço aéreo estadual.

No que tange ao direito interno, a principal dificuldade surge em virtude de ainda hoje não existir uma orientação decisiva tendente a fixar os limites da propriedade privada de imóveis, para abordar o aspecto que, da nossa perspectiva interessada, cumpre apreciar. Efectivamente, o artigo 1344.º do Código Civil limita-se a prescrever que a propriedade de imóveis abrange o espaço aéreo (a coluna) correspondente à respectiva superfície, ainda que o proprietário se não encontre legitimado para impedir actos de terceiro que, pela altura a que ocorrem, não haja interesse em impedir[120].

---

[118] O texto da *Convenção sobre a Aviação Civil Internacional*, assinada em Chicago, a 7 de Dezembro de 1944, encontra-se publicado em anexo ao Decreto-Lei n.º 36 158, de 17 de Fevereiro de 1947. Para uma explicitação das liberdades do ar, v. QUOC DINH/ DAILLIER/PELLET, *Direito...*, pp. 1250 ss..

[119] Aprovado pela Resolução da Assembleia da República n.º 3/91 (in: *Diário da República*, I Série-A, n.º 15, 18.01.1991). Sobre o circunstancialismo histórico que rodeou a aprovação do Protocolo e as questões então colocadas, cf. PIRIS, *De Quelques Controverses Juridiques Consécutives à la Destruction du Boeing 747 de la KAL le 1.er Septembre 1983*, in *Revue Générale de Droit International Public*, n.º 4, tomo LXXXX, 1986, pp. 815 ss.; QUOC DINH/DAILLIER/PELLET, *Droit...*, pp. 1248 s..

[120] Como muito adequadamente acentuam PIRES DE LIMA/ANTUNES VARELA (*Código Civil Anotado*, vol. III, 2.ª ed., Coimbra, 1987, p. 174, anotação 4 ao artigo 1344.º), o proprietário pode ter interesse em impedir, designadamente, o voo de aeronaves a baixa altitude, em vista do ruído que provoca e dos danos que se revela susceptível de provocar a pessoas e animais (todavia, como acentuam os mesmos Autores, tal navegação não é proibida e não parece que o Código Civil pretenda alterar essa situação). Mas, repare-se, este preceito não deixa o problema resolvido por não ser inequívoco, já que se pode pressupor que tais actos têm lugar *dentro dos limites do direito de propriedade privada de imóveis*; simplesmente, o proprietário, por falta de interesse sério e atendível, não os pode proibir. Destarte, podemos, com razoabilidade, afirmar que o problema da definição do domínio público aéreo persiste nas situações em que a coisa se inclui no domínio privado (propriedade privada) de qualquer ente público e ainda nos casos em que o bem pertence ao domínio público de outras pessoas colectivas públicas diferentes do Estado. Pelo contrário, à partida, parece mais ou menos claro que a questão se não coloca com tamanha acuidade

Destarte, também o legislador (constitucional e ordinário) renunciou ao estabelecimento dos limites superiores do direito de propriedade privada sobre um imóvel, determinando a partir de que ponto (altitude) se inicia o domínio público aéreo.

Deverá entender-se, porém, que consiste esta numa questão que não pode abstrair da função social da propriedade privada em consonância com a qual há-de ser abordada. Ora, é também esta função, no interior da qual se projecta o instituto do «abuso do direito»[121], que justifica a impossibilidade de o proprietário privado impedir determinados actos de terceiros, sempre que não detenha um interesse suficientemente sério e atendível nesse sentido. É, portanto, possível admitir que a função social não interfere apenas ao nível do conteúdo do direito de propriedade privada, mas também contribui para traçar os limites objectivos (extensivos) do mesmo. Hoje revela-se completamente desajustada uma qualquer perspectiva que estenda os poderes do proprietário *usque ad inferos et usque ad coelum*: aliás, em rigor, o próprio *domínio efectivo* do titular do direito de propriedade nunca poderia ir tão longe, por muitas ampliações que sofresse[122]. Atentas

---

nas hipóteses em que a coisa em causa (*v. g.*, uma estrada ou um rio) já integra o domínio *público estadual* – mesmo assim, revela-se de toda a conveniência discernir o que constitui domínio público aéreo tendo em conta dois factores: por um lado, a possibilidade da existência de regimes jurídicos diferenciados; por outro lado, a necessidade de limitação do regime da dominialidade ao imprescindível para o (adequado) desempenho da função pública que lhe está subjacente.

[121] Recorde-se que alguns dos casos que originaram a aplicação do instituto do abuso de direito surgiram justamente a propósito da delimitação superior do direito de propriedade privada, como sucedeu no caso *Clément-Bayard*, em que um proprietário rural construiu no seu prédio umas armaduras de madeira encimadas de varas de ferro, a fim de prejudicar ou impedir a circulação (aérea) dos dirigíveis (rasgando-os, como, de facto, se verificou) guardados no prédio vizinho – cf., *v. g.*, LAVIALLE, **La Condition Juridique de l'Espace Aérien Français**, in **Revue Française de Droit Administratif**, n.º 6, ano 2, Novembro/Dezembro 1986, p. 850; CARVALHO FERNANDES, *Teoria...*, vol. II, p. 586. Para uma perspectiva das relações entre abuso do direito e função social da propriedade privada, cf. COUTINHO DE ABREU, *Do Abuso de Direito (Ensaio de um Critério em Direito Civil e nas Deliberações Sociais)*, Coimbra, 2006, pp. 32 e ss..

[122] Cf., no mesmo sentido, SAVATIER, **La Propriété des Volumes dans l'Espace et la Technique Juridique des Grands Ensembles Immobiliers**, in **Recueil Dalloz Sirey**, Chronique VIII, 1976, p. 104), para quem a definição do artigo 552 do *Code Civil* temporalmente situado, na medida em que pressupõe também que a propriedade de solo abrange "le dessus et le dessous", não distingue a utopia da realidade: com efeito, o domínio efectivo do proprietário encontrar-se-ia no limite das suas escadas ou terraços, por um lado, e nas caves ou galerias, por outro lado (em termos concordantes, HENRIQUE MESQUITA,

estas considerações, parece ter alguma razão Marcello Caetano[123] quando defende que o espaço aéreo a partir da altitude em que o proprietário já não tem interesse em impedir quaisquer actos de terceiros integra o domínio público. No fundo, também aos limites objectivos da propriedade preside uma *intenção funcional*, devendo entender-se a coisa como unicamente submetida aos poderes do proprietário (ou do superficiário) na exacta medida em que se revela necessária para preservar a utilidade ordinariamente proporcionada pelo bem imóvel em causa[124]. Pretende, pois, conciliar-se os critérios da «propriedade útil» e do «interesse legítimo» já avançados por alguns sectores da doutrina francesa[125]. Para além desse limite (que, como desde logo se compreende, não é estrito, mas variável consoante o circunstancialismo fáctico em causa, apresentando-se por vezes quase liquefeito), estamos no âmbito do domínio público estadual[126].

Tal como já em 1965 sublinhava Savatier[127], também no âmbito da propriedade privada, há que compreender o respectivo objecto em três di-

---

Direitos Reais, Coimbra, 1967, p. 138, n. 1, defendendo a limitação das possibilidades de o proprietário aumentar o seu domínio efectivo).

[123] MARCELLO CAETANO, *Manual...*, vol. II, p. 906.

[124] Parece ser em sentido semelhante que MENEZES CORDEIRO (*Tratado...*, p. 67) considera que o domínio aéreo começa para lá da altitude onde o interesse do proprietário já não alcança – ainda que defenda tratar-se de matéria que merece uma regulamentação: assim, exemplifica (*Op.* p. 67, n. 207), no que se reporta à construção de um viaduto a uma altitude que nunca seria ocupada pelo proprietário, este pode ter interesse em não ser «sobrevoado» pelo viaduto. Também OLIVEIRA ASCENSÃO (*Direito Civil: Reais*, 5.ª ed., Coimbra, 1993, p. 185) entende que o critério determinante da compreensão dos limites em altura dos direitos incidentes sobre imóveis reside no interesse prático influenciado pela consagração do princípio da função social permite: são inaceitáveis «poderes de expansão» do direito a outras zonas que não correspondam a qualquer interesse efectivo do respectivo titular.

[125] Cf. LAUBADERE, *Réflexions...*, pp. 767 s..

[126] Não deixa de ter alguma razão LAUBADERE (*Réflexions d'un Publiciste sur la Propriété du Dessus: A Propos du Plafond Légal de Densité*, in *Mélanges Dédiés à Gabriel Marty*, Toulouse, 1979, p. 773), quando defende a conveniência (pelo menos, no que se refere à certeza jurídica) em demarcar um limite, em termos de distância, que permita distinguir o que ainda é propriedade privada, do que já consubstancia domínio público, talqualmente sucede com o domínio marítimo. Todavia, assim como também acentua o Autor, tal apenas se poderá verificar mediante uma actuação legislativa nesse sentido, não obstante a delicadeza extrema dessa mesma tarefa.

[127] SAVATIER, *La Propriété de l'Espace*, in *Recueil Dalloz Sirey*, Chronique XXXV, 1965, p. 213 (para além de todas as restrições impostas à utilização do espaço sobrejacente ao solo pelas normas de ordenamento do território e do urbanismo).

mensões e ultrapassar a concepção superficial (horizontal) tipicamente romanista. O que está em causa é, portanto, a delimitação da fronteira (algo imprecisa) entre o que constituem actos de intromissão na propriedade privada (que, como tais, pressupõem um direito de indemnização na titularidade do proprietário) daqueles actos que, *justamente por não constituírem uma intromissão na propriedade privada* (atentas as suas possibilidades de utilização), já se não devem compreender como praticados dentro do âmbito desse direito. Percebe-se que esta questão não se assume apenas como de interesse teórico, mas pode alcançar relevantes repercussões económicas. Pense-se, *v. g.*, nas situações em que se verifica a necessidade de passagem de linhas de alta tensão para transporte de electricidade, assim como de fios telefónicos, por cima de prédios particulares: considerando-se tal espaço ainda como propriedade privada, vem-se entendendo que aos proprietários é devida uma indemnização[128]. Entre nós, o problema recebe solução através do instituto da servidão pública, encontrando-se em diversos diplomas a referência a servidões das linhas aéreas de média e alta tensão (impondo, designadamente, áreas *non aedificandi*)[129]. O mesmo sucede em relação às servidões aeronáuticas, destinadas a garantir a segurança e eficiência da utilização e funcionamento dos aeródromos e das instalações de apoio à aviação civil (cf. artigos 2.º, 4.º e 5.º do Decreto-Lei n.º 45 987, de 22 de Outubro de 1964).

---

[128] Cf. PIRES DE LIMA/ANTUNES VARELA, *Código...*, p. 175, anotação 5. ao artigo 1344.º.

[129] Cf., entre outros, artigo 2.º (2.2.) do *Regulamento do Plano Director Municipal de Almeirim*, ratificado pela Resolução do Conselho de Ministros n.º 48/93, in *Diário da República*, I Série-B, 01.06.1993. O n.º 1 do artigo 22.º do *Regulamento do Plano Director Municipal de Ourém* (ratificado pela Resolução do Conselho de Ministros n.º 148-A/2002, in *Diário da República*, I Série-B, 30.12.2002) dispõe expressamente que "na vizinhança de redes aéreas de transporte e distribuição de energia eléctrica em alta tensão serão observadas as servidões estabelecidas na lei", muito embora ainda não se registe qualquer diploma legislativo que se debruce sobre o problema.

No mesmo sentido, em Espanha, o n.º 2 do artigo 56 da *Ley del Sector Eléctrico* (*Ley* 54/1997, de 27 de Novembro) prevê a existência de «servidões de passagem aérea» (sem prejuízo de esta poder incluir, além do sobrevoo, o estabelecimento de postes, torres ou apoios fixos para sustentar os cabos condutores de energia; sobre o âmbito das servidões de passagem nesta matéria, cf. também a 14.ª disposição adicional).

3.2.3. Domínio público radioeléctrico

De acordo com o artigo 14.º da Lei n.º 5/2004, de 10 de Fevereiro (*Lei das Comunicações Electrónicas*[130]), o espaço pelo qual podem propagar-se as ondas radioeléctricas[131] integra o domínio público do Estado (o espec-

---

[130] Alterada pelo Decreto-Lei n.º 176/2007, de 8 de Maio, pela Lei n.º 35/2008, de 28 de Julho, e pelo Decreto-Lei n.º 258/2009, de 25 de Setembro.

[131] Poder-se-á, portanto, afirmar que o espaço pelo qual podem propagar-se as ondas radioeléctricas identifica a noção (legal) de *espectro radioeléctrico*. Aproxima-se da nossa a anterior *Ley General de Telecomunicaciones* espanhola (*Ley* 11/1998, de 24 de Novembro) que definia, tal como o respectivo regulamento (aprovado por *Orden Ministerial*, de 9 de Março de 2000) nos mesmos termos o «domínio público radioeléctrico» ("o espaço pelo qual podem propagar-se as ondas radioeléctricas" – cf. Anexo).

Encontra-se internacionalmente convencionado que as ondas radioeléctricas consubstanciam ondas electromagnéticas cuja frequência é inferior a 3000 GHz e que se propagam no espaço sem guia artificial (cf. nota 1 do n.º 1005 do Anexo da *Convenção da União Internacional das Telecomunicações*, de 22 de Dezembro de 1992, aprovada pela Resolução da Assembleia da República n.º 10-A/95 e ratificada pelo Decreto do Presidente da República n.º 27-A/95, in: *Diário da República*, I Série – A, n.º 44, 1.º Suplemento, de 21.02.1995, tendo sido publicada em anexo à Resolução; no mesmo sentido, artigo S.1.5. do Regulamento das Radiocomunicações da União Internacional das Telecomunicações, publicado em anexo ao Decreto n.º 2-A/2004, in: *Diário da República*, I Série-A, n.º 13, 3.º Suplemento, de 16.01.2004). O artigo 2.º da Decisão n.º 676/2002/CE do Parlamento Europeu e do Conselho, de 2 de Março de 2002 («Decisão Espectro de Radiofrequências», in *JOCE*, n.º L 108, 24.04.2002) contém um esclarecimento suplementar ao especificar que o espectro de radiofrequências inclui as ondas de rádio (*i. e.*, ondas electromagnéticas propagadas sem guia artificial) de frequências entre os 9 KHz e os 3000 GHz. Na legislação interna, cf. artigo 2.º, n.º 1, alínea *e)*, do Decreto-Lei n.º 151-A/2000, de 20 de Julho; nos termos da alínea *f)* do mesmo preceito entende-se por «espectro radioeléctrico» "o conjunto das frequências associadas às ondas radioeléctricas". *V.* ainda as explanações de CHINCHILLA MARÍN, *La Radiotelevisión...*, pp. 109 e s.. Nesta medida, talvez tivesse sido preferível que a legislação portuguesa, à semelhança do que sucedeu em Espanha com a nova *Ley General de Telecomunicaciones* (*Ley* 32/2003, de 3 de Novembro, ponto 12 do Anexo II), houvesse dado uma definição mais rigorosa de espectro radioeléctrico.

Uma crítica que pode ser efectuada à noção legal prende-se com o facto de as ondas radioeléctricas não necessitarem de *espaço* para se propagarem, uma vez que também o fazem no vazio – cf., por todos, CHINCHILLA MARÍN, *La Radiotelevisión...*, p. 117. Daí que, e seguindo a opinião desta última Autora (*Op.* p. 134, n. 64), será mais adequado considerar como bem sujeito à dominialidade as ondas radioeléctricas, já que uma tal referência a espaço se revela incorrecta, pelo menos em termos estritamente técnicos. MARZO COSCULLUELA [*El Dominio Público Radioeléctrico*, in CHINCHILLA MARÍN (org.), **Telecomunicaciones: Estúdios sobre Dominio Público y Propiedad Privada**, Madrid, 2000, p. 150] entende estarmos aqui diante de um recurso natural, constituindo "o meio ou o suporte pelo qual se propagam as ondas radioeléctricas".

tro radioeléctrico[132]), cabendo a respectiva *gestão* (a envolver a planificação, a atribuição e a supervisão dos recursos espectrais[133]) ao *Instituto das Comunicações de Portugal – Autoridade Nacional das Comunicações* (ICP-ANACOM), a entidade reguladora do sector [cf. artigos 5.º, n.º 2, alínea *d)*, da *Lei das Comunicações Electrónicas*, e 4.º, n.º 1, do Decreto--Lei n.º 151-A/2000, de 20 de Julho[134], conjugados com o n.º 3 do artigo 1.º do Decreto-Lei n.º 309/2001, de 7 de Dezembro; artigo 6.º, n.º 1, alínea *c)* dos *Estatutos do ICP-ANACOM*, aprovados pelo Decreto-Lei n.º 309/2001][135].

Também a matéria concernente ao espectro radioeléctrico constitui objecto de regulamentação internacional. Atentando na circunstância de as frequências consubstanciarem recursos limitados, nos termos da alínea *a)* do n.º 2 do artigo 1.º da *Constituição da União Internacional das Telecomunicações* (UIT), de 22 de Dezembro de 1992[136], cumpre à União a

---

[132] Isso mesmo já havia resultado do artigo 7.º da Lei n.º 87/88, de 30 de Julho (relativa ao exercício da actividade de radiodifusão), assim como do Decreto-Lei n.º 338/88, de 28 de Setembro (sobre radiodifusão sonora). Também o artigo 3.º da Lei n.º 88/89, de 11 de Setembro ia no mesmo sentido, ainda que sem referência expressa ao espectro radioeléctrico, mas fornecendo a noção de «espaço por onde podem propagar-se as ondas radioeléctricas». Continuou nesta sequência o artigo 3.º da Lei n.º 91/97, de 1 de Agosto (*Lei de Bases das Telecomunicações*).

[133] Cf., *v. g.*, artigos 21.º e seguintes do Decreto-Lei n.º 381-A/97, de 30 de Dezembro.

[134] Diploma que estabelece o regime aplicável ao licenciamento de redes e estações de radiocomunicações e à fiscalização da instalação das referidas estações e da utilização do espectro radioeléctrico, bem como a definição dos princípios aplicáveis às taxas radioeléctricas e à partilha de infra-estruturas de radiocomunicações, entretanto alterado pelos Decretos-Leis n.ºs 167/2006, de 16 de Agosto, e 264/2009, de 28 de Setembro (este último rectificado pela Declaração de Rectificação n.º 90/2009, de 25 de Novembro).

[135] Sobre a regulação do sector das comunicações electrónicas, cf. PEDRO GONÇALVES, *Regulação, Electricidade e Telecomunicações – Estudos de Direito Administrativo da Regulação*, Coimbra, 2008, pp. 181 e ss., esp.te pp. 201 e ss..

[136] Aprovada, juntamente com a Convenção, pela Resolução da Assembleia da República n.º 10-A/95, havendo sido ambas ratificadas pelo Decreto do Presidente da República n.º 27-A/95 e publicadas em anexo à Resolução (in *Diário da República*, I Série-A, n.º 44, 21.02.1995). A Constituição e a Convenção da União Internacional das Telecomunicações (assim como o Protocolo sobre a Resolução Obrigatória de Litígios) resultam do desdobramento da anterior Convenção Internacional das Telecomunicações de Nairobi de 1982 (sobre todos estes instrumentos, cf., com algum interesse, *Diário da Assembleia da República*, I Série, n.º 8, 04.11.1994, pp. 248 e ss.). Sobre a relevância do direito público (internacional e interno) nesta matéria, não obstante a crescente tendência privatizadora verificada no sector, cf., *v. g.*, as considerações de DEBBASCH, *Droit de l'Audiovisuel*, Paris, 1988, pp.

atribuição das faixas de frequências do espectro radioeléctrico, a partilha das frequências radioeléctricas, assim como o registo das consignações de frequências e de qualquer posição orbital associada à órbita dos satélites geo-estacionários, sendo que compete ao Sector das Radiocomunicações garantir a utilização racional, equitativa, eficaz e económica do espectro radioeléctrico por todos os serviços de radiocomunicações [cf. artigos 7.º, alínea *d)*, e 12.º e seguintes da *Constituição da UIT* e Secção 5, artigos 7.º e seguintes da *Convenção da UIT*]. Contudo, tal não impede o reconhecimento de que os Estados detêm um papel insubstituível neste domínio, pelo que se comprometem a uma utilização racional, eficaz e económica das frequências (e das órbitas dos satélites geo-estacionários), a fim de permitirem aos demais o acesso equitativo às mesmas, orientando-se pelo imperativo da limitação do número de frequências e da extensão do espectro utilizado ao mínimo possível (*v.* artigo 44.º da *Constituição da UIT*). Consagrou-se, assim, em termos que já decorriam da Conferência de Atlantic City de 1947 (e que posteriormente foram objecto de desenvolvimento pela Conferência de Genebra de 1979 e pela Convenção de Nairobi de 1982) uma solução de «gestão internacional limitada e parcial do espectro radioeléctrico»[137].

No plano europeu, a harmonização da utilização e a gestão do espectro de radiofrequências são garantidas pela *Conferência Europeia das Administrações dos Correios e Telecomunicações* (CEPT). Com efeito, tal como resulta do n.º 2 do artigo 4.º do respectivo Acordo Constitutivo, assume-se como objectivo da CEPT examinar a política pública e as questões de regulação relacionadas, *inter alia*, com a utilização do espectro radioeléctrico e promover a harmonização europeia relativamente a esta última.

Por outro lado, as questões relacionadas com o domínio radioeléctrico têm uma relevante incidência na União Europeia[138], encontrando-se os Estados-membros vinculados às orientações da Comunidade no sentido

---

3 e ss.; *v.* ainda PANNACCIULLI, *Accesso All'Etere e Libertà di Diffusione attraverso il Mezzo Radiotelevisivo*, in ZACCARIA, *Informazione e Telecomunicazione*, vol. XXVIII de SANTANIELLO (dir.), *Trattato di Diritto Amministrativo*, Padova, 1999, pp. 561 ss..

[137] Cf. GAVALDA/BOIZARD (coord.), *Droit de l'Audiovisuel*, Paris, 1989, p. 24; MARZO COSCULLUELA, *El Dominio...*, pp. 155 s.. *V.* também DEBBASCH, *Droit...*, pp. 810 e ss.. *V.* ainda o já citado *Regulamento das Radiocomunicações da UIT*.

[138] Cf. a Exposição de Motivos da Proposta de Decisão do Parlamento Europeu e do Conselho relativa a um quadro regulamentar para a política do espectro de radiofrequências na Comunidade Europeia, apresentada pela Comissão [12.07.2000, COM (2000) 407, 2000/0187 (COD)].

da harmonização da atribuição de frequências e da implementação de uma política de radiofrequências em todas as áreas cobertas pelas políticas da União (estabelecimento de um quadro regulamentar comum para a política do espectro de radiofrequências[139]), pautada, designadamente, pelas ideias de um tratamento justo e não discriminatório no que se refere ao acesso a essas frequências, com o objectivo geral de harmonização e coordenação da utilização do espectro de radiofrequências na Comunidade e no resto da Europa. Assim, se bem interpretamos o preceituado no artigo 1.º da Decisão n.º 676/2002/CE[140], praticamente só caberão aos Estados-Membros competências (exclusivas) para a organização e utilização do seu espectro de frequências para efeitos de ordem pública, segurança pública e defesa, no quadro do direito da União Europeia, procurando-se inclusivamente uma coordenação sistemática das posições nacionais face às negociações internacionais[141]. Aliás, talqualmente resulta do artigo 5.º daquele diploma, a política de radiofrequências pode implicar o dever de os Estados-Membros publicarem um quadro com a repartição nacional das radiofrequências, bem como as informações sobre direitos, condições, procedimentos, encargos e taxas relativas à utilização do espectro de radiofrequências[142].

---

[139] Na prossecução da política do espectro de radiofrequências, a Comissão é assistida pelo *Comité do Espectro de Radiofrequências* (cf. artigo 3.º da citada Decisão do Parlamento Europeu e do Conselho n.º 676/2002/CE), competindo ainda ao *Grupo para a Política do Espectro de Radiofrequências* (instituído pela Decisão da Comissão n.º 2002/622/CE, de 26 de Julho, in *JOCE*, n.º L 198, 27.07.2002, alterada pela Decisão da Comissão n.º 2009/978/UE, de 16 de Dezembro, in *JOUE*, n.º 336, 18.12.2009, pp. 336 e ss.) a tarefa de funcionar como instância consultiva, procurando responder às questões relacionadas com a disponibilidade, harmonização e reserva do espectro de radiofrequências, os métodos usados na concessão de direitos de utilização do espectro, a reorganização, valoração e utilização racional do mesmo.

[140] Trata-se, com efeito, de uma «decisão inaugural» (na sequência do Livro Verde relativo à política para o espectro de radiofrequências e da Resolução de Parlamento Europeu de 18.05.2000, in: *JOCE*, n.º C 59, 23.02.2001) no âmbito da implementação da *política comunitária do espectro de radiofrequências*, que tem por objectivo a gestão técnica do espectro, incluindo a respectiva harmonização e atribuição (para uma adequada compreensão dos objectivos comunitários nesta matéria, *v.*, com especial atenção, os pontos 1, 8, 9, 11, 12, 14, 17 e 22 do preâmbulo da Decisão).

[141] *V.* também a citada Exposição de Motivos da Proposta da Comissão, p. 6.

[142] Sobre os «direitos de utilização de radiofrequências», limitados pela garantia de utilização eficiente desses recursos e atribuídos através de procedimentos abertos, transparentes e não discriminatórios, cf. também artigo 5.º da Directiva n.º 2002/20/CE, de 7 de Março de 2002, relativa à autorização de redes e serviços de comunicações electrónicas (in *JOCE*, n.º L 108, 24.04.2002, alterada pela Directiva n.º 2009/140/CE, do Parlamento

Está em curso um processo de revisão da política europeia nesta matéria, iniciado em 2009, aquando da revisão do quadro regulamentar para as comunicações electrónicas. Assim, a nova redacção conferida à Directiva n.º 2002/21/CE pela Directiva n.º 2009/140/CE[143] prevê a cooperação dos Estados-membros no planeamento estratégico, na coordenação e na harmonização da utilização do espectro de radiofrequências na Comunidade Europeia, tendo em conta, nomeadamente, os aspectos económicos, de segurança, de saúde, de interesse público, de liberdade de expressão, culturais, científicos, sociais e técnicos das políticas da União, bem como os diversos interesses das comunidades de utilizadores do espectro de radiofrequências, com o objectivo de optimizar a utilização do espectro de radiofrequências e evitar interferências nocivas (artigo 8.º-A). Trata-se agora de implementar o *Programa da Política do Espectro de Radiofrequências*, destinado a delinear a forma como a utilização do espectro pode contribuir para os principais objectivos da política da UE até 2015, assim como a forma como o acesso ao espectro contribuirá para reforçar os benefícios sociais, económicos e ambientais[144].

Face à intensa regulamentação internacional (e europeia) e à indeterminação resultante da *Lei das Comunicações Electrónicas* – que genericamente submete ao domínio público o espaço pelo qual se propagam as ondas radioeléctricas –, suscita-se a questão de determinar quais os limites desse «espaço» sujeito ao domínio público estadual *português*, desde logo,

---

Europeu e do Conselho, de 25 de Novembro de 2009, in *JOUE*, n.º L 337, 18.12.2009, pp. 37 e ss.). Acerca das inovações introduzidas por aquela directiva, *v.* FUENTAJA PASTOR, *Elementos Autorizatorios y Concesionales en los Títulos Habilitantes (Evolución del Modelo Comunitario de Acceso al Mercado de Telecomunicaciones)*, in *Revista de Administración Pública*, n.º 160, Janeiro/Abril 2003, pp. 113 ss..

[143] A Directiva n.º 2009/140/CE alterou, *inter alia*, a Directiva n.º 2002/21/CE, do Parlamento Europeu e do Conselho, de 7 de Março de 2002, relativa a um quadro regulamentar comum para as redes e serviços de comunicações electrónicas – «Directiva-Quadro das Comunicações Electrónicas» (in *JOCE*, n.º L 108, 24.4.2002, pp. 33 e ss.).

[144] Cf. o Documento de Trabalho dos Serviços da Comissão, que acompanha a Proposta da Comissão ao Parlamento Europeu e ao Conselho, relativa ao «Programa da Política do Espectro de Radiofrequências», de 20.09.2010, SEC(2010) 1035 final; COM(2010) 471 (http://eur-lex.europa.eu/LexUriServ/LexUriServ.do?uri=SEC:2010:1035:FIN:PT:PDF). *V.* ainda, sobre a política do espectro de radiofrequências, as Comunicações da Comissão *Primeiro Relatório Anual sobre a Política do Espectro de Radiofrequências na União Europeia; Ponto da Situação e Perspectivas* [COM(2004) 507 final, de 20.07.2004] e *Uma Política de Futuro em Matéria de Política do Espectro de Radiofrequências para a União Europeia: Segundo Relatório Anual* [COM(2005) 411 final, de 06.09.1995].

numa perspectiva internacional. Parece, porém, mais ou menos líquido que tal «espaço» se encontra circunscrito ao âmbito do território nacional[145], não abrangendo as ondas que se propaguem pelo espaço extra-atmosférico e pelos espaços aéreos internacionais ou de outros Estados; por conseguinte, constitui domínio público do Estado português o «espaço» pelo qual podem propagar-se as ondas radioeléctricas, desde que o mesmo se encontre abrangido pelo espaço aéreo (em regra) de Portugal – ou melhor e em rigor, integram o domínio público estadual as ondas radioeléctricas susceptíveis de serem propagadas dentro do território português. Todavia, isso não vai implicar que o Estado português se possa opor ao trânsito das ondas radioeléctricas alheias que cruzem o seu domínio radioeléctrico, como resulta dos instrumentos internacionais (cf., *v. g.*, artigo 45.º da Constituição da UIT).

3.2.4. Domínio público geológico

Efectuar uma referência ao domínio geológico implica a dominialidade de bens que, na sua maioria, se encontram no subsolo e, nessa medida, constitui uma afirmação da vigência de um determinado modelo político e ideológico[146]. Na sequência da tradição jurídica nacional[147] que, desde cedo, apontou no sentido da dominialidade dos recursos geológicos, integram o domínio público, por imposição constitucional, os jazigos minerais, as nascentes de águas mineromedicinais, as cavidades naturais sub-

---

[145] Neste sentido, *v.* o artigo L. 2111-17 do *Code Générale de la Propriété des Personnes Publiques*; sobre uma disposição anterior de sentido equivalente (aludia à utilização de frequências radioeléctricas *disponíveis no território da República* como modo de ocupação privativa do domínio público), *v.* ainda DELCROS/TRUCHET, *Controverse: Les Ondes Appartiennent-Elles au Domaine Public?*, in *Revue Française de Droit Administratif*, n.º 2, ano 5, Março/Abril 1989, pp. 254 s.]. Cf. FERNANDO PABLO, *Sobre el Dominio Público Radioeléctrico: Espejismo y Realidad*, in *Revista de Administración Pública*, n.º 143, Maio/Agosto 1997, pp. 128 ss.: este Autor, perante a redacção da lei espanhola em termos que a aproximam da nossa no que se refere à ausência de especificação dos limites espaciais do domínio radioeléctrico conclui que o objecto de estatuto dominial não seria tanto o espaço por onde se propagam as ondas radioeléctricas, mas *a emissão ou utilização desse espaço a partir do território ou do âmbito da soberania espanhola*.

[146] Cf. VILLAR PALASÍ, *Naturaleza y Regulación de la Concesión Minera*, in: *Revista de Administración Pública*, n.º 1, vol. I, Janeiro/Abril 1950, p. 79.

[147] *V.* BONIFÁCIO RAMOS, *O Regime e a Natureza Jurídica do Direito dos Recursos Geológicos dos Particulares*, Lisboa, 1994, p. 59; MENEZES CORDEIRO, *Tratado...*, p. 68.

terrâneas existentes no subsolo (exceptuando as rochas, terras comuns e outros materiais habitualmente usados na construção): pertencem, pois, ao domínio público todas as substâncias minerais encontradas (ou a encontrar) quer à superfície, quer no subsolo[148], assim como grutas e furnas[149]. No mesmo sentido, já a norma da alínea g) do artigo 4.º do Decreto-Lei n.º 477/80 dispunha que pertencem ao domínio público estadual[150] os jazigos

---

[148] E isto no território nacional – mas, acentue-se, o mesmo também sucede em relação aos fundos marinhos da zona económica exclusiva, como decorre do que vimos anteriormente. V. em sentido idêntico, artigo 2.º, n.º 1, do Decreto-Lei n.º 90/90, de 16 de Março.

[149] Talqualmente observámos em momentos anteriores, também nesta matéria se podem suscitar questões relacionadas com a articulação entre domínio público e propriedade privada, desmentindo mais uma vez a máxima (medieval) de que a propriedade privada se estende *usque ad coelum, usque ad inferos* (ou, como assinalam PIRES DE LIMA/ANTUNES VARELA, **Código...**, vol. III, p. 173, anotação 2 ao artigo 1344.º, que a propriedade privada dos imóveis alcançava o centro da terra, formando uma pirâmide cuja base era constituída pela superfície do solo). Todavia, a solução do problema encontra-se apontada pelo próprio n.º 1 do artigo 1344.º do Código Civil, de acordo com o qual "a propriedade dos imóveis abrange o espaço aéreo correspondente à superfície, bem como o subsolo, com tudo o que neles se contém e *não esteja desintegrado do domínio por lei* ou negócio jurídico" (itálico nosso). Estamos, portanto, diante de uma superação nítida do «modelo da acessão» ou «modelo fundiário» (em que a propriedade do solo inclui também a do respectivo subsolo, pertencendo ao proprietário todos os recursos geológicos aí encontrados), vigorando entre nós um «modelo misto ou ecléctico», não só em virtude da combinação de características dos outros modelos, como também pelo facto de o regime jurídico variar relativamente a alguns grupos de recursos geológicos – cf., por exemplo, BONIFÁCIO RAMOS, **O Regime...**, pp. 24 s., 29 s.. V. ainda VILLAR PALASÍ, **Naturaleza...**, pp. 80 ss.; PARADA VÁZQUEZ, **Derecho...**, pp. 248 ss.; ENTRENA CUESTA, **El Dominio Público de los Hidrocarburos**, in **Revista de Administración Pública**, n.º 29, Maio/Agosto 1959, pp. 331 s. – aliás, como acentua este Autor, a diversidade de sistemas no que à ordenação mineira tange justifica-se, em cada momento histórico, pela prevalência de um interesse (contraposto) sobre outro (interesse do proprietário do solo, interesse do descobridor, interesse do Príncipe, interesse do Estado).

[150] Se a titularidade dos recursos geológicos pertence ao Estado, estão divididas entre a actual *Direcção-Geral de Energia e Geologia* (DGEG) e o *Instituto Nacional de Engenharia, Tecnologia e Inovação, I. P.* (INETI) as atribuições em matéria de conhecimento e investigação da infra-estrutura geológica e hidrogeológica do território e da área submersa sob jurisdição nacional, assim como para estudos de revelação, aproveitamento, protecção e valorização dos recursos geológicos do País, incluindo os petrolíferos, numa perspectiva de desenvolvimento económico sustentado, colaborando ainda na concepção e execução das políticas relacionadas com a indústria extractiva [cf. artigo 47.º, n.ºs 4 e 5, do Decreto-Lei n.º 186/2003, de 20 de Agosto; artigo 2.º do Decreto-Lei n.º 139/2007, de 27 de Abril, que aprova a orgânica da DGEG; artigo 3.º, alínea e), do Decreto-Lei n.º 45/2004, de 3 de Março, que aprova a orgânica do INETI].

minerais e petrolíferos, as nascentes das águas mineromedicinais, os recursos geotérmicos e quaisquer outras riquezas naturais existentes no subsolo, mais uma vez com a exclusão de rochas, terras comuns e materiais vulgarmente utilizados em construção. Especificando, e mais recentemente, o n.º 2 do artigo 1.º do Decreto-Lei n.º 90/90, de 16 de Março, determina quais os recursos geológicos incluídos no domínio público do Estado: os depósitos minerais, os recursos hidrominerais (águas minerais naturais e águas mineroindustriais) e os recursos geotérmicos (sobre estas noções, cf. artigos 2.º e seguintes do mesmo diploma[151])[152]. Do mesmo modo, o artigo 4.º conjugado com o artigo 1.º do Decreto-Lei n.º 109/94, de 26 de Abril, dispõe que os jazigos de petróleo das áreas disponíveis das superfícies emersas do território nacional, das águas interiores, do mar territorial e da plataforma continental, integram o domínio público estadual[153].

Também nesta matéria nos deparamos com a existência de um domínio público geológico regional: o EPAA prevê expressamente integrarem o domínio público da Região Autónoma dos Açores os jazigos minerais (se compreendidos como depósitos minerais), os recursos hidrominerais, as cavidades naturais subterrâneas existentes no subsolo e os recursos geotérmicos [cf. artigo 27.º, n.º 2, alíneas *c)*, *d)*, *e)* e *f)*].

---

[151] V. ainda BONIFÁCIO RAMOS, *O Regime...*, pp. 56 ss., confrontando as noções presentes no diploma de 1990 com as constantes de legislação anterior.

[152] Já não constituem bens dominiais as massas minerais e as águas de nascente – artigo 1.º, n.º 3, do Decreto-Lei n.º 90/90. Cf. Decretos-Leis n.ºˢ 84/90, de 16 de Março (águas de nascente); 270/2001, de 6 de Outubro, alterado pelo Decreto-Lei n.º 340/2007, de 12 de Outubro (massas minerais-pedreiras); quanto às massas minerais situadas na Região Autónoma dos Açores, cf. Decreto Legislativo Regional n.º 12/2007/A, de 5 de Junho.

[153] É interessante verificar que, embora o legislador qualifique como dominiais os jazigos de petróleo, determina também, no artigo 78.º do Decreto-Lei n.º 109/94, que "a concessionária pode dispor livremente do petróleo por si produzido", com ressalva das hipóteses em que, num cenário de guerra ou emergência, o Estado poderá requisitar a totalidade ou parte do petróleo produzido pelas concessionárias, mediante o pagamento do preço na altura praticado nos mercados internacionais para produtos de características semelhantes (artigo 72.º). Parece, pois, que o petróleo só está submetido ao estatuto da dominialidade enquanto se encontra nos jazigos, desdominializando-se, *ex vi legis*, a partir do momento em que, por acção humana (empreendida pelo concessionário), é extraído daqueles; assim se compreende, por sua vez, a implícita transferência de propriedade do Estado para o concessionário, que ocorre aquando do exercício da actividade de produção. Em suma, após a efectiva captação (e medição) do petróleo, verifica-se, concomitantemente, a sua desdominialização e alienação a favor do concessionário.

Se nos interrogarmos acerca da *ratio* da qualificação destes bens como dominiais, concluímos que se prende essencialmente com a circunstância de os mesmos possuírem carácter não renovável (impedindo a sua exploração desregrada), à qual acresce a importância decisiva que podem assumir de um ponto de vista económico, designadamente em termos industriais e de estímulo à riqueza de um país, assumindo-se como determinante que todos deles beneficiem sem dependência de um eventual acto de tolerância do proprietário do solo (como sucederia num modelo de tipo fundiário)[154].

A dominialidade destes bens apresenta-se, uma vez mais, como uma solução (possível e, nessa medida, escolhida, entre outras, pelo legislador) destinada à harmonização de interesses contrapostos[155][156]. Assim se compreende que, para alguns, a dominialização deste tipo de bens se apresente essencialmente motivada não apenas por uma necessidade de reserva aos poderes públicos e proibição de acesso ao bem, mas ainda por razões que se prendem com a necessidade de limitação (*rectius*, de controlo) da actividade de exploração de recursos geológicos em geral, e mineira em particular[157].

---

[154] Neste sentido, JOSÉ CARLOS MOREIRA, *Águas Minerais – Natureza Jurídica das Nascentes e Regime da sua Exploração*, in **Boletim da Faculdade de Direito**, ano XII, 1930-1931, pp. 108 s..

[155] Em sentido algo próximo, cf. ENTRENA CUESTA, *El Dominio...*, pp. 332 e 338. *V.* ainda o que referenciámos *supra* em nota. Contra a qualificação como dominiais deste tipo de bens, *v.* PARADA VÁZQUEZ, *Derecho...*, pp. 49 ss..

[156] Para além dos recursos geológicos regidos no âmbito do Decreto-Lei n.º 90/90 e dos hidrocarbonetos contemplados pelo Decreto-Lei n.º 109/94, integram o domínio público também os inertes situados nos terrenos do domínio público hídrico, cuja extracção se encontra submetida ao regime da utilização privativa do domínio hídrico [cf. artigo 60.º, n.º 1, alínea *o)*, da *Lei da Água*, e 77.º e seguintes do Decreto-Lei n.º 226-A/2007]. *V.* também os Decretos Legislativos Regionais n.ᵒˢ 28/2008/M, de 18 de Agosto (estabelece o regime jurídico de protecção e de extracção e dragagem de materiais inertes da orla costeira da Região Autónoma da Madeira) e 9/2010/A, de 8 de Março (aprova o regime de extracção de inertes na faixa costeira e no mar territorial da Região Autónoma dos Açores). Note-se que a extracção e dragagem de areias, quando efectuada a uma distância de até quilómetro para o interior a contar da linha da costa e até uma milha náutica no sentido do mar a contar da mesma linha, destina-se impreterivelmente à alimentação artificial do litoral, para efeitos da sua protecção – cf. artigo 2.º, n.º 1, da Lei n.º 49/2006, de 29 de Agosto (estabelece medidas de protecção da orla costeira).

Para uma abordagem de alguns aspectos desta temática, embora à luz da legislação anterior, *v.* FREITAS DO AMARAL/LINO TORGAL, *Estudos sobre Concessões e Outros Actos da Administração (Pareceres)*, Coimbra, 2002, pp. 349 ss..

[157] Assim BERMEJO VERA, *Derecho...*, pp. 453 s..

O facto de estes bens se incluírem no domínio público não deve ser (como não é) um entrave à optimização do uso dos recursos geológicos, tendo em conta as potencialidades que os mesmos oferecem no campo de desenvolvimento económico de um país. Daí que, não se encontrando as autoridades públicas em condições de os explorarem[158], tal exploração é confiada a particulares[159], mas sem que, evidentemente, se perca de vista a necessidade de os submeter ao respeito por um conjunto de princípios e regras de índole juspublicística. Isto mesmo resulta dos modos de exploração e pesquisa dos recursos geológicos consentidos pelo legislador, os quais se encontram submetidos ao Direito Administrativo. Assim, nos termos do artigo 2.º da Lei n.º 88-A/97, de 25 de Julho, a exploração dos recursos naturais que, por determinação constitucional, pertencem ao Estado, encontra-se sujeita ao regime da concessão (em regra, estará aqui em causa uma concessão de exploração de bens do domínio público), ou a outro que não envolva a transmissão da propriedade dos recursos a explorar, ainda quando tal exploração seja cometida a empresas do sector público ou de economia mista. No mesmo sentido, já o Decreto-Lei n.º 90/90 estabelecia que os «direitos» (de prospecção e pesquisa, assim como somente de exploração) sobre recursos do domínio público constituídos a favor de particulares pressupõem sempre a celebração de contratos administrativos nesse sentido (cf. ainda artigos 13.º e seguintes)[160].

---

[158] Recorde-se que, v. g., em Espanha, este sector assume-se como determinante para a compreensão do instituto das «reservas dominiais», enquanto forma de utilização dos bens dominiais pela própria Administração – cf. BERMEJO VERA, *Derecho...*, pp. 471 s., 474.

[159] Existe doutrina que adianta inclusivamente a ideia de que a forma normal de aproveitamento do domínio público mineiro consiste na utilização privativa dos mesmos – assim ENTRENA CUESTA, *El Dominio...*, p. 355.

[160] Todavia, como adverte PEDRO GONÇALVES (*A Concessão de Serviços Públicos*, Coimbra, 1999, p. 94), apoiado, aliás, no próprio teor do texto legal (comparem-se, v. g., as normas constantes do n.º 1 do artigo 14.º e do n.º 1 do artigo 21.º), enquanto na atribuição de direitos de prospecção e pesquisa, encontramo-nos perante contratos de concessão de prospecção e pesquisa de recursos naturais, na hipótese da constituição de «direitos de exploração» estamos diante de um contrato de concessão de exploração de bens do domínio público, correspondente a uma actividade dirigida à descoberta e localização de ocorrências de recursos geológicos, bem como, após a respectiva revelação, à determinação das características e dimensionamento dos recursos em causa e dimensão das reservas (nestes termos, PEREIRA DE MIRANDA/REMÉDIO MARQUES, *Direito Mineiro Angolano*, Lisboa, 2003, pp. 54 e s.). Parecendo igualmente distinguir estes dois tipos contratuais (distinção que assume relevância quando a concessão da pesquisa e prospecção não envolve também

3.2.5. Domínio público infra-estrutural

A qualificação como dominiais de um conjunto de infra-estruturas (enquanto suporte físico artificial das actividades susceptíveis de, através dela, se desenvolverem[161]) encontra-se sobretudo dependente de uma actuação legislativa nesse sentido; por imposição constitucional (criticável) apenas as estradas e as linhas férreas nacionais pertencem ao domínio público [artigo 84.º, n.º 1, alíneas *d)* e *e)*]. Nos termos do artigo 4.º do Decreto-Lei n.º 477/80, integram o domínio público estadual os portos artificiais e docas, os aeroportos e aeródromos de interesse público, as linhas férreas de interesse público, as auto-estradas e as estradas nacionais com os seus acessórios, obras de arte, etc.; pertenceriam também ao domínio público do Estado os cabos submarinos e as obras, canalizações e redes de distribuição pública de energia eléctrica [cf. alíneas *e)*, *h)* e *l)*, respectivamente].

Não pode deixar de se sublinhar que à existência de uma infra-estrutura de rede não está associada uma disciplina jurídica unitária, em termos de se poder defender uma relação necessária entre aquela e o regime da dominialidade. Daí que, por vezes, se distinga entre as «infra-estruturas territoriais» (rodoviárias, ferroviárias, portuárias, aeroportuárias), mais estrei-

---

a concessão de exploração dos recursos), cf. MARCELLO CAETANO, *Manual...*, vol. II, p. 950. *V.* também o nosso *O Domínio...*, p. 487, n. 444,

Já BONIFÁCIO RAMOS (*O Regime...*, p. 135) partilha de uma opinião diversa ao incluir tais contratos no âmbito das concessões de exploração de bens do domínio público, argumentando que, nestas hipóteses, o concessionário revela ou aproveita os recursos geológicos como forma de, ulteriormente, os vir a explorar em seu próprio nome, e não tão-só em vista da utilização dos mesmos em termos de uso comum (como os demais) ou de uma utilização privativa – no fundo, o Autor pressupõe que o contrato relativo à pesquisa e prospecção de recursos geológicos implica sempre também a respectiva exploração.

V., em especial, quanto aos depósitos minerais, Decreto-Lei n.º 88/90, de 16 de Março; quanto aos recursos hidrominerais, Decreto-Lei n.º 86/90, de 16 de Março, relativo a águas minerais naturais, e Decreto-Lei n.º 85/90, de 16 Março, concernente a águas mineroindustriais; quanto aos recursos geotérmicos, Decreto-Lei n.º 87/90, de 16 de Março.

Também o Decreto-Lei n.º 109/94 exige que as actividades de prospecção, pesquisa, desenvolvimento e produção de petróleo sejam exercidas mediante concessão, na sequência de concurso público ou negociação directa (cf. artigo 5.º, n.º 1).

Sobre as concessões nesta matéria, *v.* também o nosso trabalho *Do Aproveitamento dos Recursos Naturais da Orla Costeira*, in *Revista do CEDOUA*, n.º 24, ano XII, 2009, pp. 47 e ss..

[161] Assim, GONZÁLEZ SANFIEL, *Un Nuevo Régimen...*, p. 84; DE LA CUÉTARA MARTÍNEZ, *Sobre Infraestructuras en Red y Competencia entre Redes*, in *Nuevo Derecho de las Infraestructuras*, Madrid, 2001, pp. 204 ss..

tamente vinculadas ao sector público, e as «infra-estruturas empresariais» (energéticas e de telecomunicações) que, mercê do fenómeno liberalizador, conhecem uma tendência não apenas para a sua não dominialização, como ainda para a sua reserva a privados (pelo carácter lucrativo que são susceptíveis de encerrar)[162], sem prejuízo da imposição a estes de «obrigações de serviço público» e da submissão aos princípios da vinculação ao respectivo fim, da continuidade e da disponibilidade[163].

Se nos interrogarmos acerca da *ratio* da individualização de um domínio público infra-estrutural, a resposta deve orientar-se, mais uma vez, num sentido funcional: reportamo-nos a bens que, compostos por diversos elementos (estamos, pois, perante uma *universalidade pública*[164]), se encontram sujeitos ao domínio público por referência ao todo; com efeito, em regra, quando aludimos ao domínio público infra-estrutural deparamos como objecto uma rede – forma como se encontra organizado[165] esse suporte físico que a infra-estrutura constitui –, justamente caracterizada pela composição por diversos elementos dotados de uma organização em vista do cumprimento de uma finalidade determinada (permitir o transporte de alguém ou de algo)[166], finalidade essa que, no caso das «redes públicas», corresponde ao desenvolvimento de uma actividade tradicionalmente identificada como de «prestação de um serviço público», mediante a oferta de prestações tendencialmente homogéneas a uma pluralidade de utilizadores[167], de relevância não despicienda para o funcionamento do

---

[162] *V.* GONZÁLEZ SANFIEL, *Un Nuevo Régimen Para las Infraestructuras de Dominio Público*, Madrid, 2000, pp. 261 e 263; ARIÑO ORTIZ, *Infraestructuras...*, pp. 39 s..

[163] Cf. DE LA CUÉTARA MARTÍNEZ, *Sobre Infraestructuras en Red y Competencia entre Redes*, in *Nuevo Derecho de las Infraestructuras*, Madrid, 2001, p. 214.

[164] Sobre a noção de universalidade pública, cf. MARCELLO CAETANO, *Manual...*, vol. II, pp. 889 e s., e o nosso trabalho *O Domínio...*, pp. 110 e ss..

Podemos também aqui fazer apelo, embora nem sempre com um alcance similar, às noções de «dominialidade pública global» e «indivisibilidade funcional» decantadas pela jurisprudência do *Conseil d'Etat* – cf. ALLINE, *Domanialité Publique et Ouvrages Complexes*, in *Actualité juridique – Droit Administratif*, Novembro 1977, p. 525 (*v.* também p. 524); GAUDEMET, *Droit...*, cit., pp. 473 e ss..

[165] DE LA CUÉTARA MARTÍNEZ, *Sobre Infraestructuras...*, p. 206.

[166] Assim, GONZÁLEZ SANFIEL, *Un Nuevo Régimen...*, pp. 246 s..

[167] Cf. DE LA CUÉTARA MARTÍNEZ, *Sobre Infraestructuras...*, pp. 207 s. (reflectindo com especial cuidado, mas inclinando-se para o sentido afirmativo, se a noção de rede se revela adequada também às redes portuária e aeroportuária).

sistema económico ou sócio-económico[168]. Por outro lado, é também a função desempenhada pela rede que, para a análise dos bens integrantes do domínio público infra-estrutural, é possível destrinçar, no interior das redes (de comunicações) as redes rodoviária, ferroviária, portuária e aeroportuária[169].

3.2.5.1. Domínio público rodoviário

Tal como já resultava do Decreto-Lei n.º 477/80 [cf. artigo 4.º, alínea *h)*], de acordo com o qual incluir-se-iam no âmbito do domínio público estadual "as auto-estradas e as estradas nacionais com os seus acessórios, obras de arte, etc.", também a norma constante da alínea *d)* do n.º 1 do artigo 84.º da Lei Fundamental vem expressamente determinar que pertencem ao domínio público as estradas. Uma adequada interpretação dos preceitos em causa permite concluir que no domínio público rodoviário se incluem quaisquer vias públicas (dos caminhos municipais às auto-estradas)[170], as quais são compreendidas como universalidades, de forma a englobar também passeios, plantações, muros de sustentação, sinais de trânsito, postes de iluminação, obras de arte, túneis, e todos as coisas singulares impres-

---

[168] PREDIERI, *Le Reti Transeuropee nei Trattati di Maastricht e di Amsterdam*, in *Il Diritto dell'Unione Europea*, n.º 3, ano II, Julho/Setembro 1997, p. 295.

[169] Como logo se compreende, nem todas as infra-estruturas de rede se encontram submetidas ao estatuto da dominialidade. Excluídas estão a rede de básica de telecomunicações (cf. Lei n.º 29/2002, de 6 de Dezembro) e as redes energéticas (redes eléctricas e rede de transporte de gás natural em alta pressão), não obstante a previsão da alínea *l)* do Decreto-Lei n.º 477/80 (que, no estado actual do direito, se deve considerar revogada) e a estranha (face ao regime jurídico geral das redes de electricidade) prescrição da alínea *h)* do n.º 2 do artigo 22.º do EPAA. Sobre as dificuldades que rodeia a determinação do estatuto da rede eléctrica nacional, cf. RUI MACHETE, *O Domínio...*, pp. 1393 e ss., e o nosso *O Domínio...*, pp. 243 e ss. (com uma referência também à rede de gás); apoiado em dados legislativos mais actuais, PEDRO GONÇALVES, *Regulação...*, pp. 129 e ss..

[170] Exactamente nestes termos GOMES CANOTILHO/VITAL MOREIRA, *Constituição...*, vol. I, p. 1004, anotação VII ao artigo 84.º, definindo o conceito constitucional de «estradas» para efeitos do artigo 84.º. Cf. também a noção de «vias», constante do n.º 4 da Base 7, das *Bases da Concessão do financiamento, concepção, projecto, construção, conservação, exploração, requalificação e alargamento da rede rodoviária nacional* (aprovadas pelo Decreto-Lei n.º 380/2007, de 13 de Novembro, alterado pela Lei n.º 13/2008, de 29 de Fevereiro, e pelos Decretos-Leis n.ºs 110/2009, de 18 de Maio, e 44-A/2010, de 5 de Maio).

cindíveis (ou, pelo menos, úteis) ao desempenho da função pública determinante da dominialidade[171][172].

A problematicidade suscitada pelo domínio público rodoviário surge não tanto quanto à respectiva dominialidade – estamos, inclusivamente,

---

[171] *V.*, em Itália, por exemplo, TALICE, **Strade**, in *Enciclopedia del Diritto*, vol. XLIII, Milano, 1990, pp. 1114 s.; SANDULLI, **Beni...**, p. 283; SANTI ROMANO, *Corso...*, p. 82. Na Alemanha, resulta da própria *Bundesfernstraßengesetz* que pertencem à estrada entendida como coisa pública simples os acessórios – cf. WOLFF/BACHOF/STOBER, *Verwaltungsrecht*, p. 680; *v.* § 1, IV, da *Bundesfernstraßengesetz*. É fértil a jurisprudência do *Conseil d'Etat* sobre esta questão, ainda que não siga um critério unitário, oscilando entre a ligação física ao solo da via, a indissociabilidade (física ou funcional) dos diversos elementos e a utilidade do bem (acessório) para a dependência dominial em causa – cf. GODFRIN, *Droit...*, pp. 38 e ss.; LAUBADERE/VENEZIA/GAUDEMET, *Traité de Droit Administratif*, tomo II, 9.ª ed., Paris, 1992, pp. 193 ss.; CHAPUS, *Droit...*, pp. 401 e ss.; AUBY/BON, *Droit...*, p. 38; MORAND-DEVILLER, *Cours de Droit Administratif des Biens*, 2.ª ed., Paris, 2001, p. 59. Repare-se, porém, que existe uma diferença de perspectiva entre a forma como encaramos, na sequência de Marcello Caetano, a questão (mediante o recurso à ideia de universalidade pública) e o modo como a mesma recebe tratamento no âmbito do direito francês (através da «teoria do acessório»): se esta última conduz a um alargamento ou a uma extensão da dominialidade pública a outros bens, no âmbito da primeira nunca está em causa a submissão de um bem (o «acessório» em causa) à dominialidade, mas apenas uma referência a um todo constituído por diversos elementos.

[172] Procurando responder à questão da emergência do estatuto da dominialidade (quando as infra-estruturas rodoviárias devam integrar o domínio público estadual), a norma constante do n.º 1 do artigo 5.º do já revogado Decreto-Lei n.º 227/2002, de 30 de Outubro, determinava que as infra-estruturas rodoviárias nacionais integravam o domínio público com a recepção provisória da obra. Com um âmbito de aplicação mais amplo (que não se circunscreve às infra-estruturas rodoviárias, nem ao domínio público do Estado), o n.º 3 do artigo 395.º do Código dos Contratos Públicos (CCP) constitui um preceito determinante no que tange ao momento da submissão da obra pública ao regime jurídico do domínio público (sempre que tal obra se identifique com algum dos tipos como tal qualificados pelo legislador). De acordo com este preceito, "sem prejuízo de estipulação contratual que exclua a recepção provisória parcial, se a obra estiver, no todo ou em parte, em condições de ser recebida, a assinatura do auto de recepção nos termos dos números anteriores autoriza, no todo ou em parte, a abertura da obra ao uso público ou a sua entrada em funcionamento e implica, sendo caso disso, a sua transferência para o domínio público, sem prejuízo das obrigações de garantia que impendem sobre o empreiteiro". Rejeitando qualquer concepção partidária da «teoria do domínio público virtual», o CCP veio associar a integração da obra no domínio público à abertura da mesma ao uso público ou à sua entrada em funcionamento, na linha da concepção (subsidiária da natureza especial do estatuto da dominialidade e do respectivo vector funcional) de que o bem apenas fica sujeito a tal regime especial de Direito Administrativo se e na medida em que desempenhar uma função que, na perspectiva do legislador, é determinante da dominialidade.

numa área tradicionalmente sujeita a este regime –, mas no que se refere à titularidade. Note-se que, como já em momentos anteriores se salientava, estamos num âmbito em que urge delimitar quais os bens dominiais do Estado, das regiões autónomas e das autarquias.

Para uma distinção entre domínio público estadual e autárquico no continente, assume importância não despicienda nesta matéria o *Plano Rodoviário Nacional* (PRN) definido pelo Decreto-Lei n.º 222/98, de 17 de Julho (com as alterações constantes da Lei n.º 98/99, de 26 de Julho, e do Decreto-Lei n.º 182/2003, de 16 de Agosto) que denota uma terminologia diferente da utilizada pelo Decreto-Lei n.º 477/80. De acordo com o PRN, deve distinguir-se entre a rede rodoviária nacional (do continente) – "que desempenha funções de interesse nacional ou internacional" (artigo 1.º, n.º 1)[173] – e as estradas regionais (do continente) – "comunicações públicas rodoviárias do continente com interesse supramunicipal e complementar à rede rodoviária nacional" (artigo 12.º, n.º 1). Em qualquer uma destas hipóteses, parece encontrarmo-nos diante de domínio público estadual. Se a questão da dominialidade *estadual* das estradas integrantes da rede rodoviária nacional deve considerar-se mais ou menos pacífica, atentos os interesses (de nível nacional) servidos pelas mesmas, o problema poderia revestir contornos mais complexos no que tange às designadas «estradas regionais» (do continente). Todavia, e não existindo entre nós a figura das regiões administrativas[174], em virtude das funções (de carácter supramunicipal) pelas mesmas desempenhadas e do regime jurídico que as disciplina (idêntico ao das estradas da rede rodoviária nacional – artigo 12.º, n.º 4), parece ser legítima a conclusão de que as mesmas integram o domínio público estadual, e não o domínio público autárquico. Por sua vez, esta solução tem a seu favor a vantagem resultante de uma gestão unificada das «estradas regionais», cujo traçado, em algumas situações, atravessa municípios diferenciados (cf. Lista V anexa ao PRN).

---

[173] A rede rodoviária nacional é integrada por uma rede nacional fundamental – constituída pelos itinerários principais (IP), entre os quais se inclui a rede nacional de auto-estradas – e uma rede nacional complementar – composta pelos intinerários complementares (IC) e pelas estradas nacionais (EN). *V.* artigos 2.º e seguintes.

[174] Com a alteração operada pela Lei n.º 98/99, o n.º 4 do artigo 12.º deixa de fazer referência ao período transitório em que as estradas regionais estariam "sob a responsabilidade da administração central", abandonando, por outro lado, a previsão de um enquadramento normativo diferenciado para as mesmas (à semelhança do que sucede com as estradas municipais – artigo 14.º), e passando a ser possível a sua integração nas redes municipais (artigo 13.º, n.º 2).

O facto de a rede rodoviária nacional integrar o domínio público do Estado não implica que a este caiba a gestão da mesma. Com efeito, e tal como sucede com os demais bens do domínio público infra-estrutural, também aqui a titularidade está separada da respectiva administração, encontrando-se as infra-estruturas rodoviárias do domínio público estadual[175] sob a gestão da *EP – Estradas de Portugal, S. A.*, entidade tem por objecto a concepção, projecto, construção, financiamento, conservação, exploração, requalificação e alargamento da rede rodoviária nacional, nos termos do contrato de concessão que com ela é celebrado pelo Estado, incluindo, expressamente, a administração das infra-estruturas rodoviárias nacionais que integram o domínio público rodoviário estadual[176]. Diferente da gestão é a tarefa de fiscalizar e supervisionar a gestão e exploração da rede rodoviária, com o objectivo de controlar o cumprimento das leis e regulamentos e dos contratos de concessão e subconcessão, de modo a assegurar a realização do Plano Rodoviário Nacional e a garantir a eficiência, equidade, qualidade e a segurança das infra-estruturas rodoviárias, bem como os direitos dos utentes, representando o Estado perante os concessionários daquelas infra-estruturas[177] – tarefa esta que o legislador confere ao *InIR – Instituto de Infra-Estruturas Ferroviárias, I. P.*[178].

---

[175] Sem prejuízo da gestão de infra-estruturas rodoviárias determinadas, outorgadas por outras concessões – pense-se, *v. g.*, na concessão celebrada com a *BRISA – Auto-Estradas de Portugal, S. A.*, que comete a esta última poderes de exploração das infra-estruturas identificadas na Base I das *Bases do Contrato de Concessão de Construção, Conservação e Exploração de Auto-Estradas Atribuída à BRISA*, aprovadas pelo Decreto-Lei n.º 294/97, de 24 de Outubro, alterado pelos Decretos-Leis n.ᵒˢ 39/2005, de 17 de Fevereiro, e 247-C/2008, de 30 de Dezembro.

[176] Cf. Decreto-Lei n.º 374/2007, de 7 de Novembro (*v.*, em especial, artigo 1.º do Decreto-Lei e artigos 4.º, n.º 1, e 8.º, n.º 1, dos *Estatutos da EP*, aprovados pelo mesmo diploma) e o já citado Decreto-Lei n.º 380/2007, de 13 de Novembro, que atribui à EP, a concessão do financiamento, concepção, projecto, construção, conservação, exploração, requalificação e alargamento da rede rodoviária nacional e aprova as bases da concessão. *V.* ainda a Resolução do Conselho de Ministros n.º 174-A/2007, de 23 de Novembro, que aprova a minuta do contrato de concessão do financiamento, concepção, projecto, construção, conservação, exploração, requalificação e alargamento da rede rodoviária nacional a celebrar entre o Estado e a EP (alterada pela Resolução do Conselho de Ministros n.º 39-A/2010, de 4 de Junho).

[177] Sobre os direitos dos utentes nas vias rodoviárias classificadas como auto-estradas concessionadas, itinerários principais e itinerários complementares, *v.* Lei n.º 24/2007, de 18 de Julho, regulamentada pelo Decreto Regulamentar n.º 12/2008, de 9 de Junho.

[178] Cf. Decreto-Lei n.º 148/2007, de 27 de Abril, alterado pelo Decreto-Lei n.º 132/2008, de 21 de Julho. *V.* também os *Estatutos do InIR*, aprovados pela Portaria n.º 546/2007, de 27 de Abril.

No que tange ao domínio público rodoviário dos municípios (a «rede viária de âmbito municipal»[179]), compreende aquele as redes municipais de estradas, as quais abrangem, dentro do condicionalismo previsto pelo artigo 13.º do Decreto-Lei n.º 222/98, as estradas não incluídas no PRN[180]; além disso, e nos termos do mesmo preceito e segundo os mesmos pressupostos, também as estradas regionais podem vir a integrar as redes municipais mediante despacho do ministro da tutela do sector rodoviário.

Obviamente pertencem também ao município as vias de comunicação (públicas), espaços verdes[181], praças, ruas e caminhos[182]. Atente-se que a causa próxima de muitas parcelas do domínio público municipal reconduz-se às cedências efectuadas, no âmbito de operações de loteamento, pelos proprietários e demais titulares de direitos reais sobre o prédio a lotear, de parcelas para implantação de espaços verdes públicos e equipamentos de utilização colectiva e as infra-estruturas nos termos fixados pelo plano, ou, na ausência deste ou de disposições constantes do plano, pela lei e pela licença ou comunicação prévia, nos termos do artigo 44.º do *Regime Jurídico da Urbanização e Edificação*: prevendo, genericamente, o preceito que as cedências são efectuadas para o "domínio municipal", as parcelas integrarão o domínio público do município sempre que este lhe atribuir uma utilidade consonante com uma das funções públicas que, nos termos da Constituição ou da lei, fundamentam a respectiva sujeição ao estatuto da dominialidade – o que sucederá quando as parcelas se destinarem à

---

[179] Se quisermos utilizar a terminologia constante da alínea *a)* do n.º 1 do artigo 18.º da Lei n.º 159/99, de 18 de Setembro.

[180] Cf. também *Regulamento Geral das Estradas e Caminhos Municipais* constante da Lei n.º 2110, de 19 de Agosto de 1961.

[181] Tradicionalmente, os espaços verdes no interior das cidades integram o domínio público municipal, destrinçando-se das florestas que pertencem ao domínio privado do Estado. Repare-se, porém, que a distinção nem sempre se revela fácil de traçar, em virtude da possibilidade da existência de bosques de média dimensão, situados muito próximos de aglomerados urbanos – *v.* GODFRIN, *Droit Administratif des Biens*, 6.ª ed., Paris, 2001, pp. 40 e ss.. Cf., entre nós, sobre as características do bem jurídico florestal, DULCE LOPES, *Regime Jurídico Florestal: A Afirmação de um Recurso*, in *Revista do CEDOUA*, n.º 11, ano VI, Janeiro 2003, ponto 2. O regime jurídico das florestas consta hoje do *Código Florestal*, aprovado pelo Decreto-Lei n.º 254/2009, de 24 de Setembro (cujo prazo de entrada em vigor foi prorrogado pela Lei n.º 1/2011, de 14 de Janeiro).

[182] Cf. MARCELLO CAETANO, *Manual...*, vol. II, p. 909.

construção de vias de comunicação, praças ou jardins, passando a incluir-
-se no domínio público municipal[183].

A maior problemática suscitada em relação à delineação do regime do domínio público nesta matéria prendeu-se com a identificação do que constitui caminho público face aos atravessadouros (que não integram o domínio público). Trata-se de uma questão objecto de tratamento cuidado pela doutrina, pelo que lhe faremos uma referência abreviada. De acordo com o Assento de 19 de Abril de 1989[184], "são públicos os caminhos que, desde tempos imemoriais, estão no uso directo e imediato do público", em perfeita congruência com a função justificativa da sua qualificação como dominiais, *i. e.*, permitir a circulação *geral* através dos mesmos. O Código Civil (na sequência de uma tradição do direito português[185]) determinou que se consideram, em geral, abolidos os atravessadouros; excepcionaram-se, porém, para além dos admitidos em legislação especial, os atravessadouros com posse imemorial sob um duplo condicionalismo: dirigirem-se a ponte ou fonte de manifesta utilidade e não existirem vias públicas destinadas à utilização ou aproveitamento de uma ou outra (artigos 1383.º e seguinte). Neste caso, os atravessadouros admitidos oneram um prédio particular[186]. Na comparação do caminho público com o atravessadouro, assinalam-se, duas diferenças fundamentais: por um lado, é característica do atravessadouro o facto de se se dirigir a determinado local de especial utilidade pública – "ponte ou fonte de manifesta utilidade" – e não a qualquer destino, como nos caminhos públicos[187]; por outro lado, constitui característica do caminho público

---

[183] Sobre esta matéria, *v.* ALVES CORREIA, **Manual de Direito do Urbanismo**, vol. III, Coimbra, 2010, pp. 105, 228 e ss.; FERNANDA PAULA OLIVEIRA/MARIA JOSÉ CASTANHEIRA NEVES/DULCE LOPES/FERNANDA MAÇÃS, **Regime Jurídico da Urbanização e Edificação**, 2.ª ed., Coimbra, 2009, pp. 321 e ss.. Cf. ainda o nosso trabalho **Cedências para o Domínio Municipal: Algumas Questões**, in **Direito Regional e Local**, n.º 4, Outubro/Dezembro 2008, pp. 21 e ss..

[184] Publicado em **Diário da República**, I Série, n.º 126, 02.06.1989, pp. 2162 e ss..

[185] OLIVEIRA ASCENSÃO, **Caminho Público, Atravessadouro e Servidão de Passagem**, in **O Direito**, vol. IV, ano 123.º, Outubro/Dezembro 1991, pp. 538 e s..

[186] CARVALHO MARTINS, **Caminhos Públicos e Atravessadouros**, Coimbra, 1987, pp. 63 e s..

[187] Neste sentido, OLIVEIRA ASCENSÃO, **Caminho...**, pp. 539 e 544; PIRES DE LIMA/ANTUNES VARELA, **Código...**, vol. III, pp. 283 e s., anotações 4 e 5 ao artigo 1384.º.

a susceptibilidade de ser utilizado por um conjunto indeterminado e indeterminável de pessoas (enquanto "faixa de terreno afecta ao trânsito de pessoas sem discriminação", nos termos do Assento), ao passo que, em regra, a doutrina salientava que os atravessadouros eram apenas utilizados pelos habitantes de uma povoação, *maxime* pelos moradores de uma freguesia[188]. Já os atravessadouros que se encontrem estabelecidos em proveito de prédio determinado são considerados como servidões de passagem (artigo 1383.º), excluindo a admissibilidade de servidões pessoais: são titulares do direito de servidão de passagem unicamente os proprietários dos prédios dominantes (ainda que por aí passe qualquer sujeito, desde que autorizado pelo proprietário do prédio dominante[189].

Identificado um domínio público rodoviário municipal, cumpre interrogarmo-nos sobre a eventual existência de um domínio público rodoviário de freguesia. A questão coloca-se sobretudo tendo em atenção a circunstância de o Decreto-Lei n.º 34 593, de 11 de Maio de 1945[190] consagrar uma qualificação das comunicações públicas rodoviárias nacionais que contemplava os *caminhos públicos vicinais*, que se encontravam a cargo das Juntas de Freguesia[191]. Todavia, atenta circunstância de o Decreto-Lei n.º 34 593 haver sido objecto de revogação expressa pelo Decreto-Lei n.º 380/85 e o facto de a Lei n.º 159/99 (que prevê o quadro de atribuições das autarquias locais) não contemplar quaisquer atribuições das freguesias (diversamente do que sucede com os municípios) em matéria de transportes e comunicações, em que se inclui o planeamento, a gestão e a realização de investimentos no plano da rede viária [cf. artigos 13.º, 14.º, 18.º, n.º 1,

---

[188] OLIVEIRA ASCENSÃO, *Caminho*..., p. 540.
[189] Cf. OLIVEIRA ASCENSÃO, *Caminho*..., p. 549.
[190] Os artigos 6.º e 7.º deste diploma dispunham que os caminhos públicos ("ligações de interesse secundário e local") se subdividiam em caminhos municipais (destinados a permitir o trânsito automóvel), a cargo das câmaras municipais, e caminhos vicinais (destinados normalmente ao trânsito rural), a cargo das juntas de freguesia. Os artigos 40.º e seguintes regulavam as características técnicas dos caminhos públicos.
O Decreto-Lei n.º 34 593, de 11 de Maio de 1945 foi revogado pelo artigo 14.º do Decreto-Lei 380/85, de 26 de Setembro, que, por sua vez, foi objecto de revogação pelo artigo 15.º do Decreto-Lei n.º 222/98.
[191] Referindo-se aos caminhos públicos vicinais como domínio público da freguesia, cf. JOSÉ SARDINHA, **Domínio Público Autárquico, Caminhos Públicos e Direito de Propriedade Privada**, in *Estudos de Direito do Urbanismo e do Ordenamento do Território*, Lisboa, 1997, p. 418.

alínea *a)*], permite concluir, com alguma razoabilidade, pela inexistência de um domínio público rodoviário das freguesias[192].

Também no que se refere ao domínio infra-estrutural rodoviário encontramos bens na titularidade das regiões autónomas. Isto mesmo já resulta do artigo 144.º do EPAM e encontra-se expressamente acolhido na alínea *g)* do n.º 2 do artigo 22.º do EPAA, sem prejuízo da consideração da presença de um domínio público municipal, ao qual se aplica o regime que acabámos de analisar. Assim, *v. g.*, o Decreto Legislativo Regional n.º 18/2003/A, de 9 de Abril[193], distingue, *inter alia*[194], a rede regional (estabelece a "ligação entre os pólos urbanos e económicos de maior expressão em cada ilha" e é composta pelas categorias de vias previstas nos artigos 6.º e 9.º-A) e a rede municipal (essencialmente "visa permitir a circulação de pessoas e veículos dentro dos povoados e das áreas da respectiva circunscrição territorial e estabelecer o acesso a explorações agrícolas e pecuárias", com as categorias consagradas no artigo 10.º), determinando que as competências relacionadas com a construção, ampliação, recuperação, manutenção e gestão das vias públicas pertencem ao Governo Regional e aos (órgãos dos) municípios, respectivamente – estamos, pois, diante de uma expressão da diferente titularidade das infra-estruturas em questão.

---

[192] Admitida a superação actual daquela categoria, poderemos interrogar-nos qual foi o destino seguido pelos anteriores terrenos que constituíam os caminhos vicinais. Deverá entender-se que, relativamente a estes, ocorreu uma mutação dominial *ex vi legis*, ou, como preferimos, uma *mutação dominial imprópria* (porque operada por lei e não mediante uma actuação administrativa neste sentido). Trata-se de uma situação que não é inédita no panorama jurídico nacional – veja-se o que sucedeu aquando da aprovação dos estatutos político-administrativos das regiões autónomas que transferiram para estas últimas certos bens dominiais que anteriormente se encontravam na titularidade do Estado.

[193] Define o regime jurídico do planeamento, do desenvolvimento e da gestão das redes das vias públicas de comunicação terrestre na Região Autónoma dos Açores, entretanto alterado pelo Decreto Legislativo Regional n.º 39/2008/A, de 12 de Agosto.

[194] A par das redes regional e municipal, são ainda autonomizadas a *rede agrícola* ("visa permitir ligações dentro dos perímetros do ordenamento agrário") e a *rede rural/ florestal* (estabelece o acesso a explorações agrícolas e pecuárias acima da cota dos cem metros de altitude nas ilhas de Santa Maria e Graciosa, e dos duzentos e cinquenta metros nas restantes ilhas, e a circulação dentro dos perímetros florestais). A gestão da rede rural/ florestal está a cargo do Governo Regional; já em relação à rede agrícola, a construção, ampliação e recuperação das vias são da competência do Governo Regional, competindo a manutenção e a gestão aos órgãos dos municípios das áreas em que as vias que a constituem se encontrem situadas. Cf. artigos 2.º e 4.º. Em texto salientamos apenas as redes regional e municipal pela sua expressividade.

Tal como vimos acontecer relativamente ao domínio público rodoviário do Estado, também os bens homólogos das regiões podem ver a titularidade separada da gestão. Pense-se, *v. g.*, nas infra-estruturas rodoviárias pertencentes ao domínio público rodoviário da Região Autónoma da Madeira, cuja exploração se encontra concessionada à *RAMEDM – Estradas da Madeira, S.A.*, cujo objecto consiste na construção e conservação das estradas regionais[195].

3.2.5.2. Domínio público portuário

Encontram-se submetidas ao estatuto da dominialidade as infra-estruturas portuárias destinadas ao tráfego público[196], sem prejuízo da progressiva liberalização sentida também no sector dos serviços portuários[197]: mais uma vez fica postulada a destrinça entre bens e actividades. Como logo se compreende estão apenas aqui abrangidos os portos artificiais – *i. e.*, em geral, o conjunto de infra-estruturas[198] (instalações e equipamentos) situadas numa área marítima, fluvial ou lacustre, destinadas à movimentação de fluxos (embarque, desembarque) de passageiros e de mercadorias[199] –, que não revistam carácter militar.

---

[195] Cf. Decreto Legislativo Regional n.º 8/2007/M, de 12 de Janeiro; sem prejuízo de outras concessões, como as atribuídas à *VIALITORAL – Concessionária de Estradas da Madeira, S.A.*, e à *Estradas VIAEXPRESSO da Madeira, S.A.*, conforme resulta do n.º 1 do artigo 6.º.

[196] Embora o legislador não estabeleça qualquer limitação semelhante à que resulta para os aeródromos no Decreto-Lei n.º 477/80, parece que, em virtude da especificidade do regime decorrente da qualificação de um bem como dominial e, sobretudo, as funções que o mesmo procura satisfazer, justificam que também só os portos "de interesse público" (*hoc sensu*) fiquem submetidos à disciplina da dominialidade (sobre a densificação desta noção, cf. *infra* o que diremos quanto aos aeródromos, ponto 3.2.5.4.).

[197] *V.* também GONZÁLEZ SANFIEL, ***Un Nuevo Régimen...***, pp. 297 e ss..

[198] Tal como acontece com as demais infra-estruturas está pressuposta a ideia de universalidade. Cf. também AUBY/BON, ***Droit...***, pp. 33 e 36; MORAND-DEVILLER, ***Cours...***, pp. 59 e s.; GODFRIN, ***Droit...***, p. 32 (criticando a tendência exagerada do *Conseil d'Etat*, que, alterando a sua jurisprudência anterior, considera integrantes do domínio público quaisquer terrenos situados na zona portuária delimitada como tal pela Administração, mesmo que não hajam sido afectados a essa função e se preveja, pela respectiva localização e pelo desenvolvimento do porto, que nunca o serão – *v.* também p. 36, n. 123).

[199] Cf. artigo 1.º, n.º 1, do Decreto Legislativo Regional n.º 30/2003/A, de 27 de Junho.

Excluídos do domínio público portuário estão os portos naturais (enquanto porção de mar, rio ou lago, próxima da margem, que, pelas suas características naturais – desde logo, profundidade e morfologia –, permite a ancoragem de embarcações), compreendidos no domínio público hídrico. Não reveste um mero alcance teórico a delineação do conceito de porto, para efeitos de identificação do domínio público portuário, em especial face à respectiva distinção relativamente ao domínio público hídrico: como inequivocamente fica demonstrado no Acórdão do Tribunal Constitucional n.º 654/2009, de 16 de Dezembro, a correcta percepção do significado de porto para este efeito possui um impacto ao nível do regime jurídico aplicável e, quando o bem se localize no território das regiões autónomas, da respectiva titularidade. Com efeito, aquela decisão optou por um entendimento de tal forma restritivo que, na prática, circunscreve o domínio público portuário aos edifícios de apoio à actividade portuária, eliminando do conceito os terrenos (que considera incluídos no domínio público marítimo) em que tais edifícios assentam, recusando um conceito funcional e, por conseguinte, descaracterizando, por completo, a noção de «porto» (*rectius*, de «porto artificial»)[200]. Ora, para este efeito, devem conceber-se como integrantes da noção de porto quer as construções humanas e equipamentos imobiliários, quer as faixas de terreno sobre as quais estes se encontram implantados, todos eles formando a universalidade pública que constitui a *infra-estrutura portuária*.

A lei inclui no domínio público estadual a rede nacional de portos [cf. artigo 4.º, alínea *e)*, do Decreto-Lei n.º 477/80]. Também nesta matéria cumpre determinar se se encontra algum espaço para a afirmação de um domínio público portuário regional. Mais uma vez, e apelando à regra tendencial da titularidade regional dos bens do domínio público situados nas regiões autónomas, e não constituindo a rede portuária (comercial) um bem que "interesse à defesa nacional" ou afectos a serviços públicos não regionalizados, parece possível conceber os portos situados nas regiões autónomas como domínio público regional; aliás, a redacção actual do EPAA inclui já os portos artificiais, as docas e os ancoradouros no domínio público da Região Autónoma dos Açores [artigo 22.º, n.º 2, alínea *h)*].

---

[200] Acórdão n.º 654/2009, de 16 de Dezembro, cit., p. 447. Veja-se, porém, a Declaração de Voto da Conselheira MARIA JOÃO ANTUNES (pp. 449 e s.), que adere a um conceito funcional de porto, não o considerando contrário à Constituição. Trata-se, aliás, da noção de porto defendida por VIEIRA DE ANDRADE no já citado parecer inédito ***O Domínio...***, junto aos autos.

No continente, ainda que integradas no domínio público estadual, estas infra-estruturas não se encontram directamente geridas pelo Estado, mas estão sujeitas a uma gestão descentralizada efectuada por entidades formalmente particulares, mas materialmente públicas: sociedades anónimas de capitais exclusivamente públicos – as *Administrações Portuárias*[201], às quais cabe um amplo leque de poderes e cujas áreas de jurisdição se não circunscrevem às infra-estruturas portuárias, abrangendo também as áreas do domínio público hídrico conexas. Relativamente aos portos não abrangidos pelas mencionadas Administrações Portuárias, a respectiva gestão ou administração pertence ao *Instituto Portuário e dos Transportes Marítimos* (IPTM), que assume também as vestes de entidade reguladora do sector marítimo portuário[202] (cf. Decreto-Lei n.º 146/2007, de 27 de Abril, e Portaria n.º 544/2007, de 30 de Abril, que aprova os *Estatutos do IPTM*).

No que concerne às regiões autónomas, as infra-estruturas portuárias são igualmente administradas por sociedades anónimas de capitais exclusivamente públicos: na Madeira, pela *APRAM – Administração dos Portos da Região Autónoma da Madeira, S. A.* (cf. Decreto Legislativo Regional n.º 19/99/M, de 1 de Julho, alterado pelo Decreto Legislativo Regional n.º 25/2003/M, de 23 de Agosto); nos Açores, o Decreto Legislativo Regional n.º 30/2003/A, de 27 de Junho, vem criar as *administrações portuárias regionais*[203].

---

[201] Cf. Decretos-Leis n.os 335/98 (*APDL – Administração dos Portos do Douro e Leixões, S. A.*, alterado pelo Decreto-Lei n.º 334/2001, de 24 de Dezembro), 336/98 (*APL – Administração do Porto de Lisboa, S. A.*, alterado pelo Decreto-Lei n.º 334/2001, de 24 de Dezembro), 337/98 (*APS – Administração do Porto de Sines, S. A.*, alterado pelo Decreto-Lei n.º 334/2001, de 24 de Dezembro), 338/98 (*APSS – Administração dos Portos de Setúbal e Sesimbra, S. A*, alterado pelo Decreto-Lei n.º 334/2001, de 24 de Dezembro)), 339/98 (*APA – Administração do Porto de Aveiro, S. A.*, alterado pelo Decreto-Lei n.º 40/2002, de 28 de Fevereiro), todos de 3 de Novembro; Decretos-Leis n.os 210/2008 (*Administração do Porto da Figueira da Foz, S. A. – APFF, S. A.*) e 211/2008 (*Administração do Porto de Viana do Castelo, S. A. – APVC, S. A.*), ambos de 3 de Novembro (rectificados pelas Declarações de Rectificação n.os 75/2008 e 76/2008, respectivamente).

[202] Sobre a regulação dos portos, MANUEL PORTO/JOÃO NUNO CALVÃO DA SILVA, **Organização Administrativa e Regulação dos Portos: uma Análise de Direito Comparado**, in **Revista de Legislação e de Jurisprudência**, n.º 3958, ano 139.º, Setembro/Outubro 2009, pp. 16 e ss..

[203] *Administração dos Portos das Ilhas de São Miguel e Santa Maria, S. A.*; *Administração dos Portos da Terceira e Graciosa, S. A.*; *Administração dos Portos do Triângulo e do Grupo Ocidental, S. A.*. Cf. artigos 8.º, n.º 1, 15.º, n.º 2, alínea *d)*. O mesmo diploma cria ainda a sociedade de capitais exclusivamente públicos *Portos dos Açores – Sociedade*

3.2.5.3. Domínio público ferroviário

A alínea *e)* do n.º 1 do artigo 84.º da Constituição inclui no domínio público as "linhas férreas nacionais". Note-se que, de acordo com a terminologia constante da alínea *h)* do artigo 4.º do Decreto-Lei n.º 477/80, apenas constituiriam bens dominiais as linhas férreas *de interesse público*[204]. Para esse rumo orientaram-se também a Lei n.º 10/90, de 17 de Março, que aludia à rede ferroviária nacional (rede principal e rede complementar), compreendendo as linhas e os ramais *de interesse público*, como integrando o domínio público do Estado (artigo 10.º, n.º 1), e o (já revogado) Decreto-Lei n.º 269/92, de 28 de Novembro, que optava pela consideração de que o domínio público ferroviário inclui os bens adstritos ao serviço público.

Deve entender-se como coisa pública a infra-estrutura ferroviária tomada enquanto *universalidade*[205]. Com o novo regime jurídico do domínio público ferroviário, passou a constar expressamente da lei um elenco (embora de carácter exemplificativo) dos bens que constituem a infra-estrutura ferroviária dominial (cf. artigo 1.º do Decreto-Lei n.º 276/2003, de 4 de Novembro; *v.* também artigos 11.º, n.os 1 e 4)[206]-[207].

Gestora de Participações Sociais (SGPS), S. A., que tem por objecto social a gestão integrada sob a forma empresarial da carteira de participações públicas no sector portuário regional e, através das empresas participadas de objecto especializado, a gestão indirecta dos portos comerciais da Região Autónoma dos Açores (artigo 19.º, n.º 1; artigo 3.º, n.º 1, dos *Estatutos*).

[204] Assim, o n.º 2 do artigo 1.º do *Regulamento para a Exploração e Polícia dos Caminhos de Ferro* (aprovado pelo Decreto-Lei n.º 39 780, de 21 de Agosto de 1954) determinava que "não são (…) do domínio público os caminhos de ferro de interesse restrito ou particular, designadamente os destinados ao serviço exclusivo de determinadas povoações (viação urbana) ou ao serviço de minas ou estabelecimentos agrícolas, comerciais ou industriais (viação privada)".

[205] Aliás, era justamente este o exemplo privilegiado por MARCELLO CAETANO (*Manual...*, vol. II, p. 890) para a ilustração da sua noção de universalidade pública.

[206] Não partilhando de uma concepção ampla de domínio público – onde se incluiriam também quaisquer poderes da Administração sobre bens privados –, não consideramos como coisas públicas ou bens submetidos ao estatuto da dominialidade as servidões de linha férrea (artigo 4.º) ou as servidões e restrições ao direito [de propriedade] dos prédios confinantes com o caminho de ferro ou seus vizinhos (artigo 5.º), diferentemente do que resulta das alíneas *d)* e *e)* do n.º 2 do artigo 1.º.

[207] Mantendo-se o preceito constitucional que qualifica como dominiais as linhas férreas nacionais, também integrará o domínio público (quando se encontrar instalada em Portugal) a *rede ferroviária de alta velocidade*, pertencendo actualmente, nos termos do Decreto-Lei n.º 323-H/2000, de 19 de Dezembro (artigo 1.º, n.º 1), à *RAVE – Rede Ferro-*

Talqualmente sucede, em geral, quanto às demais infra-estruturas de rede, também a propriedade se encontra separada da gestão da infra-estrutura (integrante da rede ferroviária nacional), cabendo esta última à *Rede Ferroviária Nacional – REFER, E. P. E.* (nos termos do n.º 2 do artigo 2.º do Decreto-Lei n.º 104/97, de 29 de Abril[208], e do n.º 1 do artigo 2.º dos *Estatutos da REFER* aprovados pelo mesmo diploma)[209] ou ao operador de transporte público ferroviário a que estiverem afectos (artigo 6.º, n.º 2, do Decreto-Lei n.º 276/2003). O Decreto-Lei n.º 270/2003, de 28 de Outubro[210], define as condições de gestão da infra-estrutura ferroviária sobre a qual os serviços de transporte ferroviário são prestados, gestão essa que assegura os direitos de acesso, garantidos pelos artigos 20.º e seguintes do mesmo diploma e pelo Decreto-lei n.º 20/2010, de 24 de Março.

Distinta da gestão é a actividade reguladora, que se encontra cometida ao *Instituto da Mobilidade e dos Transportes Terrestres, I. P.* (IMTT) que, através da *Unidade de Regulação Ferroviária*, desempenha a tarefa de regulação técnica e económica das actividades ferroviárias, incidindo na relação entre os gestores da infra-estrutura ferroviária e os operadores de transporte (artigo 13.º do Decreto-Lei n.º 147/2007, de 27 de Julho;

---

viária de Alta Velocidade, S. A. o desenvolvimento e coordenação dos trabalhos e estudos necessários à formação das decisões de planeamento, construção, fornecimento e exploração dessa rede (cf. também artigo 2.º, n.º 1 dos *Estatutos da RAVE*, aprovados pelo mesmo diploma). Cf. também Decreto-Lei n.º 33-A/2010, de 14 de Abril, que aprova as bases da concessão do projecto, construção, financiamento, manutenção e disponibilização, por todo o período da concessão, da concessão RAV Poceirão-Caia, da ligação ferroviária de alta velocidade entre Lisboa e Madrid; a minuta do contrato de concessão foi aprovada pela Resolução do Conselho de Ministros n.º 33/2010, de 27 de Abril, e a minuta do instrumento de reforma desta concessão constitui objecto de aprovação pela Resolução do Conselho de Ministros n.º 10/2011, de 28 de Janeiro.

[208] Alterado pelos Decretos-Leis n.os 394-A/98, de 15 de Dezembro, 270/2003, de 28 de Outubro, 95/2008, de 6 de Junho, e 141/2008, de 22 de Julho.

[209] De acordo com o n.º 3 do artigo 15.º dos *Estatutos*, a *REFER, E. P.* administra ainda os bens do domínio público estadual afectos à respectiva actividade. Daí que a designação de «prestação do serviço público de gestão da infra-estrutura da rede ferroviária nacional» se afigure imprópria, uma vez que a actuação daquela entidade se restringe justamente à gestão e exploração (conservação e regulação da sua utilização por terceiros de um bem do domínio público), não pressupondo também uma *tarefa administrativa de prestação* de bens ou serviços (cf. PEDRO GONÇALVES, *A Concessão...*, pp. 94 e s., n. 137, 152 e pp. 36 e ss.). Acerca da distinção entre gestão dominial e serviço público, cf. YOLKA, *La Propriété Publique – Eléments pour une Théorie*, Paris, 1997, pp. 290 e ss..

[210] Alterado pelos Decretos-Leis n.os 231/2007, de 14 de Junho, e 20/2010, de 24 de Março.

cf. também artigo 8.º dos *Estatutos do IMTT*, aprovados pela Portaria n.º 545/2007, de 30 de Abril).

Existirá um domínio público ferroviário regional? Diferentemente do que veremos em relação às demais infra-estruturas de comunicação, o legislador nem de forma indirecta se refere a este problema, por motivos que se prendem com a inexistência de uma infra-estrutura ferroviária nas regiões autónomas. Todavia, e *de iure condendo*, embora se revele de probabilidade muito remota (dada a morfologia do território) a instalação de uma infra-estrutura ferroviária nas regiões autónomas, julgamos que se justificará uma resposta afirmativa àquela questão com base em duas ordens de argumentos: por um lado, no princípio da tendencial titularidade regional dos bens dominiais situados nos território das regiões autónomas que se extrai das normas dos Estatutos Político-Administrativos sobre a matéria; por outro lado, na necessidade da coerência de regimes jurídicos que pautam o sector das infra-estruturas de comunicação.

3.2.5.4. Domínio público aeroportuário

De acordo com o prescrito na alínea *e)* do artigo 4.º do Decreto-Lei n.º 477/80, as infra-estruturas aéreas[211] – os aeroportos[212] e aeródromos de

---

[211] Enquanto conjunto de instalações necessárias à prossecução da actividade de navegação aérea – cf., neste sentido, SANDULLI/ROSA, *Aerodromo*, in *Enciclopedia del Diritto*, vol. I, Milano, 1958, p. 637. Cf. também a noção de aeroporto constante da alínea *a)* do artigo 2.º da Directiva n.º 96/67/CE, de 15 de Outubro de 1996 (in: *JOCE* n.º L 272, 25.10.1996, alterada pelo Regulamento (CE) n.º 1882/2003, do Parlamento Europeu e do Conselho, de 29 de Setembro de 2003, in: *JOUE*, n.º L 284, 31.10.2003, pp. 1 e ss.): "terreno especialmente preparado para a aterragem, a descolagem e as manobras de aeronaves, incluindo as instalações anexas que possam existir para as necessidades do tráfego e o serviço das aeronaves, incluindo as instalações necessárias para as operações comerciais de transporte aéreo". Repare-se ainda que, entre nós, já haviam sido considerados como incluídos na categoria de bens dominiais os terrenos utilizados directamente na prestação de serviço público aeroportuário e de navegação aérea, assim como os edifícios e construções implantados nesses terrenos e os equipamentos básicos integrados nos mesmos, entre os quais se incluem pistas, placas de estacionamento e vias de circulação (cf. Despacho Conjunto dos Ministérios das Finanças e do Plano e dos Transportes e Comunicações, de 8 de Janeiro de 1981, in: *Diário da República*, II Série, n.º 20, 24.01.1981).

[212] Embora o legislador o não afirme (por desnecessidade) hão-de estar apenas aqui em causa os aeroportos abertos ao tráfego público, já que apenas em relação a estes tem sentido colocar a questão da dominialidade (cf., no mesmo sentido, SANDULLI, *Sulla*

interesse público – revestem o carácter de bens dominiais. Deste preceito decorre que, se a dominialidade atinge todos os aeroportos (que, nessa medida, consubstanciam sempre coisas públicas), não abrange todos os aeródromos, os quais podem constituir bens públicos ou privados. Os aeródromos, que se diferenciam dos aeroportos pelo facto de ali não prevalecer uma lógica de serviço público regular, sendo objecto de utilização para circunstâncias particulares e, por conseguinte, dispondo de instalações muito menos amplas[213], revestem natureza pública se, pela sua relevância, possuírem algum significado para a função de circulação de pessoas e bens[214].

O facto de tais infra-estruturas constituírem bens dominiais tem sido reafirmado a propósito do regime jurídico de utilização privativa dos bens situados em zonas aeroportuárias (bens do domínio público aeroportuário)[215]. Se nos interrogarmos sobre os motivos determinantes da dominialização deste tipo de infra-estruturas, devem os mesmos reconduzir-se à essencialidade que vem revestindo para o Estado a tarefa de dotar o País de redes

---

Demanialità degli Aeroporti, in *Rivista del Diritto della Navigazione*, vol. VI, Parte I, 1940, p. 198 e *Beni...*, p. 284). Por outro lado, convém explicitar que não nos reportamos de momento a aeroportos ou aeródromos de carácter militar, os quais constituem objecto de uma disciplina jurídica diversa – a relacionada com o domínio público militar – já que também pretendem suprir necessidades diferentes (*v.*, em sentido idêntico, GAETA, *Demanio Aeronautico*, in *Enciclopedia del Diritto*, vol. XII, Milano, 1964, p. 85, criticando o artigo 692 do Código da Navegação, pela referência indiscriminada aos aeródromos militares e destinados ao serviço da navegação aérea como fazendo parte do domínio público aeronáutico; SANDULLI/ROSA, *Aerodromo*, p. 638).

[213] *V.* SÁNCHEZ MORÓN, *Los Bienes...*, pp. 246 s.. Trata-se de uma distinção sem contornos taxativos e positivamente determinada – assim, *v. g.*, SANDULLI/ROSA (*Aerodromo*, p. 637) enquadram os aeroportos na categoria mais ampla dos aeródromos.

[214] Pareceria ser também neste sentido a posição de MARCELLO CAETANO, *Manual...*, vol. II, p. 912. Estão, assim, excluídos os aeródromos de uso privado não abertos à circulação geral – cf. MORAND-DEVILLER, *Cours...*, p. 63.

[215] Cf. artigo 1.º, n.º 1, do Decreto-Lei n.º 102/90, de 21 de Março (alterado pelos Decretos-Leis n.ºs 280/99, de 26 de Julho, 268/2007, de 26 de Julho, e 216/2009, de 4 de Setembro), nos termos do qual "a ocupação de terrenos, edificações ou instalações e o exercício de qualquer actividade na área dos aeroportos e aeródromos públicos fazem-se nos termos das normas aplicáveis à utilização do domínio público". Aliás, de acordo com o preâmbulo do primeiro diploma mencionado, constitui um «princípio tradicional do nosso direito» a consideração de que os «espaços aeroportuários» consubstanciam um bem de domínio público. *V.* ainda Decreto Legislativo Regional n.º 35/2002/A, de 21 de Novembro, relativo à utilização do domínio público aeroportuário dos Açores e Decreto Legislativo Regional n.º 7/2000/M, de 1 de Março, relativo, *inter alia*, à utilização do domínio público aeroportuário da Madeira.

de comunicação imprescindíveis ao fluxo comercial e à sua sobrevivência económica. Trata-se de dar novos horizontes às já tradicionais (em termos históricos) razões que implicaram a sujeição ao domínio público das restantes infra-estruturas de comunicação[216].

Se o regime da dominialidade convém a todas as infra-estruturas aeroportuárias existentes entre nós, já se deve distinguir entre domínio público estadual e domínio público regional, e, nessa medida, entender de forma adequada o disposto no mencionado preceito do Decreto-Lei n.º 477/80: tal como observámos em relação às demais infra-estruturas de comunicações, também os aeroportos situados no território das regiões autónomas integram o domínio público regional, nos termos resultantes do artigo 144.º do EPAM; explicitamente, a alínea *j)* do n.º 2 do artigo 22.º do EPAA integra no domínio público da Região Autónoma dos Açores os aeroportos e aeródromos de interesse público.

Neste horizonte, a gestão das infra-estruturas aeroportuárias encontra-se separada da respectiva propriedade. Destarte, de acordo com os artigos 1.º e 2.º do Decreto-Lei n.º 33/2010, de 14 de Abril, cabe à *ANA – Aeroportos de Portugal, S. A.*, enquanto concessionária de exploração do serviço público aeroportuário de apoio à navegação civil, a gestão, exploração e desenvolvimento dos aeroportos de Lisboa, Porto, Faro, Ponta Delgada, Santa Maria, Horta e Flores (assim como de novas infra-estruturas aeroportuárias)[217]. À *NAV, E.P.* cumpre a administração das infra-estruturas afectas à respectiva actividade definida pelo artigo 3.º dos *Estatutos* [aprovados pelo Decreto-Lei n.º 404/98, de 18 de Dezembro, e alterados pelo Decreto-Lei n.º 74/2003, de 16 de Abril; cf. artigos 4.º, n.os 3 e 4, alínea *a)*; 7.º, n.º 2; e 23.º]. Em relação ao aeroporto do Funchal, a respectiva administração cabe à *ANAM – Aeroportos e Navegação Aérea da Madeira, S. A.*[218].

---

[216] Cf., em sentido idêntico, SANDULLI, **Sulla Demanialità...**, pp. 209 ss..

[217] A Resolução do Conselho de Ministros n.º 34/2010, de 6 de Maio, aprovou a minuta do contrato de concessão do serviço público aeroportuário de apoio à aviação civil a celebrar entre o Estado Português e a ANA.

[218] Criada pelo Decreto-Lei n.º 453/91, de 11 de Dezembro, e à qual está adjudicada a concessão da promoção e execução das obras de ampliação das infra-estruturas do aeroporto de Santa Catarina (Funchal), bem como o planeamento, o desenvolvimento e a exploração dos aeroportos da Região Autónoma da Madeira – *v.* Decreto Legislativo Regional n.º 8/92/M, de 21 de Abril, alterado pelo Decreto Legislativo Regional n.º 4/2010/M, de 19 de Abril [cf. ainda Decreto Legislativo Regional n.º 22/2000/M, de 1 de Setembro, que reafirma o carácter dominial (domínio público do concedente, *in casu*, a Região Autónoma

3.2.6. Domínio público militar

A consideração da existência de um domínio público militar apresenta-se tradicionalmente justificável com base na respectiva essencialidade para a defesa nacional, enquanto esta consubstancia uma função primordial do Estado. Assim, nos termos das alíneas *i)* e *j)* do artigo 4.º do Decreto-Lei n.º 477/80, integram o domínio público estadual não apenas os imóveis destinados a esse fim (obras e instalações militares, e zonas territoriais reservadas para a defesa militar), como os bens móveis (navios da armada, aeronaves militares, carros de combate e outro equipamento militar de natureza e durabilidade equivalentes)[219].

Especial relevância nesta matéria assume a Lei Orgânica n.º 3/2008, de 8 de Setembro (Lei de Programação das Infra-Estruturas Militares): prevendo um regime jurídico unitário quanto à gestão dos imóveis afectos à defesa nacional (identificados pelo Decreto-Lei n.º 219/2008, de 12 de Novembro), aquele diploma visa promover a respectiva rentabilização, com o propósito de financiar o investimento em infra-estruturas militares e de garantir o cumprimento das obrigações assumidas pelo Estado relativas a fundos, designadamente a capitalização do fundo de pensões dos militares das Forças Armadas. Uma análise da disciplina constante deste diploma permite ressaltar duas virtudes: por um lado, a consciencialização de que a dominialidade só se justifica enquanto os imóveis se encontrarem afectos à defesa nacional, pelo que consagra a possibilidade de desafectação (subsequentemente à qual podem ser adoptados alguns dos meios de gestão previstos no artigo 8.º); por outro lado, a ideia de que as concessões dominiais constituem um instrumento de rentabilização do domínio público [artigos 8.º, alínea *d)*, e 9.º].

Uma questão susceptível de ser colocada no que às coisas integradas no domínio militar tange relaciona-se com o estatuto a que devem considerar-se submetidos os equipamentos militares objecto de *locação a favor de uma entidade pública*. É que se o artigo 4.º do Decreto-Lei n.º 477/80 contemplou expressamente a dominialidade de bens militares, esta hipótese não se encontra, pelo menos à primeira vista, coberta pelo mesmo

---

da Madeira) dos imóveis adquiridos ou a adquirir, por via do direito privado ou de expropriação, integrados nas obras de construção, ampliação e desenvolvimento do Aeroporto do Funchal, assim como dos imóveis destinados à instalação e funcionamento dos serviços concessionados].

[219] Acerca da problemática relacionada com a dominialidade de bens móveis, cf. o que diremos *infra* perante a questão paralela colocada no âmbito do domínio público cultural.

preceito, o qual pressupõe que esses bens pertençam ao Estado[220]. Repare-se inclusivamente que a própria Lei de Programação Militar (Lei Orgânica n.º 4/2006, de 29 de Agosto) explicita que os actos de investimento público das Forças Armadas (relativos, *inter alia*, a equipamentos e infra-estruturas) podem ser concretizados por locação[221], sob qualquer das suas formas contratuais, sempre que tal se encontre justificado pelo interesse nacional, com o objectivo de permitir a dilação no tempo da satisfação do respectivo encargo financeiro (cf. artigo 3.º, n.º 1)[222].

3.2.7. Domínio público cultural

A alínea *m)* do artigo 4.º do Decreto-Lei n.º 477/80 prescreve a integração no domínio público estadual dos palácios, monumentos, museus, bibliotecas, arquivos e teatros nacionais, e bem assim os palácios escolhidos pelo Chefe de Estado para a Secretaria da Presidência e para a sua residência e das pessoas da sua família. Numa transcrição deste preceito, a alínea *h)* do n.º 2 do artigo 22.º do EPAA determina que se incluem no domínio público da Região Autónoma dos Açores os palácios, monumentos, museus, bibliotecas, arquivos e teatros. Por seu lado, as bases da política e do regime de protecção e valorização do património cultural, constantes da Lei n.º 107/2001, de 8 de Setembro, não se pronunciam sobre a eventual existência de um domínio público cultural.

---

[220] Estamos, todavia, perante uma daquelas situações em que a relevância material do caso apenas é parcialmente assimilável pela (relevância material da) norma. Com efeito, quando determina que o equipamento militar (de natureza e durabilidade equivalentes a navios de armada, aeronaves militares e carros de combate) integra o domínio público do Estado, pressupõe que esses bens se encontrem na propriedade do Estado; no caso em análise não acontece tal. Contudo, os sentidos intencionais da norma e do caso são análogos: a necessidade de protecção de certo tipo de bens em virtude da relevante função pública que desempenham (defesa nacional). Assim, podemos concluir que a norma constante da alínea *j)* do artigo 4.º do Decreto-Lei n.º 477/80 ainda se revela susceptível de assimilar (*assimilação por adaptação*) o caso. Cf. sobre todas estas noções, CASTANHEIRA NEVES, **Metodologia Jurídica (Problemas Fundamentais)**, Coimbra, 1993, pp. 176 e ss..

[221] O facto de, também nestas hipóteses, se viabilizar o acesso de privados a bens e tecnologia militares implica especiais cautelas, vertidas legislativamente na Lei n.º 49/2009, de 5 de Agosto (cf. a noção de «comércio de bens e tecnologia militares» prevista no n.º 1 do artigo 2.º, que envolve igualmente a locação).

[222] Reflectindo sobre um caso real, analisámos o problema no nosso trabalho *O Domínio...*, pp. 252 e ss..

A análise da matéria atinente a esta temática concentra-se em três núcleos problemáticos: a submissão ao estatuto da dominialidade de todos os bens culturais e a possibilidade da existência de bens do domínio público cultural na propriedade privada de particulares; o sentido da subordinação ao domínio público de bens móveis; e a previsão de um domínio público cultural na titularidade das regiões autónomas.

Quanto à primeira questão, e ntendendo abreviadamente por «bens culturais» todos aqueles que apresentam um interesse artístico, histórico, arqueológico ou etnográfico[223], que constituem um reflexo e expressão dos

---

[223] Cf. GIANNINI, *I Beni Culturali*, in **Rivista Trimestrale di Diritto Pubblico**, ano XXVI, 1976, p. 7. De acordo com as normas constantes da Lei n.º 107/2001, de 8 de Setembro, constituem «bens culturais» (além daqueles que se considerem como tais de acordo com disposições internacionais vigentes entre nós) os bens móveis e imóveis que, possuindo um interesse cultural relevante (designadamente a nível histórico, paleontológico, arqueológico, arquitectónico, linguístico, documental, artístico, etnográfico, científico, social, industrial ou técnico, em termos que reflictam valores de memória, antiguidade, autenticidade, originalidade, raridade, singularidade ou exemplaridade), representam testemunho material com valor de civilização e cultura. Note-se que esta locução definitória de bens culturais (*testemunho material com valor de civilização*) tem com fonte o conceito de bens culturais internacionalmente formulado, constante dos documentos preparatórios elaborados no âmbito dos trabalhos da UNESCO (1962-1964), em vista da protecção internacional dos mesmos (cf. GIANNINI, *I Beni...*, p. 5, n. 2), assim como os trabalhos da denominada Comissão Franceschini (*Comissione d'Indagine per la Tutela e Valorizzazione del Patrimonio Storico, Archeologico, Artístico, e del Paesaggio*, presidida pelo Prof. Francesco Franceschini) – de acordo com a *Dichiarazione I* da **Relazione della Comissione** (in **Rivista Trimestrale di Diritto Pubblico**, ano XVI, 1966, p. 143), "pertencem ao património cultural da Nação todos os Bens que se referem à história da civilização. Estão sujeitos à lei os Bens de interesse arqueológico, artístico, ambiental e paisagístico, arquivístico e livreiro, e todos os outros bens que constituam testemunha material com valor de civilização".

Em termos de direito internacional, v. ainda, por exemplo, a definição de «património cultural» (mundial), a salientar a excepcionalidade do valor universal dos bens em causa, constante do artigo 1.º da *Convenção para a Protecção do Património Mundial, Cultural e Natural*, de 16 de Novembro de 1972, adoptada no contexto da UNESCO (in **Diário da República**, I Série, n.º 130, de 06.06.1979); v. ainda artigos 1.º e 4.º da *Convenção da UNESCO relativa às medidas a adoptar para proibir e impedir a importação, a exportação e a transferência ilícitas da propriedade de bens culturais* (aprovada para ratificação pelo Decreto do Governo n.º 26/85, in: *Diário da República*, I Série, n.º 170, 26.07.1985); cf. também as noções constantes do artigo 1.º da *Convenção para a Protecção dos Bens Culturais em caso de conflito armado* (in **Diário da República**, I Série-A, n.º 76, 30.03.2000) e do artigo 2.º e as categorias constantes do anexo da *Convenção do UNIDROIT sobre bens culturais roubados ou ilicitamento exportados* (in **Diário da República**, I Série-A, n.º 80, de 04.04.2000).

valores, crenças, saberes e tradições de um conjunto de pessoas[224] ou, mais especificadamente, definindo «património cultural» como sendo constituído por "todos os bens que [são] testemunhos[225] com valor de civilização ou de cultura portadores de *interesse cultural*[226] *relevante*" (cf. artigo 2.º da Lei n.º 107/2001), logo compreendemos que, dada a heterogeneidade dos bens aqui em causa, nem todos o legislador sujeitou (nem haveria de sujeitar) ao regime específico de direito público característico da dominialidade, em termos de os mesmos, desde logo, se encontrarem, senão sujeitos a um direito de propriedade pública, pelo menos submetidos a um

---

[224] Cf. também artigo 2.º, alínea *a)*, da *Convenção Quadro do Conselho da Europa relativa ao Valor do Património Cultural para a Sociedade*, aprovada pela Resolução da Assembleia da República n.º 47/2008, de 12 de Setembro, e ratificada pelo Decreto do Presidente da República n.º 65/2008.

[225] Acerca dos bens culturais como objectos de testemunho, cf. CORNU, **Le Droit Culturel des Biens (L'Intérêt Culturel Juridiquement Protégé)**, Bruxelles, 1996, pp. 166 e ss..

[226] Nas palavras de ALVES CORREIA (**Propriedade de Bens Culturais – Restrições de Utilidade Pública, Expropriações e Servidões Administrativas**, Separata de **Direito do Património Cultural**, Lisboa, 1996, p. 395), para além de constituírem "uma «memória» ou «testemunho» da identidade cultural portuguesa", "um instrumento de reforço dos vínculos de coesão da Nação portuguesa", o elemento essencial para a individualização dos bens culturais reside no "*valor* que eles possuem (o seu interesse cultural), valor que lhes é inerente, e que é sempre um valor humano, um valor de civilização" (cf., em sentido semelhante, GARCÍA FERNÁNDEZ, *El Derecho del Patrimonio Histórico en Iberoamérica*, in **Revista Iberoamericana de Administración Pública**, n.º 7, Julho/Dezembro 2001, p. 178). Tal interesse cultural abarcará como vector fundamental os interesses artístico e histórico, ao lado dos quais vão emergindo outros, como o interesse científico, o interesse lendário, o interesse estético, o interesse arqueológico ou etnológico (cf., neste sentido, CORNU, *Le Droit*..., pp. 196 e ss.). Aliás, já GIANNINI (*I Beni*..., pp. 26 e ss.) salientava que o elemento determinante dos bens culturais não era o valor de mercado («preço» ou «valor comercial»), mas o valor cultural. Com isto não pretendemos abstrair do facto de, contrariamente ao que se passa com a propriedade intelectual e com o objectivo de não confundir as duas noções, a coisa corpórea se revelar, as mais das vezes, o suporte necessário para o reconhecimento de um bem cultural – assim também CERULLI IRELLI, **Beni Culturali, Diritti Collettivi e Proprietà Pubblica**, in **Scritti in Onore di Massimo Severo Giannini**, vol. I, Milano, 1988, p. 140. Não se ignora também que a aferição do interesse cultural de um certo bem pressupõe a existência de uma «hierarquia de valores culturais» (CORNU, *Le Droit*..., p. 184; sobre os critérios que hão presidir a tal hierarquização, *v. Op. cit.*, pp. 201 e ss.), já que, nos termos da definição legal, apenas os bens portadores de interesse cultural *relevante* devem ser incluídos na categoria de bens culturais.

poder particularmente *intenso* de uma entidade administrativa[227]. Isto significa, por conseguinte, que não existe uma sobreposição entre o estatuto (jurídico-publicístico) de «bem cultural», precipuamente dirigido à conservação, defesa, valorização e enriquecimento das coisas sobre que incide[228], e o estatuto de «coisa pública» (ou estatuto da dominialidade). A coexistência no mesmo bem dos dois estatutos apenas sucede, por decisão do legislador (*in casu*, atento o disposto na supracitada norma do Decreto-Lei n.º 477/80), no específico campo em que os bens do património cultural, *pela relevância que assumem do ponto de vista cultural* (no sentido enunciado), também constituem bens do domínio público, designadamente para ficarem sujeitos a um regime mais exigente que o resultante do estatuto dos bens culturais (ou por se concluir que ficam submetidos a uma disciplina mais exigente que a caracterizadora dos demais bens culturais), sobretudo no que tange à respectiva subtracção total ao comércio jurídico privado, sem perder de vista uma certa ideia de *«fruição pública»* que vem pautando, em certos momentos, a «teoria do

---

[227] O que, aliás, decorre da própria densificação legal dos elementos constituintes do património cultural. Basta atentarmos, *v. g.*, na circunstância de o n.º 2 do artigo 2.º da Lei n.º 107/2001 considerar como "elemento essencial do património cultural" a língua portuguesa, enquanto fundamento da soberania nacional. O mesmo sucede em relação aos "bens imateriais que constituam parcelas estruturantes da identidade e da memória colectiva portuguesas" (artigo 2.º, n.º 4), entre os quais se incluem as expressões orais de transmissão cultural e os modos tradicionais de fazer, nomeadamente as técnicas tradicionais de construção e fabrico, e os modos de preparar alimentos (artigo 91.º). O regime jurídico do património cultural imaterial consta do Decreto-Lei n.º 139/2009, de 15 de Junho (e, quanto à Região Autónoma dos Açores, do Decreto Legislativo Regional n.º 21/2011/A, de 4 de Julho), constituindo igualmente objecto de protecção internacional – cf. a *Convenção para a Salvaguarda do Património Cultural Imaterial*, adoptada na 32.ª Sessão da Conferência Geral da UNESCO, em Paris, a 17 de Outubro de 2003, aprovada pela Resolução da Assembleia da República n.º 12/2008, de 26 de Março, e ratificada pelo Decreto do Presidente da República n.º 28/2008.

Por outro lado, e se atentarmos agora no objectivo precípuo da disciplina jurídica específica dos bens submetidos ao estatuto da dominialidade (a saber, a subtracção da coisa ao comércio jurídico privado), concluímos que o mesmo não deve ter aplicabilidade relativamente a todos os bens culturais. Cf. em sentido semelhante, CORNU, *Le Droit*..., pp. 88 e s., salientando que entre a consideração de alguns bens culturais como fora do comércio (privado) e a ideia de que alguns deles se podem encontrar (livremente) dentro do comércio, surge a susceptibilidade de os bens culturais, ainda que consubstanciem coisas dentro do comércio, sejam objecto de particulares limites.

[228] CASALTA NABAIS, *Introdução ao Direito do Património Cultural*, Coimbra, 2010, pp. 47, 52 e s..

direito dos bens culturais»[229]. É que nem sempre a protecção de determinados bens tem que passar pela atribuição do estatuto da dominialidade a uma coisa[230] – encontramo-nos, aliás, num campo em que assume nitidez a ideia da necessidade de recusa do conceito (amplo) de domínio público, de acordo com a qual este abrangeria também *quaisquer* poderes que a Administração exerce sobre bens dos particulares. Em diversas situações, a tutela dos bens culturais (classificados ou inventariados) logra alcançar-se, desde logo, mediante a imposição de um conjunto de deveres aos respectivos proprietários (*inter alios*), acompanhada da previsão de um conjunto de deveres para a Administração. Efectivamente, recorde-se, por exemplo, que os bens culturais classificados são insusceptíveis de aquisição por usucapião (35.º), que os titulares (mesmo quando particulares) do direito de propriedade ou de outros direitos reais se encontram adstritos ao cumprimento de uma série de deveres[231], que a transmissão

---

[229] Sobre o direito à fruição dos bens culturais, cf. CARLA AMADO GOMES, *O Património Cultural na Constituição*, in **Textos Dispersos de Direito do Património Cultural e de Direito do Urbanismo**, Lisboa, 2008, pp. 46 e ss.. Esta fruição não é posta em causa pela necessidade de os utilizadores se encontrarem obrigados ao pagamento de uma taxa, e perfeitamente admissível ainda quando os bens estão submetidos ao estatuto da dominialidade (*v.* o que diremos *infra*, acerca do uso comum e da necessidade de pagamento de taxas pelos utilizadores). Cf. ainda as considerações expendidas em CORNU, **Le Droit...**, pp. 473 e ss.. Esta Autora refere-se inclusivamente a um «direito de acesso ao património cultural» (*droit d'accès au patrimoine culturel*), caracterizado, designadamente, por um direito de fruição dos bens em causa (*droit de jouissance*), a abranger, *inter alia*, as faculdades de visita, de visibilidade, de conhecimento ou fruição cultural – *v.* Op. cit., pp. 527 e ss.. Entre nós, também CASALTA NABAIS (**Introdução...**, cit., p. 12; *v.* também p. 49), louvando-se na mesma Autora (cf. p. 10, n. 3) alude ao "direito de acesso à fruição dos bens culturais de que goza a geração presente nas suas múltiplas e diversificadas manifestações", além de erigir o «princípio da fruibilidade universal» num dos princípios gerais do direito do património cultural (p. 99). É neste sentido que também GIANNINI (***I Beni...***, pp. 31 e s.) afirma que os bens culturais consubstanciam *beni pubblici*, no sentido de «bens de fruição pública» (*beni di fruizone pubblica*) ou «bens de fruibilidade universal» (*beni de fruibilità universale*), pelo que a respectiva disciplina jurídica há-de ser, nessa medida, orientada no sentido de corresponder a uma obrigação de permitir a respectiva fruição a todos.

[230] Para uma análise juscomparatística, ainda que limitada ao espaço iberoamericano, de algumas formas significativas de protecção do património cultural, entre as quais se situa a do domínio público, cf. GARCÍA FERNÁNDEZ, **El Derecho...**, pp. 169 e ss..

[231] Atente-se, por exemplo, no dever de conservação [artigos 46.º, 21.º, n.º 1, alínea *b*), e 11.º] – sobre a distinção entre deveres de preservação, conservação e protecção, cf. SUZANA TAVARES DA SILVA, **Da 'Contemplação da Ruína' ao Património Sustentável. Contributo para uma Compreensão Adequada dos Bens Culturais**, in **Revista do**

dos bens classificados obedece a um conjunto de requisitos (artigos 35.º e seguintes). Por outro lado, tal regime protectivo resulta ainda das restrições de utilidade pública e das servidões administrativas impostas, no caso de imóveis, sobre outros prédios [cf. os exemplos referenciados no artigo 119.º, n.º 1, alíneas *b)* e *e)*, do *Regime Jurídico da Urbanização e da Edificação*; *v.* ainda artigo 43.º da Lei n.º 107/2001, quanto às denominadas «zonas de protecção»].

Podemos inclusivamente afirmar que a protecção dos bens culturais, dado o regime jurídico de que gozam, prescindirá com frequência do estatuto específico da dominialidade, visto que a própria tutela desses bens enquanto tais cumpre já uma função de interesse público[232]. Destarte, a aplicação do regime do domínio público assume-se como um *plus* susceptível de introduzir apenas uma densidade ou exigência acrescida[233] (que se

---

CEDOUA, n.º 10, ano V, Fevereiro 2002, p. 71], no dever de adequar o destino, o aproveitamento e a utilização do bem à garantia da respectiva conservação [artigo 21.º, n.º 1, alínea *c)*], no dever de informação de alguns projectos de obras (artigo 40.º), nas restrições ao deslocamento e demolição (artigos 48.º e 49.º).

[232] Cf. CERULLI IRELLI, *Beni* ..., p. 170. Isto mesmo é concluído em Espanha desde logo mediante o recurso ao artigo 128 da Constituição espanhola, nos termos do qual toda a riqueza do país se encontra subordinada ao interesse geral – cf. GARCÍA DE ENTERRÍA, *Consideraciones sobre una Nueva Legislación del Patrimonio Artístico, Histórico y Cultural*, in *Revista Española de Derecho Administrativo*, n.º 39, Outubro/Dezembro 1983, p. 584; aliás, concordamos com este Autor quando defende a inconveniência (a par da desnecessidade e da desproporcionalidade em que tal atitude redundaria) em colocar todos os bens culturais na propriedade de pessoas colectivas públicas (cf. *Op. cit.*, p. 585). Por outro lado, tal ideia emerge igualmente se atentarmos que à disciplina jurídica dos bens culturais presidem três vectores fundamentais, a saber, a imposição de obrigações aos respectivos proprietários (quando privados) e uma publicização do respectivo uso, se adiciona ainda uma acção positiva por parte das entidades públicas (cf., neste sentido, GARCÍA FERNÁNDEZ, *El Derecho*..., pp. 181 e s.). Considerando, porém, que a disciplina do domínio público não acrescenta muito mais ao regime dos bens culturais, dada a evidente publicidade que já perpassa neste último, cf., face ao ordenamento jurídico francês e reportando-se apenas aos bens culturais móveis, BASTIEN, *A Quoi Sert le Domaine Public Mobilier? L'Exemple des Biens Culturels*, in *L'Actualité Juridique – Droit Administratif*, n.º 10, Outubro 1993, pp. 675 e ss..

Também entre nós, CASALTA NABAIS (*Introdução*..., p. 49) chama a atenção para a circunstância de os bens culturais desempenharem uma "função cultural", *i.e.*, uma "função específica de natureza social e cultural, cuja peculiaridade não está no valor dos bens em si, mas no interesse que a comunidade manifesta pela sua tutela".

[233] Parece orientar-se em sentido semelhante SUZANA TAVARES DA SILVA, *Da 'Contemplação da Ruína'*..., p. 74, revelando-se bastante impressiva a posição da Autora

não baste, por exemplo, com a simples garantia à disposição ou acessibilidade dos bens culturais ao uso público) àquela disciplina jurídica específica da «propriedade cultural»[234]. É por este motivo que concordamos com Casalta Nabais[235], quando este Autor considera o património cultural como «assunto de todos», também na vertente relacionada com o facto de, diferentemente do que pareceria pressupor o artigo 52.º da Constituição de 1933 (que tratava dos monumentos artísticos e históricos no título dedicado ao domínio público e privado do Estado), nem todos os bens culturais conhecerem a imprescindibilidade de se encontrarem na titularidade do Estado (ou outras pessoas colectivas públicas).

Considerando que não basta o recurso a um critério que apele unicamente a uma vertente subjectiva (em termos de compreender como dominiais os bens que se encontrassem na titularidade da Administração), cumpre, pois, interrogarmo-nos relativamente a que bens culturais se impõe a sujeição ao estatuto da dominialidade, sobretudo em face da disposição bastante genérica do Decreto-Lei n.º 477/80. Talqualmente já afirmámos *supra*, o legislador pode limitar-se a indicar o *tipo* de bens sujeitos ao regime da dominialidade, cumprindo à Administração verificar, em concreto, quais as coisas que desempenham a função pública pressuposta pela lei e determinante da sua qualificação como pública. Ora, independentemente da enumeração efectuada pela alínea *m)* do artigo 4.º do Decreto-Lei n.º 477/80, a *ratio* da existência de um domínio público cultural está concatenada com a necessidade da subtracção ao comércio jurídico privado de um conjunto de coisas que relevam do património de uma Nação[236]. Isto parece implicar que, em regra, constituam domí-

---

(embora, como decorre do que diremos *infra*, não a acompanhemos em todas as suas conclusões) quando, relativamente à disciplina dos bens culturais, a concebe (por influência de GIANNINI) como uma sobreposição de regimes jurídicos: o regime, mais geral, da propriedade, e o regime, mais específico, que designa como «domínio (público) cultural» (*Op. cit.*, p. 70).

[234] CORNU, *Le Droit...*, *passim*, esp.te pp. 323 e ss..

[235] CASALTA NABAIS, *Introdução...*, p. 31. E isto sem ignorar que os bens que integram o «património público» (que inclui não apenas o domínio público, mas também o domínio privado) constituem o núcleo mais significativo do património cultural.

[236] *V.*, em sentido próximo, REYMOND, *Le Domaine Public Mobilier*, in *Revue du Droit Public et de la Science Politique*, ano LXVI, n.º 1, 1960, pp. 51 e s., e GONZÁLEZ GARCÍA, *La Titularidad...*, p. 171 (na senda da *Ley* 16/1985, de 25 de Junho).

nio público os *bens culturais classificados*[237] como *«bens de interesse nacional»*[238] (portanto, os «monumentos nacionais», no caso de nos encontrarmos diante de imóveis, e os «tesouros nacionais», na hipótese de

---

[237] A classificação de um bem como «de interesse nacional» reveste natureza constitutiva, consubstanciando um verdadeiro acto administrativo (sobre o acto de classificação, cf. artigo 18.º da Lei n.º 107/2001, que o define como "o acto final do procedimento administrativo mediante o qual se determina que certo bem possui um inestimável valor cultural"; *v.* também Decreto-Lei n.º 309/2009, de 23 de Outubro, que estabelece o procedimento de classificação). Efectivamente, o acto de classificação certifica a existência, num determinado bem, das características que legalmente permitem a sua qualificação como «bem cultural», assumindo-se como determinante para o desencadear da produção de uma série de efeitos jurídicos, os quais, sem a sua prática, não ocorreriam, ou não ocorreriam logo por força da lei. Está aqui em causa a aplicação de um regime jurídico determinado, relacionado com a conservação e tutela, com o controlo da circulação dos direitos sobre os bens culturais, com os modos de aquisição privilegiados da propriedade de tais bens por parte de pessoas colectivas públicas (*in* casu, territoriais), e com a garantia da fruição pública ou colectiva dos mesmos (nos termos da sistematização de CERULLI IRELLI, *Beni...*, pp. 154 e ss., entre nós acolhida, em parte, também por ALVES CORREIA, *Propriedade...*, pp. 401 e ss.); *v.* hoje artigos 31.º e seguintes, 98.º e seguinte da Lei n.º 107/2001. O que não obsta a que alguns mecanismos de protecção sejam independentes da classificação (cf., *v. g.*, artigo 16.º, n.º 3, da Lei n.º 107/2001; *v.* também artigos 14.º e seguintes do Decreto-Lei n.º 309/2009).

Sobre a natureza da classificação como acto administrativo, cf. ALVES CORREIA, *Propriedade...*, cit., pp. 397 e s.; CARLA AMADO GOMES, *Desclassificação e Desqualificação do Património Cultural: Ideias Avulsas*, in **Textos Dispersos de Direito do Património Cultural e de Direito do Urbanismo**, Lisboa, 2008, pp. 77 e ss..

[238] Reconhecemos que esta posição aprofunda as dificuldades suscitadas pelo n.º 7 do artigo 15.º da Lei n.º 107/2001, nos termos do qual "os bens culturais imóveis incluídos na lista do património mundial integram, para todos os efeitos e na respectiva categoria, a lista dos bens classificados como de interesse nacional". Na medida em que esta inclusão não é precedida de um procedimento de classificação, fica preterido o direito de audiência prévia dos interessados, entre os quais os proprietários dos bens em causa. Defendendo, com este fundamento, a inconstitucionalidade do mencionado preceito, cf. CASALTA NABAIS, *Considerações sobre o Quadro Jurídico do Património Cultural*, in **Estudos em Homenagem ao Professor Doutor Marcello Caetano**, Coimbra, 2006, pp. 732 e ss..

bens móveis)[239_240]. Tais bens constituem ou objeto de um direito de propriedade pública na titularidade de uma pessoa colectiva pública, ou pelo menos – sempre que não se trate de bens pertencentes a entidades públicas, mas a particulares, sem olvidar o caso específico da Igreja Católica[241] –, de

---

[239] CASALTA NABAIS (*Introdução*..., pp. 32, 76 e s.) defende que integram sempre o domínio público os bens do património arqueológico. Reportando-se aos bens do património arqueológico subaquático, o Autor entende que os mesmos, por se encontrarem no domínio público marítimo, não podem ser concebidos na titularidade privada (cf. *Op.* cit., p. 24, n. 39). É verdade que o artigo 1.º do Decreto-Lei n.º 164/97 de 27 de Junho (alterado pela Lei n.º 19/2000, de 10 de Agosto) dispõe que o património cultural subaquático integra os bens com as características aí apontadas que se encontrem situados em águas (arrojados ou no subsolo); no mesmo sentido, a alínea *a)* do n.º 1 do artigo 1.º da *Convenção sobre a Protecção do Património Cultural Subaquático* (aprovada pela Resolução da Assembleia da República n.º 51/2006, de 18 de Julho, e ratificada pelo Decreto do Presidente da República n.º 65/2006) define o «património cultural subaquático como "todos os vestígios da existência do homem de carácter cultural, histórico ou arqueológico que se encontrem parcial ou totalmente, periódica ou continuamente, submersos há, pelo menos, 100 anos". Todavia, se, *v. g.*, o mar territorial integra o domínio público hídrico, o mesmo não sucede com as demais águas mencionadas no mesmo preceito que podem constituir águas privadas nos termos apontados. Por outro lado, se o artigo 2.º do mesmo diploma determina que os bens do património cultural subaquático constituem património do Estado (não aludindo, por conseguinte, ao facto de constituírem também bens do domínio público), não deixa de esclarecer que tal apenas sucede nas hipóteses em que tais bens não disponham de proprietário conhecido. Nesta ordem de ideias, e salvo o devido respeito, não vemos motivo para prever uma diferenciação do critério relativamente aos bens do património arqueológico subaquático, que, como os demais bens culturais, integram o domínio público cultural se classificados como de «interesse nacional».

[240] Repare-se que, tal como o concebemos, o domínio público cultural não tem a amplitude desenhada pela já citada alínea *m)* do artigo 4.º do Decreto-Lei n.º 477/80. Efectivamente, face ao direito que temos, o âmbito daquele preceito revela-se excessivo, por, no fundo, estar a postular ainda o critério do serviço público, devendo ser objecto de redução teleológica, em termos de compreender apenas os bens culturais classificados como de interesse nacional. Assim, *v. g.*, só beneficiarão do estatuto da dominialidade as bibliotecas (*proprio sensu*) consideradas «tesouros nacionais» (património bibliográfico – cf. artigos 85.º e seguintes), o mesmo sucedendo em relação aos arquivos (património arquivístico – cf. artigos 80.º e seguintes).

[241] Cf. artigo 22.º da Concordata entre a Santa Sé e a República Portuguesa, de 18 de Maio de 2004, publicada em anexo à Resolução da Assembleia da República n.º 74/2004, de 16 de Novembro, que a aprovou para ratificação (efectuada pelo Decreto do Presidente da República n.º 80/2004).

O artigo VI da Concordata de 1940, reconhecendo à Igreja Católica a propriedade dos bens que então se encontravam na posse do Estado, mas que anteriormente pertenciam à primeira, excluía os que se encontrassem aplicados a serviços públicos ou tivessem sido

um conjunto de poderes particularmente intensos da Administração («administração do património cultural»). Repare-se que aqui estão incluídos os bens que representam um «valor cultural de significado para a Nação» (artigo 15.º, n.º 3, da Lei n.º 107/2001)[242]. Nesta medida, o legislador prevê um regime jurídico mais exigente, afirmando, *v. g.*, que os bens classificados como de interesse nacional ficam submetidos a uma «*especial* tutela» do Estado, que, para além das situações de colaboração com organizações internacionais, nas regiões autónomas é partilhada com os órgãos de governo próprios (artigo 31.º), estabelecendo um regime especial de obras e outras intervenções (artigo 51.º), ou determinando que, por princípio, a saída de tais bens do território nacional se encontra interdita (artigo 65.º)[243]. E repare-se que a percepção da diferença de disciplinas jurídicas não é despicienda, sendo relevante para algumas das disposições do mesmo diploma: assim, *v. g.*, a norma constante do n.º 5 do artigo 15.º alude expressamente à circunstância de que a classificação de bens como «de interesse público» se encontra determinada pela desproporção representada pela aplicação a esses bens do regime de protecção inerente à classificação como «de interesse nacional»; por outro lado, o n.º 2 do artigo 18.º dispõe que, no caso de bens móveis pertencentes a particulares, estes só podem ser classificados

---

(ou viessem a ser nos cinco anos posteriores à troca das ratificações) objecto de classificação como «monumentos nacionais» ou «imóveis de interesse público» (primeiro parágrafo), os quais, embora se conservassem na propriedade do Estado, ficavam permanentemente afectados ao serviço da Igreja (terceiro parágrafo). Nos termos do n.º 1 do artigo 22.º da Concordata de 2004, "os imóveis que, nos termos do artigo VI da Concordata de 7 de Maio de 1940, estavam ou tenham sido classificados como «monumentos nacionais» ou como de «interesse público» continuam com afectação permanente ao serviço da Igreja". Ora, isto parece-nos não retirar validade ao que fica escrito em texto, já que, ultrapassados os cinco anos previstos, podem haver sido classificados como monumento nacional bens cuja propriedade foi então reconhecida à Igreja Católica, o que, por conseguinte, implica a susceptibilidade da existência de bens desta última incluídos no domínio público, sobre os mesmos recaindo um poder especialmente intenso de uma entidade administrativa.

[242] Entre os quais se incluem bens do património arqueológico e paleontológico (artigos 74.º e seguintes), do património arquivístico (artigo 83.º, n.º 1), do património áudio-visual (artigo 84.º, n.º 3), do património bibliográfico (artigo 86.º), do património fonográfico (artigo 89.º), do património fotográfico (artigo 90.º, n.º 3), ou integrantes do denominado «património cultural subaquático» (cf. Decreto-Lei n.º 164/97).

[243] O próprio regime da realização de estudos, projectos, relatórios, obras ou intervenções em bens de interesse nacional apresenta especificidades mais exigentes – cf. Decreto-Lei n.º 140/2009, de 15 de Junho [em especial, artigos 7.º, n.º 2, 15.º, alínea *b)*, 19.º, alínea *e)*].

como de interesse nacional quando a sua degradação ou extravio constituam uma perda irreparável para o património cultural.

Assim, nesta última hipótese pode mesmo afirmar-se, parafraseando Giannini[244], que os (particulares) titulares de um direito de propriedade sobre estes bens não beneficiam quanto a eles de uma *situação subjectiva activa*, mas tão-só de uma *situação subjectiva passiva* (cujo conteúdo se cifra na obrigação de cumprir um conjunto de deveres e/ou suportar uma série de sujeições), atenta a funcionalização (com a necessária prevalência do interesse público) a que os mencionados direitos se encontram subordinados. Enquanto coisa (no sentido de objecto de direitos subjectivos), tais bens podem ser objecto de propriedade pública ou propriedade privada; mas enquanto «bens culturais» («bens dominiais culturais»), constituem objecto de *«situações subjectivas activas do poder público»* (Giannini[245]). Por outro lado, afigura-se relevante não esquecer que mesmo os bens culturais submetidos ao domínio público podem acolher uma disciplina especial distinta do regime regra e constituir objecto de específicas formas de rentabilização[246]. Poderá interrogar-se a a coexistência de dois estatutos sobre o mesmo bem não originará conflitos; apesar de, face ao direito vigente, a situação se não revelar de provável verificação, deve entender-se que será aplicável o estatuto dos bens culturais em tudo o que não se incompatibilize com o regime característico do estatuto da dominialidade[247].

---

[244] GIANNINI, *I Beni*..., p. 35. Aliás, como salienta o mesmo Autor, "o que interessa é que se a pertinência dos bens culturais pode variar, a função é sempre única, e unitários são os poderes estaduais de fundo nos quais se exprime a substância da função, ou seja, os poderes de tutela e de valorização" (*Op. cit.*, p. 20; cf. também p. 21).

[245] Cf. GIANNINI, *I Beni*..., p. 24.

[246] *V.*, a propósito da sustentabilidade do património cultural, SUZANA TAVARES DA SILVA, **Da 'Contemplação da Ruína'**..., *passim*, e **Para uma Nova Dinâmica do Património Cultural: O Património Sustentável**, in **Direito do Património Cultural e Ambiental**, Sintra, 2006, pp. 59 e ss..

[247] Poderemos interrogar-nos se a questão do conflito de estatutos pode ser resolvida da mesma maneira sempre que os «bens culturais» (por exemplo, na acepção enunciada pela Lei n.º 107/2001) consubstanciem bens dominiais mas não na medida em que desempenhem uma função pública relacionada com o que denominámos domínio público cultural; *i. e.*, na hipótese em que pertençam, *v. g.*, ao domínio público militar (por exemplo, uma fortaleza) ou domínio público rodoviário (uma ponte romana) – idêntica questão é levantada por CASALTA NABAIS, **Introdução**..., cit., p. 76. Também nesta hipótese parece-nos ser de aplicar o estatuto de bem cultural (que, como vimos, também configura um estatuto de direito público), em tudo o que não se revele incompatível com a função pública a que o bem se encontra adstrito e que foi deter-

No que tange à questão relacionada com a existência de bens móveis dentro do domínio público, objectar-se-ia, desde logo, que tal não constitui uma novidade, sobretudo depois do que já vimos a propósito dos bens do domínio público militar, onde também encontramos coisas desta espécie. Todavia, a sua referência neste momento relaciona-se com o facto de o problema sempre se haver colocado com acuidade, sobretudo em França e com novo fôlego a partir de Waline[248], no horizonte dos bens culturais. Como salienta a doutrina francesa[249], as dificuldades do reconhecimento da dominialidade dos bens móveis derivavam quase de uma questão terminológica – basta pensar, *inter alia*, no conceito de *police de voirie* para perceber que assim era. Por outro lado, mesmo admitindo a possibilidade de um «domínio público mobiliário», como aconteceu, ainda durante o século XIX, com alguma jurisprudência da *Cour de Cas-*

---

minante da sua classificação como dominial. Nas situações em que o conflito se revele insusceptível de resolução de acordo com esta regra de compatibilidade e sempre que se não possa afirmar que ela integre o domínio público também enquanto cumpre uma «função pública cultural», o intérprete deverá efectuar uma ponderação entre os interesses (as funções) visados por cada um dos estatutos, a fim de que o sacrifício pedido a qualquer um deles seja equivalente.

[248] GODFRIN, *Droit*..., pp. 45 e ss.. Aludindo a problema semelhante suscitado em Espanha, em virtude de os artigos 92 e seguintes da *Ley del Patrimonio del Estado* (cf. também artigos 185 e seguintes do respectivo regulamento), pressuporem os bens móveis (mas em causa estão apenas os "bens móveis necessários para o desenvolvimento dos serviços públicos ou para a ornamentação ou decoração das dependências oficiais" – artigo 92, n.º 1) como patrimoniais. *V.* SANTAMARÍA PASTOR, *Principios de Derecho Administrativo*, vol. II, 2.ª ed., Madrid, 2000, p. 522, concluindo pela susceptibilidade da submissão ao regime do domínio público de certos bens móveis.

Também em Itália, pela mão de SANTI ROMANO (***Principi***..., pp. 463 e s.), questionou-se a dominialidade das coisas móveis, porquanto aquele Autor entendia que o conceito de coisa pública não se adequava aos móveis em virtude de estes, por si só, nunca solicitarem um regime com exigências superiores ao da propriedade privada.

[249] *V.*, por exemplo, REYMOND, *Le Domaine*..., p. 58, para quem a noção de «domínio público mobiliário» padece de inconsistência, não detendo, nessa medida, uma existência real; o que, porém, não impede o Autor de defender neste âmbito a presença de regimes jurídicos especiais (e diversificados que, por conseguinte, não revestem uma unidade susceptível de os caracterizar como uma categoria homogénea e coerente) estabelecidos relativamente a alguns bens móveis não só pertencentes ao património cultural, mas também afectados ao culto e ao exército (cf. *Op.* cit., pp. 60 e ss.). Contudo, parece mais ou menos transparente que Reymond tem razão quando defende que o «domínio público mobiliário» não deve ser entendido como uma categoria *a se*, juntamente com as demais categorias do domínio público.

sation[250], tais bens haveriam sempre de considerar-se como partes integrantes de imóveis do património histórico e cultural, esses sim bens integrados no domínio público. Trata-se de argumento que, além de retirar individualidade a todos os bens culturais móveis[251], não procede sempre que as coisas não façam parte do recheio de qualquer imóvel. Destarte, não existe qualquer motivo para a recusa do estatuto da dominialidade em relação a bens que obedeçam às características determinantes da qualificação do tipo em que se integram como público, unicamente em virtude da sua natureza móvel[252]. Por este motivo, o artigo L. 2112-1 do *Code Générale de la Propriété des Personnes Publiques* passou a consagrar um elenco dos bens dominiais móveis, os quais se identificam primacialmente com os bens culturais.

O último ponto a apreciar prende-se com a existência de um domínio público *regional* cultural. A especificidade revestida pelo regime dos bens culturais justifica que, neste âmbito, mais relevante que a identificação da titularidade (*maxime*, da propriedade) do bem, é a determinação das entidades que exercem os poderes de domínio sobre o mesmo, *in casu*, a Administração do património cultural. Ora, considerando que apenas os bens classificados como de interesse nacional estão subordinados ao regime da dominialidade, logo se compreende que as actuações que contem com o respectivo estatuto estão reservadas à Administração central. Pense-se, desde logo, na reserva para o Governo (e não para um determinado ministro) da competência para a classificação como bem de interesse na-

---

[250] Cf. algumas espécies jurisprudenciais relatadas por REYMOND, *Le Domaine...*, pp. 55 e ss..

[251] O que contrariava, desde logo, o artigo 55.º da Lei n.º 107/2001, que expressamente faz referência à categoria dos bens culturais móveis.

252 *V.* também MORAND-DEVILLER, *Cours...*, cit., pp. 66 e s.; CHAPUS, *Droit...*, pp. 393 e s., com a exposição de um elenco de bens móveis dominiais, mediante a obediência a um conjunto de critérios.

Já à luz do *Code Générale de la Propriété des Personnes Publiques, v.* SORBANA, **Le domaine public mobilier au regard du code général de la propriété des personnes publiques**, in **L'Actualité Juridique – Droit Administratif**, n.º 12, Março 2007, pp. 619 e ss.. Como já assinalámos, e o contrário do que sucede com a definição do domínio público imobiliário, o legislador adoptou um método enumerativo, estabelecendo concretamente quais os (tipos de) bens que integram o domínio público mobiliário, centrados sobre os bens culturais, mas também sobre os bens dedicados ao culto – sobre esta questão, cf. MELLERAY, *Définitions...*, pp. 908 e ss.; DUROY, **Biens Meubles Culturels et Cultuels**, in **Revue Française de Droit Administratif**, n.º 6, ano 23, Novembro/Dezembro 2007, pp. 1155 e ss..

cional (artigos 28.º, n.º 1, e 94.º, n.º 1, da Lei n.º 107/2001, e 30.º, n.º 1, do Decreto-Lei n.º 309/2009), diferentemente do que sucede com os bens classificados como de interesse público (artigo 94.º, n.º 1)[253]. Tal significa que a referência estatutária deve interpretar-se no sentido de que há bens cuja propriedade pertence às regiões autónomas, os quais, quando qualificados como bens de interesse nacional, se encontram submetidos ao domínio público (apesar de o exercício dos poderes de domínio sobre eles incidentes se encontrarem cometidos à Administração estadual).

3.2.8. Cemitérios

Não existe qualquer disposição legislativa que, de forma expressa, qualifique os cemitérios como bens do domínio público, o que não tem impedido a doutrina[254] e a jurisprudência[255] portuguesas de os tratar como coisas públicas, na titularidade das autarquias locais – em termos de, ousaríamos dizer, se reconhecer uma norma consuetudinária nesse sentido –, sem prejuízo da existência de «cemitérios privados» [cf. artigo 11.º, n.º 2, alínea b), do Decreto-Lei n.º 411/98, de 30 de Dezembro[256]].

---

[253] Aliás, o próprio legislador regional tem consciência do facto – cf. Decreto Legislativo Regional n.º 29/2004/A, de 24 de Agosto, que estabelece o regime jurídico de protecção e valorização do património cultural móvel e imóvel (alterado pelo Decreto Legislativo Regional n.º 43/2008/A, de 8 de Outubro).

[254] V. MARCELLO CAETANO, *Manual...*, vol. II, pp. 919 s., para quem o facto de constituírem bens na propriedade de uma autarquia local, de livre acesso pelo público, e destinados à inumação de todos os indivíduos que o pretenderem, consubstanciavam índices suficientes da utilidade pública dos mesmos. Cf. também LOPES DIAS, *Cemitérios, Jazigos e Sepulturas*, Porto, 1963, pp. 329 ss., com alguns exemplos jurisprudenciais (em sentido idêntico ao propugnado por FERNÁNDEZ DE VELASCO, *Naturaleza Jurídica de Cementerios y Sepulturas*, Madrid, 1935, pp. 187 ss., 203 s.). V. ainda o nosso *O Domínio...*, pp. 271 ss., e *O Âmbito...*, pp. 173 ss..

[255] Cf., v. g., Acórdãos do STA, de 24.09.1998, P. 43843 ("os cemitérios são bens dominiais possuídos e administrados pelos municípios e freguesias, afectos a um fim de utilidade pública: inumação em condições sanitárias suficientes dos cadáveres de pessoas falecidas nas autarquias"); de 13.02.2001, P. 46706; de 08.07.2003, P. 10/02 (cf. ainda a jurisprudência aí citada); de 05.05.2010, P. 15/09. V. também Acórdão do Tribunal Central Administrativo do Norte de 15.04.2010, P. 01249/04.2BEVIS. No mesmo sentido se orienta a jurisprudência do Tribunal de Conflitos – cf., por último, Acórdão de 05.05.2010, P.15/09.

[256] Alterado pelos Decretos-Leis n.os 5/2000, de 29 de Janeiro, e 138/2000, de 13 de Julho, pela Lei n.º 30/2006, de 11 de Julho, e pelo Decreto-Lei n.º 109/2010, de 14 Outubro.

Repare-se que, neste sentido, já o Direito Romano vinha considerando as *res religiosæ* (identificadas com os locais onde se sepultavam os defuntos) como *res extra nostrum patrimonium*. Cumpre, portanto, averiguar em que medida a consideração de que os cemitérios consubstanciam bens dominiais se projecta no regime jurídico que lhe é aplicável, a fim de verificar se a mesmo se revela compatível com a ideia de que sobre os cemitérios os municípios ou as freguesias não detêm um simples direito de propriedade privada.

Da nossa perspectiva interessada, importa destacar o já citado Decreto--Lei n.º 411/98, relativo ao «direito mortuário», que estabelece regras relacionadas com a inumação, exumação, transladação e outros actos afins de cadáveres e com a mudança de localização de um cemitério, bem como o Decreto n.º 44 220, de 3 de Março de 1962, que promulga as normas para a construção e polícia de cemitérios[257]. Não obstante estes diplomas permanecerem silentes quanto à natureza jurídica (pública ou privada) dos cemitérios enquanto bens, os cuidados colocados em torno destas disposições revelam já o interesse público marcante, desde logo, do ponto de vista da saúde pública, que a matéria reveste – daí que, com frequência, se aluda à circunstância de os cemitérios integrarem o domínio público, em razão do facto de estarem destinados à prossecução de um serviço público[258]. Por outro lado, o facto de a lei considerar que a emergência de direitos sobre determinadas parcelas dos cemitérios na esfera jurídica dos particulares reveste a natureza jurídica de *concessão* (e não, *v. g.*, de alienação ou arrendamento) permite compreender que o próprio legislador, certamente movido pela doutrina, encara os cemitérios como bens dominiais (classificação legal implícita). No fundo, subjacente à intencionalidade normativa da lei ao perspectivar (ainda que implicitamente) os cemitérios como bens dominiais encontra-se concatenada com a relevante função de interesse público que os mesmos desempenham, não apenas de um ponto de vista sanitário, mas também do culto aos finados, próprio da tradição portuguesa[259].

---

[257] Alterado pelo Decreto n.º 45 864, de 12 de Agosto de 1964, e pelos Decretos-Leis n.ºˢ 463/71, de 2 de Novembro, 857/76, de 20 de Dezembro, e 168/2006, de 16 de Agosto.

[258] É, aliás, em virtude daquele interesse público que, entre nós, *v. g.*, LOPES DIAS (*Cemitérios...*, pp. 356 ss.) se refere ao funcionamento do cemitério como um «serviço público». No mesmo sentido, já FERNÁNDEZ DE VELASCO (*Naturaleza...*, pp. 248 ss.) compreendia os cemitérios como «serviço público municipal». O mesmo resulta, em Espanha, do artigo 4 do *Reglamento de Bienes de las Entidades Locales*; também em Itália, a dominialidade dos cemitérios é justificada pela respectiva destinação a um serviço público (cf. ZANOBINI, *Corso...*, p. 97).

[259] A que se refere o Acórdão do STA, de 13.02.2001, cit..

Destarte, deparamo-nos, pois, com um exemplo característico de domínio público das autarquias locais (município e freguesia[260]), às quais compete a respectiva administração e gestão.

4. OS SUJEITOS DO DOMÍNIO PÚBLICO

Encontrando-se uma coisa subordinada ao estatuto da dominialidade, e pressupondo este estatuto um acervo de poderes a exercer sobre um bem (com óbvios reflexos em todo o ordenamento jurídico) revela-se imprescindível compreender quais podem ser os *sujeitos* com legitimidade para titular tais poderes[261]. Independentemente da resposta a esta questão, cumpre acentuar que as prerrogativas emergentes paras os sujeitos do domínio público assumem sempre natureza *funcional*, impondo-se o respectivo exercício para tutela (*lato sensu*) da destinação pública da coisa que constitui o seu objecto.

---

[260] Não existem dúvidas sobre a titularidade de cemitérios por parte da freguesia: eis o que, *v. g.*, decorre expressamente das alíneas *c)* e *d)* do n.º 6 do artigo 34.º da Lei n.º 169/99.

[261] Estamos a referir-nos àqueles poderes que GONZÁLEZ GARCÍA (*La Titularidad...*, p. 139) individualiza como «poderes do titular em virtude da relação dominial» outorgados à entidade sobre a qual se ergue a protecção dos fins que motivaram a qualificação de uma coisa como dominial (*v.* também *Op.* pp. 141 e ss., a identificar alguns poderes típicos do titular dos bens dominiais: poderes relacionados com a protecção das coisas, a utilização do domínio público; cf. ainda MORILLO-VELARDE PÉREZ, *Dominio Público*, Madrid, 1992, pp. 124 e ss.) – independentemente de o Autor, em virtude também da concepção de dominialidade que propugna (recusando a existência de um direito de propriedade pública), entender que a panóplia de poderes atribuídos a tantas entidades administrativas diversas torna difícil encontrar um conjunto de poderes que sejam fruto de uma titularidade do domínio público (*Op. cit.*, p. 158). Entre nós, *v.* AFONSO QUEIRÓ, *Lições...*, pp. 15 e s.. Tudo isto sem prejuízo da existência de outras entidades dotadas de poderes que, por motivos diversificados, acabem por afectar as coisas públicas (sem que ponham em causa os poderes emergentes do seu estatuto); só que, em virtude de esses poderes não derivarem do estatuto da coisa, aquelas entidades não são aqui referenciadas (têm aqui pleno cabimento as observações do Tribunal Constitucional espanhol, de acordo com as quais "o conceito de domínio público serve para qualificar uma categoria de bens, mas não para isolar uma porção do território à sua volta e considerá-lo como uma zona isenta das competências dos diversos entes públicos que as ostentem" – *apud* MORILLO-VELARDE PÉREZ, *Dominio Público*, p. 123).

4.1. ENTIDADES PÚBLICAS TERRITORIAIS E TITULARIDADE DO DOMÍNIO PÚBLICO: A *RATIO* DE UMA IDENTIFICAÇÃO

Um dos aspectos que reúne maior consenso dentro da temática que nos ocupa é o de que são titulares do domínio público (*rectius*, sujeitos do direito de propriedade pública ou titulares dos poderes de domínio) as pessoas colectivas públicas territoriais: no caso português, o Estado, as regiões autónomas e as autarquias locais[262]. Aliás, em virtude do disposto no n.º 2 do artigo 84.º da Constituição, pode considerar-se *constitucionalmente imposta* a existência de bens do domínio público na titularidade dos referidos entes.

São conhecidos os motivos que justificam (na perspectiva tradicional dos sistemas português, espanhol e italiano) a titularidade *exclusiva* de bens dominiais por parte de pessoas colectivas públicas de população e território: está, sobretudo, em causa a recuperação da ideia (mas em moldes diversos) de que os bens dominiais, porquanto «pertencem» a todos os cidadãos (pertencem a todos porque não pertencem a ninguém em especial), quer à colectividade geral, quer a um núcleo mais restrito delimitado em termos territoriais, hão-de constituir propriedade daqueles entes públicos que agem «em representação» de um conjunto indeterminado de cidadãos[263]. No fundo, está aqui subjacente a noção de «entes territoriais» encontrada por Cassese[264]: a de organizações políticas da colectividade [«*organizzazioni politiche generali (enti esponenziali) di collettività primarie*»]. Se, para certos efeitos, o ordenamento jurídico pode reportar-se ao sujeito, para outros, como é o caso, tomará em consideração o respectivo substrato, a

---

[262] Cf., entre nós, AFONSO QUEIRÓ, *Lições*..., p. 44; MARCELLO CAETANO, *Manual*..., vol. II, p. 896 (note-se, porém, que, quando caracteriza o direito de propriedade pública, o autor apenas refere que o respectivo sujeito há-de ser sempre uma pessoa colectiva pública – *Op. cit.*, p. 895); GOMES CANOTILHO/VITAL MOREIRA, *Constituição*..., vol. I, p. 1005, anotação IX ao artigo 84.º; JOSÉ PEDRO FERNANDES, *Domínio*..., pp. 36 e 43 e s., e *Domínio Público*, in *Dicionário Jurídico da Administração Pública*, 2.ª ed., vol. IV, Lisboa, 1991, pp. 173 e s.; RUI MACHETE, *O Domínio*...; p. 1409.

[263] Cf., *v. g.*, JOSÉ PEDRO FERNANDES, *Domínio*..., p. 44. Da mesma forma, GIANNINI (*I Beni*..., p. 55) afirma que "só o ente territorial tem representatividade geral e possibilidade de tutela de interesses de universalidades indetermináveis, isto de quem quer que esteja no seu âmbito territorial".

[264] CASSESE, *I Beni*..., pp. 159 e ss., p. 197, n. 83. Cf. ainda GIANNINI, *I Beni*..., p. 53.

sua essência primária de colectividade[265]. Em sentido paralelo corre a justificação que apela a uma característica da coercibilidade (prerrogativas de polícia), considerando que apenas os entes públicos territoriais, na medida em que detêm poderes de jurisdição sobre um conjunto indeterminado de pessoas territorialmente delimitadas e sobre elas possuem poderes de coerção, podem ser sujeitos do direito de propriedade pública[266].

Por outro lado, e para quem entenda que o conteúdo do direito de propriedade pública se reconduz a poderes de soberania sobre uma coisa, argumenta-se com a íntima relação que intercede entre territorialidade e soberania, defendendo-se que a propriedade só se apresentará como pública se o respectivo titular dispuser de poderes de soberania. Nesta ordem de ideias, é justamente o facto de a soberania se identificar com a propriedade pública e a individualizar face à propriedade privada que impede as pessoas colectivas públicas de carácter institucional de serem titulares de bens dominiais[267].

A circunstância de a Constituição se referir, no n.º 2 do artigo 84.º, tão-só a pessoas colectivas públicas territoriais não se opõe à adopção de ideias similares: com efeito, no máximo, o que resulta de tal preceito é que, como aflorámos, por imposição constitucional, o Estado, as regiões autónomas e as autarquias locais *têm de* se assumir como titulares de bens do domínio público. O que, em si, não preclude a admissibilidade de bens do domínio público por parte de pessoas colectivas públicas não territoriais, constituindo o enunciado constitucional apenas um tributo à doutrina que tradicionalmente vingava entre nós.

É verdade que hoje se revela pacífico que os bens dominiais não pertencem, em propriedade, à comunidade de cidadãos, mas constituem objecto de um direito na titularidade de uma pessoa colectiva pública (o

---

[265] Assim já o sublinhava HAURIOU, *Précis de Droit Administratif et de Droit Public*, 12.ª ed., Paris, 1933, p. 789, n. 12.

[266] V. GUICCIARDI, *Il Demanio*, pp. 28 e s.. Trata-se de uma concepção igualmente defendida em França – cf. CHAPUS, *Droit ...*, p. 381; DUFAU, *Note – Arrêt C. E., 19 mars 1965, «Société Lyonnaise des Eaux et de l'Eclairage»*, in *Juris-Classeur Périodique – La Semaine Juridique*, vol. I, 1966, n.º 14 583, criticando essa perspectiva, desde logo porquanto o direito de propriedade pública não implica impreterivelmente a coexistência de prerrogativas de polícia: se a «polícia de conservação» aparece como uma manifestação do direito de propriedade, já o mesmo não sucede com a «polícia de utilização». Cf. também DUFAU, *Le Domaine...*, pp. 35 e ss..

[267] Assim, v. g., ZANOBINI, *Il Concetto...*, pp. 184 e s., e *Corso...*, pp. 12 e s.. V. ainda CASSESE, *I Beni...*, pp. 133 e s..

que inviabiliza, desde logo, a motivação mais antiga), assim como se não devem confundir poderes de soberania com estatuto da dominialidade, visto que estamos diante de conceitos que procuram constituir respostas a realidades diversas[268]. Todavia, não se torna possível abstrair do bem fundamentado da decisão legislativa no que concerne à atribuição aos sujeitos públicos territoriais da titularidade dos bens dominiais, atento o substrato comunitário que os compõe.

O que pretendemos, todavia, salientar é que confinar a titularidade do domínio público aos entes públicos territoriais constitui uma *opção* legislativa, não existindo, como o comprovam os exemplos do direito comparado, qualquer obstáculo «de natureza» que impeça a assunção de tal titularidade por outras pessoas colectivas públicas[269]. De qualquer forma, e quando se admita, à titularidade de pessoas colectivas públicas não territoriais nunca deverão ficar submetidos, além dos bens integrantes do domínio público material (necessariamente pertencentes ao Estado), todas as coisas incluídas no designado domínio público natural.

4.2. Domínio público estadual, regional e autárquico

A referência, neste momento, ao domínio público do Estado, das regiões autónomas e das autarquias locais não se destina a recapitular as considerações já tecidas aquando da identificação dos bens do domínio público, mas para chamar a atenção para três aspectos, relacionados com cada uma das entidades.

Primo, e quanto ao domínio público do Estado, importa enfatizar que a ele devem pertencer, desde logo, os bens integrantes do designado domínio público material (na medida em que contendem com a própria identificação do território nacional ou subsistência do Estado), mas também todos aqueles que se destinem à prossecução de funções incluídas no âmbito das atribuições estaduais: assim sucede, paradigmaticamente, com o domínio público militar, visto estarmos diante de bens afectos à finalidades de defesa nacional, cuja satisfação constitui uma atribuição inalienável do Estado.

---

[268] Cf. as considerações que tecemos a este propósito em *O Domínio...*, pp. 324 e ss..
[269] Adoptando posição idêntica, v. JORGE MIRANDA/RUI MEDEIROS, *Constituição...*, pp. 90 e s., anotação X ao artigo 84.º.

Secundo, e quanto ao domínio público das regiões autónomas, a regra consiste na titularidade tendencial da totalidade do domínio público situado na região[270], em atenção ao disposto nos artigos 144.º do EPAM e 22.º do EPAA. Todavia, em obediência à ideia segundo a qual algumas coisas públicas, atentas as funções que desempenham e o significado que revestem inclusivamente para a própria identidade e soberania nacional[271], não podem deixar de se encontrar na titularidade do Estado, o artigo 144.º do EPAM determina a exclusão do domínio público regional dos bens afectos à defesa nacional (em plena consonância com a ideia de «concorrência instrumental da defesa nacional para as tarefas fundamentais do Estado»[272] e com os valores permanentes da defesa nacional e a definição do espaço estratégico de interesse nacional, tal como foram concebidos pelos números 4 e 5 do *Conceito Estratégico de Defesa Nacional*[273]) e a serviços públicos não regionalizados, quando não classificados como património cultural. A densificação desta cláusula de exclusão, *maxime* no que se refere aos bens "que interessam" à defesa nacional, tem-se revelado controvertida, desde logo quanto à sua *extensio*. Partindo da ideia de que tais bens se não reconduzem unicamente aos integrantes do domínio público militar (o qual não pode deixar de pertencer ao Estado, desde logo, em virtude da ausência de um princípio de descentralização no âmbito da defesa nacional, cometida, nessa medida, à Administração estadual directa[274]),

---

[270] PAZ FERREIRA, *Domínio Público e Domínio Privado da Região*, in JORGE MIRANDA/JORGE PEREIRA DA SILVA (org.), *Estudos de Direito Regional*, Lisboa, 1997, p. 482, para quem estão genericamente integrados no domínio público regional os bens referidos no artigo 4.º do Decreto-Lei n.º 477/80, sem prejuízo, obviamente, das excepções previstas na lei e das que resultam do próprio alcance ou natureza da função prosseguida pelo bem (cf. já a seguir em texto); concordamos ainda com o Autor quando defende que teria sido preferível uma enumeração dos bens do domínio público regional.

[271] Por exemplo, SOUSA FRANCO [*As Finanças das Regiões Autónomas: Uma Tentativa de Síntese*, in JORGE MIRANDA/JORGE PEREIRA DA SILVA (org.), *Estudos de Direito Regional*, Lisboa, 1997, p. 529] refere-se, a este propósito, a «bens inerentes à soberania estadual», nos quais inclui "o essencial do domínio marítimo e do domínio aéreo".

[272] BLANCO DE MORAIS/ANTÓNIO ARAÚJO/ALEXANDRA LEITÃO, *O Direito da Defesa Nacional e das Forças Armadas*, Lisboa, 2000, pp. 52 e s..

[273] Aprovado pela Resolução do Conselho de Ministros n.º 6/2003, de 20 de Janeiro.

[274] Assim BLANCO DE MORAIS/ANTÓNIO ARAÚJO/ALEXANDRA LEITÃO, *O Direito...*, p. 454.

o Tribunal Constitucional[275] vem entendendo que ficam excluídos, desde logo, o domínio público marítimo e aéreo, aos quais se deve talvez acrescentar o domínio público radioeléctrico. Foi em conformidade com esta jurisprudência que o n.º 2 do artigo 22.º do EPAA exceptuou do domínio público regional os bens afectos ao domínio público militar, ao domínio público marítimo, ao domínio público aéreo e, salvo quando classificados como património cultural, os bens dominiais afectos a serviços públicos não regionalizados.

Tertio, impõe-se sublinhar que a existência de bens do domínio público autárquico não pode ser dissociada da *garantia da autonomia local*[276], erigindo-se como sua consequência necessária. Na esteira do que (também) dispõe o artigo 2.º da *Carta Europeia da Autonomia Local*[277], a autonomia das autarquias locais encontra-se constitucionalmente consagrada como referente do Estado unitário (artigo 6.º) e consubstancia um dos limites materiais de revisão constitucional [artigo 288.º, alínea *n)*], assumindo-se ainda como uma manifestação do princípio da descentralização administrativa (artigos 237.º, n.º 1, e 267.º, n.º 1), do princípio da subsidiariedade

---

[275] Cf. Acórdãos n.ºs 330/99, de 2 de Junho, cit., p. 19; 131/2003, de 11 de Março, cit., pp. 2227 e ss.; 402/2008, de 29 de Julho, pp. 5715 e s.; 654/2009, de 16 de Dezembro, cit., pp. 445 e ss.. Trata-se, aliás, de uma posição que já vinha sendo adoptada pela Comissão Constitucional, que entendia, desde logo, abranger o preceito equivalente ao actual n.º 2 do artigo 144.º do Estatuto da Região Autónoma da Madeira o domínio público marítimo e aéreo (cf. Parecer n.º 26/80, in *Pareceres da Comissão Constitucional*, 13.º vol., 1982, p. 185).

Também a Comissão do Domínio Público Marítimo entende de forma peremptória que "não pode haver dúvidas de que o domínio público interessa essencialmente e por declaração legal implícita à defesa nacional". Esta asserção é sustentada por um argumento de ordem orgânica (a Comissão do Domínio Público Marítimo encontra-se na dependência do Chefe do Estado-Maior da Armada, integrando-se no Ministério da Defesa Nacional), de natureza substancial (o sistema orgânico da autoridade marítima em que se inclui a defesa de todas áreas do domínio público marítimo, assume, nessa medida, âmbito nacional – cf. Decreto-Lei n.º 43/2002, de 2 de Março) – cf. Parecer n.º 5111, de 19.11.1987, in *Boletim da Comissão do Domínio Público Marítimo*, n.º 101, 1987, pp. 158 e ss. (pp. 160 e s.).

[276] Que também constitui uma *garantia institucional* (*v.* também GOMES CANOTILHO, *Direito Constitucional e Teoria da Constituição*, 7.ª ed., Coimbra, 2003, p. 253), ainda que *não jusfundamental* (assim, VIEIRA DE ANDRADE, *Os Direitos Fundamentais na Constituição Portuguesa de 1976*, 4.ª ed., Coimbra, 2009, p. 135, n. 79).

[277] Publicada em *Diário da República*, I Série, n.º 245, 23.10.1990: a *Carta Europeia da Autonomia Local* foi aprovada pela Resolução da Assembleia da República n.º 28/90 e ratificada pelo Decreto do Presidente da República n.º 58/90, de 23 de Outubro.

(artigo 267.º, n.º 1) e do princípio democrático[278], assim como uma dimensão constitutiva do princípio do Estado de direito[279]. A compreensão do domínio público como um regime jurídico específico destinado a tutelar uma função pública prosseguida por certo tipo de bens encontra-se fundamentalmente implicada na percepção de que as autarquias locais prosseguem um conjunto de interesses próprios (comuns a) de uma colectividade que constitui o respectivo substrato e, para tanto, necessitam de meios próprios: à autonomia local está subjacente a autonomia patrimonial, a qual implica também a existência de um domínio público na titularidade das autarquias. Assim, por exemplo, os interesses públicos relacionados com as comunicações rodoviárias a nível municipal só ficarão inteiramente satisfeitos com o reconhecimento de uma disciplina especial de Direito Administrativo pautada pela extracomercialidade privada e a respectiva pertinência à autarquia local que, na qualidade de proprietário, tem poderes de disposição que envolvem a afectação, a desafectação e as próprias alterações da afectação. Deverá, por isso, defender-se que a referência constitucional operada pelo n.º 1 do artigo 238.º ao «património próprio» das autarquias locais envolve, de certo, bens do domínio privado, mas, em plena consonância com o disposto no n.º 2 do artigo 84.º, pressupõe impreterivelmente a existência de um domínio público autárquico.

4.3. TITULARIDADE E GESTÃO: OS PODERES EXCLUSIVOS DOS TITULARES DO DOMÍNIO PÚBLICO

Os *sujeitos* do domínio público – *i.e.*, as entidades que exercem poderes de autoridade sobre os bens dominiais – não se circunscrevem, porém, aos *titulares* desses bens. Integram igualmente aquela categoria os entes (públicos, mas também privados) aos quais se encontra cometida a ges-

---

[278] Assim, AFONSO QUEIRÓ, *A Descentralização Administrativa «Sub Specie Iuris»*, in *Estudos de Direito Público*, vol. II, tomo I, Coimbra, 2000, p. 283; GOMES CANOTILHO, *Direito...*, p. 253; VIEIRA DE ANDRADE, *Autonomia...*, p. 21; FREITAS DO AMARAL, *Curso...*, vol. I, pp. 489 e ss.; CASALTA NABAIS, *O Regime das Finanças Locais em Portugal*, in: *Boletim da Faculdade de Direito*, vol. LXXX, 2004, p. 19; CÂNDIDO DE OLIVEIRA, *Direito das Autarquias Locais*, Coimbra, 1993, pp. 125 e ss.; PAULO OTERO, *O Poder de Substituição em Direito Administrativo: Enquadramento Dogmático-Constitucional*, Lisboa, 1995, p. 677. *V.* ainda o sétimo parágrafo do preâmbulo da *Carta*.

[279] *V.*, por todos, GOMES CANOTILHO, *Direito...*, pp. 253 e s..

tão ou exploração dos bens dominiais[280]. A questão que se coloca agora prende-se com a aferição da existência de poderes exclusivos dos titulares dominiais (enquanto tais, e, por conseguinte, poderes que nascem da relação estabelecida entre uma pessoa colectiva pública e o domínio público[281]), poderes esses que não podem constituir objecto de transferência para outras entidades.

Neste âmbito, devem efectuar-se uma destrinça entre *poderes primários* e *poderes secundários*: se os primeiros são privativos dos titulares do domínio público, os segundos gozam da nota da transferibilidade. Trata-se de uma distinção subjacente à jurisprudência do Tribunal Constitucional, por influência da Comissão do Domínio Público Marítimo[282], sobretudo a propósito dos poderes das regiões autónomas sobre os bens do domínio público marítimo situados no território daquelas. Rejeitando a tese segundo a qual a titularidade é necessariamente acompanhada de (todas as) competências gestionárias, a jurisprudência constitucional não exclui a possibilidade de uma transferência para outros entes de certos poderes de gestão ínsitos na titularidade do Estado, designadamente de poderes que não digam respeito à defesa nacional e à autoridade estadual[283].

Nem sempre, porém, o Tribunal Constitucional adopta uma visão tão generosa relativamente ao exercício de poderes de autoridade sobre bens dominiais por entidades diferentes do titular: assim, *v. g.*, a propósito do domínio público do Estado, aquela alta jurisdição já acentuou que "é corolário necessário da não transferibilidade dos bens do domínio público marítimo do Estado a impossibilidade de transferência dos poderes que sejam inerentes à dominialidade, isto é, os necessários à sua conservação, delimitação e defesa, de modo a que tais bens se mantenham aptos a satis-

---

[280] Sobre a separação entre titularidade e exercício de competências sobre o domínio público, *v.* GONZÁLEZ GARCÍA, *La Titularidad*..., pp. 131 e ss.; registe-se, contudo, a peculiar visão do Autor sobre o estatuto da dominialidade, que sublinha a atribuição de competências, em detrimento da apropriação pública (*Op.* cit., p. 189).

[281] GONZÁLEZ GARCÍA (*La Titularidad*..., p. 139) distingue, a este propósito, entre poderes do titular em virtude da relação dominial, poderes do titular em virtude de outros títulos jurídicos e poderes de outros entes públicos competenciais que se exercitam sobre o domínio público.

[282] Cf., *v. g.*, Parecer da Comissão do Domínio Público Marítimo n.º 5945, de 18.01.2002, in *Boletim da Comissão do Domínio Público Marítimo*, n.º 116, 2002, p. 18.

[283] Cf. Acórdãos n.ºs 402/2008, de 29 de Julho, cit., p. 5716, e 654/2009, de 16 de Dezembro, cit., p. 448.

fazer os fins de utilidade pública que justificaram a sua afectação"[284]. Tal implica, pois, uma recondução dos poderes secundários à atribuição de direitos de uso privativo – perspectiva que se nos afigura demasiado rígida e não exigida pela defesa da titularidade dos bens. Assim, defendemos que para os titulares estão reservados os poderes que contendem com a consistência ou a subsistência do estatuto da dominialidade, em especial os actos de aquisição e extinção do domínio público, bem como aqueles que, dependendo da vontade dos titulares, implicam uma mutação dominial subjectiva. A estes devem acrescentar-se a classificação e a delimitação, enquanto correspondentes ao exercício de poderes de autotutela: apesar de, em princípio, a defesa dos bens dominiais integrar a gestão (e, por conseguinte, as respectivas prerrogativas serem transferíveis para outras entidades), a classificação e a delimitação levam sempre implícita uma decisão sobre o estatuto ou sobre os limites de determinado bem (dominial), decisão essa que se deve considerar reservada ao respectivo titular.

Revestem contornos diferentes destas actuações as dirigidas à gestão dos bens dominiais, as quais podem competir a entidades diferentes dos respectivos titulares[285]. Esta percepção não se revela despicienda. Além das hipóteses, tradicionalmente avançadas, em que por lei ou por acto ou contrato administrativos (com frequência, como sucede no horizonte do domínio público infra-estrutural, em resultado de imposições do direito europeu), ficam delegados em terceiros os poderes de exploração ou gestão do domínio público (cf. *infra*), a separação entre titularidade e gestão pode assumir um fôlego renovado na própria relação entre entidades públicas titulares dos bens dominiais. Eis o que acontece, por excelência, no caso das coisas públicas do Estado localizadas em território das regiões autónomas. Não surpreenderá, por isso, que encontremos exemplos em que o legislador

---

[284] Acórdão n.º 131/2003, de 11 de Março, cit., p. 2230.

[285] Diferente da exploração é, obviamente, a colaboração devida por todas as entidades públicas relativamente às entidades às quais se encontra conferida a gestão dos bens dominiais – sobre este dever, cf. artigo 20.º do RJPIP. Este dever de colaboração revela-se de capital importância, quando se trata de coordenar actuações administrativas, que impliquem decisões de entes diversos (que actuam ao abrigo de títulos competenciais diferentes), relativamente a uma pretensão do particular que contenda com o domínio público. Atente-se, *e. g.*, no que se passa para a construção de um edifício sobre um terreno do domínio portuário, que implicará, no mínimo, a existência de um título de utilização privativa (emitido pela Administração estadual), bem como a sujeição ao controlo prévio de operações urbanísticas (da responsabilidade do município).

prevê gestão conjunta: expressamente neste sentido, o artigo 8.º do EPAA confere à Região Autónoma dos Açores a *gestão conjunta* (com o Estado) das águas interiores e do mar territorial pertencentes ao território regional (n.º 1), bem como o poder para o licenciamento, no âmbito da utilização privativa do domínio público marítimo, das actividades de extracção de inertes, pesca e produção de energias renováveis (n.º 2)[286]. Em homenagem a uma ideia de proximidade e sem vulnerar os poderes primários, indeclinavelmente pertencentes ao titular do dominial, torna-se, assim, possível adjudicar (por lei ou decreto lei ou mediante decisão do titular dominial, *in casu*, o Estado) os bens do domínio público à satisfação de interesses próprios de outras pessoas colectivas públicas territoriais, interesses esses cuja individualidade é protegida pela Lei Fundamental[287]. Idênticas considerações valerão, por isso, *mutatis mutandis*, para a possibilidade da atribuição às autarquias locais de poderes secundários sobre o domínio público estadual (ou regional): embora em grau menor, também os interesses destas últimas poderão justificar uma partilha de responsabilidades quanto à gestão dos bens dominiais do Estado (ou das regiões autónomas, em que se localizem).

4.4. A GESTÃO DO DOMÍNIO PÚBLICO: O RECURSO À TÉCNICA CONCESSÓRIA

A maioria das delegações da gestão de bens dominiais em entidades públicas vem revestindo a forma de acto legislativo.

Todavia, fazendo eco do fenómeno privatizador, são frequentes as vezes em que a exploração ou gestão dos bens dominiais se encontram devolvidas a entidades privadas, mediante concessão. Trata-se de uma hipótese

---

[286] A previsão legal da atribuição da gestão conjunta do domínio público marítimo situado no território da Região Autónoma dos Açores só não se revela problemática por se tratar de bens dominiais pertencentes ao Estado. Já duvidaríamos da constitucionalidade de uma lei da Assembleia da República que previsse a situação inversa, *i.e.*, a atribuição da gestão de um bem do domínio público regional ou autárquico a uma entidade diversa da Região Autónoma ou da autarquia em causa (em especial o Estado), por contender com os poderes próprios do titular dominial, ao qual pertence a decisão sobre administrar ele próprio as coisas ou devolver a gestão a terceiros.

[287] Cf. também PEDRO LOMBA, *Regiões...*, pp. 64 e s., e a posição especialmente aberta de JOÃO CAUPERS, *Autonomia e Domínio Público Regional – O Domínio Público Marítimo*, conferência proferida em Março de 2010, inédito (amavelmente cedida pelo Autor, a quem agradecemos), ponto 8.

hoje expressamente acolhida pelo artigo 30.º do RJPIP, onde se prevê que, através de acto ou contrato administrativos[288], podem ser transferidos para particulares, durante um período de tempo determinado e improrrogável, e mediante o pagamento de taxas, poderes de gestão e de exploração do domínio público.

A concessão de exploração do domínio público confere, por isso, ao respectivo titular os poderes de gestão dos bens dominiais, aí incluídas as faculdades necessárias à sua conservação, rentabilização (designadamente, a atribuição de usos privativos[289]) e protecção. Com efeito, quando um particular detiver a gestão de um bem dominial ocupa, na relação com este último, a posição anteriormente exercida pela Administração: o concessionário actua "em nome e em lugar da Administração pública, nos termos com esta pactuados e sob a sua fiscalização"[290]. Por esse motivo, pode afirmar-se que a concessão de exploração – enquanto pressupõe um uso qualificado, um «uso para fins produtivos», dos bens dominiais[291] – representa um *plus* relativamente à concessão de uso privativo. A concessão da exploração do domínio público atribui ao particular não um mero direito à utilização (aproveitamento) dos bens (para fins particulares), mas o direito de exercer a actividade (até então na titularidade da Administração) de gerir os bens do domínio público[292]. Deste modo, encontrando-se a gestão de um bem dominial confiada a um particular, e diferentemente do que sucede na concessão de uso privativo – que não implica a transferência de quaisquer poderes públicos –, aquele passa a exercer os poderes públicos inerentes àquela actividade[293] (exerce a administração do domínio público),

---

[288] Sempre que a concessão revista a forma de contrato (o que corresponde às situações mais frequentes), o artigo 408.º do CCP sujeita o respectivo regime jurídico às disposições gerais aplicáveis às concessões de obras públicas e serviços públicos.

[289] O n.º 2 do artigo 30.º do RJPIP exige, nesta hipótese, que da concessão constem as principais cláusulas que estipulem os termos da atribuição de usos privativos a terceiros.

[290] MARCELLO CAETANO, *Algumas Notas para a Interpretação da Lei n.º 2105*, in *O Direito*, n.º 2, ano XCIII, 1961, p. 96.

[291] GIANNINI, *I Beni...*, p. 116.

[292] Entre nós, v. MARCELLO CAETANO, *Manual...*, vol. II, pp. 948 s.; FREITAS DO AMARAL, *A Utilização...*, pp. 15 s.; PEDRO GONÇALVES, *A Concessão...*, pp. 93 s., e *O Contrato...*, p. 75.

[293] Já no mesmo sentido se haviam pronunciado MARCELLO CAETANO, *Algumas Notas...*, p. 97, e FREITAS DO AMARAL, *A Utilização...*, pp. 15 s. (que qualifica a concessão de exploração como um modo de gestão do domínio público: a *gestão indirecta*).

entre os quais se inclui precisamente a decisão acerca da atribuição dos direitos de uso privativo[294].

As concessões de exploração do domínio público conhecem dois campos de aplicação privilegiados: o dos recursos geológicos e o das infra--estruturas. No primeiro caso, compreende-se que a optimização do domínio público geológico nem sempre se encontre ao alcance da Administração, pelo que esta se encontra habilitada a transferir a actividade de exploração dos mesmos a particulares[295], sem prejuízo da necessidade de observância por estes de um conjunto de normas e princípios de índole publicística. Isto mesmo resulta de uma análise da legislação portuguesa sobre a matéria, em que se verifica uma clara preferência pelo aproveitamento deste tipo de recursos através de concessões de exploração outorgadas a particulares[296].

No que tange ao domínio público infra-estrutural, um dos vectores do respectivo regime jurídico reside justamente na separação entre a titularidade e a gestão da rede. Por esse motivo, a gestão de algumas infra-

---

[294] Repare-se ainda que, pressupondo a exploração do domínio público a utilização de outros bens dominiais pelo concessionário (da exploração), não se torna necessária a celebração de um outro contrato, encontrando-se tal utilização coberta pela concessão de exploração. Expressamente neste sentido, cf. artigo 31.º do Decreto-Lei n.º 90/90, de 16 de Março: "sempre que na área abrangida pela concessão [de exploração] se encontrem imóveis que se integrem no domínio público e cuja ocupação seja considerada pelo concessionário e reconhecida pelo membro do Governo competente como necessária para efeitos da exploração, sobrepondo-se esta utilidade àquela a que tais imóveis se achem afectos, a concessão abrangerá também os referidos imóveis, sem prejuízo do pagamento da adequada e devida retribuição".

[295] Daí que, a partir do momento em que a titularidade destes bens passou a pertencer a entidades públicas (ultrapassada a fase em que vigorava um «modelo da acessão» ou «modelo fundiário», em que a propriedade do solo inclui também a do respectivo subsolo, pertencendo ao proprietário todos os recursos geológicos aí encontrados – sobre os modelos de revelação e aproveitamento de recursos, cf., entre nós, BONIFÁCIO RAMOS, *O Regime...*, pp. 24 ss.), alguma doutrina refira inclusivamente a esta forma de exploração (por particulares) dos recursos geológicos, como o seu modo de aproveitamento normal – assim ENTRENA CUESTA, *El Dominio...*, p. 355; RAMÓN PARADA, *Derecho...*, p. 86.

[296] Cf., em geral, artigo 2.º da Lei n.º 88-A/97, de 25 de Julho, que impõe a sujeição ao regime da concessão – ou outro que não envolva a transferência da propriedade dos recursos a explorar – da actividade de exploração dos recursos do subsolo e dos outros recursos naturais, que, nos termos da Constituição, pertencem ao Estado; artigos 21.º e seguintes do Decreto-Lei n.º 90/90, de 16 de Março, sobre o regime jurídico de revelação e aproveitamento de recursos geológicos, com excepção das ocorrências de hidrocarbonetos; artigo 5.º, n.º 1, do Decreto-Lei n.º 109/94, de 26 de Abril, nos termos do qual as actividades de «desenvolvimento» e «produção» de petróleo só podem ser exercidas mediante concessão.

-estruturas encontra-se confiada a entidades privadas (com frequência, entidades formalmente privadas[297]), não apenas através de uma concessão da exploração do domínio público (autónoma), mas também mediante de uma concessão de serviço público[298], em que a actividade de prestação de serviços públicos pressupõe a gestão de um bem dominial ou mediante de uma concessão de obra pública, em que esta última assuma o estatuto da dominialidade. Também entre nós, a gestão de algumas infra-estruturas é efectuada não pelo respectivo titular, mas por entidades privadas: pense-se, *v. g.*, no que sucede relativamente às infra-estruturas portuárias (administrações portuárias)[299] ou aeroportuárias[300].

Mais recentemente, encontramos uma aplicação particular da técnica concessória à gestão do domínio público: eis o que sucede com as designadas *concessões de cemitérios*, legalmente configuradas como concessões de serviço público. A possibilidade da atribuição a privados da gestão, exploração e conservação de cemitérios públicos, através da celebração de *concessões de serviço público* decorre explicitamente da alínea *j)* do n.º 2 do artigo 2.º do Decreto-Lei n.º 109/2010, de 14 de Outubro[301]; por sua vez, a alínea *m)* do artigo 2.º do Decreto-Lei n.º 411/98 define como *entidade responsável pela administração de um cemitério* "a câmara municipal ou a junta de freguesia, consoante o cemitério em causa pertença ao município ou à freguesia, ou *as entidades a quem seja atribuída a administração do mesmo, por concessão de serviço público*" (itálico nosso).

A "exploração de cemitério" – que constitui o objecto imediato das concessões de cemitérios públicos – assume contornos complexos, na medida em que compreende duas actividades: a *actividade funerária* e a *actividade de gestão do cemitério municipal*. Apesar de mate-

---

[297] Mas materialmente públicas, em regra, sociedades anónimas de capitais públicos.

[298] Recorde-se que já em 1967, em Espanha, o *Tribunal Supremo* aludia a um «princípio de atracção das concessões dominais pelas concessões de serviço público» (*apud* GARCÍA CAPDEPÓN, **Dominio...**, p. 59).

[299] Além dos já referenciados diplomas relativos às administrações portuárias, cf. artigo 1.º, n.º 1, alínea *d)*, da mencionada Lei n.º 88-A/97 (impõe que o acesso à actividade económica de exploração de portos marítimos por empresas privadas – e "outras entidades da mesma natureza" – seja efectuado apenas mediante concessão).

[300] Cf. os poderes de autoridade atribuídos à *ANA – Aeroportos de Portugal, S. A.*, enquanto concessionária do serviço público aeroportuário de apoio à aviação civil – Base XXXVI das citadas *Bases da Concessão* (aprovadas pelo Decreto-Lei n.º 33/2010).

[301] Alterado pela Lei n.º 13/2011, de 29 de Abril.

rial ou substancialmente diferentes, estas actividades têm em comum o facto de o respectivo exercício pertencer, *ab origine*, à Administração (embora susceptível de delegação em privados, mediante concessão). No n.º 1 do artigo 2.º do Decreto-Lei n.º 109/2010, o legislador define a actividade funerária como a "prestação de qualquer dos serviços relativos à organização e à realização de funerais, de transporte, de inumação, de exumação, de cremação, de expatriação e de trasladação de cadáveres ou de restos mortais já inumados". Desta noção resulta que o núcleo essencial da actividade em causa consiste em proporcionar determinadas utilidades (relacionadas com a área mortuária) aos cidadãos, utilidades essas que consubstanciam o resultado de um *facere*.

Distinta se afigura a actividade de gestão do cemitério público. Como, em geral, sucede com quaisquer bens dominiais, a gestão de um cemitério cabe, em princípio, ao respectivo titular (uma entidade pública, *in casu*, o município ou a freguesia). Estão aqui envolvidos todos os poderes relativos à administração do cemitério – ou, como vimos, à conservação, fruição, utilização e valorização dos bens –, incluindo quer a outorga a terceiros de direitos de utilização, quer a defesa. Compreende-se que, não obstante estes poderes se encontrarem contidos nas faculdades do titular dominial (do direito de propriedade pública), é legítimo que os mesmos sejam outorgados a privados, como forma de rentabilização do domínio público.

A circunstância de a actividade de "exploração de cemitério" pressupor a confluência destes dois vectores determina a sua caracterização como *actividade de serviço público*. Recorde-se que o *serviço público* constitui uma actividade pública, correspondente a uma tarefa administrativa, por cuja execução a Administração é responsável, e que materialmente se traduz numa prestação, *i.e.*, numa actividade positiva, de natureza técnica, destinada a satisfazer as necessidades dos cidadãos, subordinada a um regime específico de Direito Administrativo[302]. Constituem, pois, dimensões do serviço público:

---

[302] Trata-se de uma concepção de serviço público próxima da defendida por Pedro GONÇALVES, *A Concessão...*, cit., pp. 35 e ss., e por PEDRO GONÇALVES/LICÍNIO LOPES, *Os Serviços Públicos Económicos e a Concessão no Estado Regulador*, in *Estudos de Regulação Pública – I*, Coimbra, 2004, p. 185 ("actividade ou tarefa de prestação de bens e serviços que satisfaz necessidades essenciais dos cidadãos e cujo exercício deve ser regulado por regras especiais e assegurado, de forma directa ou indirecta, por uma entidade da Administração pública").

a *natureza administrativa e prestacional da tarefa desenvolvida*, a *satisfação de necessidades colectivas individualizáveis* e a *disciplina por normas especiais*. Torna-se, por isso, possível individualizar três elementos na noção tradicional de serviço público: *i)* um elemento *objectivo* – que apela para a dimensão funcional, associada à prossecução de necessidades colectivas; *ii)* um elemento *subjectivo* ou *orgânico* – a titularidade pública da actividade desenvolvida; e *iii)* um elemento *formal* – a submissão a um regime próprio de Direito Administrativo[303].

Esta noção de serviço público permite sublinhar um ponto nevrálgico, no que tange à actividade de exploração de cemitério municipal, com repercussões em sede de regime concessório: embora relevante, do ponto de vista da caracterização do conteúdo, a actividade de gestão do bem dominial em que o cemitério se consubstancia, não se revela *decisiva* para a qualificação do tipo em que a actividade de exploração do cemitério se insere. Com efeito, as actuações dirigidas, em exclusivo, à administração do domínio público não representam prestações e, por conseguinte, não se assumem como serviço público: daí que a doutrina entenda que não existe uma autonomização entre a exploração e o bem dominial explorado[304] e se percepcione que, com frequência, quando uma actividade pressuponha uma conciliação entre serviço público e exploração do domínio público, aquele absorva ou consuma esta.

Quando integrada no âmbito da exploração de um cemitério, a actividade funerária assume-se como a prestação de um serviço de carácter simultaneamente *económico* – destinando-se a satisfazer uma necessidade económica dos cidadãos, que se cifra na disponibilização ao público, mediante o pagamento de uma contraprestação, de todas as utilidades relacionadas com o tratamento de cadáveres – e *social* – visando assegurar a disponibilização aos cidadãos de um "serviço básico de funeral social" (cf. artigo 17.º do Decreto-Lei n.º 109/2010).

A observação precedente viabiliza o entendimento de que, quando uma actividade envolve uma dimensão prestacional assimilável no conceito de serviço público, é esta última que se revela preponderante, em termos de definição do regime jurídico aplicável. Faz, assim, todo

---

[303] Cf. PEDRO GONÇALVES/LICÍNIO LOPES, *Os Serviços...*, cit., p. 184.
[304] Assim, PEDRO GONÇALVES, *A Concessão...*, cit., pp. 37 e s..

o sentido, considerar a gestão do cemitério como coadjuvante da actividade funerária, que, na relação entre ambas, assume um papel predominante. Não se revela, aliás, fortuita a referência constante do n.º 2 do artigo 2.º do Decreto-Lei n.º 109/2010, que, de forma expressa, determina que *"em complemento à actividade funerária"* pode ser exercida a *actividade conexa* consistente na "gestão, exploração e conservação de cemitérios" [alínea *j)*].

Esta percepção possui consequências não despiciendas no âmbito do regime jurídico aplicável à concessão, quer na fase de formação do contrato, quer no período da sua execução: por um lado, é determinante para a definição do círculo de sujeitos que se podem perfilar como eventuais co-contratantes na concessão do cemitério[305], bem como para a escolha do procedimento pré-contratual aplicável [submetido ao CCP, nos termos da alínea *c)* do n.º 2 do artigo 16.º deste Código]; por outro lado, assumirá um relevo capital no horizonte da delineação da disciplina jurídica aplicável ao exercício da actividade de exploração de cemitérios.

---

[305] Por este motivo, a definição do círculo de potenciais co-contratantes das autarquias encontra-se sujeita a dois limites.

Primo, a circunstância de a actividade de exploração de cemitérios envolver, como uma das suas dimensões constitutivas, a actividade funerária implica que nem todos os sujeitos podem ser co-contratantes e que, por conseguinte, nem todos os sujeitos podem assumir-se como concorrentes no procedimento de formação do contrato, mas apenas aqueles que, nos termos da legislação em vigor, estiverem autorizados a exercer actividade funerária. Ora, nos termos do n.º 1 do artigo 3.º do Decreto-Lei n.º 109/2010, o exercício da actividade funerária encontra-se reservado às agências funerárias e às associações mutualistas.

Secundo, o facto de as associações mutualistas exercerem a actividade funerária no âmbito das suas finalidades mutualistas e de prestação de serviços de carácter social aos respectivos associados impede, em princípio, que o acesso das mesmas a concessionários de exploração de cemitério, uma vez que, por definição, a prestação de um serviço público pressupõe a satisfação das necessidades de todos os cidadãos, e não apenas de um conjunto específico, dado pela natureza de membros da associação. E esta concepção não põe em causa a jurisprudência do Tribunal Constitucional sobre o exercício da actividade funerária por associações mutualistas, mas, pelo contrário, a confirma (cf. Acórdãos n.ºs 236/2005, de 3 de Maio, in **Diário da República**, II Série, n.º 114, 16.06.2005, pp. 8911 e ss., e 635/2006, de 21 de Novembro, in **Diário da República**, I Série, n.º 28, 08.02.2007, pp. 999 e ss.. Na verdade, a apreciação daquela Alta Jurisdição incidiu sobre o acesso destas associações à actividade funerária, tendo justamente concluído – face a disposições que exigiam a constituição das agências funerárias sob qualquer das formas legalmente permitidas – que, sob pena de violação do princípio da igualdade e da tutela constitucional do sector cooperativo, aquelas poderiam exercer tal actividade apenas em benefício dos seus associados.

Tal não significa, porém, uma indiferença ou mesmo uma irrelevância da dimensão relacionada com a gestão dominial, quanto à matéria em análise. Desde logo, a qualificação da dimensão relativa à actividade funerária como actividade de serviço público também só ocorre porque a mesma se encontra associada à gestão dominial do cemitério: na verdade, e tal como resulta da configuração do Decreto-Lei n.º 109/2010, por si só, isoladamente considerada, a actividade funerária corresponderia a uma actividade privada, exercida por particulares, ainda que subordinada a regras de Direito Administrativo, em virtude das evidentes repercussões sociais e de saúde pública que a mesma comporta; é a conciliação entre as duas actividades que justifica a submissão da tarefa de "exploração de cemitério municipal" ao regime do serviço público[306]. Além disso, os vectores relativos à dominialidade pública assumirão especial destaque na fase de execução da concessão, na medida em que impõe especiais deveres ao concessionário, viabilizando igualmente a atribuição de especiais poderes.

5. OS REGIMES DO DOMÍNIO PÚBLICO: A DILUCIDAÇÃO DE UM REGIME ORIENTADO PELA NOTA DA COMERCIALIDADE PÚBLICA

A questão da identificação de um regime próprio para as coisas públicas ou bens dominiais formula-se com um elevado grau de pertinência, atenta a crise de que vem padecendo a ideia de propriedade pública[307], que, por influência francesa, vingou também entre nós para definir o regime jurídico do uso, fruição, disposição e defesa do domínio sobre as coisas

---

[306] Trata-se de mais uma manifestação da *vis expansiva* do serviço público, mas que não se identifica com a realidade paralela que PEDRO GONÇALVES (*A Concessão...*, p. 35) e, na senda deste Autor, FREITAS DO AMARAL (*Curso de Direito Administrativo*, vol. II, 2.ª ed., Coimbra, 2011, p. 538) descrevem quando se reportam às actividades da Administração que, embora não sendo serviços públicos, estão sujeitas a um "regime de serviço público".

[307] Cf., em Portugal, as críticas à ideia de propriedade pública de RUI MACHETE, *O Domínio...*, pp. 1408 e ss.; BERNARDO AZEVEDO, *Servidão...*, pp. 129 e ss. (que encara a propriedade pública senão como um «paradigma perdido», pelo menos, como um «paradigma em vias de se perder» – cf. *Op.* p. 134).

públicas[308]. Às doutrinas «proprietaristas» (fundadas em Hauriou e Otto Mayer) vão-se contrapondo as teorias «antiproprietaristas» ou «funcionais». Com efeito, são frequentes as vozes que se erguem para recusar a ideia de propriedade pública, com o argumento de que a dominialidade se deve compreender enquanto feixe de poderes públicos atribuídos à Administração pelo ordenamento jurídico relativamente a certos bens[309]. A partir

---

[308] Assim AFONSO QUEIRÓ, *Lições*..., pp. 13 e ss.; MARCELLO CAETANO, *Manual*..., vol. II, pp. 894 e ss. (sobre as características do direito de propriedade pública, cf. p. 895).

[309] Cf., entre nós, por último, CASALTA NABAIS, *Alguns Perfis*..., pp. 244 e s.. Também em Espanha, esta doutrina vem recolhendo alguns sufrágios. Assim, *v. g.*, GONZÁLEZ SANFIEL (*Un Nuevo Régimen*..., *passim*, esp.[te] pp. 79 e ss. e 172) defende uma concepção da dominialidade à qual repugna a ideia de propriedade pública, entendendo que o domínio público deve ser preferencialmente compreendido como um conjunto de poderes (*conjunto de potestades*) ou como um título de poder ou de intervenção (*título de potestad, título de intervención*; neste sentido também SÁNCHEZ MORÓN, *Los Bienes*..., p. 37) que a Administração detém a fim de garantir os fins (múltiplos) que se prosseguem com a dominialização: a Administração não há-de ser aqui apreciada como *dominus*, mas como garante do fim público satisfeito (ou que se pretende satisfazer) através do domínio público. Em sentido semelhante, já antes GONZÁLEZ GARCÍA (*La Titularidad*..., *passim*, esp.[te] pp. 85 e ss. e 121 e ss.) afirmava a necessidade de negar aqui uma concepção que passasse pela defesa de um direito de propriedade (pública) das entidades administrativas sobre os bens dominiais, referindo-se (na senda de Rodota) a um «espaço não dominial» (no sentido, se bem interpretamos a posição do Autor, de *dominium*, propriedade – recorde-se, porém, que o *dominium ex iure Quiritium* equivalia à propriedade *privada*). Em primeiro lugar, o domínio público cifra-se na atribuição à Administração de uma série de poderes, tendo em vista a melhor gestão dos bens por conta da comunidade em ordem à prossecução de diversos interesses públicos, não relevando (porque nem existe) aqui qualquer interesse particular do titular do bem em causa; daí que o Autor entenda que as normas jurídicas reguladoras dos sectores dominiais não configuram exactamente «leis de bens», mas regras relativas à actividade administrativa em certos domínios. Por outro lado, esses poderes, na medida em que pressupõem uma intensa actividade administrativa, exigem a separação do bem do «tráfico jurídico ordinário». Também MORILLO-VELARDE PÉREZ (*Dominio Público*, *passim*, esp.[te] pp. 97 e ss.) compreende o domínio público como uma titularidade que suporta uma série de poderes públicos com alcance e funcionalidade diversificados, afastando-se, em termos de construção, de qualquer teoria que se oriente no sentido da defesa da existência de uma qualquer propriedade especial sobre os bens dominiais, titularidade essa que se *funda* (trata-se de um fundamento e não de uma identidade) na *soberania* da Nação espanhola, enquanto "forma de pertinência específica, exclusiva e genuína dos entes públicos no desempenho das suas funções", transformando a titularidade dominial numa «titularidade fiduciária» (*Op. cit.*, p. 114). A posição de PAREJO ALFONSO (*Dominio*..., *passim*, esp.[te] p. 2415) vai nesta linha ao conceber o domínio público como uma técnica justificativa de uma intervenção mais intensa dos poderes públicos, tendo em vista

desta ideia cunham-se teorias que se orientam no sentido de que a dominialidade há-se ser compreendida como técnica dirigida primordialmente a excluir o bem em causa do tráfico jurídico privado, e não tanto como uma forma de apropriação do bem por parte dos poderes públicos. No sentido de enfatizar que está em causa uma exclusão da esfera privada de certos bens, também em Itália já Cassese e Cerulli Irelli chamavam a atenção para o facto de à dominialidade pública se associar uma ideia de *reserva (de legitimação)*, enquanto "estatuição normativa contida num acto legislativo, a qual incide sobre a legitimação da titularidade de situações subjectivas": a noção de «reserva» opera, pois, no sentido de impedir que os sujeitos privados se tornem titulares de uma situação subjectiva relativamente aos bens públicos, prescrevendo uma falta de legitimação para tanto[310]. Também com frequência surge aliada a esta ideia de reserva a qualificação de recursos essenciais como bens dominiais (*v. g.*, domínio hidráulico ou geológico), implicando a concomitante atribuição à Administração (*maxime* ao Estado) especiais poderes dirigidos à actuação do regime de conservação, protecção e utilização característico[311]. Paralelas a esta encontram-se as doutrinas que defendem igualmente que ao domínio público se encontra associada a mera exclusão da titularidade dos particulares individualmente considerados de certo tipo de bens[312], pelo que ao Estado ou a outra pessoa

---

assegurar o efectivo cumprimento pelas coisas do fim público querido pelo direito (e determinante da qualificação como dominial) – um pouco na sequência de Villar Palasí, para quem a dominialidade se concebia como um «título de intervenção administrativa plena» (MORILLO-VELARDE PÉREZ, *Dominio Público*, p. 69).

[310] CASSESE, *I Beni...*, pp. 55, 78 e ss.; CERULLI IRELLI, *Proprietà...*, p. 16, 49 e ss. Em sentido semelhante, já GIANNINI (*I Beni...*, p. 78) chegou a aludir a uma «reserva originária de propriedade pública», a significar que, relativamente aos bens reservados aos entes públicos, nenhum outro sujeito jurídico tinha legitimidade para aceder à sua propriedade. Louvando-se nesta perspectiva, cf. BERNARDO AZEVEDO, *Servidão...*, pp. 229 e ss., *Linhas...*, pp. 43 e ss., e *O Domínio...*, pp. 20 e ss..

[311] Cf. GÓMEZ-FERRER MORANT, *La Reserva al Sector Público de Recursos o Servicios Esenciales*, in S. MARTIN-RETORTILLO (coord.), *Estudios sobre la Constitución Española. Homenaje al Profesor Eduardo García de Enterría*, vol. V, Madrid, 1991, pp. 3814 e ss. (*v.* também n. 37); INSERGUET-BRISSET, *Propriété Publique et Environnement*, Paris, 1994, pp. 10 e ss..

[312] Entre nós, por exemplo, RUI MACHETE (*O Domínio...*, pp. 1408 e ss.) faz apelo à noção de *reserva de legitimidade para a aquisição da titularidade de certos bens*. Partindo da circunstância de o preceituado no artigo 84.º da Constituição constituir um limite à propriedade privada, o cerne da dominialidade consiste em interditar a generalidade das pessoas (sobretudo particulares) no que se refere à aquisição de certo tipo de bens

colectiva pública cabe unicamente o direito exclusivo de uso que depois pode ser objecto de uma concessão ou de uma autorização para o exercício da actividade.

Um dos contributos primordiais que a estas doutrinas deve ser assacado prende-se com a acentuação da nota de que ao regime da dominialidade preside o objectivo de subtrair a coisa ao «comércio jurídico privado» (objectivo esse que conhecerá uma confirmação, *rectius*, um corolário, ao nível dos princípios da inalienabilidade, imprescritibilidade e impenhorabilidade dos bens dominiais, enquanto consequências da extracomercialidade privada), atenta a relevância da função que desempenha (e nos termos permitidos por essa função), sem perder de vista a necessidade de rentabilização dos bens em causa – no fundo, está aqui em causa a densificação da proposição segundo a qual as coisas públicas são coisas fora do comércio jurídico (privado)[313]. Resta saber se esta nota se revela incompatível com a defesa da existência, pelo menos em termos principiais, de uma (adequadamente compreendida) ideia de propriedade pública no que às coisas públicas tange.

5.1. A PROPRIEDADE PÚBLICA COMO REGIME REGRA

Vimos já que a publicização do regime da propriedade atinge o seu auge no regime do domínio público: a interferência do Direito Administrativo é, nesta altura, co-natural à função de utilidade pública desempenhada pelo bem. Ora, entendemos que tal regime implica a

---

(*reserva negativa*) e autorizar outras (algumas pessoas colectivas públicas) a alcançar a sua titularidade (*reserva positiva*). Nas palavras de RUI MACHETE, "em rigor, privam-se certas pessoas da legitimidade para aceder à titularidade de certos bens, ou melhor, de certos direitos reais que são sempre necessariamente identificáveis pelo seu objecto, embora também o possam ser por outras notas caracterizadoras". Saliente-se, porém, que, na perspectiva do Autor, nem sempre aqueles dois aspectos (positivo e negativo) têm que estar presentes para que se fale de domínio público; determinante, sim, é a reserva negativa (por exemplo, nas hipóteses do mar territorial ou do espaço aéreo sobrejacente ao território nacional, verifica-se tão-só a presença da reserva negativa, não existindo qualquer função positiva, uma vez que, na opinião do Autor, tais bens constituem coisas inapropriáveis – cf. *Op. cit.*, p. 1410).

[313] Parafraseando CASSESE (*I Beni...*, p. 81) são coisas fora do comércio (*hoc sensu*) aquelas que se encontram fora da esfera das relações patrimoniais privadas. Cf. ainda *Op.* pp. 82 e ss., n. 12.

polarização no titular do bem de um *direito de propriedade pública*. Se nos interrogarmos sobre a marca de contraste entre propriedade pública e propriedade privada (em termos de conteúdo da disciplina jurídica e, portanto, sempre para além da diferença subjectiva), logo concluímos que a mesma de reconduz à *intensidade da afirmação daquela função social*[314], pois que o domínio público se assume como "a forma mais completa da participação de um bem na actividade da Administração Pública"[315]. Na propriedade pública deparamo-nos com uma acentuada (e imprescindível) funcionalização do regime jurídico[316]: o domínio pú-

---

[314] A esta ideia não parece ser indiferente CASSESE, *I Beni...*, pp. 94 e 100, n. 25-bis, louvando-se, no primeiro caso, em Pugliatti. Note-se que este último Autor estabelece, no que à funcionalização do direito de propriedade concerne (*funzionalizzazione delle situazioni soggettive*), uma interessante distinção entre «propriedade funcional» (*proprietà funzionale*) e «propriedade-função» (*proprietà-funzione*), correspondendo a primeira à hipótese de propriedade pública e a segunda às situações em que a propriedade privada se encontra onerada por deveres de carácter público. No fundo, tal como sugerimos em texto, o que está em causa é uma diferença de grau: assim, se na «propriedade funcional» (a propriedade pública) existe o que Pugliatti denomina uma «modificação qualitativa do conteúdo» em termos de o conteúdo do direito se encontrar *in toto* ao serviço de uma determinada *destinazione*, na «propriedade-função», o exercício do direito pelo seu titular também se não entende imune a uma funcionalização mas, pelo contrário, os deveres de índole pública constituem um caminho ao longo do qual esse exercício se há-de desenvolver – neste caso, o direito público releva não no horizonte do conteúdo, mas na óptica da estrutura (PUGLIATTI, *Il Trasferimento delle Situazione Soggettive*, Milano, 1964, pp. 82 e s.). Também para FONT I LLOVET (*La Ordenación...*, p. 3934), a diferença entre propriedade privada e propriedade pública está ancorada no facto de "enquanto a propriedade privada característica do Estado social *tem* uma função social que delimita o seu conteúdo, a propriedade pública *é* função social em si mesma". Cf., em sentido oposto e partindo de uma concepção diversa, LÓPEZ Y LÓPEZ, *La Disciplina Constitucional de la Propiedad Privada*, Madrid, 1988, pp. 79 e ss..

[315] SÉRVULO CORREIA, *Defesa do Domínio Público*, in *Liber Amicorum – Francisco Salgado Zenha*, Coimbra, 2003, p. 448.

[316] É neste sentido que LAVIALLE (*Des Rapports...*, p. 470) apropinqua o regime da dominialidade à noção inglesa de *trust*, na medida em que os direitos reconhecidos à pessoa colectiva pública titular do direito de propriedade sobre os bens dominiais implicam que o seu exercício seja vinculado em termos da prossecução do fim a que se encontram adstritos, a ponto de através daquela noção procurar oferecer uma reconstrução da teoria do domínio público (*Op.* pp. 483 e ss.). Nesta ordem de ideias já RIGAUD (*La Théorie des Droits Réels Administratifs*, Paris, 1914, p. 277), na esteira de HAURIOU (*Précis...*, p. 790, n. 13), concebia a propriedade administrativa como uma «propriedade fiduciária» porquanto se encontra estabelecida em benefício do interesse público, em termos idênticos ao que sucede numa fundação.

blico é uma «propriedade finalista»[317], «instrumento e conteúdo de uma função pública»[318]. A própria especificidade da disciplina aqui em causa determina frequentemente o legislador na sua opção política, pautada por critérios orientadores recondutíveis a uma ideia de função pública, da submissão de certo tipo de coisas ao estatuto da dominialidade[319]. A propriedade privada, ainda que tenha na função social um elemento conatural (e encontrando-se também limitada por imperativos de interesse público), acha-se basicamente ao serviço dos interesses do seu proprietário (particular), daí que o seu regime jurídico se caracterize por um apelo essencial para o direito privado: se a propriedade privada possui uma função social, esta não anula a utilidade ou o interesse primacialmente individual a que a mesma intende[320]. Assim se compreende que, através daquela perspectiva unificadora da propriedade pública e da propriedade privada sob o signo da função social, não pretendemos subestimar a distinção entre direito público/direito privado e propriedade pública/propriedade privada que sempre subsistirá.

Por outro lado, é necessário enfrentar sem quaisquer preconceitos a utilização no âmbito do Direito Administrativo da noção de propriedade, quantas vezes rejeitada com o argumento de que se estão a fazer penetrar na dogmática juspublicística categorias de índole marcadamente privada que se não adequariam à perspectivação, desde logo, dos direitos das entidades administrativas sobre as coisas públicas, também em atenção à própria natureza (física ou jurídica) dos bens dominiais[321]. A compreensão do conceito de propriedade há-de conceber-se de forma mais ampla que o conteúdo do direito de propriedade privada, em termos de se revelar defensável a existência de um direito de propriedade pública ao lado deste último – é que a recusa do conceito «propriedade pública» não pode

---

[317] SANTAMARÍA PASTOR, *Principios*..., pp. 523 e s..

[318] BALLBÉ, *Concepto de Dominio Público*, apud GARCÍA DE ENTERRÍA, *Dos Estudios sobre la Usucapión en Derecho Administrativo*, 3.ª ed., Madrid, 1998, p. 146.

[319] Quanto aos bens dominiais, a função pública que os mesmos servem consubstancia o elemento determinante da especialidade jurídico-pública do regime aplicável, no sentido de que, para a prossecução dessa função e enquanto ela o justificar ou exigir, impõe-se submeter os bens a regras particulares de uso, gestão e tutela. Cf. também SANTAMARÍA PASTOR, *Principios*..., p. 523.

[320] SAÍNZ MORENO, *El Dominio*..., p. 482. Cf. também COUTINHO DE ABREU, *Do Abuso*..., pp. 38 e s.; OLIVEIRA ASCENSÃO, *Direito*..., pp. 200 e s..

[321] Cf., *v. g.*, LAVIALLE, *Le Code*..., pp. 904 e s., criticando a concepção eminentemente proprietarista do *Code Générale de la Propriété des Personnes Publiques*.

resultar de um preconceito contra uma figura que se supõe e compreende inteira e totalmente importada (transposta) do direito civil. É por isso que não nos parece mais adequada (mas funcionalmente equivalente), uma perspectiva que afaste a ideia de propriedade pública do domínio público, para, logo a seguir, reforçar que a relação estabelecida entre bens e Administração confere a esta última um conjunto de poderes de regulação e protecção[322]. Tal-qualmente acentua González Pérez[323], não sem sublinhar a ilegitimidade de um «transplante» dos conceitos do direito privado para o direito público, "uma coisa é a escravidão aos conceitos de Direito privado e outra muito distinta é, ao enfrentarmos a realidade jurídica administrativa, depararmo-nos com instituições que encaixam em conceitos elaborados anteriormente por outra disciplina jurídica e utilizarmos tais conceitos". Se nos interrogarmos quanto ao conteúdo mínimo da ideia de propriedade[324] que há-de ser comum quer à propriedade privada quer à propriedade pública, parece que o mesmo se deve reconduzir justamente à *pertinência do bem* (*appartenenza*) a um determinado sujeito[325] (a envolver um conjunto de poderes de controlo, administração e defesa sobre certo bem).

Apesar de prestável para a definição da disciplina do domínio público, a defesa da propriedade pública como regime regra exige que seja contraposta à «teoria da propriedade privada modificada» (*Theorie des modifizierten Privateigentums*), de inspiração alemã, a fim de verificar se esta se não revelará preferível para fazer face às actuais exigências de rentabilização dominial.

---

[322] *V.*, por exemplo, SANTAMARÍA PASTOR, *Objecto e Âmbito. La Tipologia de los Bienes Públicos y el Sistema de Competencias*, in CHINCHILLA MARÍN (coord.), *Comentarios a la Ley 33/2003, del Patrimonio de las Administraciones Públicas*, Madrid, 2004, pp. 95 e s..

[323] GONZÁLEZ PÉREZ, *Los Derechos Reales Administrativos*, 2.ª ed. (reimp.), Madrid, 1989, p. 15.

[324] Assim também YOLKA, *La Propriété*..., p. 4, para quem é possível identificar, a um nível de generalidade superior, um conceito unitário de propriedade.

[325] No mesmo sentido, cf. também PUGLIATTI, *Il Trasferimento*..., p. 9, que (quando analisa o teor do artigo 42 da Constituição italiana) se refere à propriedade dos bens como «*titolo di appartenenza*»; *v.*, concordantemente, CASSESE, *I Beni*..., p. 205 – este Autor chega inclusivamente a referir-se à propriedade pública como «regime publicístico de pertinência dos bens» (*regime pubblicistico di appartenenza dei beni*); CERULLI IRELLI, *Proprietà*..., p. 32. Comparando propriedade pública e propriedade privada na óptica do *usus, fructus* e *abusus*, cf. HAURIOU, *Précis*..., p. 697.

Nesta acepção, a categoria das «coisas públicas» pressupõe a constituição de um estatuto especial de direito público (*öffentlichrechtlicher Sonderstatus*) sobre os bens, o qual nasce com a afectação (*Widmung*) devidamente acompanhada da colocação efectiva da coisa no desempenho do fim público subjacente à afectação (*Indienststellung* ou *Verkehrsübergabe*), condição de eficácia da mesma. Diferentemente do que sucede no âmbito da teoria monista, este estatuto especial não impede, em geral, que tais bens sejam objecto de um direito de propriedade privada, inclusivamente na titularidade de particulares. Com efeito, a compreensão germânica das coisas públicas caracteriza-se como uma «concepção mista de direito privado e de direito público», que a doutrina expressivamente adjectiva de «cabeça de Jano» (*janusköpfig*)[326]. Com efeito, entende-se que à propriedade privada se sobrepõe esse estatuto de direito público à maneira de uma servidão: sobre os bens que estão na propriedade privada (no sentido civilístico) de um sujeito (público ou particular) incidem especiais poderes de domínio jurídico-públicos que se encontram fundamentados por uma servidão de direito público (*öffentlichrechtliche Dienstbarkeit* ou *Dienstlichkeit*), não estando aqui em causa meras limitações públicas aos direitos privados. Neste sentido a afectação desencadeia uma «vinculação real absoluta»[327] a que estão associados efeitos a actuar em duas vertentes: por um lado, surgem para a entidade pública detentora dos poderes de domínio sobre a coisa (o denominado *Sachherr*)[328] os correspondentes poderes (e outros direitos de uso, outorgados também a terceiros) associados a específicos deveres de conservação e manutenção da coisa[329]; por outro lado, os poderes decorrentes de posições jurídicas cons-

---

[326] Cf. PAPIER, *Recht...*, p. 10, e *Recht der Öffentlichen Sachen*, in ERICHSEN/ EHLERS, *Allgemeines Verwaltungsrecht*, 12.ª ed., Berlin, 2002, p. 596; CASSESE, *I Beni...*, p. 274, referindo-se à perspectiva alemã.

[327] SCHMIDT-JORTZIG, *Vom Öffentlichen Eigentum...*, p. 1028.

[328] Responsável ou não pela afectação, visto esta não consubstanciar necessariamente um acto administrativo, podendo também resultar da lei (eis o que acontece com o espaço aéreo ou com as águas navegáveis da Federação), do direito consuetudinário (como sucede com as praias), de um acto legalmente subordinado [normativo – como os regulamentos administrativos em geral (*Verordnung*), ou regulamentos autónomos (*Satzung*) – ou não], ou ainda, para alguns (cf., neste sentido, WOLFF/BACHOF/STOBER, *Verwaltungsrecht*, pp. 691 e s.; diversamente, v. SCHMIDT-JORTZIG, *Vom Öffentlichen Eigentum...*, p. 1028), de prescrição imemorial (*unvordenkliche Verjährung*). V. HÄDE, *Das Recht der Öffentlichen Sachen*, in *Juristische Schulung*, n.º 2, ano 33, Fevereiro 1993, p. 113.

[329] Muito embora se distinga entre o *Sachherr* e a entidade obrigada com os deveres de construção e manutenção das coisas públicas (*Baupflicht* e *Unterhaltungpflicht*), a

tituídas ao abrigo do direito privado vêem-se suplantados pelos poderes de domínio jurídico-públicos exercidos em vista do fim público decorrente da afectação[330]. Nesta medida, se o proprietário privado mantém a disponibilidade da coisa, que pode, por isso, alienar ou onerar (a coisa não se torna numa *res extra commercium*[331]), encontra-se limitado pelo destino público emergente da afectação – ao proprietário cabe apenas um «domínio residual» (*Restherrschaft des Eigentümers*[332]) –, em termos de os actos jurídicos por si praticados ofensivos de tal destino padecerem de nulidade[333] [334] e de a Administração deter o poder, fundado quer numa autorização legal expressa dirigida à tutela das coisas públicas, quer no poder geral de polícia, de reagir contra actos (materiais) que impeçam ou perturbem a prossecução do destino a que a coisa, por força da afectação, se encontra adstrita[335].

Argumenta-se que uma das vantagens oferecidas pela «teoria da propriedade privada modificada» consiste em não retirar a coisa do comércio jurídico privado, podendo inclusivamente encontrar-se na propriedade privada de um particular, onerada pela servidão pública resultante da afectação. Nesta altura, tornar-se-ia mais claro que em causa está apenas a *tutela do fim da afectação*, sendo permitidos quaisquer actos (mesmo de direito

verdade é que, com frequência tais sujeitos se identificam – assim SCHMIDT-JORTZIG, *Vom Öffentlichen Eigentum...*, p. 1029, n. 34; WOLFF/BACHOF/STOBER, *Verwaltungsrecht*, pp. 699 e s..

[330] Cf. WOLFF/BACHOF/STOBER, *Verwaltungsrecht*, p. 699; PAPIER, *Recht...*, p. 10, e *Recht...*, p. 596; PAPPERMANN/LÖHR/ANDRISKE, *Recht...*, cit, pp. 17 e s.; FORSTHOFF, *Traité...*, pp. 549 e ss..

[331] Ou, como salientava HATSCHEK (*Lehrbuch...*, p. 430), a coisa apenas pode considerar-se como *res extra commercium* no sentido de que não pode ser alienada ou onerada de qualquer forma que se revele contrária à destinação pública do bem.

[332] V. PAPPERMANN/LÖHR/ANDRISKE, *Recht...*, p. 19, louvando-se em PAPIER (cf., v. g., *Recht...*, pp. 11 e 80, e *Recht...*, pp. 597 e 634).

[333] Não se trata, porém, de opinião unânime na doutrina. Cf. HÄDE, *Das Recht...*, p. 115, que considera tais actos ineficazes. Por seu lado, FORSTHOFF (*Traité...*, pp. 551 e s.) admite a validade da constituição de servidões reais a favor de terceiros contra a afectação, mas considera que os direitos daí resultantes ficam paralisados até ao momento em que desapareça a afectação.

[334] Assim sendo, a doutrina e a jurisprudência vêm entendendo, com maiores ou menores salvaguardas, que a aquisição por um terceiro da propriedade da coisa livre de encargos não é efectuada de boa fé – cf., v. g., o célebre caso do brasão da cidade de Hamburgo descrito por HÄDE (*Das Recht...*, pp. 115 e s.) e as considerações críticas de WOLFF/BACHOF/STOBER, *Verwaltungsrecht*, p. 703.

[335] SCHMIDT-JORTZIG, *Vom Öffentlichen Eigentum...*, pp. 1028 e 1030; PAPPERMANN/LÖHR/ANDRISKE, *Recht...*, p. 19.

privado) que a não ofendam. Este argumento merece, porém, uma reflexão. Especialmente difícil nas situações em que está em causa uma coisa no uso comum (*Gemeingebrauch*), a afectação por acto da Administração de um bem que se encontra na propriedade privada de um particular, na medida em que origina uma vinculação da coisa, pressupõe o consentimento do proprietário; como logo se compreende, na ausência de tal consentimento, surge um conflito (resolúvel através da expropriação, quando esta é admissível). Ora, isto significa que, já da perspectiva do direito alemão, se afigura de toda a conveniência evitar tais conflitos, justamente através da prévia aquisição da propriedade pela entidade pública que procederá à afectação: nesta hipótese, coincidem no mesmo sujeito o proprietário e o *Sachherr*[336]. Sem prejuízo das significativas diferenças que subsistem (designadamente, ao nível do ponto de partida e das possibilidades de rentabilizar a coisa em termos de direito privado), poderíamos afirmar que esta situação aproxima em elevado grau as duas teorias. No mesmo sentido actua também a flexibilização da teoria da propriedade pública (cf., *infra*, 5.2.), de forma a admitir, embora em circunstâncias excepcionais e sempre mediante a atribuição às entidades públicas de poderes suficientemente densos em termos de retirar ao particular a disponibilidade do bem, que coisas na propriedade privada se encontrem submetidas ao estatuto da dominialidade.

Sem abstrair do fenómeno de aproximação dos dois modelos propiciado, na esfera de influência romano-francesa, pela recorrente invocação da necessidade de rentabilização dos bens dominiais, e relativamente às diferenças a que corresponderiam outras tantas vantagens relacionadas com a susceptibilidade de aproveitamento económico (jurídico-privatisticamente) dos bens dominiais, encontram-se aquelas compensadas na teoria da domi-

---

[336] Cf. SCHMIDT-JORTZIG, *Vom Öffentlichen Eigentum*..., p. 1029. Assim, *v. g.*, o § 2 II da *Bundesfernstraßengesetz* exige como condição da afectação que o prédio se encontre na propriedade da Administração (*in casu*, da entidade responsável pela construção e manutenção da estrada – *Träger der Straßenbaulast* – como sucede, em geral, no direito das estradas – cf. PAPPERMANN/ LÖHR/ANDRISKE, *Recht*..., p. 25), ou que haja adquirido a posse através de contrato, aquisição da posse administrativa (como antecipação de um resultado expropriativo), ou de outro procedimento regulado pela lei, ou, pelo menos, que o proprietário ou o titular de direitos reais de gozo haja consentido na afectação. Face a esta disposição, em regra, a afectação pressupõe a aquisição da propriedade antes de a Administração proceder à afectação, ou mediante a celebração de uma compra e venda, ou, como sucede, em regra, neste domínio, mediante expropriação dos terrenos, no decurso da qual o *Sachherr* já toma posse administrativa da coisa, podendo, a partir daí, proceder à sua afectação (SCHMIDT-JORTZIG, *Op.* loc. cit.).

nialidade romano-francesa[337] pela rentabilização dos bens dominiais através de formas de actuação de Direito Administrativo (*maxime*, concessões), *i.e.*, pela adequada compreensão da nota da *comercialidade de direito público*.

5.2. A INCIDÊNCIA DE PODERES DE DOMÍNIO COMO REGIME ESPECIAL

Se a apropriação pública constitui a forma mais perfeita ou o «modo de protecção privilegiado»[338] dos bens públicos, a verdade é que as exigências colocadas ao ordenamento jurídico-administrativo nem sempre ficam satisfeitas mediante a *appartenenza* daqueles bens a uma pessoa colectiva pública. Daí que, em casos contados, propendamos para admitir que o conteúdo do estatuto da dominialidade não se cifre no direito de propriedade pública, mas implique antes a existência de *poderes de domínio* sobre as coisas: pense-se no caso paradigmático do domínio público cultural. Nesta acepção, o *dominium* é mais amplo que a *proprietas*[339]. Evidentemente que tais poderes terão de revestir uma densidade tal que permita retirar a coisa da livre disponibilidade dos particulares, pelo que devem conceber-se como poderes *exclusivos* e *excludentes*[340] (poderes esses obviamente relacionados com a função a que o bem se encontra votado, com o fim da dominialização) sobre uma coisa pertencente em propriedade (privada) a um particular (portanto, algo semelhante ao que a doutrina alemã designa por *Sachherrschaft*[341]), caso em que também tal coisa deverá considerar-se

---

[337] Reforçada no *Code Général des Propriétés des Personnes Publiques* – cf. RAPP, **Entrée...**, p. 922.

[338] YOLKA, **La Propriété...**, p. 482.

[339] Como acentuava LATOURNERIE (**Point de Vue Sur le Domaine Public**, Paris, 2004, *passim*, esp.te pp. 89 ss.), se toda a propriedade pública releva do domínio público, este não está limitado às propriedades públicas (embora não acompanhemos a Autora em todas as suas conclusões, como resulta da perspectiva restritiva acolhida no texto).

[340] Tal como afirmámos noutro momento (cf. *O Domínio...*, p. 320, n. 47), a utilização da expressão «poderes exclusivos e excludentes» já anteriormente tinha sido efectuada por GONZÁLEZ SANFIEL (**Un Nuevo Régimen...**, p. 151), mas com o propósito de densificar a ideia de titularidade de bens e serviços pela Administração.

[341] Assim, *v. g.*, WOLFF/BACHOF/STOBER, *Verwaltungsrecht*, cit., p. 678, que caracteriza a *Sachherrschaft* como compreendendo poderes de uso, controlo e guarda. Repare-se que, tradicionalmente, o direito alemão caracteriza justamente as coisas públicas pela sua destinação a um fim público e da *Sachherrschaft* (domínio, supremacia) pública – cf. PAPPERMANN/LÖHR/ANDRISKE, **Recht...**, cit., p. 2.

como integrada no domínio público da entidade a que o legislador conferiu tais poderes. Por outras palavras, a intensidade de tais poderes determina a impossibilidade quer da livre constituição ou transmissão *iure privato* de direitos privados sobre os bens, quer da prática de actos administrativos ofensivos da função prosseguida pelos mesmos. A disciplina jurídica incidente sobre certo tipo de bens em função do fim público que desempenha conduz à existência de (vários) regime*s* de dominialidade, os quais, embora unificados em torno de um ponto comum (a extracomercialidade privada e a consequente subtracção à livre disponibilidade pelos particulares e pela Administração), podem, em certos termos, ser afeiçoados ou moldados pelo legislador[342].

Os poderes assumem carácter *exclusivo* na medida em que apenas cabem à Administração enquanto tal e, nessa medida, não podem pertencer a particulares – estamos diante de verdadeiros *poderes de autoridade*: o *dominium* postula o *imperium*.

A natureza *excludente* pretende sublinhar duas características que tais poderes revestem: *primo*, os mesmos têm densidade suficiente para possuírem o efeito da subtracção da coisa à *livre* disponibilidade dos particulares, determinando a impossibilidade da *livre* constituição ou transmissão de direitos privados sobre eles; *secundo*, esses poderes de domínio implicam que as utilidades susceptíveis de serem proporcionadas pelos bens se encontram fora da disponibilidade (total) dos particulares (por outras palavras, parafraseando Afonso Queiró e José Gabriel Queiró[343], sempre que os poderes reconhecidos à Administração sobre os bens impliquem o esgotamento dos aproveitamentos razoáveis das coisas, quer porque outros se tornam economicamente inviáveis ou impossíveis, quer na medida em que outros aproveitamentos prejudicariam o exercício da função pública a que a coisa se encontra adstrita) – com efeito, apenas este tipo de poderes

---

[342] Daí que alguma doutrina se refira à categoria «domínios públicos» e não apenas «domínio público» – cf. LATOURNERIE, *Point de Vue...*, pp. 40 e ss.. Repare-se, porém, que ao admitirmos a possibilidade de regimes diferenciados do domínio público, não estamos a abdicar do regime regra (em qualquer caso, sempre aplicável aos bens do domínio público material), nem a adoptar a teoria semelhante à «escala da dominialidade» de DUGUIT (*Traité de Droit Constitutionnel*, Paris, 1923, pp. 321 ss.) que, no limite, elimina a diferença entre domínio público e domínio privado.

[343] Tal como nós, também já AFONSO QUEIRÓ/JOSÉ GABRIEL QUEIRÓ (*Propriedade Pública e Direitos Reais de Uso Público no Domínio da Circulação Urbana*, in *Direito e Justiça*, vol. IX, tomo 2, 1995, p. 265) acentuam, a este propósito, a funcionalidade do regime jurídico a que os bens públicos estão subordinados.

se coadunaria com a ideia de *dominium*, que aponta sempre para a existência de poderes compreensivos, plenos[344].

Esta posição não prescinde de duas observações complementares.

Primo, admitir (excepcionalmente) que o estatuto da dominialidade pode não coincidir com o direito de propriedade pública não equivale à recuperação de um conceito amplo de domínio público que inclua também, tal como resultava, *v. g.*, das alíneas *n)* e *o)* do artigo 4.º do Decreto-Lei n.º 477/80, as servidões administrativas e os direitos públicos sobre imóveis privados ou de uso e fruição sobre quaisquer bens privados[345]. A intensidade exigida àqueles poderes não se compadece com a sua identificação com direitos reais administrativos (que, por definição, atribuem ao seu titular faculdades *limitadas* sobre a coisa[346]) ou com quaisquer outros direitos públicos.

Por outro lado, a acentuação de que os bens objecto dos poderes de domínio devem prosseguir uma função similar a bens qualificados como dominiais e sujeitos à propriedade pública, aliada às notas da excepcionalidade e da necessidade de previsão legal, permitem compreender que o elemento preponderante do regime reside na indisponibilidade privada dos bens; pelo contrário, os direitos reais administrativos não impedem que o bem se encontre no comércio jurídico privado, desde que respeitem as limitações resultantes do interesse público consubstanciadas na *ratio* determinante da sua existência.

---

[344] Assim também BALLBÉ, *Dominio Público*, in *Nueva Enciclopedia Jurídica*, tomo VII, Barcelona, 1955, p. 777. Cf. ainda DE VALLES, *Demanialità e Diritti Reale*, in *Rivista di Diritto Pubblico*, ano V, parte II, 1913, pp. 18 e s., a sugerir levemente já uma teoria tendente à superação da ideia de que o conceito de domínio público abrangeria os direitos reais que a Administração gozasse sobre os bens dos particulares, intuindo a imprescindibilidade da existência de poderes especialmente qualificados sobre tais coisas.

[345] Neste ponto, distanciamo-nos de MARCELLO CAETANO (*Manual...*, p. 881), que se refere a um sentido muito amplo do conceito de domínio público, o qual incluiria também os direitos da Administração sobre as coisas particulares, designadamente as servidões administrativas.

[346] Se atentarmos na forma como os direitos reais administrativos se vêm concebendo entre nós [cf., por todos, MARCELLO CAETANO, *Manual...*, p. 1052], facilmente nos apercebemos que se caracterizam por duas notas: *subjectiva* e *funcional*. A primeira nota implica que apenas as pessoas colectivas públicas gozam da titularidade destes direitos (ainda que os beneficiários possam ser distintos); a segunda pretende acentuar que a constituição destes direitos (sobre bens privados ou públicos) só deve efectuar-se em vista do exercício de um fim público ou uma função de direito público. Sobre o conceito de direitos reais administrativos e o seu confronto com outras perspectivas emergentes de sistemas jurídicos paralelos, cf. o nosso *O Domínio...*, pp. 368 e ss..

Finalmente, encontramos também direitos reais administrativos que não incidem sobre bens privados, mas são constituídos sobre bens dominiais. E não se pense que se trata de uma solução que vulnera impreterivelmente a *intensio* do instituto do domínio público: com efeito, admitindo o regime jurídico da dominialidade a figura das mutações dominiais (na qual se verifica a transferência do direito de propriedade pública para outra entidade administrativa, com uma concomitante alteração da função a que a mesma se encontrava adstrita), deverá entender-se que permite também a constituição de direitos reais administrativos sobre o bem público quando o interesse público se satisfaça com o gozo de um conjunto de faculdades limitadas, não se revelando necessária, por isso, a transmissão da propriedade pública.

Secundo, é evidente que, tratando-se de uma excepção ao regime-regra do domínio público, esta possibilidade terá de se rodear de algumas cautelas, corporizadas nos requisitos da sua admissibilidade. Por um lado, apenas poderão beneficiar desta disciplina os bens do *domínio público formal* ou *«por determinação da lei»*, mas já não os integrados no *domínio público material* ou *«por natureza»*. Efectivamente, estes últimos, por possuírem uma indefectível ligação com a identidade do Estado português no próprio plano internacional, não podem deixar de se encontrar na propriedade pública estadual: estão incluídos nesta categoria bens como o mar territorial ou o espaço aéreo (para lá dos limites consentidos ao proprietário[347]). Todavia, em relação aos bens do domínio público formal, cuja dominialidade resulta de uma decisão do legislador (embora teleologicamente orientada por um critério tipológico) e que, nessa medida, pressupõe uma classificação legal nesse sentido [cf. artigo 84.º, n.º 1, alínea *f)*, da Constituição], assume uma feição marcadamente conjuntural, é possível matizar este regime, em termos de não ficar consumido pelo direito de propriedade pública. Trata-se ainda de uma solução que há-de resultar, de forma explícita, da lei e que se revela susceptível de, quando prevista pelo legislador, constituir um interessante instrumento ao serviço das autarquias locais com o objectivo de valorização do património público. Não abdicando dos poderes de autoridade, dedicados, sobretudo, à defesa funcional do bem, torna-se possível aliená-lo *iure privato*, com a imposição de uma es-

---

[347] Sobre a dificuldade de conciliação das normas constantes dos artigos 84.º, n.º 1, alínea *b)*, da Constituição, e 1344.º, n.º 1, do Código Civil, *v.* o nosso trabalho ***O Domínio...***, pp. 197 e ss..

pécie de «obrigações de domínio público»[348] aos particulares adquirentes. Sem perder de vista a excepcionalidade da solução, a mesma poderia ser admitida sempre que os mecanismos da comercialidade de direito público não se apresentassem suficientes ou adequados à rentabilização dominial.

5.3. A EXTRACOMERCIALIDADE PRIVADA E A COMERCIALIDADE PÚBLICA

O estatuto da dominialidade caracteriza-se por duas notas essenciais: a extracomercialidade privada e a comercialidade pública. Entendendo a noção de comercialidade em sentido amplo, enquanto "aptidão intrínseca para ser objecto de regulamentação jurídica"[349], a *extracomercialidade privada (ou de direito privado)*, significa a insusceptibilidade de uma coisa para constituir objecto de relações jurídicas privadas, enquanto a *comercialidade pública (ou de direito público)* denota susceptibilidade de uma coisa para constituir objecto de relações jurídicas regidas pelo Direito Administrativo[350].

A extracomercialidade privada dos bens dominiais decorre dos artigos 18.º a 20.º do RJPIP. Trata-se de uma característica que, de alguma forma, já resultava do n.º 2 do artigo 202.º do Código Civil, nos termos do qual as coisas que se encontram no domínio público não podem constituir objecto de direitos privados. Das citadas normas do RJPIP resulta que os pólos orientadores da extracomercialidade privada consistem nos princípios da *inalienabilidade*, da *imprescritibilidade* e da *impenhorabilidade* dos bens dominiais[351], princípios esses que devem ser compreendidos nas suas cumplicidades, enquanto vectores interdependentes da ideia de que

---

[348] Utilizando esta expressão, cf. já MOREU CARBONELL, **Desmitificación, Privatización y Globalización de los Bienes Públicos: del Dominio Público a las 'Obligaciones de Dominio Público'**, in **Revista de Administración Pública**, n.º 161, Maio/Agosto 2003, pp. 435 ss..

[349] DIAS MARQUES, **Direitos Reais**, apud MENEZES CORDEIRO, **Direitos Reais**, reimp. da edição de 1979, Lisboa, 1993, p. 212, n. 368.

[350] Em sentido idêntico, CARVALHO FERNANDES (*Teoria...*, cit., p. 676), especificando o sentido do n.º 2 do artigo 202.º do Código Civil, qualifica como «coisas no comércio» aquelas que podem ser objecto de direitos privados, e como «coisas fora do comércio» (cuja designação completa será «coisas fora do comércio privado»), as que estão no comércio público, apenas podendo ser objecto de relações jurídicas de direito público.

[351] Sobre o conteúdo destes princípios e as dificuldades da respectiva delineação, cf., desenvolvidamente, o nosso **O Domínio...**, cit., pp. 416 e ss..

as coisas públicas se encontram fora do comércio jurídico privado. Tal-qualmente dimana dos vectores sobre os quais se sustenta o regime da dominialidade, a extracomercialidade de direito privado assume-se não como uma qualidade intrínseca da própria coisa, mas que resulta, no nosso caso, da função que a mesma é chamada a desempenhar, e, nessa medida, possui uma índole «dinâmica» e uma origem legal ou supra-legal[352].

A extracomercialidade de direito privado não obsta à comercialidade de direito público (de Direito Administrativo). Tal significa que os bens dominiais constituem objecto de actos e negócios jurídicos sob a égide do Direito Administrativo, a ponto de se poder falar já numa «exploração do domínio público» (como decorre do título da célebre obra de Denoyer), na qual convergem as ideias de fruição, utilização e valorização dos bens[353]. É neste horizonte que se aloja um dos primordiais pontos de análise da matéria do domínio público, relativo à susceptibilidade de o respectivo regime jurídico comporttar institutos jurídicos que conduzam à rentabilização dos bens dominiais. Dirigidas à prossecução de tal fim surgem com frequência propostas no sentido de permeabilizar o regime da dominialidade ao direito privado, senão mesmo de substituir tal regime por uma orientação exclusivamente funcional, argumentando que a «teoria do domínio público» de pendor monista se revela inadequada à disciplina jurídica de grande parte dos bens a ela submetidos, visto que, quando tenta rentabilizar as coisas públicas (designadamente, através das concessões de uso privativo), obriga a inconvenientes ficções para cálculo do valor (de mercado) das mesmas. Que a resolução da proclamada «crise do domínio público»[354] não passa por este caminho, parece certo: mais que uma eliminação deste instituto do mundo jurídico ou de uma desne-

---

[352] Assim, ALEGRE GONZÁLEZ, *La Extracomercialidad y sus Consecuencias Jurídicas*, in *Revista de Derecho Privado*, tomo LV, Janeiro/Dezembro 1971, pp. 141 e 145.

[353] Assim CAPUTI JAMBRENGHI, *Premesse per una Teoria dell'Uso dei Beni Pubblici*, Napoli, 1979, p. 218.

[354] Cf., *v. g.*, já em 1968, GONZÁLEZ-BERENGUER, *Sobre la Crisis del Concepto de Dominio Público*, in *Revista de Administración Pública*, n.º 56, Maio/Agosto 1968, p. 191, que alude à existência de uma "crise por completo da ideia de domínio público como figura exorbitante do Direito comum"; bem mais contundente, DEMENTHON (*Traité du Domaine de l'Etat*, 1964, *apud* MORAND-DEVILLER, *Les Concessions de Plages Naturelles: Réflexions sur la Délivrance des Titres d'Occupation Domaniale*, in: *L'Actualité Juridique – Droit Administratif*, n.º 6, Junho 2002, p. 481) apelidava a teoria do domínio público de "arbitrária, imprecisa, inútil, antijurídica, fantasista, complicada, incompleta, tirânica, contraditória, fonte de abusos".

cessária mutação de paradigma contrário à tradição nacional, urge (re)compreender a disciplina do domínio público em termos adequados, de forma a proporcionar uma congruente distinção de regimes jurídicos face ao domínio privado, sem esquecer a urgência na rentabilização de todo o património público (que representa um autêntico poder-dever) e as novas exigências impostas pelo direito europeu da concorrência[355].

Se a tantas vezes referenciada rentabilização representa um imperativo a assumir pela disciplina jurídica dos bens dominiais, tal desiderato é atingível através do recurso a meios e formas do Direito Administrativo. Aliada a uma dulcificação de alguns aspectos da disciplina dominial relativamente a certo tipo de bens, os contratos sobre o domínio público – em especial, as concessões de exploração e de uso privativo a favor de particulares – constituem instrumentos privilegiados para a dinamização do regime da dominialidade, já que, embora precipuamente dirigidos à satisfação dos interesses do concessionário (aspecto mais nítido nas concessões de uso privativo que nas de exploração), não deixam de tender sempre à prossecução do interesse público[356]. Daí que se possam configurar as concessões dominiais como «instrumentos de dinamização do domínio público»[357] ou como «instrumentos de valorização e rentabilização dos bens dominiais»[358].

6. A AQUISIÇÃO, MODIFICAÇÃO E EXTINÇÃO DO ESTATUTO DA DOMINIALIDADE

O estatuto da dominialidade caracterizado nos termos dos números anteriores reveste um carácter dinâmico e, como tal, possui uma «vida». Urge agora atentar nas principais fases dessa «vida» e determinar em que

---

[355] Cf. também MORAND-DEVILLER, *Réflexions*..., pp. 481 e s..

[356] Cf. SILVESTRI, *Concessione Amministrativa*, in *Enciclopedia del Diritto*, vol. VIII, Milano, 1961, p. 370.

[357] Cf. o nosso trabalho *A Concessão de Uso Privativo do Domínio Público: Um Instrumento de Dinamização dos Bens Dominiais*, in: *Estudos em Homenagem ao Prof. Doutor António Castanheira Neves*, vol. III, Coimbra, 2009 (mas de 2004), pp. 293 e ss..

[358] V. ALVES CORREIA, *A Concessão de Uso Privativo do Domínio Público: Breves Notas sobre o Regime Jurídico de um Instrumento de Valorização e Rentabilização dos Bens Dominiais*, in *Direito e Justiça*, vol. especial, 2005, pp. 101 e ss..

momento os bens passam a integrar o domínio público, em que termos o estatuto da dominialidade incidente sobre uma coisa pode ser alterado (em termos subjectivos e objectivos) e quando perdem os bens dominiais essa qualidade. O sentido da disciplina a conferir a estas fases acaba por caracterizar o domínio público como uma «propriedade escolhida» (*propriété choisie*)[359], uma matéria regulada em função da destinação pública a que os bens dominiais se encontram votados – daí a importância que assumiria a existência de um diploma que, em geral, delineasse a «vida» das coisas públicas.

6.1. A AQUISIÇÃO DO ESTATUTO DA DOMINIALIDADE

A submissão de um bem ao estatuto da dominialidade não se revela uniforme para todos os bens. Trata-se de uma temática cujo regime se orienta em torno de três noções fundamentais: a *classificação legal*, a *classificação administrativa* e a *afectação*.

6.1.1. Classificação legal

Ao estatuir que pertencem ao domínio público outros bens como tal *classificados* por lei, a Constituição pretende ressaltar a imprescindibilidade de uma base (pelo menos) legal para que uma coisa seja submetida ao regime do domínio público. Assim, quando a alínea *f)* do n.º 1 do artigo 84.º da CRP e o artigo 14.º do RJPIP aludem a uma *classificação legal* pretendem reportar-se àquele primeiro momento que Marcello Caetano identificava com a "existência de preceito legal que inclua toda uma classe de coisas na categoria do domínio público"[360], com base em considerações de mérito ou oportunidade, mas com os limites já explicitados.

---

[359] RAPP, **Entrée...**, pp. 916 e ss., aproximando o *Code Générale des Propriétés des Personnes Publiques* (*maxime*, as normas atinentes à entrada e saída do domínio público) à contemporânea lei da imigração

[360] Recorde-se que, de acordo com MARCELLO CAETANO (**Manual...**, vol. II, p. 921), a aquisição do carácter dominial poderia depender em simultâneo da existência de um preceito legal que *qualificasse* certa classe de coisas como públicas, da verificação (legislativa ou administrativa) de que certa coisa pertence a essa classe (*classificação*, na terminologia do Autor) e da *afectação* desse bem à utilidade pública.

Se, em qualquer circunstância, um bem apenas fica sujeito ao estatuto da dominialidade se existir uma lei ou um decreto-lei autorizado (ou, antes disso uma norma constitucional) que o qualifique como tal, isso não significa impreterivelmente que, a partir desse momento, lhe seja aplicável o regime jurídico do domínio público, porquanto pode revelar-se para tanto necessária uma actuação administrativa posterior. Se a dominialidade das águas territoriais resulta imediatamente da alínea *a)* do artigo 3.º da Lei n.º 54/2005 e do artigo 6.º da Lei n.º 34/2006, que fixa o limite exterior do mar territorial na linha cujos pontos distam doze milhas náuticas do ponto mais próximo das linhas de base, a verdade é que, relativamente à maioria dos bens submetidos por lei ao domínio público, a assunção do estatuto da dominialidade pressupõe algo mais. Aliás, poderemos, a este propósito, apelar a uma dicotomia, corrente no direito francês[361], que destrinça entre os bens do *domínio público natural* dos bens do *domínio público artificial*: tendencialmente, enquanto a regra, relativamente aos primeiros, aponta no sentido de que a aquisição do estatuto da dominialidade decorre, de imediato, da classificação *legislativa*, já no que tange aos segundos, a respectiva submissão ao regime do domínio público não prescindirá de uma actuação *administrativa* nesse sentido. Trata-se, aliás, de uma ideia que parece estar subjacente ao n.º 1 do artigo 16.º do RJPIP, quando alia a afectação às situações em que o interesse público subjacente ao estatuto da dominialidade não decorra directa e imediatamente da sua natureza.

---

[361] O domínio público artificial identifica os bens cuja existência decorre de uma intervenção humana e que só fazem parte do domínio público na medida em que se encontram afeiçoados para o cumprimento de determinada função de utilidade pública; por sua vez, o domínio público natural designa o conjunto de imóveis cuja aptidão para a satisfação daquelas funções resultam de fenómenos naturais. Cf. ainda AUBY/BON, *Droit...*, pp. 29 ss.; MORAND-DEVILLER, *Cours...*, pp. 41 ss.; GODFRIN, *Droit...*, pp. 17 e ss.; PEISER, *Droit...*, pp. 11 ss.; CHAPUS, *Droit...*, pp. 387 e ss.; LAUBADERE/VENEZIA/GAUDEMET, *Traité...*, pp. 178 ss.. Cf. também GONZÁLEZ GARCÍA, *La Titularidad...*, pp. 191 e ss., e 260 e ss..

Atente-se, porém, que HAURIOU (***Précis...***, pp. 789 e s.), quando se referia aos bens dotados de uma «predestinação natural», defendia que a dominialidade dos mesmos carecia, ainda assim, de uma actuação administrativa dirigida ao reconhecimento dessa dominialidade ou à classificação, pelo que a submissão ao regime do domínio público relevaria sempre da vontade da Administração.

6.1.2. Classificação administrativa

A classificação administrativa consubstancia o acto pelo qual se declara que uma coisa certa e determinada possui as características e está apta a desempenhar as funções identificadoras do tipo legal de bens dominiais em causa[362]. A classificação administrativa apenas poderá representar o momento da assunção do estatuto da dominialidade pela coisa quando se conciliarem duas condições cumulativas: por um lado, a existência de uma abertura legal a reclamar uma concretização administrativa; por outro lado, a desnecessidade de um posterior acto de afectação. Não se encontrando reunidas aquelas duas condições, a classificação administrativa não exerce qualquer influência ao nível da assunção do estatuto da dominialidade («classificação-verificativa»), limitando-se a Administração a conferir ou a constatar a existência em certa coisa dos caracteres e da aptidão para desempenhar as funções que conduziram à qualificação legal de certo tipo de bens (no qual aquela coisa se pretende integrar) como públicos[363].

Desta classificação – compreendida como actuação dirigida à aquisição do estatuto da dominialidade – distingue-se a classificação, enquanto mecanismo de defesa do domínio público, a que aludiremos *infra*.

6.1.3. Afectação

A afectação constitui o acto administrativo que coloca a coisa (pública) a desempenhar a função que justificou a sua sujeição pelo legislador a um regime específico de direito público (o regime jurídico-administrativo da dominialidade pública); nessa medida, a afectação modifica o estatuto jurídico da coisa. O *efectivo* (factual) exercício da função a que o bem ficou adstrito por força do acto de afectação (a «entrada ao serviço» – *Indienststellung*) consubstancia já, nos termos do n.º 2 do artigo 16.º do RJPIP, um

---

[362] Cf. FREITAS DO AMARAL, *Classificação*..., pp. 563 e ss.. *V.* também o nosso *O Domínio*..., p. 130.

[363] Sobre a questão da natureza jurídica do acto de classificação, *v.* o nosso *O Domínio*..., pp. 130 ss.; a distinção entre «classificação verificativa» e «classificação constitutiva» deve-se a FREITAS DO AMARAL (*Classificação*..., p. 566), sendo seguida também por MARCELLO CAETANO, *Manual*..., vol. II, p. 922. Adoptando perspectiva idêntica à que defendemos, cf. JORGE MIRANDA/RUI MEDEIROS, *Constituição*..., p. 83, anotação VI ao artigo 84.º.

momento integrativo da *eficácia* do mesmo[364] – consideração com especial relevo do ponto de vista dos terceiros com interesse em conhecer a situação jurídica da coisa que é alterada pelo acto de afectação. Assim se compreende, *v. g.*, o n.º 2 da Base IV das já citadas *Bases da Concessão de Construção, Conservação e Exploração de Auto-Estradas Atribuída à BRISA*, nos termos do qual "a zona da auto-estrada fica a pertencer ao domínio público do Estado a partir da data em que for aberta ao tráfego".

---

[364] Cf. também GIANNINI (*I Beni ...*, pp. 75 s.) para quem o *vincolo di destinazione* só pode surgir com a prática de *atti reali*, ou seja, com a prática do comportamento materialmente correspondente à destinação estabelecida, sob pena de ofensa de direitos de terceiros, em virtude da tradicional exigência característica do regime jurídico da dominialidade – é neste sentido que o Autor afirma que "o *vincolo de destinazione* deve conceber-se como um facto real, e não potencial". Parece corresponder também a esta orientação a posição de ZANOBINI, *Corso....*, p. 31, tendo em vista o relevo que confere à *effettiva o reale destinazione*. Por seu lado, CERULLI IRELLI (*Proprietà*..., p. 55) apela também à necessidade da efectividade da *destinazione*.

No mesmo sentido talvez se possa interpretar a posição de SÁNCHEZ BLANCO (*La Afectación*..., p. 352) quando afirma que "a afectação tem que ser efectivamente realizada para que os bens possam ser qualificados como dominiais". Para solução idêntica inclina-se, ainda em Espanha, ENTRENA CUESTA (*El Dominio Público*..., p. 336), ao distinguir entre um elemento formal (*corpus*) e um elemento material (*animus*) na afectação.

Em França, cf., *v. g.*, LAUBADERE/VENEZIA/GAUDEMET, *Traité*...., p. 221; MORAND-DEVILLER, *Cours*..., pp. 109 s.. AUBY/BON (*Droit*..., p. 46) afirmam, de igual modo, que "o acto jurídico de afectação não é suficiente para conferir a um bem a dominialidade pública. Além disso, torna-se necessário que a afectação prevista seja efectivamente realizada"; diferentemente, porém, do que apontámos no texto, defendem, na sequência de algumas decisões do *Conseil d'Etat*, que o acto de afectação fica ferido de ilegalidade se não for seguido de uma efectiva destinação do bem ao desempenho da função que lhe foi cometida.

Também a doutrina alemã, salvaguardada a diferença existente entre o respectivo sistema e a ordem jurídica portuguesa, parece ir em sentido semelhante (ou, pelo menos, com efeitos práticos idênticos). Assim, FORSTHOFF (*Traité*..., pp. 558 e s.) põe em relevo o facto de a afectação poder não se considerar suficiente para atribuir a uma coisa a índole de coisa pública (e, consequentemente, determinante da aplicação do regime jurídico consonante), devendo a esta acrescer o acto material de colocação (da coisa) ao serviço. De igual forma, PAPPERMANN/LÖHR/ANDRISKE (*Recht*..., p. 15) e WOLFF/BACHOF/STOBER (*Verwaltungsrecht*, p. 692) salientam que a afectação operada por acto administrativo (*Widmungs-Verwaltungsakt*) sem a efectiva colocação da coisa ao desempenho da sua função (a designada «entrada ao serviço» – *Indienststellung* – constituída por meras operações materiais – *Realakte*) é ineficaz suspensivamente. No mesmo sentido, considerando a *Indienststellung* como condição de eficácia dos actos jurídicos de afectação, cf. AXER, *Die Widmung*..., pp. 34 s.; PAPIER, *Recht*..., p. 39, e *Recht*..., p. 617; HÄDE, *Das Recht*..., pp. 114 s..

Quando a aquisição da dominialidade depende de um acto de afectação, não só a classificação legal foi insuficiente (embora condição necessária) para determinar a aplicação do regime do domínio público ao bem, como também a classificação administrativa, se existiu, consistiu numa mera «classificação verificativa». A afectação constitui, pois, verdadeiro «instrumento da dinâmica do domínio público»[365]: impõe-se, por isso, sublinhar que quando existe um acto de afectação, será o momento da sua prática o determinante para a aplicação a certa coisa do regime jurídico das coisas públicas; por outro lado, o destino a que a coisa é votada pela afectação passará a reger também as respectivas possibilidades de uso.

Relativamente aos efeitos jurídicos típicos da afectação, há que acentuar que aquela cria uma «vinculação real» da coisa relativamente à função (pública) que ela exerce. Tal não significa, porém, que o carácter público da coisa se adquira com *fundamento* na afectação – a dominialidade corresponde a um *estatuto jurídico* da coisa resultante da Constituição, da lei ou da relevância da coisa para a satisfação de interesses e necessidades impretveis da comunidade. Neste sentido, deve entender-se que a afectação apenas terá lugar nas hipóteses em que o legislador concede um poder discricionário à Administração, em termos de permitir a esta a identificação em concreto de uma coisa como pública, mediante a sua consagração ao exercício de uma função pública. A afectação assume-se, pois, como um acto que afirma, em concreto, a prioridade de um aproveitamento ou utilização da coisa relativamente a outros possíveis, em função de critérios de mérito e oportunidade[366]. Por outras palavras, a afectação pela entidade administrativa pressupõe que a coisa possua utilidades diversificadas e que, perante a previsão legal de um tipo (aberto) de bens submetidos ao domínio público em que a mesma se revela susceptível de ser incluída, se conclua que pertence à entidade administrativa decidir acerca do melhor destino daquela coisa para a prossecução do interesse público.

Assim, *v. g.*, quando da Constituição [artigo 84.º, n.º 1, alínea *d)*] e da lei ordinária [artigo 4.º, alínea *h)*, do Decreto-Lei n.º 477/80] decorre que integram o domínio público as estradas, o legislador concede que seja a Administração a decidir, movida por considerações de oportunidade e conveniência para o interesse público, de entre os espaços em que é possível

---

[365] SANTAMARÍA PASTOR, *Princípios*..., p. 524.
[366] Assim, AFONSO QUEIRÓ/JOSÉ GABRIEL QUEIRÓ, *Propriedade* ..., p. 255. Cf. também SAÍNZ MORENO, *El Dominio*..., pp. 494 s.; INSERGUET-BRISSET, *Propriété*..., pp. 202 ss..

transitar, quais aqueles que hão-de considerar-se abertos ao uso colectivo (pertencendo, por conseguinte, à Administração o preenchimento em concreto do conceito de «estradas»), sendo certo que, por outro lado, a partir desse momento, apenas estes beneficiarão impreterivelmente de um regime jurídico-administrativo, visto para a aplicação do estatuto da dominialidade se revelar imprescindível que os bens em causa estejam a exercitar a função (pública) em virtude da qual tal estatuto lhes é outorgado.

Além disso, a referida diversidade das utilidades proporcionadas pela coisa pode originar o fenómeno da «pluralidade de afectações». Quando o bem se revele susceptível de cumprir mais do que uma função pública associada ao estatuto da dominialidade, o imperativo da rentabilização pode determinar a respectiva sujeição a mais do um regime especial do domínio público (pense-se, *v. g.*, na hipótese de um bem do domínio público cultural ser utilizável também como bem do domínio público militar[367]). Claro está que, nestas hipóteses, se verificará, em regra, a necessidade de proceder a uma concordância prática entre as funções públicas a que o bem se encontre adstrito, de forma a desempenhar cabalmente todas em simultâneo – tarefa esta que pode exigir uma ordem (de prioridades) de afectações, a qual, de acordo com o n.º 3 do artigo 16.º do RJPIP, é efectuada por acto ou contratos administrativos, consoante os interesses públicos co-envolvidos.

A perspectivação da afectação como acto administrativo revela-se susceptível de originar algumas questões, sobretudo em virtude da circunstância de a maioria da doutrina portuguesa acentuar que aquela actuação não consubstancia sempre um acto administrativo, podendo reconduzir-se a um mero facto (de que constituiria exemplo paradigmático a inauguração) ou a uma prática consentida pela Administração reveladora da intenção de consagrar a coisa ao uso público (a designada «afectação tácita»)[368]. Neste cenário, não se revela, pois, controvertida a defesa da existência de

---

[367] Trata-se de uma hipótese que recebe acolhimento na *Lei de Programação de Infra-Estruturas Militares* (a já citada Lei Orgânica n.º 3/2008, de 8 de Setembro), que alude a "bens imóveis do domínio público (...) sujeitos a outros regimes de dominialidade, para além do militar" (artigo 5.º, n.º 3).

[368] Cf. MARCELLO CAETANO, *Manual...*, vol. II, p. 923; JOSÉ PEDRO FERNANDES, *Afectação*, in *Dicionário Jurídico da Administração Pública*, 2.ª ed., vol. I, Lisboa, 1990, p. 272, Autor que, baseado nesta posição, efectua uma destrinça entre «afectação expressa» (quando está em causa a prática de um acto administrativo expresso) e «afectação tácita» (que resulta de uma prática geral consentida e sancionada pela Administração).

um acto administrativo (sobretudo na medida em que o mesmo é expresso). Todavia, e como principiámos por assinalar, o desempenho da função pública a que a afectação dedicou o bem constitui antes uma actuação integrativa da eficácia daquele acto.

Mais complexa é a questão da tradicionalmente designada «afectação tácita». É verdade que, por motivos de segurança jurídica, deve a afectação ser efectada por acto expresso, do qual conste, independentemente das referências exigidas, em geral, pelo artigo 123.º do CPA, a identificação da coisa sobre que recai a afectação e a função de utilidade pública a que a mesma fica adstrita. Não está, contudo, excluído que a afectação decorra da prática de actos materiais nesse sentido, caso em que nos deparamos com a figura do *acto administrativo implícito*, enquanto acção material que contém em si uma estatuição[369]. Esta última deverá admitir-se quando em causa esteja um comportamento do qual decorra inequivocamente a «vontade de afectação». Assim, este comportamento (material) concludente há-de revestir especiais características que funcionarão como índices da existência daquela «vontade de afectação»: por um lado, o comportamento, além de (tendencialmente) inequívoco, será positivo, não bastando uma simples atitude passiva da Administração; além disso, esse comportamento, praticado no exercício da função administrativa, tem que estar enquadrado no âmbito das atribuições da pessoa colectiva pública que o adopta[370] [371].

---

[369] *V.* ROGÉRIO SOARES, *Direito Administrativo*, Coimbra, 1978, p. 77.

[370] Cf. TUCCI, *L'Atto Amministrativo Implicito. Profili Dottrinali e Giurisprudenziale*, Milano, 1990, pp. 25 ss.. Explicitando as conclusões emergentes de alguma jurisprudência, o Autor acrescenta, a este par de exigências, uma outra: a impossibilidade de os *facta concludentia* contrariarem um acto administrativo expresso anterior. Relativamente a esta última, não admitir que a actividade material que contém em si um acto administrativo pudesse contrariar um outro acto administrativo anterior equivaleria a negar a própria natureza de acto administrativo imputada como incluída no comportamento concludente (ou, pelo menos, a perspectivá-lo como um acto administrativo dotado de uma imperatividade diversa).

[371] Diferente da afectação implícita é ainda a figura do imemorial, associado à emergência de uma presunção (ilidível) da legitimidade do exercício de um direito, a partir da manutenção de uma certa situação durante um vasto lapso temporal. Trata-se de uma figura de suma importância também na matéria em que nos movemos e à qual se recorre, *v. g.*, para distinguir entre caminhos públicos e atravessadouros. Sobre esta matéria, cf. os nossos trabalhos *O Domínio...*, pp. 150 ss., e *O Âmbito...*, pp. 169 ss., bem como a bibliografia aí citada.

6.2. A MODIFICAÇÃO DO ESTATUTO DA DOMINIALIDADE

Tradicionalmente, a temática da modificação do estatuto da dominialidade reconduzia-se ao estudo das mutações dominiais. Sem prejuízo da extrema relevância por estas assumida no contexto da comercialidade pública típica do regime em análise, urge acentuar que a modificação do *status* da dominialidade pode implicar ou não uma transferência de domínio para uma entidade pública diferente do titular originário.

6.2.1. Modificação sem transferência de domínio

A possibilidade de modificação do estatuto da dominialidade sem transferência de domínio contende quer com o exercício dos poderes exclusivos («poderes primários»), quer com os poderes de gestão («poderes secundários») do titular do bem dominial[372]. Entram aqui todas as situações em que se assiste a uma *mutação objectivo-funcional* do bem (total ou parcial) que passa a satisfazer interesses públicos diferentes dos que originariamente servia.

---

[372] Existe, todavia, um caso em que a modificação objectivo-funcional do estatuto da dominialidade pode resultar da intervenção ablatória do Estado: a *requisição*. Enquanto figura ablatória do direito de propriedade privada, a requisição atinge o uso dos bens que constituem o seu objecto, sempre que a respectiva utilização se revele necessária para a satisfação do interesse público nacional; subordinada aos princípios da adequação, indispensabilidade e proporcionalidade, a requisição obriga ao pagamento de uma indemnização e, tendo em conta o carácter extraordinário das necessidades que visa satisfazer, não pode exceder o prazo máximo de um ano (cf. artigos 80.º e seguintes do Código das Expropriações; sobre a requisição, cf. GOMES CANOTILHO/ VITAL MOREIRA, *Constituição*..., vol. I, pp. 806 e s., anotação XIII ao artigo 62.º; ALVES CORREIA, *As Garantias do Particular na Expropriação por Utilidade Pública*, Coimbra, 1982, pp. 63 e ss.. V. ainda BERNARDO AZEVEDO, *Servidão*..., pp. 71 e ss., alinhando os traços distintivos da requisição face aos direitos reais administrativos). Também relativamente aos bens dominiais se pode individualizar o instituto da requisição, não só em virtude da natureza naturalmente autoritária que encerra (daí que, à semelhança da mutação dominial, possa ser apenas determinada pelo Estado em relação a bens dominiais pertencentes às regiões autónomas ou às autarquias locais), como também em consequência da circunstância de a requisição implicar a total distracção do bem da função determinante da dominialidade, passando o mesmo, durante um curtíssimo lapso de tempo, a destinar-se ao desempenho de outras funções de interesse público (nacional).

Desde logo, incluem-se neste âmbito as hipóteses em que a entidade administrativa titular do bem dominial em causa decide, de acordo com ponderações de mérito e oportunidade, alterar a função pública que a coisa vem exercendo, consagrando-a a outra função e, nessa medida, praticar outro acto de afectação; por outras palavras, a pessoa colectiva pública, titular da coisa em causa, decide colocá-la a desempenhar uma função diferente (mas ainda justificativa da sua sujeição a um regime específico de direito público, portanto, uma função que o legislador teve em mente quando submeteu certo tipo de bens ao estatuto da dominialidade) da que esta até então cumpria: pense-se, *v. g.*, na hipótese de o Estado transformar um porto militar num porto comercial; atente-se ainda no caso mais paradigmático, previsto no Decreto-Lei n.º 100/2008, de 16 de Junho, que regula a designada *reafectação* do domínio público hídrico do Estado, a compreender como uma mutação objectivo-funcional, quando à desafectação do domínio hídrico se siga a afectação a outra finalidade pública determinante da dominialidade[373].

Na mesma linha, se incluem as situações de «pluralidade de afectações», em que o titular dominial acrescenta à(s) função(ões) de utilidade pública prosseguida(s) pelo bem outras, igualmente determinantes da sua sujeição ao regime do domínio público: considere-se, por exemplo, o caso em que o Estado classifica como bem cultural um imóvel ainda afecto a finalidades de natureza militar.

Devem considerar-se ainda compreendidas na categoria as situações em que o titular dominial ou a entidade a quem estiver confiada a gestão do bem efectuam uma cedência de utilização ou constituem um direito real administrativo a favor, em qualquer dos casos, de um terceiro ente público.

As *cedências de utilização* encontram-se previstas no artigo 23.º do RJPIP. Nos termos deste preceito, os imóveis do domínio público podem

---

[373] Não se percepciona, pois, qual o sentido da referência a uma categoria de "domínio público geral" presente no n.º 3 do artigo 4.º e nos n.ºs 2 e 3 do artigo 7.º deste diploma: depois de se considerar que a parcela – apesar de fisicamente incluída no domínio hídrico – deixa de ser necessária para a prossecução das finalidades públicas inerentes a este último, ou a mesma passa a desempenhar outra função que determine a respectiva submissão ao estatuto da dominialidade (*v. g.*, prolongamento da pista de um aeroporto, construção de uma via pública) e, por esse motivo, ainda pertence ao domínio público (recuperando os exemplos anteriores, domínio público aeroportuário ou domínio público rodoviário) – podendo aludir-se verdadeiramente a uma *reafectação* –, ou não se destina a desempenhar qualquer função desse tipo, e integra, após a desafectação, o domínio privado do Estado.

ser cedidos a título precário para utilização por outras entidades públicas para a prossecução de finalidades de interesse público. A disciplina das cedências é delineada por remissão para os artigos 53.º a 58.º do mesmo diploma, que regulam instituto congénere no âmbito do domínio privado. Esta figura confere ao ente público não titular a faculdade de uso de um bem dominial. De acordo com o disposto nos artigos 53.º e seguintes (aplicáveis por remissão), a cedência de utilização de bens dominiais encontra-se subordinada ao princípio da onerosidade, implicando o pagamento de uma compensação financeira, que, tal como o fim de interesse público subjacente, fica prevista no despacho de autorização. O incumprimento das condições da cedência, designadamente do dever, a cargo do cessionário, de conservação e manutenção do bem, dá lugar ao dever de restituição que, quando violado, pode originar um despejo administrativo.

A *constituição de direitos reais administrativos menores* (*i. e.*, diferentes do direito de propriedade pública) implica igualmente uma alteração ao nível dos interesses públicos servidos pelo bem dominial. Com efeito, enquanto direitos reais submetidos a uma disciplina jurídico-administrativa cujo titular é uma pessoa colectiva pública e que, nessa medida, se destinam ao exercício de uma função de interesse público, podem os mesmos incidir sobre bens dominiais, conferindo ao respectivo titular uma posição mais estável (e de natureza real e não meramente obrigacional) que a gerada pelas cedências de utilização. Em termos de conteúdo, os direitos reais administrativos menores apenas atribuem à pessoa colectiva pública o poder de gozar de *algumas* utilidades da coisa, encontrando-se a respectiva subsistência dependente de os mesmos se revelarem necessários à utilidade pública determinante da sua constituição.

O tratamento da matéria relativa às modificações sem transferência de domínio não poderia ignorar a questão de saber se, além das modificações objectivo-funcionais voluntárias, não existirão também situações em que aquelas poderão ser impostas pelo Estado, à semelhança do que veremos suceder com as mutações dominiais. Trata-se de um aspecto objecto de consagração expressa no artigo L. 2123-4 do *Code Général de la Propriété des Personnes Publiques*, nos termos do qual "quando um motivo de interesse geral justifica a modificação da afectação de dependências do domínio público pertencente a uma colectividade territorial, a um grupo de colectividades territoriais ou a um estabelecimento público, o Estado pode, durante o período de tempo correspondente à nova afectação, proceder a esta modificação, sem o acordo daquela entidade pública"[374]. Ora, verificado este condicionalismo e tendo em conta que esta modificação forçada constitui um *minus* face à mutação dominial (por não envolver uma transmissão da propriedade), entendemos que também as alterações *temporárias*[375] na afectação, as cedências de utilização ou a constituição de direitos reais administrativos podem ser autoritariamente efectuadas pelo Estado, desde que as entidades afectadas gozem do direito a uma indemnização.

6.2.2. Modificação com transferência de domínio: as mutações dominiais

A mutação dominial caracteriza-se por consubstanciar uma modificação simultaneamente *subjectiva* e *objectiva-funcional* relativa a bens do domínio público. Na sequência da posição tradicional da doutrina e da jurisprudência portuguesas[376], a noção de mutação dominial pressupõe, além da alteração da destinação pública do bem, a transferência da titularidade do bem submetido ao estatuto da dominialidade, no sentido de que os bens vão passar a destinar-se ao serviço de interesses ou de uma função estranha às atribuições da pessoa colectiva pública em cuja titularidade se encontram, mas próprios de outra entidade pública, novamente em função de considerações de interesse público (que, no caso concreto, conduzem, portanto, à conclusão segundo a qual o interesse público exige que a coisa passe a ficar adstrita ao cumprimento de uma função pública integrada nas atribuições de outra pessoa colectiva pública)[377]. Quando o legislador

---

[374] Sobre esta disposição, cf. NOGUELLOU, **Les Rapports Domaniaux entre Personnes Publiques**, in *Revue Française de Droit Administratif*, n.º 5, ano 22, Setembro/Outubro 2006, pp. 959 e s..

[375] Já que, se definitivas, as alterações de afectação a favor da prossecução de destinações públicas correspondentes à satisfação de interesses estaduais deverá dar lugar a uma mutação dominial a favor do domínio público do Estado.

[376] Cf. MARCELLO CAETANO, **Manual...**, vol. II, pp. 953 ss.; JOSÉ PEDRO FERNANDES, **Domínio Público**, p. 185. V. Acórdão do STA de 07.11.2001, P. 39114. Cf. ainda Parecer da PGR n.º 140/2001 (ponto 3.1.). Cf. também o nosso **O Domínio...**, pp. 494 ss..

[377] Isso mesmo é reconhecido pelo *Conseil d'Etat* (*apud* MORAND-DEVILLER, **Cours...**, p. 118), que considera um «absurdo económico» e uma homenagem despicienda à ideia de domínio eminente a perda do domínio efectivo por tempo indeterminado de um bem por uma pessoa colectiva pública sem compensação (detendo um direito de «propriedade perfeitamente teórico»), sem que a entidade pública com poderes sobre os bens agora necessários à prossecução das respectivas atribuições adquira a propriedade.

prescreve para certo tipo de bens a assunção de um estatuto específico de direito público, fá-lo atendendo à função pública que a coisa se revela susceptível de desempenhar; nessa medida, é igualmente determinada a titularidade do bem em atenção a essa função pública[378].

6.2.2.1. Tipologia e formas

Nos termos do artigo 24.º do RJPIP, "a titularidade dos imóveis do domínio público pode ser transferida, por *lei*, *acto* ou *contrato administrativo*, para a titularidade de outra pessoa colectiva territorial a fim de os imóveis serem afectados a fins integrados nas suas atribuições, nos termos previstos no Código das Expropriações".

A configuração clássica do instituto da mutação dominial concebe-a como uma medida de carácter unilateral, funcionando como uma medida paralela, quanto aos bens dominiais, à expropriação das coisas objecto de propriedade privada[379]. Na expropriação (em sentido clássico) assiste-se a uma privação da propriedade do bem e na transferência desta para um terceiro beneficiário, ou genericamente, abrangendo também a noção de expropriação de sacrifício (a envolver a constituição de direitos reais menores sobre bens privados), está em causa um "acto consciente e intencionalmente dirigido contra os direitos patrimoniais reais de um particular"[380], um "acto ablativo da propriedade privada"[381]. Todavia, como logo se com-

---

[378] Como apontámos *supra*, os bens integrantes do denominado «domínio público material», dado o relevo que assumem para a identificação e soberania nacionais, não podem deixar de ser titulados pelo Estado; por outro lado, *v. g.*, também os bens pertencentes ao domínio público militar, enquadram-se na titularidade do Estado. Já no âmbito das infra-estruturas rodoviárias encontramos bens pertencentes às autarquias locais ou às regiões autónomas, consoante os interesses que servem; no caso dos cemitérios, deparamo-nos com bens dominiais das autarquias. Cf. ainda o que diremos *infra* acerca dos limites às mutações dominiais.

[379] Efectuando um confronto entre as figuras da expropriação e da mutação dominial, cf. ALVES CORREIA, *Manual de Direito do Urbanismo*, vol. II, Coimbra, 2010, pp. 168 e ss., n. 140.

[380] ALVES CORREIA, *As Garantias...*, pp. 77 ss., e *A Jurisprudência do Tribunal Constitucional sobre Expropriações por Utilidade Pública e o Código das Expropriações de 1999*, Coimbra, 2000, pp. 12 ess.. Cf. também GOMES CANOTILHO, *O Problema da Responsabilidade do Estado por Actos Lícitos*, Coimbra, 1971, pp. 155 ss..

[381] ALVES CORREIA, *A Jurisprudência...*, p. 7.

preende, a extensão do âmbito de aplicação deste instituto aos bens dominiais não se afigura legítima, não tanto em virtude do princípio da inalienabilidade das coisas públicas[382], mas porquanto a expropriação mediante indemnização, traduzindo-se e concebendo-se como uma «garantia da propriedade privada»[383], pressupõe justamente a existência um direito de propriedade privada sobre o bem a expropriar ou, em geral, quaisquer direitos privados de valor patrimonial[384]. Contudo, a partir do momento em que se admitem procedimentos ablatórios de bens imóveis (ou dos direitos a eles inerentes – cf. artigo 1.º do Código das Expropriações) dos particulares, e em vista da intenção (especial e caracteristicamente) funcionalizadora do estatuto da dominialidade, também repudiaria não permitir a alteração do destino e da titularidade de bens públicos com fundamento numa (necessária) hierarquização de interesses[385], sempre tendo como fito a demanda da melhor solução para o interesse público. Como parece mais ou menos líquido, a circunstância de se transferirem bens públicos de uma pessoa

---

[382] O princípio da inalienabilidade caracterizador do regime jurídico da dominialidade, em perfeita consonância com a extracomercialidade *privada* das coisas públicas, visa interditar o acesso dos privados à titularidade dos bens dominiais – situação que, no caso em análise, não sucederia.

[383] Assim já WALINE, *Les Mutations Domaniales*, Paris, 1925, p. 185.

[384] ROGÉRIO SOARES, *Sobre os Baldios*, in *Revista de Direito e de Estudos Sociais*, n.os 3-4, ano XIV, Julho/Dezembro 1967, p. 309; ALVES CORREIA, *As Garantias...*, pp. 87 e s., 94 e ss.. Cf. ainda HENRIQUE MESQUITA, *Anotação ao Acórdão do Tribunal da Relação de Coimbra, de 12 de Abril de 1994*, in *Revista de Legislação e de Jurisprudência*, ano 127.º, 1995, p. 345, de acordo com quem "este instituto [expropriação] é inaplicável aos bens do domínio público, pois pressupõe sempre a existência, sobre os bens a expropriar, de *direitos subjectivos* dotados de efeitos *erga omnes*. Através da expropriação por utilidade pública, o Estado extingue estes direitos – *expropria-os* – para, seguidamente, poder afectar os bens sobre que incidem à satisfação de uma necessidade colectiva. Ora, não faria qualquer sentido expropriar bens que pertencem já ao domínio público e nele iriam continuar após a expropriação com uma distinção diferente". Já MARCELLO CAETANO (*Manual...*, vol. II, p. 955) defende, porém, a inexpropriabilidade das coisas públicas com fundamento no princípio da inalienabilidade que pauta o seu regime jurídico.

Repare-se que, mesmo quando a doutrina e a jurisprudência francesas admitiram a ideia de «expropriação do domínio público», tal apenas sucedeu em preito à necessidade de estabelecer garantias às mutações dominiais efectuadas pelo Estado relativamente a bens das colectividades locais, que, sem dar lugar a qualquer indemnização a favor das últimas, se transformavam em verdadeiras espoliações (cf. WALINE, *Les Mutations...*, pp. 173 e ss.; YOLKA, *La Propriété...*, pp. 446 e 449; LAUBADERE/VENEZIA/GAUDEMET, *Traité...*, p. 226).

[385] YOLKA, *La Propriété...*, p. 445.

colectiva pública comportará sempre uma perda para a entidade transferente que, nessa medida, deve ser compensada de forma a colocá-la apta a satisfazer as necessidades públicas até então prosseguidas através do bem dominial em causa[386].

Não surpreende, por isso, a remissão para a disciplina constante do Código das Expropriações. Aliás, o artigo 6.º deste diploma determina, sob a epígrafe "afectação dos bens do domínio público", que as pessoas colectivas territoriais têm direito a ser compensadas dos prejuízos efectivos que resultarem da afectação definitiva dos seus bens a outros fins de utilidade pública". Neste ponto, devem distinguir-se, nos termos do n.º 2, as hipóteses em que existe acordo quanto à compensação em dinheiro das situações de falta de acordo, caso em que se recorre à arbitragem para a fixação do montante compensatório devido, nos termos (adaptados) dos artigos 38.º e seguintes. O facto de a transferência de domínio servir a prossecução de uma determinada finalidade pública exige a reversão do bem para o primitivo titular, quando aquele se torne desnecessário pra a satisfação dos interesses determinantes da mutação dominial (cf. artigo 6.º, n.º 3)[387].

Nem todas as mutações dominiais unilaterais se têm necessariamente de reconduzir ao procedimento previsto no artigo 6.º do Código das Expropriações, preceito cuja estatuição se encontra pensada para as hipóteses em que a mutação dominial é efectuada através de *acto administrativo*. Efectivamente, como já vinha salientando alguma doutrina[388], a alteração na titularidade e na destinação do bem público

---

[386] Assim ROGÉRIO SOARES, *Sobre os Baldios*, p. 310 e s., que justamente acentua não se tratar neste âmbito da atribuição de qualquer indemnização pelo valor dos bens transferidos, mas apenas de deixar a entidade transferente em condições de continuar a prosseguir os interesses que estão a seu cargo. Repare-se que foi a ausência de uma garantia neste sentido que constituiu um dos motivos que conduziu a doutrina e a jurisprudência francesas a equacionarem a aplicação do instituto da expropriação.

[387] Embora a norma o não disponha, deve entender-se que as coisas agora reintegradas na titularidade da pessoa colectiva pública que havia sofrido a transferência apenas ficarão submetidas ao estatuto da dominialidade se, no seio dela, continuarem a desempenhar a função pública a que estavam adstritas antes da mutação dominial ou outra função pública que justifique a sujeição legislativa do tipo de coisas em que passa a incluir-se a um regime especial jurídico-publicístico.

[388] Cf. MARCELLO CAETANO, *Manual...*, vol. II, p. 954; JOSÉ PEDRO FERNANDES, *Domínio Público*, pp. 185 e s. (merecendo a concordância do mencionado Parecer da PGR n.º 140/2001, ponto 3.1.).

pode operar-se também por *lei*[389]. Tradicionalmente aponta-se como exemplo de uma mutação dominial efectuada por lei as modificações (legais) nas atribuições e competências das pessoas colectivas públicas e dos órgãos[390]: pense-se, *v. g.*, numa lei que procede ao desdobramento de uma autarquia, passando a pertencer à nova autarquia bens que anteriormente pertenciam à autarquia primitiva; ou, ainda mais impressivamente, no n.º 1 do artigo 144.º do EPAM e o n.º 1 do artigo 22.º do EPAA, que efectuaram a transferência para o domínio público regional dos bens integrados no domínio público do Estado e dos antigos distritos autónomos. Integrarão estas situações o conceito de mutação dominial talqualmente o definimos? Nas hipóteses em que o bem é transferido de uma pessoa colectiva pública para outra, em virtude de à segunda passar a estar cometida a totalidade ou parte das atribuições anteriormente prosseguidas pela primeira, não se pode considerar que existiu uma alteração efectiva na destinação pública do bem, que, por vezes, apenas por motivos organizatórios viu modificada (legalmente) a sua titularidade. Não se pode, porém, ignorar que, ao consagrarem a emergência de uma pessoa colectiva pública territorial com atribuições próprias, estas modificações implicam concomitantemente o reconhecimento de um substrato comunitário próprio; os bens dominiais passam a ficar adstritos à satisfação dos fins encimados por um novo sujeito. Atentas estas considerações e o facto de, em todo o caso, haver lugar à transferência do direito de propriedade pública, pode afirmar-se estarmos diante de *mutações dominiais impróprias*.

Contornos diferentes dos acabado de referir revestem as mutações dominiais efectuadas voluntariamente pelo respectivo titular. Estão aqui em causa os *contratos administrativos de mutação dominial* celebrado entre as pessoas colectivas públicas envolvidas, caso em que a existência, as

---

[389] Todavia, a forma de lei não pode ser instrumentalizada como modo de o Estado proceder à transferência a seu favor de bens dominiais de outra pessoa colectiva pública, furtando-se às garantias estabelecidas no artigo 6.º do Código das Expropriações, designadamente no que respeita à colocação do anterior titular numa posição que lhe permita satisfazer as necessidades até então prosseguidas pelos bens transferidos.

[390] MARCELLO CAETANO, *Manual*..., vol. II, p. 954, que se refere exemplificativamente à lei que passou para o domínio do Estado as estradas distritais, até então a cargo dos distritos. Cf. também JOSÉ PEDRO FERNANDES, *Domínio Público*, p. 186, que alude ao desmembramento ou à extinção de uma autarquia, com a subsequente transferência dos seus bens dominiais para outra autarquia ou para o Estado.

formas e as regras relacionadas com a outorga de compensação ou outras contrapartidas hão-de constar do próprio contrato, respeitando-se as regras aí estipuladas[391]. Trata-se, aliás, de mais um exemplo de contratos interadministrativos[392]. Nesta medida, já o artigo 24.º do RJPIP prevê um contrato de mutação dominial [contrato administrativo por determinação legal, nos termos da alínea *a)* do n.º 6 do artigo 1.º do CCP, que também o seria sempre por força da publicidade do respectivo objecto mediato] – *i. e.*, um contrato por meio do qual uma entidade titular de um bem dominial transfere a respectiva propriedade pública para outra pessoa colectiva territorial. Diversamente do que, *prima facie*, parece sugerir a parte final do artigo 24.º do RJPIP, a este tipo de mutações dominiais não se aplicará o Código das Expropriações: a *ratio* subjacente ao artigo 6.º deste diploma encontra o seu âmbito de aplicação circunscrito às hipóteses em que a transferência de domínio constitui objecto de *acto administrativo*. Com efeito, e dado o pendor essencialmente garantístico dos preceitos (nomeadamente em termos que apelam, com as devidas adaptações, a normas relativas à expropriação), parece que tal norma se destina às situações em que o acto administrativo é emanado pela entidade administrativa (o Estado) que pretende, para a satisfação dos interesses públicos que estão a seu cargo, obter autoritariamente a titularidade de um bem público pertencente a outra pessoa colectiva pública.

6.2.2.2. Limites

Independentemente da forma revestida pela mutação dominial, existem limites intransponíveis à transferência da propriedade pública (ou dos poderes de domínio) entre as pessoas colectivas públicas. Além do facto de as transferências de domínio apenas se poderem processar para pessoas colectivas públicas susceptíveis de se assumirem como titulares do direito de propriedade pública (ou dos poderes de domínio) sobre bens públicos, tais

---

[391] Também o *Code Générale de la Propriété des Personnes Publiques* veio admitir a possibilidade de transferência de propriedade de dependências do domínio público entre pessoas colectivas públicas, mediante cessão a título oneroso ou cessão a título gratuito – cf. artigos L. 3112-1 e seguintes. *V.* NOGUELLOU, **Les Rapports...**, pp. 951 e s..

[392] Sobre este tipo de contratos no quadro do CCP, cf. ALEXANDRA LEITÃO, *Os Contratos Interadministrativos*, in PEDRO GONÇALVES (org.), **Estudos da Contratação Pública – I**, Coimbra, 2008, pp. 733 e ss..

limites[393] resultam, desde logo, da própria natureza da coisa, *i. e.*, do facto de a mesma só poder desempenhar determinada função cuja prossecução apenas se revela possível quando o seu titular seja uma determinada entidade pública, *maxime* o Estado – este é, desde logo, o caso dos bens do domínio público material, de todos os bens indissoluvelmente conexionados com a soberania e identificação nacional do Estado português (nos quais se devem incluir os bens integrantes do denominado domínio público aéreo e marítimo), assim como as coisas integradas no domínio público militar e o espectro radioeléctrico. Por outro lado, e no que tange ao domínio público autárquico, também se não deve admitir a transferência entre municípios de bens cuja publicidade resulta essencialmente do facto de se encontrarem ligados a um certo território e a servir os interesses da comunidade do mesmo (por exemplo, um caminho municipal situado num município não pode constituir objecto de uma mutação dominial a favor de outro município)[394] – nesta hipótese, encontramo-nos perante bens conexionados com uma «função territorialmente exclusiva», a que se referia Alessi[395].

6.3. A EXTINÇÃO DO ESTATUTO DA DOMINIALIDADE

Tal como vimos a propósito da aquisição do estatuto da dominialidade, também a respectiva extinção não ocorre sempre por força das mesmas ocorrências, havendo aqui lugar à identificação da *desclassificação legal, desclassificação administrativa, desafectação* e *degradação*.

---

[393] Vamos referir-nos aos limites que GUICCIARDI (*Il Demanio*, pp. 305 e s.) apelidava de «limites de competência» territorial (sempre que estão em causa bens intrinsecamente relacionados com o território de uma pessoa colectiva pública, território esse não abrangido nas atribuições da entidade pública que, em consequência da mutação dominial, assumiria a titularidade do bem) e funcional (nas hipóteses em que a função prosseguida pela coisa não integra o âmbito de atribuições da pessoa colectiva pública que passaria a deter o direito de propriedade pública sobre ela).

[394] Intervém aqui a ideia, já salientada pela doutrina italiana, segundo a qual "o bem dominial é sempre conferido ao território do ente ao qual pertence e a transferência da propriedade para um ente territorial diverso não pode produzir qualquer efeito prático, não sendo possível o gozo da coisa pela população de um território diverso daquele em que se situa" (ZANOBINI, *Corso*..., p. 33).

[395] ALESSI, *Sistema Istituzionale del Diritto Amministrativo Italiano*, 3.ª ed., Milano, 1960, p. 456, consubstanciando tais «funções territorialmente exclusivas» aquelas que se encontram inderrogavelmente associadas à pessoa colectiva pública (territorial) que exerce os seus poderes de autoridade no âmbito da circunscrição territorial onde se encontram situados os bens dominiais.

6.3.1. Desclassificação legal

A *desclassificação legal* constitui o acto pelo qual o legislador, movido por considerações de oportunidade ou mérito político, entende que determinados bens anteriormente classificados como dominiais devem deixar de estar sujeitos ao regime jurídico da dominialidade. Note-se que nem sempre o legislador ordinário é coerente na terminologia que utiliza: assim, *v. g.*, quando desclassificou a rede básica de telecomunicações, o artigo 2.º da Lei n.º 29/2002, de 6 de Dezembro, aludiu, erroneamente, à respectiva "desafectação do domínio público".

6.3.2. Desclassificação administrativa

A desclassificação administrativa constitui o acto mediante o qual a Administração declara que determinada coisa deixou de possuir as características e, como tal, já não está apta a desempenhar a função pública inerente ao tipo (à "classe") de bens legalmente qualificados como dominiais. Como vimos a propósito da classificação administrativa, a desclassificação efectuada pela Administração será (ou não) um acto administrativo, consoante constitua (ou não) um elemento determinante (um pressuposto legalmente exigido como necessário) da cessação da dominialidade. Se a desclassificação administrativa corresponder a uma atitude da entidade administrativa apenas no interesse da certeza das situações jurídicas[396], não consubstancia um acto administrativo: nesta hipótese, a cessação da dominialidade resultará de uma disposição legal (desclassificação legal) ou de a coisa deixar de preencher a função intencionada pelo tipo legal (independentemente de qualquer actuação nesse sentido ou através de um acto administrativo de desafectação)[397]. Não se encontra, por conseguinte,

---

[396] SANDULLI, *Appunti in Tema di Inizio e di Cessazione di Demanialità*, in **Giurisprudenza Italiana**, vol. CVIII, Parte I, Sez. I, 1956, pp. 526 s.; *v.* ainda ZANOBINI, *Corso...*, pp. 36 s..

[397] No direito francês, em coerência com o sentido conferido ao *classement*, diferentemente da função tradicionalmente atribuída *déclassement* (a função de fazer sair um bem do domínio público), vem-se advogando a autonomia das decisões de desafectação e *déclassement*, apenas esta última determinando a cessação da dominialidade de um bem – neste sentido, cf. DUROY, *La Sortie des Biens du Domaine Public: Le Déclassement*, in: ***L'Actualité Juridique – Droit Administratif***, n.º 11, Novembro 1997, pp. 820 e ss. (assim se compreende também que, pelo menos relativamente ao âmbito do domínio das vias de

excluída a possibilidade de, em lei especial, se estabelecer a necessidade de desclassificação administrativa como condição prévia à desafectação – caso em que esta revestirá a natureza de acto administrativo, enquanto actuação determinante (co-constitutiva) da cessação do estatuto da dominialidade pública relativamente a determinado bem.

6.3.3. Desafectação

Através do acto administrativo de *desafectação*, a entidade administrativa, por imperativos de interesse público[398], desvincula o bem do destino a que o mesmo se encontrava adstrito por força da afectação. Neste caso, a coisa deixa, por decisão da Administração, de desempenhar a função que justificou a sua qualificação legal como pública, o que tem como consequência deixar de se aplicar a disciplina jurídica própria das coisas públicas. A desafectação haverá sempre de se assumir como uma forma de «desdominialização», *i. e.*, como actuação cujo efeito jurídico prevalecente redunda na retirada da coisa da função pública que desempenha-

---

circulação, a legislação francesa exija um procedimento administrativo dotado de alguma publicidade – *v.* BRAUD, ***Déclassement: Note sous Conseil d'Etat – 6 novembre 2000***, in: ***L'Actualité Juridique – Droit Administratif***, n.º 6, Junho 2001, p. 578); repare-se, porém, que, na sequência da jurisprudência do *Conseil d'Etat*, se advoga também que a existência de uma desafectação prévia constitui uma condição de legalidade do *déclassement* (cf., *v. g.*, BRAUD, ***Déclassement…***, p. 576).

[398] Estamos, mais uma vez, diante de uma actuação discricionária da Administração (cf. também em Espanha, MORILLO-VELARDE PÉREZ, ***Dominio Público***, p. 153) que tem, portanto, a seu cargo a definição das prioridades a que devem encontrar-se adstritos os bens respectivos, guiada por considerações de oportunidade e eficiência do actuar administrativo e, sobretudo, funcionalmente orientada pela busca da melhor solução para a realização do interesse público. Tal não significa, seguramente, que o poder de desafectar (o mesmo sucedendo com o de afectar) se possa exercer em termos arbitrários ou livres (*hoc sensu*, de acordo com regras extra-jurídicas).

De acordo com AFONSO QUEIRÓ/JOSÉ GABRIEL QUEIRÓ (***Propriedade Pública…***, p. 255) negar a existência de poderes discricionários da Administração em matéria de desafectação equivaleria a afirmar um direito dos particulares à conservação da afectação, que, obviamente, não existe. FREITAS DO AMARAL (*A Utilização…*, p. 144) parece orientar-se no mesmo sentido – simplesmente especifica que, relativamente à conservação de uma certa coisa como pública, o interesse que os particulares possam ter apenas é atendido na medida em que coincida com o interesse público da legalidade da acção administrativa (o que valerá para a abertura da via jurisdicional para a impugnação do acto de desafectação).

va (*Außerdienststellung*, na terminologia de alguma doutrina alemã[399]), na extinção da dominialidade da coisa (e, consequentemente, no fim da aplicação do regime específico das coisas públicas), logicamente acompanhada da integração do bem no domínio privado do respectivo titular. Nesta medida, e em termos simétricos aos que vimos a propósito da afectação, a desafectação apenas produzirá efeitos se acompanhada do efectivo termo da destinação pública a que o bem se encontrava adstrito e que justificava a respectiva submissão ao estatuto da dominialidade[400].

Por razões de segurança e certeza do tráfego jurídico, bem como atendendo à necessidade de assegurar a legalidade e o mérito das decisões de desafectação, seria interessante que o legislador versasse, com alguma detenção, sobre o procedimento tendente à desafectação, criando uma tramitação que permitisse o respectivo controlo pelos próprios cidadãos, em plena consonância com a concepção do domínio público, enquanto bens «pertencentes a todos» (*hoc sensu*), abrangendo quer a colectividade geral, quer um conjunto mais restrito delimitado em termos territoriais.

Apesar de, em princípio, a desafectação dever constituir um acto expresso, poder-se-á sempre admitir uma desafectação implícita nos casos em que, estando a coisa a exercer a função pública a que se encontrava adstrita, a Administração adopte comportamentos inequívocos (positivos) no sentido de que pretende dar outro destino ao bem, desde logo, como salienta Alessi[401], comportamentos absolutamente incompatíveis com a intenção de conservar o bem na sua destinação[402]. Pense-se, *v. g.*, na hipótese

---

[399] Cf. FLEINER, *Institutionen*..., p. 334.

[400] Cf., porém, a posição diferenciada de SÉRVULO CORREIA, *Defesa*..., pp. 449 e ss., que defende a nulidade do acto desafectação, com fundamento na alínea *c)* do n.º 2 do artigo 133.º do CPA quando o titular dominial pretender manter o bem adstrito a uma função de utilidade pública, determinante da dominialidade do bem, visto que, nesta hipótese, se assiste a uma contradição insanável entre os motivos ou entre estes e a decisão. Em causa estava uma deliberação camarária que desafectou do domínio público uma praça e, simultaneamente, manteve o direito de passagem pública de peões e veículos à superfície.

Em sentido diverso (embora com dúvidas), FRANCH I SAGUER, *Afectación y Desafectación de los Bienes y Derechos Públicos*, in CHINCHILLA MARÍN (coord.), *Comentarios a la Ley 33/2003, del Patrimonio de las Administraciones Públicas*, Madrid, 2004, p. 405.

[401] ALESSI, *Sistema*..., p. 475.

[402] Cf., neste sentido, a decisão do *Consiglio di Stato* (sez. IV), de 14.12.2002 (in *Il Foro Amministrativo*, n.º 12, vol. I, 2002, p. 3139), de acordo com a qual a desdominialização, quando não resulte de um acto administrativo expresso, implica a prática de outros actos e/ou a adopção de comportamentos unívocos pela Administração, que se revelem con-

de o bem que não ter sido objecto de aproveitamento compatível com a função de utilidade pública determinante da dominialidade pública durante um largo período e tempo, sem que para isso houvesse emergido um qualquer obstáculo de facto ou de direito[403]. Avançando uma solução que releva do imperativo de rentabilização do domínio público e do carácter especial do respectivo regime jurídico, basta que, por motivos imputáveis ao titular do bem dominial, o bem deixe de desempenhar, por um largo período de tempo (cuja duração se encontra claramente inspirada nos prazos máximos da usucapião), a função pública que justificou a sua submissão ao estatuto da dominialidade, para perder a qualidade de bem dominial.

6.3.4. Degradação

É frequente a doutrina aludir também à desafectação em consequência da "prática consequente à perda de utilidade pública dos bens"[404], e, portanto, estar em causa uma modificação das circunstâncias que alteram o condicionalismo pressuposto pela qualificação do bem como público – assim, por exemplo, nas hipóteses de ausência de utilização pelo trânsito de uma estrada velha devida à abertura de uma outra que cumpra a mesma função, ou no caso de um terreno marginal que deixa de o ser em virtude do recuo das águas. Parece, porém, que, nesta situação, deve considerar-se que, se a coisa, por si, deixou de reunir os caracteres que a permitiam reconhecer como dominial (o bem *degradou-se*), então tal coisa deixou, nesse momento, de ser pública, não se revelando necessá-

---

cludentes e incompatíveis com a vontade de conservar a destinação do bem ao uso público (ou ainda de factos que tornam inconcebível uma solução diversa da renúncia definitiva ao exercício da função pública pelo bem). *V.*, em sentido idêntico (embora considerando esta uma situação de «desafectação tácita»), SAÍNZ MORENO, *El Dominio...*, p. 501.

[403] Solução que estava subjacente ao artigo 23.º da Proposta de Lei n.º 256/X.

[404] MARCELLO CAETANO, *Manual...*, vol. II, p. 957. Cf., no mesmo sentido, JOSÉ PEDRO FERNANDES, *Desafectação*, in *Dicionário Jurídico da Administração Pública*, 2.ª ed., vol. III, Lisboa, 1990, p. 554. *V.* também Acórdão do STJ de 11.10.1994, P. 84647, entendendo que a coisa pública – em concreto, o troço de uma estrada – ingressa no comércio jurídico (privado) quando apenas é utilizada pelos proprietários dos prédios ou courelas limítrofes, falecendo-lhe o carácter de generalidade característico do uso público (o STJ faz aqui apelo ao critério do uso público como identificador dos bens dominiais), o qual, nessa medida, "deixou de estar afectado de forma directa e imediata ao fim de utilidade pública que lhe está inerente", tendo-se verificado uma «desafectação tácita».

ria qualquer actuação administrativa nesse sentido; depois de verificadas aquelas circunstâncias, a existir um acto da Administração, este não consubstanciará uma desafectação *proprio sensu*[405], visto tal noção pressupor que o bem sobre o qual incide se encontre a cumprir as finalidades públicas cujo desempenho se revelou como determinante para a sua perspectivação como dominial e, por conseguinte, se afirme ainda como uma coisa integrante (afectada) do domínio público. Assiste-se antes a uma desdominialização sob a forma de degradação, decorrente da perda pela coisa das qualidades (*maxime* funcionais) que motivavam a sua submissão a um regime jurídico publicístico.

Quer dizer, a lei define um conjunto de bens através de conceitos que pressupõem um núcleo de funções chamadas a desempenhar pelas coisas e em virtude das quais o legislador entendeu submetê-las a uma disciplina jurídica diferenciada. Ao colocar, através da afectação, a coisa a exercer essas funções, a Administração submete-a a um aproveitamento que a lei intentou proteger. Se a coisa, em concreto, deixa de exercer as funções postuladas pelo legislador (e externamente reconhecidas pela interpretação), em rigor, deixa de se integrar no domínio público por não se enquadrar naquela categoria de coisas que a lei previu como dominiais[406].

7. A UTILIZAÇÃO DO DOMÍNIO PÚBLICO

As questões relacionadas com a utilização dos bens dominiais representam o *punctum saliens* do regime do domínio público, demarcando, com clareza, o alcance das possibilidades de rentabilização das coisas públicas. Efectivamente, e ressalvadas as hipóteses em que para a Administração se encontra reservada, em exclusivo, a utilização do domínio público (pela

---

[405] Mas uma actuação de índole meramente declarativa e recognitiva, uma «declaração da cessação da dominialidade» – cf., *v. g.*, GUICCIARDI, *Il Concetto...*, p. 532.

[406] Daí que concordemos com FREITAS DO AMARAL/JOSÉ PEDRO FERNANDES (*Comentário...*, p. 133, n. 99) quando, face à designação «desafectação natural» (ou «degradação») dada a esta última hipótese, concluem pelo maior rigor da doutrina espanhola quando alude a «*degradación*», por ter sido a coisa que, deixando de ser o que era, perdeu o carácter de objecto do regime jurídico da dominialidade; assim, como afirmam os Autores, "a desafectação propriamente dita faz ingressar no domínio privado uma coisa que (se não fosse o acto da Administração) manteria todas as características de pública".

natureza da função pública desempenhada pelo bem, por opção legislativa ou por decisão do titular), o regime da utilização do domínio público pelos particulares revela-se determinante para viabilizar o aproveitamento de todas as utilidades que os bens possam oferecer e para proporcionar à Administração as correspondentes receitas, dando corpo a uma das mais relevantes coordenadas da comercialidade de direito público.

7.1. A UTILIZAÇÃO PELA ADMINISTRAÇÃO

7.1.1. A utilização pelo titular; em especial, as reservas dominiais

A questão da utilização do domínio público pelo titular apenas se coloca com especial acuidade nos em que a dominialidade dos bens se impõe, pelo menos em parte, em virtude do imperativo da respectiva disponibilização ao uso público ou à fruição pública, como sucede paradigmaticamente com o domínio público hídrico. Existem, porém, outros bens cuja dominialidade pressupõe a sua utilização exclusiva pelo titular: tal era o caso, por excelência, do domínio público militar[407]. Ora, com facilidade se compreende que as preocupações de regime assumem contornos diversos numa e noutra hipótese: se, na segunda, o objectivo consistem em vedar aos particulares qualquer faculdade de utilização do bem, na primeira, achamos terreno fértil para a rentabilização do domínio público mediante a atribuição de poderes de uso privativo aos particulares, sem prejuízo do reconhecimento da faculdade de reservar para si a utilização exclusiva das coisas, através da figura das *reservas dominiais*.

Efectuada, em geral[408], por acto administrativo, a reserva dominial caracteriza-se por a *entidade administrativa titular* do bem a reter *para si*,

---

[407] Trata-se, contudo, de uma ideia que se encontra em erosão, admitindo já o legislador a concessão de uso privativo de imóveis afectos à defesa nacional, nos termos da alínea *d)* do artigo 8.º e dos artigos 9.º e 10.º da já citada Lei Orgânica n.º 3/2008.

[408] BARCELONA LLOP (*La Utilización del Dominio Público por la Administración: Las Reservas Dominiales*, Pamplona, 1996, pp. 173 ss.), embora reconheça que a forma normal de estabelecimento de reservas dominiais sobre os recursos mineiros ou sobre o domínio público marítimo(-terrestre), alude à existência hodierna de reservas efectuadas através de actos normativos (legislativos ou regulamentares). O problema da aproximação entre concessão de uso privativo e reservas dominiais coloca-se quando em causa está uma reserva dominial efectuada por acto administrativo.

durante um certo lapso temporal, o uso privativo de um bem dominial[409] – daí que Guaita[410] concebesse a reserva como uma *«autoconcessão»* em virtude da qual a entidade pública exclui os particulares da utilização de uma concreta parcela do domínio público[411]. Destarte, e recuperando a noção de Ballbé, a quem se deve a tematização moderna do instituto, a reserva dominial corresponde ao exercício de um poder discricionário consubstanciado na prática do acto administrativo através do qual o titular de um bem dominial cuja função pública se cumpre, em primeira linha, mediante a utilização geral/pública, retém para si, por motivos de interesse público, e com respeito pelos direitos de terceiros[412], o uso privativo da totalidade ou de parte do mesmo, com fins de estudo, investigação ou exploração, durante um prazo determinado. Trata-se de uma noção que inequivocamente inspirou o artigo 22.º do RJPIP, nos termos do qual "o titular do imóvel do domínio público de uso comum pode reservar para si o uso privativo de totalidade ou parte do mesmo, quando motivos de interesse público o

---

[409] Em Espanha, esta possibilidade encontra-se prevista genericamente na *Ley del Patrimonio de las Administraciones Públicas*, de acordo com a qual "a Administração Geral do Estado poderá reservar-se o uso exclusivo de bens da sua titularidade destinados ao uso geral para a realização de fins da sua competência, quando existam razões de utilidade pública ou interesse geral que o justifiquem" (artigo 104, n.º 1). Sobre esta disposição, cf. BARCELONA LLOP, *Utilización de los Bienes y Derechos Destinados a un Servicio Público. Reservas Demaniales*, in CHINCHILLA MARÍN (coord.), *Comentarios a la Ley 33/2003, del Patrimonio de las Administraciones Públicas*, Madrid, 2004, pp. 547 e ss..

[410] Apud BERMEJO VERA, **Derecho...**, p. 347.

[411] Aliás, em face da noção traçada, encontramos significativos elementos aproximativos entre os institutos da concessão de uso privativo e da reserva dominial: Além de estarem em causa duas formas de uso de bens dominiais caracterizadas pela exclusividade, tais institutos assemelham-se também quando atendemos à discricionariedade de que a Administração goza nesta matéria, assim como ao objecto sobre que cada um deles incide. A proximidade entre as duas noções é tal que leva alguns Autores a conceberem as reservas dominiais como uma modalidade especial (singular) de uso privativo: «uso privativo levado a cabo pela própria Administração titular dos bens» – assim SANTAMARÍA PASTOR, *Principios...*, p. 533.

[412] A questão que se vem colocando quanto à densificação deste critério: se, para BALLBÉ [*Las Reservas Dominiales (Principios)*, in: *Revista de Administración Pública*, n.º 4, ano II, 1951, pp. 85 ss.], existiam direitos subjectivos constituídos a favor dos particulares nas hipóteses em que estes fossem titulares de um uso privativo, e, no âmbito das concessões mineiras, dada a regulamentação jurídica que então lhes presidia, a partir do momento em que o particular requeresse a outorga da concessão, já BARCELONA LLOP (*La Utilización...*, pp. 286 ss.), fundamentando-se em legislação mais recente, estabelece toda uma panóplia de soluções diferenciadas.

justifiquem, designadamente fins de estudo, investigação ou exploração, durante um prazo determinado" (n.º 1).

Nesta medida, estamos diante de um poder inerente ao direito de propriedade pública (mais especificamente, aos poderes de gozo constituintes do seu conteúdo)[413] que a entidade administrativa detém sobre a coisa[414]. Independentemente desta consideração, defende-se ainda ser esta uma figura que surge em plena consonância com a configuração do Estado social emergente da Constituição (espanhola), guiado pela ideia de uma maior eficácia e rentabilidade das prestações sociais[415].

Destarte, estando em causa uma decisão *discricionária*, cabe à Administração a ponderação da constituição de uma reserva dominial[416], tendo em vis-

---

[413] Diversamente, cf. BARCELONA LLOP, *La Utilización...*, pp. 194 s., para quem a constituição de uma reserva dominial através de acto administrativo pressupõe uma habilitação *legal* expressa (directa ou indirecta), não decorrendo tal poder da titularidade (pública) do bem. *V.* também MORILLO-VELARDE PÉREZ, *Dominio Público*, p. 140.

Repare-se que, até ao RJPIP, não existia, entre nós, qualquer disposição legal que suportasse, em geral, a constituição de reservas dominiais. Apesar disso, já advogávamos a possibilidade da respectiva constituição, com o objectivo de assegurar a mais adequada rentabilização do domínio público – sobre esta matéria, cf. o nosso trabalho *A Concessão...*, pp. 295 e ss..

[414] Cf. BALLBÉ, *Las Reservas...*, pp. 76 ss.. A reflexão do Autor dirige-se primacialmente para o âmbito dos recursos minerais (domínio público geológico), uma vez que é neste horizonte que a questão reveste no ordenamento jurídico espanhol maior acuidade. Como recorda RAMÓN PARADA (*Derecho...*, pp. 281 s.), a técnica das reservas dominiais – enquanto excepção ao sistema geral de aproveitamento pelos particulares dos recursos mineiros, já remonta ao início do século XIX (*Novísima Recopilación* e *Memoria de la Junta de Minas*); para uma perspectiva histórica desta matéria, cf. BARCELONA LLOP, *La Utilización...*, pp. 29 ss..

V. ainda a noção de reserva dominial fornecida por BARCELONA LLOP, *La Utilización...*, p. 95: "resultado do exercício de uma decisão em virtude da qual a Administração titular do bem ou recurso, e sempre por razões de interesse público, o utiliza ou aproveita directamente, seja por si mesma, seja através de terceiros, com exclusão dos usos que sejam incompatíveis com as finalidades da reserva".

Cf., entre nós, MARCELLO CAETANO, *Manual...*, vol. II, p. 930, que alude às reservas dominiais como situações em que "a entidade proprietária guarda para si a utilização dos bens, às vezes por prazo determinado e para fins especiais de reconhecimento, de exploração, de investigação ou de planeamento".

[415] Assim, GARCÍA PÉREZ, *La Utilización del Dominio Público Marítimo--Terrestre,* Madrid, 1995, p. 108.

[416] *V.* a análise, sob o ponto de vista da discricionariedade, de alguns exemplos legislativos, efectuada, relativamente ao ordenamento jurídico espanhol, por BARCELONA LLOP, *La Utilización...*, pp. 237 e ss..

ta o alcance da melhor solução para o interesse público. Independentemente de outros critérios contemplados na lei, a decisão deve pautar-se pelo critério do «melhor uso»[417]. No fundo, tal significa que à Administração competirá decidir, em cada caso, quando é que a constituição de uma reserva dominial, na medida em que constitui uma das formas possíveis de utilização da coisa (ou de uma parcela), se assume como modo de proporcionar uma maior rentabilização dos bens públicos, sem prejuízo da função pública a que estão adstritos e que mobilizou a sua submissão ao estatuto da dominialidade.

Por outro lado, e como já indiciámos, apenas constituem *objecto* de uma reserva dominial os bens dominiais que se encontram, de ordinário, disponíveis para o uso pelos particulares, e não já as coisas cuja função determinante da assunção do dominialidade se cumpre, em qualquer circunstância, mediante uma utilização apenas pela Administração (como sucede com os bens do domínio público militar)[418].

Finalmente, afirmar que a reserva dominial atribui à Administração o uso exclusivo da parcela dominial em causa significa, desde logo, excluir as possibilidades de uso comum, e bem assim de qualquer uso privativo sobre o mesmo objecto na medida em que se revele incompatível com o fim determinante da reserva[419]. Neste sentido, o n.º 3 do artigo 22.º do RJPIP prescreve que "a reserva prevalece sobre qualquer direito de utilização do imóvel prévio à sua constituição".

7.1.2. A utilização por outros entes da Administração (remissão)

A propósito da modificação do estatuto da dominialidade sem transferência de domínio (que designámos como mutações objectivo-funcionais), debruçámo-nos já sobre duas das figuras que conferem a pessoas colectivas públicas diferentes dos titulares poderes de utilização dos bens dominiais: as cedências de utilização e a constituição de direitos reais administrativos menores.

---

[417] Assim também já CAPUTI JAMBRENGHI, *Premesse*..., pp. 216 e ss..
[418] Cf., *v. g.*, BARCELONA LLOP, *La Utilización*..., pp. 104 e 246.
[419] Cf. BALLBÉ, *Las Reservas*..., p. 90. Interessante revela-se, a este propósito o n.º 4 do artigo 104 da *Ley del Património de las Administraciones Públicas* atinge os direitos pré-existentes à constituição da reserva. Nesta hipótese, é declarada a utilidade pública desses direitos, com efeitos expropriatórios (o que conduzirá, desde logo, à atribuição de uma indemnização aos seus titulares).

Importa agora aludir a uma terceira figura que consiste na concessão de uso privativo a favor de entidades públicas. Esta possibilidade encontra-se hoje expressamente contemplada pelo legislador: assim, *v. g.*, o n.º 3 do artigo 28.º do Decreto-Lei n.º 276/2003, de 4 de Novembro, refere-se a concessão de uso privativo do domínio público ferroviário a favor de entidade pública.

Embora assimilável, a situação em que o ente público se encontra não é idêntica à da concessão de uso privativo outorgada a um particular, a que nos reportaremos *infra*. Com efeito, a diferença subjectiva importa algumas consequências. Tal justifica que, estando em causa um contrato administrativo, quer relativamente ao procedimento pré-contratual quer relativamente à formação e execução do contrato, a concessão de uso privativo a favor de entidades públicas seja disciplinada por normas diversas[420]. Por outro lado, na hipótese em análise, sucede que a pessoa colectiva pública concessionária vai utilizar o bem dominial para a prossecução de tarefas incluídas nas suas atribuições. Neste sentido, o bem continua a desempenhar uma função de interesse público; simplesmente, esse desempenho não corresponde ao exercício de qualquer função que o legislador haja tido em vista para a qualificação de certo tipo de bens como dominiais, por este motivo se distinguindo, desde logo, esta figura das mutações dominiais[421]. Por outro lado, também na perspectiva da utilização dos bens pela Administração, a concessão a favor de entidades públicas não se confunde com a requisição, por não estar em causa a satisfação de necessidades extraordinárias, nem com a constituição de direitos reais administrativos, que postula uma vocação de permanência não conhecida pelo instituto em análise.

---

[420] Neste sentido, o citado n.º 3 do artigo 28.º do Decreto-Lei n.º 276/2003 estabelece uma disciplina para este tipo de concessões diversa da aplicável às concessões de uso privativo a particulares: não imposição da selecção da entidade concessionária por um dos procedimentos pré-contratuais previstos na legislação sobre contratação pública relativa à locação e aquisição de bens e serviços e não submissão da formação e execução do contrato à mesma legislação (por motivos óbvios).

[421] Não se trata da única diferença relativamente ao instituto da mutação dominial, uma vez que este pressupõe ainda a transferência da propriedade pública do bem, o que se não verifica na concessão de uso privativo a favor de entidade pública. Cf. o que dissemos *supra* em nota.

7.2. A UTILIZAÇÃO PELOS PARTICULARES

7.2.1. Tipos de uso

No que tange à utilização do domínio público pelos particulares, vem-se distinguindo entre *uso comum* (ou uso público[422]) e *uso privativo*[423], sendo no âmbito deste último que nos deparamos com uma actividade jurídico-administrativa susceptível de manifestar a comercialidade de direito público de que as coisas submetidas ao estatuto da dominialidade constituem objecto. Se quisermos adoptar o critério dualístico, tecido entre nós por Freitas do Amaral[424], diremos que nos encontramos diante de um uso privativo ou de um uso comum, consoante exista ou não um título jurídico-administrativo individual e os seus beneficiários (particulares) constituam ou não um círculo determinado.

a) O *uso comum* afirma-se, relativamente a determinadas coisas qualificadas como dominiais, como uma característica primordial – basta pensar, no que a algumas coisas qualificadas como dominiais concerne, que a relação utilização pública/dominialidade pode ser biunívoca. Nesta medida, e para além dos *topoi* integrados no critério assinalado, uma das notas determinantes da identificação/caracterização do uso comum há-de residir na necessária compatibilidade que o mesmo deve encerrar relativamente ao destino «natural» ou «normal» (desde logo, do ponto de vista social[425]) ou,

---

[422] É esta, por exemplo, a terminologia preferida em Itália – cf. CERULLI IRELLI, **Uso Pubblico**, in *Enciclopedia del Diritto*, vol. XLV, Milano, 1992, p. 954.

[423] Repare-se que, atenta a nossa perspectiva interessada, restringimos a caracterização dos usos das coisas públicas pelos particulares àqueles que postulam uma utilização directa e imediata do bem por parte deles. A problemática do uso das coisas públicas pelos particulares não se coloca relativamente àqueles bens cujo acesso está reservado à própria Administração, como sucede, *v. g.*, quanto aos bens do domínio público militar. Cf. também FREITAS DO AMARAL, *A Utilização...*, pp. 16 e s..

[424] FREITAS DO AMARAL, *A Utilização...*, pp. 45 e s.. Cf., em sentido semelhante, relativamente à diferença entre uso comum (*Gemeingebrauch*) e uso especial (*Sondergebrauch*), WOLFF/BACHOF/STOBER, **Verwaltungsrecht**, pp. 718 e s.; PAPIER, *Recht...*, pp. 103 e s., e «Recht...», p. 651.

V. a diferente terminologia (de pendor ilustrativo) utilizada por GOMES CANOTILHO/VITAL MOREIRA, **Constituição...**, p. 1006, anotação XI ao artigo 84.º, onde se destrinça entre uso geral, uso particular, uso especial e uso excepcional.

[425] FREITAS DO AMARAL (*A Utilização...*, pp. 54 e s.) recorre aqui à ideia de costume (inclusivamente *præter legem*), defendendo que as possibilidades de uso comum, para além da observância das prescrições legais ou do conteúdo da afectação, podem ver o

quando seja caso disso, à afectação da coisa, sem ignorar, por conseguinte, a multiplicidade de usos (em termos fácticos) que tal destino ou afectação podem comportar[426]. Por outro lado, a indeterminabilidade dos sujeitos susceptíveis de utilizar, em termos de uso comum, os bens dominiais constitui uma outra característica do fenómeno do uso comum[427] – diferentemente do que veremos quanto ao uso privativo, em que a Administração estabelece uma relação jurídica especial com um particular ou um conjunto determinado de particulares. Assim, e parafraseando Peiser[428], o regime do uso comum é tendencialmente (salvaguardadas as compressões introduzidas pela própria alteração das concepções relativas aos bens dominiais determinantes de que alguns direitos incluídos no uso comum se transformem em simples «liberdades» – possibilidades – reguladas) pautado pela trilogia liberdade, igualdade, gratuitidade. A estes princípios acresce o «princípio da tolerância mútua» (*Gemeinverträglichkeit*) identificado pela doutrina alemã, a exigir que o exercício concreto do uso comum por um determinado sujeito não prejudique, impeça ou exclua o uso comum pelos demais sujeitos[429]: isto significa que o uso comum se não pode converter

---

seu âmbito definido pela consideração da própria realidade social (cf. também artigo 76 do *Reglamento de Bienes de las Entidades Locales*); sem que, todavia, se confunda com uma «normalidade» naturalisticamente fundada, como parece pressupor ENTRENA CUESTA, *El Dominio...*, p. 340, quando alude à possibilidade de, relativamente a certo tipo de bens, o uso normal ser o uso privativo. Cf. ainda FREITAS DO AMARAL, *A Utilização...*, pp. 76 e ss., identificando um conjunto de princípios norteadores do conteúdo do uso comum (princípio da generalidade, princípio da igualdade, princípio da liberdade, princípio da gratuitidade); *v.* ainda, na doutrina espanhola, GARCÍA PÉREZ, *La Utilización del Dominio Público Marítimo-Terrestre (Estudio Especial de la Concesión Demanial)*, Madrid, 1995, pp. 98 e ss., reconhecendo os princípios da liberdade, igualdade e gratuitidade como integrantes do conteúdo do uso comum. *V.*, porém, CASSESE, *I Beni...*, p. 207, Autor que se anuncia particularmente crítico quanto à ideia (que qualifica de «naturalística») de que as coisas possuem um uso «normal», como se fosse próprio das características de um bem ser usado de certa forma.

[426] É neste sentido que, *v. g.*, a doutrina alemã concebe as estradas como um «instituto de fins múltiplos» (*Mehrzweckinstitut*) – cf. WOLFF/BACHOF/STOBER, *Verwaltungsrecht*, p. 721; PAPIER, *Recht...*, p. 117, e «Recht...», p. 661.

[427] *V.* também FORSTHOFF, *Traité...*, p. 563.

[428] PEISER, *Droit...*, pp. 51 e ss. (reflectindo, em especial, sobre o problema do estacionamento pago na via pública, pp. 54 e ss.; sobre a mesma matéria, *v.* também GODFRIN, *Droit...*, pp. 100 e ss., 122 e ss.). Cf. ainda DENOYER, *L'Exploitation...*, pp. 81 e ss..

[429] Adoptando a formulação de Petersen, cf. FORSTHOFF, *Traité...*, p. 567 WOLFF/BACHOF/ STOBER, *Verwaltungsrecht*, p. 721; PAPPERMANN/LÖHR/ANDRISKE, *Recht...*, p. 74; PAPIER, *Recht...*, pp. 105 e ss., e *Recht...*, pp. 652 e ss.. O «princípio da

numa «fruição indisciplinada» dos bens dominiais, ela própria revelando--se contrária aos valores da publicidade inerentes àqueles bens[430].

A questão que, perante esta caracterização, se pode colocar prende-se com o enquadramento jurídico a efectuar relativamente às hipóteses que se configuram como excepções aos princípios da liberdade e da gratuitidade.

Por um lado, estão em causa situações em que a utilização da coisa pressupõe uma autorização administrativa nesse sentido (havendo necessariamente que distinguir destas situações aquelas que a autorização administrativa visa, não tanto o uso dos bens do domínio público, mas sim a actividade que os particulares pretendem desenvolver, actividade essa que contende com bens públicos), *i. e.*, sempre que o princípio da liberdade encontra uma atenuação. Assim, *v. g.*, de acordo com o artigo 58.º do *Código da Estrada*, impõe-se ao particular a obtenção de uma «autorização especial» para a circulação de um veículo com peso ou dimensões superiores aos legalmente fixados ou que transportem objectos indivisíveis que excedem a caixa do veículo. Trata-se, neste caso, de uma norma que tem, sobretudo, em vista as necessidades de conservação da via pública, impondo a necessidade de uma licença atenta a anormalidade do desgaste que aquele uso (que, do ponto de vista da destinação «natural» do bem, consubstancia um uso comum do bem dominial) provoca na via pública. Outras vezes, as normas que prescrevem a obtenção de licenças têm mais a ver com uma disciplina de usos – aquilo que Freitas do Amaral[431] designa como «hierarquia de usos». Se nos interrogarmos acerca da questão de saber em que medida estes usos comuns (em que existe um título jurídico-administrativo a autorizá-los) se diferenciam do uso privativo de bens dominiais, devemos reportarmo-nos ao conteúdo (e à forma) da actuação do particular sobre os bens em causa[432].

---

tolerância mútua» constitui um dos princípios tradicionais do designado direito dos caminhos (*Wegerecht*), encontrando-se para esse âmbito concretizado hoje nas prescrições resultantes da lei da circulação rodoviária (*Straßenverkehrsgesetz*). A invocação deste princípio (assim como actualmente da distinção entre direito das estradas e direito da circulação rodoviária) postula uma destrinça entre o uso comum abstractamente admitido tendo em conta a destinação da coisa e a utilização concreta da mesma, regulada e limitada em função das formas e intensidade do uso, no quadro daquela destinação (PAPPERMANN/LÖHR/ANDRISKE, *Op. loc.* referem-se a este propósito a «uso comum abstracto» e «uso comum individual»).

[430] CAPUTI JAMBRENGHI, *Premesse...*, p. 273.
[431] FREITAS DO AMARAL, *A Utilização...*, p. 92; *v.* também pp. 72 e ss..
[432] A questão não se afigura despicienda, visto que alguma doutrina distinguiu esta situação das hipóteses de uso comum – assim, *v. g.*, GUICCIARDI, *Il Demanio*, pp. 265 e 327 e ss., sob a designação de «uso especial», enquanto categoria intermédia entre o uso

Por outro lado, existem também situações em que o uso comum de um bem dominial postula o pagamento de uma prestação pecuniária[433], talqualmente sucede no âmbito do domínio público rodoviário (*v. g.*, em pontes e auto-estradas), o que, em si, configura uma excepção, não ao princípio da liberdade, mas agora ao princípio da gratuitidade do uso comum[434] – esta ideia assume um significado não despiciendo, sobretudo quando consideramos que, se não competir também à Administração qualquer acto autorizativo (*i. e.*, se não se verificar também uma atenuação ao princípio da liberdade), aquela não pode impedir o uso do bem pelo particular, a partir do momento em que este pague a prestação pecuniária em causa. No que tange à natureza jurídica desta prestação pecuniária, cumpre referenciar a norma constante do n.º 2 do artigo 4.º da Lei Geral Tributária, de acordo com a qual "as taxas assentam na prestação concreta de um serviço público, na *utilização de um bem do domínio público* ou na remoção de um obstáculo jurídico ao comportamento dos particulares" (itálico nosso),

---

comum e o uso excepcional. Já ZANOBINI (*Corso...*, pp. 26 e s.), embora autonomize também a noção de uso especial, esclarece que o mesmo faz parte, com o uso comum (do qual se distingue por não ser permitido a todos e postular a outorga de um título particular), do «uso normal» da coisa; para este Autor analisam-se em uso especial algumas situações geradas pelas relações de vizinhança entre coisas públicas e privadas. V., porém, CASSESE, *I Beni...*, p. 199, n. 83. Sobre esta matéria, cf. também CAPUTI JAMBRENGHI, *Premesse...*, pp. 120 e ss..

Em Espanha, cf. artigo 75.º, 1.º, do *Reglamento de Bienes de las Entidades Locales* que individualiza, dentro do uso comum, o uso geral e o uso especial (que se verifica quando concorrem circunstâncias como a especial perigosidade ou a intensidade do uso), o qual se encontra sujeito a licença (artigo 77, n.º 1). Como salienta SANTAMARÍA PASTOR (*Principios...*, p. 531), estamos perante usos que, embora não alcancem a intensidade dos usos privativos, implicam uma restrição fáctica ao uso comum ou a adição de factores de risco. V. também GARCÍA PÉREZ, *La Utilización...*, p. 120, referindo-se a «uso comum especial».

Cf. ainda o que diremos já a seguir em texto.

[433] Trata-se de uma situação diversa das hipóteses em que os bens dominiais apenas podem ser utilizados por intermédio de um serviço público, como sucede, *v. g.*, no caso dos museus – cf. GODFRIN, *Droit...*, p. 115.

[434] É também neste sentido que deve ser compreendida a doutrina alemã (cf. WOLFF/BACHOF/STOBER, *Verwaltungsrecht*, pp. 720 e s.; PAPIER, *Recht...*, pp. 104 e s., e *Recht...*, pp. 651 e s.; HÄDE, *Das Recht...*, p. 116) quando afirma que a gratuitidade (*Unentgeltlichkeit*) ou a ausência de taxas (*Gebührenfreiheit*) não constitui um sinal característico do uso comum, para, em seguida, admitir a excepcionalidade da percepção de taxas, cuja imposição não prescinde de uma autorização efectuada através de lei formal.

solução que, inclusivamente, resultava das posições doutrinais nesta matéria, dada a existência de uma contraprestação por parte dos entes públicos[435]. Ainda que hoje o uso comum dos bens públicos se assuma como tendencialmente gratuito, existem, por exemplo, razões que militam no sentido de fazer participar os utentes nos custos financeiros inerentes ao bem público, o que sucederá sempre que a utilidade que o mesmo proporciona seja divisível (e o particular esteja apto a auferir uma vantagem especial) e desde que a liberdade dos utentes não fique desrazoavelmente atingida (princípio da proporcionalidade), talqualmente sucede em relação às auto-estradas[436].

Ora, sem perder de vista o critério mencionado em texto, parece que devemos entender estarmos ainda dentro do uso comum (e não ainda do uso privativo) se o particular actuar sobre a coisa em termos que correspondem à sua utilização «normal» ou «comum», atenta a sua natureza jurídica ou a respectiva afectação, construindo-se estas hipóteses como excepções[437]. Na realidade, ou em virtude de um imperativo de conservação dos bens dominiais, ou em razão da necessidade de proceder a uma regulação de usos, tal utilização dos bens pelos particulares assume especialidades, sem que isso implique a negação de estarmos aí perante um uso comum – daí o recurso à figura jurídica da licença (autorização constitutiva). Com efeito, e agora numa óptica mais genérica, as autorizações constitutivas de direitos (autorizações-licenças) pressupõem a existência, na esfera dos particulares, de certos direitos ou certas faculdades que, por questões de tutela do interesse público, se considera ficarem dependentes de uma ponderação administrativa perante as circunstâncias concretas, em termos de a Administração ficar com o poder de atribuir ao particular o poder que lhe foi legalmente retirado[438].

---

[435] *V.* FREITAS DO AMARAL, *A Utilização...*, pp. 101 e s..

[436] Cf. FREITAS DO AMARAL, *A Utilização...*, p. 100; ALBERTO XAVIER, *Manual de Direito Fiscal*, Lisboa, 1974, pp. 43 e 51; CASALTA NABAIS, *Direito Fiscal*, 6.ª ed., Almedina, Coimbra, 2010, p. 21.

[437] Cf. FREITAS DO AMARAL, *A Utilização...*, pp. 108 e s.; na senda deste Autor, GARCÍA PÉREZ (*La Utilización...*, p. 99) entende ainda que, por exemplo, não é a circunstância de se exigir uma actividade autorizativa por parte da Administração que implica não estarmos perante um uso comum, visto que também o princípio da liberdade que informa o respectivo conteúdo não há-de ser compreendido ilimitadamente, pelo que "será da própria essência do uso comum a utilização condicionada ou delimitada do domínio público".

[438] Assim, ROGÉRIO SOARES, *Direito Administrativo*, p. 116.

Atentando nestas situações, sói autonomizar-se as categorias de *uso ordinário especial* (Afonso Queiró[439]) ou *uso comum extraordinário* (Marcello Caetano[440]), enquanto formas do que designámos uso comum[441]. Afonso Queiró entende estarmos diante de situações que, embora conformes ao uso geral (sendo, em princípio, permitidos a todos os que se encontrem em particulares condições de facto), postulam uma apreciação (em regra) discricionária da Administração (no exercício dos seus poderes de regulamentação de usos), na medida em que podem "complicar" ou "dificultar" o uso geral ou outros usos ordinários especiais; sempre que se revela possível a emergência de interesses ou vantagens particulares desses usos especiais, os mesmos pressupõem o pagamento de uma taxa. Para Marcello Caetano, o *punctum saliens* da distinção prende-se com a intensidade (superior, no caso do uso comum extraordinário) da utilização do bem – daí a necessidade de uma autorização de carácter *policial*, assumindo-se como condição do exercício de um direito pré-existente.

Em sentido próximo, os artigos 25.º e 26.º do RJPIP distinguem entre *uso comum ordinário* e *uso comum extraordinário*. Principiando por sublinhar que "os bens do domínio público podem ser fruídos por todos mediante condições de acesso e de uso não arbitrárias ou discriminatórias", e identificando com esta utilização o uso comum ordinário, o artigo 25.º admite que excepções à gratuitidade do uso comum nos casos em que "o aproveitamento seja divisível e proporcione vantagem especial". A noção de uso comum extraordinário fica reservada apenas para os casos em que o uso do domínio público fica sujeito à obtenção de uma autorização e ao pagamento de uma taxa (cf. artigo 26.º).

Em virtude da falta de homogeneidade das mencionadas categorias e do facto de não englobarem também as outras situações consistentes em desvios (ou especialidades) aos princípios que pautam o uso

---

[439] AFONSO QUEIRÓ, *Lições...*, pp. 23 e s., fundado na distinção corrente em Itália (*v.*, por exemplo, CAPUTI JAMBRENGHI, *Premesse...*, pp. 120 e s.).
[440] MARCELLO CAETANO, *Manual...*, vol. II, pp. 931 e s..
[441] Para uma visão alternativa, cf. GOMES CANOTILHO, *A Utilização do Domínio Públicos pelos Cidadãos*, in *Em Homenagem ao Professor Doutor Freitas do Amaral*, Coimbra, 2010, pp. 1077 e ss. (esp.te pp. 1084 e s.), onde se problematiza a contraposição entre os usos especiais e os «usos gerais comunicativos», associados ao exercício de direitos fundamentais, desde a liberdade de expressão à liberdade de criação artística e cultural.

comum – ao lado das hipóteses que pressupõem autorizações administrativas, surgem também aquelas que implicam o pagamento de taxas (as quais nem sempre postulam uma maior intensidade de uso, como seria característica do uso comum extraordinário) –, Freitas do Amaral mostra-se avesso a conferir-lhes autonomia. Destarte, afirmando que não há um mas vários tipos de usos comuns extraordinários, o Autor opta por conceber estas situações como excepções aos princípios que regem o uso comum[442] – posição que sufragamos.

A individualização do uso especial enquanto forma de uso comum pode, no entanto, constituir, em termos didáctico-explicativos, um instrumento auxiliar para aludir às hipóteses de uso comum para as quais se exige uma autorização administrativa, sempre que a autorização requerida pretenda fazer face à especial onerosidade que a actividade em causa acarreta para o bem dominial, ou quando está em causa uma disciplina de usos múltiplos da coisa[443], independentemente de dar ou não origem ao pagamento de taxa. É que, neste caso, em termos diversos do que sucede quando está em causa uma simples excepção ao princípio da gratuitidade, poderá haver, de facto, uma especialidade em relação à forma de utilização da coisa pelo particular.

b) O uso privativo, visto não equivaler[444] à utilização «normal» (*i. e.*, correspondente à destinação ordinária da coisa ou à sua afectação) do bem do domínio público, pressupõe a outorga de um título jurídico-administrativo nesse sentido que defina com rigor os poderes do respectivo titular (o qual apenas pode retirar certas utilidades da coisa) relativamente a um bem dominial determinado e, em regra, a uma porção delimitada desse bem.

Por outra banda, e como decorre do n.º 1 do artigo 28.º do RJPIP, a utilização privativa dos bens em causa não pode prejudicar o exercício da função pública determinante da decisão legislativa de dominialização da

---

[442] FREITAS DO AMARAL, *A Utilização...*, pp. 103 e ss..

[443] Cf. FREITAS DO AMARAL, *A Utilização...*, p. 90.

[444] Cf. CASSESE, *I Beni...*, p. 207. Ainda que com esta afirmação não pretendamos que a atribuição aos particulares do uso privativo de bens dominiais consista exactamente numa *excepção* ao regime da dominialidade que necessite de uma justificação particularmente cuidada (sobretudo quando estejam em causa coisas integradas no que denominámos «domínio público formal» – trata-se, pois, como já vimos afirmando, de uma manifestação da circulação jurídica dos bens, em suma, de uma manifestação da sua comercialidade de direito público).

coisa e à qual esta permanece adstrita, pelo que também ao respeito dessa função está vinculado o particular que beneficia da utilização privativa[445].

Em suma, no âmbito do uso privativo, está em causa a possibilidade de cada particular extrair dos bens dominiais um proveito pessoal, directo, imediato e exclusivo; ou, nas palavras do STA, "o direito de aproveitamento ou utilização de um bem de domínio público concedido a pessoa determinada através de um acto ou contrato administrativo"[446]. Todavia, e encarando agora o problema sob o prisma da Administração, também as utilizações privativas concorrem para a valorização económica do domínio público e participam do desenvolvimento económico geral[447].

Se as disposições constantes dos artigos 27.º e seguintes do RJPIP estabelecem uma disciplina genérica da atribuição de usos privativos, encontramos diversos regimes especiais, editados em atenção às específicas funções de utilidade pública desenvolvidas pelos tipos de bens dominiais: atente-se no caso paradigmático das concessões de uso privativo de recursos hídricos (disciplinadas pelo Decreto-Lei n.º 227-A/2007), mas também nas concessões quem têm por objecto o domínio aeroportuário (cf. Decreto-Lei n.º 102/90), o domínio público ferroviário (cf. artigo 28.º do Decreto-Lei n.º 276/2003) ou o domínio militar (cf. artigos 9.º e 10.º da Lei Orgânica n.º 3/2008) e em algumas concessões específicas sobre o domínio rodoviário (*v. g.*, concessões utilização privativa do domínio público para a instalação de pontos de carregamento de baterias de veículos eléctricos em local público de acesso público, previstas no artigo 25.º do Decreto-Lei n.º 39/2010, de 26 de Abril, e regulamentadas pela Portaria n.º 1202/2010, de 29 de Novembro).

7.3. A CONCESSÃO DE USO PRIVATIVO

A concessão de uso privativo constitui um instrumento de dinamização dos bens dominiais[448]. Com efeito, o imperativo da rentabilização do

---

[445] A este propósito, CASSESE (*I Beni...*, pp. 213 e s.) sublinha que o uso privativo não tem por efeito o rompimento da reserva, já que ambos operam em planos diversos: o princípio da reserva ocupa um plano legislativo, ao passo que o uso privativo situa-se a um nível administrativo (o qual, por força do princípio da legalidade da Administração, não pode deixar de respeitar o primeiro).
[446] Acórdão do STA, de 22.10.96, P. 39207.
[447] GODFRIN, *Droit...*, p. 125.
[448] Em sentido próximo, ALVES CORREIA, *A Concessão...*, pp. 101 e ss..

domínio público conhece neste instituto (a par da concessão de exploração) um mecanismo determinante para associar os particulares à comercialidade de direito público característica destas coisas. Como veremos, não é por acaso que a concessão de uso privativo funciona, em certos casos, como forma de financiamento privado de obras públicas.

7.3.1. Noção e objecto da concessão

A *concessão de uso privativo* destina-se a conferir, mediante *acto* ou *contrato administrativo*[449], ao concessionário, durante um determinado período de tempo e, em regra, mediante o pagamento de taxa, a faculdade de aproveitamento dos bens do domínio público, de forma individual e exclusiva. Típica da concessão de uso privativo é, pois, a atribuição ao concessionário de um direito constituído *intuitu personæ* e (em regra) onerosamente (*i. e.*, sujeito ao pagamento de uma taxa), a partir do direito de propriedade pública a favor de uma entidade diferente do seu titular (pública ou privada), que, relativamente à parcela dominial, passa a gozar de uma posição jurídica exclusiva, temporalmente limitada, marcada por uma dicotomia entre estabilidade e precariedade, e que lhe permite aproveitar certas utilidades da coisa (as individualizadas no título) para a satisfação dos seus interesses.

O direito de uso privativo não existe na esfera do particular antes da sua atribuição pela Administração: através da outorga de um título jurídico-público, a entidade administrativa titular do bem dominial (ou, na sua vez, a entidade que detém a respectiva gestão) cria *ex*

---

[449] Não persistem quaisquer dúvidas sobre a natureza administrativa do contrato de concessão de uso privativo do domínio público (bem como, em geral, de quaisquer contratos que tenham por objecto bens dominiais). Efectivamente, a alínea *c)* do n.º 6 do artigo 1.º do CCP qualifica como contratos administrativos (ou, se quisermos utilizar a perífrase, contratos públicos que revestem a natureza de contratos administrativos) aqueles que "confiram ao co-contratante direitos especiais sobre coisas públicas", erigindo, pois, a natureza pública do objecto mediato do contrato como factor de administratividade do mesmo. Sobre a existência de "direitos especiais sobre coisas públicas" como factor de administratividade do contrato, cf. o nosso trabalho **Contrato Público e Domínio Público: Os Contratos sobre o Domínio Público à Luz do Código dos Contratos Públicos e da Nova Legislação sobre o Domínio Público**, in PEDRO GONÇALVES (org.), **Estudos sobre a Contratação Pública**, Coimbra, 2008, pp. 834 e ss..

novo na esfera jurídica do particular o direito de aproveitar, de forma exclusiva, as utilidades proporcionadas por um bem público, em vista da prossecução de um determinado fim (com maior ou menor densificação dos restantes poderes que lhe cabem). Esta asserção detém uma importância decisiva quando pretendemos reflectir sobre a natureza jurídica do título do qual emergem estes poderes do particular, em termos de averiguar se o mesmo reveste a natureza de autorização(-licença) ou de concessão. Trata-se de questão não despicienda, visto que a legislação e a doutrina se vêm referindo à dualidade de títulos constitutivos do uso privativo do domínio público, reservando a noção de concessão para as hipóteses em que o mesmo é atribuído mediante contrato administrativo, ficando o particular detentor de uma posição jurídica dotada de maior estabilidade, e empregando a de licença quando pretendem identificar o título com um acto administrativo, que implica para o particular uma posição precária[450].

Havendo-nos confrontado com esta problemática noutro local[451], concluímos no sentido de que tal título reveste sempre a natureza de uma *concessão*. Com efeito, a concessão pressupõe justamente a favor do particular a constituição *ex novo* de direitos que derivam de uma posição da Administração, ficando a esfera jurídica desta última diminuída em virtude desse facto[452]. Ora, também no âmbito específico que nos ocupa, antes da manifestação da vontade da entidade administrativa, não existe na esfera jurídica do particular um qualquer direito à utilização privativa do bem dominial (em princípio, constituem objecto deste tipo de concessões bens dominiais susceptíveis de uso comum e cuja dominialidade pressupõe justamente tal característica), sendo este

---

[450] Na doutrina, *v. g.*, PEDRO GONÇALVES, *A Concessão...*, pp. 87 e s.; *v.* também FREITAS DO AMARAL/JOSÉ PEDRO FERNANDES, *Comentário...*, pp. 183 e ss..
Uma tendência contrária parecia ser inaugurada pelo RJPIP, cujos artigos 28.º e 29.º aludiam apenas a concessão, outorgada por acto ou contrato, apesar da referência a "licença e concessão" constante do artigo 27.º.

[451] Cf. o nosso trabalho *O Domínio...*, pp. 322 e ss..

[452] Sobre a noção de concessão, cf. ROGÉRIO SOARES, *Direito Administrativo*, pp. 107 e ss.; FREITAS DO AMARAL, *Curso...*, vol. II, pp. 289 e ss.; PEDRO GONÇALVES, *A Concessão...*, pp. 49 e ss..
Tendo concluído que estamos diante de uma concessão, pode colocar-se o problema de saber se a concessão de uso privativo outorgada a um particular se reconduz necessariamente a uma *concessão constitutiva* ou se se podem configurar aqui hipóteses em que se trate uma *concessão translativa*. Cf. o que dissemos em *O Domínio...*, p. 326.

direito derivado do direito de propriedade pública que a Administração detém sobre aquela coisa em concreto[453].

O erro dogmático do legislador – até ao momento praticamente inofensivo – assumiu, entretanto, uma relevância acutilante. O Decreto--Lei n.º 48/2011, de 1 de Abril[454], procurando responder aos imperativos de simplificação administrativa, vem substituir um conjunto de actos permissivos por uma comunicação prévia. Nos termos da alínea *b)* do n.º 2 do citado diploma, "é simplificado o regime da ocupação do espaço público, substituindo-se o licenciamento por uma mera comunicação prévia para determinados fins habitualmente conexos com estabelecimentos de restauração ou de bebidas, de comércio de bens, de prestação de serviços ou de armazenagem". Se compulsarmos o artigo 10.º – preceito que esclarece quais as finalidades do uso privativo do domínio público autárquico[455] –, verificamos que reveste pouco significado a perturbação do uso público que tais utilizações comportam. Esta ideia constituiria, pois, um arrimo determinante para a simplificação dos procedimentos concessórios, mas nunca para a substituição da prática de um acto administrativo de concessão por uma comunicação prévia. Recorde-se que este último procedimento se encontra reservado para as hipóteses em que a actividade *privada* de um *particular* está condicionada ao exercício de uma competência de *controlo* pela Administração[456]; tal apenas se revela

---

[453] No mesmo sentido, *v.* AFONSO QUEIRÓ, **Lições...**, pp. 26 e s.; ROGÉRIO SOARES, **Direito Administrativo**, pp. 108 e 110. Em sentido contrário, MARQUES GUEDES, **Concessão**, in **Dicionário Jurídico da Administração Pública**, vol. II, Lisboa, 1990, pp. 541 e s., e *A Concessão. Natureza Jurídica da Concessão*, Coimbra, 1954, pp. 158 e s.. Repare-se que FREITAS DO AMARAL, embora reconheça que o particular não detinha o direito de ocupar privativamente uma parcela dominial antes da outorga do respectivo título pela Administração – título esse que, nessa medida, assume carácter constitutivo –, não deixa de fazer referência à possibilidade de o uso privativo ser atribuído por licença (*A Utilização...*, pp. 207 e 170 respectivamente, não ligando, porém, as concessões unicamente a contratos administrativos e admitindo, por isso, títulos unilaterais de concessão).

[454] Regulamentado pela Portaria n.º 239/2011, de 21 de Junho.

[455] Estão aqui incluídas as utilizações destinadas a instalação de toldo e respectiva sanefa; instalação de esplanada aberta; instalação de estrado e guarda-ventos; instalação de vitrina e expositor; instalação de suporte publicitário, nos casos em que é dispensado o licenciamento da afixação ou da inscrição de mensagens publicitárias de natureza comercial; instalação de arcas e máquinas de gelados; instalação de brinquedos mecânicos e equipamentos similares; instalação de floreira; e instalação de contentor para resíduos.

[456] Em geral, sobre os procedimentos de comunicação prévia, cf. PEDRO GONÇALVES, **Controlo Prévio das Operações Urbanísticas Após a Reforma Legislativa de**

possível quando a actividade desenvolvida pelos cidadãos corresponde ao exercício de um direito pré-existente na sua esfera jurídica e que, por razões de interesse público, o legislador sujeitava a uma apreciação administrativa prévia. O direito de uso privativo de um bem dominial não existe na esfera do particular enquanto o titular do bem (ou a entidade responsável pela respectiva gestão) não decidir atribuir-lho. Por este motivo, e em rigor, a simples comunicação à autarquia da utilização do domínio público nos termos do Decreto-Lei n.º 48/2011, não faz nascer na esfera jurídica do particular qualquer direito.

A questão assume contornos ainda mais complexos se atentarmos que o artigo 12.º estabelece uma dicotomia no interior do procedimento de comunicação, destrinçando entre a *mera comunicação prévia* e a *comunicação prévia com prazo*, consoante a utilização privativa corresponda ou não aos critérios previstos no n.º 1 do mesmo preceito. A mera comunicação prévia consiste na "declaração que permite ao interessado proceder imediatamente à ocupação do espaço público, após o pagamento das taxas devidas" (artigo 12.º, n.º 2) – a implicar que estamos diante de um *controlo público preventivo sem decisão administrativa habilitadora ou permissiva*[457]. Por sua vez, de acordo com o n.º 5 do artigo 12.º, o procedimento de comunicação prévia com prazo determina que, à declaração do interessado, se siga uma decisão administrativa expressa (o "despacho de deferimento do presidente da câmara municipal") ou o decurso do prazo fixado, ao qual o legislador faz equivaler o deferimento: eis o que parece resultar da referência conjugada aos efeitos da mera comunicação prévia e ao deferimento da comunicação prévia com prazo no n.º 8, que "dispensam a prática de quaisquer outros actos *permissivos* (!) relativamente à ocupação do espaço público, designadamente a necessidade de proceder a licenciamento ou à *celebração de contrato de concessão* (!!)" (itálico e exclamações nossos).

Nem todos os bens dominiais podem ser objecto de concessões de uso privativo. Configurando estas uma forma de proporcionar ao concessionário a fruição do domínio público para a prossecução dos seus interesses

---

2007, in *Direito Regional e Local*, n.º 1, Janeiro/Março, 2008, pp. 14 e ss., e *Simplificação Procedimental e Controlo Prévio das Operações Urbanísticas*, in *I Jornadas Luso-Espanholas de Direito do Urbanismo*, Almedina, Coimbra, 2009, pp. 79 e ss..

[457] Sobre esta classificação, cf., entre nós, PEDRO GONÇALVES, *Simplificação...*, cit., por contraposição ao *controlo público preventivo com decisão administrativa fictícia*.

(sem prejuízo da destinação da coisa), apenas os bens susceptíveis de utilização pelos particulares constituirão o seu objecto – o que, em regra, significa que estarão apenas em causa bens cuja decisão (constitucional ou legislativa) de dominialização tenha ocorrido pelo menos em função do critério do uso público (assim acontecendo, por exemplo, com o domínio hídrico ou com o domínio rodoviário, mas já não, *e. g.*, com o domínio militar)[458].

7.3.2. Procedimento de escolha do concessionário

A circunstância de a utilização dos bens dominiais constituir um benefício conferido a determinado particular em detrimento dos demais, aliada ao facto de o uso privativo contender necessariamente com o uso comum que do bem em causa se pudesse fazer impõem alguns cuidados no procedimento de escolha do concessionário.

Não dispondo o sistema jurídico de uma disciplina genericamente dedicada às concessões de uso privativo (outorgadas por acto ou contrato), e exceptuando os regimes especiais relativos a determinadas concessões. torna-se mais difícil determinar as exigências em matéria procedimental. Tratando-se de concessão atribuída por acto administrativo («licença»), e à falta de disposições especiais, aplicar-se-ão as normas atinentes ao procedimento administrativo, mas com uma singularidade: nos termos do artigo 7.º do RJPIP, deve a Administração assegurar aos interessados em utilizar os bens dominiais uma concorrência efectiva.

---

[458] As concessões incidem apenas sobre uma parcela limitada do domínio público, pelo que do conteúdo do título tem de constar a sua descrição, em termos que permitam a respectiva identificação em termos físicos (cf. também FREITAS DO AMARAL, *A Utilização...*, p. 209). Embora alguma legislação aluda apenas à menção dos terrenos ou instalações objecto da concessão [cf. artigos 4.º, alínea *b)*, do Decreto-Lei n.º 102/90, e 8.º, alínea *b)*, dos Decretos Legislativos Regionais n.ºˢ 7/2000/M e 35/2002/A], deve entender-se que a descrição dos terrenos envolve, sempre que possível, a descrição da respectiva situação por referência ao lugar, rua ou confrontações. Além disso, revelar-se-ia sempre profícuo exigir que constasse do título concessório, pelo menos como anexo, uma planta topográfica destinada à identificação daquela parcela, a propósito da concessão de uso privativo. Um dos mecanismos que facilitariam esta tarefa seria a exigência de que, *v. g.*, quando se tratasse de concessão solicitada pelo particular, este instruísse o seu requerimento com uma planta topográfica do local visado (cf., por exemplo, em França, artigo 2, alínea *d)*, do *Décret* 2004-308, de 29 de Março, relativo às concessões de uso privativo do domínio público marítimo fora dos portos).

Estando em causa contratos administrativos de concessão de uso privativo, julgamos que as mesmas se encontram sujeitas à Parte II do Código dos Contratos Públicos (CCP). Recorde-se que o âmbito de aplicação da Parte II do CCP – dedicada à *contratação pública* – é recortado em função de um critério duplo, simultaneamente objectivo e subjectivo: por um lado, apenas se encontram compreendidos os *contratos cujo objecto abranja prestações que estão ou estejam susceptíveis de estar submetidas à concorrência de mercado* (cf. artigo 5.º, n.º 1, *a contrario*, e artigo 16.º); por outro lado, têm de estar em causa contratos *celebrados pelas entidades adjudicantes* previstas no artigo 2.º (cf. artigo 1.º, n.º 2) e não excluídas pelo artigo 6.º.

É certo que a concessão de uso privativo serve, em primeira linha, os interesses *privados* do concessionário (relevantes na medida em que não vulnerem a destinação pública do bem em causa), e a Administração não pretende obter uma prestação dos particulares; pelo contrário, estes últimos é que carecem de utilizar determinado bem público para a prossecução dos seus interesses privados. Deparamo-nos, pois, com uma situação inversa daquela que se encontra na *mens legislatoris* (*i.e.*, aquela em que a entidade administrativa se dirige ao mercado para solicitar a prestação de um serviço ou a aquisição de um bem). Todavia, a *ratio* determinante das soluções contidas na Parte II – funcionalmente orientada para a defesa da "concorrência efectiva para a adjudicação dos contratos públicos", aliada aos princípios da igualdade de tratamento, da proporcionalidade e da transparência – verifica-se também nas concessões de uso privativo. Também aqui urge garantir que a escolha da Administração recaia sobre o co-contratante cuja proposta se revele mais vantajosa para o interesse público, a implicar uma maior abertura do procedimento pré-contratual que permita uma chamada de várias propostas propiciadora de uma comparação entre elas. Permitir que um particular possa obter para si, a título exclusivo, uma maior utilidade (privada) sobre um bem dominial que a generalidade dos utentes confere-lhe uma posição privilegiada (*hoc sensu*, especialmente vantajosa) no contexto da utilização do domínio público, posição essa que deve estar ao alcance apenas daqueles que, da perspectiva da destinação da coisa e da prossecução do interesse público, simultaneamente perturbem o menos possível a destinação principal e contribuam para maior rentabilização do património[459].

---

[459] Sobre esta questão, cf. também o nosso trabalho **Contrato...**, pp. 846 e ss.. O problema da determinação do regime aplicável à formação de contratos de concessão de uso privativo pode ainda complexificar-se, em atenção ao facto de, em muitas das hipóteses, ser o particular que se dirige à Administração, requerendo a outorga daquele uso – aspecto

7.3.3. Relação jurídica emergente da concessão

A definição dos poderes e dos deveres a cargo do concedente e do concessionário constará do título atributivo do uso privativo, o qual deverá identificar a finalidade a que se destinam os bens, bem como as actividades acessórias permitidas ao concessionário. Em geral, e como resulta da noção já avançada *supra*, ao concessionário cabe o poder de utilizar, a título exclusivo, a parcela dominial concedida, ficando-lhe cometidos os deveres de conservação da mesma e de pagamento de uma taxa, sem prejuízo de ao concessionário poderem ser impostos deveres acessórios conexos com a actividade em causa ou com a preservação da idoneidade ou da capacidade técnica ou financeira daquele, quando tal se justifique por razões de interesse público (artigo 39.º). Correspectivamente, a entidade concedente tem o dever de entregar a parcela concedida e de se abster da prática de quaisquer actos (jurídicos ou materiais) que perturbem o gozo da mesma, nos termos consagrados no título de uso privativo.

Não analisando, neste momento, todos os aspectos do desenvolvimento da relação jurídica emergente da concessão[460], centrar-nos-emos nos pontos mais problemáticos ou com maior relevância para a dinamização jurídica e económica do domínio público, a saber: *(a)* a garantia da posição jurídica do titular do uso privativo, *(b)* a transmissibilidade e onerabilidade da posição jurídica do concessionário e *(c)* a disciplina da extinção da concessão.

(a) Aludir à garantia da posição jurídica do concessionário impõe a sua distinção face à garantia dos próprios bens do domínio público, a qual compreende naturalmente a defesa destes últimos contra actuações quer da Administração, quer de terceiros, quer dos concessionários de uso privati-

---

configurável à luz da noção da «propostas não solicitada» (*unsolicited proposal*). Trata-se, aliás, de uma situação contemplada pelo legislador, no que tange às concessões de uso privativo de recursos hídricos (cf. artigos 21.º, n.ºˢ 4 e seguintes, e 24.º, n.º 5, do Decreto-Lei n.º 226-A/2007; sobre este regime, cf. as considerações que tecemos em *Energia...*, pp. 41 e ss.). Sobre a questão das propostas não solicitadas, aludindo também ao uso privativo do domínio público, v. LINO TORGAL/MARISA FONSECA, *Contributo para um Regime de Contratação de Concessão de Obras e de Serviços Públicos na Sequência de Propostas Não Solicitadas* (**Unsolicited Proposals**), in *Estudos em Homenagem ao Prof. Doutor Sérvulo Correia*, vol. II, Coimbra, 2010, pp. 523 e ss..

[460] Para a referência a alguns aspectos da relação jurídica contratual emergente da concessão de uso privativo, cf. os nossos trabalhos *A Concessão...*, pp. 322 e ss., e *Contrato...*, pp. 872 e ss.; cf. também ALVES CORREIA, *A Concessão...*, pp. 104 e ss..

vo que ultrapassem o âmbito do título. Aliás, se se atentar nos objectivos prosseguidos pelos mecanismos de garantia, verificar-se-á que são diversos: a garantia dos bens dominiais tem em vista a defesa da função pública pelos mesmos prosseguida contra comportamentos (activos ou omissivos) de qualquer sujeito que ofendam ou façam perigar essa função; a garantia da posição do concessionário destina-se, compreensivelmente, a assegurar o gozo das faculdades compreendidas no direito emergente da concessão.

Desde logo, a posição do concessionário merece garantia contra comportamentos da Administração. Assim, afirmar que sobre a entidade concedente impende o dever de entregar a parcela dominial objecto da concessão, impõe que se determinem quais os meios ao dispor do concessionar para efectivar o seu direito de exigir[461] a consignação da mesma parcela[462]. Sendo a concessão outorgada mediante contrato administrativo, o concessionário terá a possibilidade de intentar um acção administrativa comum relativa à execução do contrato a fim de exigir a entrega da coisa devida, caso em que o tribunal proferirá uma sentença condenatória dirigida à entrega de coisa certa [artigos 37.º, n.º 2, alínea *e)*; 40.º, n.º 2, alínea *a)*, do CPTA]. Se a Administração não der execução espontânea à sentença no prazo de três meses (artigo 162.º, n.º 1, do CPTA), o concessionário desencadeia respectiva execução judicial, requerendo a entrega judicial da coisa devida [artigo 164.º, n.º 4, alínea *a)*, do CPTA]. De acordo com o artigo 167.º do CPTA, não executando a Administração a sentença no prazo concedido para a oposição, ou tendo sido a oposição considerada improcedente, o tribunal adoptará todas as providências necessárias para que cumpra a sentença condenatória, podendo inclusivamente assistir-se à entrega judicial da coisa devida[463]. Tratando-se de concessão de uso priva-

---

[461] *V.* FREITAS DO AMARAL, *A Utilização...*, p. 209, entendendo já que na esfera jurídica do concessionário se encontra um verdadeiro poder de exigir a consignação, ainda que, face aos meios jurisdicionais então existentes, o Autor concluísse pela impossibilidade de efectivação jurisdicional desse direito (cf. *Op.* pp. 272 e s.). O princípio da tutela jurisdicional efectiva impede que hoje sejam negados ao concessionário os meios de acesso aos tribunais administrativos para defesa do seu direito (cf. o que diremos em texto).

[462] Independentemente da indemnização por responsabilidade civil contratual decorrente da violação de um direito relativo, quando em causa esteja um contrato administrativo de concessão de uso privativo.

[463] Só assim não sucederá se, havendo a Administração invocado causa legítima de inexecução (*i. e.*, impossibilidade absoluta ou grave prejuízo para o interesse público na execução da sentença – artigo 163.º do CPTA), esta haver sido julgada procedente, caso em que o particular terá direito a indemnização, nos termos do artigo 166.º do CPTA.

tivo cujo título reveste a forma de acto administrativo, este constitui título executivo[464] suficiente para que o concessionário se dirija aos tribunais administrativos solicitando a respectiva execução judicial nos termos apontados (artigo 157.º, n.º 3).

Após a outorga da concessão dominial e a consignação da parcela, fica a Administração vinculada a respeitar o direito de uso privativo que atribuiu ao particular. Isto significa que não pode adoptar actuações jurídicas ou comportamentos materiais que ofendam o direito de utilização exclusiva da parcela dominial, dentro dos limites e para os fins contemplados no título. Tal não implica ignorar as prerrogativas de que, no desenrolar da relação jurídica estabelecida pela concessão de uso privativo, a Administração goza, mas apenas alertar para o facto de o particular poder reagir judicialmente sempre que aquelas são exercidas de forma ilegal.

A questão reside, pois, nas possibilidades de reacção do concessionário quando a Administração adopta actuações jurídicas que põem em causa a respectiva posição (por exemplo, cancelamento do título, sem que se tenha verificado qualquer causa de caducidade do mesmo), ou quando, através de comportamentos materiais, impede o gozo da parcela dominial objecto da concessão. Em geral, quando a ofensa da posição do concessionário decorra de actuações jurídicas da Administração, o modo de reacção adequado será a acção administrativa especial ou comum, consoante esteja ou não em causa a impugnação (ou a condenação à prática) de um acto administrativo; tratando-se de comportamentos materiais ofensivos do direito de uso privativo ou de pretensões indemnizatórias[465], o particular intentará uma acção administrativa comum contra a Administração.

Maiores especificidades reveste a possibilidade de o particular possuir mecanismos de defesa da sua posição jurídica contra terceiros, a qual

---

[464] É justamente aqui que reside a função tituladora do acto administrativo, como a configura VIEIRA DE ANDRADE, *Algumas Reflexões a Propósito da Sobrevivência do Conceito de "Acto Administrativo" no Nosso Tempo*, in *Estudos em Homenagem ao Prof. Doutor Rogério Soares*, Coimbra, 2001, p. 1220.

[465] Por exemplo, em França é objecto de acentuado desenvolvimento a questão de saber quando tem o titular do uso privativo (*permissionaire*) direito a uma indemnização por danos ocorridos em resultado da realização de *travaux publics*, concluindo-se no sentido de que aquela pretensão indemnizatória só se afigura viável quando os *travaux publics* sejam efectuados no interesse de uma dependência dominial diversa da ocupada ou quando, sendo efectuados no interesse da dependência dominial ocupada, a sua realização decorra em condições anormais. Cf. AUBY/BON, *Droit...*, pp. 138 e s.; MORAND-DEVILLER, *Cours...*, pp. 268 e s.; GODFRIN, *Droit...*, pp. 139 e s..

não pode ser compreendida com abstracção da nota da exclusividade que caracteriza o uso privativo[466]. O problema colocado quanto à garantia da posição do concessionário contra terceiros prende-se com a questão de saber se aquele pode reagir directamente ou se, em qualquer circunstância, se deve dirigir à Administração a fim de que seja esta a actuar contra os comportamentos dos terceiros que se revelem incompatíveis com o direito conferido ao particular.

O princípio tradicionalmente vigente no nosso sistema jurídico é o que resulta, por exemplo, do artigo 6.º do Decreto-Lei n.º 226-A/2007. De acordo com esta solução, sempre que um uso privativo seja perturbado por terceiro em virtude de ocupação abusiva da parcela dominial ou de qualquer outro meio, o respectivo titular pode requerer, para garantia dos seus direitos, à entidade competente que intime o contraventor a desocupar o domínio ou a abster-se do comportamento violador do uso privativo[467]; se a Administração não adoptar as providências adequadas ou se

---

[466] A consagração da oponibilidade a terceiros da posição jurídica do concessionário não implica o reconhecimento da natureza real do direito de uso privativo. Como defendemos noutros locais (cf. *O Domínio...*, pp. 476 e ss., e *A Concessão...*, pp. 361 e ss.), trata--se de um *direito pessoal de gozo público*, cujo conteúdo se cifra na atribuição de um poder directo e imediato sobre uma coisa; não obstante o interesse do titular apenas ficar satisfeito com uma actuação sobre a coisa e não como resultado do cumprimento de uma prestação, não poderemos olvidar que, em termos de *fonte* ou *fundamento*, o poder directo e imediato provém da obrigação assumida pela Administração de colocar a parcela dominial em causa à disposição do concessionário. Daí que, como vimos, antes da entrega do bem dominial ao particular, não se encontra ao seu dispor qualquer mecanismo semelhante a uma acção de reivindicação: nesta hipótese, o concessionário apenas pode exigir à entidade competente o cumprimento da sua obrigação à entrega da coisa. Trata-se de posição hoje também perfilhada por ALVES CORREIA, *A Concessão...*, pp. 112 e ss..

[467] O artigo 9.º, n.º 3, do Decreto-Lei n.º 102/90 e os artigos 13.º, n.º 3, dos Decretos Legislativos Regionais n.ºˢ 7/2000/M e 35/2002/A determinam que, em caso de ameaça ou violação dos direitos decorrentes da concessão («licença») de uso privativo por factos ou actos de terceiro, os titulares devem dar conhecimento escrito e imediato à Administração. Assim, especificamente no que respeita ao domínio público aeroportuário, não está obrigado o particular a *requerer* às entidades competentes que adoptem as providências adequadas: a partir do momento em que a Administração toma conhecimento – através da comunicação escrita do concessionário – da violação (ou ameaça de violação) da sua posição jurídica por terceiros, deve desencadear as medidas adequadas à tutela do direito de uso privativo. Já face à redacção do n.º 1 do artigo 6.º do Decreto-Lei n.º 226-A/2007, parece que, no âmbito dos recursos hídricos, a adopção pela Administração das providências adequadas à defesa do direito de uso privativo pressupõe, em princípio, um requerimento do concessionário nesse sentido.

as providências adoptadas se revelarem insuficientes ou inoportunas, o Estado e as demais entidades competentes, assim como os respectivos órgãos ou agentes, respondem civilmente pelos danos causados ao concessionário[468]. Deste modo, deve entender-se que a defesa administrativa do uso privativo concedido consubstancia um verdadeiro *dever* a cargo da Administração concedente para com o titular do uso privativo[469], cuja violação aparece sancionada logo em sede de responsabilidade civil[470]. No fundo, e embora aquele dever resulte directamente do título, está aqui ainda subjacente o imperativo de uma boa gestão dos bens dominiais que pressupõe uma adequada rentabilização dos mesmos, prosseguida também através da outorga de concessões de uso privativo e da protecção dos concessionários, e que é tanto mais evidente quando se trata de usos de utilidade pública.

---

[468] Repare-se, porém, que, perante preceito idêntico constante do Decreto-Lei n.º 468/71, já FREITAS DO AMARAL/JOSÉ PEDRO FERNANDES (*Comentário*..., pp. 234 e s.) entendiam que o mesmo não precludia que o titular do uso privativo, se assim o preferisse, recorresse à acção directa, nos termos do artigo 336.º do Código Civil, ou ao tribunal, mediante a propositura de uma acção de manutenção ou restituição da posse. Todavia, acrescentavam os mesmos Autores, tal só se revelaria admissível quando em causa estivesse a defesa das obras e edifícios construídos sobre o domínio público que pertençam em propriedade privada ao concessionário; se se tratasse apenas da defesa do uso privativo sobre a parcela dominial, concluíam os Autores (nos mesmos termos da doutrina tradicional) que se tornava impossível o recurso às acções possessórias civis.

[469] Neste sentido já se haviam pronunciado FREITAS DO AMARAL/JOSÉ PEDRO FERNANDES, *Comentário*..., p. 234, ainda que no âmbito do Decreto-Lei n.º 468/71.

[470] Uma vez que tal dever emerge da relação jurídica entre Administração e particular constituída pela concessão de uso privativo (da qual emergem, como veremos, direitos relativos e não direitos absolutos), estaremos diante de uma situação de responsabilidade civil *contratual* (*rectius*, obrigacional), ainda que o título concessório não revista a forma de contrato. Sobre a distinção entre responsabilidade civil contratual (resultante da violação de direitos relativos, os quais emergem, em geral, não apenas apenas dos contratos, mas também de negócios jurídicos unilaterais ou mesmo directamente da lei) e responsabilidade civil extracontratual (resultante da violação de direitos absolutos e de disposição legal destinada a proteger interesses alheios que não conferem aos seus titulares um direito subjectivo à tutela), *v.*, por exemplo, VAZ SERRA, *Responsabilidade Contratual e Responsabilidade Extracontratual*, in *Boletim do Ministério da Justiça*, n.º 85, 1959, pp. 115 e ss., n. 1; ALMEIDA COSTA, *Direito das Obrigações*, 7.ª ed., Coimbra, 1998, pp. 467 e ss., e bibliografia aí citada (p. 469, n. 2); ANTUNES VARELA, *Das Obrigações em Geral*, vol. I, 9.ª ed., Coimbra, 1998, pp. 552 e ss.. Em qualquer das situações, a forma processual adequada para a efectivação da responsabilidade civil é a acção administrativa comum (para os contratos, cf. PEDRO GONÇALVES, *O Contrato*..., p. 158).

Atente-se, porém, que da previsão segundo a qual a tutela do uso privativo constitui um dever que impende sobre a Administração concedente não resulta necessariamente que se negue ao particular a possibilidade de uma defesa directa contra actuações lesivas de terceiros. Basta pensar na difícil situação em que se encontraria o concessionário quando a Administração não cumprisse o seu dever de tutela eficaz do seu direito: se se negasse ao particular a defesa da sua posição jurídica, apenas lhe restaria o direito a uma indemnização, que, por constituir uma mera reparação por equivalente, nem sempre satisfaria integralmente os seus interesses[471]. De acordo com esta solução, a defesa do titular do uso privativo cabe, *em primeira linha*, à Administração, pelo que a tutela jurisdicional *por iniciativa do concessionário* há-de revestir carácter *subsidiário*. Isto significa que, antes de recorrer ao tribunal, o concessionário tem de se dirigir às autoridades competentes para que estas tomem as medidas adequadas à tutela da sua posição jurídica; na ausência da prática de quaisquer medidas ou das medidas adequadas, pode o concessionário dirigir-se ao tribunal para que este condene os terceiros a adoptarem ou a absterem-se de adoptar o comportamento violador[472].

Trata-se de uma hipótese perfeitamente enquadrável no n.º 3 do artigo 37.º do CPTA. De acordo com aquele preceito, "quando, sem fundamento em acto administrativo impugnável, particulares, nomeadamente concessionários, violem vínculos jurídico-administrativos decorrentes de normas, actos administrativos ou contratos, sem que, solicitadas a fazê-lo, as autoridades administrativas tenham adoptado as medidas adequadas, qualquer pessoa ou entidade cujos direitos ou interesses sejam directamente ofendidos pode pedir ao tribunal que condene os mesmos a adoptarem ou a absterem-se de certo comportamento, por forma a assegurar o cumpri-

---

[471] Argumentando também com a ineficácia da solução que apontasse unicamente para a defesa do uso privativo através da Administração, cf. AFONSO QUEIRÓ, *Lições*..., p. 35 (como já aludimos, não acompanhamos, contudo, o Autor quando este entende que as coisas públicas se encontram não posse do concessionário, sendo-lhe, por isso, legítimo fazer uso dos meios possessórios civis). FREITAS DO AMARAL (*A Utilização*..., p. 277) já reconhecia, contudo, que o recurso aos meios administrativos de defesa não oferecia garantias de eficácia, entendendo que os resultados deficientes quanto à protecção do uso privativo deviam ser imputados à lei por, na época em que escreve, não ter organizado um conjunto de meios adequados de tutela do concessionário.

[472] Trata-se, uma vez mais, de uma questão que deveria ser objecto de uma previsão legislativa expressa que contemplasse as especificidades emergentes do facto de estarem aqui em causa bens submetidos a um estatuto especial de direito público.

mento dos vínculos em causa". Ora, a adopção por terceiros de comportamentos que impeçam o gozo da parcela dominial concedida constitui uma violação por aqueles de normas jurídico-administrativas, em concreto, das normas legais que reconhecem o direito de utilização *exclusiva* da parcela dominial para os fins e com os limites consignados no título constitutivo da concessão. Em suma, uma vez solicitada à Administração a adopção das providências necessárias e adequadas para a defesa do direito de uso privativo sem que aquela corresponda ao requerimento e não tenha havido lugar à prática de qualquer acto administrativo (por exemplo, a negar a pretensão do interessado), o concessionário pode intentar contra os terceiros uma acção administrativa comum, ao abrigo do disposto na primeira parte da alínea *c)* do n.º 1 e do n.º 3 do artigo 37.º do CPTA.

(b) Um dos aspectos que decisivamente contribui para a rentabilização dos bens dominiais consiste no leque de possibilidades e nas condições a que devem estar submetidas a oneração e a transmissão *inter vivos*[473] (cessão da posição contratual) da posição jurídica do concessionário. A admissibilidade da realização de tais operações não pode abstrair, porém, da consideração de dois pontos. Por um lado, deve partir-se do princípio de que as concessões dominiais revestem um carácter pessoal, são outorgada *intuitu personæ*, atentas as qualidades e capacidades do concessionário e as garantias oferecidas pelo mesmo[474]. Por outro lado, surge hoje como inegável a afirmação de que a posição jurídica do concessionário possui

---

[473] A admissibilidade da transmissão por via hereditária da posição do concessionário no caso das concessões de uso privativo aparece consagrada em alguns diplomas, embora logo se acrescente que, verificada esta situação, a Administração concedente tem o poder de declarar a caducidade, se constatar que não subsistem condições necessárias à emissão do título ou que o novo titular não oferece garantias de observância das condições dos títulos (cf. artigo 26.º, n.º 2, do Decreto-Lei n.º 226-A/2007). Já as normas relativas à utilização do domínio público aeroportuário admitem a possibilidade de revogação nas hipóteses em que a herança permaneça indivisa por mais de cento e vinte dias, ou se, no prazo de trinta dias a contar do conhecimento da pessoa do sucessor, este não reunir os requisitos de capacidade e idoneidade que serviram de base à outorga do título (*v.* artigos 11.º, n.º 2, do Decreto-Lei n.º 102/90, 15.º, n.º 2, dos Decretos Legislativos Regionais n.ᵒˢ 7/2000/M e 35/2002/A).

[474] Neste sentido, FOURNIER/JACQUOT, **Un Nouveau Statut pour les Occupants du Domaine Public**, in ***L'Actualité Juridique – Droit Administratif***, n.º 11, Novembro 1994, p. 769. Em virtude desta consideração, o n.º 2 do artigo 92 da *Ley del Patrimonio de las Administraciones Públicas* dispõe que "não serão transmissíveis as autorizações para cuja outorga se deva ter em conta as circunstâncias pessoais do autorizado ou cujo número se encontre limitado, salvo se as condições por que se regem admitam a sua transmissão".

um valor patrimonial[475], pelo que uma proibição absoluta obstruiria o comércio jurídico público[476].

Recorde-se que, no que respeita especificamente à oneração da posição jurídica do concessionário, a alínea d) do n.º 1 do artigo 688.º do Código Civil já previa que o "direito resultante de concessões em bens do domínio público" podia ser objecto de hipoteca, observadas as disposições legais relativas à transmissão dos direitos concedidos. As dúvidas suscitadas a propósito do âmbito de aplicação desta norma (*in concreto*, averiguar se o objecto da hipoteca correspondia ao direito emergente da concessão ou aos direitos – privados – que o concessionário tinha sobre as construções que efectuou na parcela dominial concedida)[477] dissipam-se atenta a disposição genérica hoje constante do n.º 3 do artigo 28.º do RJPIP, que expressamente admite, no caso das concessões de uso privativo, que "o direito resultante da concessão pode constituir objecto de actos de transmissão entre vivos e de garantia real, de arresto, de penhora ou de qualquer outra providência semelhante desde que precedidos de autorização expressa da entidade concedente"[478].

No mesmo sentido se orientam as disposições legais relativas à transmissão dos direitos de uso privativo de recursos hídricos (cf. artigos 72.º, n.º 3, da *Lei da Água*, e 26.º, n.º 1, do Decreto-Lei n.º 226-A/2007)[479] ou

---

[475] REZENTHEL, *Vers une Meilleure Protection Contre la Précarité de l'Occupation du Domaine Public*, in *L'Actualité Juridique – Droit Administratif*, n.º 12, Dezembro 2001, p. 1029.

[476] Já FREITAS DO AMARAL/JOSÉ PEDRO FERNANDES (*Comentário*..., p. 211) opinavam no sentido de que uma proibição absoluta de transmissão da posição do concessionário poderia redundar no efeito adverso de aumentar a clandestinidade.

[477] Sobre este problema, cf., da nossa autoria, *O Domínio*..., pp. 364 e ss..

[478] Não ignoramos as dificuldades que, do ponto de vista registal, esta solução pode comportar, em virtude da ausência de um sistema de registo dos bens do domínio público. A alínea v) do n.º 1 do artigo 2.º do Código do Registo Predial sujeita a registo a concessão em bens do domínio público e as suas transmissões, quando sobre o direito concedido se pretenda registar hipoteca; tal implicará que, na ausência de prévio registo da parcela dominial concedida (o qual só existirá se, em algum momento, a mesma se tiver encontrado incluída no comércio jurídico privado), o primeiro registo consistirá justamente naquele que incide sobre a concessão – com todas as consequências que tal importa sob a óptica do princípio do trato sucessivo (cf. artigo 34.º), nos termos do qual "o registo definitivo de aquisição de direitos (...) ou de constituição de encargos por negócio jurídico depende da prévia inscrição dos bens em nome de quem os transmite ou onera"; na ausência de inscrição registal, impõe-se o prévio desencadeamento do procedimento de justificação registal, nos termos do artigo 116.º.

[479] Nos casos em que a transmissão do título de utilização é efectuada no contexto e como elemento do estabelecimento comercial ou industrial ou da exploração agrícola, o

de parcelas do domínio público aeroportuário (cf. artigo 11.º, n.os 1 e 4, do Decreto-Lei n.º 102/90, e artigo 15.º, n.os 1 e 4, dos Decretos Legislativos Regionais n.os 7/2000/M e 35/2002/M). Já o Decreto-Lei n.º 276/2003 relativo ao domínio público ferroviário exige que do título concessório constem os termos da autorização prévia para a transmissão do direito (cf. artigo 28.º, n.º 2, *in fine*)[480]. Por sua vez, e tratando-se de um *contrato* de concessão, também o artigo 319.º do CCP exige uma autorização do contraente público para a cessão da posição contratual.

No fundo, a dinamização do domínio público mediante as concessões dominiais vai implicar também neste âmbito específico uma conciliação entre os interesses económicos dos concessionários e o exercício das prerrogativas de direito público inerentes ao estatuto da dominialidade[481]. A conciliação entre aquelas duas coordenadas é obtida mediante a imposição da necessidade de autorização do concedente para a transmissão *inter vivos* ou oneração da posição do concessionário.

(c) No que tange à extinção da concessão, impõe-se distinguir as hipóteses em que aquela ocorre antes ou depois do decurso do prazo.

No primeiro caso – extinção antes do decurso do prazo – o n.º 1 do artigo 29.º do RJPIP determina que, quando a mesma for imputável ao concedente (decorrente da revogação do acto ou da resolução por interesse público do contrato), o concessionário tem direito a uma indemnização pelas perdas e danos sofridos, correspondentes às despesas que ainda não estejam amortizadas e que representem investimentos em bens inseparáveis dos imóveis ocupados ou em bens cuja desmontagem ou separação destes imóveis implique uma deterioração desproporcionada dos mesmos.

Se a concessão for outorgada mediante contrato administrativo, o pagamento de uma indemnização em virtude de resolução por imperativo de interesse público já decorre do n.º 1 do artigo 334.º do CCP.

---

legislador basta-se com a comunicação à entidade concedente em que o alienante e o adquirente comprovem que se mantêm os requisitos necessários à manutenção do título (artigo 72.º, n.º 1, da *Lei da Água*).

[480] Diferente desta modalidade é a possibilidade de cessão contratual *autorizada no contrato* prevista no artigo 318.º do CCP: enquanto no caso mencionado em texto, apenas se exige que os termos da cessão constem do contrato, este preceito pressupõe que as entidades cessionárias se encontrem já identificadas no contrato.

[481] Cf. também REZENTHEL, *Vers une Meilleure...*, p. 1025.

No que respeita às concessões sobre recursos hídricos, o n.º 7 do 69.º da *Lei da Água* explicita que o detentor do título de utilização, sempre que, ao abrigo do mesmo, haja realizado investimentos em instalações fixas, no pressuposto (expresso ou implícito) de uma duração mínima, tem o direito a ser ressarcido do valor do investimento na parte ainda não amortizada, com base no método das quotas constantes, em função da duração prevista e não concretizada.

A forma "natural" de extinção das concessões dominiais resulta do decurso do prazo, cujo *terminus* desencadeia *ipso iure* a caducidade do contrato. Sendo sempre[482] outorgados a termo[483], estes contratos permitem, contudo, ao concessionário que, durante um determinado período de tempo, efectue (obviamente, nos limites da lei e das cláusulas contratuais) modificações das parcelas dominiais concedidas, onde se destaca a realização de construções.

---

[482] Ressalvada a excepção das concessões *perpétuas* em cemitérios. Alguma doutrina (cf. RAMÓN PARADA, *Derecho*..., p. 86) justifica esta diferença pelo facto de os cemitérios (*rectius*, as sepulturas) se assumirem como bens dominiais constituídos precisamente com a finalidade de facilitar o seu uso pelos particulares de forma exclusiva: neste sentido, o uso privativo representaria um «uso normal» do bem em causa. Mais do que esta nota – não totalmente verdadeira, uma vez que o uso comum dos cemitérios se traduz na inumação em sepultura corrente, só se exigindo uma concessão dominial quando se trata de sepulturas perpétuas ou jazigos – encontra-se aqui envolvida outra ordem de considerações. Efectivamente, mais do que a rentabilização dos bens dominiais, está aqui em causa uma ideia de contemplação para com os sentimentos de piedade das pessoas que as levam a guardar para sempre os restos mortais dos seus familiares em jazigos, sepulturas perpétuas ou obras similares (assim, FREITAS DO AMARAL, *A Utilização*..., p. 222).

[483] Em geral, o legislador confere à Administração concedente uma certa abertura para a fixação do prazo, cuja duração dependerá da actividade a exercer ao abrigo da concessão (que, inclusivamente, poderá assumir relevância para o interesse público), da destinação pública a que o bem se encontra votado e da respectiva compressão em resultado da celebração do contrato; nesta ordem de ideias, o RJPIP limita-se a indicar que as concessões dominiais se encontram sujeitas a prazo, fixando, todavia, um princípio de não prorrogação do mesmo, salvo estipulação em contrário devidamente fundamentada (cf. artigo 28.º, n.º 2).

Diplomas especiais podem estabelecer limites máximos para os prazos das concessões: assim, *v. g.*, as concessões de recursos hídricos têm uma duração máxima de 75 anos não prorrogáveis (cf. artigos 25.º, n.º 2 – a determinar que o prazo da concessão não pode exceder 75 anos – e 35.º, n.º 2, *in fine*, do Decreto-Lei n.º 226-A/2007 – a admitir, sob condições excepcionais, prorrogação por uma vez do prazo inicial da concessão, com o objectivo de permitir a amortização de investimentos adicionais aos inicialmente previstos, mas acrescentando que em caso algum o prazo total poderá exceder os 75 anos.

Importa, pois, determinar qual o destino, no final do prazo da concessão, das construções, instalações ou obras efectuadas pelo concessionário e que lhe pertencem em propriedade. O n.º 2 do artigo 29.º do RJPIP estabelece um princípio de *restitutio in integrum*, excepto nos casos em que a desmontagem das instalações/construções ou a retirada dos bens implique uma deterioração desproporcionada do imóvel ocupado.

Nesta medida, a resposta àquela interrogação depende do tipo de bens em causa. Tratando-se de instalações desmontáveis, as mesmas devem constituir objecto de remoção pelo respectivo proprietário no final da concessão. Tratando-se de obras ou de instalações fixas, são concebíveis duas soluções que obedecem a finalidade diversas: ou estas revertem para a Administração concedente, ou são obrigatoriamente demolidas pelo concessionário (em obediência ao princípio da *restitutio in integrum*). A opção pelo imperativo da reversão (independentemente de indagarmos neste momento acerca do seu carácter gratuito) pretende salvaguardar instalações cuja manutenção se revele necessária (ou, pelo menos, conveniente) para a prossecução de finalidades públicas. Já o encargo de demolição obrigatória visa colocar a parcela dominial na situação em que se encontrava antes da concessão.

A dúvida sobre o destino de tais construções coloca-se sempre que a lei[484] ou o título constitutivo do uso privativo não contenham qualquer disposição sobre a matéria.

---

[484] A *Lei da Água* e o Decreto-Lei n.º 226-A/2007 estabelecem uma solução diferenciada consoante estejam em causa «licenças» ou concessões de uso privativo: no primeiro caso, como resulta da alínea *b)* do n.º 1 do artigo 69.º da *Lei da Água* e do n.º 1 do artigo 34.º do Decreto-Lei n.º 226-A/2007, as obras e instalações fixas devem ser demolidas pelo particular (salvo se o Estado optar pela reversão a título gratuito), impondo-se, pois, que o titular da «licença» reponha a situação que existia anteriormente à execução das obras (artigos 69.º, n.º 3, da *Lei da Água*, e 34.º, n.º 2, do Decreto-Lei n.º 226-A/2007); tratando-se de concessão (contrato administrativo), determinam a alínea *a)* do n.º 1 do artigo 69.º da *Lei da Água* e o n.º 1 do artigo 35.º do Decreto-Lei n.º 226-A/2007 que, com o termo da mesma, as obras executadas e as instalações construídas revertem gratuitamente para o Estado (artigo 26.º). Cf. ainda o caso especial contemplado no n.º 2 do artigo 35.º do Decreto-Lei n.º 226-A/2007.

Nos termos do artigo 15.º do Decreto-Lei n.º 102/90, decorrido o prazo do uso privativo, opera-se a reversão (em princípio, gratuita) de todos os bens insusceptíveis de serem separados das instalações e terrenos; não obstante a previsão desta regra, o preceito não deixa de acentuar a existência de uma "obrigação de os titulares das licenças caducadas mandarem repor estes [terrenos e instalações ocupados] no estado primitivo", a sugerir que a Administração pode optar por ordenar a demolição. Exactamente no mesmo sentido, cf. artigos 19.º dos Decretos Legislativos Regionais n.ºs 7/2000/M 35/2002/A.

No que respeita à concessão de uso privativo, parece-nos adequada e razoável a solução adoptada pelo legislador espanhol[485], quando determina que, findo o prazo da concessão, as instalações fixas devem ser demolidas pelo particular, cabendo, no entanto, à Administração, o poder de decidir de forma diversa e, no termo da concessão, exigir a reversão gratuita[486] das mesmas. Destarte, a demolição das obras constitui uma obrigação do particular que surge com o termo da concessão, não se revelando necessária para o seu surgimento qualquer actuação da Administração (por exemplo, um acto administrativo que ordenasse a demolição); ultrapassado o termo da concessão sem que o particular tenha cumprido aquela obrigação, encontra-se numa situação de ocupação sem título, cumprindo às entidades administrativas adoptar as providências adequadas à tutela do domínio público[487].

8. A GARANTIA DO DOMÍNIO PÚBLICO

Uma das notas fundamentais do regime jurídico da dominialidade consiste na *autotutela*: a Administração (os titulares dos bens dominiais e/ou os respectivos gestores) detém um conjunto de poderes-deveres dirigidos à protecção da destinação pública dos bens dominiais. Pode suceder, porém, que a Administração (desde logo, por inércia) não exerça

---

[485] Cf. artigo 101 da *Ley del Patrimonio de las Administraciones Públicas*. Em sentido similar, *v.* artigo L.2122-9 do *Code Général de la Propriété des Personnes Publiques*.

[486] Entende-se que, durante o prazo da concessão, o particular já amortizou os investimentos realizados (pelo que, salvo se outra coisa resultar do título, a Administração adquire tais bens a título gratuito); aliás, também a consideração de que a amortização dos investimentos foi efectuada durante o prazo permite defender a regra da respectiva demolição.

O problema da constitucionalidade da reversão gratuita para a Administração das construções efectuadas sobre o domínio público já foi objecto de análise pelo Tribunal Constitucional, no Acórdão n.º 150/2006, de 22 de Fevereiro (in: *Diário da República*, II Série, n.º 85, 03.05.2006, pp. 6360 e ss., esp.te p. 6363). Reconhecendo o direito de propriedade sobre as obras construídas aos beneficiários de títulos de uso privativo, o Tribunal concebe-a como uma forma de propriedade temporária, coincidindo o respectivo termo com a cessação do título de uso privativo, sem prejuízo de, no limite, se poder encarar a reversão gratuita ainda como uma contrapartida das vantagens proporcionadas pela utilização do domínio público.

[487] Em sentido idêntico orientava-se já a doutrina francesa mesmo relativamente às «autorizações» (unilaterais) de ocupação temporária tradicionais (*hoc sensu*, não constitutivas de direitos reais) – cf. GODFRIN, *Droit...*, cit., pp. 145 e s..

os poderes-deveres ou poderes *funcionais* em que, nesta matéria, foi investida, tornando-se necessária a intervenção jurisdicional. Nesta medida, e sem prejuízo da existência de outros mecanismos dirigidos à tutela do domínio público[488], cumpre abordar quais as garantias administrativas e as garantias jurisdicionais dos bens dominiais.

8.1. O DEVER DE PROTECÇÃO DOS BENS DO DOMÍNIO PÚBLICO

O artigo 9.º da Proposta de Lei que consagrava o *Regime Geral do Domínio Público* consagra uma disposição genérica dedicada (também) à *protecção* dos imóveis do domínio público, estabelecendo o correspectivo dever, que se estende desde as pessoas colectivas públicas a quem está atribuída a titularidade dominial (bem como dos titulares dos seus órgãos e dos seus funcionários, agentes e trabalhadores), passando por todas as entidades que compõem os sectores públicos administrativo e empresarial até aos sujeitos de quaisquer relações jurídicas incidentes sobre os bens; além disso, e embora o preceito o não refira, este dever de protecção tanto fica cumprido pelo exercício dos poderes de autoridade que, em cada caso, pertençam aos sujeitos do domínio público, como pela propositura das acções judiciais que se revelem necessárias[489]. Este preceito carecia de articulação

---

[488] Pense-se, *v. g.*, no estabelecimento de contra-ordenações para a violação de normas relativas a bens do domínio público (cf., por exemplo, o artigo 81.º do Decreto-Lei n.º 226-A/2007), ou na recente previsão legislativa de crimes relacionados com a ofensa de coisas dominiais [o artigo 278.º-A do Código Penal, introduzido pela Lei n.º 32/2010, de 2 de Setembro, pune quem efectuar uma obra de construção, reconstrução ou ampliação de imóvel que incida, *inter alia*, sobre via pública ou bem do domínio público, consciente da desconformidade da sua conduta com as normas urbanísticas aplicáveis; por sua vez, o artigo 18.º-A da Lei n.º 34/87, de 16 de Julho, relativa a crimes da responsabilidade de titulares de cargos políticos, introduzido pela Lei n.º 41/2010, de 3 de Setembro, além de criminalizar a conduta do titular de cargo político que informe ou decida favoravelmente processo de licenciamento ou de autorização ou preste neste informação falsa sobre as leis ou regulamentos aplicáveis, consciente da desconformidade da sua conduta com as normas urbanísticas (n.º 1), estabelece um agravamento da moldura penal se o objecto da licença ou autorização incidir, *inter alia*, sobre via pública ou bem do domínio público].

[489] Expressamente neste sentido, cf. o artigo 28, *in fine*, da *Ley del Patrimonio de las Administraciones Públicas*. Cf., sobre este segmento normativo, BALLESTEROS MOFFA, *Protección y Defensa del Patrimonio: Obligación Administrativa*, in: CHINCHILLA MARÍN (coord.), *Comentarios a la Ley 33/2003, del Patrimonio de las Administraciones Públicas*, Madrid, 2004, pp. 204 e ss..

ainda com o artigo 10.º do mesmo diploma, onde se impõe às mesmas um dever de *colaboração* e *informação* às entidades às quais se encontra cometida a gestão dos imóveis dominiais. A violação de tais deveres (por acção ou omissão) importa, nos termos do artigo 11.º, a responsabilidade disciplinar, financeira, civil e criminal das entidades da Administração e dos titulares dos seus órgãos, funcionários, agentes e trabalhadores.

Ainda que estas normas não tenham chegado a entrar em vigor, subjacentes às mesmas estão princípios fundamentais do ordenamento, susceptíveis de mobilização, independentemente de uma consagração normativa explícita: se a gestão dominial envolve um direito de autotutela, tal não isenta as demais entidades da Administração ou os particulares que detenham direitos sobre os bens de velar pela integridade do domínio público; pelo contrário, sob pena de responsabilidade, estes últimos estão vinculados a coordenar esforços com os titulares ou gestores dominiais, de forma a assegurar o cumprimento da destinação pública a que a coisa se encontra adstrita. Deste dever geral de protecção distingue-se, por isso, a autotutela, onde se encontram compreendidos os poderes de autoridade cujo exercício (pelo titular ou gestor) permite a satisfação da função de utilidade pública dos bens dominiais. Nesta medida, impende sobre o Estado, as regiões autónomas e as autarquias locais (enquanto titulares do domínio público), bem como os titulares dos seus órgãos, agentes, funcionários e demais trabalhadores um *dever genérico de protecção dos bens dominiais*, ao qual se alia um *dever especial de tutela* quando em causa está a utilização ilegal do domínio público pelos particulares.

8.2. Os meios de garantia

8.2.1. Garantia administrativa: a autotutela

A compreensão do estatuto da dominialidade como dotado de uma índole funcional e, nessa medida, pré-ordenado à satisfação da função pública prosseguida pelo bem dominial exige que os titulares desses bens se encontrem dotados de poderes públicos de autoridade, dirigidos precisamente à tutela daquela função pública. Constitui, pois, elemento conatural ao estatuto da dominialidade o reconhecimento aos titulares do domínio público de conjunto de *poderes dirigidos à protecção das coisas públicas*, o qual integra as faculdades constantes do direito de propriedade pública (ou, nas situações excepcionais apontadas, dos poderes de domínio) que as entidades administrativas exercem sobre as coisas públicas[490]. Trata-se de *poderes funcionalizados*, que a Administração terá de exercer em vista da prossecução da função pública a cuja satisfação o bem dominial se encontra adstrito[491].

8.2.1.1. O alcance da autotutela

O reconhecimento de poderes de autotutela administrativa dirigidos à protecção dos bens dominiais contra comportamentos dos particulares que vulnerem a função pública a que se encontram adstritos vem sendo pacífico na doutrina. Saliente-se, no entanto, que, na sua maioria, quando os Autores aludem a estes poderes, independentemente da designação que utilizem[492], estão a pensar, concretamente, quer na coercibilidade administrativa, quer na faculdade de emanar actos (que se entendiam sempre constitutivos, por conseguinte, verdadeiros actos administrativos) de classificação e de delimitação, consoante estivesse em causa a dúvida acerca da qualidade dominial de um bem ou acerca das fronteiras entre um bem público e um bem privado, respectivamente.

---

[490] Cf., *v. g.*, ZANOBINI, *Il Concetto...*, p. 179, que concebe a garantia administrativa como concretização específica do *ius excludendi omnes alios*, típico de todos os direitos reais e, portanto, também do direito de propriedade pública.
Na perspectiva tradicional portuguesa, recusava-se a possibilidade de a Administração recorrer a acções judiciais destinadas à tutela dos bens dominiais, argumentando-se com a consagração dos poderes de autotutela da entidade pública titular desses bens: partindo do princípio (correcto) de que titulares de coisas públicas apenas serão os entes administrativos, concluía-se que os mesmos detêm prerrogativas de autoridade que envolvem a faculdade de adoptar decisões executórias tendentes à protecção do domínio público, não constituindo as acções *civis* os meios idóneos à prossecução daquele objectivo (cf. MARCELLO CAETANO, *Manual...*, vol. II, pp. 951 e s.).

[491] No mesmo sentido, cf. os dispositivos constantes da alínea *e)* do artigo 6 e o artigo 28 da *Ley del Patrimonio de las Administraciones Públicas*, nos termos dos quais, sobre a Administração impende o dever de exercício *diligente* das prerrogativas que lhe são outorgadas, designadamente das que se destinam à defesa da conservação e integridade dos bens, estando, por isso, os seus titulares obrigados a proteger e a defender o seu património.

[492] A «poderes do(s) titular(es) dominial(ais) para lograr a protecção do bem» refere-se GONZÁLEZ GARCÍA (*La Titularidad...*, pp. 141 e ss.), preferindo CASSESE (*I Beni...*, pp. 327 e ss.) a expressão «autotutela».

Assim, entre nós, considera-se tradicionalmente que a defesa dos bens dominiais é efectuada por via administrativa, sem necessidade de os titulares dominiais recorrerem aos tribunais sempre que um particular adopte uma conduta que faça perigar a função pública que a coisa desempenha[493]. Neste sentido, do artigo 21.º do RJPIP decorre que impende sobre a Administração "a obrigação de ordenar aos particulares que cessem a adopção de comportamentos abusivos, não titulados, ou, em geral, que lesem o interesse público a satisfazer pelo imóvel e reponham a situação no estado anterior, devendo impor coercivamente a sua decisão".

Destarte, detêm as entidades administrativas (titulares ou gestoras de um bem dominial) prerrogativas de autoridade, que implicam a prática de actos administrativos (v. g., intimação para que o particular adopte ou se abstenha de adoptar um determinado comportamento), dotados de executoriedade. A questão da tutela administrativa dos bens dominiais pelas entidades públicas já se inicia em momento anterior, a saber, na possibilidade que as mesmas detêm de praticar actos administrativos (sobressaindo aqui as suas funções definitória e tituladora[494]) que ordenem ao particular a adopção de um comportamento[495] que deixe de lesar a função prosseguida pelo bem público («autotutela declarativa»). Só depois de a Administração emanar um acto administrativo cujo conteúdo se cifre numa ordem ao particular e este, dentro do prazo previsto, não cumprir (funciona aqui uma ideia de «subsidiariedade da execução administrativa»[496]), se coloca a questão da «autotutela executiva», da execução do acto administrativo pelos meios administrativos. Ora, também em relação aos bens dominiais[497],

---

[493] Cf. MARCELLO CAETANO, *Manual...*, vol. II, pp. 896 e 951 e ss..

[494] Sobre as funções do acto administrativo, v., por todos, VIEIRA DE ANDRADE, *Algumas Reflexões...*, p. 1220.

[495] Em regra, relativamente ao domínio público, aos particulares impõe-se apenas um dever geral de abstenção (de *non facere*); todavia, a partir do momento em que tal dever de abstenção é concretamente violado, podem surgir obrigações de fazer (v. g., demolir uma obra) a cargo do particular – cf. CERULLI IRELLI, *Proprietà...*, p. 110.

[496] PAULO OTERO, *A Execução do Acto Administrativo no Código do Procedimento Administrativo*, in *Scientia Iuridica*, tomo XLI, n.os 238/240, Julho/Dezembro 1992, p. 226; MARIA LÚCIA AMARAL, *A Execução dos Actos Administrativos no Projecto de Código de Processo Administrativo Gracioso*, in *Revista Jurídica*, n.º 4, Março/Maio 1984, p. 175, louvando-se na doutrina francesa.

[497] Significa isto que, em virtude dos condicionalismos generosos colocados pelo CPA à possibilidade de execução coactiva dos actos administrativos, não se afigura necessária a defesa de soluções especiais destinadas à tutela dos bens dominiais (sem prejuízo da

e verificado esse condicionalismo, se deverá entender que as entidades públicas gozarão desse poder, de acordo com o disposto pelo CPA (artigo 149.º, n.º 2), que, optando por uma solução de compromisso[498], admite, independentemente de uma previsão legal expressa *específica* nesse sentido, que a Administração possa impor coercivamente os actos nas formas e nos termos previstos no Código ou em lei especial («princípio da taxatividade legal das formas e dos termos da execução»[499]): a especificidade do estatuto da dominialidade não exige mais que as soluções gerais[500].

As hipóteses mais frequentes de execução administrativa de actos destinados à protecção de bens dominiais já se integram na previsão normativa do artigo 156.º, enquanto meio possessório administrativo[501] (a utilizar, *v. g.*, em caso de «desapossamento» de um bem dominial móvel) e dos n.os 1 e 2 do artigo 157.º, em que está em causa a intimação do particular para executar uma prestação de facto (positivo) fungível: pense-se, *v. g.*, nas situações (já referenciadas) relativas à realização ilegal de obras sobre o domínio público (por exemplo, impedimento da passagem numa via pública através da construção de um muro)[502]. Já se em causa estiver o cumprimento de uma obrigação positiva de facto infungível, o mesmo apenas constitui objecto de execução administrativa nas hipóteses em que

---

conveniência de uma intervenção legislativa que, pelo menos em benefício da segurança jurídica, estabelecesse princípios gerais nesta matéria).

[498] Cf. também PAULO OTERO, *A Execução...*, p. 225; FREITAS DO AMARAL, *Curso...*, vol. II, pp. 518 e ss.. Carácter compromissório esse que não implica, na opinião de M. ESTEVES DE OLIVEIRA/PEDRO GONÇALVES/PACHECO DE AMORIM (*Código...*, p. 702), que o legislador não haja consagrado no Código "quadros gerais exigentes e rigorosos de legalidade para as medidas administrativas executivas e coactivas".

[499] M. ESTEVES DE OLIVEIRA/PEDRO GONÇALVES/PACHECO DE AMORIM, *Código...*, p. 710, comentário III ao artigo 149.º. Cf. ainda ALVES CORREIA, *Alguns Conceitos de Direito Administrativo*, 2.ª ed., Coimbra, 2001, pp. 42 e s.

[500] Nem, porventura (face ao um princípio de não executoriedade das decisões administrativas), exigiria tanto: em qualquer caso, a especificidade do estatuto da dominialidade implicaria sempre que, para além das hipóteses que o legislador entendesse conformar, apenas em situações de urgência e ainda quando estivesse em causa a lesão de bens do designado domínio público material, na medida em que tal lesão comprometesse a função de identificação nacional e internacional do Estado português, se reconhecesse à Administração o poder de execução coerciva.

[501] M. ESTEVES DE OLIVEIRA/PEDRO GONÇALVES/PACHECO DE AMORIM, *Código...*, p. 738, anotação I ao artigo 156.º.

[502] Além de se não poderem ignorar as situações de urgência, tal-qualmente se encontra salvaguardado pelo n.º 1 do artigo 151.º do CPA.

a lei expressamente o prever e sempre com observância dos direitos fundamentais e da dignidade da pessoa, pelo que, também no particular âmbito da tutela dos bens dominiais, o princípio é o da não executoriedade dos actos administrativos. Como logo se compreende, trata-se de uma hipótese em que a execução coactiva pressuporá o uso da força física contra o particular, pelo que se compreende a exigência de uma previsão legal nesse sentido[503][504].

8.2.1.2. Em especial, a classificação e a delimitação

Decorre do ponto anterior, que são múltiplas as actuações dirigidas à tutela da função pública prosseguida pelo bem. De entre eles, destacam-se, pela sua especificidade, a classificação e a delimitação administrativas.

Já em momento anterior aludimos à classificação administrativa, no contexto do problema da aquisição do estatuto da dominialidade. Estava, então, em causa determinar em que medida o acto pelo qual a Administração certificava que determinada coisa possuía os caracteres subjacentes à qualificação legal de certos bens como dominiais se revelava determinante (ou não) para a submissão dessa coisa ao regime do domínio público. A classificação a que agora nos reportamos tem um objectivo distinto: nas hipóteses em que existam dúvidas sobre a qualidade dominial de um bem, a Administração poderá solucionar a questão, declarando que um determinado bem reúne os pressupostos de determinado tipo de bens legalmente categorizado como dominiais[505].

---

[503] ROGÉRIO SOARES, *Direito Administrativo*, pp. 216 e s..

[504] Desta situação convém distinguir uma outra em que não se trata tão-só de uma actuação dirigida especificamente à tutela do domínio público, mas em que está também em causa o exercício geral da polícia de ordem pública, destinada a assegurar a salubridade, a segurança e a tranquilidade públicas (cf. CHAPUS, *Droit*..., pp. 437 e s.): por exemplo, ordem (de execução) dada a um particular para se retirar de um espaço público (bem entendido, sempre que consubstancie uma coisa pública e na medida em que impeça ou perturbe a destinação do bem).

[505] Nestes termos, VIEIRA DE ANDRADE, *A Classificação Administrativa do Domínio Público Municipal*, in *Cadernos de Justiça Administrativa*, n.º 78, Novembro/Dezembro 2009, pp. 68 e s.. Trata-se de um acto paralelo àquele em que culmina o procedimento de investigação previsto nos artigos 45 e seguintes da *Ley del Patrimonio de las Administraciones Públicas*, acto esse que "declara a individualização e a titularidade dos bens investigados com efeitos constitutivos" [CARRILLO DONAIRE, *Facultades y*

Como logo se compreende, as principais dificuldades suscitadas por este acto residem na respectiva qualificação como acto administrativo ou acto meramente declarativo, o qual se encontra paredes meias com os actos jurisdicionais[506]. Veremos já a seguir que idênticas perplexidades se suscitam a propósito do acto de delimitação, recebendo ambas as situações respostas idênticas.

A delimitação, enquanto acto administrativo dirigido à fixação dos limites (das estremas) dos prédios dominiais confinantes com prédios de outra natureza, constitui uma manifestação dos poderes da Administração dirigidos à respectiva tutela («autotutela declarativa»)[507]. Coloca-se aqui de forma premente também a questão de saber se nos encontramos diante de um acto administrativo declarativo ou perante um acto meramente declarativo, cuja resolução passa pela análise das normas legais sobre a matéria.

Julgamos especialmente adequada a posição de Afonso Queiró[508], quando esclarece que o acto de delimitação tem como propósito estabelecer a extensão dos bens dominiais relativamente aos bens (privados) confinantes (no fundo, "declarar aquilo que resulta da própria lei, a qual, na verdade, enuncia os requisitos da dominialidade"), consubstanciando um acto (final de um procedimento mais ou menos complexo[509]) que *"não*

Prerrogativas para la Defensa de los Patrimonios Públicos, in CHINCHILLA MARÍN (coord.), *Comentarios a la Ley 33/2003, del Patrimonio de las Administraciones Públicas*, Madrid, 2004, p. 356].

[506] Sobre estas questões, cf. VIEIRA DE ANDRADE, *A Classificação...*, *passim*, cujas posições seguimos de perto (embora o Autor não defina a sua orientação quanto à natureza jurídica – acto administrativo ou acto meramente declarativo – da classificação).

[507] Assim concebe, *v. g.*, a doutrina espanhola o *deslinde administrativo* – cf. MENDOZA OLIVAN, *El Deslinde de los Bienes de la Administración*, Madrid, 1968, pp. 51, 69 e ss., 148; MORILLO-VELARDE PÉREZ, *Dominio Público*, p. 143; SÁNCHEZ MORÓN, *Los Bienes...*, p. 71; BERMEJO VERA, *Derecho...*, pp. 364 e ss.; PARADA VÁZQUEZ, *Derecho...*, p. 95; SAÍNZ MORENO, *Artículo 132...*, p. 179. Cf., em Itália, quanto aos actos de *delimitazione di confine* ou *allineamento* como actos de autotutela ou meios de defesa indirecta da propriedade pública, CASSESE, *I Beni...*, pp. 478 e 482; GUICCIARDI, *Il Demanio...*, p. 423.

[508] AFONSO QUEIRÓ, *Uma Questão sôbre Domínio Público Marítimo*, in *Estudos de Direito Público*, vol. II, tomo I, Coimbra, 2000, pp. 389, 392 e 395; posição para que já propendêramos em *O Domínio...*, pp. 533 ss..

[509] Cf., exemplificativamente, o procedimento de delimitação dos leitos e margens dominiais confinantes com terrenos de outra natureza, ilustrado pelo artigo Decreto-Lei n.º 353/2007, de 26 de Outubro (regulamentado pela Portaria n.º 931/2010, de 20 de Setembro; cf. ainda, sobre a delimitação do domínio público ferroviário, artigos 12.º e seguinte

cria a dominialidade, antes *simplesmente a verifica* e torna conhecida do público"[510]; considerações idênticas se podem tecer, *mutatis mutandis*, relativamente ao acto de classificação.

Todavia, se é verdade que, em termos de conteúdo, os actos de classificação e delimitação apenas verificam, em concreto, uma situação jurídica que decorre directamente da lei (ou de outros actos da Administração, *in casu*, da afectação), não se pode olvidar que os mesmos põem, de algum modo, fim a um conflito, determinando autoritariamente e proclamando unilateralmente[511] que determinados bens revestem natureza pública ou que as coisas dominiais em causa atingem um certo limite ou fronteira, com tudo o que isso pode implicar em termos de exercício (efectivo) dos poderes de domínio. Nesta ordem de ideias, quer a classificação, quer a delimitação constitui um acto da Administração que soluciona um conflito, em termos quase paralelos aos que resultariam de uma acção de simples apreciação com o mesmo objecto. Ora, esta última consideração determina a opção pela natureza de acto administrativo declarativo[512].

---

do Decreto-Lei n.º 276/2003, de 4 de Novembro. *V.* também as exigências procedimentais reclamadas, em Espanha, pela *Ley del Patrimonio de las Administraciones Públicas* (artigo 52) e do *Reglamento de Bienes de las Entidades Locales* (artigo 62); em França, cf., *v. g.*, artigos 2 e seguintes do *Décret* n.º 2004-309, de 29 de Março, relativo ao procedimento de delimitação de alguns terrenos do domínio público marítimo.

[510] Para esta posição se orienta também CASSESE (*I Beni*..., p. 482), salientando que a delimitação determina a extensão de bens já reconhecidos como dominiais. A mesma ideia encontra-se subjacente ao *deslinde* do direito espanhol – cf. CARRILLO DONAIRE, *Facultades...*, p. 362.

[511] Cf. LAVIALLE, *Le Juge Administratif et l'Exception de Propriété*, in *Revue Française de Droit Administratif*, n.º 3, ano 20, Maio/Junho 2004, p. 498.

[512] No mesmo sentido, AFONSO QUEIRÓ, *Uma Questão*..., p. 395; JOSÉ PEDRO FERNANDES, *Delimitação*, in *Dicionário Jurídico da Administração Pública*, 2.ª ed., vol. III, Lisboa, 1990, pp. 453 e s.. Entendendo também o acto de delimitação como acto administrativo mas considerando que a última palavra nesta matéria cabe aos tribunais, *v.* Acórdão do Tribunal Constitucional n.º 527/94, de 28 de Setembro, in *Acórdãos do Tribunal Constitucional*, vol. 29.º, 1994, pp. 53 e s..

Era, aliás, em virtude de nos encontrarmos diante de um acto administrativo que o ETAF de 1984 [artigo 4.º, n.º 1, alínea *e)*] sentia a necessidade de excluir a apreciação dos actos de delimitação dos bens do domínio público com bens de outra natureza do âmbito da Justiça Administrativa, em homenagem à já apontada ideia de que estaria em causa uma questão relacionada com o direito de propriedade, cuja tutela cabe aos tribunais comuns. Repare-se que, em resultado desta exclusão do âmbito da Justiça Administrativa, os tribunais administrativos declinavam a sua competência para apreciar a validade de actos que considerassem certa coisa como integrante do domínio público, na medida em que tal apre-

Em termos de efeitos, a classificaçao e a delimitação, enquanto actos administrativos declarativos, aproximam-se em muito das sentenças relativas às acções de simples apreciação positiva[513]: estando vocacionados, em primeira linha, para a resolução de uma «questão de direito» (que, neste contexto, não se assume como simples pressuposto, mas constitui a *ratio* do agir da Administração), tais actos apresentam algumas afinidades com um acto judicial, na medida em que são, em parte, praticados para resolver um conflito sobre a natureza jurídica de um bem ou sobre os limites de um bem dominial face a um bem privado, em resultado da existência de uma situação de indeterminação quanto a essa matéria[514]. Todavia, e como sublinha Vieira de Andrade, a propósito do acto de classificação[515], quer este acto, quer a delimitação têm por objectivo, não a decisão de um conflito ou de uma questão de direito, mas a prossecução do interesse público – *in casu*, a defesa da propriedade pública – o que permite a inequívoca qualificação dos mesmos como actos da *função administrativa*.

Ora, a consideração da classificação e da delimitação como actos administrativos (ainda que declarativos) pressupõe que daí se retirem consequências também em sede de controlo judicial. Desde logo, a consistência da classificação e da delimitação não pode circunscrever-se apenas à fundamentação de uma presunção *iuris tantum* acerca dos limites do bem dominial em causa[516] ou a uma inversão do ónus da prova, no sentido de

---

ciação tinha por objecto a qualificação de bens como pertencentes ao domínio público – cf. Acórdão do STA de 08.02.1994, P. 30583; *v.*, porém, os Acórdãos do STA de 09.06.1998, P. 27905, 18.10.2000, P. 46394, 04.07.2001, P. 42466, em que o problema se coloca em termos de questão prejudicial.

[513] Aproximando já os actos administrativos declarativos das sentenças declarativas ou de simples apreciação, cf. MÁRIO AROSO DE ALMEIDA, *Anulação de Actos Administrativos e Relações Jurídicas Emergentes*, Coimbra, 2002, p. 103.

[514] Fazemos aqui apelo aos *topoi* convocados por AFONSO QUEIRÓ (*A Função Administrativa*, in **Revista de Direito e de Estudos Sociais**, n.os 1-2-3, ano XXIV, Janeiro/Setembro 1977, pp. 26 e s., 31 e s.) para efectuar a distinção entre actos da função jurisdicional e actos da função administrativa.

Não é por acaso que a doutrina italiana aproxima o *accertamento* à *actio finium regundorum*, ou que o n.º 2 do artigo 50 da *Ley del Patrimonio de las Administraciones Públicas* estabelece uma equiparação entre o procedimento administrativo de delimitação e uma acção judicial com o mesmo objecto.

[515] VIEIRA DE ANDRADE, *A Classificação...*, pp. 71 e s..

[516] Como defendem AFONSO QUEIRÓ (*Uma Questão...*, p. 395), SANTI ROMANO (*Corso...*, pp. 191 e s.) ou CERULLI IRELLI (*Corso...*, p. 372, e **Proprietà...**, p. 67), a propósito da delimitação.

que pertenceria ao interessado em alterar os limites do bem dominial certificados pelo acto da entidade administrativa o ónus da prova da incorrecção da delimitação[517]. Estes actos representam o exercício de prerrogativas próprias da Administração, incluídas no conteúdo do direito de propriedade pública. Obviamente, sempre que a classificação e a delimitação (enquanto actos administrativos de conteúdo certificativo) não correspondam à situação de facto que constitui o seu objecto padecerá de nulidade, por falta de um elemento essencial (artigo 133.º, n.º 1, do CPA)[518], pelo que a qualquer momento (como resulta do regime da nulidade), com fundamento na desconformidade dos actos com a situação dos bens, pode o particular invocar em sua defesa a natureza privada do bem em causa perante um acto administrativo de autotutela que lhe ordene a conformação de um comportamento[519].

Destarte, quando qualquer interessado (desde logo, o particular proprietário do prédio confinante) se sinta lesado por um acto de classificação (*v. g.*, em virtude de entender que o bem reveste natureza privada) ou de delimitação (*v. g.*, devido ao facto de, na sua opinião, este incluir dentro dos limites do bem dominial uma faixa de terreno que considera integrada

---

Atente-se, porém, que, sobretudo no tradicionalmente designado domínio público natural, a consistência do acto de delimitação estará sempre dependente da subsistência das características naturais do bem que determinaram a sua qualificação como público: parafraseando MORAND-DEVILLER (*Les Concessions...*, p. 485), nestas hipóteses, a fixação de limites aos bens dominiais é contingente, evolutiva e precária, porque intrinsecamente relacionada com fenómenos naturais susceptíveis de modificação – repare-se, porém, que esta situação já configurará uma hipótese de alteração superveniente das circunstâncias. *V.*, entre nós, em sentido próximo, FREITAS DO AMARAL/JOSÉ PEDRO FERNANDES, *Comentário...*, pp. 148 e s., que entendem, por esse motivo, deter o acto de delimitação uma estabilidade apenas relativa.

[517] Como entende o Tribunal Supremo espanhol (cf. Sentença do Tribunal Supremo, de 12.11.1988, *apud* BERMEJO VERA, *Derecho...*, p. 366).

[518] Entendendo que a veracidade dos factos certificados constitui um elemento essencial dos actos de conteúdo certificativo que, deste modo, serão nulos se incorporarem uma constatação falsa, cf. M. ESTEVES DE OLIVEIRA/PEDRO GONÇALVES/PACHECO DE AMORIM, *Código...*, p. 642, comentário V ao artigo 133.º.

[519] Em França, e por este motivo, a delimitação é efectuada sob a reserva de interesses de terceiros – cf. LAVIALLE, *Le Juge...*, pp. 500 e ss.; como sublinha o Autor, subjacente a esta ideia ainda continua a estar a concepção do juiz dos tribunais comuns como titular da competência para a apreciação dos títulos de propriedade e, por conseguinte, um determinado entendimento do princípio da separação de poderes.

no seu prédio), deve impugná-lo junto dos tribunais administrativos[520] mediante a propositura de uma acção administrativa especial [artigos 46.º, n.º 2, alínea *a)*, e 50.º e seguintes, do CPTA], podendo este pedido ser cumulado com o de condenação à prática de acto devido, nos termos da alínea *a)* do n.º 2 do artigo 47.º e da alínea *a)* do n.º 2 do artigo 4.º do CPTA[521]. Se a entidade administrativa não der cumprimento à sentença e se, instaurado processo executivo, não deduzir oposição ou a oposição for considerada improcedente, pode o particular (exequente) solicitar ao tribunal a emissão de sentença que produza os efeitos do acto ilegalmente omitido [artigo 164.º, n.º 4, alínea *c)*, do CPTA]: neste contexto, e porque estamos diante de um acto de conteúdo estritamente vinculado, pode o tribunal emitir uma sentença que produza os efeitos da delimitação administrativa, em suma, uma sentença *substitutiva* da delimitação administrativa (artigo 167.º, n.º 6, do CPTA).

Questão diversa é a de saber se o particular (ou, em geral, o proprietário do terreno confinante) se pode dirigir aos tribunais adminis-

---

[520] Repare-se, porém, que existem alguns diplomas que, independentemente do recurso à via judicial, estabelecem outras formas de resolução do conflito. Assim, por exemplo, nos termos do artigo 13.º do Decreto-Lei n.º 276/2003, de 4 de Novembro (referente ao domínio público ferroviário), em caso de desacordo quanto aos limites em causa, a delimitação será feita por decisão obtida por maioria entre três árbitros-peritos (dos quais, um nomeado pelo proprietário confinante, outro pela REFER, e o terceiro escolhido pelos árbitros designados pelas partes).

[521] Pode suceder também que a delimitação não seja válida, por incluir na propriedade privada confinante uma parcela de terreno que, na realidade, pertence ao bem dominial. Quanto a esta questão, distanciamo-nos da posição de JOSÉ PEDRO FERNANDES (***Delimitação***, p. 459), quando defende que se a delimitação excluir, por lapso, dos limites do domínio público um terreno que se devia integrar naquele regime jurídico, tal significa que a Administração renunciou ao terreno, o que se revela susceptível de ser interpretado no sentido de uma «desafectação tácita». Parece-nos que a solução só será esta se se verificarem duas condições: por um lado, tem de se tratar de um bem cuja dominialidade possa cessar por decisão da Administração; por outro lado, da fundamentação do acto que operou a delimitação há-de resultar concomitantemente que a entidade administrativa pretendeu desvincular aquela faixa de terreno da função pública a cujo cumprimento estava vinculada. Não sendo este o caso, a delimitação padecerá igualmente de nulidade, por falta de um elemento essencial. Nesta hipótese, terão legitimidade para impugnar jurisdicionalmente o acto não só o Ministério Público, mas também qualquer cidadão, independentemente de ter interesse pessoal na demanda (acção popular), nos termos das alíneas *b)* e *f)* do n.º 1 do artigo 55.º e do n.º 2 do artigo 9.º do CPTA.

trativos[522] para obter a delimitação do seu prédio face a um bem dominial, mediante a propositura de uma acção administrativa comum. Ainda que a legislação e a doutrina não se revelem muito explícitas sobre a matéria, parece que a resposta deve ir em sentido afirmativo. Reconhecendo a competência da Administração para efectuar as delimitações das coisas submetidas à dominialidade (quer oficiosamente, quer a requerimento dos proprietários confinantes), a lei não impõe que o particular se dirija às entidades administrativas para alcançar aquele desiderato, precludindo o recurso directo aos tribunais, através de uma acção de simples apreciação positiva[523]. Isso mesmo parece resultar da redacção da legislação relativa aos terrenos do domínio público hídrico (quando prevê que os proprietários de terrenos confinantes com o domínio hídrico *podem* requerer a delimitação do domínio público – cf. artigo 3.º, n.º 3, do Decreto-Lei n.º 353/2007) ou ao domínio público ferroviário (que estabelece a delimitação administrativa como uma simples possibilidade ao alcance do particular – cf. artigo 12.º, n.º 1, do Decreto-Lei n.º 270/2003). No mesmo sentido opera também a recente *Ley del Patrimonio de las Administraciones Públicas*, onde expressamente se admite a instauração de um processo judicial destinado a efectuar a delimitação (cf. artigo 50, n.º 2)[524].

Reveste contornos mais complexos o debate sobre as acções intentadas em caso de situação de dúvida acerca do estatuto (público ou privado) assumido por uma determinada coisa. Ora, deve entender-se que os conflitos relacionados com a determinação em concreto da do-

---

[522] Embora, nesta hipótese, estejamos diante de uma verdadeira questão de fronteira – trata-se de estabelecer os limites de um bem dominial em confronto com os limites de um bem privado de um particular –, deverá entender-se estarmos ainda aqui diante de uma *questão de Direito Administrativo*, a dirimir pelos tribunais administrativos, inclusivamente por motivos relacionados com a *especialidade* da competência desta ordem jurisdicional: é que, nesta hipótese, a tarefa do tribunal reconduz-se a averiguar, numa coisa em concreto, até onde vão os caracteres que a permitem considerar como dominial.

[523] Ou o que CASSESE (*I Beni...*, p. 497), referindo-se a esta hipótese, prefere denominar como uma *azione di accertamento*.

[524] O n.º 2 do artigo 50 prescreve que "uma vez iniciado o procedimento administrativo de delimitação, e enquanto durar a sua tramitação, não poderá instaurar-se procedimento judicial com igual pretensão". Como logo se compreende, e muito embora a nossa legislação não conheça um dispositivo idêntico, o princípio emergente desta norma deve também ser aplicado entre nós, a partir do momento em que se admita a possibilidade de efectuar a delimitação por via judicial.

minialidade de um bem são dirimidos pelos tribunais administrativos. Também neste âmbito nos deparamos com uma acção declarativa de simples apreciação, a deduzir na forma de acção administrativa comum, nos termos do n.º 1 do artigo 37.º, ou, eventualmente, da alínea *b)* do n.º 2 do mesmo preceito, quando inclui nesta forma processual a apreciação de litígios relativos ao reconhecimento de qualidades[525].

8.2.2. Garantia jurisdicional

Admitindo a possibilidade de recurso aos tribunais no âmbito da garantia dos bens dominiais, e antes de explicitarmos as hipóteses aqui abrangidas, existe um ponto a considerar previamente relacionado com a ordem jurisdicional competente para a apreciação dessa matéria. Talqualmente resulta das considerações anteriores, as questões que relevam da garantia dos bens públicos e que têm de ser dirimidas jurisdicionalmente integram-se no âmbito da competência dos tribunais administrativos, porquanto revestem a natureza de *questões de Direito Administrativo*, nos

---

[525] Ainda que venha sendo outra a orientação decisória do Tribunal de Conflitos – *v.*, por último, o Acórdão de 19.11.2009, P. 16/09. Neste aresto, e perante um conflito negativo de competências, aquela Instância Jurisdicional aderiu ao entendimento segundo o qual "a questão de saber se uma determinada faixa de terreno constitui um caminho público, como tal integrado no domínio público, ou, como defendem os réus, um caminho particular, cuja propriedade lhes terá sido transmitida (aos primeiros réus), por doação" integra a competência dos tribunais judiciais; nesta hipótese, defendeu tratar-se de "um litígio entre particulares, sem que esteja em causa o exercício de poderes públicos, designadamente por parte das referidas autarquias locais (Freguesia e Município), cujo envolvimento é motivado, apenas, pela localização da questionada parcela de terreno na respectiva circunscrição territorial", que, como tal apenas fará caso julgado entre as partes. Julgamos, porém, que esta decisão se deixa impressionar demasiado pela circunstância de, no processo em causa, as partes serem dois particulares: a definição da natureza dominial de um bem constitui indubitavelmente um litígio emergente de uma relação jurídica administrativa, em que a administratividade decorre da publicidade (embora em dúvida) do objecto; tal acção deveria, por conseguinte, implicar o chamamento à demanda dos potenciais proprietários (públicos) do bem em causa.

Trata-se de uma posição semelhante à vigente em França, onde, com fundamento na concepção dos tribunais comuns como guardiães do direito de propriedade, àqueles se encontra conferida a competência para declara a pertinência de um bem do domínio público, em consequência de um acto de delimitação porque aquele integra uma das categorias de bens consideradas como dominiais. Cf. LAVIALLE, *Le Juge...*, p. 504.

termos apontados – se está em causa a protecção de direitos públicos, a especialidade que justifica a existência de uma jurisdição igualmente especial implica a atribuição de tais litígios aos tribunais dessa ordem jurisdicional. Aliás, com a reforma de 2002, diferentemente do que sucedia em relação ao ETAF de 1984, tais litígios não se encontram agora retirados pelo legislador à competência dos tribunais administrativos. Ora, como alguma doutrina já observava à luz do regime anterior[526], parece indubitável consistir esta matéria uma das que estaria, em princípio, incluída no âmbito da Justiça Administrativa, enquadrando-se na cláusula geral de litígios emergentes de uma relação jurídica administrativa, em virtude do particular estatuto a que se encontra submetido o respectivo objecto e que só por razões de política legislativa havia sido subtraída à competência dos tribunais administrativos[527] [528].

Além das acções de simples apreciação, no âmbito da tutela jurisdicional cabem ainda as acções intentadas pelas pessoas colectivas públicas, destinadas à condenação do particular a determinado comportamento sempre que este esteja a actuar de molde a ferir a função pública desempenhada (acção declarativa condenatória). Como vimos, tal sucederá nas hipóteses

---

[526] Assim VIEIRA DE ANDRADE, *A Justiça Administrativa (Lições)*, 3.ª ed., Coimbra, 2000, p. 32, e *Âmbito e Limites da Jurisdição Administrativa*, in *Cadernos de Justiça Administrativa*, n.º 22, Julho/Agosto 2000, p. 13. Cf., actualmente, VIEIRA DE ANDRADE, *A Justiça Administrativa (Lições)*, 11.ª ed., Coimbra, 2011, p. 99. Para idêntica solução se inclina também o Tribunal de Conflitos – cf. Acordão de 28.09.2010, p. 023/09.

[527] Aliás, em termos de política legislativa, e sobretudo se se adoptasse a perspectiva tradicional da autotutela, parece revelar-se mais avisada a opção pela solução actual, porquanto mesmo estando perante litígios relacionados com a apreciação de actos administrativos dirigidos à protecção do domínio público, podia entender-se estar em causa a apreciação da qualificação dos bens como domínio público: com efeito, inclusivamente a apreciação dos vícios relativos ao sujeito pressuporia saber, pelo menos em termos de questão prévia, se o bem relativamente ao qual a Administração havia actuado integrava o domínio público, sob pena de o órgão que emanou o acto não ter poderes para o praticar; desta forma, ou o próprio tribunal administrativo decidia a questão, ou suspendia a instância e remetia a questão para o tribunal civil, falecendo a qualquer destas duas soluções a clareza da atribuição da competência à jurisdição administrativa. Cf. BERMEJO VERA, *El Enjuiciamiento Jurisdiccional de la Administración en Relación con los Bienes Demaniales*, in *Revista de Administración Pública*, n.º 83, Maio/Agosto 1977, pp. 184 e s., Autor que, nesta matéria, se manifesta contra a dualidade de jurisdições (*Op.* pp. 191 e s.).

[528] A competência jurisdicional relativa aos litígios em que esteja em causa a tutela dos bens dominiais também se tem revelado controvertida em França – *v.* LAVIALLE, *L'Occupation...*, pp. 564 e ss., para a consideração de diversas hipóteses. Cf. o que referimos *supra*.

em que o legislador considere preferível retirar à Administração o poder de praticar actos administrativos nesse sentido ou quando a entidade pública, nos termos apontados, possa optar por esta via em detrimento do exercício dos seus «poderes de autotutela declarativa»[529].

Pode colocar-se neste momento a questão de saber se, perante uma actuação de um particular que prejudique a função pública exercida pelo bem, outro particular pode reagir contra tal actuação no âmbito da Justiça Administrativa. Esta problemática recebia uma resposta afirmativa no quadro do artigo 369.º do Código Administrativo que consagrava a designada *acção popular supletiva (ou substitutiva)*, destinando-se justamente à tutela dos direitos e interesses da Administração (*in casu*, das autarquias locais) contra terceiros[530]. Aquele preceito admite a propositura das acções necessárias para manter, reivindicar e reaver bens do corpo administrativo (*hoc sensu*, autarquias locais[531]) que hajam sido usurpados ou de qualquer modo lesados, cuja legitimidade cabe a "qualquer contribuinte, no gozo dos seus direitos civis e políticos, em nome e no interesse das autarquias locais em que [tivesse] domicílio há mais de dois anos". De acordo com o § 1.º, estas acções apenas podem ser intentadas se, decorridos três meses sobre a entrega pelo particular de uma exposição circunstanciada acerca do direito que se pretende fazer valer e dos meios propbatórios de que se dispõe para a sua efectivação, a Administração não houver proposto uma acção com o mesmo objectivo. Finalmente, o § 2.º dispõe que, se obtive-

---

[529] No mesmo sentido, VIEIRA DE ANDRADE (*A Justiça...*, p. 188) concebe a acção administrativa comum enquanto a forma processual a utilizar, em geral, pelas entidades públicas, quando pedem providências contra particulares.

[530] Cf. ROBIN DE ANDRADE, *A Acção Popular no Direito Administrativo Português*, Coimbra, 1967, pp. 5, 115 e s.. Repare-se, porém, que o Autor, em consonância com a limitação vivida então pela Justiça Administrativa, se refere ao carácter civil desta acção, não a enquadrando no âmbito do contencioso administrativo (*Op.* pp. 5, 119, 121 e s.; cf. também MARCELLO CAETANO, *Manual...*, vol. II, p. 1364). Ainda em 1999, PAULO OTERO (*A Acção Popular: Configuração e Valor no Actual Direito Português*, in *Revista da Ordem dos Advogados*, ano 59, Dezembro 1999, p. 881) enquadrava a acção popular destinada à defesa de (quaisquer) bens do Estado, das regiões autónomas e das autarquias locais no âmbito da acção popular *civil*. Trata-se de uma questão que se encontra hoje superada, já que integram a competência dos tribunais administrativos todos os litígios emergentes de relações jurídicas administrativas, onde se integram as relações jurídicas com objecto público, como observámos, havendo desaparecido, quanto à matéria do domínio público, os limites resultantes do ETAF de 1984. A acção já correrá nos tribunais comuns se o bem em causa estiver submetido ao direito privado (domínio privado).

[531] Assim ROBIN DE ANDRADE, *A Acção...*, p. 116.

rem vencimento, no todo ou em parte, da acção, os particulares têm direito ao reembolso das despesas ocasionadas pela mesma, até ao montante de dois terços do valor real dos bens ou direitos mantidos ou readquiridos.

A invocação do artigo 369.º do Código Administrativo permite-nos interrogar se, na ausência de qualquer norma que expressamente o revogasse, o seu conteúdo normativo vigora hoje no âmbito da Justiça Administrativa. Face à admissibilidade da propositura de uma acção para a defesa dos bens das autarquias locais por um particular contra quem quer que os haja usurpado (ou perturbado o seu gozo) – por conseguinte, também contra outro particular – urge mobilizar a norma constante da alínea *l)* do n.º 1 do artigo 4.º do ETAF, que, na sua tarefa de delimitação do âmbito da jurisdição administrativa, se refere apenas à promoção da prevenção, cessação ou perseguição judicial de infracções contra bens do Estado, das regiões autónomas e das autarquias locais *cometidas por entidades públicas*. Não se olvide, porém, o carácter exemplificativo deste preceito, que se assume como meramente concretizador da cláusula geral que defere à Justiça Administrativa a apreciação dos litígios emergentes de relações jurídicas administrativas (artigos 212.º, n.º 3, da CRP, e 1.º, n.º 1, do ETAF). Ora, como vimos (cf. *supra* em nota), uma relação jurídica cujo objecto – um bem do domínio público – se encontra submetido ao Direito Administrativo reveste natureza administrativa (relação jurídica com objecto público). Além disso, o próprio n.º 2 do artigo 9.º do CPTA já se não apresenta tão limitativo. Destarte, não obstante originar um processo administrativo entre particulares, deve admitir-se a possibilidade de uma acção popular supletiva para a tutela dos bens do domínio público.

Resolvido este ponto, cumpre equacionar se vigoram os requisitos constantes do artigo 369.º do Código Administrativo – quanto à legitimidade, quanto aos bens defendidos e quanto ao momento da propositura da acção.

Relativamente aos dois primeiros, o artigo 369.º vê circunscrito o seu âmbito às autarquias locais: têm legitimidade os contribuintes que se encontrem no gozo dos seus direitos civis e políticos e residam há mais de dois anos na autarquia cujos bens pretendem defender. Ora, desde logo em resultado do que hoje está preceituado na Lei n.º 83/95 (artigos 1.º e 2.º) e do que resulta da alínea *b)* do n.º 3 do artigo 52.º da CRP, o direito de acção popular estende-se à defesa do domínio público em geral, cabendo a sua titularidade a quaisquer cidadãos no gozo dos seus direitos civis e políticos.

No que concerne à exigência resultante do § 1.º, a questão assume maior complexidade, uma vez que não existe qualquer referência no mesmo sentido na Lei n.º 83/95 – o que, a admitirmos a vigência do artigo 369.º, implicaria um regime jurídico diferenciado sempre que em causa estivesse a defesa do domínio público autárquico. Cumpre, todavia, considerar que a tutela do domínio público constitui uma tarefa da Administração, actuando o particular como um seu substituto, enquanto membro da colectividade que constitui o substracto da pessoa colectiva pública a que o bem pertence[532]. Esta acção há-se apresentar, pois, um carácter simultaneamente *subsidiário* e *excepcional*[533]: está em causa um comportamento de um particular em relação ao qual a Administração tinha o dever de intervir a fim de terminar com a perturbação da função pública prosseguida pelo bem, pelo que a actuação de um terceiro particular – que não é titular da relação material controvertida, nem tem qualquer interesse pessoal na demanda (daí existir uma «derrogação aos princípios básicos da legitimidade processual»[534]) – apenas deverá acontecer na ausência de qualquer actuação da Administração, depois de esta haver sido instada, de forma qualificada, a manifestar-se. A solução a seguir deverá ser esta ainda para além do âmbito do artigo 369.º – quando funcione como acção supletiva (defesa de bens e direitos da Administração), mesmo a acção intentada ao abrigo da Lei n.º 83/95 obedecerá a estes requisitos[535]. Aliás, este carácter subsidiário da actuação judicial do particular quando as entidades administrativas têm o dever de intervir para pôr termo à violação do Direito Administrativo (vínculos jurídico-administrativos) encontra um arrimo no n.º 3 do artigo 37.º do CPTA que, mesmo perante uma situação em que o particular está a agir para defender direitos e interesses próprios (e não, como no caso que analisamos, interesses da Administração), estabelece a exigência de que as autoridades competentes (que

---

[532] MARCELLO CAETANO, *Manual*..., vol. II, p. 1364. Saliente-se, por exemplo, que PAULO OTERO (*O Poder*..., pp. 61 e s.; *A Acção*..., p. 878, n. 14) entende estarmos aqui diante de um exercício privado ocasional de funções públicas ou de funções públicas ocasionalmente atribuídas a entidades privadas em razão do seu especial posicionamento circunstancial.

[533] Assim ROBIN DE ANDRADE, *A Acção*..., pp. 135 e 139, respectivamente.

[534] ROBIN DE ANDRADE, *A Acção*..., p. 139.

[535] No que concerne ao estabelecimento do prazo de três meses, deve entender-se que a ideia que ressalta do preceito prende-se com a necessidade da fixação de um prazo razoável para a Administração adoptar medidas tendentes à defesa dos seus bens; evidentemente, em casos de urgência, o prazo até poderá ser menor.

tinham o dever de agir naquela situação) hajam sido debalde solicitadas a adoptar as medidas adequadas[536].

A um processo executivo recorrerá a Administração nas hipóteses em que se tenha dirigido aos tribunais em vista da obtenção de uma sentença condenatória, e o particular não haja cumprido as obrigações emergentes da mesma (execução de sentenças). Nesta situação, embora a execução da sentença corra nos tribunais administrativos, é regida pelo disposto na lei processual civil. Encontramo-nos, pois, perante uma hipótese directamente enquadrável no n.º 2 do artigo 157.º do CPTA[537].

Se houve lugar à prática de um acto administrativo dirigido ao particular, nas situações em que o acto não goze (*ex vi legis*) de executoriedade, a questão que se coloca reside em saber quem procede à execução do acto que impõe a adopção ou abstenção de um determinado comportamento, caso o particular não cumpra a estatuição. Parece não existirem grandes dúvidas de que a entidade administrativa deverá recorrer aos tribunais administrativos[538], se o particular não cumprir o estatuído no acto, o qual assume aqui a função de título executivo (executividade)[539]. Ainda que esta solução não constitua objecto de consagração legislativa expressa, deve entender-se que, desde logo, com fundamento no âmbito material da jurisdição definido pela noção de relação jurídica administrativa, estamos diante de um processo integrante da Justiça Administrativa e, por conseguinte, a correr nos tribunais administrativos. As maiores problemáticas surgem quando se indaga acerca da tramitação processual a observar. Sem concedermos ao tema o desenvolvimen-

---

[536] Relativamente à norma constante do § 2.º do artigo 369.º, deverá entender-se que a mesma ainda apresenta razão de ser, mas não prescinde de uma articulação com o artigo 20.º (regime especial de custas e preparos) da Lei n.º 83/95.

[537] Cf. também RUI MACHETE, *Execução de Sentenças Administrativas*, in **Cadernos de Justiça Administrativa**, n.º 34, Julho/Agosto 2002, p. 60.

[538] Assim sucederá se nos encontrarmos diante da execução de obrigações que tenham de ser objecto de execução específica. Já nos casos em que as obrigações de prestação de facto fungível ou infungível se revelem susceptíveis de conversão pecuniária, a execução contra os particulares correrá nos tribunais tributários, nos termos do processo de execução fiscal regulado no Código de Processo Tributário (cf. artigo 155.º, n.º 1, do CPA).

[539] Repare-se, aliás, que esta assunção pelo acto administrativo da função de título executivo e a possibilidade de execução judicial de actos administrativos obtém um acolhimento expresso no n.º 3 do artigo 157.º do CPTA, que alude a um processo judicial de execução contra a Administração (processado de acordo com os trâmites previstos no próprio CPTA), cujo título executivo é um acto administrativo. Cf. também RUI MACHETE, *Execução*..., p. 60.

to que merece (porquanto escapa ao nosso directo horizonte problemático), e sem abstrair da imperatividade de uma intervenção legislativa na matéria, é possível ponderar por uma de duas vias alternativas de solução. A primeira – que nos parece mais pacífica – aponta no sentido de que tal processo deverá seguir os termos previstos no Código de Processo Civil relativamente à execução para entrega de coisa certa ou execução para prestação de facto: está em causa a defesa de uma extensão teleológica[540] da norma constante do n.º 2 do artigo 157.º do CPTA, tornando-a aplicável a todas as situações de execução contra particulares, não apenas com base em sentenças declarativas proferidas pelos tribunais administrativos, mas ainda com base em actos administrativos[541]. De acordo com uma segunda via – mais controversa e talvez apenas defensável *de iure condendo* – admitir-se-á uma solução de compromisso, orientada para a defesa da possibilidade da existência de uma situação intermédia: assim, nas hipóteses de execução judicial de actos administrativos não executórios, entender-se-á que entre a executoriedade do acto e a execução judicial mediante a adopção da tramitação do Código de Processo Civil, surgiria um processo executivo de actos administrativos, em que aos tribunais coubesse a decisão de executar o acto e o controlo dessa execução efectuada pela Administração – é que, nesta situação, poderíamos afirmar que ainda se trataria da defesa e realização do interesse próprio da Administração, baseada numa declaração do direito efectuada pelos órgãos administrativos, e não apenas o interesse objectivo do ordenamento jurídico, como sucede, em geral, no âmbito de uma execução judicial[542].

---

[540] Acerca deste cânone interpretativo, cf., por todos, CASTANHEIRA NEVES, *Metodologia...*, pp. 184 e ss., esp.^{te} pp. 186 e s..

[541] No mesmo sentido inclinava-se já PEDRO GONÇALVES (*O Contrato...*, Coimbra, 2003, p. 162) que, a propósito da execução dos actos administrativos através dos quais a Administração impõe o cumprimento de deveres contratuais (com excepção dos que criam o pagamento de uma prestação pecuniária), defende a aplicação, por analogia, das disposições sobre a execução de sentenças condenatórias (contra particulares), abrangendo a analogia o disposto no n.º 2 do artigo 157.º (remete para a lei processual civil os termos em que se processa a execução contra particulares de sentenças proferidas pelos tribunais administrativos). Concordando com aquele Autor, VIEIRA DE ANDRADE (*A Justiça...*, p. 445) defende que a execução de actos administrativos contra particulares corre nos tribunais administrativos, nos termos das regras do processo civil. Entendendo que esta norma suscita algumas reservas, devendo ser interpretada restritivamente, cf. RUI MACHETE, *Execução...*, p. 60.

[542] Retomamos aqui, embora em termos diversos, a distinção (do ponto de vista da intencionalidade) traçada por MARIA LÚCIA AMARAL (*A Execução...*, p. 158) entre a execução jurisdicional e a execução administrativa.

9. REFLEXÕES FINAIS: A «PERSPECTIVA DO METRO CÚBICO» E O DOMÍNIO PÚBLICO COMO IMPULSIONADOR DAS POLÍTICAS PÚBLICAS

Não persistirão hoje dúvidas de que os caminhos da sobrevivência do domínio público passam pela rentabilização dos bens dominiais e pela flexibilização, ainda que com limites, do respectivo regime jurídico. A ausência de um diploma que, mais profundamente, verse sobre esta matéria vem dificultando esta tarefa, que, de qualquer modo, os institutos típicos da comercialidade de direito público (*maxime*, as concessões), quando adequadamente compreendidos, acabam por cumprir – aspecto que a nova legislação sectorial relativa ao domínio público acaba por acolher.

Por outro lado, e de molde a evitar o surgimento de um «domínio público virtual», a exigência e a especificidade deste estatuto – intrinsecamente relacionadas com o respectivo vector funcional – reclamam que o mesmo apenas possa incidir sobre um bem *se, enquanto* e *nos termos* em que este for necessário para desempenhar a função que, da perspectiva do legislador, justificou a sua submissão a um regime especial de Direito Administrativo. Encontramos aqui terreno fértil para a aplicação da perspectiva, que vimos defendendo[543], de que o aprofundamento do *point de vue du mètre carré*, a que aludia Hauriou[544], origina a *perspectiva do metro cúbico*, como forma de compreensão do âmbito objectivo do regime jurídico dos bens do domínio público formal. Louvando-nos em Gaudemet[545], poderemos afirmar que a dominialidade pública se encontra limitada no espaço, impondo-se, por isso, a sua perspectivação a nível vertical (e não apenas horizontal, como acontecia no urbanismo tradicional)[546] – a pressupor a possibilidade de uma *sobreposição de estatutos público e privado*. À

---

[543] Cf. os nossos trabalhos *O Domínio...*, pp. 377 e ss., e *O Âmbito...*, pp. 166 e ss..
[544] HAURIOU, *Précis...*, pp. 791 e s., n.13.
[545] GAUDEMET, *La Superposition des Propriétés Privées et du Domaine Public*, in **Recueil Dalloz-Sirey**, 1978, p. 294, e *Les Constructions en Volume sur le Domaine Public*, in **L'Evolution Contemporaine du Droit des Biens**, Paris, 1991, p. 147.
[546] Cf., por exemplo, o caso sobre que se debruçam AFONSO QUEIRÓ/JOSÉ GABRIEL QUEIRÓ, *Propriedade...*, pp. 231 e ss.: em causa estava conhecer qual a solução juridicamente adequada, quando um município pretende permitir que particulares construam um parque de estacionamento automóvel no subsolo de um espaço ajardinado integrado na via pública; imagine-se agora que a área destinada ao espaço verde havia constituído objecto de cedência para o domínio público municipal.

semelhança do que sucede em situações similares[547], a divisão da propriedade em volumes e a abertura desses volumes a titularidades e utilizações diversas possuem a virtualidade de permitir vários aproveitamentos da coisa, sem prejuízo do exercício da função pública a que um deles se encontrar adstrito, e em articulação com a ideia segundo a qual a aplicação de um (certo) regime da dominialidade só tem sentido até onde se justificar a garantia da função pública determinante da dominialização desse bem[548].

Esta sobreposição de estatutos pode, inclusivamente, implicar a sobreposição entre dois regimes dominiais – aspecto de singular relevância quando em causa estão bens do domínio público material (que gozam do regime mais exigente) ou nas hipóteses em que aquela sobreposição gera titularidades diferentes. Trata-se de uma solução admitida, de forma implícita, pela jurisprudência do Tribunal Constitucional[549], quando, partindo embora de um conceito excessivamente restrito (e criticável) de porto artificial, admite, adoptando uma perspectiva mais avançada, a sobreposição entre o estatuto do domínio público marítimo (terrenos), pertencente ao Estado, e o estatuto do domínio público portuário (as construções e equipamentos sobre aqueles construídos), na titularidade, *in casu*, de uma região autónoma.

Só assim perspectivados os bens dominiais podem constituir um motor de impulso de políticas públicas[550]. Não se trata de defender que a exi-

---

[547] A defesa de uma sobreposição de estatutos público e privado não é inédita no nosso ordenamento jurídico, encontrando-se admitida relativamente às "camadas aéreas superiores ao território acima do limite reconhecido ao proprietário ou superficiário" ou aos jazigos minerais e cavidades naturais subterrâneas [cf. artigo 84.º, n.º 1, alíneas *b)* e *c)*, da CRP], assim como às construções privadas efectuadas sobre bens dominiais ao abrigo de uma concessão de uso privativo e destinadas exclusivamente à satisfação das necessidades do concessionário.

[548] Uma solução mais consentânea com a defesa do carácter não monolítico do estatuto da dominialidade poderia apontar para a circunscrição do mesmo a *poderes de domínio* sobre a coisa, cuja intensidade, orientada em torno da destinação, a subtrairia à livre disponibilidade dos particulares (proprietários), e determinaria para o município a impossibilidade da livre constituição ou transmissão *iure privato* de direitos privados sobre os bens e da prática de actos administrativos ofensivos da função prosseguida pelos mesmos.

[549] Acórdão n.º 654/2009, de 16 de Dezembro, cit., p. 447.

[550] Cf., ainda que a propósito dos bens patrimoniais (domínio privado) e a correspectiva disposição da *Ley del Patrimonio de las Administraciones Públicas* (artigo 8, n.º 2), URÍA FERNÁNDEZ, **La Ley del Patrimonio de las Administraciones Públicas como Instrumento al Servicio de una Nueva Política Patrimonial del Estado**, in CHINCHILLA MARÍN (coord.), **Comentarios a la Ley 33/2003, del Patrimonio de las Administraciones Públicas**, Madrid, 2004, p. 38.

gência de uma intervenção administrativa sempre que em causa esteja uma actividade relacionada com o domínio público está paulatinamente a transformar este instituto num «título de intervenção» ou num objecto de uma «utilização táctica»[551] através do qual se assegura a participação da Administração e o respectivo controlo *maxime* em actividades liberalizadas, redundando numa verdadeira «coisificação de actividades». Simplesmente, a diversidade de bens submetidos a este estatuto e o sentido da respectiva disciplina jurídica permitirão constituir uma forma de concretização e dinamização de políticas públicas tão determinantes como a política ambiental (veja-se o caso já paradigmático do regime do domínio hídrico), a política de transportes (prosseguida por uma adequada gestão do domínio público infra-estrutural) ou a política energética (novamente, a disciplina da utilização dos recursos hídricos para a produção de electricidade).

---

[551] MORILLO-VELARDE PÉREZ, *Dominio...*, cit., pp. 131 e s.; GONZÁLEZ SANFIEL, *Un Nuevo Régimen, passim*, esp.te pp. 230 e ss., 291 e ss., referindo-se inclusivamente este último Autor a uma «pseudo-liberalização» em certas áreas relacionadas com infra-estruturas (dominiais) ou a uma «instrumentalização» do domínio público com o objectivo de condicionar as actividades que sobre ele se desenvolvem.

DIREITO DIPLOMÁTICO E CONSULAR

Margarida Salema d'Oliveira Martins

1. INTRODUÇÃO

1.1. A diplomacia – origem etimológica

A diplomacia, cuja origem etimológica radica na palavra grega "diploma", é um conceito diferente do de Direito Diplomático, independentemente da analogia gramatical.

A divergência de sentidos, apesar da mesma origem etimológica dos vocábulos, traduz-se em que a diplomacia vai extraindo um direito potencial anterior a ela. O conceito moderno de diplomacia e, portanto, o de Direito Diplomático são de criação relativamente recente, situando-se em Inglaterra, nos meados do séc. XVII, na Áustria, no séc. XVIII, e em França, na época de RICHELIEU[1].

Do ponto de vista estritamente etimológico, os termos diplomático e diplomacia parecem derivar de "diploma", escrito emitido e firmado por um Soberano. Nesse sentido, LEIBNITZ designa por CODEX JURIS GENTIUM DIPLOMATICUS a sua compilação de documentos de Estado[2].

Tal "diploma" grego não abrangeria apenas o texto escrito mas também a acção de o dobrar, de o enrolar, um fólio de duas partes, o que leva à utilização de termos, como "pliego" em castelhano (folha de papel, documento) ou "pliegue" (prega, dobra), hoje substituídos pelas expressões carta, ofício, etc.

---

[1] V. JOSÉ SEBASTIAN DE ERICE y O'SHEA, *Derecho Diplomático*, Tomo I, Instituto de Estudios Politicos, Madrid, 1954, pp 31-32, que se apoia em SATOW, Diplomatic Practice, Londres, 1932 e HOLTZEN-DORFF, *Introduction du Droit Public contemporaine*, Hamburgo, 1887.

[2] V. JOSÉ SEBASTIAN DE ERICE y O'SHEA, Idem, ibidem.

Há autores que atribuem à origem destas palavras um valor de "duplicado" o que, não sendo embora cientificamente aceite pela maioria da doutrina, tem um valor sugestivo.

A acção de dobrar implicaria então um sentido de reprodução ou de "duplo" que se traduziria no dever de existir uma transcrição ou cópia ou duplicado do diploma (documento, carta credencial, etc.) no arquivo. Mas, mais interessante do que esta perspectiva de arquivo com duplicado, seria a de considerar o agente diplomático como um "duplo", em virtude do seu "diploma", do Estado mandante que representa integralmente no estrangeiro[3].

1.2. A DIPLOMACIA COMO CIÊNCIA E COMO ARTE

A utilização generalizada do termo diplomacia, definida como a ciência das relações existentes entre os diversos Estados, tais como resultam dos seus interesses recíprocos, dos princípios do direito internacional e das estipulações dos tratados ou das convenções, só ocorre no final do século XVIII.

O conhecimento das regras e dos usos é indispensável para conduzir bem os assuntos públicos e para seguir as negociações políticas. Daí ter sido considerado, em termos mais concisos ainda, que a diplomacia é a ciência das relações ou simplesmente a arte das negociações[4].

Isso não significa que a ciência ou arte por ela designada não seja tão antiga quanto a divisão do género humano em povos e nações, referindo WICQUEFORT que o termo "embassadeur" (embaixador) deriva da palavra espanhola "enviar" ou segundo NEUMANN, da palavra "Ambacht", "Ambt", "Amt" que significa função[5].

Já na antiguidade, e até mesmo entre os povos que praticamente tratavam os estrangeiros como inimigos, se encontram embaixadores, arautos que entregavam mensagens de príncipe a príncipe, de Estado a Estado, notificando a guerra, propondo a paz ou alianças, etc.

---

[3] V. JOSÉ SEBASTIAN DE ERICE y O'SHEA, Idem, ibidem.

[4] V. M. CHARLES CALVO, *Le Droit International Théorique et Pratique, précédé d'un exposé historique des progrès de la science du droit des gens*, 4ª edição, revista e completada, 3º tomo, Paris, Guillaumin et Cie, Éditeur, Arthur Rousseau, Éditeur, G. Pedone-Lauriel, Éditeur, Marchal et Billard, Éditeur, Berlim, Puttkammer et Mühlbrecht, Editeurs, 1888, pp. 165.

[5] V. M. CHARLES CALVO, Idem, ibidem.

Em Roma, era reconhecido expressamente o direito de representação, prevendo-se uma espécie de inviolabilidade para os representantes das nações vizinhas[6].

Já as relações muito complicadas entre os Estados da Grécia propiciaram uma troca muito activa de comunicações diplomáticas, normalmente utilizando em maior grau deputações chefiadas por uma pessoa de categoria mais ou menos elevada. O recurso à deputação explica-se porque na antiguidade as missões de alguma importância não eram deixadas à discrição de um só homem, mas antes eram confiadas a embaixadas compostas por dois, três ou mais homens. Não parece, pois, que tais embaixadas tivessem sido regidas por qualquer sistema regular ou permanente ou que estivessem reservadas a uma classe particular de funcionários públicos. Os embaixadores eram enviados em ocasiões particulares e retornavam quando tivessem atingido o objectivo da sua missão ou quando tivessem reconhecido a impossibilidade de o atingir.

Mas foi na Idade Média, em Itália, que a diplomacia começou a ser praticada como arte e ensinada como ciência pelos próprios diplomatas. Constituía assim o património do alto clero.

A diplomacia que até então tinha sido praticada em conformidade com a simplicidade e a rudeza dos tempos antigos torna-se, nesta escola de sábios e de homens de Estado italianos, entre os quais surge como figura de primeiro plano o célebre MAQUIAVEL, uma arte cheia de subtilezas e de artifícios, uma arte de dissimulação mascarada sob formas convencionais, sendo instrumento de uma política de intrigas.

No século XV, inúmeros factores como a queda do império bizantino, a invenção da imprensa e da pólvora, o descobrimento da América, o renascimento das letras e das belas-artes a que a Europa esteve sujeita, deram um impulso à diplomacia. Os governos viam-se na necessidade de negociações contínuas, por vezes demasiado complicadas para se fazerem por correspondência, tornando, assim, indispensável o envio de delegados ou de ministros especiais.

No século XVI, os reis de França instituíram no reino as funções de ministro dos negócios estrangeiros ("ministre des affaires étrangères").

---

[6] V. M. CHARLES CALVO, op.cit., pp. 166 ss.
CALVO refere a existência de numerosos textos, citando a seguinte lei do Digesto; "si quis legatum hostium pulsasset, contra jus gentium id commissum esse existimatur, quia a sancti habentur legati" (Digesto, 1.tit.VII, § 17, De legationibus), op.cit., pp. 166.

É atribuída ao cardeal RICHELIEU a inauguração do sistema hoje universalmente adoptado de manter legações permanentes junto das cortes estrangeiras.

O primeiro embaixador residente enviado por França para Lisboa foi Honoré de Caix em 1522[7].

Nessa mesma época, a Europa ocidental enviava embaixadas para zonas que até então eram encaradas como estando fora da esfera das nações civilizadas, a Rússia, a Pérsia, o Sião e outras zonas do Extremo Oriente.

A paz de Vestefália (1648) fazendo prevalecer a doutrina do equilíbrio europeu, cuja conservação carecia de um dever dos Estados de se vigiar reciprocamente, consagrou definitivamente o uso das legações fixas, que jamais veio a ser derrogado.

1.3. A DIPLOMACIA, O DIREITO INTERNACIONAL E A POLÍTICA EXTERNA NA ACTUALIDADE

A diplomacia e a política externa estão relacionadas com o direito internacional, mas são diferentes dele. O direito internacional funciona desde logo no âmbito da comunidade dos Estados soberanos cujas políticas externas conformam as suas relações e isto executa-se através da diplomacia.

A política externa é o conjunto das decisões tomadas por um governo em relação com a posição do Estado vis-à-vis outros Estados e também abrange a sua posição nas organizações e conferências internacionais. A diplomacia é o instrumento através do qual se leva a cabo a política externa. Tradicionalmente as funções da diplomacia mais importantes foram a representação e a negociação, sendo que o objectivo da negociação, que é o de chegar a um acordo sem violência, é o da diplomacia em geral. Assim,

---

[7] V. JOSÉ CALVET DE MAGALHÃES, *Manual Diplomático, Direito Diplomático, Prática Diplomática*, 4ª edição, Editorial Bizâncio, Lisboa, 2001, pp.30. V. ainda JOSÉ CALVET DE MAGALHÃES, *Breve História Diplomática de Portugal*, 2ªedição, Publ. Europa-América, Lisboa, 1999; JORGE BORGES DE MACEDO, *História Diplomática Portuguesa, Constantes e Linhas de Força*, volume I, Tribuna em colab. IDN, Lisboa, 1988; PEDRO SOARES MARTINEZ, *História Diplomática de Portugal*, Ed. Verbo, Lisboa, 1986; ANTÓNIO PEDRO BARBAS HOMEM, *História das relações internacionais: o direito e as concepções políticas na Idade Moderna*, Almedina, Coimbra, 2009.

os diplomatas não dirigem a política externa, mas podem ter influência na sua formulação através da elaboração de relatórios correctos e recomendações bem fundamentadas, o que faz parte das suas tarefas.

Estas definições das funções e objectivos da diplomacia reportam-se à diplomacia clássica em que as relações internacionais abrangiam, em grande parte, as relações políticas entre os governos e eram conduzidas numa base bilateral.

A diplomacia moderna apresenta-se com um âmbito muito mais extenso, atribuindo aos diplomatas, para além das tarefas tradicionais de representação, negociação, informação e protecção dos interesses do Estado que os envia (denominado Estado acreditante), também o dever de fomentar relações amistosas e o dever de desenvolver relações económicas, culturais e científicas entre o seu Estado e aquele que o recebe (denominado Estado acreditador), como se determina na Convenção de Viena sobre Relações Diplomáticas.

Com o surgimento e a proliferação de organizações internacionais, verifica-se o crescimento resultante da diplomacia de "conferências" ou "parlamentar" conduzida abertamente sobre bases multilaterais, de acordo com regras de procedimento criadas por essas organizações.

A "diplomacia aberta" contemporânea, em contraposição à diplomacia "secreta" anterior à 1ª Guerra Mundial, foi facilitada grandemente pelo progresso tecnológico dos meios de comunicação que por seu turno contribuíram para o desenvolvimento das técnicas de propaganda.

A mundialização generalizou e democratizou a discussão política internacional que passou a fazer parte das preocupações de uma opinião pública crescentemente mais bem informada.

As imensas oportunidades para o debate público de problemas delicados conduziram a uma modificação sensível de tom discernível no tratamento entre governos.

Mas a diferença entre diplomacia clássica e moderna não deve exagerar-se. Um já elevado número de anos de experiência com a diplomacia aberta e de conferências demonstrou que os meios tradicionais de negociações sem propaganda – ou para usar as palavras de Hammaarskjold, a diplomacia silenciosa – ainda têm um papel útil a desempenhar para alcançar o êxito da diplomacia de conferências[8].

---

[8] V. MAX SORENSEN, *Manual de Derecho Internacional Público, Fora de Cultura Económica*, México, 1ª edição, 1973, 3ª reimpressão, 1985, pp. 385 a 387.

À medida que as relações internacionais se vão desenvolvendo, o direito internacional vai regulando as formas, os procedimentos e os órgãos que as desempenham. Das relações permanentes entre Estados (diplomacia bilateral clássica), das relações entre Estados e organizações internacionais ou entre estas (diplomacia multilateral moderna), do envio de missões temporárias, designadas missões especiais (diplomacia ad-hoc), da actividade exercida por órgãos externos dos Estados, como o Chefe de Estado, o Primeiro-Ministro e o Ministro dos Negócios Estrangeiros (diplomacia directa), da actividade exercida pelos órgãos representativos deliberativos das organizações internacionais (diplomacia parlamentar em sentido clássico) ou pelos parlamentos internacionais (diplomacia parlamentar em sentido moderno) cuida o direito internacional, seja consuetudinário, seja convencional e quer se coloque no âmbito do direito geral ou do direito particular (direito das organizações internacionais).

Apesar dos diversos qualificativos com que se vão designando ou classificando as diversas modalidades de exercício da diplomacia e que de alguma forma configuram, quanto ao conteúdo da actividade predominante sobre que ela incide, novos estágios de desenvolvimento das relações internacionais, verifica-se que tais modalidades ainda se vão integrando no quadro e nas regras de direito diplomático estabelecidas. É o caso, por exemplo, dos tipos de diplomacia conhecidos como diplomacia económica, diplomacia cultural e diplomacia pública.

Embora, como referido, a promoção dos interesses económicos e dos interesses culturais dos Estados sempre tenha feito parte da diplomacia (v. artigo 3º alínea e) da Convenção de Viena sobre Relações Diplomáticas e artigo 5º alínea b) da Convenção de Viena sobre Relações Consulares), verifica-se actualmente com a globalização a necessidade de dar um enfoque particular a estas matérias, em detrimento da perspectiva puramente política da diplomacia tradicional. Tal enfoque projecta-se necessariamente no aparelho diplomático e na formação do pessoal.

Por outro lado também há que salvaguardar, no âmbito da União Europeia, o novo aparelho diplomático em criação para suporte da Política Externa e de Segurança Comum, prevista, com um novo fôlego após o Tratado de Lisboa, de 7 de Dezembro de 2007, nos artigos 23º a 42º do Tratado da União Europeia. A diplomacia europeia não substitui as diplomacias nacionais, antes as reforça, exercendo-se no âmbito previsto no tratado.

A diplomacia pública, termo norte-americano utilizado para promover uma imagem dos EUA que possa beneficiar os seus interesses globais, tem sido utilizado para denominar os esforços desenvolvidos pelo Estado no sentido de promover o contacto entre os povos, de incrementar o entendimento mútuo e de criar uma percepção externa favorável sobre um país, um povo, uma cultura e uma política[9].

As funções e a preparação dos diplomatas também caem fora do âmbito do direito internacional. Contudo, uma vez que o cumprimento competente dos seus deveres contribui para os objectivos principais do direito internacional – a saber a manutenção da paz e o estabelecimento do império do direito na Comunidade Internacional – é pertinente referir que os autores que trataram de definir as qualidade e funções de um bom diplomata estão de acordo em que deve ser uma pessoa de integridade, cortês e de boa fé, e que deve possuir a arte de estabelecer e cultivar as relações humanas. Antes de mais, deve ser claro a falar e a escrever. A qualidade que interessa ao direito internacional mais directamente é a habilidade do diplomata de registar clara e precisamente os acordos entre os governos e os agentes internacionais.[10] Actualmente as exigências são maiores dadas a complexificação técnica de muitos acordos para os quais a formação clássica dos diplomatas pode ser insuficiente.

1.4. O Direito Diplomático

O Direito Diplomático começa por corresponder ao exercício de um dos atributos essenciais da soberania e da independência das nações – o direito de legação – que "grosso modo" consiste na faculdade de se fazer representar no exterior por agentes diplomáticos e consulares encarregados de cultivar com as outras nações relações de amizade e de boa harmonia.

É, pois, no âmbito do direito internacional, que se vai desenvolvendo um conjunto de regras e práticas que foram objecto de codificação, na sequência e no âmbito do trabalho desenvolvido pela Comissão de Direito Internacional, das Nações Unidas, traduzida na Convenção de Viena sobre Relações Diplomáticas (doravante CVRD), de 18 de Abril de 1961[11].

---

[9] V. MARIA REGINA MONGIARDIM, *Diplomacia*, Almedina, Coimbra, 2007, pp. 211 a 407.

[10] V. MAX SORENSEN, *Manual de Derecho Internacional Público*, cit., pp. 387.

[11] A CVRD tem 60 Estados signatários e actualmente 186 Estados-Partes (cfr. Web site.u.n.treaties – consultado em 15 de Junho de 2010). Entrou em vigor em 24 de Abril de 1964. Portugal aderiu em 11 de Setembro de 1968 (v. D.L. nº 48.295, de 27 de Março de 1968).

Por Direito Diplomático podemos assim "grosso modo" entender o conjunto das normas jurídicas, qualquer que seja a sua fonte, que regulam as relações diplomáticas bilaterais e multilaterais, sejam permanentes ou ad hoc, e, em particular, a missão diplomática e seus agentes.

Não circunscrevemos pois o conceito à profissão diplomática, como propõe JOSÉ CALVET DE MAGALHÃES que define Direito Diplomático como o conjunto das normas internacionais que regem o exercício da profissão diplomática[12].

Como refere JEAN SALMON, a expressão "relações diplomáticas" não é em si mesma uma expressão clara, pois os termos usados cobrem um campo vasto de relações:
- as relações diplomáticas bilaterais desenvolvidas pelas missões permanentes que correspondem à forma tradicional das relações diplomáticas;
- as relações diplomáticas ocasionais ou limitadas a um objectivo reduzido, que sempre existiram, a par das primeiras, efectuadas por missões especiais, falando-se, a este propósito, de diplomacia ad hoc;
- as relações internacionais multilaterais que originaram formas particulares de missões diplomáticas: as missões ou representações enviadas pelos Estados junto das organizações internacionais e as missões diplomáticas ou quase diplomáticas de que algumas organizações internacionais dispõem no território dos Estados-Membros ou de Estados terceiros[13].

Acresce que o próprio fenómeno da organização internacional originou uma função pública internacional a cujos mais altos representantes são reconhecidos privilégios e imunidades diplomáticas. O mesmo sucede com os Chefes de Estado e outros órgãos nacionais.

---

[12] V. JOSÉ CALVET DE MAGALHÃES, *Manual Diplomático, Direito Diplomático, Prática Diplomática*, 4ª edição, Editorial Bizâncio, Lisboa, 2001, pp. 13.

[13] JEAN SALMON, *Manuel de Droit Diplomatique*, Editions Delta, Bruylant, 1994, pp. 2.

1.5. O Direito Consular

As relações consulares têm tido uma atenção mais escassa cabendo notar que só no século XX se tornou possível codificar o Direito Internacional Consular, como esclarece WLADIMIR BRITO[14]. Com a necessidade sentida no direito interno de dotar a função consular de uma regulamentação jurídica da sua organização e da jurisdição dos cônsules, a partir dos finais do séc. XVII, verifica-se que os Estados se vão dotando de legislação consular. Aliás a partir do séc. XIX dá-se uma expansão das relações consulares internacionais[15].

A instituição consular tem raízes remotas ancoradas nas relações entre os povos baseando-se na ideia ancestral de que o estrangeiro deve merecer especial protecção no território de acolhimento, que lhe deve dispensar também hospitalidade[16].

A instituição consular remonta aos "proxenes" da Grécia antiga. Conheceu um grande desenvolvimento na Idade Média, com a evolução das relações comerciais e a atribuição aos comerciantes estrangeiros de um estatuto privilegiado envolvendo a designação de magistrados especiais, com o nome de cônsules no século XII. As funções dos cônsules vão-se alargando até ao séc. XVIII chegando a abranger mesmo uma certa protecção dos interesses do Estado de origem e dos seus nacionais.

Após a prevalência do poder do Estado, as funções consulares foram sofrendo mutações desde outrora em que se verificava prevalência nas áreas do comércio e da navegação até à actualidade em que se acentuam as funções mais ligadas à circulação de pessoas. Não se pode, contudo, negar que as funções consulares continuam a ser muito amplas e que a sua importância continua a ser assinalável. Como referiu o Tribunal Internacional de Justiça, o desenvolvimento sem barreiras das relações consulares não é menos importante que o das relações diplomáticas no Direito internacional contemporâneo, na medida em que favorece o desenvolvimento das relações amistosas entre as nações e opera a protecção e assistência aos estrangeiros residentes no território de outro Estado[17].

---

[14] WLADIMIR BRITO, *Direito Consular*, Boletim da Faculdade de Direito, STVDIA IVRIDICA 77, Universidade de Coimbra, Coimbra Editora, 2004, pp. 35.
[15] Idem, pp. 36.
[16] WLADIMIR DE BRITO, Idem, pp. 15.
[17] V. Caso do pessoal diplomático e consular dos Estados Unidos em Teerão, I.C.J. reports of Judgements, Advisory Opinions and Orders, Case Concerning United States Dip-

A regulação jurídico-internacional da função consular e dos seus privilégios e imunidades foi objecto de numerosos tratados e de numerosos costumes internacionais.

Actualmente, a matéria das relações e imunidades consulares encontra-se codificada pela Convenção de Viena sobre Relações Consulares, de 24 de Abril de 1963[18] (doravante CVRC).

Esta convenção recolhe praticamente todo o direito consuetudinário na matéria que se foi formando ao longo de quase oito séculos. Deve, contudo, notar-se que há numerosas normas de Direito internacional particular contidas em numerosos tratados consulares e em tratados de comércio, navegação, amizade, judiciários, etc. (v. artigo 73º da CVRC).

Actualmente verificamos o desenvolvimento das relações consulares, por exemplo, no âmbito da União Europeia, que se promovem para efeito de protecção diplomática dos cidadãos da União Europeia, de forma a dar cumprimento ao respectivo estatuto jurídico-comunitário da cidadania europeia.

Também a jurisprudência internacional se ocupa de litígios entre Estados neste domínio que resultam ainda de falta de aplicação e/ou errónea interpretação pelos juízes nacionais de instrumentos de direito internacional.

Podemos entender o Direito Consular "grosso modo" como o conjunto das normas jurídicas, qualquer que seja a sua fonte, que regulam as relações consulares, e, em particular, a instituição consular e seus agentes.

1.6. O DIREITO DIPLOMÁTICO E CONSULAR COMO DIREITO ADMINISTRATIVO

No sentido exposto, é autonomizável um corpo de normas jurídicas susceptíveis de abordagem e interpretação específicas que advêm de fontes de direito internacional e de direito interno, e neste caso essencialmente administrativo, que os tribunais internacionais e internos aplicam, com especificidade de tratamento relativamente ao Direito Internacional Geral, nomeadamente dado o efeito directo de certas normas internacionais convencionais.

---

lomatic and Consular Staff in Tehran (United States of America v. Iran), Request for the Indication of Provisional Measures, Order of 15 December 1979, § 40 (http://www.icj-cij.org/docket/files/64/6283.pdf).

[18] A CVRC tem 48 Estados signatários e actualmente 172 Estados-Partes (cfr. Web site.u.n.treaties – consultado em 15 de Junho de 2010). Entrou em vigor em 18 de Março de 1967. Portugal aderiu em 13 de Setembro de 1972 (v. D.L. nº 183/72, de 30 de Maio).

É ao tal corpo ou conjunto de normas que regem as relações diplomáticas e consulares, que damos a designação de Direito Diplomático e Consular, numa acepção mais moderna em que o segundo termo ganha uma dimensão acrescida com o fenómeno da globalização.

O Direito Diplomático e Consular intersecta pois com o Direito Administrativo, na medida em que integra normas jurídicas que se aplicam à organização da administração pública estadual directa central e periférica, no domínio externo, bem como à actividade administrativa exercida no plano externo e ainda aos funcionários e agentes destacados para o exercício de funções externas do Estado.

A especificidade de tratamento que esta delimitação traduz deve-se à origem das fontes que são sobretudo fontes de direito internacional, ao regime de actuação dos órgãos externos, igualmente derivado do direito internacional, e à necessidade de interpretar o direito interno atendendo aos parâmetros do direito internacional.

Como refere DIOGO FREITAS DO AMARAL, há normas jurídicas de direito internacional que dizem respeito às administrações públicas dos Estados e que regulam aspectos importantes da vida administrativa interna. Chama-lhe Direito Internacional Administrativo porque, provindo de uma fonte internacional, destina-se a regular aspectos da administração pública interna. Não se confunde com o Direito Administrativo Internacional que é, diversamente, o direito administrativo próprio das organizações internacionais. Naquele as normas são internacionais pela sua natureza, mas administrativas pelo seu objecto, enquanto neste são administrativas pela sua natureza, mas internacionais pelo seu objecto. Aquelas estudam-se no âmbito do Direito Administrativo. Estas estudam-se no âmbito do Direito Internacional Público[19]. Também MARCELO REBELO DE SOUSA e ANDRÉ SALGADO DE MATOS se referem à possibilidade de as normas de direito internacional, criadas por costume ou convenção internacionais ou por decisão de organização internacional, poderem disciplinar directamente o exercício da função administrativa na ordem interna[20].

---

[19] V. DIOGO FREITAS DO AMARAL, *Curso de Direito Administrativo*, vol. I, 3ª ed., Almedina, 2006, pp. 191 e 192.

[20] MARCELO REBELO DE SOUSA e ANDRÉ SALGADO DE MATOS admitem que a CVRD e a CVRC contêm disposições directamente aplicáveis nas ordens internas dos Estados signatários com relevância para o exercício das respectivas funções administrativas, designadamente relativas à definição dos poderes das autoridades públicas perante as missões diplomáticas e consulares, in **Direito Administrativo Geral, Introdução e Princí-**

Para além do domínio próprio do direito internacional público, há incidência na adequação do direito administrativo interno, concebido para responder às questões que ambas as funções, diplomáticas e consulares, suscitam atendendo à evolução das relações internacionais no mundo contemporâneo.

É este o enfoque que aqui privilegiamos, dada a relevância que a organização e a actividade diplomática e consular no âmbito do direito administrativo português devem assumir para que a Administração possa estar à altura dos desafios da ambiciosa política externa definida pelos sucessivos governos constitucionais.

Trata-se de uma óptica pelo direito interno, essencialmente administrativo, que se encarrega de organizar os serviços diplomáticos e consulares necessários e adequados bem como de preparar os funcionários e agentes, dotando-os de formação específica para exercer a actividade diplomática.

A matéria da missão diplomática e do posto consular releva assim do direito administrativo interno, perspectiva essa que conduz ao estudo dos órgãos, serviços e agentes da administração pública portuguesa encarregados ou ligados à actividade diplomática e consular.

Trata-se assim, e num contexto globalizado, de focar o Direito Administrativo Diplomático e Consular, como Direito Administrativo Especial[21].

Quando ao Direito Internacional Diplomático e Consular propriamente dito não cabe desenvolvê-lo neste trabalho[22] que, sendo embora por aquele balizado, se direcciona sobretudo para o Direito Administrativo.

2. A ORGANIZAÇÃO DOS SERVIÇOS DIPLOMÁTICOS, EM GERAL

Cada Estado organiza o seu serviço diplomático, através de leis e regulamentos internos.

Em termos internacionais, a prática estabeleceu um certo número de categorias de agentes que, no conjunto, correspondem aos utilizados nas ordens nacionais.

---

pios Fundamentais, Tomo I, 2ª edição, 2006, D. Quixote, pp. 63 e pp. 73.

[21] V. PAULO OTERO e PEDRO GONÇALVES in *Tratado de Direito Administrativo Especial*, vol. I, Almedina, Coimbra, 2009, p. 5-9.

[22] Sobre o Direito Internacional, v. MARGARIDA SALEMA D'OLIVEIRA MARTINS, *Direito Diplomático e Consular*, Universidade Lusíada Editora, Lisboa, 2011.

Assim, no plano internacional, distinguem-se os enviados de etiqueta (que são os enviados por um monarca para um evento como coroação, baptizado, casamento, funeral, etc. ou para notificar alteração de reinado) dos enviados políticos que podem subdistinguir-se em enviados acreditados (falando-se em diplomacia permanente) e não acreditados. Estes são simples enviados pelo seu Estado a um congresso ou a uma conferência, não estando munidos de "cartas credenciais" mas de "poderes" (falando-se de diplomacia *ad hoc*).

Os chefes de missão podem pertencer às seguintes classes degressivas:
— embaixadores extraordinários e plenipotenciários;
— enviados extraordinários e ministros plenipotenciários;
— encarregados de negócios com carta de gabinete ou interinos ("ad interim"), sendo, no primeiro caso, nomeados como tal de modo permanente como chefes de posto, enquanto que, no segundo caso, aguardam o retorno do chefe de posto[23].

Na elaboração da Convenção de Viena sobre Relações Diplomáticas, considerou-se desejável, sobretudo para o efeito da atribuição de privilégios e imunidades, enquadrar melhor as diferentes categorias na sequência da categoria de chefe de missão.

A CVRD introduziu uma série de definições de utilização generalizada.

Assim, o artigo 1º distingue entre o Chefe de missão que é a pessoa encarregada pelo Estado acreditante de agir nessa qualidade (alínea a)) e os membros da missão que são o Chefe da missão e os membros do pessoal da missão (v. alínea b)).

Esta categoria é mais ampla e divide-se em três subcategorias (v. artigo 1º, alínea c)) que têm estatutos diferentes no que respeita aos privilégios e imunidades.

A primeira subcategoria é a dos membros do pessoal diplomático que são os membros do pessoal da missão que tiverem a qualidade de diplomata (alínea d)).

Nesta categoria encontram-se habitualmente os ministros ou ministros conselheiros, os conselheiros, os 1º, 2º e 3º secretários.

O nome de adidos é dado por vezes a diplomatas estagiários e a pessoal especializado como os adidos militares ou navais, os adidos comerciais

---

[23] V. JEAN SALMON, *Manuel de Droit Diplomatique*, Bruylant, Bruxelas, 1994, pp. 55 a 63.

e de imprensa ou de informação que são diplomatas ou têm a categoria de diplomatas.

A segunda subcategoria é a de <u>membros do pessoal administrativo e técnico</u> que são os membros do pessoal da missão empregados no serviço administrativo e técnico da missão (alínea f)).

Esta subcategoria abrange secretários, dactilógrafos, arquivistas, contabilistas, pessoal da chancelaria, tradutores, intérpretes etc., que podem eventualmente ser recrutados no local.

A terceira subcategoria, <u>membros do pessoal de serviço</u>, abrange os membros do pessoal da missão empregados no serviço doméstico da missão. Abrangem os motoristas, porteiros, jardineiros, cozinheiros, etc.

As definições contidas na CVRD são sumárias, pouco explicativas e até tautológicas. O Estado acreditador ou receptor dificilmente há-de verificar se a qualificação dada pelo Estado acreditante é adequada.

As famílias dos membros da missão e os empregados domésticos privados dos membros da missão, embora gozem de um estatuto especial no território do Estado acreditador, não fazem parte do pessoal da missão.

O direito internacional não contém regras sobre a admissão nos serviços diplomáticos, havendo Estados onde não há concursos públicos nem exames e outros até em que se discutiu, durante muito tempo, se as mulheres podiam ser embaixadoras.

Há também casos que revestem aspectos particulares, como a diplomacia pontifícia (as relações do Estado com a Igreja Católica e o decanato "de jure" dos núncios apostólicos), a diplomacia dos países do Commonwealth ou outras relações diplomáticas especiais (relações RDA-RFA antes da unificação da Alemanha e o caso das embaixadas líbias transformadas em escritórios do povo, por intervenção do coronel Kadhafi, de 1979 a 1980).

Aos embaixadores estrangeiros acreditados em Portugal, em termos protocolares, devem ser reservados lugares à parte, mas caso isso não seja possível, deverão seguir imediatamente o Secretário-Geral do Ministério dos Negócios Estrangeiros, ordenando-se entre si por razão de antiguidade da apresentação das respectivas cartas-credenciais, salvaguardada a tradicional precedência do Núncio Apostólico, como decano do corpo diplomático. Tal regra é estipulada pela Lei das precedências do Protocolo do Estado Português[24] (v. artigo 36º, nº 1).

---

[24] A Lei das precedências do Protocolo do Estado Português é a Lei nº 40/2006, de 25 de Agosto.

Quanto aos embaixadores portugueses acreditados no estrangeiro, quando se encontram em Portugal são tratados nos mesmos termos protocolares dos embaixadores estrangeiros, como determina a referida Lei do Protocolo (v. artigo 36º, nº 4). Esta disposição levanta a questão de saber se a ordem de precedências é a da apresentação das cartas-credenciais no Estado acreditador, o que não parece ser prático dado que essa ordem de precedências aplica-se no Estado acreditador mas pode não coincidir com o envio das cartas credenciais pelo Estado acreditante, e, por isso, não se percebe bem a determinação da similitude de tratamento.

Para os cônsules, determina-se que os cônsules-gerais, cônsules e vice--cônsules de carreira precedem os cônsules e vice-cônsules honorários, ordenando-se todos eles, em cada categoria, pela antiguidade das respectivas cartas-patentes (v. artigo 36º, nº 6 da Lei do Protocolo do Estado Português).

3. A ORGANIZAÇÃO DOS SERVIÇOS DIPLOMÁTICOS EM PORTUGAL

3.1. O MINISTÉRIO DOS NEGÓCIOS ESTRANGEIROS

O XVII Governo Constitucional aprovou um processo de reorganização estrutural da Administração, designado por Programa de Reestruturação da Administração Central do Estado[25], abreviadamente designado por PRACE.

Na sequência da aprovação do PRACE, o Governo definiu orientações gerais e especiais, para a reestruturação dos ministérios[26], apontando para um novo modelo organizacional.

Quanto ao Ministério dos Negócios Estrangeiros, cuja lei orgânica datava de 1994[27], verificou-se a necessidade de adaptá-la às novas reali-

---

[25] V. Resolução do Conselho de Ministros nº 124/2005, de 4 de Agosto, que aprova o Programa de Reestruturação da Administração Central do Estado, abreviadamente designado por PRACE que tem como objectivo a promoção da cidadania, do desenvolvimento económico e da qualidade dos serviços públicos, com ganhos de eficiência pela simplificação, racionalização e automatização, que permitam a diminuição do número de serviços e dos recursos a eles afectos.
[26] V. Resolução do Conselho de Ministros nº 39/2006, de 30 de Março.
[27] V. Decreto-Lei nº 48/94, de 24 de Fevereiro.

dades internacionais que em muito se alteraram, assim como às responsabilidades de Portugal no mundo, incluindo os objectivos e formas de prossecução da política externa (que abrange a diplomacia económica). Essa finalidade bem como a verificação de desajustamentos graves, tais como, duplicação de funções de vários organismos prejudicando a gestão centralizada dos recursos, sobreposição de atribuições na área da política externa verificada entre diversas unidades orgânicas, tornando pouco clara a delimitação de competências, incapacidade de responder de modo flexível aos novos desafios como a integração europeia, a globalização e o terrorismo são apresentadas como justificando a elaboração de uma nova lei orgânica em 2006[28].

Por outro lado, salienta-se, na referida lei orgânica, que o Ministério dos Negócios Estrangeiros, que historicamente é um caso singular no conjunto dos departamentos governamentais portugueses, mantém as suas atribuições e competências, indicando-se como principais alterações introduzidas as seguintes: centralização das funções comuns de carácter logístico na secretaria-geral do Ministério, de acordo com os princípios previstos na Lei nº 4/2004, de 15 de Janeiro[29], sem diminuição das relevantes funções que vem desempenhando tradicionalmente, criação de uma nova direcção-geral dedicada aos assuntos técnicos, científicos e económicos internacionais, diminuição de estruturas directamente dependentes do Ministro e racionalização de estruturas dedicadas à definição e execução das diversas vertentes da política externa portuguesa, para maior aproveitamento das sinergias existentes.

Já pela Lei Orgânica do XVII Governo Constitucional[30] integra-se no Governo, em primeiro lugar, o Ministro de Estado que acumula com a pasta dos negócios estrangeiros (v. artigo 2º, alínea a)).

Com o XVIII Governo Constitucional, mantém-se, em primeiro lugar, e com a mesma acumulação, o Ministro de Estado e dos Negócios

---

[28] Estas são basicamente as razões invocadas no preâmbulo do Decreto-Lei nº 204/2006, de 27 de Outubro de 2006, que aprova a Lei Orgânica do Ministério dos Negócios Estrangeiros, revogando (artigo 31º) a anterior aprovada pelo já citado, na nota anterior, Decreto-Lei nº 48/94, de 24 de Fevereiro.

[29] A Lei nº 4/2004, de 15 de Janeiro, que estabelece os princípios e normas a que deve obedecer a organização da administração directa do Estado foi alterada pela Lei nº 51/2005, de 30 de Agosto, e pelos Decretos-Leis nº 200/2006, de 25 de Outubro, e nº 105/2007, de 3 de Abril, e pela Lei nº 64-A/2008, de 31 de Dezembro.

[30] V. Decreto-Lei nº 92/2009, de 16 de Abril, sétima alteração à Lei Orgânica do XVII Governo Constitucional, aprovada pelo Decreto-Lei nº 79/2005, de 15 de Abril.

Estrangeiros (v. artigo 2º, alínea a) da Lei Orgânica do XVIII Governo Constitucional)[31].

Logo após a referência à Presidência do Conselho de Ministros que é o departamento central do Governo que compreende os Ministros de Estado, da Presidência e dos Assuntos Parlamentares (artigo 11º, nº 2), surge a regulação do Ministério dos Negócios Estrangeiros definido como o departamento governamental que tem por missão formular, coordenar e executar a política externa de Portugal (artigo 12º, nº 1), definição idêntica à da lei orgânica do Ministério dos Negócios Estrangeiros (abreviadamente designado por MNE de acordo com o segmento aditivo do artigo 1º da respectiva lei orgânica, e doravante designada por LOMNE).

O Ministério dos Negócios Estrangeiros compreende os serviços, organismos e estruturas identificados na LOMNE (v. artigo 12º, nº 2, da Lei Orgânica do XVIII Governo Constitucional).

São atribuições do MNE, tal como previstas no artigo 2º, nº 1, da LOMNE:

a) Preparar e executar a política externa portuguesa, bem como coordenar as intervenções, em matéria de relações internacionais, de outros departamentos, serviços e organismos da administração pública;

b) Defender e promover os interesses portugueses no estrangeiro;

c) Conduzir e coordenar a participação portuguesa no processo de construção europeia;

d) Conduzir e coordenar a participação portuguesa no sistema transatlântico de segurança colectiva;

e) Assegurar a protecção dos cidadãos portugueses no estrangeiro, bem como apoiar e valorizar as comunidades portuguesas espalhadas pelo mundo;

f) Defender e promover a língua e cultura portuguesas no estrangeiro;

g) Promover a lusofonia em todos os seus aspectos e valorizar e reforçar a Comunidade dos Países de Língua Portuguesa;

h) Definir e executar a política de cooperação para o desenvolvimento, especialmente com os Países Africanos de Língua Oficial Portuguesa e Timor-Leste, e coordenar a acção desempenhada nessa

---

[31] V. Decreto-Lei nº 321/2009, de 11 de Dezembro, que aprova a orgânica do XVIII Governo Constitucional.

matéria por outros departamentos, serviços e organismos da administração pública;
i) Conduzir as negociações internacionais e a responsabilidade pelo processo visando a vinculação internacional do Estado Português, sem prejuízo das competências atribuídas por lei a outras entidades públicas;
j) Representar o Estado português junto de sujeitos de Direito Internacional Público ou de outros entes envolvidos na área das relações internacionais.

O MNE articula-se ainda com outros ministérios na prossecução das seguintes atribuições (artigo 2º, nº 2):
a) Promoção da cultura portuguesa no estrangeiro;
b) Ensino português no estrangeiro;
c) Definição do quadro político de participação das Forças Armadas e das forças de segurança portuguesas em missões de carácter internacional;
d) Prossecução da diplomacia económica.

A diplomacia económica é entendida pelo Governo como "a actividade desenvolvida pelo Estado e seus institutos públicos fora do território nacional, no sentido de obter os contributos indispensáveis à aceleração do crescimento económico, à criação de um clima favorável à inovação e à tecnologia, bem como à criação de novos mercados e à geração de emprego de qualidade em Portugal". Tal definição consta da Resolução do Conselho de Ministros nº 152/2006[32] a qual define como principais objectivos da diplomacia económica os seguintes:
"a) promover a imagem de Portugal como país produtor de bens e serviços de qualidade para exportação, como destino turístico de excelência e como território preferencial de intenções de investimento, no quadro de uma economia internacional globalizada;
b) cultivar e aprofundar relações com os principais agentes económicos estrangeiros que tenham ou possam vir a ter relações com Portugal, com os decisores de grandes investimentos económi-

---

[32] V. Resolução do Conselho de Ministros nº 152/2006, de 29 de Junho de 2006, in D.R. 1ª Série, nº 126, de 9 de Novembro de 2006, que revoga o despacho conjunto nº 39/2004, de 6 de Janeiro dos Ministros dos Negócios Estrangeiros e da Economia, publicado no D.R., 2ª Série, nº 18, de 22 de Janeiro de 2004.

cos e com os criadores de fluxos e rotas importantes no plano turístico;
c) apoiar a internacionalização das empresas portuguesas, quer no respeitante a estratégias de comercialização quer no atinente à afixação de unidades produtivas no exterior, quer ainda por via da detecção de oportunidades geradoras de mais-valias potenciais para o País e suas empresas".

Estabelece-se a articulação e a coordenação entre os Ministérios dos Negócios Estrangeiros e da Economia e da Inovação (hoje Economia, Inovação e Desenvolvimento) a vários níveis, sendo que ao Ministério dos Negócios Estrangeiros compete, em matéria de acção económica externa:
"a) sedimentar a imagem externa de Portugal e representar os interesses nacionais, estabelecendo contactos e criando um ambiente favorável à atracção dos agentes económicos estrangeiros pelo mercado português e à abertura dos mercados externos aos bens, serviços e investimentos portugueses, designadamente através das embaixadas e consulados que o integram;
b) a detecção, através da acção dos representantes diplomáticos, de oportunidades de negócio, alertando as entidades portuguesas responsáveis por elas;
c) estreitar contactos com as comunidades de empresários portugueses no estrangeiro e suas relações com a economia portuguesa".

No âmbito da diplomacia económica, têm particular relevância o trabalho conjunto e a coordenação entre a AICEP – Agência para o Investimento e Comércio Externo Português, e o ITP – Instituto de Turismo de Portugal, organismos sob a égide do Ministério da Economia, e as embaixadas e consulados de Portugal.

Também na mesma Resolução se assinala a prossecução da política de integração física das delegações externas dos organismos sob tutela do Ministério da Economia nos edifícios de chancelaria das embaixadas de Portugal no estrangeiro, salvo se as delegações externas dos organismos integrados no Ministério da Economia não se situarem, por razões atendíveis, na capital do país ou a integração seja inviável.

Os delegados desses organismos são acreditados como conselheiros económicos, adidos comerciais ou vice-cônsules nas missões diplomáticas portuguesas no estrangeiro, ficando dependentes do embaixador na qualidade de agentes diplomáticos do Estado Português e, para efeitos protocolares, hierarquicamente dependentes da direcção do organismo a que pertençam em tudo o mais, nomeadamente no exercício da função que lhes caiba no âmbito das atribuições desse organismo.

3.2. Os Serviços Centrais

O MNE prossegue as suas atribuições através de serviços integrados na administração directa do Estado, de organismos integrados na administração indirecta do Estado, de órgãos consultivos e de outras estruturas (artigo 3º).

Integram a administração directa do Estado, no âmbito do MNE, os seguintes serviços centrais (artigo 4º, nº 1):
 a) A Secretaria-Geral (artigo 9º);
 b) A Direcção-Geral de Política Externa (artigo 10º);
 c) A Inspecção-Geral Diplomática e Consular (artigo 11º);
 d) A Direcção-Geral dos Assuntos Europeus (artigo 12º);
 e) A Direcção-Geral dos Assuntos Técnicos e Económicos (artigo 13º);
 f) A Direcção-Geral dos Assuntos Consulares e das Comunidades Portuguesas (artigo 14º).

Integram ainda a administração directa do Estado, no âmbito do MNE, os seguintes serviços periféricos externos (artigos 4º, nº 2 e 15º):
 a) Embaixadas;
 b) Missões e representações permanentes e missões temporárias;
 c) Postos consulares.

Na administração indirecta do Estado, prosseguem atribuições do MNE, sob superintendência e tutela do respectivo ministro, os seguintes organismos (v. artigo 5º):
 a) O Fundo para as Relações Internacionais, I.P.;
 b) O Instituto Camões, I.P.;
 c) O Instituto Português de Apoio ao Desenvolvimento, I.P.;

O Fundo para as Relações Internacionais, I.P., abreviadamente designado por FRI, I.P., é um instituto público integrado na administração indirecta do Estado, dotado de autonomia administrativa, financeira e patrimonial, de acordo com o nº 1 do artigo 1º do Decreto-Lei nº 118/2007, de 27 de Abril, diploma que aprova a orgânica do Fundo para as Relações Internacionais, I.P..

A actividade do FRI, I.P., dirige-se, essencialmente, para o financiamento das acções especiais de política externa, de projectos de formação no âmbito da política de relações internacionais, de modernização dos serviços externos do Ministério dos Negócios Estrangeiros, de acções de natureza social de apoio a agentes de relações internacionais e de actividades destinadas às comunidades portuguesas (v. artigo 3º do citado Decreto-Lei nº 118/2007).

O Instituto Camões, I.P. é um instituto público integrado na administração indirecta do Estado, dotado de autonomia administrativa e património próprio, prosseguindo atribuições do Ministério dos Negócios Estrangeiros nas áreas da cultura e da educação, sob a superintendência e tutela do Ministro dos Negócios Estrangeiros, nos termos do artigo 1º do Decreto-Lei nº 119/2007, de 27 de Abril que aprovou a orgânica do Instituto Camões, I.P.[33]. O Instituto Camões tem por missão essencial a gestão da rede do ensino português no estrangeiro, ao nível do pré-escolar, básico e secundário.

O Instituto Camões, que tem a sua sede em Lisboa, desenvolve a sua acção no exterior, designadamente através de centros culturais portugueses, criados no quadro das representações diplomáticas e de leitorados de língua e cultura portuguesa (v. artigo 2º do citado Decreto-Lei nº 119/2007).

O Instituto Português de Apoio ao Desenvolvimento, I.P., abreviadamente designado por IPAD, I.P., é um instituto público, integrado na administração indirecta do Estado, dotado de autonomia administrativa e

---

[33] O Decreto-Lei nº 119/2007, de 27 de Abril, foi alterado pelo Decreto-Lei nº 165--A/2009, de 28 de Julho, que veio definir as condições e prazo para a transferência do universo de direitos e obrigações do Ministério da Educação para o Instituto Camões no que lhe respeita.

Quanto ao regime jurídico do ensino português no estrangeiro, enquanto modalidade especial de educação escolar, v. Decreto-Lei nº 165/2006, de 11 de Agosto, alterado pelo Decreto-Lei nº 165-C/2009, de 28 de Julho, e pelo Decreto-Lei nº 22/2010 de 25 de Março. V. ainda Resolução do Conselho de Ministros nº 188/2008, de 16 de Julho de 2008, que aprova uma estratégia de reconhecimento e promoção da língua portuguesa, in D.R. Série I, de 27-1-2008; Decreto-Lei nº 248/2008, de 31 de Dezembro, que cria o Fundo da Língua Portuguesa; e Resolução da Assembleia da República nº 31/2010, de 19 de Março de 2010, que recomenda ao Governo a elaboração de um estudo quantitativo e qualificativo da nova diáspora portuguesa no mundo.

património próprio, prosseguindo atribuições do Ministério dos Negócios Estrangeiros sob superintendência e tutela do respectivo ministro, de acordo com o artigo 1º do Decreto-Lei nº 120/2007, de 27 de Abril, que redefine a respectiva orgânica.

Trata-se de um organismo central, responsável pela condução da política pública de desenvolvimento, com jurisdição sobre todo o território nacional. Com sede em Lisboa, desenvolve ainda a sua acção no exterior, em articulação com as missões diplomáticas e postos consulares nos países beneficiários da ajuda, mediante a prestação de apoio técnico especializado, nos países beneficiários da ajuda, com vista a promover a eficácia e eficiência dos programas, projectos e acções da cooperação portuguesa[34].

Na estrutura orgânica do MNE, engloba-se ainda um órgão consultivo, o Conselho das Comunidades Portuguesas (v. artigos 6º e 19º da LOMNE) e duas estruturas baseadas em tratados internacionais: a Comissão nacional da UNESCO e a Comissão Interministerial de Limites e Bacias Hidrográficas Luso-Espanholas (artigos 7º, 20º e 21º da LOMNE)[35].

A Secretaria-Geral (v. artigo 9º da LOMNE) é o serviço com o conjunto de funções mais vastas e relevantes em direito administrativo, dirigida por um secretário-geral coadjuvado por um secretário-geral adjunto, e que integra os seguintes serviços, na dependência directa daquele:

a) O Protocolo de Estado;
b) O Departamento Geral de Administração;
c) O Departamento de Assuntos Jurídicos;
d) O Instituto Diplomático;
e) O Gabinete de Informação e Imprensa.

A Secretaria-Geral é o serviço central de coordenação, integrado na administração directa do Estado, dotado de autonomia administrativa, de acordo com o artigo 1º do Decreto-Lei nº 117/2007, de 27 de Abril, diploma que aprova a orgânica da Secretaria-Geral do Ministério dos Negócios Estrangeiros.

---

[34] V. artigo 2º do Decreto-Lei nº 120/2007, de 27 de Abril.

[35] Prevê o artigo 8º da LOMNE que no âmbito do MNE pode ainda actuar um controlador financeiro, nos termos previstos no Decreto-Lei nº 33/2006, de 17 de Janeiro.
V. Decreto-Lei nº 121/2007, de 27 de Abril, que aprova a orgânica da Comissão Nacional da Unesco e Decreto Regulamentar nº 48/2007, de 27 de Abril, que aprova a orgânica da Comissão Interministerial de Limites e Bacias Hidrográficas Luso-Espanholas.

Aí se refere que a Secretaria-Geral é dirigida por um secretário-geral, que é o mais alto funcionário da hierarquia do Ministério, coadjuvado por um secretário-geral adjunto (artigo 4º, nº 1 do citado Decreto-Lei nº 117/2007)[36].

Junto do Secretário-Geral funcionam, sob a sua presidência, o Conselho Diplomático e o Conselho de Directores-Gerais[37].

O Conselho Diplomático tem a competência e a composição previstas no Estatuto da Carreira Diplomática e funciona nos termos estabelecidos no seu regulamento interno[38].

O Conselho de Directores-Gerais é constituído por todos os titulares de cargos de direcção superior de primeiro grau e pelos presidentes e directores de organismos da administração indirecta do Ministério dos Negócios Estrangeiros[39].

Relativamente aos serviços integrados na Secretaria-Geral importa destacar o Protocolo de Estado e o Instituto Diplomático.

As atribuições do Protocolo do Estado[40] são as seguintes:

"a) definir o conjunto das regras que devem regular o cerimonial, a etiqueta e pragmática de acordo com as práticas internacionais vigentes e as tradições e costumes do Estado Português;

b) verificar o cumprimento e determinar a plena execução das normas e regulamentos que se referem às dispensas e privilégios que caracterizam o estatuto diplomático;

c) ocupar-se da matéria das condecorações cuja concessão decorre da vida internacional e das relações diplomáticas;

---

[36] O artigo 5º do Decreto-Lei nº 117/2007, de 27 de Abril, enuncia as competências próprias do secretário-geral, sem prejuízo das competências que lhe sejam conferidas por lei ou que nele sejam delegadas ou subdelegadas, determinando que o secretário-geral adjunto apenas exerce as competências que lhe sejam delegadas ou subdelegadas pelo secretário-geral, competindo substituí-lo nas suas faltas e impedimentos.

[37] V. artigo 4º, nº 2 do Decreto-Lei nº 117/2007, de 27 de Abril.

[38] V. artigo 6º do Decreto-Lei nº 117/2007, de 27 de Abril.

[39] V. artigo 7º do Decreto-Lei nº 117/2007, de 27 de Abril.

[40] De notar que ora, na enunciação dos serviços, se indica Protocolo _de_ Estado, ora, nas atribuições e chefias, se referencia Protocolo _do_ Estado. Julgamos que se deve uniformizar seguindo a última alternativa, dado que poderá haver normas protocolares que não respeitem ao Estado, mas tradicionalmente as que aqui se cuidam têm a ver com o Estado na sua projecção externa e na sua organização interna como Estado soberano e Estado-poder político, e não como Estado-Administração, em que se poderia contrapor, por exemplo, o protocolo de Estado ao protocolo do município de Lisboa.

d) assegurar o tratamento das deslocações oficiais que se organizam no âmbito das relações diplomáticas entre Estados soberanos e entre estes e as organizações internacionais"[41].

Ao Instituto Diplomático compete:
"a) elaborar e promover a elaboração de trabalhos de investigação, estudos e pareceres na área das relações internacionais;
b) organizar, participar na organização, e efectuar cursos, ciclos de estudos, seminários, encontros e estágios sobre temas incluídos na mesma área;
c) organizar e realizar cursos de formação inicial, complementar ou de actualização dos funcionários do quadro diplomático requeridos pelo seu estatuto profissional, nos termos que forem definidos pelo secretário-geral, bem como dos restantes grupos de pessoal do quadro do Ministério, com excepção dos funcionários colocados em postos consulares;
d) fomentar a investigação e o estudo nos domínios da diplomacia e da recíproca interacção da política interna e internacional, por forma a contribuir para a definição e actualização da estratégia da política externa nacional;
e) assegurar a gestão, manutenção e actualização do sistema de documentação e biblioteca do Ministério;
f) adoptar as medidas requeridas pela criação e disponibilização do espólio documental e museológico do Ministério dos Negócios Estrangeiros[42].

Os outros serviços centrais exercem funções em áreas diferentes da política externa, funcionando junto de alguns deles, outros organismos, desde comissões interministeriais até entidades nacionais relativas a tratados e incluindo o Conselho Coordenador Político-Diplomático, com funções de coordenação dos serviços do MNE nos assuntos de natureza político-diplomática (v. artigos 10º, nº 3, 12º, nº 3 e 14º, nº 3 da LOMNE).

Dos serviços centrais, há ainda a destacar a Inspecção-Geral Diplomática e Consular cuja missão essencial é a de verificar o cumprimento

---

[41] V. artigo 8º do Decreto-Lei nº 117/2007, de 27 de Abril.

[42] V. artigo 14º do Decreto-Lei nº 117/2007 de 27 de Abril. O Instituto Diplomático é dirigido por um director, cargo de direcção superior de 1º grau, nos termos do nº 2 do mesmo artigo 14º.

das normas reguladoras do funcionamento dos serviços internos e externos bem como assegurar a acção disciplinar e a auditoria de gestão, diplomática e consular[43].

Também releva no quadro deste trabalho, a Direcção-Geral dos Assuntos Consulares e Comunidades Portuguesas, serviço central do Ministério dos Negócios Estrangeiros integrado na administração directa do Estado e dotado de autonomia administrativa, de acordo com o artigo 1º do diploma que a regula, o Decreto Regulamentar nº 47/2007, de 27 de Abril. A sua missão é a de assegurar a efectividade e continuidade da acção do MNE no domínio da gestão dos postos consulares e da realização da protecção consular, no plano das relações internacionais a nível consular bem como na coordenação e execução da política de apoio à emigração às comunidades portuguesas no exterior[44].

Já a Direcção-Geral de Política Externa tem por missão assegurar a coordenação e decisão dos assuntos de natureza político-diplomática, incluindo a Política Externa e de Segurança Comum (PESC) e a Política Europeia de Segurança e Defesa (PESD) bem como dos assuntos no domínio da segurança e defesa, e executar a política externa portuguesa no plano das relações bilaterais e no plano multilateral de carácter político, de acordo com o artigo 2º do Decreto Regulamentar nº 45/2007, de 27 de Abril, que a regula.

3.3. Os Serviços Periféricos Externos

Quanto aos serviços periféricos externos, prevê-se que podem ser adoptadas outras designações para eles, sempre que a prática internacional o aconselhe (artigo 15º, nº 2 da LOMNE).

Com efeito, a designação utilizada em Portugal ainda distingue as embaixadas das missões permanentes apesar de tal distinção já não ser

---

[43] O Decreto Regulamentar nº 77/2007, de 30 de Julho, define a missão, atribuições e organização interna da Inspecção-Geral Diplomática e Consular. V. ainda Portaria nº 818/2007, de 31 de Julho. Aplica-se à Inspecção-Geral Diplomática e Consular o Decreto-Lei nº 276/2007, de 31 de Julho, que estabelece o regime jurídico da actividade de inspecção, auditoria e fiscalização dos serviços da administração directa e indirecta do Estado aos quais tenha sido cometida a missão de assegurar o exercício de funções de controlo interno ou externo.

[44] V. artigo 2º do Decreto Regulamentar nº 47/2007, de 27 de Abril.

necessária face à CVRD que se refere apenas às missões diplomáticas permanentes, sendo chefe de missão a pessoa encarregada pelo Estado acreditante de agir nessa qualidade.

O artigo 14º, nº 2, da CVRD determina que não se faça qualquer distinção entre chefes de missão por causa da sua classe.

O artigo 15º também da CVRD prevê que os Estados possam, por acordo, determinar a classe a que devem pertencer os chefes das suas missões.

Na regulação jurídica internacional parece preponderar a função exercida sobre a categoria de quem a exerce.

Em Portugal, os serviços periféricos externos indicados são criados (e admite-se, portanto, que também são modificados ou extintos) por despacho conjunto dos membros do Governo responsáveis pelas áreas dos Negócios Estrangeiros e das Finanças e da Administração Pública (artigo 15º, nº3 da LOMNE).

A identificação, a categoria e a sede das embaixadas, representações permanentes e missões temporárias, e postos consulares existentes constam da lista aprovada por despacho conjunto dos membros do Governo responsáveis pelas áreas dos Negócios Estrangeiros e das Finanças e da Administração Pública (artigo 15º, nº 4 da LOMNE).

Dada a falta de clareza das normas portuguesas em vigor sobre o conceito de «chefia de missão ou embaixada» e sobre as relações jurídico-funcionais entre o embaixador de Portugal em dado país e os cônsules-gerais, cônsules e cônsules honorários no mesmo país, o Prof. DIOGO FREITAS DO AMARAL, na sua qualidade de Ministro de Estado e dos Negócios Estrangeiros emitiu, em 30 de Janeiro de 2006, um Despacho Normativo[45], no qual determina que o chefe de missão diplomática, ou quem suas vezes fizer, na chefia de uma embaixada ou de uma missão permanente junto de uma organização multilateral é o máximo superior hierárquico de todo o pessoal que aí preste serviço, quer se trate de pessoal diplomático quer de todas as outras categorias de pessoal (nº 1).

O chefe de missão diplomática dispõe de todos os poderes legais próprios do superior hierárquico e, nomeadamente o poder de direcção (com o correlativo dever de obediência), o poder de fiscalização e o poder disciplinar sobre todo o pessoal da missão em causa (nº 2 do mesmo Despacho Normativo).

---

[45] V. Despacho Normativo nº 14/2006 do Ministro de Estado e dos Negócios Estrangeiros in D.R.-I Série-B, nº 45, de 3 de Março de 2006.

Determina-se também que, sem prejuízo da autonomia funcional que lhes é reconhecida por lei, todos os cônsules-gerais, cônsules e cônsules honorários acreditados em cada país têm um dever geral de subordinação ao embaixador de Portugal nesse país, estando sujeitos, a título permanente, aos poderes de orientação, coordenação e superintendência do embaixador (n° 3 do mesmo Despacho Normativo).

Estatuem-se ainda regras acrescidas em caso de crise na organização ou funcionamento de qualquer consulado que possa pôr em causa o relacionamento político com o país de acolhimento ou a boa imagem de Portugal no mesmo, em que o Ministro dos Negócios Estrangeiros pode submeter aquele, por ordem verbal ou despacho escrito, à intervenção do embaixador, a exercer no âmbito dos poderes administrativos que lhe cabem (v. n° 4 do mesmo Despacho Normativo). Caso a situação seja de emergência e não possa receber em tempo útil a referida decisão do Ministro dos Negócios Estrangeiros, o embaixador de Portugal procede à intervenção que entenda no consulado em crise e pede de imediato ao Ministro a confirmação da decisão por escrito relatando todas as medidas que haja tomado no exercício da intervenção em causa (n° 5 do mesmo Despacho Normativo).

Verifica-se assim que o chefe português da missão diplomática tem poderes administrativos não apenas sobre a própria missão mas também sobre o posto consular no mesmo Estado acreditador.

Ainda no âmbito do processo de modernização da estrutura e funcionamento das unidades orgânicas do Ministério dos Negócios Estrangeiros em Portugal e no estrangeiro foi adoptado o princípio da gestão por objectivos[46].

No sítio da Internet do MNE encontramos uma lista dos serviços periféricos externos, distinguindo-se as missões diplomáticas bilaterais[47] das

---

[46] V. Despacho Normativo n° 42/2005, de 31 de Maio de 2005 in D.R., I Série-B, n° 158, de 18 de Agosto de 2005.

[47] No sítio da Internet do MNE, encontrava-se a seguinte lista indistinta de embaixadas e missões bilaterais permanentes de Portugal por referência tradicional a cidades (e não a Estados onde estão instaladas, sendo que o aditamento ao país é nosso): Abuja (Nigéria), Adis Abeba (Etiópia); Andorra (Principado de Andorra); Ankara (Turquia); Argel (Argélia); Atenas (Grécia); Banguecoque (Tailândia); Belgrado (Sérvia); Berlim (Alemanha); Berna (Suíça); Bissau (Guiné-Bissau); Bogotá (Colômbia); Brasília (Brasil); Bratislava (Eslováquia); Bruxelas (Bélgica); Bucareste (Roménia); Budapeste (Hungria); Buenos Aires (Argentina); Cairo (Egipto); Camberra (Austrália); Caracas (Venezuela); Copenhaga (Dinamarca); Dakar (Senegal); Dili (Timor-Leste); Dublin (Irlanda); Estocolmo (Suécia); Haia (Países Baixos); Harare (Zimbabwe); Havana (Cuba); Helsínquia (Finlândia); Islama-

multilaterais[48].

Podemos assim concluir, com WLADIMIR BRITO, que, quer do ponto de vista do direito administrativo interno, quer do do direito internacio-

---

bad (Paquistão); Jacarta (Indonésia); Kiev (Ucrânia); Kinshasa (Congo): La Valetta (Malta); Lima (Peru); Liubliana (Eslovénia); Londres (Grã-Bretanha); Luanda (Angola); Luxemburgo (Luxemburgo); Madrid (Espanha); Maputo (Moçambique); Cidade do México (México); Montevideu (Uruguai); Moscovo (Rússia); Nairobi (Quénia); Nicósia (Chipre); Nova Deli (Índia); Oslo (Noruega); Otava (Canadá); Paris (França); Pequim (China); Praga (República Checa); Cidade da Praia (Cabo Verde); Pretória/Cabo (África do Sul); Rabat (Marrocos); Riga (Letónia); Roma (Itália); Riade (Arábia Saudita); S. Tomé (S. Tomé e Príncipe); Santiago do Chile (Chile); Sarajevo – Missão Temporária (Bósnia e Herzegovina); Seul (Coreia do Sul); Sófia (Bulgária); Talin (Estónia); Teerão (Irão); Telavive (Israel); Tóquio (Japão); Tripoli (Líbia); Tunes (Tunísia); Varsóvia (Polónia); Santa Sé; Viena (Áustria); Vilnius (Lituânia); Washington (Estados Unidos da América); Zagrebe (Croácia).

Em consulta mais recente ao referido sítio (9 de Julho de 2010) encontrámos uma lista diferente de todos os Estados organizada por ordem alfabética, onde se referencia em relação a cada um deles se o Estado Português tem ou não tem representação diplomática, assinalando-se onde há representação diplomática mais próxima. Trata-se de uma indicação muito importante, registando-se a evolução muito positiva, com informação progressivamente mais bem desenvolvida, que o referido sítio da Internet tem sofrido. Já não se encontrou entretanto aí publicado o Anuário Diplomático e Consular Português.

V. ainda no mesmo sítio, a Rede Diplomática (Embaixadas e Missões) em Portugal no Mundo – Atlas Geopolítico.

[48] Encontra-se ainda uma lista de representações permanentes junto de organizações internacionais: Missão Permanente de Portugal junto do Conselho da Europa (Estrasburgo, França); Delegação Portuguesa junto da Organização do Tratado do Atlântico Norte (DELNATO) (Bruxelas, Bélgica); Missão Permanente junto dos Organismos e Organizações Internacionais em Genebra e do Departamento Europeu das Nações Unidas (Genebra, Suíça); Delegação Permanente junto da Organização de Cooperação e Desenvolvimento Económico (OCDE) (Paris, França); Representação Permanente de Portugal junto da Organização das Nações Unidas (Nova Iorque, EUA); Representação Permanente de Portugal junto da OSCE (Viena, Áustria); Representação Permanente de Portugal junto da União Europeia (Bruxelas, Bélgica); Missão Permanente de Portugal junto da UNESCO (Paris, França).

Como se nota, as designações relativas aos serviços da diplomacia multilateral variam, apesar de já existir uma Convenção sobre a Representação dos Estados nas suas Relações com Organizações Internacionais de Carácter Universal, de Viena, de 14 de Março de 1975, que ainda não entrou em vigor, e cujo artigo 5º, nº 1 prevê que os Estados-Membros podem, se for permitido pelo direito da Organização, estabelecer missões permanentes para o exercício das funções mencionadas no artigo 6º (v. texto da Convenção in *Direito Diplomático e Consular* (Colectânea de Convenções Internacionais), de MARGARIDA SALEMA D'OLIVEIRA MARTINS, Lisboa, 2006, pp. 157 ss.

Portugal dispõe ainda de duas missões temporárias: uma em Sarajevo (Bósnia-Herzegovina) e uma em Ramallah (Palestina).

nal, a missão diplomática permanente é um serviço (periférico) externo do Estado integrado no MNE, e, portanto, na Administração directa, que tem como função representar o Estado acreditante junto do Estado acreditador ou receptor e defender ou proteger os seus interesses e ainda promover as relações – económicas, políticas, culturais, científicas e outras – entre os dois Estados[49].

A missão é ainda servida por pessoal que, no direito interno, normalmente é constituído por agentes administrativos, sejam ou não funcionários do Estado acreditante[50].

A CVRD admite a contratação de pessoal local para o serviço de missão (v. *a contrario sensu* o artigo 8º), o que sucede normalmente com os empregados de serviço doméstico e por vezes de serviço administrativo e técnico, desde que não se trate de membros do pessoal diplomático.

Neste sentido, somos de opinião que ao pessoal contratado localmente se deve aplicar a lei local, aliás na sequência do artigo 41º da CVRD que prevê em geral o respeito das leis e regulamentos do Estado acreditador.

Tal evitará dificuldades na aplicação da lei portuguesa em casos de regimes jurídicos laborais completamente diferentes. Assim, não compreendemos a solução preconizada pelo artigo 3º, nº 4 da Lei nº 12-A/2008, de 27 de Fevereiro (lei que estabelece os regimes de vinculação, de carreiras e de remunerações dos trabalhadores que exercem funções públicas), que prevê a aplicabilidade desta lei aos serviços periféricos externos do Estado, quer aos trabalhadores recrutados localmente quer aos que, de outra forma recrutados, neles exerçam funções. A nossa discordância mantém-se apesar de essa regra conter as seguintes excepções: vigência de normas e princípios de direito internacional que disponham em contrário; vigência de regimes legais localmente aplicáveis; e vigência de instrumentos e normativos especiais de mobilidade interna.

Se for deixada à opção do trabalhador recrutado a escolha da lei aplicável, este certamente considerará a possibilidade de opção pela que lhe é mais favorável, sem que variados factores, sobretudo de carácter processual, possam ser atendidos, o que pode acarretar situações de litigiosidade difíceis de gerir, sobretudo se dispuser de privilégios diplomáticos. Caso o trabalhador seja local e tenha a nacionalidade do Estado acreditador, o que corresponde

---

[49] V. WLADIMIR BRITO, *Direito Diplomático*, Colecção Biblioteca Diplomática do MNE – Série A, Ministério dos Negócios Estrangeiros, 2007, pp. 37 e 38.

[50] V. PEDRO AIRES OLIVEIRA, *Elites, O corpo diplomático e o regime autoritário (1926-1974)*, in Análise Social, vol. XLI (178), 2006, pp. 145-166.

à situação mais frequente na prática internacional, desde logo não se coloca esse problema (ver artigo 37º nº 3 e artigo 38ºnº 2 da CVRD).

4. O PESSOAL DIPLOMÁTICO

4.1. Noção de funcionário diplomático

O pessoal diplomático da missão diplomática é para o direito internacional tido como agente diplomático, independentemente da sua qualificação pelo direito interno como agente administrativo.

Pode haver, assim, nomeação de pessoas como agentes diplomáticos (embaixadores ou diplomatas de missões especiais) atendendo a critérios de natureza política, técnica ou outra[51]. Isso mesmo está previsto no Estatuto da Carreira Diplomática, doravante ECD, cujo artigo 42º, nº 1, prevê que, a título excepcional, e por resolução do Conselho de Ministros, a chefia de uma missão diplomática ou de uma representação permanente pode ser confiada a individualidades não pertencentes ao quadro diplomático cujas qualificações as recomendem de forma especial para o exercício de funções em determinado posto[52]. Neste caso, essas individualidades exercem as suas funções em regime de comissão de serviço, fora do quadro do pessoal diplomático, sendo-lhes aplicável, enquanto durar essa situação, o regime de direitos e deveres próprios dos funcionários diplomáticos de carreira.

Contudo, essa não é a regra geral em Portugal.

A regra, estabelecida no nº 1 do artigo 7º do ECD, é a de que o exercício de funções diplomáticas nos serviços externos cabe aos funcionários diplomáticos. Admitem-se como excepções apenas os casos previstos no estatuto e que acima referimos.

Os funcionários do quadro do serviço diplomático são designados por funcionários diplomáticos e constituem um corpo único e especial de funcionários do Estado, sujeito a regras específicas de ingresso, progressão e

---

[51] WLADIMIR BRITO, op.cit., pp. 38.

[52] V. Decreto-Lei nº 40-A/98, de 27 de Fevereiro que contém o Estatuto da Carreira Diplomática e que revoga o Decreto-Lei nº 79/92, de 6 de Maio, que definira pela primeira vez de forma sistemática os mecanismos de funcionamento da carreira diplomática bem como o conjunto de direitos e deveres dos funcionários diplomáticos.

promoção na respectiva carreira, independentemente das funções que sejam chamados a desempenhar.

4.2. CATEGORIAS

A carreira diplomática integra as seguintes categorias[53]:
a) Embaixador;
b) Ministro plenipotenciário;
c) Conselheiro de embaixada;
d) Secretário de embaixada;
e) Adido de embaixada.

Os ministros plenipotenciários podem ser:
a) de 1ª classe (com 3 ou mais anos de categoria),
b) de 2ª classe (com menos de 3 anos de categoria).

Os secretários de embaixada podem ser:
a) primeiros-secretários de embaixada (com 6 ou mais anos de categoria e 8 ou mais anos de carreira);
b) segundos-secretários de embaixada (com 3 ou mais anos de categoria e 5 ou mais anos de carreira);
c) terceiros-secretários de embaixada (com menos de 3 anos de categoria).

Aos funcionários diplomáticos compete a execução da política externa do Estado, a defesa dos seus interesses no plano internacional e a protecção, no estrangeiro, dos direitos dos cidadãos portugueses. O exercício de funções de carácter técnico e especializado, no âmbito dos serviços do MNE, poderá também ser confiado a funcionários diplomáticos de carreira no activo ou na situação de disponibilidade (artigo 4º do ECD).

Os funcionários diplomáticos no activo, na situação de disponibilidade ou jubilados ficam sujeitos ao regime de exclusividade, sem prejuízo do direito à gestão de bens próprios, no quadro da qual poderão, excepto se se encontrarem no activo, desempenhar funções não executivas em órgãos de sociedades comerciais. Este regime de exclusividade não impede

---

[53] V. artigo 3º do Estatuto da Carreira Diplomática.

o exercício em tempo parcial de actividades de natureza docente ou de investigação em estabelecimentos de ensino superior e universitário, nos termos da lei (artigo 6º do ECD).

4.3. INGRESSO NA CARREIRA DIPLOMÁTICA

O ingresso na carreira diplomática realiza-se sempre pela categoria de adido de embaixada, mediante concurso de provas públicas, nos termos de regulamento aprovado por despacho do MNE, ao qual podem candidatar-se todos os cidadãos portugueses que possuam, além das condições gerais de admissão na função pública, uma licenciatura conferida por instituições de ensino universitárias portuguesas ou diploma estrangeiro legalmente equiparado (artigo 10º, nº 1 do ECD)[54]. Trata-se pois de um concurso externo, geral.

Os concursos externos de acesso à carreira diplomática são geralmente objecto de impugnações diversas, graciosas e contenciosas, incluindo providências cautelares, sendo já apreciável o conjunto de Acórdãos dos Tribunais Administrativos, em que estão em causa actos praticados no âmbito destes procedimentos concursais[55], incluindo mesmo deliberações do júri sobre o mérito dos candidatos.

Depois de aprovados, os candidatos normalmente nomeados provisoriamente como adidos de embaixada ainda devem frequentar obrigatoriamente um curso de formação diplomática e, a título complementar, podem participar em estágios de duração acumulada não superior a 60 dias em missões diplomáticas, representações permanentes ou postos consulares (v. artigos 11º e 12º do ECD).

Caso não sejam aprovados no curso de formação, os adidos de embaixada serão exonerados. Estão ainda sujeitos, passados dois anos sobre

---

[54] O concurso de ingresso é aberto por despacho do Ministro dos Negócios Estrangeiros, sob proposta do secretário-geral, ouvido o Conselho Diplomático (artigo 10º, nº 2). Do regulamento do concurso de ingresso constam os critérios de avaliação a ser seguidos pelo júri, bem como os factores de ponderação atribuídos a cada uma das provas que o compõem (artigo 10, nº 4).

V. último concurso externo de ingresso na carreira diplomática, de 2008, de cujo júri a autora fez parte, no sítio da Internet do MNE.

[55] V. por exemplo, Acórdãos do Supremo Tribunal Administrativo, de 25 de Junho de 2009 e de 25 de Fevereiro de 2009 (Proc. Nº 732/2007); de 19 de Junho de 2008 (Proc. Nº 260/2008); do Tribunal Central Administrativo Sul, Acórdão de 14 de Junho de 2007 (Proc. Nº 2604/2007) e Acórdão de 27 de Abril de 2006 (Proc. Nº 11696/2002)

o início de funções, a uma apreciação pelo Conselho Diplomático sobre a sua aptidão e adequação ao desempenho de funções diplomáticas.

A proposta de apreciação deverá ser homologada pelo Ministro dos Negócios Estrangeiros no prazo de 10 dias. Em caso de inaptidão ou inadequação, os adidos serão exonerados (v. artigo 13º do ECD).

Caso sejam confirmados, são então nomeados definitivamente como secretários de embaixada (v. artigo 14º do ECD).

4.4. Progressão e promoção na carreira

A lei estabelece regras detalhadas sobre a progressão e a promoção na carreira.

Como regra geral de progressão, estabelece-se que esta se processa dentro de cada categoria, com excepção da de adido de embaixada, pela passagem ao escalão imediato após a permanência de três anos de serviço efectivo no escalão anterior.

Caso seja atribuída a classificação de Não apto, o tempo de serviço prestado com essa classificação não será considerado para efeitos de progressão (v. artigo 15 º do ECD). A progressão é automática e oficiosa (artigo 16º do ECD).

Quanto à promoção, a regra geral é a de que os lugares das várias categorias da carreira diplomática são providos mediante promoção por mérito dos funcionários diplomáticos da categoria anterior.

Aqui também se determina que não se considera o tempo de serviço prestado classificado como Não apto para efeito de contagens de tempo para promoção à categoria superior (artigo 17º do ECD).

De todas as categorias superiores – conselheiro, ministro e embaixador – só a de conselheiro depende de concurso, de provas públicas, interno, limitado, aberto aos secretários de embaixada que preencham determinados requisitos relativos ao tempo e local do serviço efectivo prestado (v. artigo 18º do ECD).

Tal concurso, de natureza presencial, que combinava a apreciação curricular com o debate de um tema escolhido pelo candidato na área da política externa, e que vinha sendo efectuado desde 1992, deixou de poder ser realizado a partir de 2001, por várias razões, entre as quais devido aos elevados custos financeiros associados àquele procedimento de selecção nomeadamente os encargos com as deslocações dos concorrentes a Lisboa.

Mantendo-se o concurso como procedimento de selecção, veio posteriormente regular-se de outra forma o respectivo regime e características. Assim, o artigo 18º do Decreto-Lei nº 40-A/98, de 27 de Fevereiro, ou seja do ECD, foi primeiramente alterado pelo Decreto-Lei nº 153/2005, de 2 de Setembro e depois pelo Decreto-Lei nº 10/2008, de 17 de Janeiro. A alteração principal consistiu na previsão da possibilidade de o concurso para conselheiro de embaixada se revestir de natureza documental, incidindo unicamente numa avaliação curricular[56] [57].

Quanto ao acesso às categorias de ministro plenipotenciário e de embaixador, cujas promoções são da competência do Ministro dos Negócios Estrangeiros, prevalecem critérios de antiguidade e de mérito. As promoções à categoria de embaixador dependem da existência de vagas na categoria e avaliação de desempenho (v. artigos 19º e 20º do ECD)[58].

4.5. Classificação

Aliás até à categoria de conselheiro de embaixada, incluída, todos os funcionários diplomáticos estão sujeitos a informação e classificação anual de serviço.

A informação anual de serviço compete ao superior hierárquico imediato do funcionário ou, na sua falta, ao secretário-geral.

A classificação anual, que deve ser fundamentada, compete ao Conselho Diplomático (v. artigo 23º do ECD).

Com a entrada em vigor da Lei nº 66-B/2007, de 28 de Dezembro que estabelece o sistema integrado de gestão e avaliação do desempenho da Administração Pública, designado por SIADAP, tornou-se necessária a sua adaptação, em conjugação com o artigo 23º do ECD, aos trabalhadores

---

[56] V. último concurso de acesso à categoria de conselheiro de embaixada, de 2010, Portaria nº 222/2010, de 20 de Abril (Declaração de Rectificação nº 17/2010 in D.R. 1ª Série, nº 110, de 8 de Junho de 2010).

[57] V. Acórdão do Supremo Tribunal Administrativo de 12 de Abril de 2007 (Proc. Nº 941/2005).

[58] Sobre o acesso à categoria de ministro plenipotenciário, v. Acórdão do Tribunal Central Administrativo Sul, de 1 de Outubro de 2009 (Proc. Nº 6274/2002) e Acórdão do Tribunal Central Administrativo Sul, de 5 de Novembro de 2009 (Proc. Nº 6319/2002) e Acórdão do Tribunal Central Administrativo Sul, de 16 de Março de 2005 (Proc. Nº 6274/2002).

Sobre a promoção a embaixador ver, como e por exemplo, o Decreto nº 13/2010, de 13 de Outubro.

da carreira diplomática. Tal adaptação é efectuada nos termos da Portaria nº 1032/2009, de 1 de Setembro, já aplicável à avaliação dos diplomatas referente ao ano de 2009 (v. artigo 16º).

Sem prejuízo do previsto no artigo 47º da Lci nº 12-A/2008, de 27 de Fevereiro (regra sobre alteração do posicionamento remuneratório da lei que estabelece os regimes de vinculação, de carreiras e de remunerações dos trabalhadores que exercem funções públicas), a avaliação dos diplomatas nos termos da Portaria referida tem os efeitos previstos no ECD no que respeita a classificação e avaliação de desempenho.

Um dos pontos a considerar no processo de avaliação tem a ver com as competências a avaliar, estabelecendo o nº 4 do artigo 13º da Portaria nº 1032/2009 que, para além das competências aprovadas pela Portaria nº 1633/2007, de 31 de Dezembro[59] podem ser escolhidas as que constam da lista anexa à Portaria. Essa lista é interessante por englobar um conjunto de actividades inerentes à representação diplomática desde a actividade de representação até à promoção da língua e cultura portuguesas, passando pela participação activa em reuniões de âmbito multilateral ou na negociação e execução de acordos de natureza bilateral, pela adaptabilidade a postos e situações difíceis, pela ligação a Portugal e aos agentes económicos portugueses e apoio à diplomacia económica.

4.6. O Conselho Diplomático

O Conselho Diplomático, já diversas vezes referido, é um órgão do Ministério dos Negócios Estrangeiros, previsto no Estatuto da Carreira Diplomática, mas não mencionado na LOMNE, nem nos instrumentos do PRACE, nomeadamente no organograma do MNE.

Com efeito, o artigo 8º do ECD atribui-lhe um conjunto vasto de competências consultivas em diversas matérias relativas ao pessoal diplomático (v. alíneas a) a g), i), l) e n)).

As outras alíneas (h), j) e m)) prevêem poderes, igualmente relacionados com os funcionários diplomáticos, mas ligados a uma competência mais genérica sobre os postos no exterior, no caso das alíneas h) e j), e de gestão de recursos humanos, no caso da alínea m).

---

[59] A Portaria nº 1633/2007, de 31 de Dezembro, aprovou os modelos de fichas de auto-avaliação e avaliação do desempenho.

A composição, prevista no artigo 9º do ECD, deve adaptar-se à nova lei orgânica que criou, fundiu ou reestruturou serviços e organismos, que se passam a considerar feitos aos serviços e organismos que integram as respectivas atribuições[60].

Prevê-se que o funcionamento do Conselho Diplomático seja regido por um regulamento interno, aprovado por despacho do Ministro dos Negócios Estrangeiros, sob proposta do mesmo Conselho.

5. REQUISITOS E FORMA DE PROVIMENTO DOS CARGOS DIRIGENTES; PROMOÇÃO E EXONERAÇÃO DE FUNCIONÁRIOS DIPLOMÁTICOS E CARGOS DIRIGENTES

O Estatuto da Carreira Diplomática contém normas sobre o pessoal e cargos dirigentes, estabelecendo, desde logo, uma ordenação para efeitos de natureza protocolar (v. artigo 22º) em que o Secretário-Geral se posiciona como o mais alto funcionário da hierarquia do MNE.

Os cargos dirigentes são escolhidos de entre funcionários diplomáticos das diferentes categorias sendo o secretário-geral escolhido de entre funcionários diplomáticos, com a categoria de embaixador (artigo 22º, nº 1, do ECD). Os titulares dos cargos de director-geral ou equiparado são escolhidos de entre os funcionários com a categoria de embaixador ou ministro plenipotenciário, neste caso com, pelo menos, três anos na categoria (artigo 22º, nº 2, do ECD).

Os titulares dos cargos de secretário-geral adjunto, subdirector-geral ou equiparado são escolhidos de entre funcionários com categoria não inferior a ministro plenipotenciário ou, a título excepcional, de entre conselheiros de embaixada com, pelo menos, três anos na categoria (artigo 22, nº 3, do ECD).

Também se estabelecem requisitos de categoria ou de tempo de permanência de categoria para os titulares dos cargos de director de serviços e de chefe de divisão (artigo 23, nºs 4 e 5, do ECD).

Embora pareça, à primeira vista, que só podem ser escolhidos funcionários diplomáticos para cargos dirigentes, a lei introduz a possibilidade de poder haver provimento nesses cargos de outras pessoas fora da carreira

---

[60] V. artigos 27º e 28º da LOMNE.

diplomática, ao estabelecer que o provimento "quando recair em funcionários diplomáticos, é feito em comissão de serviço por tempo indeterminado (v. artigo 23º, nº 7 e ainda nº 6 do ECD).

O provimento em qualquer lugar de ingresso ou acesso na carreira diplomática depende de posse ou aceitação, nos termos do Estatuto da Carreira Diplomática (artigo 24º), que igualmente regula a investidura nos cargos dirigentes, incluindo os serviços externos (v. artigo 26º).

Quanto à forma dos actos de nomeação e exoneração dos embaixadores, dos outros chefes de missão diplomática e dos enviados extraordinários é a de decreto do Presidente da República, por força do artigo 135º, alínea a) e artigo 119º, nº 1, alínea d) da Constituição e do artigo 24º, nº 1 da LOMNE.

Também a promoção a embaixador é efectuada por decreto do Presidente da República, nos termos da Constituição e da lei.

A promoção de funcionários diplomáticos a ministro plenipotenciário bem como a nomeação e a exoneração de directores-gerais ou cargos equiparados, incluindo as direcções de institutos públicos pertencentes à administração indirecta do MNE são actos praticados por despacho conjunto do Primeiro-Ministro e do Ministro dos Negócios Estrangeiros (artigo 24º, nº 3 da LOMNE).

A LOMNE enuncia ainda o seguinte conjunto de actos de nomeação e exoneração de cargos dirigentes de serviços internos e de funcionários diplomáticos e consulares que estão sujeitos à forma de despacho do Ministro dos Negócios Estrangeiros (artigo 24º, nº 4):

a) a nomeação e a exoneração dos subdirectores-gerais;
b) A nomeação e a exoneração dos directores de serviço e dos chefes de divisão ou equiparados, cujos cargos sejam providos por funcionários diplomáticos;
c) A homologação dos resultados dos concursos para adido de embaixada e para conselheiro de embaixada, devendo a nomeação individual dos candidatos aprovados ser efectuada mediante lista conjunta publicada no Diário da República, com a assinatura do Secretário-Geral do MNE;
d) A colocação e transferência dos funcionários diplomáticos com categoria igual ou superior à de conselheiro de embaixada, sem prejuízo do que se dispõe quanto aos cargos de nomeação presidencial;
e) A nomeação, exoneração e promoção dos funcionários diplomáticos até à categoria de conselheiro de embaixada;

f) A nomeação, exoneração e transferência dos cônsules-gerais e dos cônsules, atentos os procedimentos previstos no Estatuto da Carreira Diplomática e no Regulamento Consular, bem como dos cônsules honorários;
g) A nomeação, exoneração e transferência dos vice-cônsules e chanceleres, com observância dos procedimentos previstos no Estatuto do Pessoal dos Serviços Externos;
h) A emissão de cartas patentes que acreditem perante outros Estados os cônsules-gerais, cônsules e vice-cônsules e, bem assim, os cônsules honorários;
i) A emissão de cartas credenciais, ou documentos de idêntico valor jurídico, que acreditem, perante quaisquer organizações internacionais, congressos ou outras reuniões internacionais, as delegações portuguesas que aí forem enviadas;
j) Todos os outros actos que criem, alterem ou extingam a situação dos funcionários diplomáticos.

6. CHEFIA DE MISSÕES DIPLOMÁTICAS E REPRESENTAÇÕES PERMANENTES

Em Portugal, a chefia de missões diplomáticas é confiada aos embaixadores e ministros plenipotenciários, nomeados para esse efeito, nos termos da Constituição e da lei (artigo 40º nº 1 do ECD). Já a chefia de representações permanentes é exercido nos termos da legislação respectiva (artigo 40º nº 2 do ECD)[61].

A título excepcional, a chefia de missões diplomáticas poderá ser assegurada por conselheiros de embaixada, na qualidade de encarregados de negócios com cartas de gabinete (artigo 40º nº 3 do ECD).

A chefia interina de missões diplomáticas e representações permanentes, a título de encarregatura de negócios, será sempre exercida por funcionários diplomáticos (artigo 40º nº 4 do ECD).

---

[61] São diversos os actos regulamentares e legislativos relativos à chefia de representações permanentes, sendo sobretudo actos relativos a cada representação permanente portuguesa em concreto (REPER, DELNATO, etc.) e não normas aplicáveis genericamente a todas as representações.

A lei prevê a equiparação das funções desempenhadas por embaixadores ou ministros plenipotenciários na qualidade de substituto legal do chefe de missão ou de cônsul-geral às de chefe de missão diplomática, devendo até 15 de Dezembro de cada ano, ser determinados por despacho conjunto devidamente fundamentado dos Ministros dos Negócios Estrangeiros e das Finanças, ouvido o conselho diplomático, os postos diplomáticos e consulares que no ano civil subsequente beneficiem deste regime (v. artigo 41º do ECD).

7. MOBILIDADE (COLOCAÇÕES E TRANSFERÊNCIAS)

A questão das colocações e transferências dos funcionários diplomáticos é uma das mais delicadas e melindrosas no quadro geral da mobilidade dos trabalhadores da Administração Pública, pois dada a rede diplomática portuguesa dispersa pelo mundo, existem diferenças entre os diversos postos diplomáticos, colocando-se problemas da mais diversa ordem, desde a segurança até à deslocação da família (v. artigo 5º do ECD).

A lei atribui assim ao Ministro dos Negócios Estrangeiros a competência para as nomeações que envolvam a colocação de funcionários diplomáticos nos serviços externos ou a sua transferência para os serviços internos, sendo essa competência exercida com base em proposta elaborada pelo conselho diplomático. Exceptuam-se os chefes de missão ou os directores-gerais ou equiparados (v. artigo 44º do ECD).

Por outro lado, os postos nos serviços externos são objecto de uma classificação em três classes – A, B e C-, por despacho conjunto dos Ministros dos Negócios Estrangeiros e das Finanças, sob proposta do conselho diplomático, o qual na elaboração desta deverá ter em consideração as condições e a qualidade de vida do país onde se situa o posto, os riscos para a saúde e segurança e a distância e o isolamento (artigo 46 nºs 1 e 2 do ECD).

A classificação dos postos é feita na 1ª quinzena do mês de Dezembro de cada ano e pode ser alterada em qualquer momento em função da criação de novos postos ou de alteração significativa de algum dos factores que a determinam, sendo que esta reclassificação deverá ser tida em conta na colocação seguinte do funcionário diplomático que nele preste serviço (artigo 46º nºs 3 e 4 do ECD). Será estabelecido um regime especial a aplicar aos postos considerados difíceis por despacho conjunto dos Ministros dos

Negócios Estrangeiros e Finanças, sob proposta do conselho diplomático (artigo 46 n° 5 do ECD).

Os critérios legais de colocação e transferência a seguir pelo conselho diplomático na elaboração das suas propostas, tendo sempre em consideração o interesse público e os objectivos da política externa portuguesa, sucessiva e cumulativamente, são os seguintes:
 a) as qualidades profissionais e a adequação do perfil pessoal dos funcionários ao posto considerado;
 b) a classe dos postos em que os funcionários diplomáticos estiveram anteriormente colocados;
 c) as preferências expressas pelos funcionários;
 d) a sua antiguidade na categoria.

O conselho diplomático ponderará, na medida do possível e sem prejuízo da prevalência do interesse do serviço, aspectos da vida pessoal dos funcionários, designadamente a reunificação ou aproximação familiares, que possam justificar um atendimento especial das preferências a que se refere a alínea c) acima referida (v. artigo 45° do ECD)[62].

---

[62] Sobre a interpretação do artigo 45°, conjugado com o artigo 5°, ambos do ECD, v. Parecer n° 154/2004, de 23 de Fevereiro de 2005, do Conselho Consultivo da Procuradoria-Geral da República, cujas conclusões são as seguintes:
1 - As colocações e transferências dos funcionários diplomáticos efectivar-se-ão tendo sempre em consideração o interesse público e os objectivos da política externa portuguesa;
2 - O objectivo final a prosseguir com a observância dos critérios fixados no artigo 45°, n° 1, do Estatuto da Carreira Diplomática (ECD), aprovado pelo Decreto-Lei n° 40-A/98, de 27 de Fevereiro, é o de, através da sua ponderação global, seleccionar e colocar o funcionário diplomático com as qualidades profissionais e perfil pessoal mais adequados a determinado posto;
3 - Tendo em consideração a prevalência do interesse público e a observância dos critérios enunciados nas alíneas a) e b) do n° 1 do artigo 45° do ECD, os funcionários diplomáticos podem, no decurso de um processo de colocações e transferências, ser colocados em postos em relação aos quais não tenham formulado preferência expressa;
4 - Os funcionários diplomáticos em condições de serem transferidos ou colocados, incluídos na lista referida no artigo 51°, n°1, do ECD, podem apresentar, por escrito, as suas candidaturas a cinco postos correspondentes à sua categoria, por ordem decrescente de preferência, em conformidade com o disposto no n° 3 do mesmo preceito;
5 - Por força do funcionamento das regras da mobilidade e da rotatividade que estatutariamente caracterizam o seu desempenho profissional e do princípio da liberdade de candidatura, consagrado no artigo 51°, n° 3, do ECD, os funcionários diplomáticos podem ser colocados em posto do serviço externo ainda que não tenham apresentado qualquer candidatura no âmbito do respectivo processo de colocações e transferências.

A lei estabelece prazos mínimos e máximos, encurtáveis ou prorrogáveis, de permanência em posto, sendo, em qualquer caso, determinado que, com excepção dos chefes de missão, nenhum funcionário diplomático pode permanecer nos serviços externos por um período ininterrupto superior a nove anos (v. artigo 47º do ECD).

Com efeito, não é conforme à boa prática internacional a permanência por tempo demasiado longo do funcionário diplomático na missão diplomática, prevendo-se na CVRD a notificação pelo Estado acreditante ao Estado acreditador do termo das funções dos membros da missão (v. artigos 43º alínea a) e 10º alínea a)). Caso o Estado acreditador entenda que há excessiva permanência de um membro da missão diplomática do Estado acreditante poderá a qualquer momento e sem ser obrigado a justificar a sua decisão, notificá-lo de que aquele membro do pessoal diplomático é "persona non grata" (v. artigo 9º § 1º da CVRD).

A permanência nos serviços internos também está sujeita a prazos mínimos e máximos, prorrogáveis e sujeitos a diversas excepções, como, por exemplo, a de que os membros dos conselhos directivos das associações profissionais representativas dos funcionários diplomáticos não podem, sem a sua anuência, ser colocados nos serviços externos durante o respectivo mandato (v. artigo 48º do ECD).

Também se estabelece como limite de idade dos funcionários diplomáticos para o exercício de funções nos serviços externos a idade de 65 anos (artigo 50º do ECD).

Estabelece-se detalhadamente um processo de colocação ordinária, determinando-se que até 15 de Janeiro de cada ano, o conselho diplomático torna pública a lista dos lugares vagos em postos a preencher nesse ano, com indicação da respectiva classificação, da categoria dos funcionários diplomáticos que a eles podem candidatar-se e dos abonos que irão receber, bem como a lista dos funcionários diplomáticos que se encontram em condições de serem transferidos ou colocados (v. artigo 51º do ECD)[63]. Também estão previstas colocações extraordinárias (v. artigo 52º do ECD).

---

[63] V. Acórdão do Supremo Tribunal Administrativo de 18 de Setembro de 2008, segundo o qual:
1 - A fundamentação dos actos administrativos pode variar conforme o tipo de acto e as circunstâncias do caso concreto, mas só é suficiente quando permite a um destinatário normal aperceber-se do itinerário cognoscitivo e valorativo seguido pelo autor do acto para proferir a decisão, isto é, quando aquele possa conhecer as razões por que o autor do acto decidiu como decidiu e não de forma diferente, de forma a

No processo de colocações e transferências deve ser observado o equilíbrio entre o número de funcionários colocados nos serviços internos e externos, de forma que seja sempre assegurado o adequado funcionamento de todos eles. A repartição equilibrada dependerá sempre das disponibilidades orçamentais previstas para o ano subsequente (v. artigo 53º do ECD).

Os funcionários diplomáticos podem ser nomeados para desempenhar missões extraordinárias de serviço diplomático no estrangeiro, normalmente temporárias (v. artigo 54º do ECD).

A título excepcional, as missões diplomáticas extraordinárias e temporárias criadas para assegurar a representação do Estado em actos ou reuniões de especial importância podem ser chefiadas por individualidades que não pertençam ao quadro do pessoal diplomático, aplicando-se-lhes os direitos e deveres próprios dos funcionários diplomáticos enquanto se mantiverem no desempenho da sua missão (v. artigo 55º do ED).

8. DIREITOS E DEVERES DOS FUNCIONÁRIOS DIPLOMÁTICOS

O princípio geral em matéria de direitos e deveres é o de que os funcionários diplomáticos gozam dos direitos e estão sujeitos aos deveres gerais da função pública, sem prejuízo dos previstos no respectivo estatuto (artigo 56º do ECD).

---

poder desencadear os mecanismos administrativos ou contenciosos de impugnação.

2 - Não satisfaz tais condições uma deliberação que se limita a descrever os conceitos genéricos previstos na lei (v.g. "considerados o interesse público e os objectivos da política externa portuguesa e observados, sucessiva e cumulativamente, os critérios enunciados no n.º 1 do art. 45º"') pois tal fórmula, atenta a sua generalidade e abstracção, não indica nem permite que um destinatário normal e atento fique a saber quais os interesses e objectivos da política externa nem quais as características pessoais dos candidatos que concretamente, isto é, naquele caso, serviram de motivação ao acto.

3 - O disposto no art.º 100.º do CPA constitui uma manifestação do princípio do contraditório e um princípio estruturante do processamento da actividade administrativa, garantindo a todos os interessados (isto é, a todos aqueles que possam vir a ser lesados) o direito a serem ouvidos antes da decisão final ser proferida.

4 - O art. 51º do Estatuto da Carreira Diplomática, aprovado pelo Dec.Lei 40-A/98, de 27/2, não satisfaz plenamente as finalidades do direito de audiência, pois não permite a intervenção de todos os interessados antes da decisão final, pelo que apesar de prever um procedimento especial relativo à mobilidade dos funcionários da carreira diplomática, não afasta a aplicação do art. 100º do CPA.

Os funcionários estão sujeitos aos seguintes deveres específicos:
- dever de reserva que consiste em não poderem, sem autorização do Ministro dos Negócios Estrangeiros, pronunciar-se publicamente sobre as orientações definidas ou executadas pelo MNE, no âmbito das suas atribuições (artigo 57º nº 1 do ECD);
- dever de sigilo que, para além da sujeição à legislação sobre segredo de Estado, envolve os factos, documentos, decisões e opiniões de que tenham conhecimento em virtude do exercício das suas funções (art. 57º nº 2 do ECD);
- sujeição ao regime de exclusividade (v. artigo 6º do ECD);
- dever de residência na área do posto ou serviço em que exerçam o cargo, podendo, se em serviço no estrangeiro, conservar o seu domicílio voluntário em Portugal e não podendo ser prejudicados por isso, nomeadamente em termos de resolução do contrato de arrendamento (v. artigo 58º nºs 2 e 3 do ECD).

Os funcionários diplomáticos gozam ainda de direitos específicos, para além do direito a remuneração incluindo na situação de disponibilidade (v. artigos 59º, 60º e 28º a 31º) e quando colocados nos serviços externos:
- o direito a abono mensal de representação destinado a suportar as despesas inerentes às exigências de representação das funções que desempenham (artigo 61º nº 1 alínea a) e nº 2 do ECD);
- o direito a abono mensal de habitação, para subsídio de renda de casa e encargos permanentes derivados da habitação, sempre que não dispuserem de residência do Estado sem encargos (artigo 61º nº 1 alínea b) e nºs 2 e 3 do ECD);
- o direito a abono mensal de educação, para custear os respectivos encargos com os filhos dependentes e que consta de uma parte fixa e outra variável, de montante proporcional às despesas escolares efectivas (artigo 61º nº 1 alínea c) e nº 2 do ECD);
- o direito a abono para despesas de instalação (artigo 62 do ECD)[64];

---

[64] Ver equiparação, para efeitos de atribuição de suplementos remuneratórios, dos oficiais de ligação do SEF, da GNR e da PSP aos funcionários diplomáticos em serviço no estrangeiro, Parecer nº 24/2009, de 23 de Julho de 2009, do Conselho Consultivo da Procuradoria-Geral da República:
1ª O Decreto-Lei n.º 139/94, de 23 de Maio, visou, no respectivo artigo 2º, equiparar, para efeitos de atribuição de suplementos remuneratórios, os oficiais de ligação do SEF, da

- nos casos aplicáveis, o direito a abono de representação a título de encarregatura de negócios (artigo 63º do ECD);
- em caso de falecimento, constitui encargo do MNE as despesas com o funeral, a trasladação do féretro para Portugal e o acompanhamento deste pelo cônjuge sobrevivo e pelos descendentes a seu cargo; o retorno do cônjuge sobrevivo e dos filhos ao posto, bem como o seu regresso definitivo e dos eventuais acompanhantes autorizados a Portugal; o transporte dos seus bens; o pagamento de um montante correspondente aos abonos mensais acima descritos; e o pagamento de um montante correspondente ao subsídio de instalação a que o funcionário diplomático teria direito se regressasse com vida a Portugal; e caso o falecimento ocorra no decurso do ano lectivo dos filhos dependentes direito a 50% do abono de representação e à totalidade do abono de educação até conclusão do ano lectivo (v. artigo 66º do ECD);
- direito ao pagamento de viagens e transporte de bens pessoais aos funcionários e acompanhantes autorizados em determinadas condições (v. artigo 67º do ECD);
- direito a acção social complementar e seguros (v. artigo 68º do ECD);
- direito a importação de bens próprios e isenções fiscais (v. artigo 69 do ECD);
- direito a um complemento para férias de 2 dias úteis para efeitos de viagem a Portugal e direito para os colocados em postos de classe C a um complemento de licença para férias de 22 dias úteis (v. artigo 74º do ECD).

GNR e da PSP aos funcionários diplomáticos em serviço no estrangeiro, em termos idênticos ao que já sucedia no âmbito de outras forças de segurança (Forças Armadas e Polícia Judiciária);

2ª Os militares integrados em missões junto de representações diplomáticas no estrangeiro e os oficiais de ligação da Polícia Judiciária têm direito a perceber o abono de instalação a que se reporta o artigo 62.º, n.º 5, do Decreto-Lei n.º 40-A/98, de 27 de Fevereiro, ex vi, respectivamente, do disposto no artigo 8.º, n.º 2, do Decreto-Lei n.º 56/81, de 31 de Março, e no artigo 145.º, n.º 4, do Decreto-Lei n.º 275-A/2000, de 9 de Novembro (contendo este último artigo preceito equivalente ao anteriormente compreendido no artigo 7.º, n.º 4, do Decreto-Lei n.º 421/91, de 29 de Outubro);

3ª Os oficiais de ligação a que se reporta o Decreto-Lei n.º 139/94 têm, assim, direito, por força do disposto no artigo 2.º, n.º 1, deste diploma, a perceber o abono de instalação referido na anterior conclusão.

O montante dos abonos a conferir aos funcionários diplomáticos colocados nos serviços externos são fixados por despacho conjunto anual dos Ministros dos Negócios Estrangeiros e das Finanças, obedecendo a sua fixação a diversos aspectos, desde os índices de custo de vida nas diferentes cidades e países até situações de guerra, conflito armado interno ou insegurança generalizada, passando pela composição do agregado familiar (v. artigo 64º do ECD)[65].

Aos funcionários diplomáticos colocados nos serviços internos é atribuído um suplemento mensal para despesas inerentes à função diplomática (v. artigo 65º do ECD), tendo direito a uma comparticipação nas despesas de educação dos filhos dependentes (v. artigo 68º nº 5 do ECD).

Os funcionários diplomáticos têm direito à formação profissional permanente que também é um seu dever para efeito de valorização da sua

---

[65] V. caso do conflito armado na Guiné-Bissau, em 1998, e sobre os eventuais prejuízos materiais não compreendidos nos suplementos remuneratórios mensais de montante variável em função da sua gravidade e onerosidade, v. Parecer nº 33/2004, de 1 de Julho de 2004, do Conselho Consultivo da Procuradoria-Geral da República. Aí se extraem as seguintes conclusões:

1ª Tanto pelas funções que os funcionários diplomáticos são chamados a desempenhar, como pela natureza dos meios empregues, a actividade diplomática não é qualificável em si mesma como perigosa e muito menos excepcionalmente perigosa, para efeitos do disposto no artigo 8º do Decreto-Lei nº 48051 de 21 de Novembro;

2ª No entanto, a actividade diplomática pode ter de desenvolver-se em condicionalismos forçosamente específicos para os seus agentes, como acontece quando se trate de missões levadas a cabo no exterior, mormente em zonas de potencial perigo acrescido derivado não apenas de insalubridade ou isolamento, como também de situações de guerra, conflito armado interno ou insegurança generalizada;

3ª Conferindo a lei aos funcionários diplomáticos, especialmente sujeitos a esses riscos, direito à atribuição de suplementos remuneratórios mensais de montante variável em função da sua gravidade e onerosidade, os eventuais prejuízos materiais não compreendidos nesses suplementos devem ser imputados aos funcionários a título de riscos normais decorrentes do exercício da actividade em causa;

4ª O recurso aos mecanismos da responsabilidade civil objectiva somente poderão ser equacionados se, numa situação concreta, viesse a verificar-se que os danos materiais sofridos excediam de forma desproporcionada e desrazoável o montante dos abonos atribuídos em função das particularidades específicas da zona de intervenção diplomática;

5ª Mesmo neste caso, se ficar demonstrado que os funcionários não observaram o cuidado exigível no tráfego para proteger os seus bens, quer porque os expuseram de forma negligente e injustificada ao perigo de sofrer danos, quer porque não observaram certas precauções que os poderiam reduzir, será de excluir o dever de indemnizar da Administração, por culpa do lesado, nos termos do disposto no artigo 8º do Decreto-Lei nº 48051 (2ª parte).

carreira e de constante aperfeiçoamento no exercício das suas funções, havendo acções de formação profissional da responsabilidade do MNE (no âmbito do Instituto Diplomático) que também poderá custear despesas com a aprendizagem e o aperfeiçoamento dos conhecimentos linguísticos dos funcionários quer em Portugal quer no estrangeiro (v. artigos 70º e 71º do ECD).

Uma das questões que se coloca nos tempos modernos é a possibilidade de os cônjuges e familiares do pessoal diplomático ao acompanhar o diplomata para o estrangeiro, a fim de assegurar o agrupamento familiar, ficar normalmente impedido de no Estado acreditador exercer uma actividade profissional remunerada, em virtude de prática internacional impeditiva. Tal proibição não consta da CVRD, determinando apenas o seu artigo 42º que o agente diplomático não exercerá no Estado acreditador nenhuma actividade profissional ou comercial em proveito próprio. Esta interdição poder-se-ia alargar em similitude com a própria extensão dos privilégios e imunidades diplomáticas aos membros da família de um agente diplomático prevista no § 1º do artigo 37º da CVRD. Entende-se, contudo, que o artigo 42º só se aplica ao agente diplomático e não se aplica à sua família, pois a remissão efectuada pelo artigo 37º é para os artigos 29º a 36º da CVRD. Assim os familiares podem exercer uma actividade profissional ou comercial no Estado acreditador no quadro da legislação e regulamentos deste, sujeitando-se, se for o caso, à obtenção da necessária autorização de trabalho exigida a qualquer estrangeiro da mesma nacionalidade.

O Estado Português tem vindo a concluir acordos internacionais bilaterais com vários Estados nos quais se prevê a possibilidade de autorização, e subsequente tramitação, para o exercício de uma actividade remunerada por cônjuge e dependentes de membros do pessoal diplomático, consular, técnico, administrativo e de apoio das missões diplomáticas e consulares, prevendo-se restrições a determinados privilégios e imunidades[66].

---

[66] Exemplos destes Acordos Internacionais bilaterais que derrogam a CVRD são: Acordo entre a República Portuguesa e a República Federativa do Brasil sobre o Exercício de Actividades Remuneradas por Parte de Dependentes do Pessoal Diplomático, Consular, Administrativo, Técnico e de Apoio ou Serviço, assinado em Brasília em 5 de Setembro de 2001 (v. Decreto nº 30/2002, de 10 de Setembro) e que entrou em vigor em 29 de Novembro de 2004; Acordo entre a República Portuguesa e a República da Colômbia sobre o Exercício de Actividades Remuneradas por Parte de Dependentes de Funcionários Diplomáticos, Consulares, Administrativos e Técnicos de Embaixadas e Postos Consulares Portugueses e Colombianos, assinado em Lisboa em 8 de Janeiro de 2007 (Decreto nº 37/2008, de 9 de Outubro); Acordo entre a República Portuguesa e a República Bolivariana da Venezue-

Também o acompanhamento de diplomata pelo seu cônjuge não diplomata tem levantado questões. É o caso de militar que pretendendo obter licença sem vencimento para acompanhamento de seu cônjuge diplomata colocado no estrangeiro, na falta de legislação específica para o efeito, não obteve reconhecimento do direito a essa licença, nem tal foi entendido como violando o princípio da igualdade[67].

Os funcionários diplomáticos têm o direito de participar em associações representativas próprias para a defesa e promoção dos seus interesses, as quais serão consultadas sobre todas as matérias relativas à legislação e regulamentação respeitante aos funcionários diplomáticos e respectiva carreira (v. artigo 78º do ECD)[68].

---

la sobre o Exercício de Actividades Remuneradas por parte de Dependentes do Pessoal Diplomático, Consular, Administrativo e Técnico de Missões Diplomáticas, Consulares e Representações Permanentes junto de Organizações Internacionais, assinado em Caracas, em 1 de Maio de 2008 (Decreto nº 39/2008, de 9 de Outubro); Acordo entre a República Portuguesa e a Austrália sobre o Trabalho dos Cônjuges e Dependentes do Pessoal Diplomático e Consular, assinado em Lisboa, em 6 de Fevereiro de 2009 (Decreto nº 24/2009, de 2 de Outubro).

[67] Ver Parecer do Conselho Consultivo da Procuradoria-Geral da República nº 14/2006, de 28 de Setembro de 2006, segundo o qual:

1ª O estatuto jurídico dos militares, constante do Estatuto dos Militares das Forças Armadas (EMFAR), aprovado pelo Decreto-Lei nº 236/99, de 25 de Junho, para além de tendencialmente totalizante quanto às matérias que regula, é fechado em matéria de licenças, em termos de só consentir aquelas nele reguladas ou, nos termos da alínea i) do seu artigo 93°, outras de natureza específica estabelecidas nele ou em legislação especial;

2ª A alínea i) do artigo 93.º do EMFAR não consente interpretação que permita a atribuição aos militares de carreira do direito à licença sem vencimento para acompanhamento de cônjuge diplomata colocado no estrangeiro, regulada pelo Decreto-Lei n° 519-E1/79, de 29 de Dezembro;

3ª A falta de legislação específica que reconheça esse direito aos militares não constitui restrição de qualquer Direito Fundamental e também não constitui omissão legislativa constitucionalmente censurável;

4ª Não viola o princípio da igualdade a subsistência de legislação aplicável aos militares que não prevê uma licença sem vencimento específica para acompanhamento de cônjuge diplomata colocado no estrangeiro e que não confere, em consequência, o direito à mesma.

[68] É tradicional constituírem-se associações voluntárias, cujo regime varia de Estado para Estado, de cônjuges dos diplomatas (outrora apenas associações de esposas) que desenvolvem variadíssimas actividades de apoio aos diplomatas, mas também de índole cultural e social. Em Portugal, a Associação dos Cônjuges dos Diplomatas Portugueses desenvolve uma meritória acção social que envolve a contribuição do corpo diplomático estrangeiro e que se destina a contribuir com donativos para instituições de solidariedade social.

9. OS POSTOS CONSULARES E OS FUNCIONÁRIOS CONSULARES

9.1. Posto Consular

Posto consular, na definição da CVRC, é todo o consulado-geral, consulado, vice-consulado ou agência consular (artigo 1º, nº 1, alínea a)).

As funções consulares são exercidas por postos consulares, mas também podem ser exercidas por missões diplomáticas (v. artigo 3º da CVRC). Neste caso, aplicar-se-ão também as disposições da CVRC, na medida em que o contexto o permitir (v. artigo 70º, nº 1 da CVRC).

As funções consulares são muito variadas e abrangem os domínios da protecção dos nacionais e de informação ao Estado, funções de carácter administrativo, notarial, de colaboração com os tribunais judiciais e outras relativas ao estado civil das pessoas e às sucessões. Além disso, o cônsul exerce outras funções relacionadas com a navegação marítima, o comércio e o exercício das profissões (v. artigo 5º da CVRC).

Como assinalou o Tribunal Internacional de Justiça, algumas destas funções implicam não só a faculdade de o posto consular do Estado acreditante desempenhar essas funções, como também o direito individual dos nacionais do referido Estado de receber a assistência consular[69].

9.2. Funcionários Consulares e categorias

Consideram-se funcionários consulares os agentes oficiais que um Estado estabelece em certas cidades de outro Estado com a finalidade de proteger os seus interesses e dos seus nacionais.

Os cônsules são agentes administrativos, sejam ou não funcionários do Estado acreditante, que actuam no estrangeiro e praticam actos para cumprir a sua missão, excluindo-se geralmente os actos de natureza política.

Nos termos da alínea d) do nº 1 do artigo 1º da CVRC, entende-se por "funcionário consular" toda a pessoa, incluindo o chefe do posto consular, encarregada nesta qualidade do exercício de funções consulares.

---

[69] Caso LaGrand, International Court of Justice, Reports of Judgements, Advisory Opinions and Orders, La Grand Case (Germany v. United States of America, Judgement of 27 June 2001, § 77 (http://www.icj-cij.org/dockett/files/104/7736.pdf).

Os Cônsules não são agentes diplomáticos.

Existem duas categorias de funcionários consulares: os funcionários consulares enviados ou de carreira (cônsules missi) e os funcionários consulares honorários (cônsules electi). Os primeiros são funcionários públicos do Estado que os nomeia e têm a nacionalidade deste. São remunerados pelos Estado que os envia e não exercem geralmente outras funções profissionais. Ao invés, os cônsules honorários podem ser nacionais do Estado que os designa ou estrangeiros e exercer o comércio ou outras profissões. O seu trabalho não é remunerado, podendo, no entanto, receber uma subvenção para despesas de instalação e de representação.

A CVRC distingue claramente as referidas categorias tratando-as separadamente (v. 1º, nº 2).

Por seu turno, os chefes dos postos consulares dividem-se em quatro categorias: cônsules-gerais; cônsules; vice-cônsules e agentes consulares (artigo 9º, nº 1 da CVRC).

10. A REFORMA CONSULAR EM PORTUGAL

A função consular, a organização dos serviços consulares, o recrutamento de pessoal, as suas funções, a eficácia dos actos com intervenção dos cônsules são geralmente reguladas por normas internas.

No direito administrativo português, os postos consulares são, tal como as missões diplomáticas, serviços periféricos externos que integram a administração directa estadual no âmbito do Ministério dos Negócios Estrangeiros.

Em Portugal, tem vindo a proceder-se a uma reforma consular, com muitas dificuldades e sujeita a críticas diversificadas, que se iniciou com a Resolução do Conselho de Ministros nº 66/2007, que aprovou um conjunto de princípios estruturais e estruturantes sobre os quais aquela assenta e cujo objectivo é o de "adequar o actual quadro de representações consulares às novas realidades e às reais necessidades da presença portuguesa no mundo, em termos políticos, económicos, culturais e sociais", como se afirma no preâmbulo do Decreto-Lei nº 71/2009, de 31 de Março.

Este diploma legal que aprova o novo Regulamento Consular, doravante RC, visa "redesenhar o mapa da rede consular e redimensionar as respectivas estruturas". Menciona-se uma preocupação de assegurar a qualidade e eficiência dos serviços consulares, cujas funções quer de apoio consular, ao nível de actos administrativos e de registo civil e notariado, quer de protecção consular, muitas vezes exercidas de forma insubstituível em casos de urgência e extrema necessidade, constituem a garantia do preceito constitucional segundo o qual os portugueses residentes no estrangeiro gozam dos mesmos direitos e deveres dos nacionais que vivem em Portugal[70].

Do preâmbulo, sublinhamos ainda as passagens que afirmam que "a definição de regras claras sobre a unidade de acção e a articulação em rede das diferentes estruturas e a consagração de um novo modelo organizacional dos postos consulares, assim como o novo regime relativo aos titulares dos postos e à forma de substituição dos mesmos em actos de gestão corrente e de registo e notariado, visam agilizar serviços e tornar mais eficiente e mais coeso o modo de actuação da rede consular no mundo". E ainda "incentiva-se a participação da comunidade portuguesa nos assuntos relativos às acções que a elas se dirigem, em estreita colaboração com os postos consulares e respectivo titular e pessoal especializado, através da criação do conselho consultivo da área consular". "Por outro lado, harmonizam-se as regras relativas às funções e competências dos cônsules honorários, que se encontravam repartidas por vários diplomas diferentes, adequando-se à realidade existente e à visão de representação que os mesmos devem ter".

Entende-se por posto consular, todo o consulado-geral, consulado, vice-consulado, agência consular e consulado honorário (artigo l, alínea a) do RC), em definição igual à da CVRC, com a excepção da referência ao consulado honorário.

A rede consular portuguesa (artigo 2°, n° 1 do RC) compreende as seguintes categorias de postos consulares:
a) Consulados-gerais;
b) Consulados;
c) Vice-Consulados;
d) Agências Consulares.

São ainda postos consulares os consulados honorários (artigo 2°, n° 2 do RC).

---

[70] Com efeito, o artigo 14° da Constituição da República Portuguesa prevê que os cidadãos portugueses que se encontrem ou residam no estrangeiro gozam da protecção do Estado para o exercício dos direitos e estão sujeitos aos deveres que não sejam incompatíveis com a ausência do país.

Nas missões diplomáticas podem ser organizadas secções consulares. Os postos consulares, exceptuados os consulados honorários, bem como as missões diplomáticas, podem abrir escritórios fora da sua sede (v. artigo 2°, n°3 e 4 do RC).

Os postos e as secções consulares podem ainda, observados certos requisitos, instituir presenças consulares que, realizando-se dentro da área de jurisdição do posto consular respectivo, visam assegurar o apoio consular a determinada comunidade que dele objectivamente careça, através da deslocação periódica de um ou vários funcionários consulares a determinado local previamente estabelecido (v. artigo 2°, n°s 5 e 6° do RC).

A acção consular é prosseguida pelos postos e secções consulares, através do exercício de funções consulares (v. artigo 8°, n° 1 do RC).

As atribuições dos postos e das secções consulares, na respectiva área de jurisdição consular, são as seguintes (artigo 8°, n° 2 do RC):
  a) a execução da política externa, de acordo com as orientações gerais das missões diplomáticas;
  b) a protecção dos direitos e dos legítimos interesses do Estado Português e dos seus nacionais, pessoas singulares ou colectivas, dentro dos limites permitidos pelo direito internacional e pelas leis locais;
  c) a promoção e valorização dos portugueses nos países de acolhimento;
  d) a promoção e divulgação da língua e da cultura portuguesas;
  e) a coordenação da política do ensino português no estrangeiro;
  f) a promoção e o desenvolvimento das relações comerciais, económicas, culturais e cientificas entre pessoas, singulares ou colectivas, nacionais e estrangeiras;
  g) a cooperação com autoridades nacionais e estrangeiras.

Afigura-se-nos de teor caracterizadamente político, genérico e demasiado vago o conjunto quase total das atribuições enunciadas o que não se compagina com a missão, marcadamente de natureza administrativa, destes serviços externos. Basta, aliás, comparar este normativo e a forma como está redigido com o cuidado e o detalhe posto no artigo 5° da CVRC relativo às funções consulares.

11. A REDE CONSULAR PORTUGUESA

Durante vários séculos Portugal caracterizou-se como um país de emigração, sendo que historicamente se verificaram fluxos de saída de cidadãos nacionais que estão identificados também quanto aos principais destinos: Brasil, no século XIX; Estado Unidos da América e Canadá no início do século XX; África do Sul e Venezuela nas décadas de 50 e 60 do século XX; e França, Alemanha, Bélgica, Suíça, Holanda, Inglaterra e Luxemburgo nas décadas de 60 e 70 também do século XX.

Tal fenómeno decresceu, havendo que salientar uma maior liberdade de circulação de pessoas com a entrada de Portugal nas Comunidades Europeias e posterior evolução destas e sua transformação na União Europeia.

Inversamente, verificou-se na década de 90 do século XX, o acolhimento por Portugal de trabalhadores estrangeiros.

Estas novas realidades motivaram a elaboração de um estudo pelo Ministério dos Negócios Estrangeiros sobre a rede consular portuguesa no mundo com o objectivo de a adaptar às necessidades actuais.

Estas razões estão especificadas na já citada Resolução do Conselho de Ministros n° 66/2007, aprovada em 15 de Março de 2007[71] na qual, para além de definir os eixos fundamentais da reforma consular, procede-se à reestruturação da rede consular portuguesa no mundo, cuja mapa consta de um Anexo à mesma Portaria. É aí indicado um conjunto vasto de alterações a introduzir no mapa consular, relevando os postos consulares na Europa, América do Norte, América do Sul e África[72].

---

[71] Resolução do Conselho de Ministros n° 66/2007, aprovada em 15 de Março de 2007, e publicada in D.R., 1ª Série, n° 87, de 7 de Maio de 2007.

[72] No sítio da Internet do Ministério dos Negócios Estrangeiros ainda encontramos s seguinte lista de consulados: Barcelona (Espanha); Beira (Moçambique); Belém (Pará-Brasil); Belo Horizonte (Brasil); Benguela (Angola); Bordéus (França); Boston (Massachusetts, Estados Unidos da América); Cabo (Cidade do) (África do Sul); Caracas (Venezuela); Clermont--Ferrand (França); Curitiba (Paraná-Brasil); Düsseldorf (Alemanha); Estrasburgo (França); Estugarda (Alemanha); Frankfurt (Alemanha); Genebra (Suíça) – Escritório Consular em Sion (Suíça); Goa (Panjim-India); Hamburgo (Alemanha); Vice-Consulado em Osnabruck – Alemanha; Joanesburgo (África do Sul); Londres (Grã-Bretanha), Luanda (Angola); Luxemburgo (Luxemburgo); Lyon (França); Macau (China); Manchester (Reino Unido); Maputo (Moçambique); Marselha (França) – Escritório Consular em Ajaccio; Montreal (Canadá); Nantes (França); New Bedford (Estados Unidos da América); Nova Iorque (Estados Unidos da América); Newark (Estados Unidos da América); Paris (França) – Escritório Consular em

12. OS TITULARES DOS POSTOS CONSULARES E OS MEMBROS DO PESSOAL

Os titulares dos postos consulares são membros nomeados pelo Governo e ocupam um dos seguintes cargos (artigo 17º, nº 1, do RC):
a) Cônsules-gerais, no caso dos consulados-gerais;
b) Cônsules, no caso dos consulados;
c) Agentes consulares, no caso das agências consulares;
e) Cônsules honorários, no caso dos consulados honorários.

Os cônsules gerais e os cônsules podem ser coadjuvados, no exercício das suas funções, por cônsules-gerais-adjuntos e cônsules-adjuntos respectivamente (artigo 17º, nº 3, do RC).

As secções consulares são geridas por funcionários diplomáticos, designados pelos chefes das respectivas missões diplomáticas, que se denominam encarregados de secção consular (artigo 17º, nº 2, do RC).

Prevê-se que, em casos excepcionais e devidamente fundamentados por despacho conjunto dos Ministros dos Negócios Estrangeiros e das Finanças, as funções desempenhadas por um cônsul-geral possam ser, para todos os efeitos legais e regulamentares, equiparadas às de chefe de missão diplomática, nos termos previstos no estatuto da carreira diplomática (v. artigo 17º, nº 4 do RC).

Esta norma tal como está redigida não faz sentido pois as funções consulares e diplomáticas não podem equiparar-se dado serem distintas

---

Lille; Porto Alegre (Brasil); Providence (Estados Unidos da América); Recife (Brasil); Rio de Janeiro (Brasil); Salvador (Bahia-Brasil); S. Francisco (Estados Unidos da América); S. Paulo (Brasil); Sevilha (Espanha); Sydney (Austrália); Toronto (Ontário, Canadá); Toulouse (França); Valência (Venezuela); Vancouver (Canadá); Vigo (Espanha); Xangai (China); Zurique (Suíça) – Escritório Consular em Lugano (consulta efectuada em 13 de Julho de 2010).

Desta lista consta ainda que, para além dos vice-consulados e escritórios consulares referidos, os postos indicados são quase todos chefiados por cônsules-gerais, com excepção dos de Belém, Porto Alegre, Recife, Toulouse e Vigo que são chefiados por vice-cônsules.

Cruzando esta lista com a Rede Consular constante do Atlas Geopolítico verificamos que da referida lista 35 são Consulados-Gerais, 2 são Consulados (New Bedford e Belo Horizonte), 12 são Vice-Consulados (Belém do Pará, Clermont Ferrand, Curitiba, Fortaleza, Frankfurt, Nantes, Osnabruck, Porto Alegre, Providence, Recife, Toulouse e Vigo) e 8 são escritórios consulares (Ajaccio, Lille, Nova Iorque, Orlando, Sevilha, Sion, Ticino e Winnipeg).

Quanto aos consulados honorários são em grande número, desde Hong Kong a Los Angeles, podendo consultar-se no mencionado Atlas Geopolítico.

quanto ao conteúdo e natureza. O que talvez se queira contemplar é a possibilidade de um cônsul-geral vir a desempenhar funções diplomáticas, o que já sendo possível e estando previsto no caso inverso[73], neste caso, só a titulo muito excepcional se entende razoável, sob pena de diluição de ambos os tipos de relações que o direito internacional claramente ainda distingue.

Tal significa que os diplomatas podem exercer funções consulares, mas os cônsules nem sempre podem exercer funções diplomáticas.

Aliás, o artigo 18º do Regulamento Consular determina que os cônsules-gerais, os cônsules-gerais-adjuntos, os cônsules e os cônsules--adjuntos são funcionários diplomáticos, nomeados nos termos do respectivo estatuto (nº 1). Tal identificação do direito português traduz uma amálgama de carreiras correspondente a uma prática antiga que não distingue a carreira diplomática da consular[74].

A nomeação de vice-cônsules e agentes consulares é feita por despacho do Ministro dos Negócios Estrangeiros, nos termos do respectivo estatuto (nº 2 do mesmo artigo 18º), embora esta matéria conste sim da LOMNE (v. artigo 24º como atrás referido).

O Estatuto da Carreira Diplomática determina igualmente que os consulados de carreira são chefiados por funcionários diplomáticos (artigo 43º nº 1 do ECD), sendo a chefia dos consulados-gerais confiada a funcionários diplomáticos de categoria igual ou superior a conselheiro de embaixada, podendo, no entanto, o conselho diplomático propor, para esse efeito e atentas as conveniências de serviço, a nomeação de secretários de embaixada com, pelo menos, seis anos de antiguidade na categoria (artigo 43º nº 2 do ECD). Também se prevê que os consulados-gerais, sempre que o respectivo movimento o justifique, possam ter cônsules-adjuntos, cargos que são exercidos por secretários ou conselheiros de embaixada (artigo 43º nº 3 do ECD).

A nomeação de cônsules honorários é de livre escolha ministerial, de entre cidadãos nacionais ou estrangeiros de reconhecida aptidão para a promoção e a defesa dos interesses nacionais, devendo ser ouvido o titular do posto consular de que dependam e o embaixador acreditado no respectivo país (v. artigo 18º, nº 4 do RC).

---

[73] V. artigo 3º, nº 2 da CVRD, segundo o qual nenhuma disposição da CVRD poderá ser interpretada como impedindo o exercício de funções consulares pela missão diplomática.

[74] V. MARGARIDA SALEMA D'OLIVEIRA MARTINS, *Direito Diplomático e Consular* cit., p. 122.

De observar que a expressão "país" aqui utilizada, como sucede noutros preceitos, não é rigorosa à luz do direito público, seja do prisma do direito internacional, seja da óptica do direito administrativo, devendo optar-se pela menção ao "Estado", já que é deste que se trata.

Os cônsules honorários não adquirem a qualidade de trabalhador do Estado Português com uma relação jurídica de emprego público (v. artigo 24º do RC) nem têm competência, salvo em circunstâncias excepcionais, para determinados actos, como actos de registo civil e de notariado, emissão de documentos de identificação e de viagem, concessão de vistos e recenseamento eleitoral (v. artigo 25º do RC)[75].

Quanto aos membros do pessoal consular, podem as missões diplomáticas, os consulados-gerais e os consulados dispor de conselheiros e adidos que são técnicos especializados que desempenham as suas funções em áreas de especialidade cuja necessidade e importância político-diplomática sejam reconhecidos por despacho conjunto do Primeiro-Ministro e do Ministro dos Negócios Estrangeiros, sendo a nomeação deste pessoal feita por despacho do Ministro dos Negócios Estrangeiros, nos termos de legislação própria (v. artigo 28º do RC).

Também se prevê que os consulados-gerais e os consulados possam dispor de assessores para as áreas jurídica, económica, da acção social e da cultura e educação para coadjuvarem o respectivo titular. São nomeados por despacho conjunto dos Ministros dos Negócios Estrangeiros e das Finanças, por um período de três anos, renovável uma só vez no mesmo posto consular (v. artigo 29º do RC).

Também estão previstas regras para o pessoal não diplomático dos serviços consulares externos (v. artigos 30º a 35º do RC).

---

[75] V. por exemplo, a Portaria nº 1442/2008, de 12 de Dezembro de 2008, ainda ao abrigo de legislação hoje revogada pelo RC, que autoriza os Consulados Honorários de Portugal em Bilbau, Durban, Orleans, Tours, Santos e Windhoek a praticar actos de registo civil, de notariado e de recenseamento eleitoral e a emitir documentos de viagem.

Já a Portaria nº 996/2010, de 1 de Outubro, ao abrigo do novo RC, prevê que o cônsul honorário de Portugal em Natal fica autorizado a praticar os actos necessários relativamente às competências de operações de recenseamento eleitoral, de actos de registo civil e notariado e de emissão de documentos de viagem.

13. A ACÇÃO CONSULAR

A acção consular, que é uma forma de actividade administrativa, é definida pelo Ministro dos Negócios Estrangeiros, que superintende, através dos serviços do Ministério, a sua execução (artigo 36º do RC).

A acção consular orienta-se assim pelos princípios gerais que regem a actividade administrativa, tais como os princípios da legalidade, da prossecução do interesse público e da protecção dos direitos e interesses dos cidadãos, da igualdade e da proporcionalidade, da justiça e da imparcialidade, da boa fé, da colaboração com os destinatários, da participação, da decisão e da desburocratização e da eficiência, devendo ser respeitadas as leis do Estado receptor (artigo 37º do RC).

A actividade consular envolve desde logo a protecção consular que implica a prestação da assistência necessária e possível às pessoas singulares e colectivas portuguesas no estrangeiro, nos termos das leis nacionais e estrangeiras em vigor e de acordo com o direito internacional, nomeadamente em casos de detenção e prisão, pagamento de socorros, repatriação, situação de emergência, evacuações, procedimentos em matérias de navegação marítima e aeronáutica civil (v. artigos 40º a 47º do RC).

A acção consular implica ainda a prática de actos típicos de órgãos administrativos como a emissão de documentos, actos de registo civil, actos de notariado, para os quais dispõem de pessoal habilitado para o efeito (v. artigos 48º a 58º do RC)[76].

Surgem, muitas vezes, na prática, dúvidas sobre as competências que podem ser exercidas pelos postos consulares. Por exemplo, se dispõem ou não da competência, em termos de registo civil, para organização do processo preliminar de publicações de dois nubentes estrangeiros que pretendem celebrar casamento em Portugal, de acordo com a lei portuguesa. Neste caso, os postos consulares portugueses foram considerados incompetentes[77].

Os postos consulares também podem ter funções em matéria de nacionalidade portuguesa, processos eleitorais, obrigações militares, concessão de vistos (v. artigos 63º a 70º do RC).

---

[76] V. Portaria nº 7/2008, de 3 de Janeiro que introduz alterações à Portaria nº 19/2003, de 11 de Janeiro, que aprova a tabela de emolumentos consulares a cobrar pelos serviços externos do Ministério dos Negócios Estrangeiros, a qual já sofrera diversas alterações. A tabela de emolumentos consulares é republicada assim em anexo à Portaria nº 7/2008, de 3 de Janeiro.

[77] V. Parecer nº 3/2007, de 1 de Março de 2007, do Conselho Consultivo da Procuradoria-Geral da República.

A actividade consular está sujeita a avaliação e a inspecção (v. artigos 71º e 73º do RC).

14. A PROTECÇÃO DIPLOMÁTICA E CONSULAR NA UNIÃO EUROPEIA

O Regulamento Consular prevê que os postos e as secções consulares portuguesas devem protecção consular aos cidadãos da União Europeia no território de países terceiros em que o Estado membro de que aqueles cidadãos são nacionais não se encontre representado. Esta protecção consular e outras formas de cooperação consular com as autoridades dos restantes Estados Membros da União Europeia são reguladas pelo direito internacional e pelas respectivas normas comunitárias em vigor (v. artigo 75º).

Com a criação da cidadania da União Europeia pelo Tratado de Maastricht, de 7 de Fevereiro de 1992 («TUE»), ficou previsto, no Tratado da Comunidade Europeia («TCE»), o princípio da protecção diplomática e consular dos cidadãos da União Europeia fora da União Europeia.

O artigo 8º C do TCE previa então que "qualquer cidadão da União beneficia, no território de países terceiros em que o Estado-membro de que é nacional não se encontre representado, de protecção por parte das autoridades diplomáticas e consulares de qualquer Estado-membro, nas mesmas condições que os nacionais desse Estado. Até 31 de Dezembro de 1993, os Estados-membros estabelecerão entre si as regras necessárias e encetarão as negociações internacionais requeridas para garantir essa protecção".

Com o Tratado de Amesterdão, de 2 de Outubro de 1997, o artigo 8º C passou a artigo 20º, e foi retirada a parte do preceito relativa à data limite para o estabelecimento das regras e para as negociações internacionais. O Tratado de Nice, de 26 de Fevereiro de 2001, não introduziu alterações a este preceito.

Com o Tratado de Lisboa, de 13 de Dezembro de 2007[78], já em vigor, este artigo 20º passa a ser o § 1º do artigo 23º do Tratado sobre o Funcionamento da União Europeia (« TFUE»), com uma redacção idêntica, acrescentando-se um § 2º.

---

[78] V. versões consolidadas do Tratado da União Europeia (TUE) e do Tratado sobre o Funcionamento da União Europeia (TFUE) in JOUE C 115, de 9 de Maio de 2008. V. Acta de Rectificação do Tratado de Lisboa que altera o Tratado da União Europeia e o Tratado que institui a Comunidade Europeia, assinado em 13 de Dezembro de 2007 in JOUE C 290 de 30 de Novembro de 2009.

Dispõe-se assim no referido artigo 23º do TFUE que:

"Qualquer cidadão da União beneficia, no território de países terceiros em que o Estado-Membro de que é nacional não se encontre representado, de protecção por parte das autoridades diplomáticas e consulares de qualquer Estado-Membro, nas mesmas condições que os nacionais desse Estado. Os Estados-Membros tomam as disposições necessárias e encetam as negociações internacionais requeridas para garantir essa protecção.

O Conselho, deliberando de acordo com um processo legislativo especial e após consulta ao Parlamento Europeu, pode adoptar directivas que estabeleçam as medidas de coordenação e de cooperação necessárias para facilitar essa protecção".

Como se vê da comparação e evolução entre os diversos tratados, mantém-se a regra comunitária da protecção diplomática e consular a conceder por qualquer Estado-Membro da UE acreditado por Estado terceiro de cidadão da União Europeia que nesse Estado terceiro não tenha acesso a protecção por inexistir a representação diplomática ou consular do Estado-Membro de que é nacional. A aplicação de tal regra depende, contudo, de concertação entre os diversos Estados-Membros, se bem que se prevejam directivas comunitárias que contemplem medidas destinadas a facilitar tal cooperação.

Se um Estado-membro da UE pode ter que vir a conceder aos nacionais dos outros Estados-Membros a protecção diplomática e consular nos Estados terceiros em que dispõe de representação questionou-se desde logo se a protecção corresponderia àquela que concede aos seus próprios nacionais ou àquela a que os nacionais do Estado não representado teriam nos termos em que este habitualmente a concede. Também se colocariam questões de reciprocidade. Por outro lado, esta matéria cai no âmbito comunitário ou é de âmbito intergovernamental?

Tornou-se assim necessário criar um sistema comum de protecção.

Em 1995, os representantes dos Governos dos Estados-Membros, reunidos no Conselho, adoptaram uma Decisão relativa à protecção dos cidadãos da União Europeia pelas representações diplomáticas e consulares[79].

---

[79] V. 95/553/CE – Decisão dos Representantes dos Governos dos Estados-membros, reunidos no Conselho, de 19 de Dezembro de 1995 in Jornal Oficial nº L 314, de 28/12/1995, pp. 0073-0076.

Tal decisão, baseada no artigo 8º C do TCE, refere-se à adopção de um sistema comum de protecção para o conceito de cidadania da União, a identidade da União nos países terceiros e a percepção da solidariedade europeia por parte dos cidadãos em causa.

Dessa decisão, com nove artigos, destacamos o artigo 1º que dispõe que qualquer cidadão da União Europeia beneficiará de protecção consular por parte de todas as representações diplomáticas ou consulares de um Estado-membro, se no território onde se encontre não existirem:
– representação permanente acessível;
– ou Cônsul honorário acessível e competente do Estado-membro da sua nacionalidade, ou de outro Estado que represente aquele de forma permanente.

Prevê-se que as representações diplomáticas e consulares que concedam a protecção dispensarão ao requerente o mesmo tratamento que aos nacionais do Estado-membro que representam (artigo 3º).

A protecção prevista abrange a assistência em casos de morte, de acidente ou doença graves, de prisão ou detenção, de apoio às vítimas de actos de violência; de ajuda e repatriamento de cidadãos da União em situações de dificuldade; de apoio noutras situações no caso de disporem de competência para o efeito (v. artigo 5º).

Já auxílios pecuniários só poderão em regra ser concedidos com autorização das autoridades competentes do Estado-membro da sua nacionalidade, dada pelo Ministério dos Negócios Estrangeiros ou pela missão diplomática mais próxima (v. artigo 6º).

A Comissão Europeia adoptou um Livro Verde sobre esta matéria[80], em 28 de Novembro de 2006, encarando-a como um direito nos mesmos termos do artigo 46º da Carta dos Direito Fundamentais da União Europeia[81], cujo teor é praticamente igual ao artigo 23º do TFUE.

---

[80] COM (2006)712, de 28 de Novembro de 2006.
[81] V. JOUE C 303, de 14 de Dezembro de 2007.

15. O NOVO SERVIÇO DIPLOMÁTICO EUROPEU

15.1. O Alto Representante da União para os Negócios Estrangeiros e a Política de Segurança

O Tratado de Lisboa vem expressamente determinar que a União Europeia sucede à Comunidade Europeia (v. artigo 1º § 3º do TUE) e que aquela passa inequivocamente a constituir um sujeito de direito internacional enquanto tal (v. artigo 47º do TUE).

Prevê então a criação de um novo cargo – o de Alto Representante da União para os Negócios Estrangeiros e a Política de Segurança, nomeado e exonerado pelo Conselho Europeu, com o acordo do Presidente da Comissão, deliberando por maioria qualificada (v. artigo 18º nº 1 do TUE).

Este Alto Representante da União conduz a política externa e de segurança comum (PESC) da União. A PESC, antigo 2º pilar, actualmente prevista nos artigos 23º a 46º do TUE (Capítulo 2 do Título V do TUE) é basicamente definida pelo Conselho Europeu e pelo Conselho nos limites do tratado.

O Alto Representante pode contribuir, com as suas propostas, para a definição dessa política, executando-a na qualidade de mandatário do Conselho (v. artigo 18º, nº 2 do TUE).

O Alto Representante preside ao Conselho dos Negócios Estrangeiros (v. artigo 18 nº3 do TUE).

Trata-se de uma nova formação do Conselho expressamente prevista no Tratado (v. artigo 236º alínea b) do TFUE). De acordo com o artigo 16º nº 6 § 3º do TUE, o Conselho dos Negócios Estrangeiros elabora a acção externa da União, de acordo com as linhas estratégicas fixadas pelo Conselho Europeu, e assegura a coerência da acção da União. Neste Conselho não há rotatividade da presidência (v. artigo 16º nº 9 do TUE). O Alto Representante participa nos trabalhos do Conselho Europeu, embora não faça parte dele (v. artigo 15º nº 2 do TUE).

O Alto Representante é ainda um dos vice-presidentes da Comissão. Assegura a coerência da acção externa da União. Cabem-lhe, no âmbito da Comissão, as responsabilidades que incumbem a esta instituição no domínio das relações externas, bem como a coordenação dos demais aspectos da acção externa da União. No exercício das suas responsabilidades ao nível da Comissão, e apenas em relação a essas responsabilidades, o Alto Representante fica sujeito aos processos que regem o funcionamento da

Comissão na medida em que tal seja compatível com a sua posição relativa ao Conselho (v. artigo 18º nº 4 do TUE).

Esta dupla qualidade do Alto Representante como Vice-Presidente da Comissão e como mandatário do Conselho tem sido designada de "duplo chapéu"[82], sendo que consoante a perspectiva de cada instituição se acentua mais o pendor de Vice-Presidente ou o pendor de Alto Representante.

Além da atribuição expressa de personalidade jurídica à União e do cargo de Alto Representante, também é de destacar a eleição de um presidente não rotativo do Conselho Europeu responsável pela representação externa da União a nível de Chefes de Estado ou de Governo.

A coordenação entre o Presidente permanente do Conselho Europeu, a presidência rotativa do Conselho da União Europeia, o Alto Representante na sua dupla veste, e as diplomacias nacionais, cuja órbita de interesses pode coincidir ou não com a órbita europeia, será um factor importante senão mesmo decisivo na construção de um serviço diplomático europeu eficaz e poderoso.

15.2. O Serviço Europeu para a Acção Externa (SEAE)

O artigo 27º do TUE condensa todas as funções do Alto Representante – preside ao Conselho dos Negócios Estrangeiros, contribui com as suas propostas para a elaboração da PESC, assegura a execução das decisões adoptadas pelo Conselho Europeu, representa a União nas matérias do âmbito da PESC, conduz o diálogo político com terceiros em nome da União e exprime a posição da União nas organizações internacionais e em conferências internacionais. Prevê-se, no nº 3, que para o desempenho das suas funções seja apoiado por um serviço europeu para a acção externa (doravante SEAE).

O SEAE (em inglês EEAS – European External Action Service) trabalha em colaboração com os serviços diplomáticos dos Estados-Membros e é composto por funcionários provenientes dos serviços competentes do Secretariado-Geral do Conselho e da Comissão e por pessoal destacado dos serviços diplomáticos nacionais. Cabe ao Conselho emitir uma decisão sobre a organização e o funcionamento deste SEAE. Esta decisão é

---

[82] V., por exemplo, Resolução do Parlamento Europeu, de 22 de Outubro de 2009, sobre os aspectos institucionais da criação do Serviço Europeu de Acção Externa – Doc. A7-0041/2009 in http://www.europarl.europa.eu/sides/getDoc.do?pubRef=-//EP//TEXT+TA+P7-TA-2 (consultado a 5 de Janeiro de 2010).

adoptada por maioria qualificada (por força do artigo 16 n°3 do TUE) sob proposta do Alto Representante, após consulta ao Parlamento Europeu e após aprovação da Comissão (v. artigo 27° n° 3 do TUE)[83].

A Presidência Sueca do Conselho Europeu elaborou, em Outubro de 2009, um relatório sobre o SEAE, onde se abordavam já importantes aspectos organizativos e funcionais[84] relativos à criação do SEAE.

Em 25 de Março de 2010, a Alta Representante da União para os Negócios Estrangeiros e a Política de Segurança apresentou ao Conselho, com base no artigo 27° n° 3 do TUE, uma proposta de decisão do Conselho que estabelece a organização e o funcionamento do Serviço Europeu para a Acção Externa[85], tendo o Parlamento Europeu emitido parecer sobre a referida proposta e a posição da Comissão na sessão plenária de 8 de Julho de 2010[86].

Em 26 de Julho de 2010, o Conselho adopta a Decisão que estabelece a organização e o funcionamento do Serviço Europeu para a Acção Externa[87].

---

[83] Das conclusões da Presidência relativas ao Conselho Europeu de Bruxelas de 29/30 de Outubro de 2009, verifica-se um convite ao Alto Representante para que apresente a proposta logo que o Tratado de Lisboa entre em vigor de modo a que o Conselho possa adoptá-la o mais tardar no final de Abril de 2010. V ponto I.3 das Conclusões da Presidência do Conselho Europeu de Bruxelas (29/30 Outubro 2009) – Doc. 15265/09, Bruxelas, 30 de Outubro de 2009.

[84] Relatório da Presidência ao Conselho Europeu sobre o Serviço Europeu de Acção Externa – Doc. 14930/09, Bruxelas, de 23 de Outubro de 2009.

[85] V. Doc. 8029/10 + COR1 e doc. 8870/10.

[86] V. Texto aprovado – P7_ TA-Prov(2010) 0280 – Resolução legislativa do Parlamento Europeu, de 8 de Julho de 2010, sobre uma proposta de decisão do Conselho que estabelece a organização e o funcionamento do Serviço Europeu para a Acção Externa (08029/2010-C7-0090/2010-2010/0816(NLE) e Posição do Parlamento Europeu aprovada em primeira leitura em 8 de Julho de 2010 tendo em vista a aprovação da decisão do Conselho que estabelece a organização e o funcionamento do Serviço Europeu para a Acção Externa (http:/www.europarl.europa.eu/sides/getDoc.do?type=TA&reference=P7-TA--02080&language=PT) (Consultado em 7 de Outubro de 2010)

[87] V. Decisão do Conselho, de 26 de Julho de 2010, que estabelece a organização e o funcionamento do Serviço Europeu para a Acção Externa (2010/427/EU) in Jornal Oficial da União Europeia L 201, de 3 de Agosto de 2010, pp 30-40. Nos termos do n° 4 do artigo 13° da referida Decisão, esta entra em vigor na data da sua adopção. As disposições em matéria de gestão financeira e recrutamento produzem efeitos a partir da adopção das necessárias alterações ao Estatuto dos Funcionários das Comunidades Europeias, ao Regime Aplicável aos outros agentes das Comunidades Europeias e ao Regulamento Financeiro, bem como do orçamento rectificativo. A fim de assegurar que a transição se realize nas melhores condições, o Alto-Representante, o Secretariado-Geral do Conselho e a Comissão celebram convénios e consultam os Estados Membros.

O SEAE tem a natureza de órgão da União Europeia, com autonomia funcional, separado do Secretariado-Geral do Conselho e da Comissão, e tem a capacidade jurídica necessária para desempenhar as suas atribuições e alcançar os seus objectivos (artigo 1º nº 2). Tem sede em Bruxelas (artigo 1º nº 2).

O SEAE fica colocado sob a autoridade do Alto-Representante (artigo 1º nº 3) competindo-lhe apoiar este no desempenho dos seus diversos mandatos (artigo 2º nº 1). Assiste ainda o Presidente do Conselho Europeu, o Presidente da Comissão e a Comissão, no exercício das suas funções respectivas no domínio das relações externas (artigo 2º nº 2).

O SEAE apoia e trabalha em cooperação com os serviços diplomáticos dos Estados-Membros, e também com o Secretariado-Geral do Conselho e com os serviços da Comissão, por forma a assegurar a coerência entre os diferentes domínios da acção externa da União e entre estes e as suas outras políticas (v. artigo 3º).

O Alto Representante, como membro da Comissão que acaba por ser (sujeito a voto colegial de aprovação e a demissão colectiva em caso de aprovação de moção de censura, nos termos do artigo 17º nº 7, § 3º e nº 8 do TUE), está adstrito nos termos do artigo 36º do TUE, a consultar regularmente o Parlamento Europeu sobre os principais aspectos e as opções fundamentais da política externa e de segurança comum (PESC) e da política comum de segurança e defesa (PCSD) e informa-o sobre a evolução destas políticas. O Alto Representante vela por que as opiniões do Parlamento Europeu sejam devidamente tidas em conta. Os representantes especiais podem ser associados à informação do Parlamento Europeu. O Parlamento Europeu, por seu turno, pode dirigir perguntas ou apresentar recomendações ao Conselho e ao Alto Representante. Procederá duas vezes por ano a um debate sobre os progressos realizados na execução da PESC incluindo a política comum de segurança e defesa (v. artigo 36º do TUE).

Na Decisão do Conselho, o Parlamento Europeu surge referenciado apenas genericamente ao prever-se que o SEAE deve prestar apoio e cooperar com as demais instituições e órgãos da União, em particular o Parlamento Europeu (v. artigo 3º nº 4, considerando (6) e artigo 5º nº 7).

O SEAE é composto de uma administração central e das delegações da União junto de países terceiros e de organizações internacionais (artigo 1º nº 4).

A administração central abrange um Secretário-Geral Executivo que gere o SEAE e exerce as suas funções sob a autoridade do Alto-Representante, coadjuvado por dois Secretários-Gerais Adjuntos, sendo organizada em Direcções-Gerais e abrangendo outras unidades (v. artigo 4º).

As delegações da Comissão transformam-se em delegações da União com a entrada em vigor do Tratado de Lisboa.

Cada delegação da União, incluindo todo o seu pessoal, fica colocada sob a autoridade de um Chefe de Delegação que responde perante o Alto--Representante pela gestão global do trabalho da delegação e pela coordenação de todas as acções da União. O pessoal das delegações é constituído por pessoal do SEAE e, sempre que necessário para a execução do orçamento da União e das políticas da União que não se enquadram na esfera de competências do SEAE, por pessoal da Comissão (artigo 5º nº 2).

O Chefe de Delegação recebe instruções do Alto-Representante e do SEAE, e é responsável pela sua execução, podendo ainda receber instruções da Comissão nos domínios em que exerce as competências que lhe são conferidas pelos Tratados (artigo 5º nº 3).

O Alto-Representante celebra os convénios necessários com o país anfitrião, organização internacional ou país terceiro em causa. Em particular, toma as medidas necessárias para assegurar que os Estados anfitriões concedam às delegações da União, ao respectivo pessoal e aos respectivos bens, privilégios e imunidades equivalentes aos previstos na CVRD (v. artigo 5º nº 6).

O Chefe de Delegação fica habilitado a representar a União no país onde a delegação está acreditada, nomeadamente para efeitos de celebração de contratos e de representação em juízo (v. artigo 5º nº 8).

As delegações da União trabalham em estreita colaboração e partilham informações com os serviços diplomáticos dos Estados-Membros (v. artigo 5º nº 9). Apoiam, de acordo com o § 3º do artigo 35º do TUE, os Estados--Membros, a pedido destes, nas suas relações diplomáticas e no seu papel de prestação de protecção consular aos cidadãos da União nos países terceiros, numa base de neutralidade em termos de recursos (v. artigo 5º nº 10).

Como decorre claramente da Decisão sob análise, as Delegações da União não substituem as missões diplomáticas e representações permanentes dos Estados-Membros da União, sendo o problema da colaboração entre essas estruturas um dos principais aspectos importantes a analisar no futuro, já que se mantém a coexistência entre serviços novos ou renovados da União e serviços muito antigos dos Estados-Membros.

Também é de assinalar que as Delegações da União devem poder assumir a representação da Comunidade Europeia de Energia Atómica em países terceiros e em organizações internacionais, a fim de assegurar a coerência nas relações externas de ambas (v. Considerando (18)).

Outra questão complexa na criação deste SEAE tem a ver com o pessoal.

Nos termos do n° 3 do artigo 27° do TUE dispõe-se que o SEAE é constituído por funcionários e outros agentes da União Europeia, incluindo membros dos serviços diplomáticos dos Estados-Membros nomeados como agentes temporários. A este pessoal é a aplicável o Estatuto dos Funcionários das Comunidades Europeias («Estatuto») e o Regime aplicável aos outros agentes das Comunidades Europeias («ROA») incluindo as alterações neles introduzidas em conformidade com o artigo 336° do TFUE, para os adaptar às necessidades do SEAE. Se necessário, o SEAE pode, em casos específicos, recorrer a um número limitado de peritos nacionais destacados especializados, aos quais se aplica outro regime (v. artigo 6° n°s 1, 2 e 3).

Para o efeito, serão transferidos, com efeitos a partir de 1 de Janeiro de 2011, para o SEAE os serviços e funções relevantes do Secretariado-Geral do Conselho e da Comissão, assim como os funcionários e agentes temporários que ocupem um lugar nesses serviços ou funções (v. artigo 7° e Anexo). Antes de 1 de Julho de 2013, o SEAE recruta exclusivamente funcionários provenientes do Secretariado-Geral do Conselho e da Comissão, assim como pessoal proveniente dos serviços diplomáticos dos Estados-Membros. Após essa data, todos os funcionários e outros agentes da União Europeia deverão poder candidatar-se a lugares no SEAE (v. Considerando (11)).

Das regras detalhadas sobre o pessoal do SEAE, destacamos as seguintes:
— quanto às funções – exerce as sua funções e pauta a sua conduta tendo unicamente em vista os interesses da União, não solicitando nem aceitando, salvo as excepções previstas, instruções de nenhum Governo, autoridade, entidade ou pessoa exterior ao SEAE, nem de nenhum órgão ou pessoa que não o Alto Representante; não pode aceitar remunerações, de qualquer natureza, de qualquer entidade exterior ao SEAE (v. artigo 6° n° 4);
— quanto ao recrutamento – este baseia-se no mérito e visa assegurar um equilíbrio adequado, tanto geográfico como de género; deve contar com uma presença significativa de nacionais de todos os Estados-Membros de modo a representar pelo menos um terço do

pessoal do SEAE, a nível de funções de administrador, quando o SEAE tiver atingido a sua plena capacidade (v. artigo 6 n°s 6 e 9);
- igualdade de estatuto – os funcionários da União e os agentes temporários provenientes dos serviços diplomáticos dos Estados--Membros têm os mesmos direitos e deveres, e devem ser tratados em pé de igualdade, nomeadamente no que respeita à elegibilidade para assumir todos os cargos em condições equivalentes, não sendo ainda autorizada qualquer distinção quanto à atribuição de funções a desempenhar em todos os domínios das actividades e políticas implementadas pelo SEAE (v. artigo 6º nº 7);
- quanto ao procedimento de recrutamento – deve ser transparente, baseado no mérito, a fim de assegurar um efectivo com os mais elevados padrões de competência, eficiência e integridade, garantindo simultaneamente um equilíbrio tanto geográfico como entre homens e mulheres, e uma presença significativa de nacionais de todos os Estados-Membros (v. artigo 6º nº 8);
- quanto à mobilidade – o pessoal do SEAE deve ter um elevado grau de mobilidade, devendo, em princípio, exercer periodicamente funções nas delegações da União (v. artigo 6º nº 10);
- direito à imediata reintegração nos serviços dos Estados-Membros – os funcionários dos Estados-Membros que passaram a agentes temporários serão imediatamente reintegrados no final do período de serviço no SEAE que não pode exceder oito anos, salvo prorrogação por um período máximo de dois anos, em circunstâncias excepcionais e no interesse do serviço (v. artigo 6º nº 11);
- formação – deve ser ministrada ao pessoal do SEAE uma formação comum adequada, assente, nomeadamente, nas práticas e estruturas existentes ao nível nacional e da União (v. artigo 6º nº 12).

Em termos financeiros, a criação do SEAE deve reger-se pelo princípio da eficácia no que respeita aos custos, tendo em vista a neutralidade orçamental. Para o efeito, recorrer-se-á a disposições transitórias e ao progressivo reforço da sua capacidade, devendo evitar-se a duplicação desnecessária de tarefas, funções e recursos em relação a outras estruturas e devendo ainda aproveitar-se todas as oportunidades de racionalização. Será ainda necessário um número limitado de lugares suplementares para os agentes temporários dos Estados-Membros, que terá de ser financiado no âmbito do quadro financeiro plurianual em vigor (v. Considerando (15)).

Deverão ser estabelecidas regras aplicáveis às actividades do SEAE e do seu pessoal em matéria de segurança, de protecção das informações classificadas e de transparência (v. Considerando (16)).

O Protocolo relativo aos Privilégios e Imunidades da União é aplicável ao SEAE, aos seus funcionários e a outros agentes, que estarão sujeitos quer ao Estatuto, quer ao ROA (v. Considerando (17)).

Esta Decisão do Conselho da União Europeia reflecte um estádio já muito avançado na instituição do SEAE, mas não resolve dificuldades relativamente à coordenação interinstitucional, por um lado, e à coordenação entre as duas principais instituições europeias e as diplomacias nacionais que têm séculos de experiência acumulada, por outro lado.

A criação deste SEAE, independentemente das dificuldades de percurso, e da crise financeira e económica actual, representará seguramente um novo patamar na visibilidade externa da União Europeia.

BIBLIOGRAFIA

EM LÍNGUA PORTUGUESA

ANTÓNIO PEDRO BARBAS HOMEM, História das relações internacionais: o direito e as concepções políticas na Idade Moderna, Almedina, Coimbra, 2009
PAULO OTERO e PEDRO GONÇALVES, Tratado de Direito Administrativo Especial, vol. I, Almedina, Coimbra, 2009
MARIA REGINA MONGIARDIM, Diplomacia, Almedina, Coimbra, 2007
WLADIMIR DE BRITO, Direito Diplomático, 1ª edição, Colecção Biblioteca Diplomática do MNE – Série A, Ministério dos Negócios Estrangeiros, Instituto Diplomático, Portugal, 2007
DIOGO FREITAS DO AMARAL, Curso de Direito Administrativo, vol. I, 3ª ed., Almedina, 2006
MARCELO REBELO DE SOUSA e ANDRÉ SALGADO DE MATOS, Direito Administrativo Geral, Introdução e Princípios Fundamentais, Tomo I, 2ª edição, D. Quixote, 2006

MARGARIDA SALEMA D'OLIVEIRA MARTINS, Direito Diplomático e Consular (colectânea de convenções internacionais), Universidade Lusíada, Lisboa, 2006

PEDRO AIRES OLIVEIRA, Elites, O corpo diplomático e o regime autoritário (1926-1974), in Análise Social, vol. XLI (178), 2006

WLADIMIR DE BRITO, Direito Consular, Boletim da Faculdade de Direito, Stvdia Ivridica 77, Universidade de Coimbra, Coimbra Editora, 2004

NGUYEN QUOC DINH, PATRICK DAILLIER, ALAIN PELLET, Direito Internacional Público, 2ª edição, trad., Fundação Calouste Gulbenkian, Lisboa, 2003, p. 745-776

GUIDO FERNANDO SILVA SOARES, Órgãos dos Estados nas Relações Internacionais, Formas da Diplomacia e as Imunidades, Editora Forense, Rio de Janeiro, 2001

JOSÉ CALVET DE MAGALHÃES, Manual Diplomático, Direito Diplomático, Prática Diplomática, 4ª edição, Editorial Bizâncio, Lisboa, 2001

ANA FERNANDA NEVES, Relação Jurídica de Emprego Público, Coimbra Editora, Coimbra, 1999

IAN BROWNLIE, Princípios de Direito Internacional Público, trad., 1ª edição, Fundação Calouste Gulbenkian, Lisboa, 1997, p. 367 a 387

JORGE BORGES DE MACEDO, História Diplomática Portuguesa, Constantes e Linhas de Força, Tribuna em colab. IDN, 1988

PEDRO SOARES MARTINEZ, História Diplomática de Portugal, Ed. Verbo, Lisboa, 1986

JOÃO ALFAIA, Conceitos Fundamentais do Regime Jurídico do Funcionalismo Público, Almedina, Coimbra, 1985

LUÍS CRUCHO DE ALMEIDA, Diplomacia, in Polis, Enciclopédia Verbo da Sociedade e do Estado, vol. 2, 1982, págs. 271-275

EM LÍNGUA ESTRANGEIRA

JOHN QUIGLEY, WILLIAM J. ACEVES e S. ADELE SHANK, The law of consular access, Routledge, Londres, 2009

MANUEL DIEZ DE VELASCO, Instituciones de Derecho Internacional Público, 17ª edição, Tecnos, Madrid, 2009, p. 373-409

EILEEN DENZA, Diplomatic Law – Commentary on the Vienna Convention on Diplomatic Relations, 3ª edição, Oxford Univ. Press, Oxford, 2008

JEAN-PAUL PANCRACIO, Droit et institutions diplomatiques, Pedone, Paris, 2007

EDUARDO VILARIÑO PINTOS, Curso de Derecho Diplomático y Consular, Tecnos, Madrid, 2003

JEAN SALMON, Manuel de Droit Diplomatique, Editions Delta, Bruylant, Bruxelles, 1994

STANISLAW E. NAHLIK, Development of diplomatic law, Recueil des Cours/Académie de Droit International de La Haye, vol. 222 (1990)3, págs. 187-364

MAX SORENSEN, Manual de Derecho Internacional Público, Fora de Cultura Económica, México, 1ª edição, 1973, 3ª reimpressão, 1985

LUKE T. LEE, Vienna convention on consular relations, Sijthoff, Leyden, 1966

PHILIPPE CAHIER, Le Droit Diplomatique Contemporain, L'Institut Universitaire de Hautes Etudes Internationales, nº 40, Librairie Droz, Genebra, 1964

JOSÉ SEBASTIAN DE ERICE y O'SHEA, Derecho Diplomático, Tomo I, Instituto de Estudios Politicos, Madrid, 1954

M. CHARLES CALVO, Le Droit International Théorique et Pratique, précédé d'un exposé historique des progrès de la science du droit des gens, Paris, 1888

HOLTZEN-DORFF, Introduction du Droit Public contemporaine, Hamburgo, 1887

JURISPRUDÊNCIA
ALGUNS ACÓRDÃOS DO SUPREMO TRIBUNAL ADMINISTRATIVO[88]

Data	Proc.	Relator	Assunto
09-03-1978	10209	VALADAS PRETO	PESSOAL ASSALARIADO
08-05-1980	10116	SANTOS PATRÃO	CARREIRA DIPLOMÁTICA
11-05-1984	706	MIGUEL CAEIRO	IMUNIDADE JURISDICIONAL
18-12-1990	28912 A	ARTUR MAURICÍCIO	CARREIRA DIPLOMÁTICA
30-01-1991	2927	ROBERTO VALENTE	ESTADO ESTRANGEIRO
29-10-1991	28014	CRUZ RODRIGUES	CARREIRA DIPLOMÁTICA
19-12-1991	27860	MILLER SIMÕES	CONCURSO DE PROMOÇÃO
30-01-1992	26596	NETO PARRA	CONCURSO DE PROVIMENTO
23-06-1992	27324	ANTÓNIO SAMAGAIO	EMBAIXADOR
07-07-1992	28630	FERREIRA DE ALMEIDA	CARREIRA DIPLOMÁTICA
14-07-1992	28559	COSTA AIRES	ACTO ADMINISTRATIVO
24-09-1992	28976	PAYAN MARTINS	CONCURSO DE PROMOÇÃO
19-01-1993	27484	GUILHERME DA FONSECA	CARREIRA DIPLOMÁTICA
01-06-1993	28912	ARTUR MAURÍCIO	CARREIRA DIPLOMÁTICA
04-11-1993	27859	SAMPAIO DA NOVOA	CARREIRA DIPLOMÁTICA
21-12-1993	29000	ALCINO COSTA	RECURSO CONTENCIOSO
30-11-1994	28718	MILLER SIMÕES	ACTO ADMINISTRATIVO
02-03-1995	33643	NUNO SALGADO	ACTO ADMINISTRATIVO DEFINITIVO E EXECUT.
04-05-1995	28872	EDMUNDO DA SILVA	CARREIRA DIPLOMÁTICA
28-09-1995	36585	NUNO SALGADO	MINISTÉRIO DOS NEGÓCIOS ESTRANGEIROS
16-01-1997	33643	VITOR GOMES	CARREIRA DIPLOMÁTICA
04-02-1997	97A809	FERNANDO FABIÃO	ESTADO ESTRANGEIRO
14-10-1997	33458	PADRÃO GONÇALVES	CARREIRA DIPLOMÁTICA
03-03-1998	40407	FERNANDES CADILHA	PROCESSO DISCIPLINAR
18-11-1998	33239	RIBEIRO DA CUNHA	CARREIRA DIPLOMÁTICA
13-01-2000	36585	PAIS BORGES	CARREIRA DIPLOMÁTICA
05-07-2001	36585	VITOR GOMES	CARREIRA DIPLOMÁTICA
14-11-2001	39559	JORGE DE SOUSA	INTERPRETAÇÃO DO ACTO ADMINISTRATIVO
13-11-2002	01S2172	MÁRIO TORRES	ESTADO ESTRANGEIRO
26-11-2002	39559	ROSENDO JOSÉ	FUNDAMENTAÇÃO DO ACTO ADMINISTRATIVO
29-09-2005	01208/04	ANGELINA DOMINGUES	CARREIRA DIPLOMÁTICA
10-11-2005	0862/05	COSTA REIS	PROVIDÊNCIA CAUTELAR
18-02-2006	3279	MARIA LAURA LEONARDO	ESTADO ESTRANGEIRO
04-04-2006	01754/03	ISABEL JOVITA	INFRACÇÃO DISCIPLINAR
25-02-2009	0732/07	JOÃO BELCHIOR	SUSP. DE EFICÁCIA DO ACTO ADMINISTRATIVO

---

[88] V. www.dgsi.pt/jsta.nsf

DIREITO ADMINISTRATIVO DAS TELECOMUNICAÇÕES

Nuno Peres Alves

NOTA PRÉVIA

A regulação das comunicações electrónicas recorre a conceitos técnicos, muitas vezes traduzidos por acrónimos, cujo conhecimento é importante para uma aproximação rigorosa às normas que integram o direito administrativo deste sector. Alguns destes conceitos são acolhidos nas definições incluídas em diversos actos normativos, mas muitos outros apenas podem ser encontrados em glossários especializados. Para além dos glossários apresentados em algumas das obras mencionadas na bibliografia específica básica indicada na parte final do texto, pode consultar-se a base de dados de termos e definições do ETSI (*European Telecommunications Standards Institute*), criada no seguimento da reunião do Conselho, de Outubro de 2001, designada *TEDDI* (*Terms and Definition Database Interactive*), disponível em http://webapp.etsi.org/Teddi/, e que serviu de referência na elaboração do presente texto.[1]

---

[1] O ICP-ANACOM também disponibiliza um "Glossário de Comunicações electrónicas e serviços postais" (disponível em http://www.anacom.pt/render.jsp?categoryId=277980): Conforme se adverte nas Notas ao Glossário, "As definições apresentadas visam facilitar a percepção dos conceitos aos cidadãos em geral, pelo que se adoptou, sempre que possível, uma forma simplificada, não necessariamente coincidente com as terminologias técnica e legal, que, em rigor, prevalecem sobre estas".

1. NOÇÃO

1.1. Direito administrativo das telecomunicações como ramo especializado do direito administrativo da regulação

O direito administrativo das telecomunicações é o conjunto de normas que atribuem competências de regulação administrativa do sector das telecomunicações a uma autoridade administrativa reguladora.

Esta primeira indicação serve um duplo propósito. O primeiro é o de filiar o direito administrativo das telecomunicações no direito administrativo da regulação. O segundo é o de delimitar o objecto do presente texto.

A filiação no direito administrativo da regulação significa que a regulação administrativa das telecomunicações comunga dos aspectos fundamentais daquele ramo do direito administrativo, individualizando-se por referência à específica actividade regulada.[2]

No presente contexto importa apenas situar os principais aspectos deste *direito administrativo especializado*: o quadro constitucional, a natureza das normas de regulação, o modo como a regulação está organizada e as regras do seu funcionamento.

As telecomunicações são actualmente um sector da actividade económica aberto à iniciativa económica privada.

De acordo com a constituição económica portuguesa a iniciativa económica privada exerce-se nos quadros definidos pela lei (artigo 61.º, n.º 1 da Constituição).

Por outro lado, incumbe ao Estado assegurar e promover o funcionamento eficiente dos mercados de modo a garantir a equilibrada concorrência entre as empresas, a contrariar as formas de organização monopolistas e a reprimir os abusos de posição dominante e outras práticas lesivas do interesse geral (artigo 81.º, alínea e) da Constituição).

É neste quadro de tarefas estaduais que se encontra também a defesa dos direitos e interesses dos consumidores (consagrados no artigo

---

[2] O ponto de partida desta noção do Direito Administrativo das Telecomunicações é o estudo de PEDRO GONÇALVES sobre *Direito Administrativo da Regulação* publicado na obra deste Autor intitulada ***Regulação, Electricidade e Telecomunicações – Estudos de Direito Administrativo da Regulação***, CEDIPRE, Coimbra Editora, 2008. O texto segue de perto aquele estudo (cfr. principalmente pp. 13 a 25). O assunto foi retomado pelo Autor em ***Regulação administrativa e contrato***, in *Estudos em homenagem ao Prof. Doutor Sérvulo Correia*, volume II, Faculdade de Direito da Universidade de Lisboa, 2010, pp. 987 ss. (pp. 990-993, 997-1004).

60.º da Constituição), entendidos estes como instrumentos do bem-estar social.

Significa isto que a liberdade de iniciativa económica privada, no contexto da economia de mercado, não é uma liberdade sem lei, mas que é exercida num quadro de valores constitucionais que a conformam.

A intervenção estadual visa assegurar a realização destes valores, através de leis que definem o enquadramento do exercício da actividade económica e orientam o seu desenvolvimento.

A regulação enquanto responsabilidade pública traduz este novo modo de intervenção do Estado na economia: já não através da prestação directa (ou indirecta, através da técnica concessória) de serviços essenciais, originariamente organizados como monopólio público, mas mediante a definição de um quadro legal que determina os termos em que tais actividades económicas são desenvolvidas por empresas privadas.

Não se trata apenas de definir as condições em que uma actividade pode ser prosseguida, ou os termos do acesso a bens escassos ou oportunidades limitadas, mas também de subordinar o desenvolvimento dessas actividades económicas a limites impostos pela ordem constitucional de valores.

No "mundo europeu" o conceito de regulação – que caracteriza o chamado Estado Garantia – visa, pois, a *prossecução de interesses públicos*, indo para além da mera ordenação do mercado e da compatibilização dos interesses privados dos actores económicos.

Interessa sublinhar este aspecto: a regulação não visa apenas compor conflitos entre operadores económicos (através da edição de normas que os prevejam ou da prática de actos que os previnam ou resolvam), exercendo uma função de "terceira parte desinteressada" ou de árbitro.

A regulação visa sobretudo realizar interesses públicos, tornando-os actuantes no jogo da economia de mercado: o que explica que a regulação seja também a compatibilização desses interesses públicos com os interesses privados de cada operador económico.

O âmbito da regulação analisa-se em três planos:
i) Na definição das condições normativas de funcionamento das actividades reguladas;
ii) Na orientação do mercado objecto de regulação;
iii) Na concretização dessas regras e na fiscalização do seu cumprimento.[3]

---

[3] PEDRO GONÇALVES, *Regulação...*, p. 15.

O que a regulação tem de novo na definição das condições da actuação de entidades privadas não é tanto a edição de regras que conformam aspectos da realização de uma actividade, mas o propósito de ordenar o mercado, quer adoptando medidas que limitam as forças que nele actuam, quer impondo obrigações aos seus actores.

Um exemplo do sector das telecomunicações ilustra esta ideia: o espectro radioeléctrico é um bem do domínio público escasso. A definição dos termos da sua utilização individualizada bem se bastaria com as categorias clássicas do direito administrativo, recorrendo a técnicas conhecidas há décadas, em tempos em que a regulação era um tema desconhecido. As regras de harmonização do espectro existem há mais de um século e visavam exclusivamente assegurar o funcionamento das telecomunicações.

Assim configuradas, as normas que versam sobre a atribuição de licenças de espectro radioeléctrico não servem para justificar um direito administrativo da regulação das telecomunicações. Mas, como veremos, a gestão do espectro radioeléctrico está actualmente imbuída de preocupações que estão para além da pura observância de regras destinadas a garantir a atribuição de licenças mediante um procedimento concorrencial e transparente: promoção da concorrência e da oferta de novos serviços.

A orientação do mercado das telecomunicações está, pois, também presente no regime jurídico da gestão do espectro radioeléctrico, incluindo o acesso ao mesmo pelos operadores de telecomunicações.

A dimensão de orientação do mercado é, porém, mais visível nas intervenções destinadas ao designado "*market building*", precisamente porque a regulação europeia surge na sequência do desmantelamento do monopólio (público) na prestação dos serviços essenciais, geralmente associados a indústrias de rede suportadas em avultados investimentos públicos de construção das respectivas infra-estruturas (é o caso das telecomunicações, mas também da electricidade e dos transportes).

Nesta acepção, a regulação nasce com a liberalização destes sectores e com o desígnio político de promover um mercado concorrencial, visando substituir o monopólio público na prestação de serviços essenciais, não por um monopólio privado, mas pela concorrência entre vários operadores.

Reconhecendo que nas designadas indústrias de rede não é viável a entrada de novos operadores no mercado sem que esteja assegurado o acesso por estes à rede que suporta a prestação dos serviços, as primeiras intervenções normativas destinam-se a criar obrigações de dar acesso à rede. Esta intervenção baseia-se na designada doutrina das infra-estruturas essenciais, e cunha o princípio da rede aberta.

Como veremos adiante, a regulação actual das telecomunicações está muito para além desta marca de nascença. O exemplo paradigmático é fornecido pelo designado serviço móvel terrestre, que nasceu fora do paradigma tecnológico e jurídico que justificou as primeiras intervenções regulatórias estaduais assentes na rede fixa de telecomunicações, e nem por isso deixa de estar sujeito a uma regulação particularmente intensa.

Costuma distinguir-se a regulação económica da regulação social, afirmando-se que aquela se justifica em considerações de natureza primacialmente económicas, disciplinando a actuação das empresas na prossecução do seu escopo lucrativo, e que a regulação social se dirige a acautelar valores de ordem social, que igualmente integram o interesse público – as obrigações de serviço universal e as normas de protecção dos consumidores, a que adiante nos referiremos, fundam-se nestas preocupações.

O corpo legal da regulação do sector das telecomunicações inclui normas de regulação económica e normas de regulação social que têm por destinatária a autoridade pública reguladora (e outras entidades públicas), pelo que as mesmas estão incluídas no âmbito do direito administrativo das telecomunicações.

Por ora, importa salientar que a dimensão de orientação de mercado que temos vindo a abordar releva da regulação económica. É neste plano que se diz que a imposição de medidas regulatórias é, por natureza, transitória. A regulação económica visa a construção de um mercado efectivamente concorrencial, pelo que, uma vez atingido este objectivo, cessa a justificação das intervenções regulatórias de cariz económico, e reservam--se às regras gerais do direito da concorrência a regulação do mercado e a repressão de comportamentos anticoncorrenciais.

Veremos à frente que a imposição de obrigações *ex ante* só se justifica quando se verifica que um mercado não é efectivamente concorrencial e que as medidas típicas do direito da concorrência (como as relativas ao abuso de posição dominante) não são suficientes para resolver as falhas de mercado identificadas.

Por isso se afirma que a regulação geral dos mercados é feita através do direito da concorrência, que visa reprimir comportamentos ilícitos, através de intervenções *a posteriori* (imposição de obrigações *ex post*).[4] E que a regulação sectorial de um mercado implica um corpo específico de normas legais que disciplina a orientação desse mercado. O direito administrativo das telecomunicações, enquanto filho do direito administrativo da regulação, respeita à regulação do sector das telecomunicações. Ficam, por conseguinte, excluídas do seu âmbito as normas do direito da concorrência.

A nível normativo a regulação sectorial das telecomunicações é efectuada por duas vias: por normas que têm como destinatários directos os operadores do mercado, regulando as relações entre eles ou com os utilizadores e consumidores, e por normas que têm autoridades públicas como destinatárias directas, principalmente aquelas a quem é confiada a regulação do sector.

As normas directamente destinadas a vincular os operadores do mercado projectam-se na esfera do direito privado e, como tais, estão excluídas do direito administrativo das telecomunicações. São normas de origem pública (como as demais leis ou regulamentos emitidos ao abrigo de poderes públicos), mas que têm exclusivamente como destinatários os operadores do mercado, incorporando-se no direito privado. As normas dirigidas a entidades públicas, atribuindo-lhes poderes de regulação ou outros, são normas de direito público, e constituem o direito administrativo das telecomunicações.[5]

---

[4] O controlo de concentrações de empresas atribuído ao regulador geral da concorrência traduz-se numa intervenção prévia. Mas o que está em causa nestes procedimentos é a avaliação dos efeitos dessa transacção no mercado, nos termos gerais das regras aplicáveis à concentração de empresas, e não, em primeira linha, a orientação do mercado no sentido referido no texto (os "remédios" visam atenuar ou eliminar os efeitos nocivos para a concorrência que a concentração pode causar, e não criar ou disciplinar um mercado, como sucede na regulação sectorial). Não se ignora que a imposição de condições ou obrigações ("remédios"), pelo regulador da concorrência, pode, numa determinada perspectiva, ser considerada como um instrumento de *market building*. Esta questão foi uma das várias suscitadas pela intervenção da Autoridade da Concorrência no processo de concentração PT/Sonaecom (***Processo AC – I – 08/2006 – Sonaecom/PT***), podendo ver-se com interesse as considerações tecidas sobre o tema pela Autoridade da Concorrência e pelo ICP - ANACOM.

[5] Naturalmente que as normas de origem pública destinadas a regular as relações entre privados convocam poderes públicos, designadamente poderes dirigidos à fiscalização do seu cumprimento e à aplicação de sanções. Mas esta circunstância releva da estruturação própria do ordenamento jurídico e não de qualquer especialidade (que não existe) do direito da regulação.

Como se verá ao longo deste texto, a maior parte das normas de regulação do sector das telecomunicações implica a atribuição de poderes à autoridade reguladora para a concretização dessas regras legais.

Neste sentido, pode falar-se de uma *função administrativa de regulação*, que se reconduz "ao conceito tradicional de *função administrativa*".[6] Como escreve PEDRO GONÇALVES, "a regulação enquanto missão das entidades reguladoras constitui, por um lado, uma *actividade de prossecução de interesses públicos* (funcionamento equilibrado dos mercados, protecção e realização de direitos dos cidadãos) e, por outro lado, uma *tarefa heterodeterminada* (em sede político-legislativa)", deste modo se justificando que a função de regulação administrativa seja inserida nos quadros tradicionais ou clássicos da actividade administrativa.[7]

Pode tratar-se da atribuição de poderes de regulamentação, caso em que são as autoridades reguladoras (e não directamente a lei) a editar normas que vinculam directamente os operadores do mercado.[8]

Mas a face mais saliente e complexa da função administrativa de regulação do sector das telecomunicações encontra-se no poder atribuído à autoridade reguladora de adoptar decisões destinadas a modelar a actividade de um ou mais operadores determinados, que assumem, por conseguinte, a forma de acto administrativo. O exemplo paradigmático é a imposição de obrigações ex *ante* dirigidas a resolver falhas de mercado. Devido ao seu carácter modelador são também designadas sintomaticamente por obrigações regulamentares específicas.

Os poderes atribuídos às autoridades reguladoras incluem ainda o poder de supervisão e de fiscalização da actividade dos operadores, bem como poderes sancionatórios, com a finalidade de assegurar o cumprimento

---

[6] PEDRO GONÇALVES, *Regulação...*, pp. 23.

[7] *Ibidem*, p. 24.

[8] Por isso, como bem nota PEDRO GONÇALVES (*Regulação...*, p. 20), regulação normativa e regulação administrativa não são conceitos opostos. A regulação consiste, "num primeiro degrau", numa actividade de regulamentação, de produção normativa: estas regras tanto podem ser editadas pelo legislador (regulação legislativa) como pela administração (regulação administrativa). A regulação administrativa, como se vê, exprime-se, quer na emissão de normas (regulamentos), quer na prática de actos administrativos (de recorte variado), podendo ainda ser prosseguida através da celebração de contratos administrativos, quer ainda noutro tipo de intervenções (e que não se reconduzem às clássicas formas da actividade administrativa, como, por exemplo, a criação de observatórios públicos de tarifários praticados pelos operadores, ou a publicação de estudos sobre a qualidade dos serviços prestados pelos operadores).

por aqueles das normas (legais e administrativas) e das decisões que os vinculam.

Como se vê, está em causa a tarefa estadual de prossecução daqueles interesses públicos, através da concretização das normas legais que regulam o sector, ou seja o desempenho da função administrativa.

É o conjunto das normas que atribui esta gama de poderes às autoridades reguladoras, funcionalizados à regulação (económica e social) do sector das telecomunicações, e que indirectamente regulam a actividade dos operadores deste mercado, ou de entidades cuja esfera se relaciona com esta actividade, que constitui o direito administrativo das telecomunicações e que é objecto do presente texto.

1.2. TELECOMUNICAÇÕES E COMUNICAÇÕES ELECTRÓNICAS

Em rigor, o presente texto trata do direito administrativo das redes e serviços de comunicações electrónicas.

No conceito de comunicações electrónicas estão incluídas a telefonia vocal (a que, classicamente, se refere o conceito de telecomunicações), a transmissão de dados e a radiodifusão (televisiva e sonora).

Deste modo, são consideradas redes de comunicações electrónicas [artigo 3.º, alínea x) da Lei das Comunicações Electrónicas ("LCE") e artigo 2.º, alínea a) da Directiva 2002/21/CE – "directiva quadro"]:
- as redes de satélites;
- as redes terrestres fixas;
- as redes terrestres móveis;
- os sistemas de cabos de electricidade, na medida em que sejam utilizados para a transmissão de sinais;
- as redes de radiodifusão sonora ou televisiva;
- as redes de televisão por cabo.

O que há de comum a estas infra-estruturas é o envio de sinais que permite a transmissão de informação, independentemente do tipo de informação transmitida. Ou seja, não é relevante o carácter endereçado da transmissão de sinais, visto que o conceito abrange a difusão de sinais ao público em geral.

Nas comunicações endereçadas, como a expressão sugere, há um destinatário individualizado da informação transmitida – é o que sucede numa chamada telefónica, num SMS ou numa mensagem de correio electrónico.

Nas comunicações difundidas não há um destinatário individualizado da informação transmitida – um "programa de televisão" ou de "rádio" é difundido para o público em geral.

O conceito de telecomunicações corresponde, em rigor, apenas a comunicações (electrónicas) endereçadas.

A evolução tecnológica e do mercado determinou que os mesmos serviços pudessem ser prestados através de diversas redes e equipamentos – fenómeno que se traduz no conceito de "convergência". Esta circunstância, aliada às orientações políticas comunitárias constantes da chamada Agenda de Lisboa, determinou a existência de uma regulação comum a todas as infra-estruturas que permitem a transmissão de sinais, endereçada ou não.

Daí que a regulação das telecomunicações tenha evoluído para a regulação das comunicações electrónicas. Como se afirma no Considerando 5 da Directiva 2020/21/CE, a "convergência dos sectores das telecomunicações, meios de comunicação social e tecnologias de informação implica que todas as redes e serviços de transmissão sejam abrangidos por um único quadro regulamentar".

Porém, a palavra "telecomunicações", com esta abrangência, continua a ser utilizada na indústria e na linguagem comum, incluindo nos meios do sector. Por se tratar do termo mais vulgarizado, à semelhança de parte da doutrina nacional e comunitária, é também utilizada no presente texto, apesar de os principais actos normativos usarem sempre o termo "comunicações electrónicas".[9] - [10]

1.3. A SEPARAÇÃO DA REGULAÇÃO DA TRANSMISSÃO DA REGULAÇÃO DOS CONTEÚDOS

Como vimos, a regulação das comunicações electrónicas abrange todas as redes e serviços de transmissão de sinais electrónicos.

---

[9] Os títulos das obras citadas ou mencionadas neste texto ilustram a opção da doutrina por um dos dois termos; em comum, estas obras referem a natureza equiparada dos termos quando se referem à análise do quadro regulamentar.

[10] Os termos *telecomunicações* e *comunicações electrónicas* são usados no presente texto como sinónimos, salvo quando o contrário resulte do mesmo (como sucede, naturalmente, quando são mencionados os antecedentes do actual quadro regulatório).

Porém, o conteúdo da informação transmitida através dessas redes e serviços está excluído do âmbito da regulação das comunicações electrónicas. A separação da regulação da transmissão da regulação dos conteúdos é um princípio estruturante do actual quadro regulamentar das comunicações electrónicas (Considerandos 5 a 7 da directiva quadro).

Por conseguinte, a regulação dos conteúdos radiodifundidos (programas de televisão, programas de rádio), consta de outros actos normativos e não é objecto do direito administrativo das telecomunicações (artigo 2.º, n.º 1, alínea b) e n.º 3 da LCE, e artigo 1.º, n.º 3 da directiva quadro). O mesmo sucede com os designados serviços da sociedade da informação (artigo 2.º, n.º 1, alínea a) da LCE, e artigo 1.º, n.º 2 da directiva quadro).

A regulação dos meios de comunicação social, veiculados ou não através de redes e serviços de comunicações electrónicas, consta da Lei da Televisão, da Lei da Rádio e da Lei de Imprensa. Existem intensas relações entre a disciplina do acesso a estas actividades e a regulação das comunicações electrónicas, na medida em que a prestação de serviços de conteúdos pode implicar o interesse ou a necessidade de uma mesma empresa ser titular de direitos de utilização de radiofrequências.

E, nesta medida, a regulação das comunicações electrónicas – designadamente nos aspectos incluídos no seu âmbito, como os das redes e serviços de radiodifusão televisiva e sonora – é impregnada dos bens e valores prosseguidos pela regulação da comunicação social e não pode ser alheia aos mesmos. Neste sentido, afirma-se na parte final do Considerando 5 da Directiva 2002/21/CE que "a separação entre a regulamentação da transmissão e a regulamentação dos conteúdos não impede que sejam tomadas em conta as ligações existentes entre elas, em especial para garantir o pluralismo dos meios de comunicação, a diversidade cultural e a protecção dos consumidores".[11]

1.4. OS SERVIÇOS DA SOCIEDADE DA INFORMAÇÃO

As redes e serviços de comunicações electrónicas permitem a prestação de inúmeros serviços, e são estes últimos que são a face visível, para as pessoas e empresas, do "mundo das telecomunicações". Através

---

[11] Uma manifestação desta ligação encontra-se no Considerando 68 da Directiva 2009/140/CE, do Parlamento Europeu e do Conselho, de 25 de Novembro de 2009.

da Internet, realizam-se investimentos em produtos financeiros, compra--se um livro, encomendam-se bens alimentares, consulta-se um guia de restaurantes e de actividades de lazer, etc. Celebram-se contratos através de correio electrónico e recebem-se SMS com jogos ou promoções a bens e serviços. E através de uma chamada telefónica também se adquirem livros, participam-se sinistros às seguradoras ou são dadas ordens para a realização de operações financeiras.

São exemplos dos chamados serviços da sociedade da informação. A necessidade de traçar a fronteira da regulação destes serviços com a regulação das comunicações electrónicas é pois evidente.

O critério legal é ainda o mesmo que acima mencionámos. Na medida em que esses serviços "não consistam total ou principalmente no envio de sinais através de redes de comunicações electrónicas" (artigos 2.º, n.º 1, alínea a) da LCE e 1.º, n.º 2 da directiva quadro), caem fora do âmbito de regulação das comunicações electrónicas.

A noção legal de serviços da sociedade da informação encontra-se no Decreto-Lei n.º 7/2004, de 7 de Janeiro, que transpõe a Directiva 2000/31/CE, do Parlamento Europeu e do Conselho, de 8 de Junho de 2000, relativa a certos aspectos legais dos serviços da sociedade da informação, em especial do comércio electrónico, no mercado interno ("Directiva sobre comércio electrónico"). [12]

---

[12] Apesar da respectiva designação, a Directiva 2000/31/CE, bem como o Decreto-Lei n.º 7/2004, regulam matérias mais vastas do que o comércio electrónico. A regulação comunitária dos serviços da sociedade da informação funda-se na necessidade de harmonizar as regulamentações nacionais aplicáveis a estes serviços, conforme decorre da Directiva 98/48/CE, do Parlamento Europeu e do Conselho, de 20 de Julho de 1998, que altera a Directiva 98/34/CE, do Parlamento Europeu e do Conselho, de 22 de Junho de 1998, relativa a um procedimento de informação no domínio das normas e regulamentação técnicas. É este, aliás, o alcance da Directiva 98/34/CE – o de submeter a um procedimento de informação o estabelecimento de regras relativas à prestação de serviços da sociedade da informação.

A natureza transnacional destes serviços, assente na circunstância de serem prestados através de redes e serviços de comunicações electrónicas, sobretudo através da Internet, reforçou a necessidade de estabelecer a sua regulação harmonizada nos Estados membros, de modo a remover os obstáculos à realização do mercado interno: este é o propósito da Directiva 2000/31/CE. Com efeito, é muito vasto o domínio das actividades económicas que são prestadas através de redes e serviços de comunicações electrónicas, ou que são exercidas também através da utilização destas redes e serviços. A contratação electrónica (isto é, a celebração de contratos exclusivamente por via electrónica) é, por natureza, a área em que se impõem os imperativos da regulamentação harmonizada. Mas esta directiva contém muitas disposições que são aplicáveis a todos os serviços da sociedade

De acordo com o disposto no n.º 1 do artigo 3.º do Decreto-Lei n.º 7/2004, "entende-se por "serviço da sociedade da informação" qualquer serviço prestado à distância por via electrónica, mediante remuneração ou pelo menos no âmbito de actividade económica na sequência de pedido individual do destinatário". [13]

Os designados serviços de audiotexto, bem como os serviços de valor acrescentado baseados no envio de mensagens (através de SMS – S*hort Message Service* e MMS – M*ultimedia Messaging Service*), cujo regime consta do Decreto-Lei n.º 177/99, de 21 Maio, alterado pelo Decreto-Lei n.º 63/2009, de 10 de Março, são serviços da sociedade da informação e não serviços de comunicações electrónicas. [14]

A linha de fronteira encontra-se na circunstância de os serviços serem prestados com base nos serviços e redes de operadores de comunicações electrónicas (por isso designados no diploma por "prestadores de serviços de suporte"), os quais não são responsáveis pelos conteúdos transmitidos. [15]

---

da informação por ela abrangidos, e não apenas ao comércio electrónico. Entre outras, destacam-se, a regra da não sujeição a autorização prévia do exercício ou prossecução da actividade de prestador de serviços da sociedade da informação (com excepção dos casos previstos na directiva), a enumeração das informações gerais que obrigatoriamente devem ser facultadas aos destinatários pelos prestadores de serviços, o estabelecimento dos requisitos a que devem obedecer as comunicações comerciais (ou seja, a publicidade feita através de serviços e redes de comunicações electrónicas), os termos em que deverão ser estabelecidos códigos de conduta e o respectivo âmbito, e, finalmente, a prescrição das condições a observar nos mecanismos de resolução de litígios originados entre o prestador de serviço e o destinatário do mesmo.

[13] Este diploma desenvolve a definição constante do Decreto-Lei n.º 58/2000, de 18 de Abril, que procede à transposição da referida Directiva 1998/34/CE, alterada pela Directiva 1998/48/CE, tendo um âmbito de regulação muito semelhante a estes actos comunitários. A definição de "serviços da sociedade da informação" constante do diploma nacional e da Directiva 1998/48/CE serve apenas o propósito de delimitar o âmbito de aplicação da disciplina neles instituída: a obrigação de notificar a Comissão Europeia e outros organismos europeus sobre a elaboração de regras aplicáveis a especificações técnicas e a vários aspectos da prestação de serviços da sociedade da informação, nos termos e condições neles previstos.

[14] Contudo o diploma atribui ao ICP – ANACOM a competência para proceder ao registo dos prestadores destes serviços, atribuir-lhe recursos de numeração e fiscalizar a respectiva actividade.

[15] Cfr. considerando 13 da Directiva 2009/136/CE, do Parlamento Europeu e do Conselho, de 25 de Novembro.

2. FONTES

A criação de um mercado concorrencial no sector das telecomunicações resulta de um impulso das instituições da União Europeia (originalmente da Comunidade Europeia), que determinaram a liberalização do sector e editaram normas visando uma regulamentação harmonizada das condições necessárias para, num primeiro momento, viabilizar a entrada de novos operadores no mercado, e, num segundo momento, assegurar a concorrência efectiva e a sujeição dos operadores a normas comuns, sempre com o propósito último da construção do mercado único.

O sistema de regulação das comunicações electrónicas tem origem europeia e as normas nacionais de regulação são, em larga medida, determinadas por normas europeias. Em alguns aspectos, as normas de direito europeu regulam directamente o sector (caso dos regulamentos comunitários).

Por conseguinte, consideramos em primeiro lugar as fontes de direito europeu e seguidamente as fontes de direito nacional, mencionando os principais actos normativos onde se encontram as normas que regulam o sector. Terminamos com uma brevíssima menção às principais fontes de direito internacional.

2.1. Fontes europeias

O actual quadro regulamentar europeu encontra-se fundamentalmente no designado "pacote regulamentar de 2002", revisto em 2009, constituído, principalmente, por uma directiva quadro – a Directiva 2002/21/CE, do Parlamento Europeu e do Conselho, de 7 de Março de 2002 – e quatro "directivas específicas" (assim expressamente nomeadas pela directiva quadro), a saber: as Directivas 2002/19/CE, 2000/20/CE e 2002/22/CE, todas do Parlamento Europeu e do Conselho, também de 7 de Março de 2002, e a Directiva 2002/58/CE, do Parlamento Europeu e do Conselho, de 12 de Julho de 2002.

Para além destas e de outras directivas, devem ainda ser considerados os regulamentos da União Europeia (por exemplo, em matéria de *roaming* ou itinerância nas redes), bem como as decisões do Parlamento Europeu e do Conselho ou da Comissão Europeia, estas últimas particularmente importantes no domínio da gestão do espectro radioeléctrico.

Mas é o conjunto das directivas comunitárias que formam o chamado "pacote regulamentar" das comunicações electrónicas que assume maior relevância na sistematização das fontes europeias do direito administrativo (português) das telecomunicações. São elas:
   a) A **Directiva 2002/21/CE**, do Parlamento Europeu e do Conselho, de 7 de Março de 2002, relativa a um quadro regulamentar comum para as redes e serviços de comunicações electrónicas (**directiva quadro**).
   O **Regulamento (CE) n.º 7171/2007**, do Parlamento Europeu e do Conselho, de 27 de Junho de 2007, relativo à itinerância nas redes telefónicas móveis públicas, alterou a Directiva 2002/21/CE, aditando um n.º 5 ao seu artigo 1.º. A redacção desta disposição foi posteriormente alterada pelo artigo 2.º do **Regulamento (CE) n.º 544/2009**, do Parlamento Europeu e do Conselho, de 18 Junho de 2009, que altera aquele regulamento.
   A versão actual da directiva quadro resulta, quer desta alteração introduzida pelo Regulamento (CE) n.º 544/2009, quer das alterações introduzidas pelo artigo 1.º da Directiva 2009/140/CE (adiante mencionada).
   b) A **Directiva 2002/20/CE**, do Parlamento Europeu e do Conselho, de 7 de Março de 2002, relativa à autorização de redes e serviços de comunicações electrónicas (**directiva autorização**).
   A directiva autorização apenas foi alterada pelo artigo 3.º da Directiva 2009/140/CE (adiante mencionada), do qual resulta a sua versão actual.
   c) A **Directiva 2002/19/CE**, do Parlamento Europeu e do Conselho, de 7 de Março de 2002, relativa ao acesso e interligação de redes de comunicações electrónicas e recursos conexos (**directiva acesso**).
   Também a directiva acesso apenas foi alterada pelo artigo 2.º da Directiva 2009/140/CE (adiante mencionada), do qual resulta a sua versão actual.
   d) A **Directiva 2002/22/CE**, do Parlamento Europeu e do Conselho, de 7 de Março de 2002, relativa ao serviço universal e aos direitos dos utilizadores em matéria de redes e serviços de comunicações electrónicas (**directiva serviço universal**).
   A directiva serviço universal apenas foi alterada pelo artigo 1.º da Directiva 2009/136/CE (adiante mencionada), do qual resulta a sua versão actual.

e) A **Directiva 2002/58/CE**, do Parlamento Europeu e do Conselho, de 12 de Julho de 2002, relativa ao tratamento de dados pessoais e à protecção da privacidade no sector das comunicações electrónicas (**directiva relativa à privacidade e às comunicações electrónicas**).[16]

Esta directiva foi completada, no que se refere à conservação de dados para efeitos de investigação, de detecção e de repressão de crimes graves, pela Directiva 2006/24/CE, do Parlamento Europeu e do Conselho, de 15 de Março de 2006, relativa à conservação de dados gerados ou tratados no contexto da oferta de serviços de comunicações electrónicas publicamente disponíveis ou de redes de comunicações electrónicas. O artigo 11.º da Directiva 2006/24/CE altera a Directiva 2002/58/CE (aditando ao seu artigo 15.º um novo n.º 1-A).

A versão actual da directiva relativa à privacidade e às comunicações electrónicas resulta, quer desta alteração introduzida pela Directiva 2006/24/CE, quer das alterações introduzidas pelo artigo 2.º da Directiva 2009/136/CE (adiante mencionada).

Este conjunto de directivas, na sua versão original, resulta da revisão do quadro regulamentar desencadeada em 1999 (e por isso designada por "revisão de 1999"), e das orientações políticas constantes da chamada Agenda de Lisboa.[17]

Uma vez concluído o processo regulamentar de introdução de condições de concorrência efectiva e abolidos os direitos exclusivos, **o pacote de directivas de 2002** consubstancia um novo modelo de regulação, agora destinado a promover a concorrência.

---

[16] Esta directiva revoga a Directiva 97/66/CE, do Parlamento Europeu e do Conselho, de 15 de Dezembro de 1997, relativa à mesma matéria, incluída no conjunto das "directivas específicas" mencionado no considerando 5 da directiva quadro. A nova directiva visa adaptar a regulação do tratamento de dados pessoais e da protecção da privacidade ao novo paradigma da convergência.

[17] A Estratégia de Lisboa ou Agenda de Lisboa foi aprovada na reunião do Conselho Europeu, de Março de 2000, e assinalou como objectivo a criação de uma sociedade (e economia) baseada no conhecimento. O estabelecimento das infra-estruturas da sociedade da informação foi um dos principais pilares desta estratégia. Neste contexto, o Conselho Europeu "sublinhou a importância, para as empresas e cidadãos europeus, do acesso a uma infra-estrutura de comunicações de baixo preço e de grande qualidade e uma vasta gama de serviços", conforme se recorda no considerando 4 da directiva quadro.

Esta nova etapa é marcada (i) pelo objectivo de promover a concorrência, num cenário de convergência dos sectores de telecomunicações, meios de comunicação social e tecnologias de informação (em que idênticos serviços podem ser prestados através de diferentes redes e equipamentos), que recomenda a regulação uniforme de todas as infra-estruturas que permitem a transmissão de sinais, endereçada ou não, e (ii) visa também uma melhor harmonização das disposições nacionais. [18] - [19]

O quadro regulamentar foi alterado pela designada **Reforma de 2009**, que assenta no paradigma regulatório do pacote regulamentar de 2002, motivo pelo qual a reforma se traduz (também) na introdução de alterações às directivas aprovadas em 2002.

Esta reforma visa atribuir novos direitos aos consumidores, promover o acesso em banda larga à Internet, assegurar a independência das autoridades reguladoras nacionais e reforçar os mecanismos de uma aplicação uniforme das disposições do quadro regulamentar. [20]

---

[18] A justificação desenvolvida para a introdução do novo paradigma regulamentar encontra-se na comunicação apresentada pela Comissão, em 10 de Novembro de 1999, intitulada "Para um novo quadro das infra-estruturas de comunicações electrónicas e serviços conexos – Análise das comunicações – 1999" (COM 1999/539).

[19] Na sequência da revisão de 1999 foi ainda aprovada a Directiva 2002/77/CE, da Comissão, relativa à concorrência nos mercados de redes e serviços de comunicações electrónicas. Esta directiva, aprovada ao abrigo do artigo 86.º, n.º 3, do TCE (agora artigo 106.º, n.º 3, do TFUE), visou reforçar a plena liberalização e concorrência no sector, agora marcado pela convergência da regulação.

[20] O processo de revisão teve início no final de 2005, tendo em 2006 sido lançada pela Comissão uma consulta pública (motivo pelo qual, por vezes, a reforma de 2009 é também referida como a "revisão de 2006"). A revisão assenta no paradigma regulamentar aprovado em 2002 – cfr. o Documento de Trabalho da Comissão constante da Comunicação da Comissão, de 28.06.2006, sobre a "Revisão do quadro regulamentar comunitário das redes de comunicações electrónicas e serviços" – COM (2006) 334. O relatório da consulta e um resumo dos projectos de alteração, apresentados em 2007, encontra-se no «*Report on the outcome of the Review of the EU regulatory framework for electronic communications networks and services in accordance with Directive 2002/21/CE, and Summary of the 2007 Reform Proposals*» constante da Comunicação da Comissão de 13.11.2007 [COM (2007) 696 final].

A nova estratégia "Europa 2020", aprovada pelo Conselho Europeu, de 17 de Junho de 2010, inclui, como uma das sua iniciativas emblemáticas, a "Agenda Digital para a Europa" lançada pela Comissão, e que tem como objectivo a criação de um mercado único digital em 2015 (as conclusões do Conselho Europeu podem ser consultadas em www.consilium.europa.eu/uedocs/cms_data/docs/pressdata/en/ec/115346.pdf). A Agenda Digital

A reforma traduz-se nos seguintes actos:
a) **Directiva 2009/140/CE**, do Parlamento Europeu e do Conselho, de 25 de Novembro de 2009, que altera a Directiva 2002/21/CE (directiva quadro), a Directiva 2002/19/CE (directiva acesso) e a Directiva 2002/20/CE (directiva autorização). [21]
b) **Directiva 2009/136/CE**, do Parlamento Europeu e do Conselho, de 25 de Novembro de 2009, que altera a Directiva 2002/22/CE (directiva serviço universal), a Directiva 2002/58/CE (directiva relativa à privacidade e às comunicações electrónicas) e o Regulamento (CE) n.º 2006/2004, relativo à cooperação entre as autoridades nacionais responsáveis pela aplicação da legislação de defesa do consumidor.[22]

Estas Directivas devem ser transpostas para o direito nacional dos 27 Estados membros até 25 de Maio de 2011 (artigos 4.º da Directiva 2009/136/CE e 5.º da Directiva 2009/140/CE), devendo as disposições nacionais que transpõem a Directiva 2009/140/CE estar em vigor em 26 de Maio de 2011 (artigo 5.º desta Directiva).[23]

Conjuntamente com as Directivas 2009/136/CE e 2009/140/CE foi publicada uma «Declaração da Comissão sobre a neutralidade da Internet».[24] Esta declaração surge no contexto do complexo

---

considera já a revisão do quadro regulamentar das comunicações electrónicas de 2009, e assinala os próximos passos no sentido do reforço do mercado único das telecomunicações. Cfr. a Comunicação da Comissão de 26 de Agosto de 2010, intitulada "Uma agenda digital para a Europa" – COM (2010) 245.

[21] A Directiva 2009/140/CE é também conhecida por Directiva *"Better Regulation"*: trata-se da designação que foi dada ao respectivo projecto e que traduz a sua orientação principal – a de simplificar a regulação e diminuir a "carga regulatória".

O artigo 4.º da Directiva 2009/140/CE revoga o Regulamento (CE) n.º 2887/2000, do Parlamento Europeu e do Conselho, de 18 de Dezembro de 2000, relativo à oferta de acesso desagregado ao lacete local, por se considerar que este regulamento se tornou desnecessário, uma vez que todos os Estados membros já analisaram o mercado do acesso desagregado grossista aos lacetes e sub-lacetes metálicos tendo em vista a oferta de serviços de banda larga e vocais.

[22] A Directiva 2009/136/CE é também conhecida por Directiva *"Citizens' Rights"*: trata-se também da designação que foi dada ao respectivo projecto e que traduz a sua orientação principal.

[23] Salvo menção expressa em contrário, no presente texto todas as menções feitas a estas directivas são para as suas versões actualmente em vigor.

[24] JOUE L 337/61, de 18.12.2009.

processo de aprovação destas directivas, sobretudo desta última, e exprime a posição da Comissão sobre a abertura e neutralidade da Internet, incluindo a questão do «modo como as liberdades dos cidadãos europeus no contexto da Internet estão a ser garantidas».[25]

c) **Regulamento (CE) n.º 1211/2009,** do Parlamento Europeu e do Conselho, de 25 de Novembro de 2009, que cria o Organismo de Reguladores Europeus das Comunicações Electrónicas (ORECE) e o Gabinete.[26]

Posteriormente viria ainda a ser publicada a **Decisão 2009/978/UE,** da Comissão, de 16 de Dezembro de 2009, que altera a **Decisão 2002/622/CE,** a qual instituiu o Grupo para a Política do Espectro de Radiofrequências (RSPG).

Ainda que formalmente não integre o conjunto de actos que corporizam a reforma de 2009, mas com ela profundamente relacionada devido à revalorização regulatória da matéria dos equipamentos terminais, deve

---

[25] Saliente-se ainda que doze Estados membros apresentaram uma declaração relativa à Directiva *Citizens' Rights* (Directiva 2009/136/CE) no que se refere à alteração introduzida no artigo 5.º, n.º 3, da Directiva 2002/58/CE e ao seu alcance: *«(...) amended Article 5(3) is not intended to alter the existing requirement that such consent be exercised as a right to refuse the use of cookies or similar technologies used for legitimate purposes».* Cfr. en/09/st15/st15864-ad01.en09.pdf, disponível em http://register.consilium.europa.eu.

Para além de uma declaração de carácter geral apresentada pelos Países Baixos, catorze Estados membros, entre os quais Portugal, apresentaram uma declaração relativa à Directiva *Better Regulation* (Directiva 2009/140/CE), no que se refere à interpretação do artigo 19.º da Directiva 2002/21/CE (directiva quadro), de acordo com a sua nova redacção: *«These Member States therefore consider that the scope of the Commission's decision-making powers under Article 19 of the Framework Directive by reference to Articles 15 and 16 of the Framework Directive is limited to matters concerning market definition, assessment of significant market power and the effect of market analysis on whether obligations should be imposed or not on undertakings but does not extend to the choice and design of remedies under Articles 8 of the Access Directive or Article 17 of the Universal Service Directive».* Cfr. en/09/st15/st15864-ad01.en09.pdf, disponível em http://register.consilium.europa.eu.

Estas declarações poderão vir a pôr em causa a pretendida aplicação uniformizada do quadro regulamentar.

[26] Objecto de rectificação: JOUE, L 86/50, de 01.04.2010 (*«Em todo o texto do regulamento em vez de "Director-Geral", deve ler-se "Director Administrativo"»*). O regulamento entrou em vigor passados vinte dias sobre a sua publicação. A primeira reunião do ORECE, ou BEREC (na designação abreviada em língua inglesa), ocorreu em 28 de Janeiro de 2010.

ser mencionada a **Directiva 2008/63/CE**, da Comissão, de 20 de Junho de 2008, relativa à concorrência nos mercados de equipamentos terminais de telecomunicações.[27]

No âmbito da reforma deve ainda ser considerada a Recomendação 2007/879/CE – Recomendação da Comissão, de 17.12.2007, relativa aos mercados relevantes de produtos e serviços no sector das comunicações electrónicas susceptíveis de regulamentação *ex ante* em conformidade com a Directiva 2002/21/CE, do Parlamento Europeu e do Conselho, relativa a um quadro regulamentar comum para as redes e serviços de comunicações electrónicas ("Recomendação de 2007").[28] - [29]

Esta recomendação, que está prevista no artigo 15.º da directiva quadro, bem como as recomendações previstas no artigo 19.º da mesma directiva, constituem instrumentos da designada «*soft law*». Trata-se, no âmbito da regulação das comunicações electrónicas, de um poder atribuído à Comissão Europeia de complementar as directivas, não podendo alterá-las (cfr. artigo 19.º, n.º 4 da directiva). A directiva quadro estabelece que as

---

[27] A directiva revoga a Directiva 88/301/CEE, da Comissão, de 16 de Maio de 1988, relativa à concorrência nos mercados de terminais de telecomunicações. Neste contexto importa também ter presente a Directiva 1999/5/CE, do Parlamento Europeu e do Conselho, de 9 de Março de 1999, relativa aos equipamentos de rádio e equipamentos terminais de telecomunicações e ao reconhecimento mútuo da sua conformidade, ao abrigo da qual a Comissão publica os títulos e referências das normas harmonizadas – veja-se, por exemplo, a Comunicação da Comissão (2008/C 280/06), de 4.11.2008.

[28] A recomendação é acompanhada por um documento explicativo: «*Explanatory note: Accompanying document to the Commission Recommendation on Relevant Product and Service Markets within the electronic communications sector susceptible to ex ante regulation in accordance with Directive 2002/21/EC of the European Parliament and of the Council on a common regulatory framework for electronic communications networks and services*» [SEC(2007) 1483 Final].

[29] Esta recomendação, prevista nos documentos da revisão de 2006, substitui a Recomendação 2003/311/CE, da Comissão, de 11.02.2003, relativa aos mercados relevantes de produtos e serviços no sector das comunicações electrónicas susceptíveis de regulamentação *ex ante*, em conformidade com o disposto na Directiva 2002/21/CE do Parlamento Europeu e do Conselho relativa a um quadro regulamentar comum para as redes e serviços de comunicações electrónicas. Antes da Recomendação 2003/311/CE, da Comissão, haviam sido publicadas em 11.07.2002 as «Orientações da Comissão relativas à análise e avaliação de poder de mercado significativo no âmbito do quadro regulamentar comunitário para as redes e serviços de comunicações electrónicas» [2002/C 165/03].

autoridades reguladoras nacionais terão estas recomendações «*na máxima conta*».[30] - [31]

Consideremos agora de modo muito sumário o âmbito de aplicação de cada uma das cinco directivas.

A **directiva quadro** estabelece normas destinadas a assegurar a independência das autoridades reguladoras nacionais (artigo 3.º), assinala as funções que lhes deverão ser atribuídas e os objectivos que deverão prosseguir (artigo 8.º), bem como os poderes gerais de que deverão dispor (por exemplo, o poder de pedir informações aos operadores – artigo 5.º).

O segundo objectivo da directiva quadro é a definição dos procedimentos que as autoridades reguladoras nacionais devem observar na execução do disposto nas directivas específicas (em rigor: na execução do disposto nas normas nacionais adoptadas em conformidade com aquelas).

Deste modo, uma disposição da directiva quadro relativa a uma determinada matéria deve sempre ser aplicada em conjunto com as disposições da directiva específica que regulam a mesma matéria e vice-versa.

Este princípio, que se pode designar por *princípio da aplicação conjunta da directiva quadro e da directiva específica*, traduz as vinculações de *carácter geral* ou *específico* que a autoridade reguladora nacional deve observar no exercício das suas competências e que se encontrarão traduzidas na legislação dos respectivos Estados membros.

As vinculações de carácter geral encontram-se, em primeira linha, na directiva quadro. Podem tratar-se de vinculações de natureza *procedimental* (como a consulta dos interessados ou a aplicação dos mecanismos previstos nos artigos 7.º e 7.ºA da directiva quadro) ou *substantiva* (como o respeito pelo princípio da proporcionalidade).

---

[30] Saliente-se que na versão em língua inglesa da directiva quadro é sempre usada a expressão "*take the utmost account*". Na versão portuguesa, esta mesma expressão aparece traduzida por «*na máxima conta*» (artigo 15.º, n.º 3, na versão original e na redacção dada pela Directiva 2009/140/CE) ou por «*na melhor conta*», o que poderá inculcar erros de interpretação. O ponto essencial é que se tenha presente que a expressão deverá ser sempre a mesma, sendo que se afigura mais fiel o recurso à expressão «ter na máxima conta».

[31] PEDRO GONÇALVES, **Regulação...**, p. 199, referindo-se à recomendação e às orientações previstas no artigo 15.º da directiva quadro, na sua versão original, considera que, apesar de tal qualificação «*não aparecer assumida na legislação comunitária*», este documento contém «normas vinculativas», pelo que configura «*uma categoria particular de* regulamentos administrativos (comunitários)».

As vinculações de carácter específico encontram-se primacialmente nas directivas específicas, que contêm a disciplina que deve ser aplicada a uma determinada matéria (exemplos: conformação do conteúdo da obrigação de acesso e utilização de recursos de rede específicos que pode ser imposta aos operadores – artigo 12.º da directiva acesso; critérios a observar na limitação do número de direitos de utilização de radiofrequências – artigo 7.º da directiva autorização).

Este sistema visa assegurar a aplicação harmonizada do quadro regulamentar na União: este é o objectivo principal do sistema de regulação comunitário no que se refere à aplicação das normas regulatórias.

Não significa isto que o quadro regulamentar não considere os princípios gerais de direito administrativo comuns aos ordenamentos jurídicos dos Estados membros e que não os adopte expressamente (vejam-se, por exemplo, as mencionadas exigências relativas à participação dos interessados e à proporcionalidade das medidas adoptadas). Mas o estabelecimento daquelas vinculações constitui ainda um modo de assegurar uma aplicação harmonizada do quadro regulamentar em todos os Estados membros.

A **directiva autorização** visa harmonizar as condições de acesso ao mercado para oferta de serviços e redes de comunicações electrónicas, regulando o designado regime da autorização geral, bem como a atribuição de direitos de utilização.

A **directiva acesso** harmoniza a regulação do acesso e interligação das redes de comunicações electrónicas e recursos conexos. Esta directiva não regula o acesso por parte dos utilizadores finais, isto é, consumidores ou pessoas colectivas assinantes de serviços de comunicações electrónicas (artigo 1.º, n.º 2 da directiva), respeitando apenas ao acesso a redes e serviços de comunicações electrónicas por outros operadores de comunicações electrónicas. Neste contexto, regula o procedimento de análise de mercados.

A **directiva serviço universal** regula (i) o regime do serviço universal (artigos 3.º a 15.º), (ii) os casos (especiais) em que podem ser impostas obrigações *ex ante* nos mercados retalhistas (artigo 17.º) e (iii) e a tutela dos interesses e direitos dos utilizadores finais, prevendo novos direitos e a atribuição de poderes neste âmbito às autoridades reguladoras nacionais (artigos 20.º e seguintes).

A **directiva relativa à privacidade e às comunicações electrónicas** visa a harmonização das disposições dos direitos nacionais necessárias para garantir um nível equivalente de protecção dos direitos e liberdades fundamentais, nomeadamente o direito à privacidade e à confidencialidade, no que respeita ao tratamento de dados pessoais no sector das comunicações electrónicas, e para garantir a livre circulação desses dados e de equipamentos e serviços de comunicações electrónicas na União.

Recorde-se que esta directiva, no que se refere à conservação de dados para efeitos de investigação, de detecção e de repressão de crimes graves, foi complementada pela Directiva 2006/24/CE, do Parlamento Europeu e do Conselho, de 15 de Março de 2006.

2.2. Fontes internas

A principal fonte do direito administrativo das comunicações electrónicas é a **Lei das Comunicações Electrónicas**, aprovada pela Lei n.º 5/2004, de 10 de Fevereiro (também conhecida por *Regicom*).[32]

A Lei das Comunicações Electrónicas ("LCE") está estruturada em oito títulos, a saber:

Título I – Parte geral

Título II – Autoridade Reguladora Nacional e princípios de regulação

Título III – Oferta de redes e serviços de comunicações electrónicas
(Inclui um capítulo relativo ao regime da autorização geral, outro relativo a direitos de utilização e um outro relativo a regras de exploração com incidência na protecção dos direitos e interesses dos utilizadores e assinantes)

Título IV – Análise de mercados e controlos regulamentares
(Inclui um capítulo relativo ao procedimento de análise de mercado e de imposição de obrigações, outro relativo à definição e análise de mercado, um terceiro relativo ao acesso e interligação, e um quarto capítulo relativo ao controlo nos mercados retalhistas)

---

[32] A lei foi objecto da Declaração de Rectificação n.º 32-A/2004, de 10 de Abril, publicada no *Diário da República – I Série-A*, n.º 85, de 10 de Abril de 2004, e foi alterada pelos seguintes diplomas: Decreto-Lei n.º 176/2007, de 8 de Maio (altera os artigos 104.º, 113.º, 114.º e 116.º), Lei n.º 35/2008, de 28 de Julho (adita o artigo 121.º-A), Decreto-Lei n.º 123/2009, de 21 de Maio (cujo artigo 109.º revoga os nºs 5 a 7 do artigo 19.º e os nºs 5 a 7 do artigo 26.º), e Decreto-Lei n.º 258/2009, de 25 de Setembro (cujo artigo 3.º altera os artigos 13.º e 116.º).

Título V – Serviço Universal e serviços obrigatórios adicionais
Título VI – Televisão Digital e acesso condicional
Título VII – Taxas, supervisão e fiscalização
Título VIII – Disposições finais e transitórias

Trata-se, pois, do diploma fundamental da regulação das comunicações electrónicas, que procede a uma transposição coerente e sistematizada das Directivas 2002/19/CE, 2002/20/CE, 2002/21/CE, e 2002/22/CE, bem como da Directiva n.º 2002/77/CE. [33] É expectável que a transposição das Directivas 2009/136/CE e 2009/140/CE venha a determinar a introdução de várias alterações a este diploma. [34]

Por seu turno, o **Decreto-Lei n.º 309/2001, de 7 de Dezembro, aprova os Estatutos do ICP – Autoridade Nacional de Comunicações**, que, nos termos da Lei das Comunicações Electrónicas, é a autoridade reguladora nacional das comunicações electrónicas.

Como acima se disse, o legislador nacional optou por regular a matéria do tratamento de dados pessoais e de protecção da privacidade num diploma autónomo da lei geral das comunicações electrónicas.

Pelo que, a par desta lei, assume também um carácter fundamental na regulação do sector a **Lei n.º 41/2004**, de 18 de Agosto, que transpõe a Directiva 2002/58/CE, relativa ao tratamento de dados pessoais e à protecção da privacidade no sector das comunicações electrónicas. Também esta lei deverá sofrer alterações, por força da Directiva 2009/136/CE.

Em complemento à Lei das Comunicações Electrónicas importa ainda considerar os seguintes diplomas, com incidência na regulação do sector:

---

[33] Questão diversa é a da errada transposição das directivas, no que se refere às disposições transitórias relativas à designação do prestador do serviço universal (cfr. infra 3.2.3.2.).

[34] Neste momento não há conhecimento público dos trabalhos de preparação de alteração à lei. Mas sempre se dirá não se afigurar adequado que a transposição das mencionadas directivas se traduza na aprovação de uma nova lei das comunicações electrónicas. Tal inovação não se justifica, apesar das alterações a introduzir serem muito significativas e extensas. Acresce que o valor da estabilidade normativa recomenda que se mantenha a lei com a estrutura actual por todos conhecida, e que não é posta em causa pelas novas directivas. Deverá é a lei ser republicada, como aliás as regras da legística recomendam e impõe o artigo 6.º da Lei n.º 74/98, de 11 de Novembro, sobre a publicação, a identificação e o formulário dos diplomas, republicada em anexo à Lei n.º 42/2007, de 24 de Agosto.

a) **Decreto-Lei n.º 151-A/2000**, de 20 de Julho, alterado e republicado pelo Decreto-Lei n.º 264/2009, de 28 de Setembro, que estabelece o regime aplicável ao licenciamento de redes e estações de radiocomunicações e à fiscalização da instalação dessas instalações e da utilização do espectro radioeléctrico, bem como à partilha de infra-estruturas.
b) **Decreto-Lei n.º 11/2003**, de 18 de Janeiro, que regula a autorização municipal inerente à instalação e funcionamento das infra-estruturas de suporte de radiocomunicações e respectivos acessórios (definidas no Decreto-Lei n.º 151-A/2000, de 20 de Julho), e adopta mecanismos para fixação dos níveis de referência relativos à exposição da população a campos electromagnéticos (0 – 300 Ghz).
c) **Decreto-Lei n.º 123/2009**, de 21 de Maio, alterado e republicado pelo Decreto-Lei n.º 258/2009, de 25 de Setembro, que estabelece o regime aplicável à construção de infra-estruturas aptas ao alojamento de redes de comunicações electrónicas, à instalação de redes de comunicações electrónicas e à construção de infra-estruturas de telecomunicações em loteamentos, urbanizações, conjuntos de edifícios e edifícios.[35]
d) **Lei n.º 99/2009**, de 4 de Setembro, que aprova o regime quadro das contra-ordenações do sector das comunicações electrónicas. [36]

Merece ainda menção o **Decreto-Lei n.º 192/2000**, de 19 de Agosto, que estabelece o regime de livre circulação, colocação no mercado e colocação em serviço no território nacional dos equipamentos de rádio e equipamentos terminais de telecomunicações, bem como o regime da respectiva avaliação de conformidade e marcação.

Os **regulamentos** são uma outra fonte de direito administrativo que assumem, na regulação das comunicações electrónicas, uma importância especial.

---

[35] Este diploma revoga o Decreto-Lei n.º 59/2000, de 19 de Abril, que estabelecia o regime de instalação das infra-estruturas de telecomunicações em edifícios (conhecido por «diploma ITED»).

[36] Objecto da Declaração de Rectificação n.º 75/2009, de 12 de Outubro, publicada no *Diário da República, 1ª Série*, de 12 de Outubro de 2009. Esta lei ainda não é plenamente aplicável, como resulta do seu artigo 37.º.

Para além de regulamentos emitidos pelo Governo, destacam-se os regulamentos emitidos pelo ICP – ANACOM.[37] - [38]

O artigo 125.º da LCE atribui ao ICP – ANACOM uma competência regulamentar geral:

a) Atribui em geral o poder de emitir os regulamentos necessários à execução do disposto na LCE, isto é, à execução de todas as matérias reguladas nesta lei e não apenas para regulamentar as disposições da LCE expressamente mencionadas no n.º 1 do artigo 125.º;

b) Atribui em geral o poder de emitir os regulamentos que se «mostrem indispensáveis ao exercício das suas atribuições».

No primeiro caso, estamos perante a figura dos regulamentos de execução: normas de desenvolvimento de matérias reguladas, como maior ou menor extensão, na lei. A particularidade que interessa salientar é que o poder de editar regulamentos de execução não se funda exclusivamente, como é usual, numa habilitação específica conferida por uma determinada disposição legal, como é o caso das disposições referidas no n.º 1 do artigo 125.º da LCE (por exemplo, no artigo 21.º, n.º 1 desta lei atribuiu-se ao ICP – ANACOM o poder de definir os termos da comunicação prévia ao início da actividade que deve ser enviada ao regulador, estando os elementos principais desta comunicação já regulados na mesma disposição).

Verificando-se que uma disposição da LCE carece de ser desenvolvida ou complementada para poder ser aplicada incumbe, pois, ao ICP – ANACOM proceder à respectiva regulamentação, ao abrigo da competência que lhe é atribuída pelo disposto no n.º 1 do artigo 125.º da LCE. [39]

---

[37] O regulamento mais relevante emitido pelo Governo é o regulamento das taxas devidas ao ICP – ANACOM, aprovado pelo Ministro das Obras Públicas, Transportes e Comunicações, e que consta da Portaria n.º 1473-B/2008, de 17 de Dezembro (rectificada pela Declaração n.º 16-A/2009, de 13 de Fevereiro, e alterada pelas Portarias n.º 567/2009, de 27 de Maio, e n.º 1307/2009, de 19 de Outubro).

[38] Temos presente, naturalmente, os chamados regulamentos externos, que criam normas que têm por destinatárias as entidades reguladas (e não os serviços e funcionários ou agentes do ICP-ANACOM – neste caso, são regulamentos internos). A listagem completa dos regulamentos (externos) emitidos pelo ICP – ANACOM está disponível em http://www.anacom.pt/render.jsp?categoryId=324015.

[39] Como nota PEDRO GONÇALVES, *Regulação...*, p. 42, trata-se de deslocar da esfera do Governo o poder de regulamentar a lei.

No segundo caso – o de em geral emitir os regulamentos que se «mostrem indispensáveis ao exercício das suas atribuições» – estamos perante a figura dos regulamentos independentes. Através do disposto na parte final do n.º 1 do artigo 125.º da LCE (e do artigo 9.º, alínea a), segunda parte, dos Estatutos do ICP-ANACOM), é atribuída ao Regulador a competência para aprovar normas relativas a «*disciplina jurídica inicial ou primária*» de regulação do sector. [40]

A LCE não baliza de outro modo o âmbito deste poder regulamentar independente: este existe sempre que a emissão de normas seja indispensável para a prossecução das atribuições do ICP-ANACOM, definidas, em geral, no artigo 6.º dos seus Estatutos.

O artigo 11.º dos Estatutos do ICP – ANACOM contém disposições aplicáveis aos procedimento regulamentar:

a) Os respectivos projectos devem ser submetidos a audição prévia dos operadores de redes e serviços de comunicações electrónicas e às associações de defesa dos consumidores, por um período mínimo de 30 dias;

b) Estas entidades têm o direito de aceder a todos os comentários e sugestões que tiverem sido apresentadas;

c) No relatório preambular dos regulamentos devem ser fundamentadas as soluções adoptadas e deve ser feita menção aos contributos apresentados na fase de audiência prévia.[41]

Os regulamentos estão sujeitos a publicação na 2ª série do *Diário da República*, sob pena de ineficácia (artigo 11.º, n.º 6 dos Estatutos), e devem ainda ser disponibilizados na página electrónica *web* do ICP – ANACOM (artigos 11.º, n.º 6, e 55.º dos Estatutos).

---

[40] Sobre o poder regulamentar independente do ICP – ANACOM, as questões que este suscita e os respectivos limites, ver PEDRO GONÇALVES, **Regulação...**, pp. 38-42 e 225-230 (onde se colheu a expressão usada no texto).

[41] No n.º 2 do artigo 11º dos Estatutos prevê-se ainda que deve ser dado conhecimento do projecto de regulamento ao "ministro da tutela". Considerando que a lei atribui a competência regulamentar ao regulador (os regulamentos são aprovados pelo Conselho de Administração – artigo 26.º, alínea b) dos Estatutos), considerando que não se inclui no âmbito dos poderes de tutela o controlo da legalidade ou do mérito dos regulamentos (artigo 50.º dos Estatutos), considerando, por fim, que o Governo está impedido de se imiscuir no exercício das funções de regulação (por força do princípio da independência do regulador), não se vislumbra a utilidade desta diligência procedimental.

2.3. Princípios específicos do direito administrativo das telecomunicações

Para além dos princípios gerais da actividade administrativa, enunciados no artigo 267.º da Constituição e nos artigos 3.º a 12.º do Código do Procedimento Administrativo ("CPA"), a que o ICP – ANACOM está vinculado, é possível identificar cinco princípios específicos de regulação administrativa das telecomunicações, que decorrem de forma mais ou menos directa dos actos normativos europeus e internos acima mencionados:

a) **Princípio do exercício efectivo dos poderes de regulação e supervisão**

O dever de o ICP – ANACOM exercer os poderes de regulação e supervisão do sector, nos termos previstos na LCE e nos seus Estatutos, decorre directamente do princípio da legalidade.

Os poderes de actuação são conferidos por normas específicas, não bastando a invocação das normas dos Estatutos do ICP - ANACOM relativas às suas atribuições ou do artigo 5.º da LCE para se afirmar a existência de uma competência de regulação ou supervisão legitimadora da prática de um acto administrativo.

O princípio de legalidade postula, quando estão em causa poderes de autoridade, para além da enunciação genérica das atribuições da entidade administrativa, a existência de uma norma específica que preveja o exercício de um determinado poder em face de determinadas circunstâncias. Neste sentido estabelece-se na alínea d) do artigo 9.º dos Estatutos do ICP – ANACOM que este tem o poder de "aprovar os actos previstos na lei". Como escreve a este propósito Pedro Gonçalves, "no princípio da legalidade dos actos administrativos vai pressuposta uma dimensão substancial, conexa com a tipicidade, e não uma mera exigência de habilitação formal para agir por via autoritária".[42]

O ICP – ANACOM só pode exercer os poderes previstos na lei, mas deve exercer todos esses poderes.

Naturalmente que o dever de decisão não significa a exclusão da discricionariedade do Regulador, quando esta exista, ou seja, quando a norma

---

[42] PEDRO GONÇALVES, *Regulação...*, p. 44. Se bem interpretamos o pensamento deste Autor, esta dimensão do princípio da legalidade é acentuada justamente em face do fenómeno da «retracção do princípio da legalidade administrativa», que tem, no campo da regulação, uma projecção especial. Sobre o assunto e sobre os casos limitados em que o Autor identifica na LCE a destipicização do acto administrativo, cfr. *ob. cit.*, pp. 34 e ss. e 42 e ss.

de competência lhe confira esse poder de avaliar as circunstâncias em que deve actuar os poderes que lhe são conferidos pela mesma norma. Mas, nos casos em que a lei confira essa margem de discricionariedade, verificados pelo regulador os pressupostos que determinam a necessidade de actuação, nos termos gerais do princípio da legalidade, o regulador está vinculado a actuar os seus poderes, designadamente através dos instrumentos típicos do acto administrativo (caso em que se aplica a outra vertente do princípio da legalidade acima mencionado), do regulamento ou do contrato.

O dever de decisão está expressamente consagrado no artigo 9.º do CPA – mas este só refere os procedimentos de iniciativa particular e, pelas razões expostas, tal dever ocorre também nos casos em que a lei prevê procedimentos de iniciativa oficiosa (como, por exemplo, o dever de proceder a uma análise dos mercados identificados como relevantes ou de fazer cessar o incumprimento das condições associadas ao exercício da actividade ou aos direitos de utilização).

O que justifica a afirmação, em especial, de um princípio do exercício efectivo dos poderes de regulação e supervisão é a circunstância de toda a actividade dos regulados estar dependente das regras de regulação e da sua efectiva aplicação, sendo que a aplicação destas regras incumbe, em exclusivo e em primeira linha, ao regulador.

Por outras palavras: o quadro regulatório que norteia a actividade dos regulados não resulta apenas das normas legais mas também (e, pelo menos, com idêntico grau de intensidade) da actividade de aplicação dessas normas, da fiscalização do seu cumprimento e, em geral, de supervisão do sector. A segurança jurídica que classicamente se associa à lei escrita exige também, nos sectores regulados, a intervenção dos reguladores sempre que a lei o preveja.

Ao contrário do que sucede, em geral, nos quadros clássicos da actividade administrativa, a omissão de um acto (ou de um regulamento) devido não se projecta apenas na compressão (ou benefício) indevida da esfera do interessado. No âmbito de um sector regulado, tal omissão significará a manutenção de um desequilíbrio no mercado com repercussões directas na esfera de outros operadores: assim é porque no âmbito de um sector sujeito a uma elevada carga de regulação específica, como é o das comunicações electrónicas, quase todas as relações jurídico-administrativas são multipolares ou poligonais.[43]

---

[43] Referindo-se a uma "lógica complexa, de equilíbrios, de convergências e de interconexões de variado recorte entre interesses públicos e interesses privados, mas não

O princípio do exercício efectivo dos poderes manifesta-se também no dever de exercício tempestivo dos poderes: estes deverão ser actuados sempre que necessário, ou sempre que motivados por um requerimento, e num prazo adequado.

O n.º 3 do artigo 3.º da Directiva Quadro estabelece agora que as autoridades reguladoras nacionais devem exercer as suas competências "com tempestividade". Na ausência de uma disposição especial nos Estatutos do ICP – ANACOM e na LCE será aplicável, em regra, o prazo geral de 90 dias (susceptível de prorrogação) para a conclusão dos procedimentos administrativos estabelecido no artigo 58.º do CPA.[44]

b) Princípio da estabilidade regulatória ou da previsibilidade da regulação

De acordo com o disposto no artigo 124.º, n.º 1, alínea d) do CPA, sempre que a administração decida em sentido diverso do que fez em casos semelhantes anteriores deverá fundamentar as razões da alteração da sua posição.

A regra é a de que perante situações semelhantes a doutrina a aplicar pelo regulador deverá ser idêntica: trata-se de uma manifestação do princípio da igualdade de tratamento, mas que assume, no âmbito da regulação, uma outra dimensão específica.

Constituindo um dos objectivos da regulação a promoção do investimento em infra-estruturas, a definição de um quadro claro (legal mas tam-

---

deixando de acentuar que é o interesse público que orienta a actividade de regulação, PEDRO GONÇALVES (*Regulação...*, p. 66-67), colhendo sugestão em outro Autor, usa uma fórmula particularmente feliz – a da «realização do interesse público numa plataforma de "equilíbrio tripolar"».

[44] Considerando a natureza dos poderes exercidos pelo ICP – ANACOM, principalmente o seu impacto na actividade dos regulados, questiona-se se, pelo menos em todos os procedimentos que sejam susceptíveis de interferir de modo crítico nos planos de negócios dos operadores, não deveria ser estabelecido na LCE um prazo inferior, ou ser previsto um dever de fixação prévia, devidamente fundamentada, do prazo de conclusão do procedimento, em que aquela circunstância deveria ser obrigatoriamente ponderada. Na ausência desta disposição, mas considerando o impacto dos actos e das omissões do regulador, não será de excluir a hipótese de se considerar, com base numa apreciação concreta da situação, que juridicamente seria exigível a observância de um prazo inferior.

Note-se que, para efeito do disposto no n.º 3 do artigo 37.º do Código de Processo nos Tribunais Administrativos, o prazo relevante não é o prazo geral de conclusão do procedimento administrativo, mas o prazo considerado razoável para a prolação de uma decisão pela entidade administrativa competente.

bém administrativo) quanto às regras aplicáveis ao sector ou a uma área específica constitui uma condição essencial para a elaboração dos planos de investimento e sua concretização por parte dos regulados.

A estabilidade ou previsibilidade regulatória, entendida como a manutenção das regras legais e do quadro administrativo resultante da sua aplicação pelo regulador, não posterga a liberdade de o legislador alterar as regras legais aplicáveis ao sector nem a possibilidade de o regulador avaliar de modo diverso as circunstâncias que determinam a sua actuação, à luz da sua valoração actual do interesse público (cfr. artigo 20.º da LCE). Mas significa que o princípio da protecção da confiança (ínsito no princípio do Estado de Direito – artigo 2.º da Constituição) tem, no campo da regulação, uma operatividade mais intensa.[45] [46]

Uma manifestação do princípio encontra-se agora na alínea a) do n.º 5 do artigo 8.º da Directiva Quadro (aditado pela Directiva 2009/140/CE). Estabelece-se aí que na prossecução dos objectivos de regulação, as autoridades reguladoras nacionais devem promover "a previsibilidade da regulação, garantindo uma abordagem regulatória coerente ao longo de períodos adequados de revisão".

A previsibilidade da regulação tem ainda uma outra manifestação, relacionada com a transparência da actividade de regulação: o conhecimento prévio da agenda dos reguladores, por exemplo, através da publicitação dos seus planos anuais e, sempre que possível, dos seus planos para a regulação de uma determinada área ou matéria num horizonte de dois ou três anos, e os princípios que serão observados na regulação.

Apesar de se tratar de documentos prospectivos, assumem ainda relevância para os regulados, quer na perspectiva dos seus planos de inves-

---

[45] A ideia de estabilidade da regulação, associada ao conhecimento atempado das decisões do regulador que podem afectar decisões de investimento, é usualmente traduzida pelo conceito de "coerência regulatória" (que tem origem no vocábulo *"consistency"*). O mesmo conceito é usado numa outra dimensão: para salientar a necessidade de o quadro regulamentar ser aplicado de modo uniforme em todos os Estados membros – cfr. considerando 18 da Directiva 2009/140/CE.

[46] Uma alusão específica ao princípio da protecção da confiança encontra-se no considerando 40 da Directiva 2009/140/CE, do Parlamento Europeu e do Conselho, de 25 de Novembro de 2009. A propósito do "abuso regulatório" e das súbitas altrações ao quadro regulatório, e enfatizando que "a situação jurídica da empresa regulada assume um carácter *estatutário* e não contratual", afirma PEDRO GONÇALVES, **Regulação administrativa e contrato**, p. 1012, que a defesa dos direitos e interesses da empresa deve fazer-se nos termos gerais do accionamento da responsabilidade civil extracontratual do Estado.

timento, quer na perspectiva do próprio planeamento da sua actividade, designadamente no campo da regulação.

c) Princípio da neutralidade da regulação

O princípio da neutralidade da regulação significa, em geral, que as medidas de regulação a adoptar pelo regulador não devem ter em conta as características tecnológicas dos serviços mas, ao invés, o modo como os serviços de comunicações electrónicas são percepcionados pelos consumidores (cfr. artigo 8.º, n.º 1 da Directiva Quadro). Com efeito, a regulação é uma *regulação do mercado* e não uma regulação de tecnologias.[47]

O princípio é instrumental dos objectivos da promoção da concorrência e da inovação tecnológica (sendo que esta é um factor potenciador da primeira). Como se afirma no considerando 13 da Directiva 2009/136/CE, "as definições deverão ser ajustadas de forma a respeitarem o princípio da neutralidade tecnológica e a acompanharem a evolução tecnológica".

Como princípio orientador da regulação, e na sua vertente mais usual da "neutralidade tecnológica", o princípio encontra-se enunciado no n.º 8 do artigo 5.º da LCE em termos semelhantes ao estabelecido no segundo parágrafo do n.º 1 do artigo 8.º da Directiva Quadro (na sua versão inicial) e no seu considerando 18.

Neste contexto, o princípio significa que "a regulamentação deve ser tecnologicamente neutra, isto é, não imponha nem discrimine a favor da utilização de determinado tipo de tecnologia", o que não impede a adopção de medidas de promoção de serviços específicos "sempre que tal se justifique", dando-se o exemplo da promoção da televisão digital na medida em que esta aumenta a eficiência do espectro (cfr. considerando 18 da Directiva Quadro).

Com a Reforma de 2009, o princípio, que mantém na gestão do espectro o seu campo de aplicação predilecto, ganha maior operatividade e desdobra-se em duas dimensões: nas designadas "neutralidade tecnológica" e "neutralidade de serviços".

A **neutralidade tecnológica** significa que todos os tipos de tecnologia podem ser utilizados nas faixas de frequências do espectro radioeléctrico declaradas disponíveis para a prestação de serviços de comunicações electrónicas (artigo 9.º, n.º 3, da Directiva Quadro).

---

[47] Assim se afirma expressamente na p. 10 do Documento de Trabalho da Comissão constante da Comunicação da Comissão, de 28.06.2006, sobre a "Revisão do quadro regulamentar comunitário das redes de comunicações electrónicas e serviços" – COM (2006) 334.

A **neutralidade de serviços** significa que podem ser prestados todos os tipos de serviços de comunicações electrónicas nas faixas de frequências do espectro radioeléctrico declaradas disponíveis para a prestação de serviços de comunicações electrónicas (artigo 9.º, n.º 4, da Directiva Quadro).

As restrições aos tipos de tecnologias e a reserva do espectro para determinados serviços passam a constituir excepções, fundadas em razões técnicas associadas à utilização do espectro (por exemplo, para evitar "interferências prejudiciais") ou na protecção de objectivos de interesse geral (como a segurança da vida humana ou, no caso dos serviços, a promoção da coesão ou dos valores associados ao pluralismo dos meios de comunicação) – cfr. considerandos 35 e 36 da Directiva 2009/140/CE e o seu artigo 9.º, n.ºs 3, 4 e 5.

A neutralidade da regulação supõe, naturalmente, um quadro regulatório previamente definido: é na aplicação das regras legais e administrativas que o princípio tem a sua força operativa.

No caso da gestão do espectro, importa considerar, por exemplo, quer os acordos internacionais, incluindo os Regulamentos das Radiocomunicações da União Internacional das Telecomunicações (UIT), quer as medidas de harmonização da utilização de radiofrequências no espaço da União Europeia.

No que respeita aos recursos de numeração, deve ser considerado o Plano Nacional de Numeração (PNN), o qual, por sua vez, traduz regras resultantes de acordos internacionais e de actos da União Europeia.

d) Princípio da preferência da regulação geral sobre a regulação sectorial

De acordo com o considerando 27 da Directiva Quadro só pode ser imposta uma medida de regulação específica (uma obrigação *ex ante*) quando se conclua que as regras gerais do direito nacional e europeu da concorrência não serão aptas a suprir eventuais comportamentos lesivos da concorrência.

Trata-se da manifestação mais evidente do princípio da preferência da regulação geral sobre a regulação sectorial, tendo o seu campo de actuação de eleição nos procedimentos de análise dos mercados.

Mas o princípio, na sua enunciação mais genérica, tem uma função de legitimação do próprio estabelecimento, a nível normativo, de uma regulação específica para o sector das comunicações electrónicas.

A legitimidade da intervenção dos órgãos da União Europeia na edição de regras de regulação do sector, entre as quais se incluem as que prevêem a atribuição de poderes às autoridades reguladoras nacionais, funda-se naquele pressuposto da insuficiência das normas do direito da concorrência.

Um dos objectivos proclamados com a revisão de 2007 do quadro regulamentar europeu era o da diminuição da "carga regulatória", em especial a diminuição do número de mercados susceptíveis de regulamentação *ex ante*.[48] Como se verá adiante, a lista dos mercados identificados como relevantes para tal efeito apenas diminui de extensão pela eliminação de seis mercados retalhistas, tendo-se mantido na lista seis mercados grossistas anteriormente identificados.[49]

Por outro lado, note-se que a Reforma de 2009 é marcada por um significativo incremento da regulação social (protecção dos direitos e interesses dos cidadãos), o que encontra fundamento nas políticas públicas adoptadas nesta área, mais do que no plano da insuficiência das normas de direito da concorrência (que se aplicam ao domínio da regulação económica).

e) Princípio da prévia consulta dos interessados

O ICP – ANACOM está obrigado a submeter a prévia consulta dos interessados, por um prazo mínimo de vinte dias, todas as medidas que pretenda adoptar "com impacto significativo no mercado relevante" (artigo 8.º, n.º 1 da LCE e artigo 6.º da Directiva Quadro).[50]

O conceito de medida com impacto significativo no mercado relevante apela para a identificação de mercados operada ou a operar pelo ICP – ANACOM e supõe um juízo casuístico do regulador sobre as repercussões da medida nesse mercado.

Mas parece certo que o critério do recurso a este mecanismo deverá ser generoso, considerando todas as medidas que possam ter impacto no mercado das comunicações electrónicas na sua globalidade, e as suas re-

---

[48] A diminuição da extensão desta lista significaria, de acordo com algumas opiniões, o reconhecimento de um maior grau de concorrência no mercado e a perda de relevância dos operadores históricos.

[49] No mesmo sentido, cfr. SÉRGIO GONÇALVES DO CABO, *Regulação e concorrência no sector das comunicações electrónicas,* in *Regulação em Portugal: novos tempos, novo modelo?, Coord.* EDUARDO PAZ FERREIRA, LUÍS SILVA MORAIS, GONÇALO ANASTÁCIO, Almedina, Fevereiro, 2009, pp. 267-269.

[50] O prazo de vinte dias referido no artigo 8.º da LCE, sendo um prazo de natureza procedimental, conta-se nos termos do artigo 72.º do CPA (suspende-se nos Sábados, Domingos e feriados).

percussões na actividade dos operadores. Esta é a razão da imposição desta vinculação procedimental.

A lei não fornece o conceito de interessados para este efeito. Por interessados deve entender-se todos os operadores do sector (operadores de serviços ou de redes), e respectivas associações representativas, bem como os utilizadores finais (incluindo os consumidores) e as associações de defesa dos consumidores. Trata-se dos destinatários, directos ou indirectos, das medidas a adoptar, cuja participação no procedimento legitima a decisão final.[51]

A delimitação do universo dos interessados tem relevância, não por razões de notificação do projecto de medida a adoptar (visto que, nos termos do artigo 8.º da LCE, o projecto de medida deve ser publicitado e não está sujeito a notificação), mas porque a realização da consulta obriga o ICP – ANACOM a considerar expressamente todos os comentários recebidos e a tomar uma posição fundamentada sobre esses comentários. A obrigação de avaliação dos comentários não está prevista na LCE, mas corresponde a uma diligência procedimental essencial para assegurar uma efectiva audição dos interessados, que é o objectivo do mecanismo de consulta.

Esta vinculação procedimental aplica-se a todas as medidas com impacto significativo, e não apenas aos casos em que expressamente a LCE remete para o disposto no artigo 8.º (tal como sucede, por exemplo, nos procedimentos destinados a alterar direitos e obrigações dos operadores ou a limitar o número de direitos de utilização – cfr., respectivamente, os artigos 20.º, n.º 2, e 30.º, n.º 3, alínea a) da LCE).

O ICP – ANACOM está obrigado a publicitar os resultados da consulta pública, respeitando a natureza confidencial das informações ou observações que tenham sido oferecidas pelos interessados e, como tal, fundamentadamente consideradas (artigo 6.º da Directiva Quadro).

O mecanismo de consulta previsto no artigo 8.º da LCE não se confunde com a audiência dos interessados regulada nos artigos 100.º e ss. do CPA. Sempre que o ICP-ANACOM tencione adoptar uma medida que consubstancie um acto administrativo lesivo deve sujeitá-la a audição prévia dos interessados potencialmente lesados pelo acto, notificando-os para se pronunciarem.

---

[51] Sobre a questão dos mecanismos de legitimação das decisões das autoridades reguladoras, nos quais se inclui a transparência dos procedimentos, ver PEDRO GONÇALVES, *Regulação...*, p. 29-30.

A audição deve ser acompanhada do projecto de decisão a adoptar, podendo os interessados requerer a realização de diligências instrutórias complementares.

Este mecanismo distingue-se também do procedimento de consulta a que estão sujeitos os regulamentos do ICP – ANACOM, nos termos acima vistos. Ainda que muitas das medidas com impacto significativo no mercado relevante possam materialmente revestir natureza regulamentar, deve considerar-se que os actos para os quais a lei prevê a forma de regulamento devem seguir o regime estabelecido no artigo 11.º dos Estatutos do ICP – ANACOM (designadamente a sua sujeição a audição por um período mínimo de trinta dias úteis e a sua publicação na 2ª Série do *Diário da República*); os demais actos, estarão sujeitos ao procedimento de consulta previsto no artigo 8.º da LCE e, caso consubstanciem a prática de um acto administrativo, estarão também sujeitos à audição prévia prevista no CPA.

Finalmente, o mecanismo de consulta previsto no artigo 8.º da LCE distingue-se dos "processos de consulta pública e manifestação de interesse, nomeadamente no âmbito da introdução de novos serviços ou tecnologias" previstos em geral no artigo 6.º, n.º 1, alínea m) dos Estatutos do ICP – ANACOM.

Estes processos de auscultação pública são instrumentais da competência de regulação do mercado, e, por natureza, não se destinam à adopção de decisões mas, ao invés, à preparação de medidas a adoptar. Em consequência, não se colocam aqui as exigências do princípio da legalidade acima mencionadas.

No exercício de determinadas competências de regulação o ICP – ANACOM está ainda, em geral, obrigado a articular o exercício das suas competências com outras entidades administrativas em matérias que sejam comuns às respectivas atribuições (artigo 15.º dos Estatutos do ICP – ANACOM e artigo 7.º , n.º 1 da LCE). Em especial, deve o ICP – ANACOM articular-se com a Direcção-Geral do Consumidor e com a Autoridade da Concorrência (artigo 7.º, n.º 1 e 2, respectivamente, da LCE).

Quer esta articulação de exercício de competências, quer o parecer prévio obrigatório da Autoridade da Concorrência (artigo 7.º, n.º 3, da LCE), quer ainda a articulação com a Comissão Europeia no âmbito dos procedimentos de análise de mercado, respeitam a vinculações procedimentais no âmbito do sistema de repartição de atribuições entre entidades administrativas e, como tal, distinguem-se dos procedimentos de consulta dos interessados acima mencionados.

Saliente-se que a consulta pública (prevista no artigo 8.º da LCE) e a audição dos interessados, bem como a obtenção dos pareceres prévios, devem ter lugar antes da notificação do projecto de decisão à Comissão Europeia (quando esta tenha lugar nos termos dos artigos 7.º e 7.º-A da Directiva Quadro) – cfr. considerando 17 da Directiva 2009/140/CE.

Por deliberação de 12 de Fevereiro de 2004, o ICP – ANACOM aprovou as regras aplicáveis aos "procedimentos de consulta da Anacom".[52] Neste documento, o regulador sistematiza os diversos procedimentos de consulta e o modo como se articulam entre si, em termos análogos aos acima expostos. Interessa realçar que o ICP – ANACOM autovincula-se aí:
– a ponderar todos os contributos recebidos no âmbito das consultas lançadas nos termos do artigo 8.º da LCE, bem como a elaborar um relatório de consulta que menciona esses contributos;
– a observar os seguintes critérios de fixação de prazos dos diversos mecanismos de consulta (aplicáveis no respeito pelos prazos mínimos fixados na lei), que se afiguram correctos: (i) urgência da matéria a tratar; (ii) complexidade dos assuntos sobre os quais versa a consulta; (iii) existência de consultas anteriores sobre a mesma matéria ou com ela relacionadas; (iv) quantidade de respostas expectáveis para cada consulta; e (v) compatibilização com outros prazos legalmente fixados. [53]

2.4. FONTES INTERNACIONAIS (BREVE MENÇÃO)

No sistema das fontes do direito administrativo da regulação das comunicações electrónicas interessa ainda fazer uma referência às normas emanadas da União Internacional das Telecomunicações (UIT), relevantes, sobretudo, no plano técnico, e aos acordos celebrados no âmbito da Organização Mundial de Comércio (OMC), estes com maior projecção no plano regulatório (sobretudo no que respeita ao acesso e interligação das redes). [54]

---

[52] Disponível em http://www.anacom.pt/template12.jsp?categoryId=95282.

[53] O prazo concedido para os interessados apresentarem as suas observações deve ser "razoável" – artigo 6.º da Directiva Quadro.

[54] Para uma visão geral e introdutória sobre o tema (incluindo a relação entre estas duas instâncias entre si e com o quadro regulamentar europeu), ver, com abundantes referências doutrinais e jurisprudenciais, CHRISTIAN KOENIG & JENS-DANIEL BRAUN, *The International Regulatory Framework of EC Telecommunications Law: The Law of*

Justifica-se uma menção brevíssima a estas fontes porque, por um lado, as normas emanadas por estas instâncias, ou resultantes dos acordos internacionais celebrados, estão, directa ou indirectamente, incorporadas ou tidas em consideração expressa no pacote regulamentar europeu e na LCE; mas, por outro lado, porque a União Europeia não é membro da UIT, tendo o estatuto de observador, e porque Portugal está directa e autonomamente vinculado àquelas normas ou acordos.

Os principais instrumentos legais da UIT são a Constituição da União Internacional das Telecomunicações e a Convenção da União Internacional das Telecomunicações, ambas adoptadas em Genebra, em 22 de Dezembro de 1992, de que Portugal é parte.[55]

Outro importante instrumento da UIT, mencionado no artigo 4.º da Constituição da UIT, é constituído pelos regulamentos administrativos, que regulamentam a utilização das telecomunicações a nível internacional (no que se refere a questões como a gestão do espectro radioeléctrico e às posições geoestacionárias dos satélites, a normalização, os números e as tarifas): o Regulamento Internacional das Telecomunicações (ITR) e o Regulamento das Radiocomunicações. A UIT emite ainda recomendações e normas ("*standards*") que, não tendo natureza vinculativa, costumam ser seguidas pelos seus membros e demais entidades.

Os regulamentos administrativos e as normas da UIT são referidas no pacote regulamentar europeu e na LCE como regras de aplicação directa ou, subsidiária, no campo da normalização, na ausência de normas europeias.

No âmbito da Organização Mundial de Comércio, interessa fundamentalmente considerar três instrumentos.

O primeiro é o designado "*GATS Annex on Telecommunications*", que alarga ao sector das telecomunicações as obrigações assumidas no âmbito do GATT pelos Estados que tenham especificamente assumido obrigações naquele sector.

---

the WTO and the ITU as a Yardstick for EC Law, in *EC Competition and Telecommunications Law*, Second Edition, Edited by CHRISTIAN KOENIG, ANDREAS BARTOSCH, JENS-DANIEL BRAUN, MARION ROMES, Wolters Kluwer, 2009, p. 1 e ss.

[55] A Constituição e Convenção foram aprovadas pela Resolução da Assembleia da República n.º 10-A/95 e ratificadas pelo Decreto do Presidente da República n.º 27-A/95, ambos publicados no *Diário da República*, 1ª Série - A, n.º 44, 1º Suplemento, de 21.02.1995. A UIT é uma agência especializada da Organização das Nações Unidas, encarregada do sector das telecomunicações.

O segundo é o designado *"WTO Basic Agreement on Telecommmunications Services"* (junto com o Quarto Protocolo ao GATS), concluído em 15 de Fevereiro de 1997, entre 69 Estados, incluindo os então quinze Estados membros das Comunidades Europeias.

O terceiro é o *"Reference Paper"*, assinado pela maior parte dos Estados signatários do Quarto Protocolo (incluindo Portugal), que visa densificar as obrigações assumidas neste último acordo.

Um dos objectivos da revisão do quadro regulamentar europeu de 1999, que deu origem ao pacote regulamentar de 2002, foi o de traduzir as obrigações assumidas no âmbito da OMC, pelo que, também por via da transposição das directivas, Portugal incorporou na respectiva legislação as soluções decorrentes dos acordos mencionados.[56]

3. ANTECEDENTES DO QUADRO REGULATÓRIO ACTUAL

O quadro regulatório actualmente em vigor, constante das fontes europeias e internas acima mencionadas, resulta de uma evolução legal, económica e técnica, iniciada há cerca de um quarto de século, cuja história ilumina muitas das soluções do actual modelo de regulação e caracteriza o mercado a que este se dirige.

Respeitando a estrutura acima adoptada, e tendo em conta a proeminência do direito europeu na regulação do sector, analisam-se em primeiro lugar as principais etapas da evolução do então modelo comunitário e, seguidamente, do regime legal português. A este propósito são consideradas medidas legais e regulamentares cujos efeitos perduram actualmente no mercado nacional.

Trata-se, em qualquer dos planos, de uma abordagem que visa exclusivamente realçar os princípios de regulação que, por um lado, presidiram à construção do mercado das comunicações electrónicas e que, por outro, foram forjados ou desenvolvidos em reacção ao surgimento de novos operadores e de novos serviços, bem como à adaptação da regulação aplicável aos operadores históricos ao novo ambiente concorrencial.

---

[56] No considerando 29 da Directiva Quadro é referido que a "Comunidade e os Estados membros assumiram compromissos relativamente às normas e ao quadro regulamentar das redes e serviços de telecomunicações na Organização Mundial de Comércio".

3.1. Etapas da evolução do modelo de regulação europeu

3.1.1. A "Directiva Serviços"

Em 1987 a Comissão Europeia apresentou o célebre *Livro Verde relativo ao Desenvolvimento do Mercado Comum dos Serviços e Equipamentos de Telecomunicações*.[57] Neste documento a Comissão anuncia a estratégia para alcançar o objectivo final de estabelecer um mercado interno até final de 1992, também no sector das telecomunicações, enunciando os princípios programáticos, recomendações e propostas para operar uma transição gradual do monopólio público para a liberalização.[58] - [59]

A Comissão anuncia que prosseguirá esse objectivo recorrendo a duas abordagens: à adopção de directivas relativas à liberalização dos mercados, ao abrigo dos poderes atribuídos pelo artigo 106.º, n.º 3, do Tratado sobre o Funcionamento da União Europeia (que permite à Comissão adoptar directivas e decisões destinadas aos Estados membros visando a aplicação das normas de direito da concorrência no mercado interno), e de directivas

---

[57] COM (87) 290 final, de 30 de Junho de 1987 ("Livro Verde").

[58] As propostas da Comissão foram, em geral, aprovadas por Resolução do Conselho, de 30 de Junho de 1988 [(1988) OC C251/1].

[59] É geralmente considerado que o primeiro marco da aplicação das regras de concorrência ao sector das telecomunicações pelas instituições comunitárias é o Acórdão *British Telecommunications*, de 1985 (Acórdão do Tribunal de Justiça das Comunidades Europeias, de 20 de Março de 1985, *República Italiana c. Comissão*, processo n.º 41/83, Rec. 1985, p. 873). A relevância deste acórdão deve-se ao facto de a competência dos órgãos comunitários não abranger, de modo expresso, o sector das telecomunicações: neste cenário, o TJCE considerou o direito comunitário da concorrência plenamente aplicável ao sector das telecomunicações (ainda que organizado sob a forma de monopólio ou da atribuição de direitos especiais ou exclusivos); em decisões subsequentes, o TJCE considerou que a Comissão, nos termos do (então) artigo 86.º, n.º 3, do Tratado, dispunha de competência para emitir directivas visando a liberalização do sector. Sobre o tema cfr. JENS-DANIEL BRAUN & RALF CAPITO, *The Emergence of EC Telecommunications Law as a New Self-Standing Field within Community Law*, in CHRISTIAN KOENIG, ANDREAS BARTOSCH, JENS-DANIEL BRAUN, MARION ROMES (*Ed*), *EC Competition ...*, p. 42-45; e SÉRGIO GONÇALVES DO CABO, *Regulação...*, p. 227-228. Este último Autor (*ob. cit.*, p. 230) diz que esta jurisprudência do TJCE "teve um papel decisivo na legitimação jurídica do processo de abertura do mercado de telecomunicações por iniciativa da Comissão, num movimento que ultrapassou em muito o papel tradicional da Comissão enquanto órgão responsável pela aplicação do direito da concorrência."

destinadas a harmonizar as legislações dos Estados membros, de acordo com o mecanismo previsto no artigo 114.º do mesmo Tratado.[60]

A esta abordagem dupla – baseada nas normas de direito de concorrência e nos mecanismos de harmonização das legislações, ou seja, na emissão de directivas ao abrigo do artigo 106.º, n.º 3, ou do artigo 114.º do Tratado, respectivamente – chamou-se o "dualismo básico do direito europeu das telecomunicações". Não cabe na economia deste texto desenvolver este aspecto mas importa referi-lo para sublinhar que a regulação comunitária das telecomunicações tem a sua origem na aplicação das normas de direito da concorrência (artigo 86.º do Tratado), apesar de logo originariamente ser complementada por medidas aprovadas ao abrigo das normas relativas à harmonização das legislações.[61]

Ainda antes da publicação do Livro Verde, a Comissão já aprovara a primeira directiva relativa à concorrência nos mercados de terminais de telecomunicações – Directiva da Comissão 88/301/CEE, de 16 de Maio de 1988.[62]

Mas é no desenvolvimento da estratégia delineada no Livro Verde que surgem as directivas que irão cunhar o quadro regulamentar do sector,

---

[60] Os artigos 106.º e 114.º do Tratado sobre o Funcionamento da União Europeia (TFUE) correspondem, respectivamente, aos artigos 86.º e 95.º do Tratado que institui a Comunidade Europeia (TCE), na sequência das alterações (e redenominação do TCE) aprovadas pelo Tratado de Lisboa. Note-se que a redacção e a numeração dos artigos do TCE, na versão em vigor à data do Tratado de Lisboa, é resultado de várias alterações anteriormente introduzidas (por exemplo, os artigos 86.º e 95.º do TCE correspondiam, na versão do tratado em vigor à data das primeiras directivas citadas no texto (1990), respectivamente, aos artigos 90.º e 100.º-A).

[61] Este aspecto do "dualismo básico" é realçado e analisado por JENS-DANIEL BRAUN & RALF CAPITO, *The Emergence...*, p 42 e ss., que chamam, contudo, a atenção para a sobreposição destes dois tipos de intervenções. Salientando também a distinção entre os actos emitidos ao abrigo das normas de concorrência e de harmonização de legislações, ver SÉRGIO GONÇALVES DO CABO, *Regulação...*, pp. 230-233. A utilidade da distinção é criticada por PAUL NIHOUL, PETER RODFORD, *EU Electronic Communications Law - Competition and Regulation in the European Telecommunications Market*, Oxford University Press, 2004, p. 57 ss., em especial 62-95. Esta perspectiva de análise interessa sobretudo para a consideração crítica da jurisprudência do TJCE (agora TJUE) sobre os diversos actos comunitários referidos no texto – nos locais citados estes autores oferecem uma súmula desta análise.

[62] PEDRO GONÇALVES, *Direito das Telecomunicações*, n. 51, faz notar que esta directiva, se estabelece o reconhecimento mútuo e aprovação de equipamentos terminais, não procede a uma organização económico-jurídica do sector.

introduzindo princípios e conceitos que, na sua maior parte, actualmente permanecem operativos. [63]

Esta estratégia foi prosseguida através da aprovação da chamada **"Directiva Serviços"** – Directiva da Comissão, de 28 de Junho de 1990, relativa à concorrência nos mercados de serviços de telecomunicações (Directiva 90/388/CEE).

Tratou-se, num primeiro momento, de liberalizar a prestação de alguns *serviços*, determinando a abolição de todos os direitos exclusivos ou especiais no que respeitava à sua prestação, excepto no que se refere aos serviços de telefonia local (artigo 2.º, n.º 1 da Directiva Serviços).

Como se verá, nos termos desta directiva, os serviços vocais susceptíveis de serem prestados através de outras redes, como as redes de satélite e as redes móveis, permaneceram fechados à concorrência – o leque de serviços liberalizados foi sendo ampliado nos anos seguintes, através de directivas que foram alargando o âmbito de aplicação da Directiva Serviços.

Por outro lado, a linha estruturante desta directiva foi a da liberalização de serviços, mas não de *redes* de telecomunicações – em particular da então designada rede pública de telecomunicações: a rede que suportava a prestação dos principais serviços de telecomunicações, desde logo o serviço (nuclear) de telefonia vocal. Por este motivo designava-se esta rede por "rede básica de telecomunicações".

Com efeito, à data ainda não existia o consenso necessário para remover a ideia de que a infra-estrutura da rede de telecomunicações principal constituía um monopólio natural. Em consequência, a "reserva" dos serviços de telefonia vocal visava assegurar à entidade exploradora daquela rede as receitas necessárias para a manter e desenvolver. [64]

Esta é a marca da primeira fase de liberalização do sector.

A liberdade de empresa introduzida tem, pois, apenas por âmbito alguns dos outros serviços de telecomunicações que a evolução tecnológica havia mostrado haver interesse em oferecer. Estes serviços eram então designados por serviços de valor acrescentado.

---

[63] Para uma análise crítica da evolução regulamentar comunitária, ver PEDRO GONÇALVES, *Direito das Telecomunicações*, p. 37 e ss.

[64] Assim, IAN WALDEN, *European Union Communications Law*, in IAN WALDEN (*Ed*), *Telecommunications Law and Regulation*, Third Edition, Oxford University Press, 2009, p. 168.

Os serviços de valor acrescentado podem ser prestados por outros operadores, sendo lícito aos Estados membros sujeitar esta actividade a um procedimento de licenciamento, autorização ou comunicação, desde que tais procedimentos visem a satisfação de "condições essenciais" (artigo 2.º, n.º 2, da Directiva 90/388/CE), e sejam transparentes e não discriminatórios.

A liberalização, ainda que parcial, do sector justifica que na directiva tenha sido estabelecida a separação, no plano organizativo, entre as actividades de regulação (de certificação de equipamentos e afins) e a actividade de exploração comercial dos serviços (artigo 7.º da Directiva Serviços).

Por outro lado, a circunstância de ser mantido o monopólio na oferta de redes de telecomunicações, mas de ser liberalizada a prestação de serviços de valor acrescentado, determinou a adopção (no mesmo dia, mas ao abrigo do artigo 95.º do Tratado) da Directiva "Oferta de Rede Aberta" – Directiva 90/387/CEE, do Conselho, de 28 de Junho de 1990, relativa à realização do mercado interno dos serviços de telecomunicações mediante a oferta de uma rede aberta de telecomunicações.[65]

Esta directiva visa o estabelecimento de regras harmonizadas no que se refere ao direito de acesso às redes de telecomunicações (sobretudo à "rede básica"), bem como a alguns serviços, pelos novos prestadores de serviços. Trata-se de assegurar o acesso à rede de telecomunicações sem o qual não seria possível a prestação desses "serviços de valor acrescentado". Nascia, deste modo, **o princípio da rede aberta** que constitui o pilar fundamental do primeiro ciclo regulatório europeu. Adiante analisaremos a evolução do princípio.

O processo de liberalização prosseguiu através do alargamento do âmbito da Directiva Serviços, mediante a adopção das seguintes directivas:

a) A **Directiva 94/46/CEE** da Comissão, de 13 de Outubro de 1994, que altera as Directivas 88/301/CEE e 90/388/CEE, em especial no que diz respeito às comunicações por satélite: esta directiva visa a completa liberalização dos sectores dos serviços e dos equipamentos de satélite, incluindo a supressão de todos os direitos exclusivos

---

[65] Vulgarmente designada por *ONP (Open Network Provision) Directive*.

ou especiais nesta área, bem como o acesso livre (sem restrições) à capacidade do segmento espacial.[66]

b) A **Directiva 95/51/CEE** da Comissão, de 18 de Outubro de 1995, que altera a Directiva 90/388/CEE, relativa à supressão das restrições à utilização de redes de televisão por cabo para o fornecimento de serviços de telecomunicações já liberalizados.[67]

Na verdade, como se refere no considerando 2 desta directiva, permaneciam várias restrições de natureza regulamentar que proibiam a utilização de infra-estruturas alternativas para o fornecimento de serviços liberalizados e, em particular, restrições ao uso de redes de televisão por cabo, afectas exclusivamente ao fornecimento de serviços de radiodifusão.

Neste contexto, os potenciais prestadores de serviços deveriam basear as suas ofertas na capacidade de transmissão da rede de telecomunicações reservada ao operador público, através do aluguer de circuitos.

Esta situação causava "estrangulamentos no mercado" (porque o operador da rede básica concorria, em muitos casos, com os prestadores privados na prestação dos serviços liberalizados), e prejudicava a inovação tecnológica, dada a limitada disponibilidade da "rede básica", impedindo o desenvolvimento de novos serviços e, "em particular, de novas aplicações como o pagamento por visualização, a televisão interactiva e o vídeo sob pedido, bem como serviços multimédia na Comunidade" (considerando 7 da citada Directiva).[68]

---

[66] O contexto da aprovação desta directiva é importante: no final da década de oitenta e no início da década de 90 do século passado, a instalação de redes de satélites e a prestação de serviços através dessas redes apresentavam-se como campo de eleição para o aparecimento de novos operadores e fornecimento de serviços de comunicações para além da telefonia vocal ou suportados na rede básica, como decorre do Livro Verde. Como é sabido, a importância das redes de satélites não diminuiu de modo algum (para além da difusão televisiva suportada nestas redes, existe a oferta comercial do serviço móvel por satélite); o que sucedeu é que surgiram outras redes e serviços, com um impacto no mercado exponencialmente superior ao que porventura os cenários mais optimistas previam.

[67] Para além dos "serviços de valor acrescentado", os serviços de comunicações de dados e de fornecimento de dados, e os serviços vocais às empresas e aos grupos fechados de utilizadores.

[68] Previa-se na directiva que a evolução das redes de cabo, designadamente através da fibra óptica, poderia permitir que as mesmas suportassem a prestação desse tipo de serviços. Mencionavam-se também os "serviços de telebanco, o ensino à distância, a comercia-

A directiva visa, pois, permitir que as redes de cabo possam ser utilizadas para a prestação dos serviços liberalizados, para além dos serviços de radiodifusão para que haviam sido concebidas. Mas mantém a proibição da prestação de serviços vocais através das redes de cabo, considerando-se não estarem reunidas ainda as condições para a sua liberalização.

c) A **Directiva 96/2/CEE** da Comissão, de 16 de Janeiro de 1996, que altera a Directiva 90/388/CEE no que respeita às comunicações móveis e pessoais.

A directiva visa liberalizar a prestação dos então designados "serviços móveis e pessoais" bem como o estabelecimento das redes móveis que suportam a prestação destes serviços, definindo regras que viabilizem uma plena concorrência destas redes entre si e com a rede pública de telecomunicações. Por outro lado, a directiva tem já em conta a necessidade de harmonizar a utilização do espectro no espaço do mercado único, quer através das tecnologias então definidas para a prestação dos serviços móveis e pessoais, quer mediante a designação das faixas de frequências reservadas para o efeito.

Para o efeito, a directiva determina:

- A abolição dos direitos especiais ou exclusivos relativos ao estabelecimento destas redes (em muitos casos traduzidos na atribuição directa de licenças de espectro, e na limitação da sua atribuição a apenas um operador), e à prestação destes serviços;
- Que os Estados membros devem assegurar que os processos de atribuição de radiofrequências se baseiem em critérios objectivos e não tenham efeitos discriminatórios; e que devem, no respeitante à futura designação de frequências para serviços de comunicações específicos, publicar os planos de frequências, bem como os procedimentos que devem ser seguidos pelos operadores para obterem frequências no âmbito das bandas de frequência designadas nesses planos;
- Que o número de licenças a atribuir apenas pode ser limitado devido à escassez de recursos em matéria de frequências, e que, quando um mero procedimento de declaração for suficiente, não deverá ser adoptado o procedimento de atribuição de licença;

---

lização assistida por computador", referidos na "Comunicação da Comissão ao Parlamento Europeu e ao Conselho de 25 de Outubro de 1994 - Livro Verde sobre a liberalização da infra-estrutura de telecomunicações e das redes de televisão por cabo: parte I".

- A eliminação da obrigatoriedade de recurso à rede básica de telecomunicações, através do aluguer de capacidade de uma linha daquela rede, quer para as ligações internas à rede quer para o encaminhamento das chamadas de longa distância;
- A supressão dos limites e restrições à interconexão directa entre sistemas de comunicações móveis, bem como entre sistemas de comunicações móveis e redes de telecomunicações fixas;
- O estabelecimento de regras relativas à interconexão das redes móveis com a rede pública de telecomunicações, quer definindo as "interfaces" entre estas redes, quer estabelecendo as condições de interconexão (que deverão ser previamente publicadas), assegurando que as mesmas se baseiam em critérios objectivos, justificados pelo custo da prestação do serviço de interconexão, transparentes e não discriminatórios, e permitam a necessária flexibilidade a nível das tarifas; [69]
- Que, ao abrir os mercados das comunicações móveis e pessoais à concorrência, os Estados membros deverão dar preferência à utilização de normas pan-europeias nesse domínio, tais como as GSM, DCS 1 800, DECT e ERMES, a fim de permitir o desenvolvimento e a prestação transfronteiriça de serviços de comunicações móveis e pessoais (tendo presente que a Comunicação da Comissão, de 23 de Novembro de 1994, havia estabelecido que o DCS 1 800 devia ser considerado parte da família de sistemas GSM).

3.1.2. A Directiva Plena Liberalização

A conclusão do **processo regulamentar de liberalização** do sector das telecomunicações ocorre com a denominada *Full Competition Directive* (**ou Directiva Plena Liberalização**): Directiva 96/19/CE da Comissão, de 13 de Março de 1996, relativa à introdução da plena concorrência nos mercados das telecomunicações.

A Directiva *Full Competition* determina a supressão dos direitos especiais ou exclusivos no que se refere à prestação dos serviços de telefonia vocal, bem como à criação e fornecimento de redes de telecomunicações:

---

[69] As regras a estabelecer deverão, de acordo com esta directiva, ter em conta o disposto nas directivas relativas à oferta de rede aberta (ORA).

para o efeito, revoga as derrogações que persistiam na acima mencionada Directiva 90/388/CEE ("Directiva Serviços"), e altera o teor das respectivas definições e de muitas das suas disposições, aditando ainda a esta Directiva outras disposições com o propósito de assegurar a plena concorrência.

No plano da supressão dos direitos especiais ou exclusivos que ainda persistiam no sector, a Directiva *Full Competition* determina:
- a supressão de direitos exclusivos relativos ao fornecimento de serviços de telecomunicações, incluindo os de telefonia vocal e de telex;
- a supressão de direitos exclusivos relativos à criação e fornecimento de redes de telecomunicações, incluindo de redes aptas a suportar os serviços de telefonia vocal;
- a supressão de direitos especiais que limitem o número de empresas autorizadas a fornecer serviços de telecomunicações ou a criar e fornecer redes de telecomunicações, a não ser que a atribuição dos direitos especiais se funde em critérios objectivos, proporcionais e não discriminatórios;[70]
- que estes direitos exclusivos ou especiais, no que se refere ao fornecimento de serviços de telefonia vocal e à criação e fornecimento de redes públicas de telecomunicações, podem transitoriamente ser mantidos até 1 de Janeiro de 1998, admitindo que possa ser concedido um prazo adicional até cinco anos, mediante pedido dos Estados membros com redes menos desenvolvidas;[71] - [72]

---

[70] A supressão de direitos especiais tem como alcance que, apenas no caso de insuficiência de espectro radioeléctrico disponível, é admissível que o acesso ao mercado esteja condicionado à obtenção de licenças, e que o número de licenças seja limitado. Caso contrário, apenas é lícito aos Estados membros criarem procedimentos de autorização geral ou de mera notificação (cfr. artigos 2.º, n.º 3 e 3.º da Directiva 96/19/CE).

[71] A liberalização, ou seja, a liberdade de empresa no que se refere à oferta de todos os serviços de telefonia vocal, introduzida por esta Directiva surge na sequência da Resolução do Conselho, de 22 de Julho de 1993, sobre a análise da situação no sector das telecomunicações e a necessidade de um maior desenvolvimento desse mercado (93/C 213/01). O Conselho das Comunidades Europeias considerou então que poderia justificar-se a concessão de um período de transição adicional de cinco anos para os países com redes menos desenvolvidas (designadamente em que ainda não tivesse sido operada a conversão da rede para o sistema digital), identificando os casos da Espanha, Irlanda, Grécia e Portugal, e um período adicional de dois anos para os países com redes de dimensões muito reduzidas, identificando o caso do Luxemburgo.

[72] A liberalização da criação e oferta de redes públicas de telecomunicações (incluindo de redes similares à rede pública já existente, e que não estivessem já abrangidas por

– a supressão de todas as restrições ao fornecimento de serviços de telecomunicações, salvo os de telefonia vocal, através de todas as redes de telecomunicações (incluindo as redes de telecomunicações existentes, designadamente as redes das empresas de caminhos de ferro, de águas e de energia, até então obrigatoriamente reservadas aos seus próprios serviços), até 1 de Janeiro de 1996, admitindo que possa ser concedido um prazo adicional até cinco anos, mediante pedido dos Estados membros com redes menos desenvolvidas.[73]

A Directiva *Full Competition* estabelece ainda outros deveres para os Estados membros com o propósito específico de criar condições para a

---

directivas anteriores que alargaram o âmbito da Directiva Serviços) surge, por seu turno, na sequência da Resolução do Conselho, de 22 de Dezembro de 1994, relativa aos princípios e ao calendário de liberalização das infra-estruturas de telecomunicações (94/C 379/03). À semelhança do sucedido na Resolução do Conselho de 22 de Julho de 1993 citada na nota anterior, o Conselho das Comunidades Europeias previu, para os mesmos países, idênticos períodos de transição adicionais.

[73] Dito de outro modo, a Directiva *Full Competition* determina que a partir de 1 de Janeiro de 1996, salvo os casos excepcionais mencionados, qualquer serviço público de telecomunicações (por exemplo, os serviços a Grupos Fechados de Utilizadores), salvo o serviço de telefonia vocal, pode ser oferecido através de qualquer rede de telecomunicações. Resulta do exposto que esta plena liberalização, com remoção total de restrições aos serviços que podem ser prestados em função de uma determinada rede de telecomunicações, em regra será plena a partir de 1 de Janeiro de 1998, data fixada para a liberalização do serviço de telefonia vocal.

Interessa ainda notar que no artigo 9.º desta Directiva se prevê ainda que até 1 de Janeiro de 1998 a Comissão procederá a uma análise das restrições que persistem à utilização de redes públicas de telecomunicações para o fornecimento de capacidade de televisão por cabo. Esta disposição não está em contradição com a eliminação das restrições referida no texto, na medida em que o fornecimento de capacidade de televisão por cabo não é um "serviço de telecomunicações", como resulta da definição constante da Directiva 90/388/ CE (cfr. supra a distinção entre telecomunicações e comunicações electrónicas).

A Decisão da Comissão, de 12 de Fevereiro de 1997, relativa à concessão de períodos de execução adicionais a Portugal para a transposição das Directivas 90/388/CEE e 96/2/ CE, no que diz respeito à introdução da plena concorrência nos mercados das telecomunicações (97/310/CE), fixou em 1 de Janeiro de 2000 a data da plena liberalização do sector em Portugal ("*eliminação dos direitos exclusivos de que actualmente beneficia a Portugal Telecom no que se refere à prestação de serviços de telefonia vocal e ao estabelecimento e fornecimento de redes públicas de telecomunicações*"), sujeitando a concessão do período adicional ao cumprimento de várias obrigações relativas a uma progressiva liberalização, e respectivo calendário.

efectiva liberalização plena do sector, nos domínios dos recursos de numeração, da interconexão, do acesso à rede pública de telecomunicações existente, dos serviços de listas telefónicas, dos direitos de passagem através de propriedades públicas e privadas e da prestação do serviço universal, incluindo o reajustamento das tarifas praticadas no serviço de telefonia vocal. Não se trata ainda de adoptar uma regulamentação específica (o que sucederá posteriormente), mas, na ausência de regras mais pormenorizadas, de impor aos Estados membros que, pelo menos, as posições de vantagem gozadas pelo operador histórico sejam suprimidas ou que os novos operadores tenham condições de a elas aceder em circunstâncias semelhantes.

A Directiva Serviços (Directiva 90/388/CEE) seria ainda alterada pela **Directiva 1999/64/CE** da Comissão, de 23 de Junho de 1999, no sentido de assegurar que as redes de telecomunicações e as redes de televisão por cabo propriedade de um único operador constituem entidades juridicamente distintas.

Esta directiva surge na sequência da avaliação das medidas previstas na Directiva 95/51/CEE acima citada (em particular dos efeitos esperados da obrigação de a empresa proprietária das duas redes manter uma contabilidade separada), e já no contexto da plena liberalização do sector, mas assenta no reconhecimento de que há direitos especiais que perduram e que, conjugados com outros factores, impedem uma plena concorrência. [74]

«Nos casos em que os Estados membros concederam um direito especial ou exclusivo para criar e explorar redes de televisão por cabo a um organismo de telecomunicações na mesma área geográfica em que detém uma posição dominante no mercado dos serviços que utilizam infra-estruturas de telecomunicações, este organismo de telecomunicações não tem qualquer incentivo para melhorar quer a sua rede pública de telecomunicações de banda estreita, quer a sua rede de televisão por cabo de banda larga, transformando-as numa rede integrada de comunicações de banda larga "rede multiserviços" com capacidade para emitir voz, dados e imagem, com uma largura de banda elevada. Por outras palavras, existe um conflito de interesses para esse organismo, uma vez que qualquer melhoramento significativo, quer na sua rede de telecomunicações quer na sua rede de televisão por cabo, poderá conduzir a uma perda de actividades na outra rede. Seria desejável, nestas circunstâncias, separar a propriedade

---

[74] É também nesta circunstância que a Comissão funda a sua intervenção ao abrigo do então artigo 86.º, n.º 3 do Tratado – cfr. Considerando 7 da Directiva 1999/64/CE.

das duas redes em duas empresas distintas, uma vez que a propriedade conjunta destas redes faz com que estes organismos atrasem a criação de novos serviços de comunicações avançados (...)», lê-se no Considerando 10 da Directiva 1999/64/CE.

Com base nesta conclusão e ainda nas considerações apresentadas no Considerando 11 da mesma directiva, justifica-se a imposição da *separação jurídica*, a qual será cumprida «se as actividades de televisão por cabo de um organismo de telecomunicações forem transferidas para uma filial a 100 % do organismo de telecomunicações», admitindo-se, portanto, que não seja necessária a proibição da *propriedade conjunta* das duas empresas.[75]

Este conjunto de directivas – designadas por directivas "liberalização" – viria a ser revogado pela Directiva 2002/77/CE, da Comissão, de 16 de Setembro de 2002, relativa à concorrência nos mercados de redes e serviços de comunicações electrónicas.

3.1.3. A Directiva (quadro) Oferta de Rede Aberta

O outro instrumento da liberalização do mercado das telecomunicações previsto no Livro Verde foi, como acima se disse, o do princípio da rede aberta. Tratou-se de criar uma regulamentação uniformizada no espaço do mercado único no que se referia à interligação e ao direito de acesso à rede pública de telecomunicações.

É assim que, a par da aprovação de directivas emitidas ao abrigo do artigo 106.º, n.º 3 do TFUE visando o desmantelamento do monopólio assente em direitos exclusivos ou especiais, serão adoptadas directivas nos termos do artigo 114.º do TFUE.

O grande vector da harmonização (e principal instrumento da liberalização efectiva do mercado) será o do estabelecimento de princípios relativos à Oferta de Rede Aberta (*ONP Principles*). Estes princípios constam da designada ***directiva quadro relativa à Oferta de Rede Aberta*** – **Directiva 90/387/CEE**, acima mencionada.

A directiva visa "facilitar a prestação de serviços através da utilização de redes públicas de telecomunicações e/ou dos serviços públicos de telecomunicações" (artigo 2.º, n.º 2), no contexto, acima mencionado, em que

---

[75] Anuncia-se, pois, aqui no domínio da regulação *ex ante*, o remédio da separação estrutural de empresas (sem separação patrimonial).

o estabelecimento de redes e a prestação dos principais serviços ainda não estavam liberalizados.

A Oferta de Rede Aberta respeita quer ao *acesso* quer à *utilização* da rede pública de telecomunicações, e ainda eventualmente de serviços públicos de telecomunicações. A oferta de serviços por novos operadores dependia totalmente do acesso e utilização daquela rede. A abolição de direitos especiais e exclusivos não era suficiente para assegurar a liberalização do sector, ou seja, a possibilidade efectiva de novos operadores, que não apenas o histórico, prestarem serviços.

Daí a importância crítica das condições, técnicas, comerciais e administrativas aplicáveis ao acesso e utilização da rede pública de telecomunicações e de alguns serviços. A directiva quadro relativa à Oferta de Rede Aberta tem como objectivo a definição, por etapas, de um conjunto mínimo de condições harmonizadas aplicáveis ao acesso à rede e a alguns serviços, nos domínios mencionados na lista constante do anexo I da Directiva (e que poderão ser objecto de directivas específicas), entre eles: as linhas alugadas, a Rede Digital de Integração de Serviços (RDIS), o serviço de telefonia vocal (ou seja, de chamadas de voz através da rede fixa), o serviço móvel e, "sob reserva de estudos suplementares", novos tipos de acesso às redes em função do desenvolvimento tecnológico, incluindo o acesso à rede de banda larga.

A Oferta de Rede Aberta tem uma dimensão positiva e uma dimensão negativa. A dimensão positiva impõe que as condições de acesso e utilização devem ser definidas com base em "critérios objectivos", ser publicadas, e garantir a igualdade de acesso a todos os interessados, não podendo ser discriminatórias (isto é, devem ser iguais às que o operador histórico aplica internamente aos respectivos departamentos interessados no acesso e utilização da rede para, com base nela, prestarem serviços).

A densificação destes princípios consta do Anexo II da Directiva e traduz-se, essencialmente:
i) no estabelecimento progressivo de características técnicas normalizadas aplicáveis aos equipamentos que permitem o acesso e a utilização da rede;
ii) na definição de condições da oferta (como os preços, o prazo, a qualidade do serviço, a manutenção da rede e a sinalização de avarias) e da utilização (como os termos da revenda de capacidade, da utilização partilhada e da interconexão com as redes públicas e privadas);

iii) na regra de que os preços do acesso devem ser orientados para os custos, discriminados (de modo a permitir a escolha de apenas alguns dos elementos dos serviços prestados), e não discriminatórios;
iv) na transparência e publicidade de todas as condições do acesso e utilização definidas, nos termos das alíneas anteriores, pelo operador histórico que fornece o acesso e a utilização da rede.

A normalização técnica das características dos equipamentos assume importância crítica no contexto da Oferta de Rede Aberta, na medida em que a prestação de serviços por outros operadores não é viável se os equipamentos utilizados por estes e os equipamentos que estruturam a rede pública ou que estão associados à sua utilização forem incompatíveis entre si.

Este aspecto é salientado nos considerandos da Directiva ORA onde se lê que "a definição e a realização, à escala comunitária, de pontos terminais da rede harmonizados que estabeleçam a interface física entre a infra-estrutura da rede e os equipamentos dos utilizadores e dos prestadores de serviços serão um elemento essencial do conceito global de oferta de uma rede aberta."

Esta a razão que determinou a criação, em 1988 (mas já prevista no Livro Verde) do Instituto Europeu de Normalização das Telecomunicações (ETSI), com competência para elaborar normas (técnicas) europeias de telecomunicações baseadas em normas e especificações internacionais (como as aprovadas pela UIT-T).

A definição de especificações técnicas comuns e a sua aplicação aos equipamentos terminais dos utilizadores e aos equipamentos que asseguram a ligação (a "interface técnica", de acordo com a expressão utilizada na versão portuguesa da Directiva ORA) dos equipamentos dos outros operadores à rede pública de telecomunicações, constitui, pois, um elemento fundamental da noção de Oferta de Rede Aberta

A dimensão negativa da Oferta de Rede Aberta determina que as restrições ao acesso e utilização apenas podem ser justificadas por razões de interesse público geral (designados na Directiva ORA por "exigências essenciais"), ou em virtude de direitos especiais ou exclusivos compatíveis com o direito comunitário e que perdurem.

As "exigências essenciais" mencionadas no artigo 3.º da Directiva ORA que justificam as restrições são: a segurança do funcionamento da rede, a manutenção da integridade da rede, a interoperabilidade dos serviços (quando razões técnicas as justifiquem) e a protecção de dados pessoais (nos termos em que esta o imponha).

Com vista à progressiva concretização dos princípios da ORA, o artigo 9.º da Directiva prevê a constituição de um comité (que será designado por Comité ORA), com competência de aconselhamento da Comissão, composto por representantes dos Estados membros e presidido por um representante da Comissão. Prevê-se que o Comité ORA consulte representantes dos operadores de telecomunicações, consumidores, fabricantes e prestadores de serviços.

É sobre estes pilares da Oferta de Rede Aberta, estabelecidos na directiva quadro da oferta de rede aberta, que nos anos subsequentes e até 1998 serão regulados a oferta de linhas alugadas, o serviço universal e a telefonia vocal, e a interligação.

A aplicação dos princípios da ORA às linhas alugadas será aprovada pela **Directiva 92/44/CEE**, do Conselho, de 5 de Junho de 1992. A oferta de linhas alugadas visa disponibilizar aos outros operadores capacidade de transmissão transparente (isto é, sem mediação de qualquer elemento ou distorção) entre pontos terminais de rede, ou seja, o acesso e utilização de capacidade da rede pública de telecomunicações para, sobre ela, os outros operadores poderem prestar serviços de telecomunicações a terceiros (por exemplo, serviços de mensagens de voz, à data já liberalizados).

Para além de especificar vários aspectos dos princípios da ORA, a Directiva 92/44/CEE prevê a criação de "autoridades regulamentadoras nacionais" a quem caberá aplicar as disposições nacionais aprovadas nos termos da directiva, designadamente, autorizar casos de recusa de acesso e resolver litígios entre os operadores, ou entre estes e qualquer utilizador, a propósito do serviço de linhas alugadas.

Os serviços de telefonia vocal serão regulados pela **Directiva 95/62/CE**, do Parlamento Europeu e do Conselho, de 13 de Dezembro de 1995, através do estabelecimento das condições de aplicação dos princípios da ORA à prestação destes serviços.

A Directiva 95/62/CE supõe que em muitos Estados membros a prestação de serviços de telefonia vocal já havia sido liberalizada, e visa harmonizar as condições de acesso a estes serviços, bem como à rede telefónica pública fixa, por qualquer utilizador (incluindo outros operadores de telecomunicações). A directiva exclui do seu âmbito de aplicação os serviços de telefonia móvel, mas regula as condições de "interconexão entre as redes utilizadas nos serviços de telefonia móvel e as redes telefónicas públicas fixas" (artigos 2.º, n.º 2, e 11.º).

Com esta directiva é apresentado pela primeira vez um corpo relativamente consistente de regulação dos vários aspectos relativos à prestação do serviço de telefonia vocal (à data, recorde-se, o principal serviço de telecomunicações) e à "interconexão". Com efeito, são estabelecidas normas sobre:
- o direito de qualquer utilizador obter uma ligação à rede telefónica pública;
- o direito de instalação e utilização de qualquer equipamento terminal, desde que aprovado, nas instalações de qualquer utilizador;
- publicidade das condições de acesso e prestação dos serviços, incluindo a qualidade de serviço;
- contratos de utilização, prevendo-se o poder de as autoridades regulamentadoras nacionais exigirem a alteração das condições contratuais;
- disponibilização de listas de assinantes;
- numeração, prevendo-se que os planos nacionais de numeração sejam geridos pela autoridade regulamentadora nacional;
- sujeição dos operadores que tiverem uma "posição dominante" às normas resultantes da directiva, nos casos em que os serviços de telefonia vocal já tenham sido liberalizados, de modo a assegurar que, nesses Estados membros, pelo menos um operador esteja sujeito às obrigações previstas na directiva.

3.1.4. AS DIRECTIVAS DE HARMONIZAÇÃO DE 1997

As já citadas Resolução do Conselho, de 22 de Julho de 1993, sobre a análise da situação no sector das telecomunicações e a necessidade de um maior desenvolvimento desse mercado (93/C 213/01), e a Resolução do Conselho, de 22 de Dezembro de 1994, relativa aos princípios e ao calendário de liberalização das infra-estruturas de telecomunicações (94/C 379/03), bem como a Resolução do Conselho, de 18 de Setembro de 1995, sobre a criação do futuro quadro regulamentar das telecomunicações (95/C 258/01), e os vários Livros Verdes de 1994 sobre o sector das telecomunicações, determinaram, a par do aprofundamento do processo de liberalização, a aprovação de um conjunto de directivas de harmonização no ano de 1997.[76]

---

[76] *"Para o ambiente de comunicações pessoais: Livro Verde sobre uma abordagem comum no domínio das comunicações móveis e pessoais na União Europeia"* [COM(94) 145, Abril de 1994]; *"Comunicação da Comissão - Livro Verde sobre a liberalização da*

a) **Directiva 97/13/CE**, do Parlamento Europeu e do Conselho, de 10 de Abril de 1997, relativa a um quadro comum para as autorizações gerais e licenças individuais no domínio dos serviços de telecomunicações.

O propósito desta directiva é o de atenuar as designadas barreiras administrativas à entrada no mercado de novos operadores. Deste modo, estabelece-se a regra de que o acesso ao mercado deve ser sujeito a uma autorização geral, podendo os Estados membros dispensar a autorização (artigo 3.º da directiva).

A autorização geral é *"um acto administrativo que atribui ao titular uma faculdade genérica de fornecer serviços ou redes de telecomunicações, tornando dispensável uma autorização para cada tipo de serviço fornecido"*. [77] À autorização geral apenas podem ser associadas as condições previstas nos pontos 2 e 3 do Anexo desta directiva (artigo 4.º): trata-se, respectivamente, de condições gerais de natureza administrativa, incluindo relativas à utilização efectiva de numeração, ou de condições específicas relacionadas, entre outras, com a protecção dos utilizadores e assinantes, com a contribuição para o financiamento do serviço universal, e com a interligação de redes e interoperabilidade dos serviços. [78]

De acordo com a directiva, os Estados membros podem impor ao beneficiário de uma autorização geral que, antes de dar início à prestação do serviço ou oferta de rede, notifique a autoridade reguladora nacional da sua intenção (comunicando informações relativas aos serviços a prestar), e estabelecer que o início da prestação de serviços ou de oferta de rede ocorra apenas decorrido um prazo máximo de quatro semanas.

---

infra-estrutura de telecomunicações e das redes de televisão por cabo: Parte I - Princípios e calendário" [COM(94) 440, Outubro de 1994]; *"Livro Verde sobre a liberalização da infra-estrutura das telecomunicações e das redes de televisão por cabo - Parte II - Abordagem comum da oferta da infra-estrutura de telecomunicações na União Europeia"* [COM(94) 682, Janeiro de 1995]. Em 1996 seria ainda publicado um documento relativo à política de numeração: *"Para um ambiente europeu de numeração – Livro Verde sobre uma política de numeração para os serviços de telecomunicações na Europa"* [COM(96) 590, Novembro de 1996].

[77] PEDRO GONÇALVES, **Direito das Telecomunicações,** p. 53.

[78] A figura da autorização geral, que se mantém no novo quadro regulamentar de 2002, só no nome se assemelha à prevista na Directiva 97/13/CE. O regime da autorização geral no novo quadro regulamentar não prevê a prática de qualquer acto administrativo constitutivo – cfr. infra 5.1.

O artigo 19.º da directiva contém uma disposição do maior relevo no que se refere à prestação de novos serviços, estabelecendo que *"sempre que a prestação de determinado serviço de telecomunicações não se encontrar ainda abrangida por uma autorização geral e que esse serviço e/ou rede não possa ser oferecido sem autorização, os Estados membros deverão, no prazo máximo de seis semanas a contar da recepção do correspondente requerimento, adoptar condições provisórias que permitam à empresa iniciar a prestação do serviço ou indeferir o requerimento e informar a empresa em causa das razões do indeferimento. Posteriormente, logo que possível, os Estados membros devem adoptar condições definitivas ou consentir na oferta desse serviço e/ou rede sem autorização, ou dar a conhecer as razões por que se recusam a tanto. Os Estados membros deverão estabelecer um processo adequado de recurso, para uma instituição independente da autoridade reguladora nacional, das recusas de adoptar as referidas condições provisórias ou definitivas, dos indeferimentos dos requerimentos ou das recusas de consentir na oferta do serviço em questão sem autorização"*.
Os procedimentos de licenciamento deverão ser exclusivamente reservados às situações previstas no artigo 7.º da directiva (acesso a radiofrequências ou a números, concessão de direitos especiais relativos ao acesso ao domínio público ou privado, imposição de obrigações de prestação de serviços ou de acesso à rede, e prestação de serviços de telefonia vocal).
Por outro lado, o número de licenças individuais apenas pode ser limitado "na medida do necessário para garantir uma utilização eficiente das radiofrequências ou, pelo período necessário, para a disponibilização de números suficientes, em conformidade com o direito comunitário", devendo ser lançado um convite à apresentação de pedidos de novas licenças logo que se verifique que o número de licenças individuais pode ser aumentado (artigo 10.º).[79]

---

[79] O artigo 24.º da directiva prevê o diferimento do prazo de transposição de várias disposições, designadamente das constantes dos artigos 3.º, n.º 3, 7.º e 10.º, para os Estados membros, como Portugal, a quem tenham sido concedidos períodos de transição adicionais. Este diferimento abrange, pelos mesmos motivos, a disposição do artigo 22.º da directiva, relativa à proibição da prorrogação das condições que conferem direitos especiais ou exclusivos *"caducadas ou que caducarão em virtude do direito comunitário"*, ou das condições que afectem direitos de outras empresas *"tutelados pelo direito comunitário, incluindo a presente directiva"*.

b) **Directiva 97/33/CE**, do Parlamento Europeu e do Conselho, de 30 de Junho de 1997, relativa à interligação no sector das telecomunicações com o objectivo de assegurar o serviço universal e a interoperabilidade através da aplicação dos princípios da oferta de rede aberta (ORA).

A plena liberalização da oferta de serviços e redes de telecomunicações agendada para 1 de Janeiro de 1998 (com períodos de transição para alguns Estados membros) recomendava que fosse assegurado a todos os utilizadores, a um preço acessível e independentemente da sua localização geográfica, um conjunto mínimo de serviços (desde logo, o serviço de telefonia vocal), de qualidade especificada, tal como previsto na Resolução do Conselho, de 7 de Fevereiro de 1994, relativa aos princípios do serviço universal no sector das telecomunicações (94/C 48/01) – isto é, que fosse garantida a prestação do "serviço universal" (cfr. a definição constante da alínea g) do artigo 2.º da directiva). [80]

Como observa PEDRO GONÇALVES, "o conceito de serviço universal não corresponde, em rigor, a uma nova realidade substancial; para assinalar a necessidade da existência de serviços essenciais no sector das telecomunicações, o carácter básico das necessidades por eles satisfeitas, bem como a exigência de que eles devem ser explorados segundo princípios que tornem possível o acesso de todos os cidadãos, já existia, em muitos ordenamentos europeus, o conceito de serviço público." [81]

A abolição de direitos exclusivos na prestação do serviço de telefonia vocal implica a cessação das obrigações impostas aos operadores históricos relativas à prestação do serviço básico de telefonia vocal e respectivas condições: no quadro de um ambiente concorrencial, a definição de um serviço universal e a regulação dos termos da sua atribuição a um ou mais operadores, bem como do seu financiamento, visa substituir aquele sistema de oferta do serviço essencial (ou básico) de telecomunicações.

Por outro lado, a liberalização do sector permitira já o estabelecimento de outras redes de telecomunicações por novos operadores,

---

[80] Sobre a origem do conceito de serviço universal e sobre o seu alcance no quadro regulamentar das telecomunicações anterior a 2002, ver PEDRO GONÇALVES, *Direito das Telecomunicações*, p. 44 e ss. e 72 e ss., e, do mesmo Autor, **Regulação...**, p. 218-219.

[81] PEDRO GONÇALVES, *Direito das Telecomunicações*, p. 46.

sendo que a liberalização plena culminaria com a liberdade de estabelecimento e oferta de qualquer tipo de serviços e de redes de telecomunicações. A disponibilização do serviço universal exigia, pois, também que estas redes pudessem ligar-se entre si e que a ligação extremo a extremo entre os serviços (eventualmente prestados por operadores distintos) fosse tecnicamente viável. É neste contexto que a directiva regula a interligação[82] e a interoperabilidade[83], baseando-se nos princípios da ORA.

Interessa realçar algumas das inovações introduzidas por esta directiva que, no essencial, anunciam o modelo de regulação do sector que, em termos estruturais, permanece até hoje.

A primeira inovação desta directiva respeita à definição de "rede pública de telecomunicações": "uma rede de telecomunicações utilizada total ou parcialmente para o fornecimento de serviços de telecomunicações acessíveis ao público" (cfr. artigo 12.º, alínea b) da directiva). Como se lê no considerando 5 da directiva, "para efeitos da presente directiva, «público» não se refere à propriedade nem a um conjunto limitado de ofertas denominadas «redes públicas» ou «serviços públicos», mas a qualquer rede ou serviço tornado acessível ao público para utilização por terceiros".

Esta nova definição traduz as modificações já então verificadas no sector (e prepara outras modificações em curso no âmbito do processo de liberalização): há redes acessíveis ao público, para além da rede de propriedade pública (e gerida ou pertença do operador histórico) e são prestados serviços por outros operadores para além

---

[82] De acordo com a definição constante da alínea a) do n.º 1 do artigo 2.º da Directiva 97/33/CE, interligação "*é a ligação física e lógica das redes de telecomunicações utilizadas por uma mesma organização ou por uma organização diferente de modo a permitir aos utilizadores de uma organização comunicarem com os utilizadores da mesma ou de outra organização ou acederem a serviços prestados por outra organização. Podem ser prestados serviços pelas partes envolvidas ou por outras partes que tenham acesso à rede*". A interligação é um tipo específico de acesso estabelecido entre operadores de redes de telecomunicações. Na versão portuguesa das directivas anteriores, designadamente na Directiva ORA, é usado o termo interconexão para designar a interligação. Trata-se sempre, na versão inglesa, do conceito de *Interconnection*.

[83] O conceito de interoperabilidade (*Interoperability*) traduz a possibilidade de equipamentos e sistemas produzidos por fabricantes distintos comunicarem entre si e executarem em conjunto uma mesma tarefa, designadamente trocarem informação entre si e mutuamente usarem a informação trocada.

do operador histórico, antevendo-se o cenário em que o serviço público de telecomunicações (identificado, no seu âmbito e condições, com o serviço universal) possa ser oferecido por outros operadores que não o operador histórico.

De ora em diante o conceito de rede pública de telecomunicações (ou de comunicações) terá este significado.

Por outro lado, a rede pública de telecomunicações distingue-se da rede privada ou privativa de telecomunicações, que é aquela que "é utilizada para a prestação de serviços a um único utilizador final ou a um grupo fechado de utilizadores" (considerando 4 da directiva). De acordo com a directiva, o quadro regulamentar da interligação por ela aprovado não se aplica a estas redes.

A segunda inovação da directiva respeita aos direitos e obrigações relativos à interligação (artigo 4.º).

Os operadores com direitos e obrigações de negociar a interligação em toda a Comunidade são, em geral, todos os operadores "que oferecem redes públicas de telecomunicações comutadas fixas e/ou móveis e/ou serviços de telecomunicações acessíveis ao público e, ao fazê-lo, controlam os meios de acesso a um ou vários pontos terminais da rede identificados por um ou vários números únicos do plano de numeração nacional" (cfr. anexo II da directiva).

Estabelece-se também que os operadores que oferecem redes públicas de telecomunicações fixas ou móveis, serviço telefónico público, serviço de linhas alugadas e serviço telefónico público móvel com *poder de mercado significativo* ("PMS") estão sujeitos a "obrigações específicas no que respeita à interligação e acesso, conforme estipulado no n.º 2 do artigo 4.º e nos artigos 6.º e 7.º" (cfr. anexo I da directiva).

Prevê-se, pois, a imposição de uma *obrigação geral* a todos os operadores, que ofereçam as redes ou prestem os serviços acima mencionados (anexo II da directiva), de negociar a interligação, e a imposição de *obrigações específicas* aos operadores que sejam notificados como tendo poder de mercado significativo. [84]

---

[84] No que se refere, principalmente, a estas obrigações, o artigo 20.º da directiva prevê o diferimento do prazo de transposição para os Estados membros, como Portugal, a quem tenham sido concedidos períodos de transição adicionais (durante os quais, recorde--se, poderão ser mantidos os direitos exclusivos).

As *obrigações específicas* respeitam, entre outros, aos seguintes aspectos:
- satisfação dos pedidos razoáveis de acesso à rede, incluindo o acesso em pontos distintos dos pontos terminais de rede oferecidos à maioria dos utilizadores finais, aspecto este que visa estimular o desenvolvimento de novos tipos de serviços (artigo 4.º, n.º 2);
- respeito pelo princípio da não discriminação, significando a aplicação de condições similares, em circunstâncias similares, e fornecimento de meios de interligação e disponibilização de informação nesta matéria, em condições e com qualidade idênticas aos que fornecem aos seus próprios serviços ou às suas empresas filiais ou associadas (artigo 6.º);
- observância do princípio da transparência no que se refere às informações e especificações necessárias à interligação (artigo 6.º);
- o preço de interligação deverá observar os princípios da transparência e da orientação em função dos custos, entendido este como os "*custos reais incluindo uma taxa de compensação do investimento razoável*" (artigo 7.º, n.º 2);
- elaboração de uma "oferta de interligação de referência" que incluirá a descrição das interligações oferecidas, discriminadas segundo componentes de acordo com as necessidades do mercado, bem como as respectivas condições de oferta, incluindo tarifas" (artigo 7.º, n.º 3);
- separação de contas entre as actividades relativas à interligação e as outras actividades (artigo 7.º, n.º 5), de modo a "*identificar todos os factores de custo e de receita com a base do respectivo cálculo e os métodos de atribuição pormenorizada empregues, em relação com a sua actividade de interligação, incluindo a discriminação especificada das imobilizações e custos estruturais fixos*" (cfr. artigo 8.º, n.º 2).

A terceira inovação da directiva é a regulação de forma densificada do serviço universal, e das condições do seu financiamento.
Sempre que um Estado membro determine que as obrigações de serviço universal representam uma "sobrecarga injusta" ("*an unfair burden*" na versão inglesa), deverá ser estabelecido um mecanismo de repartição do "custo líquido das obrigações do serviço universal" ("*the net cost of the universal service obligations*") com

os outros operadores que explorem redes públicas de telecomunicações e ou serviços de telefonia vocal acessíveis ao público.
De acordo com o n.º 2 do artigo 5.º da directiva, *"as contribuições para o custo das obrigações do serviço universal, caso existam, podem basear-se num mecanismo estabelecido especificamente para o efeito e administrado por um organismo independente dos beneficiários, e/ou assumir a forma de um encargo suplementar a juntar ao encargo de interligação"*.
A quarta inovação da directiva é a atribuição de vastos poderes de regulação às autoridades reguladoras nacionais (artigo 9.º), sendo já patente o papel que lhes é atribuído na aplicação harmonizada das disposições da directiva.[85] Os Estados membros deverão comunicar à Comissão, até 31 de Janeiro de 1997, as autoridades reguladoras nacionais a que sejam atribuídos os poderes previstos na directiva.
Para além dos objectivos em matéria de criação de um mercado concorrencial e de manutenção e desenvolvimento do serviço universal, prevê-se, entre outros, a atribuição dos seguintes poderes às autoridades reguladoras nacionais:
- notificação de operadores como tendo poder de mercado significativo;
- imposição de alterações à oferta de interligação de referência, e de correcções a alterações que tenham sido introduzidas pelo operador com PMS, podendo estas correcções "ter efeitos retroactivos a contar da data da introdução da alteração";
- auditoria ao sistema de contabilização de custos e verificação da sua conformidade;
- intervenção nas negociações dos acordos de interligação, oficiosamente ou a pedido de uma das partes, estabelecendo condições específicas a serem observadas no acordo, determinando alterações a acordos já celebrados, e fixando prazos para a conclusão de negociações sobre a interligação;
- resolução de litígios sobre interligação, a pedido de qualquer das partes, de acordo com os critérios previstos no n.º 5 do

---

[85] Tem interesse notar que a directiva não invoca o princípio da subsidiariedade (cfr. o considerando 12), prevendo que, no contexto da sua revisão, *"a Comissão estudará o valor acrescentado da criação de uma autoridade reguladora europeia para levar a cabo as tarefas cuja execução se revelar mais eficaz a nível comunitário"* (cfr. considerando 25).

artigo 9.º, em que se incluem aspectos relativos a interesses públicos;
- a gestão do plano de numeração e a promoção da introdução da portabilidade dos números;
- a promoção da utilização, pelos operadores que oferecem redes públicas de telecomunicações ou serviços de telecomunicações acessíveis ao público, de especificações técnicas europeias ou, na sua ausência, de normas técnicas internacionais.

A quinta inovação da directiva traduz-se numa regulação mais extensa da matéria de numeração, sendo estabelecido que "os Estados membros assegurarão a oferta de números e séries de números adequados a todos os serviços de telecomunicações acessíveis ao público" (artigo 12.º, n.º 1), e adoptarão todas as medidas necessárias em matéria de coordenação de numeração, tendo em conta a eventual evolução da numeração na Europa.

Neste domínio, estabelece-se que as autoridades reguladoras nacionais assegurarão que a opção pela portabilidade do número na rede telefónica pública fixa esteja disponível, "pelo menos em todos os grandes centros populacionais", até 1 de Janeiro de 2003, e que os encargos para o consumidor associados a esta opção "sejam razoáveis" (artigo 12.º, n.º 5).

c) **Directiva 97/51/CE**, do Parlamento Europeu e do Conselho, de 6 de Outubro de 1997, que altera as Directivas 90/387/CEE e 92/44/CEE para efeitos de adaptação a um ambiente concorrencial no sector das telecomunicações.

Esta directiva, tendo em conta as orientações políticas acima mencionadas e a evolução regulamentar que tem vindo a ser apresentada, introduz alterações à Directiva quadro ORA e à directiva específica aplicável às linhas alugadas, no cenário da plena liberalização do sector.

Interessa destacar, para além de uma regulação mais extensa e pormenorizada das condições de oferta de rede aberta (constantes do anexo I da directiva, que substitui o anexo II da Directiva 90/387/CEE), o aditamento do artigo 5.º-A à Directiva 90/387/CEE, relativo ao regime das autoridades reguladoras nacionais, no que se refere à sua independência formal, ao direito de os interessados recorrerem das suas decisões, e ao poder das autoridades reguladoras de exigir aos operadores "todas as informações necessárias para aplicar a legislação comunitária".

d) **Directiva 97/66/CE**, do Parlamento Europeu e do Conselho, de 15 de Dezembro de 1997, relativa ao tratamento de dados pessoais e à protecção da privacidade no sector das telecomunicações.

A directiva visa especificar e complementar, no sector das telecomunicações, as disposições da Directiva 95/46/CE, do Parlamento Europeu e do Conselho, de 14 de Outubro de 1995, relativa à protecção das pessoas singulares no que diz respeito ao tratamento de dados pessoais e à livre circulação desses dados.

A aprovação da directiva é motivada pela necessidade acrescida de protecção de dados pessoais e da privacidade dos utilizadores, tendo sobretudo em conta as tecnologias digitais avançadas que à data estavam a ser introduzidas (designadamente a Rede Digital com Integração de Serviços – RDIS) e a preocupação de criar um ambiente propício e de confiança para o desenvolvimento da sociedade da informação.

Com este propósito são previstos vários direitos dos assinantes relativos a diversas dimensões da protecção dos seus dados pessoais e privacidade e a imposição de diversas obrigações aos fornecedores de redes públicas, fixas ou móveis, de telecomunicações ou serviços de telecomunicações acessíveis ao público, fixos ou móveis.

A directiva viria a ser revogada, com efeitos a 31 de Outubro de 2003, pela Directiva 2002/58/CE, do Parlamento Europeu e do Conselho, de 12 de Julho de 2002, designada "Directiva privacidade e comunicações electrónicas".

e) A regulação do sector de acordo com os princípios da rede aberta, já no contexto da sua plena liberalização, culmina na **Directiva 98/10/CE**, do Parlamento Europeu e do Conselho, de 26 de Fevereiro de 1998, relativa à aplicação da oferta de rede aberta (ORA) à telefonia vocal e ao serviço universal de telecomunicações num ambiente concorrencial.[86]

---

[86] Trata-se de uma plena liberalização formal na medida em que a partir de 1 de Janeiro de 1998 deveriam estar abolidos os direitos exclusivos ou especiais (salvo nos Estados membros a quem haviam sido concedidos períodos de transição adicionais).

A liberalização efectiva supõe a remoção das barreiras à entrada dos novos operadores: é este um dos objectivos que é (continua a ser) prosseguido com a revisão do quadro regulamentar operada em 1999, e consubstanciada nas cinco directivas aprovadas em 2002 e que constituem o chamado "pacote regulamentar de 2002".

A directiva estabelece uma regulação coerente e sistematizada dos direitos dos consumidores, incluindo do serviço universal, revogando a Directiva 95/62/CE com efeitos a 30 de Junho de 1998. Os novos direitos dos consumidores, e respectivas obrigações para os operadores, são aplicáveis a todos os operadores que oferecem acesso a redes telefónicas fixas, prevendo-se que algumas dessas obrigações sejam também aplicáveis aos operadores que oferecem acesso a redes telefónicas móveis. Um dos aspectos inovadores da directiva é precisamente o de prever a atribuição de direitos aos assinantes dos serviços prestados através das redes móveis.

No artigo 25.º, n.º 2, da directiva encontra-se uma disposição particularmente interessante que anuncia um aspecto que virá a estruturar o modelo de regulação comunitária do sector: a faculdade de a Comissão pedir às autoridades reguladoras nacionais que lhe apresentem as razões que presidiram à conclusão de que um operador detém, ou não, poder de mercado significativo para efeitos da mesma directiva, ou à dispensa de um operador, que ofereça acesso a uma rede telefónica pública fixa, do cumprimento do princípio da orientação dos preços para os custos por se ter considerado que "numa zona geográfica específica" existe concorrência efectiva.

3.1.5. O Regulamento 2887/2000 (acesso desagregado ao lacete local)

Em complemento ao quadro regulamentar descrito, em especial das directivas 97/33/CE e 98/10/CE, foi aprovado o **Regulamento (CE) n.º 2887/2000, do Parlamento Europeu e do Conselho, de 18 de Dezembro de 2000, relativo à oferta de acesso desagregado ao lacete local.**

O artigo 3.º, n.º 1, do Regulamento obriga os operadores notificados (como tendo poder de mercado significativo no mercado das redes telefónicas públicas fixas), a partir de 31 de Dezembro de 2000, a publicarem e manterem actualizada uma oferta de referência para o acesso desagregado aos respectivos lacetes locais e recursos conexos, que deve incluir, pelo menos, os elementos referidos no Anexo ao Regulamento. Estabelece ainda o n.º 1 deste artigo que «a oferta de acesso deve ser suficientemente desagregada para que o beneficiário não tenha de pagar por elementos ou recursos da rede que não sejam necessários à prestação dos seus serviços e deve conter uma descrição dos elementos que a constituem e dos termos e das condições associados, incluindo os respectivos preços», os quais devem ser «fixados com base numa orientação para os custos» (artigo 3.º, n.º 3).

O regulamento prevê a atribuição de poderes de supervisão às autoridades reguladoras nacionais, incluindo os poderes de impor modificações à oferta de referência, incluindo os preços.

As razões para que o acesso ao lacete local seja regulado através de um regulamento comunitário, bem como a sua importância crítica para a criação de efectivas condições de concorrência no mercado, encontram-se fundamentalmente resumidas nos considerandos 3 e 7 do Regulamento[87]:

> «O "lacete local" é o circuito físico em pares de condutores metálicos entrançados da rede telefónica pública fixa que liga o ponto terminal da rede nas instalações do assinante ao repartidor principal ou a uma instalação equivalente. Como assinala o 5.º relatório da Comissão sobre a aplicação do pacote regulamentar das telecomunicações, a rede de acesso local continua a ser um dos segmentos menos concorrenciais do mercado de telecomunicações liberalizado. Os novos operadores não dispõem de infra-estruturas de rede alternativas de grande cobertura e não podem, com as tecnologias tradicionais, igualar as economias de escala e a cobertura dos operadores designados como tendo poder de mercado significativo no mercado das redes telefónicas públicas fixas. Esta situação tem origem no facto de a instalação das infra-estruturas de acesso local em fio metálico ter sido efectuada ao longo de um período de tempo significativo por operadores protegidos por direitos exclusivos e que puderam, assim, financiar os seus custos de investimento com preços de monopólio» (considerando 3).

> «O acesso desagregado ao lacete local permite aos novos operadores entrar em concorrência com os operadores notificados, oferecendo serviços de transmissão de dados de alto débito para o acesso permanente à Internet e para aplicações multimédia a partir da tecnologia da linha de assinante digital (*Digital Subscriber Line, DSL*), bem como serviços de telefonia vocal. Um pedido razoável de acesso desagregado implica que o acesso é necessário para a prestação dos serviços do beneficiário e que a sua recusa poderia impedir, restringir ou distorcer a concorrência no sector» (considerando 7).

---

[87] Cfr. também o considerando 14 do regulamento.

Na verdade, a designada rede de acesso local – o segmento da rede que liga o ponto terminal de rede (PTR) nas instalações do assinante ao repartidor principal mais próximo do operador da respectiva rede de telecomunicações (ou equipamento equivalente) – é um dos factores críticos para a oferta de redes e serviços pelos operadores de telecomunicações. Verificando-se que, por razões diversas (ambientais ou urbanísticas, que podem não recomendar a realização de obras nas vias públicas de modo a instalar essa rede, ou económicas, que podem impedir que se justifique a realização das mesmas obras ou a instalação de redes alternativas), não é viável a instalação dessa rede de acesso local por um novo operador, pode justificar-se impor ao(s) operador(es) que detém a(s) rede(s) de acesso local ou recursos conexos a obrigação de dar acesso a essa rede ou a esses recursos conexos.

No considerando 15 do regulamento previa-se que «*o novo quadro regulamentar para as comunicações electrónicas*», fruto da revisão já então iniciada e que viria a entrar em vigor em 2002, deveria integrar disposições que possibilitassem a substituição do regulamento.

Porém, e apesar de o novo quadro regulamentar de 2002 atribuir às autoridades reguladoras nacionais todos os instrumentos necessários para regularem os mercados relacionados com o acesso ao lacete local, o regulamento apenas viria a ser revogado pelo artigo 4.º da Directiva 2009/140/CE do Parlamento Europeu e do Conselho, de 25 de Novembro de 2009, emitida no âmbito da reforma de 2009.

A Directiva 2002/21/CE, do Parlamento Europeu e do Conselho, de 7 de Março de 2002 (designada "Directiva-quadro"), revogou a Directiva 98/10/CE, bem como a Directiva quadro ORA (Directiva 90/387/CEE), e as directivas específicas aprovadas de acordo com os princípios da ORA e à data ainda em vigor (a Directiva 92/44/CEE, e as Directivas 97/13/CE e 97/33/CE).

3.2. Etapas da evolução do regime legal português

3.2.1. A "Lei de bases" de 1989, o serviço público e a rede básica de telecomunicações e os "serviços complementares"

Em Portugal, o início do processo de liberalização do sector das telecomunicações ocorre em 1989, com a Lei n.º 88/89, de 11 de Setembro, designada por Lei de bases do estabelecimento, gestão e exploração das infra-estruturas e serviços de telecomunicações.[88]

Na perspectiva da liberalização do sector, esta lei assenta numa distinção fundamental: de um lado, "o serviço público de telecomunicações" e a "rede básica de telecomunicações", e do outro "os serviços de telecomunicações complementares", as "infra-estruturas de telecomunicações complementares", e os "serviços de valor acrescentado".

O "serviço público de telecomunicações" permanece reservado ao Estado, podendo ser por ele directamente explorado ou por "operadores de serviço público": pessoas colectivas de direito público (por exemplo, empresas públicas) ou pessoas colectivas de direito privado, neste caso "mediante contrato de concessão de serviço público" (artigo 8.º).

---

[88] A Lei n.º 88/89 é aprovada na sequência do Decreto-Lei n.º 449/88, de 10 de Dezembro, que, no seguimento da respectiva autorização legislativa conferida pela Lei n.º 110/88, de 29 de Setembro, excepcionou da proibição do acesso de empresas privadas ao sector das telecomunicações «os serviços complementares da rede básica» e os «serviços de valor acrescentado». De acordo com o disposto no n.º 2 do artigo 4.º deste diploma, a actividade de telecomunicações que se mantém vedada à iniciativa privada pode ser exercida «por empresas que resultem da associação de entidades do sector público, em posição obrigatoriamente maioritária no capital social da nova sociedade, com outras entidades».

O Decreto-Lei n.º 449/88 altera a Lei n.º 46/77, de 8 de Julho, conhecida como a Lei de Delimitação de Sectores: nos termos da alínea e) do artigo 4.º desta lei, é vedado o acesso de empresas privadas e de outras entidades da mesma natureza às actividades económicas de «comunicações por via postal, telefónica e telegráfica». O artigo 8.º da mesma lei determina que a proibição do acesso da iniciativa privada às actividades referidas nos artigos 3.º, 4.º e 5.º «abrange a exclusão da apropriação por entidades privadas dos bens de produção e meios afectos às actividades aí consideradas, bem como da respectiva exploração e gestão (...), sem prejuízo da continuação das actividades das empresas com participação de capitais privados existentes à data da promulgação desta lei e dentro do respectivo quadro actual de funcionamento».

Esta limitação do acesso de entidades privadas à actividade económica das telecomunicações, e respectiva reserva à iniciativa económica pública, apenas iria desaparecer com a Lei n.º 88-A/97, de 25 de Julho, que regula o acesso da iniciativa económica privada a determinadas actividades económicas. Esta lei, que revoga a Lei n.º 46/77, de 8 de Julho, não menciona as telecomunicações como actividade cujo acesso está vedado a entidades privadas. O que significa que desde 1997 não existe fundamento legal para se considerar a existência de um serviço público de telecomunicações, no sentido de um serviço cuja prestação esteja reservada ao Estado.

Por seu turno, o Estado ou o operador de serviço público fica obrigado a estabelecer, gerir e explorar "as infra-estruturas que constituem a rede básica de telecomunicações" e a prestar os "serviços fundamentais" (serviços fixos de telefone e telex e um serviço comutado de transmissão de dados) correspondentes ao serviço público.

É deste modo que se garante a existência e disponibilidade de um serviço "que cubra as necessidades de comunicação dos cidadãos e das actividades económicas e sociais no conjunto do território nacional e assegure as ligações internacionais, tendo em conta as exigências de um desenvolvimento económico e social harmónico e equilibrado" – este o âmbito do serviço púbico de telecomunicações tal como definido no artigo 8.º, n.º 1 da Lei n.º 88/89.

Aos operadores do serviço público está reservado o exclusivo do estabelecimento, gestão e exploração de infra-estruturas de telecomunicações, salvo no que se refere:
- às infra-estruturas exclusivamente afectas aos serviços de teledifusão (que são aqueles em que a comunicação se realiza num só sentido, simultaneamente para vários pontos de recepção e sem prévio endereçamento);
- às infra-estruturas afectas às telecomunicações privativas;
- às infra-estruturas de telecomunicações complementares.

A rede básica de telecomunicações corresponde à rede de telecomunicações de uso público, que suportava a prestação dos serviços fundamentais, à data existente no país. Com efeito, é o que resulta da noção de rede básica de telecomunicações constante do artigo 9.º, n.º 1 e 2, da Lei n.º 88/89. Importa, por ora, sublinhar dois aspectos que nesta lei marcam o estatuto da rede básica:
- a sua natureza de bem do domínio público do Estado, afectado em exclusivo aos operadores do serviço público;
- o seu funcionamento "como uma rede aberta", no sentido em que serve de suporte à transmissão da generalidade dos serviços, independentemente de o respectivo prestador ser ou não titular da própria rede.

Como decorre do disposto no n.º 5 do seu artigo 7.º, a Lei 88/89 prevê a obrigatoriedade do aluguer de circuitos (isto é, de linhas) da rede básica aos operadores de telecomunicações complementares: só em caso de "comprovada insuficiência de capacidade" da rede básica, é que esta não deverá ser utilizada, o que permitirá, excepcionalmente e em termos a regular, a autorização para estes instalarem, a título precário, as infra-estruturas de que careçam para a prestação de serviços complementares.

Os serviços de telecomunicações complementares são os que envolvem a utilização de infra-estruturas de telecomunicações complementares (que são todas as infra-estruturas de telecomunicações que não integram a rede básica de telecomunicações), deste modo se distinguindo dos serviços fundamentais.

A exploração de serviços de telecomunicações complementares pode ser feita por operadores de serviço público ou por "empresas de telecomunicações complementares devidamente licenciadas para o efeito" (artigo 10.º). Nos títulos de licenciamento das empresas de telecomunicações complementares são definidas as infra-estruturas próprias que ficam habilitadas a instalar para a exploração dos serviços e para a ligação à rede básica. Resulta ainda do artigo 11.º, n.º 2, da mesma lei que o estabelecimento, exploração e gestão das infra-estruturas de telecomunicações complementares e a prestação deste serviço estão obrigatoriamente concentrados na mesma empresa licenciada para o efeito (ou no operador público).

Para além dos serviços complementares e da instalação de redes complementares, a Lei n.º 88/89 liberaliza a prestação de serviços de valor acrescentado.

São serviços de valor acrescentado os que "tendo como único suporte os serviços fundamentais ou complementares, não exigem infra-estruturas de telecomunicações próprias e são diferenciáveis em relação aos próprios serviços que lhes servem de suporte" (artigo 13.º, n.º 1 da citada lei).

Estes serviços podem ser prestados pelo operador público, pelas empresas de telecomunicações complementares e por qualquer pessoa singular ou colectiva autorizada para o efeito.

De acordo com o artigo 17.º da lei, as tarifas e preços relativos às telecomunicações de uso público exploradas em regime de exclusivo são aprovadas pelo Governo, sendo os preços dos restantes serviços fixados pelos operadores, sem prejuízo do disposto no regime geral de preços.[89]

---

[89] O regime de fixação de preços viria a ser aprovado pelo Decreto-Lei n.º 207/92, de 2 de Outubro (também aplicável ao serviço público de correios), revogando o ante-

Em desenvolvimento da Lei n.º 88/89, o **Decreto-Lei n.º 346/90, de 3 de Novembro**, veio definir o regime do estabelecimento, gestão e exploração das infra-estruturas e prestação dos serviços de telecomunicações complementares.[90]

O diploma prevê a existência de serviços de telecomunicações complementares fixos e móveis, caracterizando estes últimos como aqueles em que "o acesso do assinante é efectuado através de um sistema de acesso de assinante de índole não fixa, utilizando a propagação radioeléctrica no espaço".

A prestação dos serviços está sujeita a licença, a ser atribuída pelo Instituto das Comunicações de Portugal (ICP). A atribuição de licença para os serviços (complementares) fixos rege-se pelo princípio da acessibilidade plena, estando o licenciamento dos serviços (complementares) móveis condicionado às limitações do espectro radioeléctrico, na sequência de concurso público, cujo regulamento deverá ser aprovado pelo membro do Governo com a tutela das telecomunicações.[91]

Entre outros, é atribuído aos operadores de telecomunicações complementares o direito de aceder à rede básica "em condições de plena igualdade com a garantia de disporem de interfaces técnicas especializadas" (artigo 7.º, n.º 1, alínea b) do citado diploma).[92]

---

rior Decreto-Lei n.º 355/87, de 14 de Novembro. O regime de preços, de acordo com as regras estabelecidas no artigo 2.º do diploma, deverá ser objecto de convenção (ou convénio, como também foi designado) estabelecida entre a Direcção-Geral de Concorrência e Preços, o Instituto das Comunicações de Portugal e a empresa operadora do serviço público.

[90] O diploma foi alterado pelo Decreto-Lei n.º 147/91, de 12 de Abril, que deu nova redacção ao artigo 19.º (norma excepcional aplicável aos operadores que vinham prestando serviços complementares móveis, nos termos da qual estes mantêm-se habilitados à prestação desses serviços, com dispensa de concurso público).

[91] O que veio a suceder com o Regulamento do Concurso Público para atribuição de uma licença para a prestação do Serviço de Telecomunicações Complementar Móvel Terrestre (faixa 900 MHz-GSM), aprovado pela Portaria n.º 241/91, de 23 de Março, e com o Regulamento do Concurso Público para atribuição de uma licença para a prestação do Serviço de Telecomunicações Complementar Móvel Terrestre (faixas 900 MHz e 1800 MHz-GSM e DCS), aprovado pela Portaria n.º 447-A/97, de 7 de Julho.

[92] O Regulamento de exploração do Serviço de Telecomunicações Complementares - Serviço Móvel Terrestre foi aprovado, ao abrigo do Decreto-Lei n.º 346/90 de 3 de Novembro, pela Portaria n.º 239/91, de 23 de Março, do Ministro das Obras Públicas, Transportes e Comunicações.

A Portaria n.º 477/96, de 10 de Setembro, emitida ao abrigo do artigo 3.º do Decreto-Lei n.º 346/90, liberalizou a oferta de serviços de telefonia vocal a grupos fechados de utilizadores, e aprovou o Regulamento de Exploração do Serviço de Telecomunicações Complementares Fixo – Serviço de Redes Privativas de Voz (SRPV).

O **Decreto-Lei n.º 120/96, de 7 de Agosto**, liberalizou a prestação do serviço de telecomunicações via satélite, ficando contudo vedada a prestação do serviço fixo de telefone e do serviço fixo de telex.

3.2.2. A ORGANIZAÇÃO DA PRESTAÇÃO DO SERVIÇO PÚBLICO – A PRIVATIZAÇÃO E A CONCESSÃO DO SERVIÇO EM 1995

Ainda na vigência da Lei n.º 88/89, o Estado, antecipando o processo de liberalização do sector já iniciado a nível comunitário e nacional, procede à redefinição das formas jurídicas por ele escolhidas para organizar a prestação do serviço público de telecomunicações e a exploração da rede básica de telecomunicações (e de outras redes de telecomunicações).

Em 1989, o serviço público de telefones era prestado, nas cidades de Lisboa e do Porto e seus arredores, pela empresa pública Telefones de Lisboa e Porto (TLP).[93] Nas restantes zonas do território nacional o serviço era prestado pela Correios e Telecomunicações de Portugal. O serviço de telecomunicações intercontinental era prestado, em regime de concessão, pela *Marconi's Wireless Telegraph Company, Ltd.*, posteriormente designada por Companhia Portuguesa Rádio Marconi, S.A. (CPRM).

A Telefones de Lisboa e Porto é transformada numa sociedade anónima de capitais maioritariamente públicos (a TLP, S.A.) pelo Decreto-Lei n.º 147/89, de 6 de Maio.

Em 1991, através do Decreto-Lei n.º 138/91, de 8 de Abril, é criada a Teledifusora de Portugal, S.A. (TDP, S.A.), empresa a quem é atribuída a rede de teledifusão (a TDP foi criada como empresa pública e no mesmo diploma transformada em sociedade anónima de capitais maioritariamente públicos).

---

[93] Esta empresa fora criada em 1967, na sequência do termo do contrato de concessão celebrado em 1882 entre o Estado Português e a *Anglo-Portuguese Telephone Company, Ltd.*

Sobre a evolução empresarial do sector neste período, cfr. SÉRGIO GONÇALVES DO CABO, **Regulação,** p. 213 ss.; ver também PEDRO GONÇALVES, **Direito das Telecomunicações**, p. 68 ss.

Os CTT são transformados em sociedade anónima de capitais exclusivamente públicos (a CTT, S.A.) pelo Decreto-Lei n.º 87/92, de 14 de Maio.

Através deste mesmo diploma foi criada uma sociedade anónima de capitais exclusivamente públicos, a CN – Comunicações Nacionais, SGPS, S.A., que deteria as participações detidas pelo Estado nas empresas de telecomunicações de capitais públicos.

O Decreto-Lei n.º 277/92, de 15 de Dezembro, cria a empresa Telecom Portugal, S.A., por cisão simples da empresa CTT, S.A. O objecto social da nova empresa é "o estabelecimento, a gestão e exploração das infra-estruturas e do serviço público de telecomunicações, bem como, directamente ou através da constituição ou participação em sociedades, o exercício de quaisquer actividades que sejam complementares, subsidiárias ou acessórias daquelas" (artigo 1.º, n.º 1, do citado diploma).

Finalmente, em 1994 é criada a Portugal Telecom, S.A., através do Decreto-Lei n.º 122/94, de 14 de Maio. Conforme decorre deste diploma, a nova empresa resulta da fusão dos operadores de redes públicas então existentes (com excepção da CPRM, S.A.): da TLP, S.A., da Telecom Portugal, S.A. e da TDP, S.A.

A Portugal Telecom, S.A. tem como objecto social "o estabelecimento, gestão e exploração das infra-estruturas de telecomunicações, prestação do serviço público de telecomunicações, os serviços de transporte e difusão do sinal das telecomunicações de difusão, bem como o exercício de quaisquer actividades que sejam complementares, subsidiárias ou acessórias daquelas, directamente ou através da constituição ou participação em sociedades" (artigo 3.º do Decreto-Lei n.º 122/94; cfr. também o artigo 14.º deste diploma).

Posteriormente, a Portugal Telecom, S.A. viria a adquirir a totalidade do capital social da CPRM, S.A. (detido pela CN, SGPS, S.A.).

Culminava, assim, o processo de constituição de uma única empresa, detida pelo Estado, para a prestação dos serviços públicos de telecomunicações e teledifusão e exploração das redes de telecomunicações e teledifusão.

Contudo, como se afirmara no preâmbulo do citado Decreto-Lei n.º 147/89, este processo de constituição de um operador público inseria-se no objectivo de proceder a *"uma gradual privatização do sector"*.

Neste contexto, e por força do disposto no artigo 8.º, n.º 2, da Lei n.º 88/89, de 11 de Setembro, tornava-se necessário celebrar com esta empresa um contrato de concessão de serviço público: **as bases da concessão do serviço público de telecomunicações a celebrar com a Portugal Telecom, S.A. são aprovadas pelo Decreto-Lei n.º 40/95, de 15 de Fevereiro** (anexas ao mesmo diploma), fixando-se o prazo da concessão em 30 anos.[94] - [95]

O contrato de concessão atribui em regime de exclusivo (artigo 4.º, n.º 1, das bases da concessão):
- a exploração, gestão e exploração "de todas e quaisquer infra-estruturas de telecomunicações", com excepção das infra-estruturas de teledifusão quando directamente operadas por empresas habilitadas ao exercício da actividade de radiodifusão sonora, das infra-estruturas de telecomunicações privativas, e das infra-estruturas de telecomunicações complementares (categoria em que estão incluídas, recorde-se, as redes que suportam o serviço móvel terrestre);
- a prestação do serviço fixo de telefone e do serviço de telex (serviços fundamentais de telecomunicações);
- a prestação do serviço de circuitos alugados; e
- a prestação do serviço telegráfico.

Nos n.º 4 e 5 do artigo 4.º das bases da concessão estabelece-se que a exploração em regime de exclusivo cessará quando as actividades em causa forem liberalizadas pelo Estado *"em conformidade com o direito*

---

[94] A justificação da celebração do contrato de concessão encontra-se no preâmbulo deste diploma: "Impõe-se agora, porém, atenta a circunstância de a PT ser uma empresa cujo capital em parte vai ser privatizado, dar cumprimento ao disposto na Lei de Bases do Estabelecimento, Gestão e Exploração das Infra-Estruturas e Serviços de Telecomunicações, especificando as exactas condições em que o serviço público de telecomunicações que a PT tem a seu cargo deve ser prestado, nas bases do contrato de concessão a outorgar". Note-se que se trata de uma justificação fundada na política adoptada para o sector. De um ponto de vista jurídico, nada obrigava o Estado a criar um operador público de telecomunicações, nem, subsequentemente, a atribuir a este a concessão do serviço público e a exploração da rede básica. Mas, em face desta orientação política, e pretendendo manter no mesmo operador a prestação desses serviços e a exploração dessa rede, o instrumento jurídico adequado para o efeito, à luz do quadro legal então em vigor, era a celebração de um contrato de concessão.

[95] As bases da concessão, tal como aprovadas por este diploma, seriam alteradas pelo Decreto-Lei n.º 458/99, de 5 de Novembro. As alterações incidem principalmente em disposições relativas aos encargos com a prestação do serviço universal.

Através do Decreto-Lei n.º 219/2000, de 9 de Setembro, foi autorizada a cessão da posição contratual da concessionária Portugal Telecom, S.A a favor da PT Comunicações, S.A., empresa criada no quadro da reestruturação empresarial do Grupo Portugal Telecom.

comunitário", caso em que a concessionária ficará obrigada a "*prestar os correspondentes serviços em termos de serviço universal, garantindo todas as obrigações que lhe estão cometidas nos termos do contrato de concessão*".

Integram ainda a concessão a prestação do serviço de difusão e de distribuição de sinal de telecomunicações de difusão e a prestação do serviço comutado de transmissão de dados (artigo 2.º, n.º 1 das bases da concessão).

A concessão do estabelecimento, gestão e exploração das infra-estruturas afectas às ligações internacionais, bem como da prestação dos serviços atribuídos à Companhia Portuguesa Rádio Marconi, S. A. (CPRM), só produz os seus efeitos com a cessação da vigência do contrato de concessão da CPRM então em vigor.[96]

À concessionária é conferida a posse das infra-estruturas que integram a rede básica de telecomunicações, as quais, como se menciona no artigo 5.º das bases da concessão, constituem bens do domínio público.

O processo de privatização da Portugal Telecom, S.A. inicia-se pouco depois, através do Decreto-Lei n.º 44/95, de 22 de Fevereiro. Com a terceira fase do processo de privatização, em 1997, o Estado deixa de deter directamente a maioria do capital social da empresa.[97]

3.2.3. A "Lei de bases" de 1997

É neste quadro que é aprovada, em 1997, uma nova "lei de bases", que enquadra a plena liberalização do sector: a Lei n.º 91/97, de 1 de Agosto, que define as bases gerais a que obedece o estabelecimento, gestão e

---

[96] A cessação deste contrato viria a ocorrer por força da sua revogação, por acordo, revertendo o estabelecimento da concessão para o Estado, como decorre do Decreto-Lei n.º 265-A/95, de 17 de Outubro.

[97] O processo de privatização seria concluído em 2000, mantendo o Estado a titularidade de 500 acções representativas do capital social. Sobre o enquadramento legal do processo de privatização, ver SÉRGIO GONÇALVES DO CABO, *Regulação...*, p. 215.

De acordo com o pacto social da Portugal Telecom, S.A., trata-se de acções da categoria "A" que conferem direitos especiais ao seu titular. A manutenção destes direitos especiais pelo Estado português foi declarada incompatível com a livre circulação de capitais consagrada no artigo 56.º do Tratado CE (actual artigo 63.º do TFUE) por Acordão do Tribunal de Justiça de 8 de Julho de 2010 (processo C-171/08, *Comissão Europeia vs. República Portuguesa*).

exploração de redes de telecomunicações e a prestação de serviços de telecomunicações (e revoga a Lei n.º 88/89).[98]

3.2.3.1. A PLENA LIBERALIZAÇÃO DO SECTOR

A lei estabelece o *"princípio da liberalização das telecomunicações, a exercer de acordo com a legislação aplicável"*, incluindo a oferta de redes de telecomunicações (artigos 7.º e 11.º).[99]

Porém, o artigo 20.º da lei difere para Janeiro de 2000 a liberalização da prestação do serviço fixo de telefone e a liberalização da instalação, estabelecimento e exploração de redes de telecomunicações que o suportam (ou seja, das designadas redes fixas de telecomunicações).

---

[98] Anteriormente fora aprovada a Lei n.º 88-A/97, de 25 de Julho, que regulava o acesso da iniciativa económica privada a determinadas actividades económicas. Esta lei elimina qualquer restrição, por entidades privadas, ao acesso à actividade de telecomunicações.

[99] O acesso e o exercício da actividade de operador de rede de distribuição por cabo, para uso público, no território nacional, será regulamentado pelo Decreto-Lei n.º 241/97, de 18 de Setembro, em desenvolvimento da Lei n.º 58/90, de 7 de Setembro, que regula o exercício da actividade de televisão no território nacional. (Ao abrigo desta mesma lei, a matéria havia sido regulada pelo Decreto-Lei n.º 292/91, de 13 de Agosto). Com efeito, nos termos já mencionados, as redes de distribuição por cabo não eram à data reguladas no âmbito das telecomunicações, acentuando-se a sua finalidade principal de transmitir conteúdos e não prestar serviços de telecomunicações de uso público. Contudo, no artigo 10.º do diploma não deixa de estar já prevista a possibilidade de os operadores de distribuição por cabo, com base na mesma rede, prestarem serviços bidireccionais de transmissão de dados e alugarem capacidade de transmissão para a prestação de serviços de telecomunicações, tendo o direito, para o efeito, de interligar a respectiva rede com a rede básica de telecomunicações. Mantém-se é a proibição de a rede ser utilizada, ou alugada, para a prestação do serviço fixo de telefone.

O acesso à actividade de operador de distribuição por cabo está sujeito a autorização do membro do Governo responsável pela área das comunicações, sob proposta do Instituto das Comunicações de Portugal (artigo 4.º). Mas a actividade de transmissão por cabo de emissões de rádio e de televisão é regulada pela lei aplicável a estes sectores.

Com a convergência da regulação de todas as redes de comunicações, a oferta de redes de distribuição por cabo viria a ser regulada no âmbito da Lei das Comunicações Electrónicas, cujo artigo 127.º revoga o Decreto-Lei n.º 241/97, mas mantém expressamente em vigor a Portaria n.º 791/98, de 22 de Setembro, que fixa as normas técnicas a que devem obedecer a instalação e o funcionamento das redes de distribuição por cabo. A actividade de Televisão e de Rádio mantém-se regulada por legislação específica, de acordo com a regra da separação da regulação de conteúdos.

É também consagrado o princípio da liberalização de tarifas e preços dos serviços de telecomunicações, estando o regime de preços do serviço universal sujeito a legislação específica.[100]

Finalmente, através do disposto no artigo 18.º da lei é introduzida a liberdade de ligação às redes públicas dos equipamentos terminais (desde que devidamente aprovados), sendo eliminada a exigência de a sua instalação ser efectuada por pessoas autorizadas (constante do artigo 16.º da Lei n.º 88/89).

Com esta lei desaparece o conceito de serviços complementares, sendo introduzidos os conceitos de "**telecomunicações de uso público**" e de "**redes públicas de telecomunicações**", na acepção acima mencionada de serviços destinados ao público em geral, e de redes que suportam esses serviços.

As telecomunicações de uso público distinguem-se das "**telecomunicações privativas**" e das "**redes privativas de telecomunicações**", definindo aquelas como as que são "destinadas ao uso próprio ou a um número restrito de utilizadores" (artigo 2.º).

3.2.3.2. O REGIME DO SERVIÇO UNIVERSAL

A lei fixa, pela primeira vez, os princípios que estruturam o serviço universal de telecomunicações, prevendo-se um sistema de financiamento dos custos de serviço universal (artigos 8.º e 9.º).

O modo como a prestação do serviço universal é configurado no artigo 8.º da lei suscita algumas dúvidas, na medida em que, numa primeira leitura, parece ser assumido pelo legislador que *serviço universal* e *serviço público* são conceitos que se equivalem: no n.º 2 do citado artigo 8.º estabelece-se que o serviço universal pode ser prestado pelo Estado, por pessoa colectiva de direito público ou por empresa privada, neste caso, mediante contrato.[101]

Ora, como já era considerado na citada Resolução do Conselho, de 7 de Fevereiro de 1994, relativa aos princípios do serviço universal no sector das telecomunicações (94/C 48/01), "para a determinação da melhor forma de garantir a prestação do serviço universal, as autoridades regulamenta-

---

[100] O regime de preços será estabelecido nos artigos 10.º e 11.º do Decreto-lei n.º 458/99, de 5 de Novembro, emitido ao abrigo desta lei.

[101] No seu núcleo essencial, a Lei n.º 91/97 teria configurado o serviço universal de telecomunicações como um serviço público, à semelhança do regime estabelecido pela anterior Lei n.º 88/89.

doras nacionais deverão ter em conta o facto de, em numerosos casos, se esperar que as forças do mercado garantam a prestação desses serviços numa base comercial sem qualquer outra intervenção".

Como adverte PEDRO GONÇALVES, "o conceito de serviço universal não pretende representar uma actividade que o Estado deva explorar, constituindo antes, pela sua "referência social", uma legitimação para o Estado impor *encargos* ou *modos* às empresas que exploram determinados serviços de telecomunicações enquanto *actividades privadas em concorrência*. Neste sentido, o serviço universal não identifica um certo tipo de serviços de telecomunicações, mas antes um *conjunto de condições* a que se vinculam empresas privadas que prestam certos serviços (designadamente, o serviço fixo de telefone)." [102]

Dispõe o artigo 8.º, n.º 2, da lei, contudo, que o contrato reveste "a forma de concessão" caso no seu objecto seja incluído o estabelecimento, gestão e exploração da rede básica de telecomunicações. Neste contrato de concessão poderá também ser incluída a prestação de um serviço comutado de transmissão de dados e de um serviço de circuitos alugados e de outros serviços: trata-se de serviços que supõem a gestão da rede básica porque são nela suportados. Esta disposição acolhe na íntegra a configuração do contrato de concessão do serviço público de telecomunicações, tal como resulta das respectivas bases aprovadas pelo Decreto-Lei n.º 490/95, de 15 de Fevereiro.

Considerando que, de acordo com a alínea c) do n.º 2 do artigo 8.º da lei, caso o Estado opte pela exploração do serviço universal por uma pessoa colectiva de direito privado celebrará com esta um contrato, que não é nominado pela lei, e a circunstância de esta prever que tal contrato revestirá "*a forma de concessão*" no caso de incluir a exploração da rede básica, conclui PEDRO GONÇALVES que a lei não considera de natureza concessória o contrato pelo qual o Estado atribui a exploração do serviço fixo de telefone em termos de serviço universal. Segundo o mesmo Autor, no caso de o serviço universal ser confiado à empresa que explora a rede básica, o contrato assume a natureza de um contrato de concessão de exploração do domínio público.[103] - [104]

---

[102] PEDRO GONÇALVES, *Direito das Telecomunicações*, p. 73.

[103] *Ob. cit.*, p. 74.

[104] De acordo com o disposto no n.º 5 do artigo 12.º da lei, a rede básica de telecomunicações, constituindo um bem do domínio público do Estado, pode ser afecta "a operador de serviço universal".

Em todo o caso, do disposto nos n.º 2 e 3 do citado artigo 8.º da lei decorre um princípio da maior relevância, na perspectiva de um mercado concorrencial: o de que a exploração do "serviço universal" por uma empresa privada não implica necessariamente que lhe seja atribuída a exploração da rede básica de telecomunicações.[105]

3.2.3.3. O CONCEITO E O ESTATUTO DA "REDE BÁSICA" DE TELECOMUNICAÇÕES

No artigo 12.º da Lei n.º 91/97 retoma-se, no essencial, a regulação da rede básica de telecomunicações tal como constante da anterior lei de 1989:
– o n.º 1 comete ao Estado a tarefa de assegurar a existência, disponibilidade e qualidade de "uma rede pública de telecomunicações endereçada, *denominada «rede básica»*";
– os n.º 2 e 3 definem os elementos que compõem a rede básica;
– o n.º 4 determina que a rede básica deve funcionar como uma *rede aberta*, "servindo de suporte à transmissão da generalidade dos serviços, devendo ser assegurada a sua utilização por todos os operadores de telecomunicações em igualdade de condições de concorrência";
– o n.º 5 reafirma o estatuto da rede básica como um bem do domínio público do Estado, que pode ser afecto "*a operador de serviço universal*";

---

[105] Trata-se um princípio que está em perfeita consonância com as directivas acima mencionadas. Também relacionado com este princípio, prevê-se certamente no n.º 5 do artigo 12.º que a rede básica pode ser afecta "a operador de serviço universal", sugerindo a utilização do pronome indefinido que o mesmo não estaria ainda designado ou poderia no curto prazo vir a ser outro. Como se sabe, quer aquele princípio, quer esta disposição, estavam desprovidas de operatividade prática, tendo em conta o teor das bases da concessão do serviço público de telecomunicações aprovadas pelo Decreto-Lei n.º 490/95, de 15 de Fevereiro: a rede básica não só foi afecta à concessão como a sua exploração estava incluída no objecto da concessão. Veremos adiante que as novas bases da concessão também não dão operatividade àquele princípio.
Aliás, a estipulação de um princípio com aquele alcance mas destituído, até ao presente, de significado prático, bem como de todo o regime plasmado no artigo 8.º da Lei n.º 91/97, e que suscita as questões mencionadas no texto, parece participar já da "*ambiguidade jurídica*" que o TJUE detecta, na mesma matéria da regulação da designação do prestador do serviço universal, na actual Lei das Comunicações Electrónicas – cfr. n.º 49 do Acórdão do Tribunal de Justiça, de 7 de Outubro de 2010 (Processo C – 154/09), *Comissão Europeia vs. República Portuguesa.*

– o n.º 6 estabelece que é garantido o desenvolvimento e a modernização da rede básica. [106]

A redacção dos artigos 8.º e 12.º da lei viria a ser alterada pela Lei n.º 29/2002, de 6 de Dezembro, que procede à desafectação da rede básica do domínio público e prevê a possibilidade da sua alienação, estabelecendo, no entanto, que a mesma está afecta à prestação do serviço universal.

Os n.º 2 e 3 do artigo 12.º da Lei n.º 91/97, com a alteração à redacção do n.º 2 do artigo 12.º introduzida pela Lei n.º 29/2002, mantêm-se em vigor (visto que a respectiva revogação foi expressamente ressalvada pela alínea a) do n.º 1 do artigo 127.º da LCE).

A noção legal de «rede básica» actualmente em vigor é a seguinte:

"A rede básica de telecomunicações é composta pelo sistema fixo de acesso de assinante, pela rede de transmissão e pelos nós de concentração, comutação ou processamento, afectos à prestação do serviço universal de telecomunicações.

Entende-se por:
a) Sistema fixo de acesso de assinante – o conjunto dos meios de transmissão localizados entre um ponto fixo, ao nível da ligação física ao equipamento terminal de assinante e outro ponto, situado ao nível da ligação física no primeiro nó de concentração, comutação ou processamento;
b) Rede de transmissão – o conjunto de meios físicos ou radioeléctricos que estabelecem as ligações para transporte de informação entre os nós de concentração, comutação ou processamento;
c) Nós de concentração, comutação ou processamento – todo o dispositivo ou sistema que encaminhe ou processe a informação com origem ou destino no sistema de assinante".

---

[106] O artigo 13.º da Lei n.º 91/97 determina que os operadores de *"redes básicas de telecomunicações"* estão isentos do pagamento de taxas e de quaisquer outros encargos, pela implantação das infra-estruturas de telecomunicações ou pelo atravessamento de diferentes equipamentos. A natureza discriminatória desta isenção concedida à concessionária do serviço público foi considerada em desconformidade com o direito europeu pelo TJCE: *Acórdão Comissão vs. República Portuguesa*, de 20.10.2005, proc. n.º C-334/03.

Na sequência da Lei n.º 29/2002, de 6 de Dezembro, foi celebrado, a 27 de Dezembro de 2002, o contrato de alienação da rede básica e da rede de telex pelo Estado Português à PT Comunicações, S.A.

Posteriormente, o Decreto-Lei n.º 95/2003, de 3 de Maio, emitido ao abrigo da autorização legislativa conferida pela Lei n.º 6/2003, de 6 de Março, estabeleceu a possibilidade de "expropriação da rede básica de telecomunicações, ou de qualquer dos bens que a integram, por razões de interesse público, devidamente justificadas", mediante o pagamento de uma indemnização cujo "valor corresponderá ao valor do bem a expropriar no momento da decisão de expropriação".

No preâmbulo do diploma, e invocando a alienação da rede básica ao operador histórico, a possibilidade de expropriação é justificada nos seguintes termos:

"Tendo, no entanto, em consideração que num cenário, que agora não se prevê, possam ocorrer circunstâncias excepcionais em que o interesse público exija a reaquisição da propriedade da rede básica por parte do Estado, e atendendo a que o quadro legal vigente não permite tal reaquisição, entendeu o Governo estabelecer, com a competente autorização da Assembleia da República, um mecanismo expropriativo que lhe permita assumir a propriedade e a posse da rede básica, se tal vier a ser necessário".

Outros aspectos do estatuto jurídico da rede básica encontram-se regulados no artigo 2.º do Decreto-Lei n.º 31/2003, de 17 de Fevereiro (que aprova a modificação das Bases da concessão, na sequência da venda da rede básica):
– Sem prejuízo da sua afectação à prestação do serviço universal, a concessionária fica autorizada a alienar a rede básica de telecomunicações;
– Em qualquer caso, a concessionária fica obrigada a manter a posse da rede básica enquanto durar a concessão (salvo nos casos de subconcessão, nos termos das bases da concessão);
– A entidade proprietária da rede básica (seja ou não a concessionária) fica obrigada a comunicar ao membro do Governo responsável pelo sector das comunicações todos os negócios jurídicos que tenham por efeito a alienação e a oneração da rede básica no prazo de 10 dias contados da respectiva celebração;

– O Estado pode fiscalizar a rede básica, devendo, nomeadamente, ser-lhe concedido livre acesso a todas as infra-estruturas, bens e documentos que digam respeito à mesma rede.

3.2.3.4. A REGULAMENTAÇÃO DA "LEI DE BASES" DE 1997

A Lei n.º 91/97 viria a ser desenvolvida pelos diplomas que a seguir se enumeram.

a) **Decreto-Lei n.º 381-A/97**, de 30 de Dezembro, que regula o acesso à actividade de operador de redes públicas de telecomunicações e de prestador de serviços de telecomunicações de uso público. [107] Este diploma visa transpor normas das Directivas 96/2/CE e 96/19/CE, ambas da Comissão, e da Directiva 97/13/CE, do Parlamento Europeu e do Conselho, e, como se informa no respectivo preâmbulo, *"reflecte os resultados do processo negocial desenvolvido pelo Governo Português com a Comissão Europeia"*.

O diploma estabelece o regime do acesso à actividade no quadro da plena liberalização do sector, mantendo apenas as restrições relativas ao calendário da sua concretização.

Deste modo, será o diploma que regulará a matéria até à entrada em vigor da Lei das Comunicações Electrónicas.

É estabelecido o princípio de que a prestação de serviços de telecomunicações está sujeita a mero registo, prevendo-se que as entidades registadas "estão sujeitas, consoante os casos, às condições e modos" enumerados no artigo 7.º, e podem utilizar as redes públicas para a prestação dos seus serviços.

Contudo, para além da atribuição de frequências, mediante concurso[108], sujeita-se a licenciamento a prestação do serviço fixo de

---

[107] Objecto das Declarações de Rectificação n.º 1-B/98 e n.º 7-D/98, publicadas nos *Diários da República, I Série – A*, n.º 26, de 31.01.1998, e n.º 76, de 31.03.1998, respectivamente.

[108] A aprovação do regulamento do concurso compete ao membro do Governo responsável pela área das comunicações, de acordo com o disposto no n.º 2 do artigo 13.º. Ao abrigo desta norma foi aprovado o Regulamento do Concurso Público para atribuição de quatro licenças de âmbito nacional para os sistemas de telecomunicações móveis internacionais (IMT2000/UMTS), mediante a utilização de 2 x 15 MHz de espectro emparelhado nas faixas 1920-1980 MHz e 5 MHz de espectro não emparelhado na faixa 1900-1920 MHz, para cada

telefone e o estabelecimento ou fornecimento de redes públicas de telecomunicações, regendo, nestes casos, o princípio de acessibilidade plena.[109]
Nos termos do artigo 36.º do diploma, fixa-se em 1 de Janeiro de 2000 a plena liberalização do sector, prevendo-se que até essa data não serão atribuídas licenças para a prestação de serviço fixo de telefone e para a instalação de redes de telecomunicações que o suportam (artigo 36.º), e que só podem ser concedidas licenças de operador de redes públicas de telecomunicações a operadores de serviços ou redes já instalados (artigo 38.º).
Esta última restrição viria a ser revogada pelo artigo único do Decreto-Lei n.º 92/99, de 23 de Março, que, deste modo, antecipou a data de liberalização do sector nestas áreas (indo de encontro aos objectivos delineados na Directiva 96/19/CE, da Comissão).

b) **Decreto-Lei n.º 415/98**, de 31 de Dezembro, que estabelece o regime de interligação entre redes públicas de telecomunicações num ambiente de mercados abertos e concorrenciais, por forma a permitir a interoperabilidade de serviços de telecomunicações de uso público, e define os princípios gerais aplicáveis à numeração.[110]

O diploma procede à transposição da Directiva 97/33/CE, do Parlamento Europeu e do Conselho, de 30 de Junho, acima analisada, atribuindo ao Instituto das Comunicações de Portugal (ICP) a função de "autoridade reguladora nacional" prevista na directiva.
Interessa apenas salientar o seguinte:
- são introduzidas as noções de "**rede telefónica física**", de "**rede telefónica móvel**", de "**número**", de "**número geográfico**", de "**prefixo**" e de "**código de identificação**" (artigo 2.º);

---

uma das licenças. As propostas a apresentar deveriam, nos termos deste regulamento, ser baseadas na norma UMTS (*Universal Mobile Telecommunications System*).

[109] É esta circunstância que explica que todos os operadores de redes públicas de telecomunicações, incluindo os operadores das redes móveis, bem como os operadores das redes fixas instaladas após 1 de Janeiro de 2000, sejam titulares de licenças de redes de telecomunicações (cfr. a respectiva listagem disponível em http://www.anacom.pt/render.jsp?categoryId=1979&themeMenu=1#horizontalMenuArea) Estas licenças distinguem-se, quer das que titulam o direito de utilização de frequências, quer das relativas às estações de radiocomunicações.

[110] O artigo 33.º deste diploma viria a ser revogado pelo Decreto-Lei n.º 458/99, de 5 de Novembro.

- é estabelecido que a interligação entre redes públicas é garantida, em primeira linha, pela rede básica de telecomunicações, de modo a garantir a interoperabilidade dos serviços de telecomunicações de uso público;
- é estabelecido que o Plano Nacional de Numeração deve garantir a portabilidade dos números até 1 de Janeiro de 2002;
- é fixado que até 1 de Janeiro de 2002 deve estar garantida, pelos operadores de redes telefónicas fixas ou prestadores de serviços telefónicos fixos, aos utilizadores finais a pré-selecção de chamada (escolha dos serviços de um dos operadores ou prestadores interligados através de uma pré-selecção, com possibilidade de anulação, chamada-a-chamada, mediante a marcação de um prefixo curto).[111]

c) **Decreto-Lei n.º 290-A/99**, de 30 de Julho, que aprova o Regulamento de Exploração de Redes Públicas de Telecomunicações.[112]

O diploma transpõe a Directiva 97/51/CE, do Parlamento Europeu e do Conselho, e visa enquadrar num único acto legislativo as regras aplicáveis à oferta de redes públicas de telecomunicações, em especial de circuitos alugados.

O regulamento é aplicável a todos os operadores que ofereçam redes públicas de telecomunicações (redes fixas ou móveis), incluindo:
- os operadores de redes de distribuição por cabo que utilizem ou forneçam a sua rede para a prestação de serviços de telecomunicações de uso público endereçados; [113]

---

[111] A selecção de chamada constituiu um modo de acesso a serviços fixos de voz prestados por outros operadores e foi uma das principais vias de introdução de concorrência no mercado, sobretudo devido aos preços competitivos praticados por novos operadores do designado "acesso indirecto" (precisamente porque o acesso ocorre através de uma rede que não é controlada por esse operador).

[112] A redacção dos artigos 23.º, 24.º e 34.º foi alterada pelo Decreto-Lei n.º 249/2001, de 21 de Setembro, "considerando a necessidade invocada pela Comissão Europeia de mais correctamente proceder à transposição de determinadas regras" da Directiva 97/51/CE, do Parlamento Europeu e do Conselho.

[113] Como resulta do artigo 2.º, n.º 1, do diploma, o regulamento só é aplicável a estes operadores quando a rede for utilizada para a prestação de serviços endereçados. Contudo, esta pretensão de regulação conjunta da oferta das redes de cabo, anuncia a convergência de regulação, à data já assumida no plano comunitário, como uma linha estruturante da regulação do sector. Afirma-se no preâmbulo do diploma que "os meios tecnológicos empregues na instalação das redes não constituem, por si só, factor distintivo que implique o seu tratamento disperso por vários diplomas legais".

- a concessionária do serviço público de telecomunicações, uma vez que havia entretanto cessado o regime de exclusivo atribuído a esta na prestação de serviços de circuitos alugados.

Inclui ainda um conjunto de disposições específicas sobre o procedimento de atribuição de licenças para o estabelecimento ou fornecimento de redes de satélites, incluindo o licenciamento de operadores de redes ou sistemas de comunicações móveis pessoais via satélite.

d) **Decreto-Lei n.º 290-B/99**, de 30 de Julho, que aprova o Regulamento de Exploração dos Serviços de Telecomunicações de Uso Público.

O regulamento complementa várias disposições do Decreto-Lei n.º 381-A/97, de 30 de Dezembro, relativas aos direitos dos assinantes, transpondo disposições da Directiva 98/10/CE, do Parlamento Europeu e do Conselho.

São excluídos do seu âmbito de aplicação os serviços de telecomunicações de difusão, porque não se trata de comunicações endereçadas, matéria em que a protecção dos assinantes assume uma específica fisionomia comum.

A exploração do serviço fixo de telefone também não é regulada por este regulamento: o **Regulamento de Exploração do Serviço Fixo de Telefone seria aprovado pelo Decreto-Lei n.º 474/99, de 8 de Novembro**, e alterado pela Lei n.º 95/2001, de 20 de Agosto.

Estão assim abrangidos pelo âmbito de aplicação do regulamento todos os demais serviços de telecomunicações endereçadas, como sejam os serviços de telecomunicações móveis (incluindo os "serviços telefónicos móveis" e os serviços de comunicações móveis via satélite), e alguns serviços fixos, como o "serviço de transporte de voz em grupos fechados de utilizadores".

O Regulamento de Exploração dos Serviços de Telecomunicações de Uso Público e o Regulamento de Exploração do Serviço Fixo de Telefone seriam também alterados pelo **Decreto-Lei n.º 133/2002, de 14 de Maio**, com o objectivo de facilitar a portabilidade dos números e a mudança de operador. Este diploma atribui ao ICP – Autoridade Nacional de Comunicações (ICP-ANACOM) a competência para aprovar as regras necessárias à execução da portabilidade, nos termos definidos.

e) **Decreto-Lei n.º 290-C/99**, de 30 de Julho, que define o regime de estabelecimento e utilização de redes privativas de telecomunicações.

De acordo com o disposto na Lei n.º 91/97, que este diploma regulamenta, as redes privativas de telecomunicações são, recorde-se, "as que suportam apenas serviços privativos de telecomunicações", sendo estes os "destinados ao uso próprio ou a um número restrito de utilizadores", que podem ser serviços endereçados ou de difusão ou teledifusão (artigo 2.º da Lei n.º 91/97).

Para além das redes privativas de alguns departamentos e serviços do Estado, e da rede informática do Governo, o diploma exclui do seu âmbito de aplicação as redes de distribuição por cabo em condomínios, bem como os sistemas de recepção e distribuição de sinais de radiodifusão sonora e televisiva instalados em edifícios.

Em rigor, e tendo presente o disposto no artigo 2.º do Decreto-Lei n.º 290-C/99, são **redes privativas de telecomunicações**, para efeito do diploma, as redes instaladas, por pessoas singulares ou colectivas, para uso próprio ou para um número restrito de utilizadores, que não se destinam a ser exploradas com fins comerciais e cuja utilização não tenha como contrapartida uma remuneração.

O estabelecimento de uma rede privativa depende apenas de comunicação prévia ao Instituto das Comunicações de Portugal, acompanhada apenas de documento de identificação do interessado, de memória justificativa com indicação dos fins a que a rede se destina e do projecto técnico da rede. O estabelecimento de **redes informáticas e de redes privativas destinadas a servir exclusivamente um prédio**, esteja ou não sujeito ao regime da propriedade horizontal ("*uma mesma propriedade ou condomínio*" na expressão legal), ficam dispensados da comunicação prévia ao Instituto das Comunicações de Portugal, bem como do pagamento de taxas associadas ao estabelecimento da rede.

Para o estabelecimento da rede privativa é conferida ao interessado a faculdade de instalar os meios necessários à sua constituição, bem como a de recorrer aos meios dos operadores de redes públicas de telecomunicações, designadamente para proceder à ligação da rede privativa com os serviços de telecomunicações de uso público, a qual é feita através de um único ponto de acesso.

Importa desde já notar que a revogação deste diploma pela Lei das Comunicações Electrónicas não significa que toda esta matéria tenha passado a ser regulada por esta lei.

O que se verifica é que o estabelecimento de redes para uso próprio ou para um número restrito de utilizadores, que não se destinam a ser exploradas com fins comerciais e cuja utilização não tenha como contrapartida uma remuneração (incluindo, portanto, quer as redes informáticas, quer as redes privativas destinadas a servir exclusivamente um prédio), não estão incluídas no âmbito de aplicação da Lei das Comunicações Electrónicas. [114]

f) **Decreto-Lei n.º 458/99**, de 5 de Novembro, que define o âmbito do serviço universal de telecomunicações e estabelece os regimes de fixação de preços e de financiamento que lhe são aplicáveis.

Este diploma, que completa a regulamentação da Lei nº 91/97, transpõe disposições das Directivas 97/33/CE e 98/10/CE, do Parlamento Europeu e do Conselho.

Na sequência do estabelecido nesta última directiva, para além da prestação do serviço fixo de telefone, passam a estar abrangidos pelo serviço universal de telecomunicações (i) a oferta de postos públicos, (ii) a disponibilização de listas de assinantes (listas telefónicas) e (iii) de um serviço informativo, devendo as listas e este serviço disponibilizar, nos termos da lei, os números de assinantes do serviço fixo de telefone e do serviço telefónico móvel.

No que se refere à designação dos prestadores do serviço universal, o diploma mantém, ou *"exacerba"*, a *"ambiguidade jurídica"* acima assinalada a propósito da Lei n.º 91/97, que regulamenta.

Com efeito, o Decreto-Lei n.º 458/99 estabelece no seu artigo 9.º, pela primeira vez, que os prestadores de serviço universal serão designados mediante concurso, mas reproduz, no seu artigo 8.º, a disposição do artigo 8.º da Lei n.º 91/97.

Aliás, dispõe o artigo 23.º do Decreto-Lei n.º 458/99 que a Portugal Telecom, S. A. é designada como prestadora de serviço universal de telecomunicações, no prazo de vigência do contrato

---

[114] À instalação e utilização destas redes privativas são aplicáveis muitas das disposições do Decreto-Lei n.º 123/2009, de 21 de Maio (alterado e republicado pelo Decreto-Lei n.º 258/2009, de 25 de Setembro), relativas sobretudo às regras técnicas de instalação e ao acesso por operadores de comunicações electrónicas.

de concessão de serviço público de telecomunicações, determinando o seu n.º 2 que, findo esse prazo, o prestador do serviço universal será designado nos termos do artigo 9.º do mesmo diploma.[115]

Para além de estabelecer o regime de fixação de preços do serviço universal, que supõe uma convenção a celebrar entre a Direcção-Geral de Comércio e Concorrência (DGCC), o ICP "e o prestador ou prestadores de serviço universal" (artigos 10.º e 11.º), o diploma regulamenta o mecanismo de financiamento do serviço universal (artigos 12.º a 15.º).

Dispõe o artigo 12.º que "os prestadores do serviço universal de telecomunicações devem ser compensados pelas margens negativas inerentes à sua prestação, quando existentes".

Por outro lado, o artigo 13.º, em linha, aliás, com a Directiva 97/33/CE, do Parlamento Europeu e do Conselho, que transpõe nesta matéria, recorre ao conceito de "custo líquido do serviço universal", sendo este que – uma vez apurada a sua existência de acordo com os critérios estabelecidos na mesma disposição legal – deverá ser satisfeito pelo "fundo de compensação do serviço universal de telecomunicações" (artigo 14.º, n.º 1).[116]

Neste sentido, afirma-se no preâmbulo do diploma que "É criado o fundo de compensação do serviço universal de telecomunicações como mecanismo de repartição dos custos líquidos da prestação daquele serviço, quando existentes".

---

[115] A solução legal visa, como se escreve no preâmbulo do diploma, *"conciliar o regime do presente diploma com o decorrente das bases da concessão do serviço público de telecomunicações, aprovadas pelo Decreto-Lei n.º 40/95, de 15 de Fevereiro. Para o efeito, fica inicialmente designada como prestador do serviço universal de telecomunicações a Portugal Telecom, S. A."*. Este esforço de conciliação da lei com as bases da concessão, isto é, a inversão da lógica das coisas (apesar da idêntica dignidade formal dos actos normativos em causa), culminou, na Lei das Comunicações Electrónicas, com um resultado em tudo idêntico ao do diploma em consideração. Parece, pois, autorizada a conclusão de que, aplicando a doutrina do Acórdão do Tribunal de Justiça, de 7 de Outubro de 2010 (Processo C – 154/09), *Comissão Europeia vs. República Portuguesa*, ao Decreto-Lei n.º 458/99 e à sua conformidade com o direito comunitário, o diploma mereceria do TJUE idêntico juízo de censura.

[116] Os operadores de redes públicas de telecomunicações e os prestadores de serviço telefónico fixo e móvel ficam obrigados, de acordo com o artigo 15.º, n.º 2, do diploma, a pagar as contribuições para o fundo que venham a ser definidas pelo ICP.

O que determina a conclusão que os prestadores do serviço universal, de acordo com este diploma, terão direito a ser compensados pelo custo líquido do serviço universal, e não "*pelas margens negativas inerentes à prestação do serviço universal*", como inculca a redacção do n.º 1 do artigo 12.º. É o cálculo do custo líquido do serviço universal, efectuado pelo prestador do serviço universal, que é sujeito à "aprovação" do ICP referida no n.º 1 do artigo 12.º.[117]

Esta interpretação, que decorre da conciliação entre si do sentido das disposições dos artigos 12.º, 13.º e 14.º, n.º 1, é a que se afigura estar em conformidade com o disposto no n.º 3 do artigo 5.º da Directiva 97/33/CE.[118]

A Lei n.º 91/97 e todos os diplomas que a regulamentam, que acabámos de visitar, constituem, no essencial, o quadro regulamentar do sector vigente até 11 de Fevereiro de 2004, data da entrada em vigor da Lei das Comunicações Electrónicas (e que os viria a revogar expressamente).

3.2.4. A MODIFICAÇÃO DAS BASES DA CONCESSÃO DO SERVIÇO PÚBLICO EM 2003

Entretanto, e já na pendência do período de transposição das directivas que integram o "pacote regulamentar de 2002", e na sequência da

---

[117] O diploma revogou várias disposições das bases da concessão do serviço público de telecomunicações aprovadas pelo Decreto-Lei n.º 40/95, de 15 de Fevereiro, relativas aos encargos com a prestação do serviço universal, entre as quais o n.º 4 do artigo 24.º que previa que eventuais margens negativas de exploração decorrentes das obrigações de serviço universal seriam deduzidas ao quantitativo anual da renda devida ao Estado pelo estabelecimento, gestão e exploração das infra-estruturas concessionadas. O que significa que a questão da eventual aplicação do regime estabelecido nos artigos 12.º a 15.º do Decreto-Lei n.º 458/99 à concessionária só se coloca para os custos líquidos respeitantes ao período posterior à entrada em vigor deste diploma.

[118] Esta disposição estabelece que "para determinar a sobrecarga, caso exista, que a oferta do serviço universal representa, as organizações com obrigações de serviço universal calcularão, a pedido da sua autoridade reguladora nacional, o custo líquido dessas obrigações, de acordo com o anexo III. O cálculo do custo líquido das obrigações de serviço universal será objecto de auditoria pela autoridade reguladora nacional ou por outro organismo competente, independente da organização de telecomunicações e aprovado pela autoridade reguladora nacional".

venda da rede básica à concessionária, foi aprovada pelo Decreto-Lei n.º 31/2003, de 17 de Fevereiro, a modificação do contrato de concessão.

As anteriores bases da concessão, aprovadas pelo Decreto-Lei n.º 40/95, de 15 de Fevereiro, foram substituídas pelas bases anexas ao Decreto--Lei n.º 31/2003. Contudo, foi mantido o prazo de 30 anos, estabelecendo--se agora que o contrato de concessão termina em 20 de Março de 2025.

Conforme se assinalou acima, em 1997 desapareceu qualquer fundamento para se considerar a prestação de serviços de telecomunicações como um serviço público. Em consequência, em 2003, quando o contrato de concessão foi renegociado, já não existia qualquer serviço público passível de ser objecto de um contrato de concessão de serviço público.[119]

Contudo, o contrato, quer no seu *nomen iuris*, quer no respectivo conteúdo, supõe tratar-se de uma verdadeira concessão de serviço público (ainda que sem outorga do exclusivo na sequência das alterações legislativas acima mencionadas).

O objecto da concessão inclui o serviço universal mas estende-se também a outros serviços e obrigações, conforme resulta do artigo 2.º das Bases da concessão:

"1. A concessão tem por *objecto*:
   a) *A prestação do serviço universal de telecomunicações*, com o âmbito definido no Decreto-Lei n.º 458/99, de 5 de Novembro;
   b) *A prestação dos seguintes serviços*:
      1) Serviço fixo de telex;
      2) Serviço fixo comutado de transmissão de dados;
      3) Serviço de difusão e de distribuição de sinal de telecomunicações de difusão;
      4) Serviço telegráfico.
2. Integram ainda o objecto da concessão:
   a) O desenvolvimento e exploração das infra-estruturas de telecomunicações que integram a rede básica de telecomunicações, em articulação com os planos de ordenamento do território e

---

[119] PEDRO GONÇALVES, *Regulação...*, p. 185, sublinha a *total incoerência* e a *inconsistência* da opção da lei portuguesa em manter o conceito de serviço público de telecomunicações e em outorgar a *concessão* desse mesmo serviço, e alerta para as dúvidas e hesitações regulatórias que este equívoco pode causar.

com as necessidades dos cidadãos em matéria de segurança e protecção civil;
b) O estabelecimento, gestão e exploração das infra-estruturas de transporte e difusão de sinal de telecomunicações de difusão."

Para além dos serviços acima referidos, integra também o objecto da concessão o *serviço móvel marítimo*, nos termos do artigo 3º do Decreto--Lei n.º 31/2003.

O serviço universal é, ainda, objecto de menção específica no artigo 9º das Bases da concessão, cujo teor é o seguinte: "Constitui obrigação da concessionária garantir a prestação do serviço universal de telecomunicações nos termos fixados no Decreto-Lei n.º 458/99, de 5 de Novembro, e demais legislação aplicável".

O objecto da concessão integra, portanto, o serviço universal mas é substancialmente mais vasto que este, uma vez que se estende a um conjunto de outros serviços e, ainda, à gestão e desenvolvimento de dois conjuntos de infra-estruturas de redes de comunicações electrónicas: a rede básica de telecomunicações e a rede de telecomunicações de difusão.

Os serviços integrados na concessão do serviço público de telecomunicações mas que não se incluem no serviço universal têm vindo a ser objecto de indemnizações compensatórias atribuídas à concessionária pelo Estado português.[120]

3.2.5. A PROTECÇÃO DA PRIVACIDADE NO SECTOR DAS TELECOMUNICAÇÕES (DECRETO-LEI N.º 69/98, DE 28 DE OUTUBRO)

O quadro regulamentar do sector é também integrado pelas normas relativas ao tratamento dos dados pessoais e à protecção da privacidade no sector. A Directiva 97/66/CE, do Parlamento Europeu e do Conselho, acima mencionada, foi transposta através do **Decreto-Lei n.º 69/98, de 28 de Outubro**, editado em complemento à Lei da Protecção de Dados Pessoais.

---

[120] As resoluções do Conselho de Ministros n.º 158/2006, de 27.11.2006, n.º 149/2007, de 28.09.2007, n.º 165/2008, de 27.10.2008, e n.º 96/2010, de 14.12.2010, aprovaram nos últimos anos as indemnizações compensatórias atribuídas à PTC, num valor global de 8,8 milhões de euros.

No contexto da transposição do pacote regulamentar integrado pelas directivas de 2002, optou-se por manter a regulação do tratamento dos dados pessoais e da protecção da privacidade no sector num diploma autónomo da Lei das Comunicações Electrónicas: a Lei n.º 41/2004, de 18 de Agosto (que revogou o Decreto-Lei n.º 69/98, de 28 de Outubro).

Esta matéria não apresenta especial relevância do ponto de vista da evolução do modelo de regulação do sector em Portugal, sobretudo no contexto da sua liberalização e aprovação de regimes legais de acordo com os princípios da ORA.

4. QUADRO INSTITUCIONAL

4.1. O ICP – ANACOM

A regulação e a supervisão do sector das comunicações electrónicas está atribuída ao ICP – Autoridade Nacional de Comunicações, abreviadamente designado por ICP – ANACOM. [121]

De acordo com o disposto na alínea bb) do artigo 3.º da LCE, o ICP – ANACOM é a autoridade reguladora nacional (abreviadamente referida por ARN): "a autoridade que desempenha as funções de regulação, fiscalização e sancionamento no âmbito das redes e serviços de comunicações electrónicas, bem como dos recursos e serviços conexos" (cfr. também o artigo 4.º da LCE).

O conceito de autoridade reguladora nacional tem origem nas directivas comunitárias de harmonização e foi mantido no pacote regulamentar de 2002 que, pela primeira vez, estabeleceu um conjunto sistematizado de normas relativo aos traços institucionais, às competências e outros aspectos do regime por que se deverão reger as autoridades incumbidas de proceder à aplicação das normas de regulação específicas em cada Estado membro.

O ICP – ANACOM é uma pessoa colectiva de direito público, dotada de autonomia administrativa e financeira e de património próprio (artigo 1.º,

---

[121] Sobre o ICP – ANACOM e a sua evolução histórica ver, MARIA FERNANDA MAÇÃS, VITAL MOREIRA, *Estudo e Projecto de Estatutos do Instituto das Comunicações de Portugal (ICP)*, in VITAL MOREIRA (Org.), *Estudos de Regulação Pública – I*, CEDRIPE, Coimbra Editora, 2004, pp. 97 ss., texto onde os Autores apresentam o projecto de estatutos que viria a ser aprovado.

n.º 1 dos Estatutos), que continua a personalidade jurídica do Instituto das Comunicações de Portugal (ICP), criado pelo Decreto-Lei n.º 188/81, de 2 de Julho (artigo 1.º, n.º 2, do Decreto-Lei n.º 309/2001, de 7 de Dezembro, que aprova os Estatutos do ICP – ANACOM).[122]

4.1.1. ATRIBUIÇÕES

As atribuições do ICP – ANACOM encontram-se estabelecidas, principalmente, no artigo 6.º dos seus Estatutos. [123]

Os actuais Estatutos do ICP – ANACOM foram aprovados em momento anterior à aprovação do pacote regulamentar de 2002, o qual foi transposto para o direito interno pela LCE. Contudo, e como resulta do preâmbulo do Decreto-Lei n.º 309/2001, de 7 de Dezembro, tais Estatutos consideram já que o ICP – ANACOM é autoridade reguladora nacional do sector e que, como tal, deve ser configurada.

É possível identificar, no artigo 6.º dos seus Estatutos, quatro conjuntos de atribuições do ICP – ANACOM:

1) Atribuições de assessoria ao Governo, quer na definição das linhas estratégicas e das políticas gerais das comunicações e da actividade dos operadores (alínea a) do n.º 1), quer na definição das politicas de planeamento civil de emergência no sector das comunicações (alínea p) do n.º 1), quer, finalmente, na representação técnica do Estado em organismos internacionais (alínea r) do n.º 1);

2) Atribuições no domínio da conformidade e normalização técnica dos equipamentos e materiais (alíneas j) e l) do n.º 1);

---

[122] O artigo 1.º, n.º 1, do Decreto-Lei n.º 309/2001, de 7 de Dezembro, alterou a denominação do Instituto das Comunicações de Portugal (abreviadamente designado por ICP) para ICP – Autoridade Nacional de Comunicações. Esta última é, por conseguinte, a sua denominação legal (abreviadamente designado por ICP – ANACOM), pelo que está errada a menção ao "Instituto de Comunicações de Portugal – Autoridade Nacional de Comunicações" constante da alínea bb) do artigo 3.º da LCE.

[123] No presente texto curamos exclusivamente das atribuições relativas ao sector das comunicações electrónicas. O ICP – ANACOM é também a autoridade reguladora postal (cfr. artigo 18.º da Lei nº 102/99, de 26 de Julho). Daí a referência genérica, nos Estatutos, ao sector das comunicações: o disposto no artigo 6.º dos Estatutos do ICP – ANACOM deve ser interpretado tendo presente que se procurou enumerar as atribuições de modo a abranger as funções a desempenhar no âmbito das comunicações electrónicas e das comunicações postais.

3) Atribuições no domínio da gestão do espectro radioeléctrico: para além da atribuição de direitos de utilização de espectro e, em certa medida, do planeamento do espectro no âmbito do Quadro Nacional de Atribuição de Frequências (atribuições que estão relacionadas com a regulação do sector), incumbe também ao ICP – ANACOM planificar em geral o espectro radioeléctrico e "assegurar a coordenação entre as comunicações civis, militares e paramilitares" (alínea c) do n.º 1);
4) Atribuições de regulação e de supervisão (alíneas b) a i), m), n) e q) do n.º 1, e alíneas b) e c) do n.º 2): promoção da concorrência e desenvolvimento do mercado; protecção dos interesses dos consumidores, especialmente no âmbito do serviço universal; supervisão e fiscalização do cumprimento das obrigações dos operadores; resolução de litígios; acompanhamento da actividade das autoridades reguladoras de outros Estados membros; bem como a divulgação do quadro regulatório e dos direitos e obrigações dos operadores e consumidores.

Para além das atribuições de regulação e supervisão enumeradas em 4), em parte revestem idêntica natureza as atribuições enumeradas em 3), na medida em que a planificação e gestão do espectro têm uma forte componente de regulação económica do mercado. [124]

No artigo 5.º da LCE são assinalados os objectivos de regulação das comunicações electrónicas a prosseguir pelo ICP - ANACOM:
a) promoção da concorrência na oferta de redes e serviços;
b) contribuição para o desenvolvimento do mercado interno;
c) defesa dos interesses dos cidadãos.

As atribuições de *regulação das comunicações electrónicas* estabelecidas nas mencionadas alíneas dos n.º 1 e 2 do artigo 6.º dos Estatutos do ICP – ANACOM, bem como os poderes que lhe estão atribuídos pela LCE, devem ser prosseguidas, no quadro dos princípios e normas aplicáveis à sua actividade, com vista à realização conjunta daqueles três objectivos.

---

[124] Sustenta-se, por vezes, e não sem razão, que a acumulação de funções de assessoria ao Governo numa autoridade reguladora pode fazer perigar a sua independência. Pelo menos é susceptível de lhe conferir uma proximidade e mesmo uma co-responsabilidade em algumas situações, que podem fazer perigar o distanciamento que a independência recomenda.

Saliente-se a opção do legislador português de concentrar no ICP – ANACOM todas as atribuições relativas à regulação do sector das comunicações electrónicas (na acepção acima mencionada em que está excluída a regulação dos conteúdos). [125]

Com efeito, o pacote regulamentar de 2002 não impõe esta solução (cfr. artigo 3.º, n.º 4 da Directiva Quadro), ainda que seja a que melhor se adequa à facilitação da entrada no mercado de novos operadores, na medida em que diminui a carga burocrática. Em especial, a atribuição ao ICP – ANACOM da incumbência de planear e gerir o espectro radioeléctrico e de atribuir direitos de utilização contribui para uma maior eficiência da regulação do sector. [126]

O mesmo se pode afirmar das atribuições no domínio da normalização técnica dos equipamentos e materiais, campo que no actual contexto regulatório volta a ganhar importância, quer na perspectiva da concorrência no sector, quer, sobretudo, na perspectiva do desenvolvimento do mercado interno das tecnologias da informação e da comunicação (TIC).

4.1.2. COOPERAÇÃO COM OUTROS REGULADORES

A organização europeia e nacional da regulação das comunicações electrónicas implica que, em muitas matérias, o ICP – ANACOM tenha de entrar em relação com outros entes administrativos, designadamente reguladores.

Como se verá adiante, o ICP – ANACOM, para além do dever de participar no ORECE (artigos 3.º, n.º 3 A a 3 C, e 8.º, n.º 3, alínea d) da Directiva Quadro), deve articular o exercício dos seus poderes com a Comissão Europeia.

---

[125] A opção do legislador português tem sido a de atribuir ao ICP – ANACOM a competência para regular e supervisionar todas as actividades relacionadas com as comunicações electrónicas, ainda que as mesmas não estejam sujeitas a intensa regulação económica ou não se inscrevam nesse âmbito: é o que se verifica, por exemplo, no domínio dos designados serviços de audiotexto e dos serviços de valor acrescentado baseados no envio de mensagens (cfr, Decreto-Lei n.º 177/99, de 21 de Maio, alterado pelo Decreto-Lei n.º 63/2009, de 10 de Março).

[126] A Directiva Quadro também não exige que as autoridades reguladoras nacionais tenham por missão exclusiva a regulação das comunicações electrónicas. Em alguns Estados membros a regulação das comunicações electrónicas e a regulação dos meios de comunicação social está atribuída a um único regulador. Como é sabido, não é a solução portuguesa, em que a regulação da comunicação social está atribuída à Entidade Reguladora para a Comunicação Social (ERC).

Por outro lado, enquanto regulador sectorial deve cooperar com a Autoridade da Concorrência, que é o regulador geral da concorrência, e com a Direcção-Geral do Consumidor, a quem incumbe em geral a defesa dos direitos dos consumidores (artigo 7.º dos Estatutos). [127]

Finalmente, o ICP – ANACOM deve articular a sua actividade com outros reguladores sectoriais, de que se destaca a Entidade Reguladora para a Comunicação Social (ERC), tendo em conta que o fenómeno da convergência de serviços de comunicações electrónicas e de conteúdos implica uma apreciação comum do mercado.

Esta cooperação entre o ICP – ANACOM e a ERC assume formas particularmente intensas, impondo a partilha de competências e outros modos de concertação de poderes, no âmbito do procedimento de licenciamento para o acesso à actividade de televisão, quando esta implique a utilização do espectro radioeléctrico, nos termos do disposto no artigo 13.º, n.º 1, da Lei da Televisão (aprovada pela Lei n.º 27/2007, de 30 de Julho; cfr. os artigos 13.º a 18.º desta lei).

O dever geral de cooperação entre estas entidades estabelecido no artigo 7.º da LCE (e outras, sempre que tal seja necessário) releva do dever de boa administração e impõe-se como um meio de correcta prossecução do interesse público.

4.1.3. UMA AUTORIDADE ADMINISTRATIVA

A circunstância de o ICP – ANACOM ser configurado como uma autoridade reguladora independente (artigo 4.º dos Estatutos e artigo 4.º, n.º 2, da LCE), como tal esboçada no âmbito do processo de liberalização e (re)regulação do mercado desencadeado pelas instituições da (hoje) União Europeia, não significa que não deva ser considerada uma autoridade administrativa e parte integrante da administração indirecta do Estado.[128]

---

[127] A Autoridade da Concorrência e o ICP – ANACOM firmaram, em Setembro de 2003, um acordo de cooperação disponível em www.anacom.pt. Interessa ainda salientar que incumbe ao ICP – ANACOM, enquanto regulador sectorial, emitir parecer obrigatório no âmbito das operações de concentração – artigo 39.º da Lei n.º 18/2003, de 11 de Junho (com alterações).

[128] Cfr. PEDRO GONÇALVES, *Regulação...*, p. 221. Ver também VITAL MOREIRA, FERNANDA MAÇÃS, *Autoridades Reguladoras Independentes – Estudo e projecto de lei-quadro*, CEDIPRE, Coimbra editora, 2003 p. 24. A questão coloca-se face ao alcance

Esta natureza do ICP – ANACOM determina a sujeição da sua actividade ao quadro jurídico aplicável, em geral, à administração pública.[129] Em especial, é aplicável à actividade do ICP-ANACOM o Código do Procedimento Administrativo e o regime da responsabilidade civil extracontratual do Estado e demais entidades públicas.[130]

4.1.4. Uma autoridade independente

A independência do ICP – ANACOM tem o seguinte alcance: independência funcional, independência orgânica, independência em relação aos operadores e independência financeira. Estas dimensões da independência visam assegurar que o Governo não interfere no mercado e que o regulador não é capturado pelos regulados.

A independência funcional significa que na prossecução das suas atribuições de regulação (e supervisão) o ICP–ANACOM está exclusivamente vinculado à lei e não está sujeito a ingerência do Governo (e, naturalmente, de órgãos de outras entidades administrativas).

O Governo, enquanto órgão máximo da administração pública, não pode dar orientações e sugestões aos órgãos do ICP – ANACOM, designadamente a propósito do exercício em concreto de uma competência, nem, em concreto, fixar objectivos ou conformar a agenda de regulação do regulador.

O que já não significa que, como resulta do artigo 4.º dos seus Estatutos, o ICP – ANACOM não deva observar os "princípios orientadores de política de comunicações fixados pelo Governo, nos termos constitucionais e legais", sendo que alguns actos do regulador estão sujeitos a tutela ministerial, nos termos da lei e dos Estatutos.

---

da independência atribuída a estas entidades, no contexto do seu surgimento que se filia no modelo das agências de regulação anglo-saxónicas: para mais desenvolvimentos, ver VITAL MOREIRA, FERNANDA MAÇAS, *Autoridades...*, em especial pp. 17 a 32, e PEDRO GONÇALVES, *Regulação...*, p. 26-31.

[129] É a actividade do ICP – ANACOM que está sujeita a este quadro jurídico, o que significa que o seu estatuto, o seu pessoal e, em alguns aspectos, o seu regime patrimonial e financeiro podem reger-se por regimes distintos dos que classicamente estão associados aos entes da administração indirecta do Estado (cfr. artigos 3.º, 22.º, 41.º e 42.º, 45.º, 46.º, 50.º e 54.º dos Estatutos do ICP-ANACOM).

[130] O artigo 52.º dos Estatutos do ICP-ANACOM concretiza este princípio no que se refere aos titulares dos órgãos, trabalhadores e agentes. Também nesta dimensão o regime aplicável é o que consta dos artigos 22.º e 271.º da Constituição e da Lei n.º 67/2007, de 31 de Dezembro.

O respeito pelos "princípios orientadores de política de comunicações fixados pelo Governo" significa apenas que na regulação do mercado o ICP – ANACOM deve ter em conta tais princípios (geralmente fixados no programa do Governo ou em resoluções do Conselho de Ministros), como elementos integrantes dos interesses públicos que lhe cabe prosseguir. [131]

Naturalmente que, através do exercício da sua competência legislativa, o Governo condiciona a actividade do ICP – ANACOM que está vinculado à lei. No limite, em face da aprovação de um acto legislativo que pusesse em causa a independência do regulador, a questão que se poderia colocar seria a da sua conformidade com as disposições da Directiva Quadro que estabelecem directrizes sobre as legislações nacionais respeitantes à independência das autoridades reguladoras nacionais (cfr. artigo 3.º da directiva quadro).

Por outro lado, a lei e os Estatutos não sujeitam a tutela ministerial os actos do ICP – ANACOM dirigidos à regulação do mercado. De acordo com o disposto no artigo 50.º, n.º 2, dos seus Estatutos, o plano de actividades e o orçamento, bem como o relatório de actividades e as contas, carecem de aprovação ministerial. Trata-se de documentos de gestão previsional e de prestação de contas, previstos no regime da administração financeira e patrimonial dos entes públicos, pelo que é apenas nesta medida que os poderes de tutela podem ser exercidos. [132]

A independência orgânica significa que os órgãos do ICP – ANACOM, sobretudo o seu Conselho de Administração e respectivos membros, "são independentes no exercício das suas funções, não estando sujeitos a instruções ou orientações específicas" (artigo 25.º dos Estatutos do ICP – ANACOM).

De acordo com os mesmos Estatutos (artigos 21.º, 23.º e 24.º), os membros do Conselho de Administração apenas podem ser demitidos em caso de falta grave relacionada com o exercício das suas funções (o mesmo se aplicando à dissolução do conselho de administração). [133]

---

[131] Por exemplo, através da Resolução de Conselho de Ministros n.º 120/2008, de 30 de Julho, o Governo fixou objectivos relativos ao desenvolvimento das Redes de Nova Geração (NGN). O ICP – ANACOM está obrigado a ter estes objectivos presentes e a desenvolver a sua actividade de regulação em conformidade com os mesmos.

[132] Neste sentido, cfr. MARIA FERNANDA MAÇÃS, VITAL MOREIRA, *Estudo...*, p. 148 (nota ao artigo 4.º do Projecto de Estatutos).

[133] Estas garantias de independência, face ao Governo, estão em conformidade com o disposto no artigo 3º, ns.º 3 e 3–A da Directiva Quadro. Note-se que a menção expressa à independência das autoridades reguladoras nacionais em relação aos órgãos políticos surge

De um ponto de vista legal, a independência face aos regulados traduz-se, no actual contexto, no estabelecimento de um regime de impedimentos específico:
a) Não pode ser recrutado para membro do conselho de administração do ICP – ANACOM quem tenha sido, nos dois anos anteriores à nomeação, membro dos corpos gerentes das empresas do sector das comunicações (electrónicas ou postais) ou exercido nas mesmas funções de direcção ou chefia (artigo 21.º, n. 4 dos Estatutos do ICP- ANACOM);
b) Os membros do conselho de administração do ICP – ANACOM estão proibidos de desempenhar qualquer função ou prestar qualquer serviço às empresas do sector das comunicações (electrónicas ou postais) nos dois anos subsequentes ao termo final das suas funções – artigo 23.º, n.º 4, dos Estatutos do ICP – ANACOM.[134]

O n.º 5 do artigo 21.º dos Estatutos do ICP – ANACOM estabelece também que os membros do conselho de administração do ICP – ANACOM "não podem ter interesses de natureza financeira ou participações" nas empresas do sector das comunicações (electrónicas ou postais).

A independência em relação ao Governo e em relação às empresas reguladas é, de acordo com a lei, também garantida pela circunstância de os membros do conselho de administração só poderem ser recrutados de entre pessoas com reconhecida idoneidade, independência e competência técnica e profissional, porquanto estes atributos asseguram, para além da

---

apenas na Reforma de 2009, e tem por referência os órgãos responsáveis pela regulação *ex ante* e pela resolução de litígios (cfr. também o considerando 13 da Directiva 2009/140/CE).

Com efeito, originalmente a independência dos órgãos com funções de regulação foi exclusivamente perspectivada no plano da separação jurídica do operador histórico da entidade reguladora (cfr. *supra* 3.1.), tendo em conta que estas funções se confundiam no momento inicial do desmantelamento do monopólio público no sector. O artigo 3.º, n.º 2 e 3, da Directiva Quadro mantém esta exigência.

[134] Para além destes impedimentos, os membros do Conselho de Administração estão sujeitos ao regime de incompatibilidades e impedimentos dos titulares de altos cargos públicos (artigo 22.º, n.º 4, dos Estatutos).

O n.º 3 do artigo 22.º dos Estatutos do ICP – ANACOM estabelece uma incompatibilidade absoluta entre o cargo de membro do Conselho de Administração com qualquer outra função pública ou actividade profissional, excepto no que se refere ao exercício de funções docentes no ensino superior em tempo parcial (como é sabido, trata-se de uma excepção usual nos regimes das incompatibilidades).

aptidão técnica para o exercício do cargo, a autonomia e liberdade de cada membro daquele órgão.

A independência financeira significa que o ICP – ANACOM deverá ter financiamento adequado, e um orçamento próprio, para a realização das suas actividades. O financiamento dos custos administrativos implicados na actividade de regulação pode ser obtido através da cobrança de taxas destinadas a suportar exclusivamente os "custos administrativos reais" da actividade de regulação, e "não devem dar origem a distorções da concorrência nem criar entraves à entrada no mercado" (cfr. considerandos 30 e 31 da Directiva Autorização, respectivamente).[135]

Como corolário da sua independência, o ICP – ANACOM deve apresentar os resultados da sua actividade de regulação num relatório anual, sujeito a parecer prévio (não vinculativo) do Conselho Consultivo, a ser apresentado ao Governo e à Assembleia da República (cfr. artigos 37.º, alínea b) e 51.º, n.º 1, dos Estatutos do ICP – ANACOM).

Na mesma linha de acompanhamento da actividade de regulação, estabelece o n.º 2 do artigo 51.º dos Estatutos do ICP – ANACOM que o Presidente do Conselho de Administração deverá satisfazer os pedidos de audição que lhe sejam dirigidos pela comissão competente da Assembleia da República para prestar informações ou esclarecimentos.

4.1.5. Poderes de fiscalização

Incumbe ao ICP – ANACOM fiscalizar e acompanhar a actividade dos operadores bem como o funcionamento dos mercados de comunicações electrónicas (artigo 9.º, alíneas b) e c) dos Estatutos do ICP- ANACOM).

---

[135] As taxas destinadas a financiar a actividade de regulação (previstas nas alíneas a) a d) do n.º 1 e no n.º 4 do artigo 105.º da LCE) distinguem-se das taxas devidas pela utilização de números e de frequências (previstas nas alíneas e) e f) do n.º 1 e nos n.º 3 e 6 do artigo 105.º da LCE), bem como da taxa municipal de direitos de passagem (TMDP) prevista no artigo 106.º da LCE. Estas taxas, à excepção da TMDP, constituem receita do ICP – ANACOM (cfr. o n.º 2 do artigo 105.º da LCE e as alíneas a) e b) do artigo 43.º dos Estatutos do ICP – ANACOM), estando o respectivo montante fixado na Portaria n.º 1473-B/2008, de 17 de Dezembro (objecto de rectificação e de alterações).
Sobre o regime das taxas, ver, em geral, CONCEIÇÃO GAMITO, JOÃO RISCADO RAPOULA, **As taxas da regulação económica no sector das comunicações electrónicas**, in SÉRGIO VASQUES (*Coord*), **As taxas de regulação económica em Portugal**, Almedina, 2008, pp. 183 ss.

Para o efeito, pode proceder a averiguações e inspecções aos operadores em qualquer local, podendo para tanto credenciar pessoas ou entidades especialmente qualificadas e habilitadas (artigo 12.º dos Estatutos).

Os operadores estão obrigados a cooperar com o ICP – ANACOM no desempenho das suas funções de fiscalização e também de acompanhamento do funcionamento dos mercados (artigo 13.º dos Estatutos e artigo 108.º da LCE).[136]

Caso o ICP – ANACOM verifique que um operador não está a cumprir as condições aplicáveis ao exercício da actividade ou aos direitos de utilização de que é titular, deve notificar a empresa e dar-lhe a possibilidade de, no prazo de um mês, pôr fim ao incumprimento.

Apenas em caso de incumprimento grave ou reiterado daquelas condições, e quando verificar que a notificação para cumprimento não é adequada à sanação do incumprimento, ou não tendo a empresa corrigido a situação, pode determinar (i) a suspensão da actividade do operador ou (ii) a suspensão até dois anos, ou a revogação total ou parcial dos direitos de utilização (no caso, naturalmente, de estar em causa a violação de condições aplicáveis a tais direitos) – artigo 110.º da LCE.[137]

Hipótese diversa é a da adopção de medidas provisórias ou cautelares que podem ser impostas nos termos do artigo 111.º da LCE e dos artigos 84.º e 85.º do CPA. Estas medidas distinguem-se das medidas urgentes previstas no artigo 9.º da LCE, visto estas não suporem necessariamente um incumprimento por parte dos operadores das condições do exercício da actividade ou de direitos de utilização, e visarem sobretudo a tutela da concorrência ou dos interesses dos consumidores. Por outro lado, parece decorrer do disposto no n.º 1 do artigo 9.º, bem como da sua inserção sistemática, que as medidas ur-

---

[136] Cfr. *infra* 5.3.

[137] O ICP – ANACOM tem ainda o poder de impor aos operadores sanções pecuniárias compulsórias, de valor consideravelmente elevado (cfr. os n.º 3 e 4 do artigo 116.º da LCE), caso estes não cumpram decisões que imponham sanções administrativas ou ordenem a adopção de comportamentos ou medidas determinadas. A imposição da sanção pecuniária tem de ser justificada em concreto na sua necessidade efectiva, e, tendo em conta a sua natureza especialmente agressiva, é exigível uma demonstração particularmente aprofundada, em termos de facto e direito, de que estão reunidos os pressupostos legais para a sua aplicação.

gentes a adoptar serão medidas de natureza regulamentar específicas, ainda que atípicas.

Finalmente, o ICP – ANACOM tem poderes sancionatórios para aplicar coimas e sanções acessórias. [138]

4.1.6. CONTENCIOSO DOS ACTOS DO ICP -ANACOM

Os actos administrativos praticados pelo ICP – ANACOM são impugnáveis nos termos do Código de Processo nos Tribunais Administrativos ("CPTA").[139] Na sua versão original, o n.º 2 do artigo 13.º da LCE exigia a intervenção de três peritos, designados por cada uma das partes e o terceiro pelo tribunal, "para apreciação do mérito da decisão".[140]

Esta disposição visava adaptar o disposto na parte final do n.º 1 do artigo 4.º da Directiva Quadro, na redacção então em vigor, nos termos da qual deverá ser assegurado que "o organismo de recurso disponha dos conhecimentos especializados necessários ao desempenho das suas funções" e que "o mérito da causa seja devidamente apreciado e exista um mecanismo de recurso efectivo". Este preceito dispõe agora, com a alteração introduzida pela Directiva 2009/140/CE, que o organismo de recurso "deve ter os meios de perícia necessários para poder exercer eficazmente as suas funções".

Contudo, com a alteração à LCE introduzida pelo Decreto-Lei n.º 258/2009, de 25 de Setembro, foi suprimida a referência à intervenção obrigatória de peritos e à "apreciação do mérito da decisão".

---

[138] O montante das coimas é singularmente elevado, constituindo um importante meio de prevenção da prática de infracções (cfr. artigo 114.º, n.º 2, da LCE).

[139] Para uma abordagem geral ao tema, MARIA FERNANDA MAÇÃS, LUÍS GUILHERME CATARINO, JOAQUIM PEDRO CARDOSO DA COSTA, *O contencioso das decisões das entidades reguladores do sector económico-financeiro*, in VITAL MOREIRA (Org.), *Estudos de Regulação Pública – I*, CEDIPRE, Coimbra Editora, 2004, pp. 319 ss.

[140] Este regime merecia reparos a PEDRO GONÇALVES (*Regulação...*, p. 234), em termos que não nos parecem inteiramente procedentes. Por outro lado, não é seguro que a criação de tribunais de competência especializada seja uma solução adequada: entre outras questões que se suscitariam, é duvidoso que a dimensão do mercado português comporte um grau elevado de especialização dos tribunais.

Esta alteração só poderá traduzir o entendimento do legislador de que o regime do CPTA assegura aquele duplo objectivo: um julgamento apoiado em conhecimento especializado e capaz de conhecer na sua plenitude a pretensão do operador que se considere lesado.[141]

Interessa ainda sublinhar que, nos termos da Directiva Quadro, o organismo de recurso não tem obrigatoriamente que ser um tribunal estadual: parece que a lei deveria, pelo menos, admitir a possibilidade de recurso a arbitragem *ad hoc* ou institucionalizada.

Por outro lado, apesar de a LCE se referir apenas a impugnações, é evidente que aos litígios surgidos entre os operadores e o regulador são aplicáveis todos os meios processuais previstos no CPTA, incluindo, se for o caso, aqueles a que o ICP – ANACOM pode recorrer.

Os actos do ICP – ANACOM praticados no âmbito de processos de contra-ordenação são impugnáveis junto dos tribunais de comércio.

4.2. A Comissão Europeia e o ORECE

Como vimos acima a regulação das comunicações electrónicas tem sido determinada pela iniciativa política dos órgãos da União Europeia, com o objectivo de criação de um mercado único de comunicações electrónicas, o que implica uma aplicação uniforme do quadro regulamentar em todos os Estados membros.

Neste contexto, o quadro regulamentar assinala importantes funções à Comissão Europeia, cujo papel na sua aplicação foi reforçado pela Reforma de 2009 como modo de resolver o problema da aplicação nem sempre uniforme daquelas regras.

4.2.1. Os poderes da Comissão Europeia

Para além dos poderes de que dispõe no âmbito do procedimento legislativo da União Europeia, à Comissão Europeia, assistida pelo Co-

---

[141] A intervenção de peritos é admissível, mas agora como um meio de prova que, nos termos gerais, pode ser requerida por uma das partes (cfr. artigo 568.º e ss. do Código de Processo Civil *ex vi* artigo 1.º do CPTA).

mité das Comunicações [142] e agora também pelo ORECE, são atribuídas várias competências de regulação do sector, de que se destacam as seguintes.[143]

a) Coordenar as abordagens nacionais sobre a política do espectro e propor o estabelecimento de programas plurianuais no domínio da política do espectro de radiofrequências, com vista a assegurar o planeamento estratégico e a harmonização da utilização do espectro no território da União Europeia (artigo 8.º A da Directiva Quadro).

Neste âmbito, a Comissão Europeia é apoiada, em especial, pelos seguintes órgãos:

- Comité do Espectro Radioeléctrico, previsto na Decisão 676/2002/CE, do Parlamento Europeu e do Conselho, de 7 de Março, relativa a um quadro regulamentar para a política do espectro de radiofrequências na Comunidade Europeia (decisão espectro de radiofrequências);
- Grupo para a Política do Espectro de Radiofrequências (RSPG), criado, ao abrigo da decisão referida no ponto anterior, pela Decisão 2002/622/CE (decisão da Comissão de 26 de Julho de 2002), e alterada, no âmbito da Reforma de 2009, pela Decisão 2009/978/UE (Decisão da Comissão, de 16 de Dezembro de 2009), no sentido de reforçar as funções consultivas do grupo, junto da Comissão, na preparação de projectos de programas no domínio do espectro;
- Comité de Contacto, criado pela Directiva 97/36/CE, do Parlamento Europeu e do Conselho, de 30 de Junho de 1997 (no âmbito das actividades de radiodifusão televisiva).

b) Aprovar a Recomendação sobre os mercados relevantes de produtos e serviços susceptíveis de regulação *ex ante*, e elaborar as linhas de orientação para a análise de mercado e avaliação do poder de mercado significativo (artigo 15.º, n.º 1 e 2 da Directiva Quadro). As autoridades reguladoras nacionais deverão ter estes documentos na "máxima conta" – cfr., no que se refere aos procedimen-

---

[142] Cfr. artigo 22.º da Directiva Quadro.

[143] Uma enunciação geral dos poderes encontra-se no considerando 76 da Directiva 2009/140/CE.

tos de análise de mercados (e imposição de obrigações específicas) conduzidos pelo ICP–ANACOM, o disposto nos artigos 58.º a 60.º da LCE.

c) Adoptar medidas de harmonização sobre a aplicação do quadro regulamentar europeu, nos termos do artigo 19.º da Directiva Quadro, caso verifique que as autoridades reguladoras nacionais estão a aplicar com divergências as regras das directivas (em rigor, as disposições das respectivas legislações que transpõem o quadro regulamentar), criando obstáculos ao mercado interno, e para acelerar a realização dos objectivos de regulação.

Estas medidas de harmonização podem assumir duas formas distintas: recomendações e decisões (estas vinculativas).[144]

As decisões previstas no artigo 19.º da Directiva Quadro apenas podem ter por objecto:
- os procedimentos de identificação e definição dos mercados e de análise de mercados (artigos 15.º e 16, respectivamente, da Directiva Quadro);
- os procedimentos relativos à gestão de recursos de numeração (incluindo gamas de números e portabilidade).

A alínea a) do n.º 3 do artigo 19.º da Directiva Quadro estabelece que as decisões não podem referir-se "às notificações específicas emitidas pelas autoridades reguladoras nacionais nos termos do artigo 7.ºA", ou seja aos projectos de medidas de imposição de obrigações *ex ante*.[145]

---

[144] A Recomendação 2008/850/CE, da Comissão, de 15 de Outubro de 2008, relativa às notificações, prazos e consultas previstos no artigo 7.º da Directiva 2002/21/CE, foi emitida ao abrigo do artigo 19.º da Directiva Quadro. Esta recomendação ainda produz os seus efeitos face às autoridades reguladoras dos Estados membros que não tenham procedido à transposição da Directiva 2009/140/CE, que altera o disposto no artigo 7.º da Directiva Quadro e introduz outro procedimento de notificação (artigo 7.ºA da Directiva Quadro).

[145] Conforme se mencionou, catorze Estados membros, entre os quais Portugal, emitiram um declaração interpretativa sobre o artigo 19.º da Directiva Quadro, nos termos da qual consideram que os poderes de a Comissão Europeia adoptar uma decisão não abrangem a escolha e a conformação das obrigações *ex ante* que podem ser impostas nos termos do artigo 8.º da Directiva Acesso (obrigações nos mercados grossistas) e nos termos do artigo 17.º da Directiva Serviço Universal (obrigações nos mercados retalhistas).

Ao adoptar as recomendações ou decisões, a Comissão Europeia deve ter na máxima conta o parecer do ORECE, que, por sua iniciativa, pode aconselhá-la a aprovar ou não aprovar uma dessas medidas (artigo 19.º, n.º 1 e 5 da Directiva Quadro).

O ICP – ANACOM está obrigado a ter na máxima conta as recomendações emitidas pela Comissão Europeia ao abrigo do artigo 19.º da Directiva Quadro, devendo informá-la quando decida não seguir uma recomendação, fundamentando a sua posição (artigo 6.º, n.º 3, da LCE).[146]

d) No domínio da normalização, elaborar e publicar no *Jornal Oficial da União Europeia* uma lista de normas e especificações, e pedir a elaboração de normas às organizações europeias de normalização: o Comité Europeu de Normalização (CEN), o Comité Europeu de Normalização Electrotécnica (Cenelec) e o Instituto Europeu de Normas de Telecomunicações (ETSI). As normas que constam da lista podem ser ou não vinculativas, consoante o respectivo procedimento de elaboração (cfr. artigo 17.º da Directiva Quadro).[147]

e) Finalmente, e como se verá adiante, a Comissão Europeia tem, nos termos dos artigos 7.º e 7.ºA da Directiva Quadro, poderes de intervenção directa nos procedimentos, que são da competência das autoridades reguladoras nacionais, de identificação e definição dos mercados e de análise de mercados (artigos 15.º e 16, respectivamente, da Directiva Quadro), e da imposição de obrigações *ex ante* (artigo 8.º da Directiva Acesso).[148]

---

[146] Em face do novo poder decisório atribuído à Comissão Europeia pela Directiva 2009/140/CE, esta é uma das matérias da LCE que deverá sofrer alterações no âmbito do procedimento de transposição da Reforma de 2009.

[147] A lista de normas e especificações, emitida ao abrigo desta disposição, consta actualmente da Decisão 2007/176/CE (Decisão da Comissão, de 11 de Dezembro de 2006), alterada, no que se refere às normas para serviços de radiodifusão, pela Decisão 2008/286/CE (Decisão da Comissão, de 17 de Março de 2008).

[148] Tendo presentes estes poderes da Comissão Europeia, sobretudo os que relevam da regulamentação *ex ante*, observa certeiramente PEDRO GONÇALVES, **Regulação...**, p. 200, que "a regulação das comunicações electrónicas se tende a apresentar, em todos os níveis (político, legislativo e administrativo), como uma regulação de matriz europeia" e que, apesar dos poderes atribuídos a autoridades reguladoras nacionais, estas "estão-se convertendo em *agências de execução geograficamente desconcentrada de uma regulamentação comunitária*".

4.2.2. O ORECE

Umas das grandes novidades da Reforma de 2009 é a criação do Organismo de Reguladores Europeus das Comunicações Electrónicas (ORECE), pelo Regulamento (CE) n.º 1211/2009.[149]

A criação do ORECE resulta da identificação de persistentes divergências, ou atrasos, na aplicação do quadro regulamentar pelas autoridades reguladoras nacionais.[150]

O ORECE – que não é um organismo da União Europeia, não tendo personalidade jurídica – é um organismo de natureza consultiva, de assistência técnica à Comissão Europeia e às autoridades reguladoras nacionais, e ainda de cooperação entre estas autoridades (cfr. artigo 2.º do Regulamento n.º 1211/2009). [151]

É composto pelo Conselho de Reguladores, o qual, por sua vez, é integrado por um dirigente ou "representante de alto nível" de cada autoridade reguladora nacional: estes elegem, de entre si, o presidente e o vice-presidente do ORECE. A Comissão apenas participa nas reuniões do Conselho de Reguladores na qualidade de observadora.

A actividade do ORECE está sujeita aos princípios da independência, imparcialidade e transparência (artigo 1.º, n.º 3, do Regulamento).

---

[149] O organismo também é conhecido por BEREC, que é o acrónimo do seu nome em língua inglesa (*Body of European Regulators for Electronic Communications*).

[150] Estas razões levaram a Comissão a propor a criação de uma Autoridade Europeia do Mercado das Comunicações Electrónicas [COM (2007) 699 FINAL]. Esta proposta mereceu a oposição de vários Estados membros, e viria a ser abandonada. O ORECE foi a solução encontrada para resolver aqueles problemas, e traduz a evolução do Grupo de Reguladores Europeus (ERG) para um formato mais institucionalizado. O ERG havia sido criado, no âmbito do pacote regulamentar de 2002, pela Decisão 2002/627/CE (Decisão da Comissão, de 29 de Julho de 2002), e tinha como funções aconselhar e assistir a Comissão na consolidação do mercado interno, e ser um interlocutor entre a Comissão e as autoridades reguladoras nacionais. O ERG era composto pelos dirigentes de cada uma das autoridades reguladoras nacionais, estando a Comissão representada a "um nível adequado". As posições que o ERG foi adoptando (também na sequência de consultas públicas), apesar de desprovidas de valor jurídico, tornaram-se importantes documentos de referência no sector e de legitimação das decisões das autoridades reguladoras nacionais. Na sequência da criação do ORECE, o ERG foi extinto através da Decisão 2010/299/UE (Decisão da Comissão, de 21 de Maio de 2010).

[151] O ORECE desempenha as suas funções em cooperação com os grupos e comités existentes e sem prejuízo das funções destes – cfr. considerando 10 do Regulamento 1211/2009.

A independência do ORECE face à Comissão Europeia, aos governos dos Estados membros e a qualquer entidade pública e privada é assegurada através do disposto no n.º 2 do artigo 4.º do Regulamento, em cujo parágrafo quarto se estabelece que os membros do Conselho de Reguladores não solicitam nem recebem instruções de nenhum Governo nem da Comissão Europeia ou de outras entidades.

A imparcialidade e a transparência da actividade do ORECE é assegurada pelas disposições dos artigos 17.º a 23.º do Regulamento, sendo de realçar os mecanismos de consulta e de audição dos interessados, previamente à adopção dos pareceres e outros documentos, sempre que tal se justifique.

O apoio administrativo e profissional ao ORECE é prestado pelo Gabinete, também criado pelo Regulamento. O Gabinete é um organismo dotado de personalidade jurídica e de autonomia administrativa e financeira, e é composto pelo Comité de Gestão (integrado pelos dirigentes ou representantes de cada autoridade reguladora nacional e por um representante da Comissão), e pelo Director Administrativo (nomeado, na sequência de concurso público, pelo Comité de Gestão).[152]

De entre as competências do ORECE enumeradas no artigo 3.º do Regulamento, salientam-se as seguintes:

a) Emitir parecer prévio sobre projectos de medidas das autoridades reguladoras nacionais relativas aos procedimentos de definição e de análise de mercados e de imposição de obrigações *ex ante*, nos termos dos artigos 7.º e 7.ºA da Directiva Quadro;

b) Emitir pareceres sobre os actos da Comissão Europeia a adoptar por esta nos termos dos artigos 7.º, 7.º A, 15.º e 19.º da Directiva Quadro;

c) Emitir pareceres e ser consultado sobre litígios transfronteiriços nos termos do artigo 21.º da Directiva Quadro.

---

[152] Um outro organismo da União Europeia, com personalidade jurídica, cujas funções se integram no âmbito da regulação das comunicações electrónicas no que se refere à segurança e integridade das redes, é a Agência Europeia para a Segurança das Redes e da Informação (ENISA), criada pelo Regulamento (CE) n.º 460/2004, do Parlamento Europeu e do Conselho, de 10 de Março de 2004, alterado pelo Regulamento n.º 1007/2008, do Parlamento Europeu e do Conselho, de 24 de Setembro de 2008 (que prorroga a duração da agência até 13 de Março de 2012).

Estes pareceres e projectos, e demais actos do ORECE, são adoptados pelo Conselho de Reguladores, em regra, por maioria de dois terços da totalidade dos seus membros (artigo 4.º, n.º 9 do Regulamento). No caso do procedimento previsto no artigo 7.º A o ORECE delibera por maioria simples.

4.3. A ARCTEL-CPLP

Ainda que não inserida no contexto da regulação europeia das comunicações electrónicas, mas com relevância nacional, importa ter presente a missão da Associação de Reguladores de Comunicações e Telecomunicações da Comunidade dos Países de Língua Portuguesa (ARCTEL-CPLP).

A associação foi criada em Outubro de 2008, pelas autoridades dos seguintes Estados:
Angola (Instituto Angolano das Comunicações - INACOM); Brasil (Agência Nacional de Telecomunicações - ANATEL); Cabo Verde (Agência Nacional das Comunicações - ANAC); Guiné-Bissau (Instituto das Comunicações da Guiné-Bissau - ICGB); Moçambique (Instituto Nacional das Comunicações de Moçambique - INCM); Portugal (ICP-ANACOM); São Tomé e Príncipe (Autoridade Geral de Regulação - AGER); e Timor-Leste (Autoridade Reguladora das Comunicações – ARCOM).

A ARCTEL-CPLP visa constituir um fórum permanente de troca de informação e de partilha de experiências no âmbito da regulação: nesta medida, pode constituir um instrumento para um desempenho mais eficiente e correcto das atribuições do ICP-ANACOM (e, naturalmente, das entidades com funções de regulação em cada um dos demais Estados da CPLP), podendo influenciar muitas das medidas e procedimentos seguidos pelo regulador nacional.

Com efeito, a ARCTEL-CPLP tem, de acordo com o Memorando de Entendimento, os seguintes objectivos estratégicos:
– Promover o intercâmbio de informação no âmbito da regulação dos mercados do sector das comunicações dos seus membros;
– Promover a adopção de melhores práticas e a harmonização da regulação dos sectores das comunicações;
– Desenvolver estudos e adoptar posições sobre temas de interesse comum;
– Analisar, coordenar e defender os interesses das Autoridades Reguladoras Nacionais (ARN) de língua portuguesa, procurando criar e

defender posições comuns nos fora internacionais, no âmbito das respectivas competências;
- Fomentar o intercâmbio de colaboradores e técnicos das diversas ARN, bem como a realização de visitas institucionais entre os seus membros;
- Analisar os assuntos relevantes para o desenvolvimento e universalização dos serviços de comunicações, em particular junto dos países membros que constituíram ARN mais recentemente ou que revelem maiores carências sectoriais;
- Promover contactos e acções de cooperação com outras organizações congéneres.[153]

A associação tem a sua sede em Portugal, em Lisboa (artigo 6.º dos Estatutos da ARCTEL-CPLP). No período que medeia as reuniões ordinárias da assembleia-geral, e sempre que seja necessário adoptar uma decisão que seja da competência desta, compete ao Presidente, por iniciativa própria ou a pedido de, pelo menos, três membros com direito a voto, dirigir-se aos membros pela via mais rápida para requerer os vistos da maioria dos membros com direito a voto (artigo 12.º dos Estatutos).[154]

5. A AUTORIZAÇÃO GERAL

A prestação de serviços e a oferta de redes de comunicações electrónicas encontra-se sujeita ao designado regime da autorização geral.

A autorização geral significa que a autorização para o exercício da actividade decorre directamente da lei, não sendo necessário qualquer acto administrativo (prévio ou posterior) para o efeito (artigo 19.º, n.º 1 e 2 da LCE).[155]

---

[153] Cfr. os Estatutos da ARCTEL-CPLP, disponíveis em http://www.arctel-cplp.org.

[154] O órgão de apoio técnico é o secretariado (artigo 18.º dos Estatutos), sendo o secretário eleito pela Assembleia-Geral. Actualmente o secretariado está sediado no ICP--ANACOM.

[155] Os serviços e as redes de comunicações electrónicas, bem como os recursos e serviços conexos, estão excluídos do âmbito de aplicação do Decreto-Lei n.º 92/2010, de 26 de Julho, que estabelece os princípios e as regras para simplificar o livre acesso e exercício de actividades de serviços em território nacional.

Com o início da sua actividade as empresas ingressam na titularidade de um conjunto de direitos, obrigações e sujeições que decorrem directamente da LCE.

5.1. A comunicação prévia e a declaração emitida pelo ICP – ANACOM

Contudo, as empresas interessadas, previamente ao início da sua actividade, devem enviar uma comunicação ao ICP – ANACOM, descrevendo sucintamente a rede ou o serviço cuja oferta pretendem iniciar e a data prevista para o início da actividade. Ao abrigo do disposto no n.º 1 do artigo 21.º da LCE, o ICP – ANACOM aprovou, a 3 de Maio de 2004, os "Procedimentos para início da oferta de redes e serviços de comunicações electrónicas", bem como o formulário da comunicação prévia.[156] - [157]

Após o envio da comunicação prévia as empresas podem iniciar imediatamente a prestação dos serviços, salvo se, para o efeito, necessitarem de direitos de utilização de frequências ou números. A oferta de serviços e de redes sem o prévio envio comunicação constitui uma contra-ordenação (alínea c) do n.º 1 do artigo 113.º da LCE).

A finalidade do envio da comunicação prévia ao ICP – ANACOM é a de permitir ao regulador exercer a sua função de regulação e supervisão do mercado, mantendo um registo dos operadores em actividade (artigo 3.º, n.º 3, da Directiva Autorização).

No prazo de cinco dias, contados da recepção da comunicação prévia, o ICP – ANACOM emite uma declaração que descreve os direitos em matéria de acesso e interligação e de instalação de recursos previstos na LCE – estes direitos compreendem o direito de aceder à utilização de números e de frequências e o direito de instalar redes de comunicações electrónicas e de aceder às infra-estruturas aptas à instalação dessas redes. [158]

---

[156] Os documentos estão disponíveis em www.anacom.pt.

[157] Para uma apreciação crítica deste regime, ver MARGARIDA COUTO, *O sistema da "Licença Única" na União Europeia*, in *Revista do Direito da Informática e Telecomunicações – RDIT*, ano 2, n.º 2, Janeiro/Junho 2007, pp. 191-198.

[158] Para além destes direitos, os operadores são titulares de outros direitos conferidos directamente pela lei, como o direito a ser designado prestador do serviço universal (cfr. infra), e direitos de natureza procedimental (cfr. infra).

A declaração, tal como se afirma no n.º 5 do artigo 21.º da LCE, visa também a sua apresentação a terceiros, designadamente aos outros operadores, de modo a facilitar o exercício daqueles direitos.

A declaração configura um *acto administrativo meramente verificativo* que reconhece a recepção da comunicação prévia e a situação jurídica em que o operador está investido, por força da lei.[159]

Na declaração a que se refere o n.º 5 do artigo 21.º da LCE podem ser incluídas as obrigações referidas no artigo 27.º da LCE (em conformidade com o Anexo A da Directiva Autorização). Mas sublinhe-se que estas obrigações decorrem directamente da lei, não constituindo esta declaração uma forma de as impor.

Entre essas obrigações encontram-se deveres associados à protecção dos consumidores, à integridade e segurança das redes, ao financiamento do serviço universal e ao pagamento de taxas, bem como o dever de colaborar com o regulador, nos termos abaixo mencionados.

Os operadores ficam também sujeitos aos poderes de fiscalização e aos poderes sancionatórios do ICP – ANACOM.

5.2. A OBRIGAÇÃO GERAL DE DAR ACESSO E INTERLIGAÇÃO

Cada operador tem o direito de obter o acesso às redes e serviços de outros operadores e o direito à interligação com as redes dos outros operadores (artigo 22.º, alínea a), da LCE), mas tem também a obrigação de, por sua vez, dar acesso e interligação aos outros.

Conforme resulta dos artigos 62.º a 64.º da LCE, existe uma *obrigação geral* de dar acesso e interligação.

Na falta de acordo entre as empresas quanto ao acesso e à interligação, ou quanto às respectivas condições técnicas ou comerciais, o ICP – ANACOM pode impor obrigações em matéria de acesso e interligação (conformando o seu conteúdo), e ainda intervir em acordos já celebrados entre os operadores, por iniciativa própria ou a pedido de qualquer uma das partes no âmbito de um pedido de resolução de litígios (cfr. artigo 63.º).

---

[159] Usamos a classificação de actos administrativos, e a noção, de MARCELO REBELO DE SOUSA, ANDRÉ SALGADO DE MATOS, **Direito Administrativo Geral, Tomo III – Actividade administrativa**, 2ª edição, D. Quixote, 2009, p. 97.

Esta obrigação que decorre directamente da lei, e cujo conteúdo pode ser conformado pelo ICP – ANACOM nos termos do procedimento previsto no artigo 63.º da LCE, impõe-se a todos os operadores, independentemente de terem poder de mercado significativo. Por isso se qualifica esta obrigação como uma *obrigação geral de acesso e de interligação*, distinguindo-se das *obrigações específicas* (também designadas por obrigações *ex ante* ou obrigações regulamentares) que apenas são impostas no âmbito do procedimento de análise de mercado e quando se conclua que uma empresa tem poder de mercado significativo no mercado em análise.

A obrigação geral de dar acesso é conformada pelo **princípio da neutralidade da rede**. Este princípio, que tem origem no início do processo de liberalização do sector (então aplicado às chamadas de voz na rede fixa), significa que o operador de rede não pode discriminar negativamente, no acesso à sua rede, o tráfego dos conteúdos que nela são transmitidos.

Actualmente o princípio voltou a assumir importância crítica no âmbito do desenvolvimento dos serviços prestados através do acesso à Internet. Para além de problemas de concorrência no mercado, a questão tem enormes repercussões no campo das liberdades dos utilizadores e consumidores e na liberdade de expressão e de difusão de conteúdos.

A proibição da discriminação de conteúdos, sobretudo através do favorecimento do tráfego associado a empresas integradas no grupo do operador que oferece o acesso à Internet, não ficou consagrada na Reforma de 2009 com a extensão e nos termos propostos pela Comissão Europeia (ver a Declaração sobre a neutralidade da Internet, na qual afirma que se manterá atenta ao mercado e não deixará de exercer os seus poderes).[160][161]

5.3. O DEVER DE COLABORAÇÃO COM O REGULADOR E O DIREITO À PROTECÇÃO DO SEGREDO COMERCIAL

Os operadores estão também obrigados a cooperar com o ICP – ANACOM no desempenho das suas funções de fiscalização e de acompanha-

---

[160] Sobre o assunto, cfr. JOSE CARLOS LAGUNA DE PAZ, **Telecomunicaciones: Regulación y Mercado**, Tercera edición, Aranzandi/Thomson Reuters, 2010, pp. 157 – 163.

[161] Cfr. os considerandos 28 e 29 da Directiva 2009/136/CE, e, no que se refere aos poderes gerais de actuação da Comissão Europeia, o considerando 34. É neste contexto que surge a Declaração da Comissão Europeia sobre a neutralidade da Internet, acima mencionada.

mento do funcionamento dos mercados (artigo 13.º dos Estatutos e artigo 108.º da LCE).

A obrigação de cooperação abrange o dever de fornecer as informações, incluindo financeiras, que sejam solicitadas e o dever de permitir o acesso a documentos, na forma e com o grau de pormenor exigido pelo ICP – ANACOM (artigo 108.º, n.º 4, da LCE), e no prazo máximo de trinta dias, salvo se, por motivos de urgência, o regulador fixar prazo inferior (artigo 13.º, n.º 1, dos Estatutos).

O ICP – ANACOM pode pedir todas as informações necessárias ao desempenho das suas funções de fiscalização e de regulação. No artigo 109.º da LCE assinalam-se, em especial, algumas das finalidades dos pedidos de informações.

Os pedidos de informações devem ser fundamentados pelo ICP – ANACOM, no que respeita à finalidade a que se destinam as informações e à sua proporcionalidade: ou seja, a necessidade, a extensão, forma e grau de pormenor exigido para a prestação das informações devem ser justificadas em função da finalidade dos pedidos (artigo 108.º, n.º 3 da LCE).

As informações e documentos enviados pelos operadores ao ICP – ANACOM, quer em resposta às solicitações referidas no artigo 108.º da LCE, quer no âmbito de procedimentos de consulta e de audiência prévia, passam a constituir documentos administrativos na acepção da Lei n.º 46/2007, de 24 de Agosto, e como tais, objecto do direito à informação administrativa.

Os operadores têm direito à tutela do segredo comercial ou segredo de negócio, que está incluído no direito fundamental de propriedade privada (artigo 62.º da Constituição), no direito de livre iniciativa económica (artigo 61.º, n.º 1 da Constituição), e é ancilar de bens constitucionalmente protegidos como a livre iniciativa económica privada e a equilibrada concorrência entre as empresas (alíneas e) e j) do artigo 81.º da Constituição).[162]

O modo de protecção do segredo de negócio é a identificação, de forma fundamentada, das informações que, no todo ou em parte, sejam confidenciais, nos termos da lei.[163]

---

[162] Cfr. Acórdão do Tribunal Constitucional n.º 136/2005, de 15 de Março, processo n.º 470/02.

[163] O acesso público à informação e o respeito pelas regras europeias e nacionais relativas ao sigilo comercial encontra-se estabelecido no artigo 5.º, n.º 4, da Directiva Quadro.

Caso as informações contidas nos documentos não sejam, na sua totalidade, confidenciais, deverá ser junta uma versão não confidencial dos documentos, identificando-se a supressão das partes contendo informação confidencial (o artigo 108.º, n.º 2, da LCE refere-se a "uma cópia não confidencial"). [164]

O ICP – ANACOM, bem como os titulares dos seus órgãos e trabalhadores, e os seus mandatários ou entidades credenciadas que tenham tido acesso a informação dos operadores, estão sujeitos a sigilo profissional, cuja violação os pode fazer incorrer em responsabilidade disciplinar, civil e criminal (artigo 14.º dos Estatutos).

Na sua relação com quaisquer terceiros, e na sua articulação com as autoridades reguladoras dos outros Estados membros, o ICP – ANACOM está obrigado a respeitar a natureza confidencial das informações a que tenha tido acesso relativas aos operadores sujeitos à sua supervisão, ou relativa a operadores sujeitos à supervisão de outras autoridades reguladoras nacionais (artigo 14.º dos Estatutos e artigo 108.º, n° 7, da LCE; cfr. também o artigo 7.º, n.º 4 da LCE).

5.4. DIREITOS PROCEDIMENTAIS, EM ESPECIAL O DE REQUERER A RESOLUÇÃO ADMINISTRATIVA DE LITÍGIOS

Os operadores são ainda titulares de direitos de natureza procedimental, como sejam (i) o de participar nos procedimentos conduzidos pelo ICP – ANACOM; (ii) o de efectuarem consultas ao ICP-ANACOM sobre matérias que se insiram no âmbito das atribuições deste, devendo o regulador responder no prazo de 60 dias (artigo 7.º, n.º 2, dos Estatutos do ICP – ANACOM); e (iii) o de solicitar a intervenção do regulador na resolução de litígios.

---

[164] São confidenciais as informações susceptíveis de revelarem segredo comercial ou de negócio – cfr. também artigo 62.º do CPA. Sobre o âmbito do segredo de negócio, e o tipo de informações que podem ser protegidas ao seu abrigo, e a respectiva tutela em face do direito de acesso à informação administrativa, ver os Acórdãos do 2.º Juízo – 1ª Secção (Contencioso Administrativo) do Tribunal Central Administrativo Sul, de 17 de Janeiro de 2008 e de 10 de Abril de 2008, processos n.º 02189/06 e 03632/08, in www.dgsi.pt. Nestes arestos estava em causa a invocação da confidencialidade de diversos tipos de informações relativos a um operador de comunicações electrónicas, tendo o Tribunal, em ambos os casos, reconhecido, na sua quase totalidade, que se justificava o segredo.

Nos termos do disposto no artigo 10.º da LCE, tendo surgido um litígio entre operadores, pode um deles, no prazo máximo de um ano a contar da data do início do litígio (ou seja, quando estiver verificado por ambos o desacordo quanto à matéria em causa) pedir ao ICP – ANACOM a resolução administrativa do litígio. Sublinhe-se a natureza facultativa do mecanismo: a parte que se considere lesada pode optar por recorrer directamente aos tribunais para a resolução do litígio. [165]

Na resolução do litígio o ICP – ANACOM decide de acordo com as regras da LCE e tendo em vista a prossecução dos objectivos de regulação estabelecidos no artigo 5.º da LCE. Esta indicação legal logo permite concluir com segurança que a intervenção do ICP – ANACOM, neste domínio, do ponto de vista substancial, em nada se transfigura: continua a exercer uma função *administrativa* de regulação.

A decisão final do procedimento consubstancia um acto administrativo, impugnável nos termos gerais. [166]

6. UTILIZAÇÃO DO ESPECTRO RADIOELÉCTRICO

O espectro, entendido como o conjunto de frequências associadas às ondas radioeléctricas, constitui um bem do domínio público do Estado.[167]

Vimos acima que a utilização do espectro implica medidas de harmonização adoptadas a nível internacional (pela UIT) e a nível europeu, pelas instâncias da União Europeia, designadamente a Comissão Europeia, no âmbito do desenvolvimento do mercado único.[168]

---

[165] Sobre a actividade administrativa de resolução de conflitos em geral ver PEDRO GONÇALVES, *Entidades privadas com poderes públicos – O exercício de poderes públicos de autoridade por entidades privadas com funções administrativas*, Almedina, 2005, p. 546 (n. 377).

[166] O incumprimento da decisão constitui uma infracção punida com coima (cfr. artigo 113.º, n.º 1, alínea a) da LCE).

[167] Para uma análise desenvolvida do domínio público radioeléctrico ver ANA RAQUEL GONÇALVES MONIZ, *O Domínio Público. O critério e o regime jurídico da dominialidade*, Almedina, 2005, pp. 201 ss.

[168] No âmbito da política europeia do espectro, e para além da já citada Decisão 676/2002/CE, do Parlamento Europeu e do Conselho, de 7 de Março de 2002, quer a Comissão, na sequência desta decisão, quer o Parlamento Europeu e o Conselho, adoptam medidas

O Estado português está vinculado a observar estas medidas de harmonização, destinando as faixas de frequências de acordo com aqueles documentos. Em especial, o ICP – ANACOM, no âmbito da gestão do espectro, deve promover a harmonização do uso de frequências, com o objectivo de assegurar a sua utilização eficiente e efectiva (artigo 15.º, n.º 4 da LCE).

Para além de assegurar a utilização eficiente e efectiva do espectro, na gestão do espectro deve o ICP – ANACOM observar os princípios da neutralidade tecnológica e de serviços, nos termos acima mencionados, e ter em conta os objectivos de regulação, em especial o da promoção da concorrência, nos casos em que proceda à limitação dos direitos de utilização (artigo 31.º, n.º 2 da LCE).

O documento orientador da planificação e da gestão do espectro a nível nacional é o **Quadro Nacional de Atribuição de Frequências (QNAF)**, que contém (com excepção das frequências atribuídas às Forças Armadas e às forças e serviços de segurança):

a) As faixas de frequências e o número de canais já atribuídos às empresas que oferecem redes e serviços de comunicações electrónicas acessíveis ao público, incluindo a data de revisão da atribuição;

b) As faixas de frequências reservadas e a disponibilizar no ano seguinte no âmbito das redes e serviços de comunicações electrónicas, acessíveis e não acessíveis ao público, especificando os casos em que são exigíveis direitos de utilização, bem como o respectivo processo de atribuição;

---

destinadas a assegurar uma utilização harmonizada das faixas de frequências no âmbito da União Europeia. Veja-se, por exemplo, a Directiva 2009/114/CE, do Parlamento Europeu e do Conselho, de 16 de Setembro de 2009, que altera a Directiva 87/372/CEE, do Conselho, sobre as bandas de frequências a atribuir para a introdução coordenada de comunicações móveis terrestres digitais celulares públicas pan-europeias na Comunidade; a Decisão 2009/766/CE, da Comissão, de 16 de Outubro de 2009, relativa à harmonização das faixas de frequências dos 900 MHz e 1800 MHz para sistemas terrestres capazes de fornecer serviços pan-europeus de comunicações electrónicas na Comunidade; a Decisão 2010/267/UE, da Comissão, de 6 de Maio de 2010, relativa à harmonização das condições técnicas de utilização da faixa de frequências de 790-862 MHz por sistemas terrestres capazes de fornecer serviços de comunicações electrónicas na União Europeia. Entre outras, veja-se a recente Recomendação 2009/848/CE, da Comissão, de 28 de Outubro de 2009, que visa facilitar a libertação do dividendo digital na União Europeia. Particularmente importante, por configurar um caso de gestão europeia do espectro, justificado pela natureza do serviço, é a Decisão 626/2008/CE, do Parlamento Europeu e do Conselho, de 30 de Junho de 2008, relativa à selecção e autorização de sistemas que oferecem serviços móveis por satélite (MSS).

c) As frequências cujos direitos de utilização são susceptíveis de transmissão, nos termos do artigo 37.º da LCE.

É este documento que assegura o princípio da acessibilidade plena à utilização do espectro disponível, o qual só encontra excepção no caso em que, por razões de eficiência, é necessário limitar o número de direitos de utilização. [169]

Tratando-se de um bem dominial, a sua utilização individualizada é atribuída mediante uma licença, nos casos em que tal se justifique e como tal esteja identificado no QNAF (artigo 30.º, n.º 1 da LCE).

O procedimento de atribuição de direitos de utilização está regulado, em especial, no artigo 35.º da LCE, destacando-se os prazos curtos para a sua conclusão, tendo em conta que se trata, quando requerido por um operador, de um recurso essencial para a oferta de serviços.[170]

No caso em que os direitos de utilização tenham sido limitados, por decisão do ICP – ANACOM devidamente fundamentada e sujeita ao procedimento de consulta previsto no artigo 8.º da LCE, o ICP – ANACOM está obrigado a definir o respectivo procedimento de atribuição e a dar início ao mesmo.

Este procedimento, e respectivos critérios de selecção, devem ser objectivos, transparentes, não discriminatórios e proporcionais, e ter em conta os objectivos de regulação estabelecidos no artigo 5.º da LCE. No artigo 31.º da LCE admite-se que, quer o procedimento de leilão, quer o procedimento de concurso, satisfazem estes requisitos, cabendo ao ICP – ANACOM, nos termos gerais, fundamentar a sua opção por uma das modalidades (ou outro tipo de procedimento).

Os direitos de utilização de frequências, que, em regra, são atribuídos por um prazo de 15 anos, são transmissíveis nos termos do disposto no artigo 37.º da LCE, sendo que este regime irá sofrer significativas alterações tendo em conta a flexibilidade de gestão do espectro e a possibilidade do seu "comércio secundário", de acordo com a Directiva 2009/140/CE.

---

[169] O QNAF está disponível em www.anacom.pt.

[170] Os direitos de utilização de frequências não se confundem com as licenças das estações radioeléctricas ou licenças radioeléctricas, previstas no Decreto-Lei n.º 151-A/2000, de 20 de Julho, cuja emissão se funda em razões exclusivamente técnicas.

7. A UTILIZAÇÃO DE NÚMEROS

Tal como sucede no âmbito do espectro radioeléctrico, também a planificação e a gestão de recursos de numeração obedece a regras harmonizadas destinadas a assegurar a interoperabilidade dos serviços, a nível mundial e continental. Por outro lado, a União Europeia tem vindo a adoptar decisões sobre números específicos associados a finalidades sociais.[171]

Actualmente a planificação e gestão dos números está atribuída em exclusivo ao ICP – ANACOM, competindo-lhe definir as linhas orientadoras e os princípios gerais do **Plano Nacional de Numeração (PNN)** – artigo 17.º da LCE.

O PNN identifica os intervalos de numeração (também designados por gama de numeração), e o tipo de serviço a que respeitam, assinalando os operadores a quem estão atribuídos, através de um dígito.[172] Trata-se de um *acto de natureza regulamentar*.

De acordo com o disposto no n.º 1 do artigo 17.º, é garantida a disponibilidade de recursos de numeração adequados para todas as redes e serviços de comunicações electrónicas acessíveis ao público. Este princípio (bem como a regra da acessibilidade plena aos recursos de numeração) tem a sua projecção mais relevante no âmbito da liberdade de oferta de redes e serviços de comunicações electrónicas, e significa que a oferta de um serviço não pode ser impedida pela ausência de recursos de numeração adequados.

Também a utilização de números está dependente da atribuição de direitos individuais de utilização, configurando o acto administrativo que os atribui uma *licença*.[173]

---

[171] Cfr. o artigo 17.º, n.º 4 da LCE. A menção que aí se encontra aos endereços de redes e serviços de comunicações electrónicas poderá ser entendida como tendo por referência a Fundação para a Computação Científica Nacional (FCCN), entidade privada encarregue de gerir o sistema de registos dos domínios Internet em Portugal, no âmbito do sistema criado pela *Internet Corporation for Assigned Names and Numbers* (ICCAN), entidade sem fins lucrativos que controla o *Domain Name System* (DNS) a nível mundial. Sobre o assunto, ver PEDRO GONÇALVES, **Disciplina Administrativa da Internet**, in **Direito da Sociedade da Informação (V)**, Coimbra Editora, 2004, p. 215 ss.

[172] O PNN, e respectivo resumo, está disponível em www.anacom.pt.

[173] Trata-se da designada *atribuição primária* de números, distinta da *atribuição secundária*, que se refere à atribuição do número ao assinante pelo respectivo prestador de serviço.

A atribuição de direitos de utilização de números supõe um requerimento do interessado, comprovando a sua capacidade para cumprir as condições associadas à sua utilização, estabelecidas no artigo 34.º da LCE. O procedimento de atribuição deve ser concluído, em regra, no prazo de 15 dias, ou, no que respeita a números de valor económico excepcional (e, por isso, limitados), no prazo de 30 dias, caso seja adoptado um procedimento concorrencial.

Os direitos de utilização de números são transmissíveis, devendo ser salvaguardada a sua utilização eficiente e efectiva e os direitos dos utilizadores (artigo 38.º da LCE).

Uma das obrigações associadas à atribuição de recursos de numeração, actualmente aplicáveis aos titulares de recursos de números destinados aos serviços fixos e móveis, é a de assegurar a portabilidade do número, que constitui um direito dos consumidores (artigos 34.º, n.º1, alínea c) e 54.º da LCE).

O modo como se processa a portabilidade dos números, os procedimentos a observar para o efeito e as obrigações dos operadores encontram-se regulamentados pelo Regulamento da Portabilidade (Regulamento n.º 58/2005, do ICP–ANACOM, objecto de várias alterações).

8. INSTALAÇÃO DE REDES

O regime legal aplicável à construção ou instalação das infra-estruturas aptas ao alojamento das redes de comunicações electrónicas e aos equipamentos que as integram, bem como o acesso a tais infra-estruturas (de modo a evitar investimentos ineficientes), pode constituir um entrave ao desenvolvimento destas redes e mesmo uma barreira à entrada no mercado.

O Decreto-Lei n.º 123/2009, de 21 de Maio, e o Decreto-Lei n.º 11/2003, de 18 de Janeiro, que regulam a matéria, têm como propósito facilitar a instalação de redes.

8.1. Alojamento de redes de comunicações electrónicas no solo (Decreto-Lei n.º 123/2009, de 21 de Maio)

O Decreto-Lei n.º 123/2009, de 21 de Maio (alterado e republicado pelo Decreto-Lei n.º 258/2009, de 25 de Setembro), estabelece o regime aplicável à construção ou acesso a infra-estruturas aptas a alojar redes de comunicações electrónicas no solo (geralmente redes de cabo de fibra óptica ou coaxial, em substituição da histórica rede de cobre).[174]

Este diploma conforma, pela primeira vez, e principalmente ao nível da rede de acesso, o regime do acesso às infra-estruturas aptas ao alojamento de redes de comunicações electrónicas, definindo o estatuto dominial destas infra-estruturas.

8.1.1. CONSTRUÇÃO DE INFRA-ESTRUTURAS APTAS AO ALOJAMENTO DAS REDES

No que se refere à construção de infra-estruturas aptas ao alojamento das redes, é regulamentada a atribuição dos direitos de passagem do domínio público[175], conferidos pela LCE, e é redesenhando o procedimento de comunicação prévia a que está sujeita a construção daquelas infra-estruturas, estabelecendo regras especiais face ao procedimento previsto nos artigos 35.º, 36.º e 36.º-A do regime jurídico da urbanização e edificação, aprovado pelo Decreto-Lei n.º 555/99, de 16 de Dezembro (com alterações).[176]

As obras para «resolução de desobstruções», designadamente daquelas que apenas podem ser detectadas quando da passagem de cabos nas condutas ou subcondutas, estão dispensadas do procedimento de controlo prévio (cfr. a parte final da alínea b) do n.º 1 do artigo 7.º).

Quando a construção das infra-estruturas aptas ao alojamento de redes está inserida em operações de loteamento, de urbanização ou edificação são aplicáveis as novas regras estabelecidas, respectivamente, nos capítulos V e VI do diploma, relativas às designadas ITUR e ITED.

---

[174] Para uma apreciação crítica deste regime ver NUNO PERES ALVES, *Instalação de redes de comunicações electrónicas,* in *Revista de Direito Público e Regulação* – CEDIPRE, n.º 2, Julho 2009, pp. 19 ss. (in www.fd.uc.pt/cedipre), que, em parte, se segue no texto.

[175] No artigo 12.º do diploma clarifica-se que pelo aproveitamento de bens do domínio público e privado municipal apenas é devida a Taxa Municipal de Direitos de Passagem (prevista no artigo 106.º da LCE). Sobre a TMDP cfr. NUNO OLIVEIRA GARCIA, *Dupla tributação e dupla oneração por taxas locais, in Revista de Finanças Públicas e Direito Fiscal,* Ano 3, Número 4, Inverno, IDEFF, Almedina, Fevereiro 2011, pp. 325-330.

[176] A instalação das infra-estruturas de suporte das estações de radiocomunicações, mesmo quando implique uma intervenção no solo, está isenta deste procedimento, estando sujeita ao procedimento de autorização municipal estabelecido no Decreto-Lei n.º 11/2003, de 18 de Janeiro.

8.1.2. As ITUR e ITED

Anteriormente ao Decreto-Lei n.º 123/2009 as referências às infra-estruturas de telecomunicações quedavam-se praticamente pela inclusão das redes de telecomunicações no conceito de obras de urbanização (cfr. artigo 2.º, alínea h), do regime jurídico da urbanização e edificação) e pela inclusão das «redes de condutas destinadas à instalação de infra-estruturas de telecomunicações» na planta de síntese que deve instruir os pedidos (cfr. artigo 7.º, n.º 1, alínea g), da Portaria n.º 232/2008, de 11 de Março, e o artigo 8.º, n.º 1, alínea c) da Portaria n.º 1110/2001, de 19 de Setembro, que a precedeu).

O Decreto-Lei n.º 123/2009, de 21 de Maio, estabelece agora, no seu capítulo V, o regime de instalação das infra-estruturas de telecomunicações em loteamentos, urbanizações e conjuntos de edifícios (ITUR) e respectivas ligações às redes públicas de comunicações electrónicas, discriminando o tipo de infra-estruturas obrigatórias e prevendo a aprovação pelo ICP-ANACOM das prescrições técnicas de projecto, instalação e ensaio, bem como das especificações técnicas de materiais, dispositivos e equipamentos que as constituem, de observância obrigatória.

Compete ao ICP – ANACOM aprovar o conjunto de prescrições técnicas de projecto, instalação e ensaio, bem como das especificações técnicas de materiais, dispositivos e equipamentos, que constituem as ITUR e as ITED (infra-estruturas de telecomunicações em edifícios). Estes conjuntos de prescrições são designados, respectivamente, por "Manual ITUR" e "Manual ITED".

Estes manuais são regulamentos (técnicos) administrativos, estando a sua elaboração sujeita ao procedimento de consulta referido no artigo 8.º da LCE, e devendo ser disponibilizados no sítio de Internet do ICP – ANACOM. Este facto, bem como a deliberação que aprova os manuais, é publicada na 2.ª série do *Diário da República* (artigo 106.º do Decreto-Lei n.º 123/2009).

A par das outras indústrias de rede, o sector das comunicações electrónicas passa, pois, a dispor de uma regulamentação uniforme aplicável à construção destas infra-estruturas no âmbito das operações de loteamento e de urbanização.

Com efeito, até à data existiam apenas regras aplicáveis no âmbito das operações de edificação (a que correspondem as designadas «ITED»), domínio em que o diploma procede a alterações ao anterior regime, entre as quais se inclui a obrigatoriedade de instalação de sistemas de cablagem em fibra óptica. [177] - [178]

As ITUR instaladas nos prédios objecto de operações de loteamento e urbanização, designadas no diploma por ITUR públicas, são cedidas gratuitamente ao município (cfr. artigo 31.º).[179]

A clarificação assume particular relevância, como se afirmará adiante, no domínio do acesso a estas infra-estruturas por todos os operadores em condições de igualdade. É que na ausência de determinação legal idêntica à constante do citado artigo 31.º do Decreto-Lei n.º 123/2009, de 21 de Maio, os municípios poderiam considerar que aquelas infra-estruturas não haviam ingressado no seu domínio, hipótese em que a identificação do respectivo proprietário não seria isenta de dificuldades (salvo nos casos em que não tenha havido alienação de lotes).

A alternativa de considerar que as infra-estruturas, designadamente a rede de condutas, ingressaram no conjunto de bens afectos à designada concessão do serviço público de telecomunicações não encontra suporte nas bases da concessão, publicadas em anexo ao Decreto-Lei n.º 40/95, de 15 de Fevereiro, e alteradas pelo Decreto-Lei n.º 31/2003, de 17 de Fevereiro, nem na Lei das Comunicações Electrónicas ou nas leis que a precederam, actos que são omissos na matéria.[180]

---

[177] As ITED pertencem ao proprietário do edifício, ou são detidas em compropriedade pelos condóminos, quando integrem as partes comuns do edifício. As ITED que integrem cada fracção autónoma são da propriedade exclusiva do respectivo condómino – cfr. artigo 62.º do Decreto-Lei n.º 123/2009.

[178] As ITED eram anteriormente reguladas pelo Decreto-Lei n.º 59/2000, de 19 de Abril.

[179] Tendo em conta o disposto no artigo 44.º, n.º 1, do regime jurídico da urbanização e edificação, na maioria dos casos, e ao contrário do que sucede com as infra-estruturas de saneamento e de abastecimento de água, de electricidade e gás, a prática da maior parte dos municípios não tem feito incluir nas licenças, autorizações ou comunicações prévias emitidas a cedência gratuita ao município das infra-estruturas de telecomunicações ou das redes de condutas destinadas à sua instalação. O disposto no artigo 31.º do diploma torna a cedência obrigatória.

[180] Note-se que não estando as condutas, postes e outras instalações integradas na «rede básica de telecomunicações» (cfr. os n.º 2 e 3 do artigo 12.º da Lei n.º 91/97, de 1 de Agosto, alterada pela Lei n.º 29/2002, de 6 de Dezembro), importará sempre analisar caso a caso se um determinado troço de conduta foi incluído validamente no âmbito do contrato de alienação da rede básica e da rede de telex celebrado pelo Estado Português e a PT Comunicações, S.A. a 27 de Dezembro de 2002 (cfr. supra 3.2.3.3). Por outro lado, a circunstância de as rotinas administrativas nascidas na época do monopólio no sector

8.1.3. O ACESSO ÀS INFRA-ESTRUTURAS APTAS AO ALOJAMENTO DE REDES: UM REGIME DUALISTA

Consideremos agora o acesso às infra-estruturas aptas ao alojamento de redes de comunicações electrónicas. O regime aprovado pelo diploma como que antecipa muitas das soluções constantes da Directiva 2009/140/CE, o que se justificará porque aquele, tal como a Reforma de 2009, são motivados pelo desígnio político de promover a instalação das chamadas Redes de Nova Geração (NGN), sobretudo das Novas Redes de Acesso (NRA).[181]

Verifica-se, neste domínio, um dualismo de regimes. A aplicação do diploma a todos os operadores de comunicações electrónicas e a todas as entidades da «área pública» (como se diz no preâmbulo), incluindo empresas públicas e concessionárias, e a outras entidades que detenham ou explorem infra-estruturas integradas no domínio público (do Estado, das Regiões Autónomas e das autarquias locais), contrasta com a exclusão da chamada concessionária do serviço público de telecomunicações (doravante «concessionária»).

No n.º 3 do artigo 1.º do diploma afirma-se expressamente que o acesso às infra-estruturas, como condutas, postes, outras instalações e locais detidos pela concessionária do serviço público de telecomunicações «continua a reger-se pelo regime disposto na Lei das Comunicações Electrónicas».

Tal regime reduz-se ao disposto nos n.º 1 a 4 do artigo 26.º da LCE, que estabelece o dever de a concessionária, por acordo, dar acesso a estas infra-estruturas, mediante uma remuneração orientada para os custos, e o dever de «disponibilizar uma oferta de acesso da qual devem constar as condições de acesso e utilização, nos termos a definir pela ARN» (cfr. o n.º 4 do citado artigo 26.º da LCE).

O regime disposto na LCE é significativamente menos desenvolvido do que o regime disposto nos artigos 13.º a 22.º do Decreto-Lei n.º 123/2009, de 21 de Maio, que, para além de determinar igualmente que as condições remuneratórias devem ser orientadas para os custos:

---

terem naturalmente posto aquelas infra-estruturas sob a gestão da então prestadora exclusiva de serviços de telecomunicações, não permite sem mais afirmar que o operador histórico tenha adquirido direitos sobre as mesmas, e em regra impedirá a afirmação que adquiriu a respectiva propriedade.

[181] Cfr. considerando 43 da Directiva 2009/140/CE.

— impõe a elaboração de procedimentos de acesso céleres, transparentes, não discriminatórios, e respectiva publicação,
— estabelece um prazo máximo de 20 dias para a «obtenção do direito de acesso» e considera existir aceitação do pedido decorrido este prazo (cfr. o n.º 2 do artigo 20.º),
— prevê a intervenção do ICP- ANACOM para verificar e decidir os casos de recusa de acesso, e
— obriga à publicação dos prazos dos direitos de acesso e utilização, das condições contratuais tipo aplicáveis e, entre outros, das sanções por incumprimento ou utilização indevida de infra-estruturas.

É certo que estas obrigações impendem sobre a concessionária, mas por força de deliberações do ICP-ANACOM emitidas ao abrigo do disposto no n.º 4 do citado artigo 26.º da LCE, que revestem a natureza de actos administrativos.[182]

Ao dualismo do regime legal corresponde, portanto, uma diferente rigidez e densificação legal do regime aplicável, correspondendo a regulação menos rígida, porque efectuada mediante acto administrativo, e que maior margem de conformação concede ao regulador, porque ancorada numa norma aberta, à que incide sobre as únicas infra-estruturas do país que foram propositadamente concebidas e executadas para alojar redes de comunicações electrónicas.

Note-se, aliás, que todos os operadores de comunicações electrónicas estão actualmente sujeitos ao regime legal de acesso acima resumido, independentemente de as infra-estruturas por si detidas estarem incluídas no domínio público (cfr. a alínea d) do artigo 2.º), mantendo-se a concessionária exclusivamente sujeita ao disposto na LCE. Ou seja, têm o direito de aceder a essas infra-estruturas e o dever de dar acesso às infra-estuturas que possuam.

A segunda nota motivada pelo regime de acesso gizado no diploma respeita à imposição daquele rol de obrigações às concessionárias, nomeadamente às que actuem na área das infra-estruturas rodoviárias, ferroviárias, portuárias, aeroportuárias, de abastecimento de água, de saneamento e de transporte, e distribuição de gás e electricidade.

---

[182] Na sequência de decisões do ICP – ANACOM a PT Comunicações, S.A. publicou uma oferta de referência de acesso às condutas e demais infra-estrutura associada (a designada ORAC) e uma oferta de referência de acesso a postes (a designada ORAP).

Estas empresas estão constituídas no dever de averiguar se as infra-estruturas que detenham ou cuja gestão lhes incumba são aptas a alojar redes de comunicações electrónicas e a informar o ICP-ANACOM sobre o seu entendimento.

E nas vicissitudes da definição do acesso a tais infra-estruturas, da sua possibilidade de, sem dano para a prestação dos serviços para que foram criadas ou a que estão primacialmente afectas, alojarem redes de comunicações electrónicas estabelece o diploma que o poder de decisão cabe sempre ao ICP--ANACOM, mediante parecer obrigatório mas não vinculativo do regulador sectorial cuja esfera de competência abranja as infra-estruturas em causa.

8.1.4. O Sistema de Informação Centralizado (SIC)

No artigo 24.º do Decreto-Lei n.º 123/2009 estabelece-se o dever de todas as entidades abrangidas pelo diploma, incluindo os operadores de comunicações electrónicas, elaborarem e manterem actualizado um cadastro das infra-estruturas aptas ao alojamento de redes de comunicações electrónicas, nomeadamente, condutas, caixas, câmaras de visita e infra--estruturas associadas, e disponibilizarem as condições técnicas do acesso, bem como de responderem em prazo não superior a 10 dias a pedidos de informação por parte de interessados.

Estas informações, bem como as condições de acesso às infra--estruturas, deverão ser incluídas no Sistema de Informação Centralizado (SIC), cuja concepção, gestão e manutenção compete ao ICP – ANACOM, e que visa disponibilizar, através de uma rede electrónica privativa, todas estas informações aos interessados.

8.2. Instalação de infra-estruturas de suporte das estações de radiocomunicações (Decreto-Lei n.º 11/2003, de 18 de Janeiro)

O regime de instalação de infra-estruturas de suporte das estações de radiocomunicações e respectivos acessórios consta do Decreto-Lei n.º 11/2003, de 18 de Janeiro, não sendo pois aplicável o regime jurídico da urbanização e edificação.

A instalação destas infra-estruturas está sujeita a autorização municipal, a qual se considera deferida decorridos 30 dias sobre a recepção do pedido, podendo o requerente dar início à colocação da infra-estrutura em causa desde que previamente entregue o requerimento a solicitar o pagamento das taxas devidas.

As causas de indeferimento do pedido de autorização municipal são exclusivamente as que constam do artigo 7.º do diploma, relativas às vinculações decorrentes de instrumentos de gestão territorial e outros padrões urbanísticos e ambientais.

No artigo 9.º é estabelecido um regime especial de audiência prévia, nos termos do qual o presidente da câmara municipal deverá propor uma localização alternativa à instalação da infra-estrutura em edificação existente, caso tencione indeferir o pedido, sob pena de estar vinculado a deferir o pedido (salvo nas circunstâncias referidas no n.º 3 do artigo 9.º).

Em todos os casos, incluindo os de instalação da infra-estrutura no solo, a audiência prévia serve também para a criação de condições de minimização do impacto visual e ambiental, caso a intenção de indeferimento se funde nestes impactos.

9. ANÁLISE DE MERCADOS E IMPOSIÇÃO DE OBRIGAÇÕES ESPECÍFICAS

No âmbito da sua função de acompanhar e regular os mercados compete ao ICP-ANACOM exercer as competências previstas no artigo 56.º da LCE:
    a) Definir os mercados relevantes de produtos e serviços, tendo em conta a recomendação da Comissão Europeia emitida ao abrigo da Directiva Quadro, bem como outros mercados relevantes nela não previstos;
    b) Determinar se um mercado relevante é ou não efectivamente concorrencial;
    c) Declarar as empresas com poder de mercado significativo nos mercados relevantes;
    d) Impor, manter, alterar ou suprimir obrigações às empresas com ou sem poder de mercado significativo, incluindo a imposição de condições técnicas ou operacionais aplicáveis ao fornecedor e ou beneficiário do acesso.[183]

---

[183] Sobre a imposição de obrigações a empresas sem PMS cfr. *supra* 5.2.

9.1. Definição do mercado relevante

A definição dos mercados relevantes deve ter na máxima conta a Recomendação emitida pela Comissão Europeia ao abrigo do artigo 15.º da Directiva Quadro. Actualmente está em vigor a Recomendação 2007/879/CE – Recomendação da Comissão, de 17.12.2007, relativa aos mercados relevantes de produtos e serviços no sector das comunicações electrónicas susceptíveis de regulamentação *ex ante* em conformidade com a Directiva 2002/21/CE do Parlamento Europeu e do Conselho relativa a um quadro regulamentar comum para as redes e serviços de comunicações electrónicas.[184]-[185]

A Recomendação de 2007 identifica, no seu anexo, um mercado retalhista e seis mercados grossistas:

Nível retalhista
1. Acesso à rede telefónica pública num local fixo para clientes residenciais e não residenciais.

Nível grossista
2. Originação de chamadas na rede telefónica pública num local fixo.
3. Terminação de chamadas em redes telefónicas públicas individuais num local fixo.
4. Fornecimento grossista de acesso (físico) à infra-estrutura de rede (incluindo o acesso partilhado ou totalmente desagregado) num local fixo.

---

[184] Esta recomendação, já vimos, substitui a Recomendação 2003/311/CE, da Comissão, de 11.02.2003, com idêntico objecto, visto que o artigo 15.º da Directiva Quadro, na versão inicial, já previa a aprovação desta recomendação. A Recomendação de 2007 foi aprovada no contexto da Reforma de 2009, mas antes da aprovação da Directiva 2009/140/CE, o que explica que não tenha sido precedida do parecer do ORECE.

[185] Recorde-se que a recomendação é acompanhada por um documento explicativo: «*Explanatory note: Accompanying document to the Commission Recommendation on Relevant Product and Service Markets within the electronic communications sector susceptible to ex ante regulation in accordance with Directive 2002/21/EC of the European Parliament and of the Council on a common regulatory framework for electronic communications networks and services*» [SEC(2007) 1483 Final].

5. Fornecimento grossista de acesso em banda larga.[186]

6. Fornecimento grossista de segmentos terminais de linhas alugadas, seja qual for a tecnologia utilizada para fornecer a capacidade alugada ou dedicada.

7. Terminação de chamadas vocais em redes móveis individuais.

Tendo em conta esta lista de mercados, o ICP-ANACOM, partindo da definição dos mercados retalhistas numa análise prospectiva (tendo em conta a substituibilidade do lado da procura e do lado da oferta) procede à sua definição no mercado nacional, em conformidade com os princípios do direito da concorrência, e de acordo com as «Orientações da Comissão relativas à análise e avaliação de poder de mercado significativo no âmbito do quadro regulamentar comunitário para as redes e serviços de comunicações electrónicas» [2002/C 165/03].[187]

Conforme é salientado no considerando 18 da Recomendação de 2007, o facto de um mercado constar da lista anexa não significa a necessidade de imposição de obrigações *ex ante*, podendo concluir-se que nenhum operador possui poder de mercado significativo (PMS).

Por outro lado, o ICP – ANACOM pode definir um mercado diferente dos constantes da lista anexa à Recomendação, por aplicação dos mesmos critérios (princípios do direito da concorrência e as orientações da Comissão). Nesse caso será aplicável o procedimento de consulta previsto no artigo 7.º da Directiva Quadro (e actualmente regulado no artigo 57.º da LCE), adiante mencionado.

Na definição dos mercados, o ICP – ANACOM deve considerar o designado teste dos três critérios (cfr. agora o n.º 2 da Recomendação):

a) Presença de obstáculos fortes e não transitórios à entrada nesse mercado. Podem ser obstáculos de natureza estrutural, jurídica ou regulamentar;

---

[186] "Este Mercado – lê-se no anexo da recomendação – compreende o acesso à rede não física ou virtual, incluindo o acesso em fluxo contínuo de dados ("*bitstream*"), num local fixo. Este mercado situa-se a jusante do fornecimento de acesso físico abrangido pelo mercado 4 atrás mencionado, porque o fornecimento de acesso grossista em banda larga pode ser materializado utilizando este recurso em combinação com outros elementos".

[187] Estas orientações estão igualmente previstas no artigo 15.º da Directiva Quadro. Trata-se das "Linhas de orientação" mencionadas no n.º 2 do artigo 58.º da LCE.

b) Uma estrutura de mercado que não tenda para uma concorrência efectiva no horizonte temporal pertinente. A aplicação deste critério implica que se examine a situação da concorrência subjacente aos obstáculos à entrada;

c) A insuficiência do direito da concorrência para, por si só, corrigir adequadamente as deficiências apresentadas pelo mercado em causa.

A tarefa de definição dos mercados não implica a sua definição em simultâneo. Em regra, procede-se à análise de cada um dos mercados, decidindo o regulador a prioridade da análise dos diversos mercados identificados na Recomendação (ou outros).

9.2. Análise de mercado e declaração de Poder de Mercado Significativo (PMS)

Tendo concluído a fase de definição de um mercado, deve o ICP – ANACOM analisar esse mercado tendo na máxima conta as "Linhas de orientação", para determinar se o mesmo é ou não efectivamente concorrencial, isto é, se nesse mercado existe ou não pelo menos uma empresa com PMS (artigos 59.º e 60.º da LCE). [188]

Se concluir que o mercado é efectivamente concorrencial, o ICP – ANACOM não pode impor qualquer obrigação específica e, caso uma ou varias obrigações tenham sido anteriormente impostas a uma empresa (ao abrigo de um procedimento anteriormente concluído), deverá suprimi-las.

Se, pelo contrário, concluir que uma ou várias empresas detêm PMS nesse mercado deve impor, a cada uma delas, uma ou várias obrigações específicas. Caso já tenham sido impostas obrigações específicas a uma dessas empresas (no âmbito de um procedimento anterior), o ICP – ANACOM pode manter essas obrigações, alterá-las ou impor outras, sempre de acordo com o mesmo critério.

A imposição ou manutenção de obrigações específicas é uma decorrência obrigatória da conclusão de que uma empresa tem PMS – artigo

---

[188] Considera-se que uma empresa tem poder de mercado significativo se, individualmente ou em conjunto com outras, gozar de uma posição económica que lhe permita agir, em larga medida, independentemente dos concorrentes, dos clientes e dos consumidores (artigo 60.º da LCE).

59.º, n.º 4, da LCE (cfr. também o artigo 8.º, n.º 2, da Directiva Acesso e o n.º 14 das "Linhas de orientação").

O acto que declara que uma empresa tem poder de mercado num determinado mercado, na medida em que tem por efeito legal (ainda que não automático) a imposição a essa empresa de, pelo menos, uma obrigação específica, é uma *verificação constitutiva*: um acto administrativo verificativo com efeitos constitutivos que decorrem automaticamente da lei. [189]

9.3. A CONFIGURAÇÃO DO PROCEDIMENTO DE ANÁLISE DE MERCADO

O "procedimento de análise de mercado" pode ter um âmbito mais ou menos vasto:
a) Pode ser configurado como um procedimento unitário, que se inicia com a definição de um mercado relevante e termina com duas decisões possíveis - com a conclusão de que o mercado é concorrencial ou, caso contrário, com a imposição de obrigações específicas às empresas que foram identificadas como tendo poder de mercado significativo nesse mercado; ou
b) Pode ser configurado em dois procedimentos autónomos: um primeiro que, sendo iniciando com a definição do mercado relevante, termina com a conclusão sobre a existência ou não de concorrência no mercado; e um segundo, caso tenha anteriormente concluído que o mercado não é concorrencial e que uma ou mais empresas têm PMS no mercado, destinado à imposição das obrigações específicas.

Em qualquer das hipóteses, o ICP – ANACOM tem de fundamentar a imposição de cada obrigação específica na sua adequação e proporcionalidade face à natureza do problema de concorrência identificado no âmbito da análise de mercado ("falha de mercado") – artigo 66.º, n.º 2 da LCE.

Deste modo se explica que o ICP – ANACOM possa também, tendo ainda por referência a falha de mercado identificada na fase de análise de mercado, e após ter concluído o procedimento destinado à imposição de obrigações específicas, abrir um novo procedimento com a finalidade de al-

---

[189] Cfr. MARCELO REBELO DE SOUSA, ANDRÉ SALGADO DE MATOS, *Direito Administrativo...*, p. 97.

terar ou impor uma obrigação específica sem ter necessidade de proceder a uma nova análise de mercado (cf. considerando 15 da Directiva Quadro).

9.4. A TIPICIDADE, A NATUREZA E A FUNDAMENTAÇÃO DAS OBRIGAÇÕES ESPECÍFICAS

A regra é a da tipicidade das obrigações que podem ser impostas às empresas com PMS (artigo 66.º da LCE):
   a) Obrigação de transparência na publicação de informações, incluindo propostas de referência, nos termos dos artigos 67.º a 69.º da LCE;
   b) Obrigação de não discriminação na oferta de acesso e interligação e na respectiva prestação de informações, nos termos do artigo 70.º da LCE;
   c) Obrigação de separação de contas quanto a actividades específicas relacionadas com o acesso e ou a interligação, nos termos do artigo 71.º da LCE;
   d) Obrigação de dar resposta aos pedidos razoáveis de acesso, nos termos do artigo 72.º da LCE;
   e) Obrigação de controlo de preços e de contabilização de custos, nos termos dos artigos 74.º a 76.º da LCE.

Excepcionalmente, o ICP – ANACOM pode impor outras obrigações para além das mencionadas, mediante autorização prévia da Comissão Europeia, devendo para o efeito submeter previamente um projecto de decisão (artigo 66.º, n.º 4, da LCE).

Para além destas obrigações, previstas igualmente nos artigos 9.º a 13.º da Directiva Acesso, importa considerar a obrigação de separação funcional que, nos termos do artigo 13.ºA da mesma directiva, pode ser imposta, sem prejuízo da imposição ou manutenção das obrigações mencionadas nos artigos 9.º a 13.º. [190]

---

[190] A obrigação de separação funcional traduz-se na imposição, a uma empresa verticalmente integrada, de afectar a uma outra empresa ou unidade operacionalmente autónoma (gestão, pessoal e sistemas de informação, incluindo a proibição de troca de informações) as actividades relacionadas com o fornecimento grossista de produtos de acesso. Não impõe obrigatoriamente a separação jurídica entre as empresas, que é o que caracteriza a separação estrutural.

Sobre a separação empresarial em geral, e, em especial, sobre os diversos graus que esta pode assumir, cfr. JOSE CARLOS LAGUNA DE PAZ, *Telecomunicaciones...*, pp. 443 ss.

A nova obrigação de separação funcional é uma medida de carácter excepcional e tem natureza subsidiária em relação às obrigações previstas nos artigos 9.º a 13º da Directiva Acesso (só pode ser adoptada quando se verifique a insuficiência das mesmas para resolver a "falha de mercado" detectada), e está sujeita a um procedimento específico de notificação à Comissão Europeia, exigindo-se uma fundamentação particularmente exigente quanto à sua necessidade (cfr. artigo 13.º A, n.º 2 a 4 da Directiva Acesso).

A Reforma de 2009 introduziu ainda um outro "remédio" de feição especial porque de natureza voluntária: trata-se da separação estrutural de uma empresa verticalmente integrada que tenha sido designada como tendo PMS em ou mais mercados relevantes (artigo 13.º B da Directiva Acesso).[191]

9.5. AUTONOMIA DOS ACTOS DE IMPOSIÇÃO DE OBRIGAÇÕES ESPECÍFICAS

A competência para impor obrigações específicas configura o feixe de poderes mais intrusivos na esfera dos operadores conferido ao ICP – ANACOM, por força da sua qualidade de autoridade reguladora nacional (artigo 8.º da Directiva Acesso).

Os actos de imposição de obrigações específicas a cada operador são actos administrativos autónomos em dois sentidos: cada um deles é autónomo face ao acto que declara que o operador tem PMS no mercado relevante, e cada um deles é autónomo entre si.

---

[191] A novidade da solução encontra-se na natureza estritamente voluntária da medida, que é proposta pela empresa interessada: a autoridade reguladora nacional "avalia o efeito da transacção pretendida", podendo a empresa avaliar e eventualmente ponderar em conjunto com a autoridade reguladora nacional os termos em que a mesma se poderá realizar, de modo a acautelar a imposição de mais, ou mais fortes, obrigações específicas nos mercados relacionados com a rede de acesso (como a medida excepcional de separação funcional).

Tendo presente a ponderação conjunta, entre o regulador e o regulado, que a figura supõe, tem sido realçada a necessidade de as actas das reuniões serem públicas e de serem asseguradas em todas as fases do procedimento as exigências da transparência, de modo a serem controláveis os "compromissos" assumidos por cada parte.

Esta solução da "separação voluntária" de algum modo convoca a figura do "contrato regulatório na regulação por agência" a que se refere PEDRO GONÇALVES, *Regulação administrativa e contrato*, p. 1018-1019.

A circunstância de, no âmbito de um mesmo procedimento, serem impostas várias obrigações específicas a distintos operadores não apaga a natureza e a forma de cada obrigação específica: cada obrigação específica imposta a cada operador configura um acto administrativo.

Trata-se de *actos administrativos desfavoráveis* porque impõem uma obrigação previamente inexistente restringindo a autonomia privada e a liberdade de empresa (por exemplo, no caso da obrigação de controlo de preços, é restringida a liberdade tarifária).

Nessa medida, o ICP – ANACOM está vinculado a um especial dever de fundamentação, em termos de facto, quanto aos pressupostos da necessidade de imposição da obrigação, desde logo, quanto à conclusão de que a empresa tem PMS no mercado em análise. No n.º 2 do artigo 55.º da LCE está consagrado o "princípio da fundamentação plena da aplicação das obrigações regulamentares específicas" a que estão sujeitas, quer a análise do mercado, quer a imposição em concreto de uma obrigação específica.

Em especial, e no que respeita a cada uma das obrigações a impor, o artigo 55.º, n.º 3, da LCE exige que a decisão de imposição de uma obrigação seja fundamentada, cumulativamente, na demonstração de que a medida:

a) É adequada à natureza do problema de concorrência identificado na análise de mercado ("falha de mercado"), proporcional e justificada à luz dos objectivos de regulação estabelecidos no artigo 5.º da LCE;

b) É objectivamente justificável em relação às redes, serviços ou infra-estruturas a que se refere;

c) Não origina uma discriminação indevida relativamente a qualquer operador;

d) É transparente em relação aos fins a que se destina.[192]

---

[192] A lista dos mercados analisados pelo ICP – ANACOM, ao abrigo da Recomendação de 2003 e da Recomendação de 2007, das empresas declaradas com PMS nesses mercados e das obrigações específicas a que foram sujeitas, bem como as respectivas decisões (algumas impugnadas pelos operadores na jurisdição administrativa, estando os respectivos processos a correr os seus termos), encontra-se disponível em http://www.anacom.pt/render.jsp?categoryId=123899&themeMenu=1#horizontalMenuArea.

Até à data, e no âmbito dos mencionados procedimentos de análise de mercados, apenas foi imposta a obrigação de elaborar Ofertas de Referência a um operador – a PT Comunicações, S.A. A lista actualizada das ofertas de referência deste operador, bem como o respectivo conteúdo, encontra-se disponível em http://www.ptwholesale.telecom.pt/GSW/PT/Canais/ProdutosServicos/OfertasReferencia/.

9.6. A TRAMITAÇÃO DOS PROCEDIMENTOS DE ANÁLISE DE MERCADO E DE IMPOSIÇÃO DE OBRIGAÇÕES ESPECÍFICAS

As divergências na aplicação do quadro regulamentar europeu, a que acima se fez referência, verificam-se sobretudo no âmbito destes procedimentos, sendo que se trata do domínio da regulação em que uma aplicação uniforme das regras assume particular importância para a criação e manutenção de um mercado único de comunicações electrónicas.

É neste contexto que se justificam os poderes de intervenção directa nestes procedimentos atribuídos à Comissão Europeia pelas directivas, e reconhecidos na LCE. Como se disse, com a Reforma de 2009 foi alargado o âmbito da intervenção da Comissão Europeia e foram atribuídos poderes consultivos ao ORECE. Vejamos agora em que se traduzem esses poderes e como são exercidos.

Vimos já que o ICP – ANACOM deve submeter o projecto de decisão, devidamente fundamentado, a consulta pública (artigo 8.º da LCE) e a audição prévia dos operadores que sejam os destinatários das obrigações específicas que se pondera impor.

Simultaneamente deve o ICP – ANACOM, de acordo com o disposto no artigo 61.º da LCE, solicitar parecer à Autoridade da Concorrência, o qual deve ser emitido no prazo de 30 dias. Trata-se de um parecer obrigatório e não vinculativo (cfr. artigo 98.º, n.º 2 do CPA).

Concluída a consulta e a audição dos interessados (artigo 7.º, n.º 3, da Directiva Quadro), tem início a fase europeia do procedimento.

O projecto de decisão, e respectivos fundamentos, deve ser remetido à Comissão Europeia, ao ORECE e às autoridades reguladoras nacionais dos outros Estados membros. Estas entidades dispõem do prazo de um mês, improrrogável, para enviar os respectivos comentários ao ICP – ANACOM. Este deverá ter em conta os comentários recebidos, podendo alterar a medida. As decisões finais adoptadas são comunicadas à Comissão Europeia (cfr. artigo 7.º, n. 1 a 3 , 7 e 8 da Directiva Quadro).

A natureza dos poderes da Comissão Europeia varia consoante o objecto do projecto de decisão do ICP – ANACOM:
- se o projecto de decisão visa a definição de um mercado relevante distinto dos que constam da Recomendação e declara que uma empresa tem PMS no mercado, ou
- se o projecto de decisão visa a imposição, alteração ou supressão de obrigações específicas.

Como se verá, no primeiro caso a Comissão Europeia tem um "direito de veto", não podendo o ICP – ANACOM adoptar a medida. No segundo caso, o ICP – ANACOM, apesar das observações da Comissão Europeia, pode adoptar a medida.

9.6.1. Procedimento de notificação ao abrigo do artigo 7.º da Directiva Quadro

Vejamos o primeiro caso – projecto de decisão que visa a definição de um mercado relevante distinto dos que constam da Recomendação e declara que uma empresa tem PMS no mercado (regulado no artigo 7.º, n.º 4 a 7 da Directiva Quadro).[193]

No prazo de um mês, a Comissão Europeia informa que considera que o projecto de medida é susceptível de criar um entrave ao mercado interno ou que tem objecções quanto à sua conformidade com o direito da União Europeia, em especial com os objectivos de regulação: o projecto de medida é adiado por um prazo, improrrogável, de dois meses.

Neste prazo de dois meses, a Comissão, tendo em conta o parecer do ORECE, e fundamentando as suas razões, decide: veta a medida ou retira as suas reservas.

Caso a Comissão vete a medida o ICP – ANACOM, no prazo de seis meses, deve alterar a medida (caso em que o procedimento volta ao início), ou abandona-a, não a podendo adoptar.

9.6.2. Procedimento de notificação ao abrigo do artigo 7.ºA da Directiva Quadro

O segundo caso – projecto de decisão que visa a imposição, alteração ou supressão de obrigações específicas – é regulado pelo artigo 7.º A da Directiva Quadro.

---

[193] Esta hipótese já estava regulada em termos semelhantes na versão inicial do artigo 7.º da Directiva Quadro – cfr. o artigo 57.º da LCE. As alterações introduzidas no artigo 7.º da Directiva Quadro respeitam sobretudo à tramitação desta fase do procedimento, incluindo o exercício da competência consultiva do ORECE.

Se no prazo de um mês a Comissão Europeia apresentar objecções, o ICP – ANACOM não pode adoptar a medida nos três meses seguintes.

No prazo de seis semanas, a contar do início do prazo de três meses, o ORECE, deliberando por maioria dos membros que o compõem, emite um parecer fundamentado no qual indica se o projecto de medida deve ser alterado ou retirado.

Se o ORECE partilhar das objecções da Comissão Europeia coopera estreitamente com o ICP – ANACOM de modo a encontrar a medida mais adequada e eficaz.

Até ao final do prazo de três meses o ICP – ANACOM pode manter, modificar ou retirar o projecto de medida.

Terminado o prazo de três meses, e se o ORECE não emitir parecer negativo ou se não partilhar das objecções da Comissão, ou se o ICP – ANACOM manteve o projecto de medida ou o modificou, a Comissão pode, no prazo de um mês, retirar as reservas ou emitir uma recomendação fundamentada em que defenda a retirada do projecto de medida ou a sua modificação (podendo também incluir propostas específicas para esse efeito).

No prazo de um mês, subsequente ao prazo anteriormente referido, o ICP – ANACOM comunica a decisão final aprovada (este prazo pode ser prorrogado caso se proceda a nova consulta pública e audição dos interessados).

Caso o ICP – ANACOM tenha decidido manter o projecto de medida (não a retirando nem alterando) apresenta uma justificação fundamentada.[194]

9.7. As medidas urgentes (artigo 9.º da LCE)

Em circunstâncias excepcionais o ICP – ANACOM pode adoptar medidas imediatas de regulação do mercado, provisórias e proporcionais, quando as considerar urgentes para a salvaguarda da concorrência ou defesa dos interesses dos consumidores (cfr. artigo 9.º da LCE e artigo 7.º, n.º 9 da Directiva Quadro).

Tendo em conta a natureza urgente da medida, o ICP – ANACOM não tem de observar o procedimento de consulta previsto no artigo 8.º da LCE nem o procedimento de notificação previsto no artigo 7.º da Directiva Quadro.

---

[194] O ICP – ANACOM pode, em qualquer fase do procedimento, retirar o projecto de medida.

Porém, a audição dos potenciais destinatários da medida só não terá lugar se a mesma for expressamente considerada, pelo ICP – ANACOM, de urgência qualificada: a urgência que legitima a dispensa dos procedimentos de consulta e de notificação nos termos do artigo 7.º da Directiva Quadro, considerando o prazo destes (sub)procedimentos, não implica necessariamente que seja impossível proceder àquela audição prévia, ainda que por prazo inferior ao mínimo legal de 10 dias (cfr. artigo 103.º, n.º 1, do CPA).

Caso o ICP – ANACOM decida transformar a medida provisória em definitiva ou prorrogar o seu prazo de aplicação, deverá ser observada a tramitação geral do procedimento (devendo, pois, o n.º 3 do artigo 9.º da LCE ser interpretado extensivamente).

10. SERVIÇO UNIVERSAL E PROTECÇÃO DOS DIREITOS E INTERESSES DOS CONSUMIDORES

A regulação das comunicações electrónicas abrange a regulação social, dimensão esta que, ficou também assinalado, ganhou uma maior importância na Reforma de 2009, estando, em especial, regulada na Directiva 2009/136/CE.

Esta directiva, que altera a Directiva Serviço Universal, respeita ao serviço universal propriamente dito, mas contém inúmeras disposições que visam alargar a protecção dos direitos e interesses dos cidadãos e dos consumidores.

10.1. Noção e âmbito do serviço universal

O serviço universal é definido na Directiva Quadro (alínea j) do artigo 2.º) como o "conjunto mínimo de serviços, definido na Directiva 2002/22/CE (directiva serviço universal), de qualidade especificada, disponível para todos os utilizadores, independentemente da sua localização geográfica, e, em função das condições nacionais específicas, a um preço acessível".[195]

---

[195] Sobre a natureza do serviço universal, ver supra 3.2.3.2.

Actualmente, e de acordo com o artigo 87.º da LCE, o conjunto mínimo de prestações que deve estar disponível no âmbito do serviço universal está compreendido nos seguintes serviços:
   a) Ligação à rede telefónica pública num local fixo e acesso aos serviços telefónicos acessíveis ao público num local fixo;
   b) Disponibilização de uma lista telefónica completa e de um serviço completo de informações de listas;
   c) Oferta adequada de postos públicos.

A satisfação de todos os "pedidos razoáveis" de ligação à rede telefónica pública e de acesso aos serviços telefónicos "num local fixo" deve permitir o estabelecimento e recepção de chamadas telefónicas locais, nacionais e internacionais, comunicações fac-símile e comunicações de dados, com débitos suficientes para viabilizar o acesso funcional à Internet, tendo em conta as tecnologias prevalecentes utilizadas pela maioria dos assinantes e a viabilidade tecnológica.[196]

Interessa sublinhar que o serviço universal significa, em primeira linha, o fornecimento dos serviços acima mencionados pelo mercado: por exemplo, actualmente estará garantida, através do funcionamento do mercado nas zonas competitivas (grandes centros urbanos), a ligação e o acesso ao serviço telefónico em local fixo, a preços acessíveis. Por outro lado, por força da regulação de níveis de qualidade de serviço, bem como pela pressão concorrencial, a qualidade do serviço estará também assegurada.

Sucede, contudo, que, designadamente por razões geográficas, pode o serviço universal não estar disponível nas condições acima mencionadas, caso em que se torna necessário designar um ou vários operadores do mercado para prestarem esse serviço.

O serviço universal abrange ainda a disponibilização de ofertas que permitam o acesso a pessoas com deficiência, de modo equivalente aos demais consumidores (artigo 91.º da LCE). Trata-se de um dos campos em que a Directiva 2009/136/CE introduz alterações relevantes.

Pode também ser necessário assegurar a acessibilidade de preços a consumidores com baixos rendimentos ou necessidades sociais especiais, e medidas semelhantes, competindo ao ICP – ANACOM impor

---

[196] O acesso funcional à Internet, no contexto da LCE, significa o acesso de banda estreita (*"dial up"*), mantendo-se actualmente a discussão sobre a inclusão do acesso em banda larga à Internet no âmbito do serviço universal.

ao prestador do serviço universal as obrigações adequadas para o efeito (artigo 93.º da LCE).

Por deliberação do ICP-ANACOM, de 17 de Maio de 2007, foi imposta à "concessionária" e prestadora do serviço universal a obrigação de disponibilizar, no âmbito do serviço universal, um plano tarifário específico para *reformados e pensionistas* cujo agregado familiar aufira um rendimento mensal igual ou inferior ao ordenado mínimo nacional, devendo a PTC conceder a este universo de assinantes um desconto de 50% sobre a assinatura mensal da linha de rede (por referência ao tarifário base do serviço universal aplicável por defeito). Nos termos daquela deliberação, o ICP-ANACOM considerará os custos líquidos associados a este desconto de 50% sobre o aluguer da linha de rede, no contexto da avaliação e cálculo dos custos líquidos do serviço universal, tal como previsto nos artigos 95º e 96º da LCE.

10.2. DESIGNAÇÃO DOS PRESTADORES DO SERVIÇO UNIVERSAL

O serviço universal pode ser prestado por mais do que uma empresa, quer distinguindo as prestações que o integram, quer as zonas geográficas, sem prejuízo da sua prestação em todo o território nacional.

O processo de designação dos prestadores deve ser eficaz, objectivo, transparente e não discriminatório, assegurando que à partida todas as empresas possam ser designadas. [197]

Compete ao Governo, por resolução do Conselho de Ministros, designar a empresa ou empresas responsáveis pela prestação do serviço universal na sequência de concurso. O regulamento do concurso é aprovado por portaria dos membros do Governo com competência nas áreas das finanças e das comunicações electrónicas.

As condições do concurso, designadamente o caderno de encargos, devem assegurar a oferta do serviço universal de modo economicamente eficiente, podendo ser utilizadas como meio para determinar o custo líquido das obrigações de serviço universal, nos termos da alínea b) do n.º 1 do artigo 95.º da LCE.

---

[197] Como se viu acima, o actual prestador do serviço universal foi escolhido por ajuste directo, situação que, apesar da disposição citada, se manteve (e mantém actualmente) com aprovação da LCE, por força do artigo 121.º da LCE.

10.3. FINANCIAMENTO DO CUSTO LÍQUIDO DO SERVIÇO UNIVERSAL

Caso o ICP – ANACOM considere que a prestação do serviço universal constitui um encargo excessivo para os respectivos prestadores, procede ao cálculo do custo líquido do serviço universal (CLSU), de acordo com os critérios estabelecidos no artigo 95.º da LCE, competindo-lhe definir o conceito de "encargo excessivo" e o modo e critério da sua determinação.[198]

Os eventuais custos líquidos das obrigações de serviço universal, que o ICP - ANACOM considere excessivos, podem ser financiados através de um dos seguintes mecanismos (artigo 97.º da LCE):

a) a compensação a partir de fundos públicos;

b) a repartição do custo pelas outras empresas que ofereçam, no território nacional, redes e serviços de comunicações electrónicas.

10.4. MEDIDAS DE PROTECÇÃO DOS DIREITOS E INTERESSES DOS CONSUMIDORES

Como se disse, a Directiva 2009/136/CE amplia a regulação social, atribuindo novos direitos e tutelando de forma intensa outros direitos e interesses dos cidadãos, como seja a privacidade dos dados pessoais, incluindo a segurança e integridade das redes e a facilitação acrescida da portabilidade (cfr. considerandos 25 e ss. da directiva), que implicarão significativos desenvolvimentos do regime actualmente estabelecido na LCE.

Em todo o caso, importa sublinhar que o ICP – ANACOM actualmente dispõe de importantes atribuições neste domínio, de que se destaca a aprovação dos contratos de adesão que devem previamente ser enviados pelos operadores (artigo 39.º) e a aprovação do regulamento com os parâmetros obrigatórios de qualidade de serviço e modo da sua medição, constituindo o anexo à LCE uma mera orientação para o regulador.[199]

---

[198] Em Março de 2011 foi concluído o processo de consulta lançado pelo ICP--ANACOM para aprovação da decisão relativa a este conceito, e para aprovação da metodologia de cálculo do CLSU, tendo em conta as vantagens de mercado adicionais que os prestadores do serviço universal poderão retirar da prestação do serviço. Estas vantagens incluem benefícios não materiais (como o prestígio da marca associada à qualidade de prestador de serviço universal).

[199] O Regulamento da Qualidade de Serviço foi aprovado pelo Regulamento n.º 46/2005, de 14 de Junho, do ICP-ANACOM (objecto de posterior alteração e de rectificação).

Uma recente medida legislativa veio reforçar os direitos dos consumidores: trata-se do Decreto-Lei n.º 56/2010, de 1 de Junho, que estabelece limites à cobrança de quantias pela prestação do serviço de desbloqueamento dos aparelhos que permitem o acesso a serviços de comunicações electrónicas, bem como pela rescisão do contrato durante o período de fidelização, garantindo os direitos dos utilizadores e promovendo uma maior concorrência neste sector. [200]

---

[200] No contexto da defesa dos direitos dos consumidores, interessa também ter presente a designada lei dos serviços públicos essenciais (Lei n.º 23/96, de 26 de Julho, com alterações), que se aplica aos serviços de comunicações electrónicas.

BIBLIOGRAFIA ESPECÍFICA

PEDRO GONÇALVES, **Regulação administrativa e contrato, in Estudos em homenagem ao Prof. Doutor Sérvulo Correia**, volume II, Faculdade de Direito da Universidade de Lisboa, 2010, pp. 987 e ss.
SÉRGIO GONÇALVES DO CABO, **Regulação e concorrência no sector das comunicações electrónicas, in Regulação em Portugal: novos tempos, novo modelo?**, *Coord.* EDUARDO PAZ FERREIRA, LUÍS SILVA MORAIS, GONÇALO ANASTÁCIO, Almedina, Fevereiro, 2009
PEDRO GONÇALVES, **Regulação, Electricidade e Telecomunicações – Estudos de Direito Administrativo da Regulação**, CEDIPRE, Coimbra Editora, 2008
MARIA RAQUEL GUIMARÃES (*Coord*), **Direito e (Tele)comunicações**, Coimbra Editora, 2008
MARIA FERNANDA MAÇÃS, VITAL MOREIRA, **Estudo e projecto de Estatutos do Instituto das Comunicações de Portugal (ICP)**, in VITAL MOREIRA (Org.), **Estudos de Regulação Pública – I**, CEDIPRE, Coimbra Editora, 2004, pp. 97 ss.
PEDRO GONÇALVES, **Disciplina Administrativa da Internet, in Direito da Sociedade da Informação (V)**, Coimbra Editora, 2004, pp. 215 ss.
PEDRO GONÇALVES, **Direito das Telecomunicações**, Almedina, Coimbra, 1999
JOSE CARLOS LAGUNA DE PAZ, **Telecomunicaciones: Regulación y Mercado**, Tercera edición, Aranzandi/Thomson Reuters, 2010
LAURENT GARZANITI, MATTHEW O'REGAN (Ed), **Telecommunications, Broadcasting and the Internet EU Competition Law & Regulation,** 3rd Edition, Sweet & Maxwell, 2010
CHRISTIAN KOENIG, ANDREAS BARTOSCH, JENS-DANIEL BRAUN, MARION ROMES (*Ed*), **EC Competition and Telecommunications Law**, Second Edition, Wolters Kluwer, 2009
GIUSEPPE MORBIDELLI, FILIPPO DONATI (*a cura di*), **La nuova disciplina delle comunicazioni elettroniche**, G. Giappichelli Editore, Torino, 2009
IAN WALDEN (Ed), **Telecommunications Law and Regulation**, Third Edition, Oxford University Press, 2009

FILIPPO DONATI, **L'ordinamento amministrativo delle comunicazioni**, G. Giappichelli Editore, Torino, 2007

PAUL NIHOUL, PETER RODFORD, **EU Electronic Communications Law - Competition and Regulation in the European Telecommunications Market**, Oxford University Press, 2004

DIREITO ADMINISTRATIVO DOS TRANSPORTES

SUZANA TAVARES DA SILVA[*]
Professora da Faculdade de Direito da Universidade de Coimbra

INTRODUÇÃO

O *transporte* de pessoas e de mercadorias é uma actividade fundamental ao tecido económico e pode ser perspectivado e analisado sob diversos enfoques: o transporte próprio e o transporte por conta de outrem, o transporte como dimensão da liberdade de circulação, o contrato de transporte[1], a economia dos meios de transporte, o sistema de transporte e o papel do Estado na oferta e garantia do transporte, para referir apenas os mais relevantes.

O nosso estudo versa sobre *o direito administrativo dos transportes,* o que significa que iremos abordar apenas o papel do Estado na *oferta* e *garantia* do transporte, a sua intervenção nos diversos subsectores dos transportes e os instrumentos administrativos e económico-financeiros que presentemente são utilizados na concretização dos objectivos da política de transporte.

Para o efeito, e antes de iniciarmos o estudo da realidade portuguesa quanto a esta matéria, entendemos ser fundamental explicitar os traços gerais da actual *política de transporte* que, por razões ambientais, económicas, funcionais e até financeiras é hoje em muitas áreas e aspectos definida a um nível supra-estadual, facto que contribui, também, para o condicionamento de algumas decisões jurídico-administrativas em matéria de execução/implementação desta política no plano nacional.

---

[*] Na elaboração do ponto 2.1. contámos com a colaboração da *Mestre Cristiana Maria Lopes Cardoso.*

[1] Sobre o tema, entre nós, NUNO BASTOS, *Direito dos Transportes,* IDET, Cadernos n.º 2, Almedina, Coimbra, 2004.

Destaca-se, sobretudo, a preponderância da política e do direito europeu, que desde cedo integraram na *missão europeia* o desenvolvimento harmonizado de um sistema europeu (ou uma rede europeizada) de transportes como pedra angular do mercado interno. Uma compreensão que tem acolhimento no art. 4.º/1g) do TFUE, ao incluir o domínio dos transportes no leque de competências partilhadas entre a União e os Estados-membros – competências que consistem fundamentalmente na instituição de um mercado livre nos serviços de transporte intracomunitários, sem prejuízo da admissibilidade de auxílios de Estado necessários ao financiamento de prestações de serviço público, e na harmonização das regras do transporte internacional de e para os Estados-membros (arts. 90.º a 100.º do TFUE) – e das redes transeuropeias de transportes – onde sobressai a componente financeira comunitária como estímulo essencial à dinamização das infra-estruturas de transporte (arts. 170.º a 172.º do TFUE). Esta competência europeia em matéria de transportes explica a emanação de muita legislação europeia, associada a um conjunto de documentos de *soft law* e a algumas directrizes vinculativas para os Estados emitidas pelas Agências Europeias com competências no sector, as quais estão na origem da instituição da *política comum de transportes* no âmbito da União Europeia, bem como na *mediação* da representação nacional (*"a uma só voz"*) que a UE pretende alcançar em organizações internacionais como a IMO[2] e a OIAC[3] e nas relações com países terceiros.

---

[2] Abreviatura de *International Maritime Organization*, instituição especializada da ONU criada em 1982 (sucedeu à Organização Marítima Consultativa Intergovernamental que havia sido instituída em 1948) para promover a cooperação entre os governos no campo da regulamentação e dos procedimentos relacionados com assuntos técnicos de interesse para a navegação comercial internacional (Cf. http://www.imo.org/).

[3] Abreviatura de *International Civil Aviation Organization*, instituição especializada da ONU, constituída em 1944, com o intuito de garantir a cooperação internacional ao mais elevado nível na uniformização dos regulamentos e padrões, procedimentos e regras de organização, em matérias da aviação civil, incluindo regulamentos relativos à navegação aérea no seu conjunto, o que permitiu melhorar a segurança do voo, e abriu caminho para a aplicação de um sistema de navegação aérea comum no mundo inteiro (Cf. http://www.icao.int/).

1. A POLÍTICA DOS TRANSPORTES

Antes de passarmos à análise em concreto das directrizes políticas (europeias e nacionais) deste sector e das soluções normativas e administrativas adoptadas e aplicadas pelo Estado português, entendemos que é fundamental alertar o leitor para o facto de ao longo deste estudo nos irmos deparar com um conjunto de novidades, quer no que respeita aos *instrumentos administrativos* (ex. actos administrativos transnacionais), quer no que respeita ao próprio *método do direito administrativo*, que em alguns momentos tende a prescindir do sistema "kelseniano" de fontes de direito, substituindo-o por directrizes ou instruções políticas que reclamam uma legitimação fundada em critérios técnicos, no procedimento participativo, na transparência do agir administrativo e nos princípios e esquemas metódicos que hoje densificam o conceito de *governance* na passagem do modelo de transportes públicos para transportes colectivos suportados financeiramente pelos utentes[4]. Quer isto significar que apesar do tom essencialmente descritivo que iremos adoptar, dada a necessidade de esclarecer o quadro regulatório nacional dos diversos subsectores num texto breve, tal não invalida que, no fim, apresentemos um pequeno resumo das "novidades jurídicas", bem como que ao longo da exposição façamos algumas observações críticas, em especial no que respeita a aparentes falhas de regulação do sistema vigente.

As modificações assim operadas no direito administrativo, particularmente visíveis nos domínios sectoriais do denominado direito administrativo especial, contribuem para que o *direito das políticas públicas* adquira autonomia[5] e reclame modificações importantes no contexto do controlo da actividade administrativa nestas áreas, de modo a preservar o equilíbrio de poderes clássico, o que há-de obrigar o poder judicial a reconstruir a sua tarefa de "guardião dos direitos e da legalidade" no novo contexto, sem cair na tentação de se transformar, consciente ou inconscientemente, em um "guardião de políticas públicas".

---

[4] Para uma percepção do que significa esta mudança de paradigma na decisão político-administrativa, que evolui de um esquema de direcção (*Steuerung*) para um sistema de *governance* v., por todos, Schuppert, «Verwaltungsorganisation als Steuerungsfaktor» *in* Hoffmann-Riem / Schmidt-Assmann / Vosskuhle, *Grundlagen des Verwaltungsrechts I*, Beck, München, 2006, pp. 1006-1008.

[5] Sobre esta questão v. Maria da Glória Dias Garcia, *Direito das Políticas Públicas*, Almedina, Coimbra, 2009.

1.1. A POLÍTICA EUROPEIA DOS TRANSPORTES

São inúmeros os documentos europeus relativos à *política de transporte*, tornando inviável a sua referência neste trabalho[6], razão pela qual nos limitaremos a sublinhar apenas aqueles que hoje, em nosso entender, melhor sintetizam os objectivos da política europeia, e nos ajudam a compreender o actual "estado da arte".

Destacamos, em primeiro lugar, o *Livro Branco sobre a Política Europeia de Transporte no Horizonte 2010: a Hora das Opções*[7], e a sua revisão intercalar levada a cabo na Comunicação *"Manter a Europa em movimento – Mobilidade sustentável para o nosso continente"*, de Junho de 2006[8], documentos que apontam *três objectivos estratégicos fundamentais*: reequilibrar os modos de transporte e racionalizar o transporte urbano (descongestionamento das cidades e sustentabilidade na mobilidade), colocar os utentes no centro da política de transportes (aumentar a segurança, garantir a transparência dos custos e a qualidade do serviço) e "alargar" o mercado interno aos países vizinhos da UE.

Os *objectivos estratégicos* da política de transportes são definidos em articulação com outras políticas europeias, designadamente com a política

---

[6] A ideia de que a política económica europeia necessitaria de uma harmonização dos regimes jurídicos em matéria de transporte encontra-se presente desde o "relatório Spaak", documento que antecedeu o Tratado de Roma. No mais, é notório o desenvolvimento que esta matéria conhece no direito europeu, designadamente nos textos dos sucessivos Tratados, pois desde a sua inclusão no Tratado de Roma, onde as preocupações essenciais recaiam sobre o transporte terrestre (rodoviário), passando pela instituição das redes transeuropeias em Maastrich e culminando com o disposto nos artigos do actual Título VI do TFUE, é visível a importância que este sector económico representa para o desenvolvimento da política económica europeia e como ele se transformou em motor do próprio direito administrativo europeu.

[7] COM (2001) 370 final. Este documento tinha como antecessor um outro *livro branco para os transportes,* denominado "Futura evolução da política comum dos transportes" – COM (92) 494.

[8] COM (2006) 314 final.

energética[9] e com a política ambiental[10], o que explica, por exemplo, que o terminal GNL de Sines deva permitir a ligação à rede nacional de gás natural, que por seu turno está interligada à rede espanhola, assim estabelecendo a ligação com o resto das redes de gás da Europa, contribuindo para a segurança no abastecimento (uma das linhas prioritárias da política energética europeia), da mesma forma que os portos nacionais devem permitir a ligação a grandes eixos ferroviários e rodoviários de transporte de mercadorias, assumindo um papel de destaque na entrada de bens no espaço europeu e posterior distribuição aos restantes países do mercado interno (a boa acessibilidade da costa portuguesa reduz o risco de acidentes marítimos).

Entre as principais medidas prevista no *livro branco* elegemos aquelas que se nos afiguram mais emblemáticas: *revitalizar o caminho-de-
-ferro* (o que depende em grande medida do desenvolvimento das redes de alta-velocidade e das redes exclusivamente destinadas a mercadorias, mas também de novas formas de regulação que optimizem a infra-estrutura existente e possibilitem um verdadeiro mercado interno ferroviário); reforçar o *controlo de qualidade do transporte rodoviário* (para evitar que este, sendo o meio de mais fácil acesso e de menor custo possa incorrer em práticas de *dumping*); promover o *transporte marítimo e fluvial*, intrinsecamente associado ao fenómeno das "auto-estradas do mar"; melhorar a regulação do transporte aéreo; realizar a rede transeuropeia de transportes (*RTE – T*); *fomentar a intermodalidade,* contando com financiamento a

---

[9] Veja-se, por exemplo, a nova regulamentação sobre pneus – a proposta de *Directiva do "pneu verde"* COM (2008) 779 e o Regulamento (CE) n.º 1222/2009, de 29 de Novembro, relativo à rotulagem dos pneus no que respeita à eficiência energética e a outros parâmetros essenciais – que visa aumentar a segurança e a eficiência económica e ambiental do transporte rodoviário através da promoção de pneus energeticamente eficientes, seguros e com baixas emissões sonoras.

[10] Dentro das diversas componentes da política ambiental associada aos transportes destacamos as medidas adoptadas em matéria de *redução do ruído*, em especial no transporte aéreo – Cf. Directiva 2002/30/CE, de 26 de Março, relativa ao estabelecimento de regras e procedimentos para a introdução de restrições de operação relacionadas com o ruído nos aeroportos comunitários, transposta pelo Decreto-Lei n.º 293/2003, de 17 de Novembro, Directiva 2002/49/CE, de 25 de Junho, relativa à avaliação e gestão do ruído ambiente, transposta pelo Decreto-Lei n.º 146/2006, de 31 de Julho, e Directiva 2006/93/CE, de 12 de Dezembro, relativa à regulação da exploração dos aviões que dependem do anexo 16 da Convenção relativa à Aviação Civil Internacional, transposta pelo Decreto-Lei n.º 321/2007, de 27 de Setembro.

partir do Programa Marco Polo; desenvolver *transportes urbanos de qualidade*; e, sobretudo, instituir um *sistema de verdade de custos*.

    Este último ponto é uma das grandes chaves para a mudança de paradigma e para a possibilidade de desenvolver o transporte colectivo de passageiros e de mercadorias, um factor essencial para a estratégia de *desenvolvimento sustentável*, não só em termos de poupança energética, mas sobretudo de redução de emissões poluentes. Mais do que um desafio europeu, acreditamos que aquilo que os europeus consigam desenvolver nesta matéria servirá de paradigma para os países emergentes, evitando que estes se tornem dependentes do transporte rodoviário individual, cuja expansão se afigura, por diversas ordens de razões, insustentável. Esta *mudança de paradigma* começa precisamente com a adaptação do sector dos transportes ao *novo modelo económico*, o que não significa apenas privatização de monopólios públicos, desregulação e liberalização do acesso à actividade. Bem pelo contrário, veremos que apesar das dificuldades se tem procurado instituir uma verdadeira *regulação económica para os transportes*, criticável apenas pela ausência de uma estratégia regulatória para a intermodalidade que permita construir mercados atractivos para as práticas comerciais ao mesmo tempo que garante o cumprimento de *obrigações de serviço público*.

    Olhando para trás é fácil perceber que muita coisa está ainda por fazer e que os objectivos do *livro branco* eram excessivamente ambiciosos para que pudessem estar inteiramente satisfeitos em 2010, pese embora as diversas evoluções que registamos um pouco em todos os domínios. De resto, na revisão intercalar de 2006, embora apresentando um tom optimista quanto à dinâmica registada na implementação das políticas até esse momento, sempre se afirmava, em complemento, que os objectivos traçados para 2010 se mantinham válidos, o que denunciava o ritmo lento das mudanças.

    O grande salto político na regulação dos transportes, depois da conquista que foi a fase da liberalização e da abertura e instituição dos mercados (em especial do *mercado intracomunitário*), radica hoje na intermodalidade e na orientação para uma utilização diferenciada e racional dos diversos meios de transporte Um objectivo agora em fase de implementação, como se infere do documento que prepara o debate para esta nova mudança de paradigma. Dela espera-se uma *"receita hipocarbónica para o uso dos transportes"*, em consonância com o proposto na Estratégia para o Desenvolvimento Sustentável, o que exige o desenvolvimento de novas tecnologias e a racionalização dos diferentes meios a partir de *"boas práticas regulatórias"*. Na Comunicação da Comissão de 2009, denominada *"Um futuro sustentável para os transportes: rumo a um sistema integrado, baseado na tecnologia e de fácil utilização"*[11], pode ler-se que um dos elementos essenciais desenvolvido neste início de milénio foi a *segurança* dos meios de transporte, em grande medida impulsionada pela criação de agências comunitárias para coordenar e harmonizar as regras técnicas. Objectivo que não constava do *livro branco*, mas que as circunstâncias do 11 de Setembro tornaram prioritário. Não há dinâmica no transporte colectivo se este não for um transporte seguro.

Entre os *novos desafios para as próximas décadas* destacam-se: os problemas da adaptação dos sistemas de transporte a pessoas com mobilidade reduzida como resposta ao envelhecimento e aumento de sobrevida da população; a resolução de problemas ambientais associados ao transporte como a redução das emissões poluentes e do ruído; a superação do desafio energético da redução de disponibilidade de combustíveis fósseis; melhoria da mobilidade urbana. Entre as respostas apontadas contam-se, essencialmente, o desenvolvimento tecnológico e a produção de novos sistemas inteligentes para gestão de sistemas de transporte[12]; adopção de um sistema de preços inteligentes conjugado com o financiamento sustentável[13], melhor planeamento e construção de estratégias europeias no diálogo externo.

1.2. A ESTRATÉGIA NACIONAL PARA O TRANSPORTE

A nível nacional, as linhas de orientação da política de transporte encontram-se reunidas no *Plano Estratégico de Transportes (2008-2009)*, aprovado pelo Ministério das Obras Públicas, Transportes e Comunicações em Maio de 2009. O *enquadramento estratégico* do sector apresenta também, por influência da directriz europeia, uma forte componente de inter-

---

[11] Cf. COM (2009), 279 final.

[12] O programa STI (gestão inteligente de tráfego rodoviário) – COM (2008) 886 – Programa ERTMS para a gestão inteligente do tráfego ferroviário – COM (2005) 903 – e o Programa SESAR para o aéreo – Decisão 2009/820/CE.

[13] Este constitui, em nosso entender, o principal desafio do sector, que ditará uma revolução na respectiva organização jurídica se houver vontade de instituir um verdadeiro sistema de mercado com regulação pública.

ligação com a política energética e ambiental. Aí são identificados como principais problemas, na senda do que a Europa também vem afirmando, a segurança, a energia, o ambiente e o financiamento, procurando-se a resposta estratégica através da interligação desta política com documentos como a Estratégia Nacional de Desenvolvimento Sustentável 2015[14], o Quadro de Referência Estratégico Nacional 2007-2013[15], o Programa Operacional Valorização do Território 2007-2013[16], o Programa Nacional para as Alterações Climáticas 2006[17], e o Plano Nacional de Acção para a Eficiência Energética[18].

De entre os *eixos prioritários* escolhidos pelo Estado português frisamos: a *eficiência económica e social* da alocação de recursos financeiros para os objectivos traçados, o que pressupõe em diversos domínios um recuo do investimento estadual; a *coesão do sistema de transportes*, envolvendo uma melhor gestão do transporte colectivo; a *intermodalidade*; a *mobilidade urbana*; a *segurança*; e a *governance*. Atentando no conjunto de *orientações específicas para os subsectores*, mostram-se sobretudo relevantes para o nosso estudo os seguintes objectivos: no *transporte rodoviário* – novo enquadramento legal para o transporte assente na aprovação de uma nova lei de bases do sistema de mobilidade e transportes terrestres, na revisão do regime de acesso ao mercado do transporte público rodoviário de passageiros, do contrato de transporte público rodoviário de passageiros e dos regimes especiais de transporte em táxi; no *transporte ferroviário* – aplicação do modelo de negócio das parcerias público-privadas em mercados específicos para além da alta-velocidade; no *transporte marítimo* e *aéreo* as apostas nacionais assentam fundamentalmente na melhoria e optimização das infra-estruturas, subalternizando o interesse das modificações na regulação das actividades

---

[14] A Estratégia Nacional de Desenvolvimento Sustentável (ENDS 2015) e o respectivo Plano de Implementação (PIENDS) foram aprovados pela Resolução de Conselho de Ministros n.º 109/2007, de 20 de Agosto.

[15] A Resolução de Conselho de Ministros n.º 86/2007, de 03 de Julho, aprova o Quadro de Referência Estratégico Nacional 2007-2013, nos termos em que foi acordado entre as autoridades portuguesas e a Comissão Europeia.

[16] O POVT foi aprovado pela Decisão C (2007) 5110, de 12 de Outubro, e alterado pela Decisão C (2009) 10068, de 9 de Dezembro.

[17] O PNAC 2006 foi aprovado pela Resolução do Conselho de Ministros n.º 104/2006, de 23 de Agosto.

[18] O PNAEE foi aprovado pela Resolução do Conselho de Ministros n.º 80/2008, de 20 de Maio.

de transporte (excepção feita à dinamização das auto-estradas marítimas), o que de resto se compreende atendendo ao elevado nível de harmonização europeia e internacional que estes sistemas de transporte pressupõem.

2. O QUADRO NORMATIVO DOS SUBSECTORES DOS TRANSPORTES

De acordo com o esquema adoptado, iremos analisar em seguida o regime jurídico de cada subsector dos transportes, deixando para um terceiro ponto os problemas mais interessantes de regulação administrativa e económica.

2.1. O TRANSPORTE TERRESTRE RODOVIÁRIO

O transporte terrestre de passageiros e de mercadorias constituiu o primeiro foco de interesse da política europeia de transporte, na medida em que o mesmo representava (e ainda hoje representa) o subsector mais importante em termos de índice de utilização, atentas as vantagens que só este meio de transporte permite em serviços "porta a porta" (*«door to door»*) e "em tempo real" (*«just in time»*), bem como de facilidade no acesso e na articulação com outros meios de transporte, constituindo nesta perspectiva um ponto essencial na *intermodalidade*, e, por essa razão, a sua harmonização regulatória e a respectiva dinamização representaram um dos elementos chave na garantia da efectiva liberdade de circulação de pessoas e de mercadorias no espaço europeu.

A implementação do mercado único e a efectivação da liberdade de circulação ditou, em primeiro lugar, a substituição de um regime de *transporte internacional* assente em autorizações (em número limitado) que um Estado concedia a outro para que uma empresa daquele pudesse realizar operações deste tipo no seu território, por um regime de liberdade de realização desta actividade no espaço europeu, sendo a mesma apenas titulada por uma *licença comunitária multilateral* sem limite máximo de operações.

Mas mais importante do que isso, verificaremos que a influência do direito europeu se estende também à própria disciplina interna das actividades de transporte dentro dos Estados-membros, o que se deve não apenas à tentativa de implementação de um *mercado interno de serviços*, mas também à importância entrecruzada que hoje se regista em matéria de ambiente e de energia, e os efeitos indirectos que estes domínios europeizados produzem no domínio da regulação do transporte.

O princípio base da organização do sistema de transportes terrestres rodoviários no âmbito nacional é precisamente o da *liberdade de exercício* desta actividade económica em *regime de concorrência*. Todavia, a prática demonstra que a intervenção estadual (e municipal no âmbito do transporte urbano e local) é necessária para garantir a efectiva prestação do serviço em alguns domínios sectoriais e territoriais, o que justifica a subsistência de uma importante componente de *serviço público* inerente a este sistema de transportes, que, ao contrário de outros, ainda exige o recurso à *outorga de exclusivos* conjugados com a *atribuição de subvenções* para neutralizar "falhas do mercado".

Entre nós, a *Lei n.º 10/90, de 17 de Março*[19], que aprovou as bases do *sistema de transportes terrestres* (de ora em diante LBTT), é o diploma que regula a organização e funcionamento do sistema de transportes terrestres, e tem por objectivos fundamentais *contribuir para o desenvolvimento económico e promover o maior bem-estar da população*, através, nomeadamente, da adequação permanente da oferta dos serviços de transporte às necessidades dos utentes, sob os aspectos quantitativos e qualitativos e da progressiva redução dos custos sociais e económicos do transporte. Estes objectivos legais devem ser prosseguidos de acordo com determinados *princípios orientadores*, enunciados no art. 2.º/2 da LBTT. Assim, por exemplo, deverá ser garantida aos utentes *liberdade de escolha* do meio de transporte, bem como *igualdade de tratamento* no acesso e fruição dos serviços de transporte; os poderes públicos deverão assegurar às empresas de transporte uma justa igualdade de tratamento, equiparando, quanto possível, as suas condições concorrenciais de base, sem prejuízo das suas diferenças estruturais e das exigências do interesse público; poderão ser impostas às empresas que explorem actividades de transporte que sejam qualificadas de *serviço público* obrigações específicas, relativas à qualidade, quantidade e preço das respectivas prestações, alheias à prossecução dos seus interesses comerciais; os investimentos públicos nas infra-

---

[19] Com as alterações introduzidas pelo artigo 13.º da Lei n.º 3-B/2000, de 4 de Abril, pelo artigo 4.º do Decreto-Lei n.º 380/2007, de 13 de Novembro, e pelo artigo 13.º do Decreto-Lei n.º 43/2008, de 10 de Março.

-estruturas terão de ser objecto de planeamento e coordenação adequados, em ordem a assegurar a sua máxima rendibilidade social.

Da leitura sumária dos objectivos e orientações consagrados na LBTT intuímos rapidamente a sua *desactualização* ao não dar resposta a problemas prementes como a *orientação da utilização do transporte segundo critérios de sustentabilidade ambiental e energética* (o transporte é construído segundo a necessidade ditada pelo utentes sem qualquer referência à necessidade de orientar o comportamento dos utentes), bem como a preocupação exclusiva em garantir a acessibilidade dos utentes aos transportes colectivos sem que, correspectivamente, se refiram os problemas de *sustentabilidade financeira de um sistema de transportes* no quadro de uma economia de mercado.

2.1.1. O TRANSPORTE TERRESTRE RODOVIÁRIO INTERNACIONAL

O direito europeu alterou as regras em matéria de transporte internacional de mercadorias e de passageiros dentro do espaço económico europeu, o que significa que devemos distinguir actualmente *três níveis de regulação*: o *internacional*, o *europeu, transnacional ou intracomunitário* e o *nacional*.

Com efeito, cabe distinguir o *transporte internacional* efectuado dentro do território da Comunidade, ao qual se aplicam hoje apenas as regras do direito europeu, do *transporte internacional* que tem como destino ou origem um país terceiro (tendo, em contrapartida, como origem ou destino um Estado-membro), e que pode atravessar, ou não, o território da Comunidade Europeia.

No caso do *transporte internacional que tem como destino um país terceiro* é importante sublinhar o facto de o direito europeu *impor uma articulação* entre os acordos de direito internacional que apenas vinculam os Estados parte e o próprio direito europeu, afirmando que esta é apenas uma solução transitória que vigorará até que a Comunidade Europeia *se substitua* aos Estados-membros na celebração dos acordos com os países terceiros. Trata-se de um sinal claro de que a "política de transporte a uma só voz" está em fase de franca implementação.

Nas referências seguintes optámos por fazer alusão às disposições dos Regulamentos que integram o pacote normativo de 2009, pois apesar de só entrarem em vigor em 4 de Dezembro de 2011, elas constituem, em nosso entender, o regime jurídico que aqui importa analisar e desenvolver.

O *Regulamento (CE) n.º 1072/2009*, de 21 de Outubro[20], estipula que os *transportes rodoviários internacionais de mercadorias* em trajectos efectuados dentro do território da comunidade são executados a coberto de uma *licença comunitária multilateral* (a qual terá de ser conjugada com um *certificado de motorista,* caso o motorista seja nacional de um país terceiro), que é emitida pelas autoridades competentes do Estado-membro de estabelecimento, por períodos renováveis, não podendo exceder os dez anos. Veremos, mais adiante, que esta licença constitui um *acto administrativo transnacional*, cujo regime jurídico teremos oportunidade de analisar mais em pormenor.

Nos casos em que este transporte tem origem ou destino em país terceiro devemos distinguir duas possibilidades: ou a Comunidade celebrou um acordo com o país em causa, e nesse caso o Regulamento aplica-se a todo o trajecto, ou a Comunidade ainda não celebrou o referido acordo, e nesse caso o Regulamento apenas se aplica ao trajecto efectuado no território dos Estados-membros atravessados em trânsito, aplicando-se ao trajecto efectuado no território do Estado-membro de carga ou descarga o disposto no *acordo bilateral* que este tenha celebrado com o país terceiro[21].

Para além dos acordos bilaterais, de que podemos citar como exemplo o Acordo entre o Governo da República Portuguesa e o Governo do Reino de Marrocos Relativo aos Transportes Rodoviários Internacionais de Passageiros e de Mercadorias, assinado em Rabat em 18 de Outubro de 1988, cumpre ainda destacar, no âmbito do transporte internacional rodoviário de mercadorias, o regime do *acordo multilateral* vigente no território de todos os países que fazem parte da *Conferência Europeia dos Ministros de Transportes (CEMT),* estabelecido pelo Protocolo assinado em Bruxelas em 1953, e do qual Portugal é parte desde essa data[22]. A partir de 2009,

---

[20] Este diploma revogou o Regulamento (CEE) n.º 881/92, o Regulamento (CEE) n.º 3118/93 e a Directiva 2006/94/CE, e é aplicável a partir de 4 de Dezembro de 2011, com excepção dos arts. 8.º e 9.º (regras sobre cabotagem), que entraram em vigor em 14 de Maio de 2010.

[21] Cf. art. 1.º do Regulamento n.º 1072/2009.

[22] Em 2009 integravam este grupo os seguintes países: Albânia, Alemanha, Arménia, Áustria, Azerbaijão, Bielorrússia, Bélgica, Bósnia-Herzegovina, Bulgária, Croácia, República Checa, Dinamarca, Eslovénia, Eslováquia, Espanha, Estónia, Finlândia, França, Macedónia, Geórgia, Grécia, Holanda, Hungria, Irlanda, Itália, Letónia, Liechtenstein, Lituânia, Luxemburgo, Malta, Moldávia, Montenegro, Noruega, Polónia, Portugal, Roménia, Federação Russa, Sérvia, Suécia, Suíça, Turquia, Ucrânia e o Reino Unido.

coube ao *Group on Road Transport*, integrado no *International Transport Forum*[23], dar continuidade ao trabalho da CEMT, e este tem vindo a estudar o desenvolvimento de um novo *Multilateral Quota System* que permita redistribuir as *quotas de licenças* entre os Estados-membros de forma mais eficiente, e de modo a internalizar alguns objectivos ambientais.

Assim, para efectuar serviços de transportes internacionais de mercadorias dentro do território da Comunidade basta ser titular de uma *licença comunitária multilateral* emitida pela autoridade de um Estado-membro (trata-se de uma actividade liberalizada), já para os transportes que tenham como origem ou destino um país terceiro é necessário obter ainda uma *autorização CEMT* ou uma *autorização bilateral*, consoante se trate de um país que tenha ou não subscrito o protocolo mencionado no parágrafo anterior. Estas autorizações são em número limitado e dependem das regras estabelecidas nos respectivos acordos.

Para além da operação de transporte internacional de mercadorias, o Regulamento n.º 1072/2009 estabelece ainda regras em matéria de *operações de cabotagem*, ou seja, para os transportes nacionais por conta de outrem efectuados a título temporário em um Estado-membro de acolhimento. De acordo com o referido diploma, os transportadores rodoviários de mercadorias por conta de outrem que sejam titulares de uma licença comunitária multilateral ficam autorizados a, uma vez efectuada a entrega das mercadorias transportadas à chegada de um transporte internacional com origem num Estado-membro ou de um país terceiro e com destino ao Estado-membro de acolhimento, poder realizar, com o mesmo veículo, o máximo de três operações de cabotagem.

Todavia, a autorização antes mencionada apenas é válida se a última operação de cabotagem tiver lugar no prazo de sete dias a contar da data da descarga do transporte internacional e não for excedida uma operação de cabotagem por Estado-membro no prazo de três dias a contar da entrada sem carga no território do mesmo. As *operações de cabotagem* regem-se pelos regimes jurídicos em vigor em cada Estado-membro. Quando a actividade de cabotagem cause *perturbação grave do mercado de transportes nacionais* numa zona geográfica determinada, os Estados-membros podem pedir à

---

[23] O *International Transport Forum* é uma plataforma global dinamizada pela OCDE que promove encontros ao mais alto nível em matéria de transportes Veja-se que para as suas reuniões anuais escolheu os seguintes temas: em 2008 transportes e energia; em 2009 a globalização; em 2010 a inovação e para 2011 a Sociedade, como tentativa de traçar alternativas ao financiamento público dos sistemas de transportes.

Comissão que tome *medidas de salvaguarda* e notificar aquela entidade das medidas que tencionam tomar em relação aos transportadores residentes.

O *transporte internacional de passageiros em autocarro* encontra-se previsto no *Regulamento (CE) n.º 1073/2009,* de 21 de Outubro[24], onde se estabelece também uma distinção entre o transporte internacional dentro do território da União e aquele que tem como origem ou destino um país terceiro. Segundo o diploma, este só se aplica ao trajecto efectuado no território dos Estados-membros atravessados em trânsito, com exclusão do território do Estado-membro de tomada ou largada de passageiros, quando a Comunidade não disponha de acordo bilateral com o país terceiro de origem ou destino dos passageiros.

De acordo com mencionado regulamento, a prestação de serviços de transporte regulares, regulares especializados ou ocasionais em autocarro, efectuados por transportadoras por conta de outrem, constitui uma *actividade livre*, embora subordinada aos seguintes requisitos: obtenção de uma *autorização* para efectuar aqueles serviços no Estado-membro de estabelecimento; satisfação das condições estabelecidas na legislação comunitária quanto ao acesso à actividade de transportador rodoviário de passageiros do domínio dos transportes nacionais e internacionais; e respeito pelas normas relativas aos motoristas e aos veículos.

Dentro do território da comunidade, o transporte internacional de passageiros é também efectuado a coberto de uma *licença comunitária multilateral*.

Os *serviços regulares de transporte internacional de passageiros* (serviços que asseguram o transporte de passageiros com frequência e percurso determinados, e em que os passageiros podem ser tomados e largados em paragens previamente estabelecidas) estão sujeitos a uma *autorização prévia emitida de comum acordo* com as autoridades de todos os Estados-membros em cujo território são tomados ou largados passageiros e *mediante parecer* das autoridades competentes dos Estados-membros cujo território seja atravessado sem tomada nem largada de passageiros. O pedido é apresentado à *«autoridade emissora»*, que é a entidade competente do Estado-membro em cujo território se situa o ponto de partida, a qual é responsável pela instrução do procedimento e pela tomada de decisão no prazo máximo de quatro

---

[24] Este diploma revogou o Regulamento (CEE) n.º 684/92 e o Regulamento (CE) n.º 12/98, e é aplicável a partir de 4 de Dezembro de 2011, com excepção do art. 29.º, que está em aplicação desde 4 de Junho de 2010.

meses. Caso não consiga obter o acordo de todos os Estados-membros, o procedimento pode subir à Comissão, para que esta, depois de ouvidos todos os Estados-membros, adopte uma decisão final.

A autorização é emitida em nome do transportador e não pode ser transferida por este a terceiros, embora o mesmo possa, mediante o consentimento da *«autoridade emissora»*, efectuar o serviço por intermédio de um subcontrato. A autorização tem um prazo máximo de cinco anos e pode ser renovada ou alterada seguindo um procedimento idêntico ao da emissão da autorização, caducando no termo do prazo ou três meses após a autoridade emissora ter recebido do respectivo titular um pré-aviso expressando a intenção de pôr termo ao serviço. Para a realização dos serviços regulares de transporte internacional de passageiros, as transportadoras emitem um *título de transporte,* do qual consta a indicação dos pontos de partida e de chegada, o prazo de validade e o preço do transporte.

Estas autorizações são em regra sempre concedidas, não podendo ser utilizadas como instrumento de regulação do acesso à actividade. De resto, encontra-se expressamente previsto no Regulamento que o facto de um transportador oferecer preços inferiores aos praticados por outros transportadores rodoviários, ou de a ligação em causa já ser explorada por outros transportadores rodoviários, não pode, em si, justificar o indeferimento do pedido. Existe apenas uma excepção: quando um Estado-membro invoque que o serviço em causa afecta gravemente a viabilidade de um serviço comparável abrangido por um ou mais *contratos de serviço público* celebrados em conformidade com a legislação comunitária nos troços directos em questão. Esta excepção, contudo, apenas será acolhida se o Estado-membro estabelecer critérios, numa base não discriminatória, para determinar se o serviço objecto do pedido afecta gravemente a viabilidade do serviço comparável, e a Comissão entender que esses critérios não violam o direito europeu.

Para além deste fundamento, a recusa da autorização apenas deve ter lugar quando se verifique o não preenchimento das condições de prestação do serviço, o desrespeito pela regulamentação nacional ou internacional em matéria de transportes rodoviários, o desrespeito pelas condições da autorização (quando esteja em causa uma renovação) ou quando um Estado-membro, com base em uma análise pormenorizada, decida que o objectivo principal do serviço não é transportar passageiros entre paragens situadas entre diferentes Estados-membros.

Ficam isentos de autorização os *serviços ocasionais* (serviços que não correspondem à definição de serviços regulares, incluindo serviços regulares especializados, e cuja característica principal é assegurarem o transporte de grupos constituídos por iniciativa de uma comitente ou do próprio transportador) efectuados ao abrigo de uma folha de itinerário, as *excursões locais* realizadas no âmbito de *serviços ocasionais* e as *operações de cabotagem* (que incluem os serviços de transporte rodoviário nacional de passageiros por conta de outrem, efectuados a título temporário por um transportador num Estado-membro de acolhimento, ou a tomada e largada de passageiros no mesmo Estado-membro, durante um serviço internacional regular, desde que não seja esse o objectivo principal desse serviço).

São ainda autorizadas *operações de cabotagem* para os *serviços regulares especializados* (serviços regulares, independentemente de quem os organiza, que asseguram o transporte de determinadas categorias de passageiros com a exclusão de outros), desde que, neste caso, estejam cobertos por um contrato celebrado entre o organizador e o transportador, *para os serviços ocasionais*, e *para os serviços regulares efectuados durante um serviço regular internacional*. Neste último caso as operações de cabotagem não podem ser executadas independentemente desse serviço internacional. As operações de cabotagem regem-se também pelo disposto nos regimes jurídicos dos Estados-membros de acolhimento.

A *liberalização do transporte internacional no espaço europeu* traduziu-se, essencialmente, na substituição de um regime de autorizações[25] e quotas, primeiro negociadas entre os Estados e depois geridas pelas entidades europeias, por uma *licença comunitária multilateral* (art. 4.º do Regulamento n.º 1073/2009 e art. 4.º do Regulamento n.º 1072/2009) emitida pelas autoridades de um Estado-membro aos transportadores aí estabelecidos e que nele tenham sido autorizados a efectuar a *actividade de transportador rodoviário*[26]. Este regime jurídico, que veio permitir a

---

[25] Sistema que ainda vigora no caso dos transportes regulares de passageiros, embora sob regras muito permissivas.

[26] Fora da obrigação de licenciamento ficam os *serviços de transporte que hoje estão completamente liberalizados*: transportes postais efectuados em regime de serviço universal; transporte de veículos danificados ou avariados; transporte de mercadorias em veículos ligeiros (veículos cujo peso total em carga autorizada, incluindo a dos reboques, não exceda 3,5 toneladas); transporte de medicamentos, aparelhos e equipamentos médicos, bem como outros artigos necessários em caso de socorro urgente, nomeadamente de catástrofes naturais; transporte de mercadorias em regime de serviço privado, ou seja, aquele que é realizado com veículos da empresa, com condutores assalariados da empresa, sem remuneração pelo transporte, e para transportar mercadorias fabricadas ou adquiridas pela empresa – Cf. art. 1.º/5 do Regulamento (CE) n.º 1072/2009.

concorrência na actividade de transporte internacional, teve de ser acompanhado de uma *harmonização comunitária* das regras que *fixam as condições de acesso àquela actividade.*
Referimo-nos ao *Regulamento (CE) n.º 1071/2009,* de 21 de Outubro[27], que estabelece o acesso à actividade de transportador rodoviário e o seu exercício. De acordo com este diploma, os *requisitos mínimos* (os Estados-membros podem impor requisitos suplementares, desde que sejam proporcionados e não discriminatórios) para exercer a actividade de transportador rodoviário são os seguintes: dispor de um estabelecimento efectivo e estável num Estado-membro; ser idóneo; ter capacidade financeira apropriada e ser titular da capacidade profissional exigida. A densificação do conteúdo de cada um destes requisitos encontra-se nos artigos do Regulamento, e de entre eles destacamos, no essencial, a *indeterminabilidade* do respectivo conteúdo, que permite ainda aos Estados-membros exercer uma ampla margem de liberdade na respectiva conformação, mostrando que a opção de substituir uma Directiva por um Regulamento, embora tivesse em vista um reforço da harmonização, não visou a eliminação do ajustamento deste regime às especificidades dos Estados-membros – salvaguarda-se, portanto, o respeito pelo *princípio da subsidiariedade.*
Para além da liberdade na densificação dos requisitos para acesso à actividade, aos Estados-membros é também conferido o poder de designar uma ou várias autoridades competentes encarregadas de assegurar a correcta aplicação do Regulamento, decidindo, designadamente, da atribuição da autorização para o exercício da actividade de transportador rodoviário, bem como da respectiva suspensão e revogação. Aos destinatários destes actos são garantidos meios adequados para recorrer das decisões negativas perante um tribunal ou qualquer outro órgão independente e imparcial.
Todas as decisões devem constar de uma base de dados, mais precisamente de um *registo electrónico nacional,* ao qual é garantido o acesso por parte das autoridades competentes dos restantes Estados-membros, que assim auxiliam na fiscalização do cumprimento das disposições do Regulamento. Por último, destacam-se as disposições em matéria de *reconhecimento mútuo de certificados e de outros documentos,* que visam impedir que um Estado-membro se recuse a emitir uma autorização quando o requerente apresente como comprovativos dos requisitos de idoneidade, ca-

---

[27] Este diploma revogou a Directiva 96/26/CE e é aplicável a partir de 4 de Dezembro de 2011.

pacidade financeira ou capacidade profissional, documentos emitidos por autoridades de outros Estados-membros.

Ao direito europeu coube ainda a harmonização das regras sobre questões técnicas sobre veículos[28], em matéria fiscal[29], em matéria de condições sociais de trabalho (regime do tacógrafo digital)[30] e, claro, de auxílios de Estado e subvenções, no âmbito da qual destacamos o Regulamento (CE) n.º 1370/2007, de 23 de Outubro, que regula os *serviços públicos* em matéria de transportes rodoviários e ferroviários, do qual cuidaremos em detalhe mais adiante, quando tratarmos das "novidades" em matéria de regulação.

2.1.2. O TRANSPORTE TERRESTRE RODOVIÁRIO DE ÂMBITO NACIONAL

A nível nacional, a disciplina do transporte terrestre rodoviário encontra-se dispersa por diversos regimes legais, pelo que se impõe uma referência apenas aos diplomas principais que regem as actividades e a organização do mercado.

Comecemos pelo *transporte de passageiros*, onde cumpre destacar em primeiro lugar o Decreto-Lei n.º 3/2001, de 10 de Janeiro[31], no qual se estabelecem regras comuns de acesso à actividade, tanto para os transportes nacionais de passageiros como para os internacionais, tendo em vista garantir níveis qualitativos mais elevados na prestação dos serviços e no acesso ao mercado, transpondo para o ordenamento jurídico nacional a Directiva 96/26/CE[32].

---

[28] Inscrevem-se neste domínio, por exemplo, as regras sobre a homologação de veículos (Directiva 2007/46/CE), sobre o respectivo controlo técnico (Directiva 2010/47/CE), sobre pesos e as dimensões máximos autorizados para os veículos em circulação (Directiva 2002/7/CE).

[29] É o caso da Directiva 1999/62/CE, de 17 de Junho de 1999, relativa à aplicação de imposições aos veículos pesados de mercadorias pela utilização de certas infra-estruturas.

[30] Veja-se o Regulamento (CE) n.º 561/2006, de 15 de Março, que estabelece regras em matéria de tempos de condução, pausas e períodos de repouso para os condutores envolvidos no transporte rodoviário de mercadorias e de passageiros, visando harmonizar as condições de concorrência entre modos de transporte terrestre, especialmente no sector rodoviário, e melhorar as condições de trabalho e a segurança rodoviária. Sobre a dispensa de instalação do *tacógrafo digital v.* Portaria n.º 222/2008, de 15 de Março.

[31] Este diploma foi alterado pelo Decreto-Lei n.º 90/2002, de 11 de Abril.

[32] Entretanto revogada, como vimos antes, pelo Regulamento (CE) n.º 1071/2009, de 21 de Outubro.

De acordo com este diploma, a actividade de transporte público rodoviário de passageiros ou por conta de outrem, efectuado por meio de veículos automóveis construídos ou adaptados para o transporte de mais de nove pessoas, incluindo o condutor, só pode ser exercida por *empresas licenciadas* para o efeito pelo Instituto da Mobilidade e dos Transportes Terrestres[33]. Estas licenças correspondem hoje, maioritariamente, às *licenças comunitárias* emitidas segundo as regras e os formulários dos Regulamentos Europeus, o que significa que habilitam as empresas titulares a prestar serviços em todo o território da União Europeia, sem necessidade de obter outros títulos adicionais. Mas o licenciamento pode também limitar-se ao espaço nacional, e nesse caso é emitido um alvará nos termos do Despacho n.º 24 432/2006, publicado na IIª Série do DR, de 28 de Novembro de 2006. Para obter este licenciamento (mesmo que limitado ao âmbito nacional), as empresas têm de fazer prova de que reúnem os *requisitos de acesso à actividade*, nomeadamente, a *idoneidade* (art. 5.º), *capacidade técnica e profissional* (art. 6.º) e *capacidade financeira* (art. 8.º, todos do Decreto-Lei n.º 3/2001).

O *mercado dos transportes nacionais de passageiros* inclui tipologias de serviços idênticas às do transporte internacional. Assim, os serviços dividem-se em *serviços regulares*, quando asseguram o transporte de passageiros segundo itinerário, frequência, horário e tarifas predeterminadas em que podem ser tomados e largados passageiros em paragens previamente estabelecidas (arts. 2.º/1/*g* e 12.º do Decreto-Lei n.º 3/2001); *serviços regulares especializados,* que constituem serviços regulares onde é assegurado o transporte de determinadas categorias de passageiros com a exclusão de outros, de que constituem exemplo os transportes de estudantes entre o domicílio e o respectivo estabelecimento de ensino ou de trabalhadores entre o domicílio ou ponto de encontro previamente designado e o local de trabalho (arts. 2.º/1/*h* e 13.º do Decreto-Lei n.º 3/2001); e *serviços ocasionais,* quando se assegura o transporte de grupos de passageiros previamente constituídos e com uma finalidade conjunta, organizados por iniciativa de terceiros ou do próprio transportador (arts. 2.º/1/*l* e 14.º do Decreto-Lei n.º 3/2001).

---

[33] Apesar de o diploma legal se referir à Direcção-Geral de Transportes Terrestres, a competência pertence hoje ao IMTT, por efeito do disposto no art. 16.º do Decreto-Lei n.º 147/2007, de 27 de Abril, onde se pode ler que "o IMTT, I. P., sucede nas atribuições da Direcção-Geral dos Transportes Terrestres e Fluviais e do Instituto Nacional de Transporte Ferroviário, que se extinguem, e ainda da Direcção-Geral de Viação em matéria de condutores e de veículos".

A estas tipologias-regra acrescem ainda *regimes de serviços especiais* anteriores ao diploma de 2001 e que não foram revogados por este. Referimo-nos ao *transporte colectivo de "Alta Qualidade"*, correspondente às carreiras entre os principais eixos rodoviários interurbanos, com características especiais de velocidade comercial, conforto e equipamento (os veículos são exclusivamente de classe III, dispõem de assistente de bordo e a extensão do percurso não pode ser inferior a 100Km)[34], especialmente vocacionadas para *serviços turísticos*[35]. As entidades públicas elaboram um programa de exploração dos mencionados eixos rodoviário[36] e as empresas que são titulares de licença comunitária multilateral ou alvará de transporte de passageiros e cumpram os requisitos fixados na lei podem solicitar ao IMTT autorizações para a realização deste tipo de serviços. Entre os tipos de serviços especiais incluem-se, também, o *transporte colectivo em "serviços Expresso"*, que são serviços especiais directos, para percursos não inferiores a 50 Km, em veículos de classe II ou III, com um regime de paragens a definir por Portaria[37]. Tal como acontece com o

---

[34] As carreiras de *"Alta Qualidade"* encontram-se reguladas pelo Decreto-Lei n.º 375/82, de 11 de Setembro (que institui as carreiras de transporte colectivo rodoviário de passageiros designadas por "Alta Qualidade", definindo as respectivas regras e regime sancionatório), alterado pelo Decreto-Lei n.º 399-E/84, de 28 de Dezembro (completa o regime legal das carreiras de alta qualidade de transporte rodoviário de passageiros). A Portaria n.º 22/91, de 10 de Janeiro, determina os procedimentos a observar na atribuição das autorizações para a realização das carreiras de *"Alta Qualidade"*.

[35] Em matéria de *serviços turísticos* é importante fazer referência ao art. 23.º da LBTT, no qual se estabelece que os *transportes de passageiros regulares e ocasionais especificamente destinados à realização de viagens turísticas colectivas* poderão estar sujeitos a normas que regulem as condições de acesso à sua organização e realização. De acordo com o n.º 2 deste artigo, entende-se por *viagem turística colectiva* "um complexo de serviços, que não poderá circunscrever-se à mera prestação de transporte e que cubra uma totalidade convencionada de necessidades dos turistas que a ela adiram, mediante um preço global prévia e individualmente fixado."

[36] Cf. Despacho MES 151/85 (2.ª Série, de 25 de Maio, alterado pelo Despacho MOPTC 35-XII/92 (2.ª Série), de 28 de Abril, que define os eixos rodoviários onde poderão ser exploradas as carreiras de *"Alta Qualidade"*.

[37] Cf. Decreto-Lei n.º 326/83, de 6 de Julho (cria o serviço de transporte colectivo rodoviário de passageiros designado por *"Expresso"*, definindo as respectivas regras e regime sancionatório), alterado pelo Decreto-Lei n.º 399-F/84, de 28 de Dezembro (completa o regime legal dos serviços Expresso de transporte colectivo rodoviário de passageiros criados pelo Decreto-Lei n.º 326/83, de 6 de Julho) e *pelo* Decreto-Lei n.º 190/90, de 8 de Junho (altera o regime dos serviços de transporte rodoviário de passageiros denominados

serviço de *"Alta Qualidade"*, a autorização para a realização de serviços *Expresso* pode ser solicitada pelas empresas que sejam titulares de licença comunitária multilateral ou alvará de transporte de passageiros e cumpram os requisitos fixados na lei.

Ainda no que respeita aos *serviços especiais* ou *regimes especiais* de transporte colectivo de passageiros[38], devemos também destacar o regime de *transporte colectivo de crianças*[39]. A actividade de transportes colectivos de crianças e jovens até aos 16 anos, de e para os estabelecimentos de educação e ensino, creches, jardins-de-infância e outras instalações ou espaços em que decorram actividades educativas ou formativas, designadamente para prática de actividades desportivas ou culturais, visitas de estudo e outras deslocações organizadas para ocupação de tempos livres, só pode ser exercida, como actividade principal, por pessoas singulares ou colectivas licenciadas pelo IMTT (artigo 3.º/1, da Lei n.º 13/2006). Constituem também *requisitos de acesso a esta actividade*, a *idoneidade*[40] a *capacidade profissional*[41] e a *capacidade técnica*[42]. O licenciamento é titulado por um alvará, cuja validade máxima é de cinco anos (embora renovável), mediante a comprovação de que as entidades possuem ou mantêm os requisitos de acesso à actividade. É também permitido o exercício desta actividade a entidades que efectuem transporte colectivo de crianças *como complemento ou acessório da sua actividade principal*, desde que façam prova de que se encontram devidamente

---

«*Expresso*»). A Portaria n.º 23/91, de 10 de Janeiro, determina os procedimentos a observar na atribuição das autorizações para a realização dos serviços *"Expresso"*.

[38] Entre os regimes especiais contam-se o de *aluguer de veículos de passageiros sem condutor* (Decreto-Lei n.º 354/86, 23 de Outubro, alterado pelo Decreto-Lei n.º 373/90, de 27 de Novembro, pelo Decreto-Lei n.º 44/92, de 31 de Março, e pelo Decreto-Lei n.º 77/2009, de 1 de Abril); o *transporte de doentes* (Cf. Decreto-Lei n.º 38/92, de 28 de Março e Portaria: 1147/2001 de 28 de Setembro com as alterações introduzidas pelas Portarias n.ºs 1301-A/2002, de 28 de Setembro, e 402/2007, de 10 de Abril)

[39] O transporte colectivo de crianças encontra-se regulado pela Lei n.º 13/2006, de 17 de Abril, pela Portaria n.º 1350/2006, de 27 de Novembro, e pelo Despacho 24 433/2006, de 28 de Novembro.

[40] Cf. art. 4.º da Lei n.º 13/2006, de 17 de Abril. Os critérios a mobilizar para se identificar uma falta de idoneidade encontram-se definidos no n.º 3 do artigo 4.º da Lei n.º 13/2006, de 17 de Abril e no artigo 2.º da Portaria n.º 1350/2006, de 27 de Novembro.

[41] Nos termos do n.º 6 do artigo 4.º da Lei 13/2006, de 17 de Abril, a capacidade profissional consiste na existência de recursos humanos adequados ao exercício da actividade. Veja-se, também, o artigo 4.º da Portaria n.º 1350/2006, de 27 de Novembro.

[42] Cf. artigo 3.º da Portaria n.º 1350/2006, de 27 de Novembro.

constituídas e de que a actividade principal implica o transporte de crianças[43]. *Os veículos* utilizados *no transporte de crianças* encontram-se sujeitos *a licença*, a emitir pelo IMTT, válida pelo prazo de dois anos e renovável por igual período, estando a mesma dependente do preenchimento das condições previstas no artigo 5.º e nos artigos 11.º a 14.º da Lei n.º 13/2006, de 17 de Abril. Ao transporte de crianças *por meio de automóveis pesados* é aplicável o regime constante do Decreto-Lei n.º 3/2001, de 10 de Janeiro[44].

Por último, é ainda importante fazer referência às *carreiras de serviço público*. A *concessão* de *carreiras de serviço público* é hoje outorgada pelo IMTT às empresas titulares de uma *licença comunitária multilateral* ou de um alvará e que tenham a sua situação contributiva regularizada perante a administração fiscal e a segurança social (a qual é igualmente exigível durante a exploração da concessão), nos termos do disposto nos artigos 88.º a 123.º do Regulamento de Transportes em Automóveis (RTA), aprovado pelo Decreto n.º 37.272, de 31 de Dezembro de 1948 (diploma entretanto sujeito a várias alterações). Sublinhamos o carácter anacrónico das disposições consagradoras do regime de concessões, que assentam no pressuposto da necessidade de outorga de exclusivos ou de direitos de preferência por região como instrumento de financiamento. Embora a dinamização deste mercado reclame a instituição de mecanismos (financeiros) de incremento e gestão da procura, a verdade é que a revogação destas normas constitui actualmente uma exigência do modelo de mercado.

Para além do licenciamento da actividade de transporte de passageiros, a lei impõe ainda o *licenciamento dos veículos*[45] e a *certificação dos motoristas*, pois hoje, para o exercício da profissão de motorista de determinados veículos pesados de transporte rodoviário de passageiros, para além da carta de condução, é obrigatória a *carta de qualificação* (CQM), a qual é emitida mediante a apresentação do *certificado de aptidão para motorista* (CAM)[46].

---

[43] Cf. artigo 7.º da Portaria n.º 1350/2006, de 27 de Novembro.

[44] Cf. art. 3.º/3 da Lei n.º 13/2006, de 17 de Abril.

[45] Cf. art. 15.º do Decreto-Lei n.º 3/2001. Destaca-se, neste âmbito, o Decreto Regulamentar n.º 41/80, de 21 de Agosto, o qual criou um *regime especial de licenciamento para veículos ligeiros de passageiros afectos a transportes de aluguer de carácter turístico*. Um diploma cuja finalidade era garantir para além dos serviços tradicionais de transporte oferecidos aos turistas, que estes pudessem ainda dispor de veículos ligeiros de aluguer para passageiros com condutores qualificados (*"os motoristas de turismo"*).

[46] O Decreto-Lei n.º 126/2009, de 27 de Maio, transpôs para a ordem jurídica interna a Directiva 2003/59/CE, do Parlamento Europeu e do Conselho, de 15 de Julho, alterada

Já o licenciamento da actividade de *transporte terrestre rodoviário de mercadorias* por conta de outrem, no âmbito nacional, em veículos de peso bruto igual ou superior a 2500 Kg, encontra-se regulado pelo Decreto-Lei n.º 257/2007, de 16 de Julho[47]. De acordo com este diploma, entende-se por *"transporte rodoviário de mercadorias*, a actividade de natureza logística e operacional que envolve a deslocação física de mercadorias em veículos automóveis ou conjuntos de veículos, podendo envolver ainda operações de manuseamento dessas mercadorias, designadamente grupagem, triagem, recepção, armazenamento e distribuição" (art. 2.º/*a*), e por *"mercadorias*, toda a espécie de produtos ou objectos, com ou sem valor comercial, que possam ser transportados em veículos automóveis ou conjuntos de veículos" (art. 2.º/*d*).

Esta actividade só pode ser exercida por sociedades comerciais ou cooperativas licenciadas pelo IMTT, através da atribuição de um *alvará* ou de uma *licença comunitária multilateral*, a qual é intransmissível, sendo emitida por um prazo não superior a cinco anos, renovável por igual período, mediante a comprovação de que as empresas possuem ou mantêm os *requisitos de acesso e exercício da actividade* (art. 3.º/2). Requisitos que, mais uma vez, se consubstanciam na *idoneidade* da transportadora (a qual, nos termos do art. 5.º, deverá ser aferida pela inexistência de impedimen-

---

pela Directiva 2004/66/CE, do Conselho, de 26 de Abril, e pela Directiva 2006/103/CE, do Conselho, de 20 de Novembro, relativa à qualificação inicial e à formação contínua dos motoristas de determinados veículos rodoviários afectos ao transporte de mercadorias e de passageiros. Sobre esta matéria v. ainda a Portaria n.º 1200/2009, de 8 de Outubro, que estabelece as condições de candidatura a licenciamento por entidades formadoras e de renovação do respectivo alvará e define os recursos necessários para assegurar a qualidade da formação dos motoristas de veículos rodoviários de mercadorias e de passageiros, a que se refere o Decreto-Lei n.º 126/2009, de 27 de Maio.

[47] Diploma que garante a transposição para o direito interno as Directivas n.º 96/26/CE, do Conselho, de 29 de Abril, e n.º 98/76/CE, do Conselho, de 1 de Outubro, bem como do Regulamento (CE) n.º 484/2002, do Parlamento Europeu e do Conselho, que alterou o Regulamento (CEE) n.º 881/92, também do Parlamento Europeu e do Conselho, e que foi entretanto alterado pelo Decreto-Lei n.º 137/2008, de 21 de Julho, e pelo Decreto-Lei n.º 136/2009, de 5 de Junho.

De acordo com o art. 1.º/2, não se encontram abrangidos pelo regime de licenciamento os transportes de produtos ou mercadorias directamente ligados à gestão agrícola ou dela provenientes, efectuados por meio de reboques atrelados aos respectivos tractores agrícolas; os transportes de envios postais realizados no âmbito da actividade de prestador de serviços postais; e a circulação de veículos aos quais estejam ligados, de forma permanente e exclusiva, equipamentos ou máquinas.

tos legais, nomeadamente a condenação por determinados ilícitos praticados pelos administradores, directores ou gerentes); na *capacidade profissional* (arts. 6.º e 7.º) e *técnica* (art. 8.º); na *capacidade financeira* (€ 125.000 ou € 50.000, consoante utilize ou não veículos pesados, no início da actividade, € 9.000 no primeiro veículo licenciado e € 5.000 ou € 1.500 por cada veículo adicional, consoante for pesado ou ligeiro, no exercício da actividade – art. 9.º), tendo, ainda, a empresa de ter a sua *situação contributiva regularizada perante a administração fiscal e a segurança social* (art. 4.º, n.º 2).

Para além das empresas que obtenham um *licenciamento nacional* é importante lembrar que também podem realizar esta actividade no território nacional os titulares de *licença comunitária multilateral* emitida por uma autoridade de outro Estado-membro, tratando-se, neste caso, de transportes nacionais efectuados a *título temporário* por *transportadores não residentes,* ao abrigo das regras sobre *operações de cabotagem*[48]. Sobre esta matéria o artigo 17.º-A do Decreto-Lei n.º 257/2007 dispõe que apenas são autorizados os transportes de cabotagem efectuados por transportadores da União Europeia e do espaço económico europeu que sejam realizados na sequência de um transporte internacional com o mesmo veículo ou, tratando-se de um conjunto de veículos acoplados, com o veículo tractor desse mesmo conjunto, e desde que não excedam três operações de cabotagem, durante um prazo de sete dias a contar da data de descarga das mercadorias objecto do transporte internacional (n.º 1 do artigo 17.º-A). No caso de entrada em vazio no território português, só é admitido o transporte de cabotagem pelos transportadores supramencionados se a operação se realizar no prazo de três dias a contar da data de entrada em vazio em Portugal e dentro dos sete dias seguintes à descarga das mercadorias objecto do transporte internacional precedente. Como forma de comprovação das condições referidas, deve estar a bordo do veículo a *guia de transporte*, declaração de expedição adoptada para efeitos da Convenção Relativa ao Contrato de Transporte Internacional de Mercadorias por Estrada (CMR) ou documento equivalente que demonstre a efectiva realização do transporte internacional que precedeu a cabotagem (n.º 3, do artigo 17.º-A)[49]. Quanto aos transportes de cabotagem

---

[48] Referimo-nos ao disposto nos arts. 1.º/4 e 8.º a 10.º do Regulamento (CE) n.º 1072/2009, que há-de suceder ao actual regime de exercício desta actividade previsto no art. 1.º do Regulamento (CEE) n.º 3118/93 do Conselho, de 25 de Outubro de 1993.

[49] A partir de Dezembro e em caso de desconformidade, as normas do Regulamento (CE) n.º 1072/2009 têm preferência de aplicação sobre este diploma legal.

a realizar por *transportadores não residentes sediados fora do território da União Europeia,* os mesmos encontram-se, nos termos do artigo 17.º/1 do Decreto-Lei n.º 257/2007, de 16 de Julho, sujeitos a autorização a emitir pelo IMTT, a qual é condicionada pelo *princípio da reciprocidade.*

Tal como acontece com o transporte de passageiros, também no regime de transporte de mercadorias encontramos regimes especiais[50], entre os quais ganha especial destaque o do *transporte de mercadorias perigosas por via terrestre*[51], regulado pelo Decreto-Lei n.º 41-A/2010, de 29 de Abril, o qual transpôs para ordem jurídica interna a Directiva 2006/90/CE, de 3 de Novembro, e a Directiva 2008/68/CE, de 24 de Setembro. Trata-se de consagrar "regras uniformes, adaptadas ao progresso técnico e científico, harmonizando as condições de transporte de mercadorias perigosas na União Europeia, garantindo o funcionamento do mercado comum de transportes, sem restrições advenientes de regimes jurídicos diversos".

As empresas que realizam transporte rodoviário de mercadorias perigosas *não necessitam de obter licenciamento específico do IMTT.* No entanto, o referido diploma legal cria vários instrumentos de fiscalização desta actividade de transporte, quer preventivos, quer concomitantes. Assim, desde logo, estão *obrigadas à nomeação* de um ou vários *conselheiros de segurança,* devendo informar por escrito essa nomeação ao IMTT. Esses conselheiros, bem como os condutores desses veículos estão sujeitos a formação profissional, ministrada por entidades formadoras do Sistema Nacional de Qualificações, as quais devem informar previamente o IMTT de todas as acções de formação a realizar. Está prevista na lei a realização de inspecções técnicas às mercadorias e aos veículos por organismos de certificação, organismos de inspecção, laboratórios ou centros de inspec-

---

[50] Entre os regimes especiais contam-se o de *aluguer de veículos de mercadorias sem condutor* (Cf. Decreto-Lei n.º 15/88, de 16 de Janeiro, alterado pelo Decreto-Lei n.º 306/94, de 19 de Dezembro, e pelo Decreto-Lei n.º 203/99, de 9 de Junho); o regime dos *veículos de pronto-socorro* (Cf. Decreto-Lei n.º 193/2001, de 26 de Junho); o regime de transporte de *produtos alimentares perecíveis,* que está sujeito a *certificação* nos termos do Acordo ATP relativo a Transportes Internacionais de Produtos Alimentares Perecíveis e aos Equipamentos Especializados a utilizar nestes Transportes (Cf. Despacho n.º 24 693/2003, de 5 de Dezembro de 2003 que prevê o reconhecimento do ISQ como entidade competente para emissão de certificados ATP); o regime da *actividade transitária* (Cf. Decreto-Lei n.º 255/99, de 7 de Julho).

[51] Consideram-se *mercadorias perigosas* "quaisquer matérias, objectos, soluções ou misturas de matérias cujo transporte é proibido ou objecto de imposição de certas condições nos anexos I e II" – Cf. artigo 2.º/c do Decreto-Lei n.º 41-A/2010, de 29 de Abril.

ção técnica de veículos acreditados nos termos do Sistema Português da Qualidade. Estes organismos dispõem de um poder discricionário quanto à realização dessas inspecções, já que podem efectuá-las quando entenderem que as mesmas são necessárias. A fiscalização pode realizar-se preventivamente, bem como na sequência de infracções detectadas na realização do transporte, sendo utilizada nessa fiscalização a lista de controlo prevista no Decreto-Lei n.º 41-A/2010, na qual são identificadas três categorias de risco. Também os veículos utilizados no transporte rodoviário de mercadorias perigosas não carecem de qualquer licenciamento específico do IMTT para esse efeito[52].

Ainda em matéria de regulação do transporte de mercadorias perigosas, é importante destacar o papel das *organizações reguladoras internacionais*, como a Comissão Económica para a Europa das Nações Unidas (*UNECE*) e a Comissão Europeia/Direcção Geral da Energia e dos Transportes (*DGTREN*) Transporte *"Security and Safety"*. A primeira, da qual Portugal é membro, tem como escopo criar instrumentos de harmonização entre os vários sistemas jurídicos que regulam a actividade de transporte de mercadorias perigosas, bem como entre os vários sectores existentes nesta actividade, de modo a melhorar a concorrência do sector e a garantir segurança, eficiência energética e sustentabilidade ambiental. A prossecução dos seus fins é em regra alcançada através de convenções e *standards* resultantes de negociações entre os vários Estados membros. Já a Comissão Europeia/Direcção Geral da Energia e dos Transportes (*DGTREN*) Transporte *"Security and Safety"*, prosseguindo os mesmos fins que o organismo anteriormente mencionado, visa transpor para Directivas os *standards* e os conhecimentos alcançados nesta área por organizações internacionais, impondo-as, consequentemente, aos vários Estados-membros.

Em matéria de transporte de mercadorias a lei impõe, para além do licenciamento da actividade, também o *licenciamento dos veículos*[53], a *certificação dos gerentes*[54] e a *certificação dos motoristas,* nos termos

---

[52] Contudo, existem casos em que a tipologia particular de certos veículos (veículos com cisternas, designados como FL, OX ou AT, e veículos para explosivos, designados como EXII, EXIII ou MEMU) requer a aprovação prévia dos mesmos pelo IMTT.

[53] Cf. art. 14.º do Decreto-Lei n.º 257/2007.

[54] Cf. Portaria n.º 1017/2009, de 9 de Setembro, que estabelece as condições de reconhecimento das entidades formadoras e dos cursos de formação de capacidade profissional para o exercício da actividade de transporte rodoviário de mercadorias, bem como as condições de obtenção e de validade do certificado de capacidade profissional.

semelhantes aos anteriormente referidos para o transporte de passageiros (necessidade de obtenção da carta de qualificação – *CQM*, a qual é emitida mediante a apresentação do certificado de aptidão para motorista – *CAM*).

2.1.3. O TRANSPORTE TERRESTRE RODOVIÁRIO DE ÂMBITO MUNICIPAL, INTERMUNICIPAL E METROPOLITANO

De acordo com o disposto no art. 18.º da Lei n.º 159/99, que define o quadro de transferência de atribuições e competências para as autarquias locais, é da competência dos órgãos municipais a gestão e a realização de investimentos na *rede de transportes regulares urbanos*, na *rede de transportes regulares locais* que se desenvolvam exclusivamente na área do município, assim como assegurar o *transporte escolar*. Quer isto dizer que os *transportes locais* – aqueles que visam satisfazer as necessidades de deslocação dentro de um município ou de uma região metropolitana de transportes[55] – e os *transportes urbanos* – os que visam satisfazer as necessidades de deslocação em meio urbano, como tal se entendendo o que é abrangido pelos limites de uma área de transportes urbanos ou pelos de uma área urbana de uma região metropolitana[56] – integram o leque das atribuições municipais.

De acordo com o disposto no art. 20.º da LBTT, os *transportes regulares urbanos* constituem um *serviço público* que pode ser explorado pelos municípios através de *empresas municipais* ou mediante *contrato de concessão* ou de prestação de serviços outorgado a empresas transportadoras devidamente licenciadas nos termos do disposto no Decreto-Lei n.º 3/2001 (titulares de *licença europeia multilateral* ou de *alvará* para transporte pesado de passageiros no âmbito nacional); e os *transportes regulares locais* constituem igualmente um *serviço público* que deve ser explorado por empresas transportadoras devidamente licenciadas, mediante

---

[55] Definição constante do art. 3.º/4/*b*)/3), da Lei n.º 10/90 da LBTT.

[56] Definição constante do art. 3.º/4/*b*)/3), da Lei n.º 10/90 da LBTT. O art. 3.º/5 esclarece ainda que se há-de considerar como *área de transportes urbanos* a que tenha sido qualificada e delimitada como área de um centro urbano, ou de um conjunto de aglomerados populacionais geograficamente contíguos, no plano director municipal ou, quando este não exista ou não esteja devidamente aprovado, por deliberação da assembleia municipal respectiva, ratificada pelos Ministros do Planeamento e da Administração do Território e das Obras Públicas, Transportes e Comunicações.

contrato de concessão ou de *prestação de serviços* celebrado com o respectivo município.

As normas relativas ao regime de exploração destes serviços públicos encontram-se hoje ainda em grande medida consagradas no já mencionado Regulamento do Transporte Automóvel, aprovado pelo Decreto n.º 37272, de 31 de Dezembro de 1948 (de ora em diante *RTA*), o qual, como temos vindo sublinhar, se revela manifestamente desajustado perante as mais modernas orientações em matéria de *regulação eficiente de sistemas de transportes*.

Assim, no que respeita às *concessões de serviços públicos de transportes urbanos dentro da mesma localidade*, o *RTA* começa por impôr que a mesma seja feita apenas a um concessionário, neutralizando desta forma a possibilidade de concorrência em linhas onde exista grande procura. O mesmo diploma subordina o princípio da atribuição de concessões à satisfação das necessidades da procura em vez de permitir que através daquele instituto se estimule a procura, e, para culminar, prevê ainda a possibilidade de criação de áreas de preferência de concessionário, neutralizando a possibilidade de instigar a concorrência e a optimização económico-financeira das concessões através de concursos ou leilões[57]. Ainda de acordo com as disposições do *RTA*, verificamos que a outorga de *concessões de carreiras em regime de serviço público* compete aos municípios dentro da área das respectivas sedes de concelho e nos limites de outras povoações que pelas suas dimensões e características demográficas justifiquem uma rede de transportes colectivos urbanos, bem como em matéria de redes de serviços de transporte que vão para além das sedes de concelho e se destinem a servir as referidas povoações. Nestes casos os itinerários são fixados pela Câmara Municipal. O art. 20.º/3 da LBTT prevê ainda que dois municípios limítrofes possam explorar, conceder ou contratar conjuntamente a exploração de transportes urbanos ou locais que se desenvolvam nas respectivas áreas e cuja exploração integrada considerem de interesse público.

No plano supramunicipal devemos salientar os casos dos *transportes regulares de passageiros interurbanos* e os *transportes colectivos nas áreas metropolitanas*. Os *transportes interurbanos* serão, em regra, explo-

---

[57] Sobre as críticas ao RTA e o seu desajuste relativamente ao modelo de exploração das concessões de serviço público *v.* ANTÓNIO MENDONÇA / JOSÉ ESQUÍVEL, «O sector dos transportes terrestres: uma realidade em mudança», *Regulação em Portugal. Novos Tempos, novo modelo?*, Almedina, Coimbra, 2009, pp. 421ss.

rados por livre iniciativa e por conta e risco de empresas transportadoras devidamente licenciadas, cabendo ao IMTT emitir a competente autorização nos termos do disposto no art. 21.º da LBTT. Esta autorização tem *natureza regulatória* e pode ser negada sempre que o IMTT considere que as condições do respectivo programa de exploração são susceptíveis de perturbar gravemente a organização do mercado de transportes regulares, afectar a exploração dos transportes urbanos e locais na respectiva zona de influência ou configurarem concorrência desleal a outras empresas transportadoras em operação. Já no caso de as autoridades competentes considerarem que a necessidade de procura não é satisfeita através de linhas da iniciativa das empresas transportadoras, podem as mesmas pôr a concurso a concessão ou a exploração em regime de prestação de serviço das linhas que considerem necessárias, qualificando-as de *serviço público*.

No que respeita aos *transportes colectivos em área metropolitanas*, estabelece o art. 26.º da LBTT que a *região metropolitana de transportes* compreende uma área geográfica constituída pelo centro urbano principal, no qual se verificam intensas relações de transporte de pessoas entre os locais de residência e os diferentes locais da actividade económica, administrativa e cultural, e pelas zonas circunvizinhas, onde podem existir também aglomerados urbanos secundários, que com o centro urbano principal mantêm relações intensas de transporte, nomeadamente de passageiros em deslocações pendulares diárias entre os locais de residência e de trabalho. Em Portugal as regiões metropolitanas de transportes são apenas as de Lisboa e Porto.

As bases de funcionamento do sistema de transportes em cada região metropolitana são estabelecidas pelo *Plano de Deslocações Urbanas (PDU)*, o qual constitui um *plano sectorial* para a mobilidade e transportes, promovendo a integração das políticas de ordenamento do território e de mobilidade, no âmbito das áreas metropolitanas, e pelo *Programa Operacional de Transportes (POT)*, que constitui um instrumento de natureza regulamentar onde se definem aspectos necessários à operação do transporte urbano de passageiros no âmbito da respectiva área metropolitana. Actualmente, a elaboração destes instrumentos deve ser promovida pelas Autoridades Metropolitanas de Transportes (AMT), sem prejuízo de a aprovação do PDU integrar a competência do Governo[58]. Veremos mais à frente, quando analisarmos a questão do financiamento do transporte em

---

[58] Cf. arts. 5.º/1/*a*, 9.º e 10.º da Lei n.º 1/2009, de 5 de Janeiro.

regime de serviço público, que a criação de AMT visa essencialmente melhorar a eficiência do transporte público nas áreas metropolitanas e modificar o regime de financiamento do mesmo.

No que respeita ao regime de exploração dos transportes públicos regulares de passageiros nas regiões metropolitanas, o art. 27.º/7 da LBTT estabelece que os mesmos constituem um *serviço público* e serão explorados por empresas devidamente licenciadas, em regime de concessão ou de prestação de serviços, podendo aqueles que se desenvolvam nas áreas urbanas secundárias ser explorados pelos respectivos municípios através de empresas municipais. Assegurar a contratualização do serviço público com os operadores privados de transporte colectivo rodoviário de passageiros, dentro das áreas metropolitanas constitui hoje uma atribuição da AMT em matéria de coordenação[59]. O objectivo da transmissão de competências em matéria de contratualização das concessões de serviços de transporte colectivo rodoviário do Estado para estas autoridades parece resultar de uma expressão de descentralização do poder. Refira-se que actualmente, quer na área metropolitana de Lisboa, quer na área metropolitana do Porto, coexistem operadores públicos e privados. Em Lisboa destaca-se a Carris, que é concessionária exclusiva do serviço público de transportes colectivos urbanos na área de Lisboa[60] e que concorre com outras operadoras em carreiras que prestam o serviço de transporte de passageiros para lá daquele limite. Estas operadoras privadas são titulares de concessões linha a linha, as quais são atribuídas pelo IMTT (passarão a sê-lo pela AMT) no caso dos serviços interurbanos e pelas Câmaras Municipais no caso dos serviços urbanos. Já no Porto, é a STCP que goza do exclusivo de exploração dos transportes colectivos naquela cidade[61], bem como de um *direito de preferência* na concessão de carreiras destinadas a estabelecer ligação directa entre a cidade do Porto e alguns concelhos limítrofes a Norte do Douro[62], concorrendo assim com os operadores

---

[59] Cf. art. 6.º/1/*f* da Lei n.º 1/2009, de 5 de Janeiro.

[60] O contrato de concessão entre a Câmara Municipal de Lisboa e a Carris foi renovado, com celebração de um novo contrato em 1973 (Cf. Decreto-Lei n.º 688/73, de 21 de Dezembro), cujo prazo é de 50 anos, renovável automática e sucessivamente por períodos de 10 anos.

[61] A STCP foi criada pelo Decreto-Lei n.º 38.144, de 30 de Dezembro de 1950, que lhe concedeu também o exclusivo do serviços público de transportes colectivos na cidade do Porto, pelo prazo de 50 anos, renováveis sucessiva e automaticamente por períodos de 10 anos.

[62] Cf. Decreto-Lei n.º 40.744, de 27 de Agosto de 1956.

privados, aos quais são concessionados, linha a linha, serviços de transporte interurbano e urbano (nos concelhos limítrofes), pelo IMTT e pelas Câmaras Municipais, respectivamente.

2.1.4. O TRANSPORTE EM TÁXI

O transporte em *táxi* consiste, segundo a designação do Decreto-Lei n.º 251/98, de 11 de Agosto[63], no transporte efectuado por meio de veículo automóvel ligeiro de passageiros afecto ao transporte público, equipado com aparelho de medição de tempo e distância (taxímetro) e com distintivos próprios, ao serviço de uma só entidade, segundo itinerário da sua escolha e mediante retribuição. O acesso à actividade pressupõe a obtenção de uma *licença* emitida pelo IMTT, seja para as sociedades comerciais ou cooperativas, seja para os empresários em nome individual no caso de pretenderem explorar uma única licença.

A licença consiste em alvará intransmissível[64], que é emitido por um prazo não superior a cinco anos, renovável mediante comprovação de que se mantêm os requisitos de acesso à actividade, mormente, a demonstração de *idoneidade* – dos gerentes, directores ou administradores da empresa, caso se trate de uma sociedade comercial ou de uma cooperativa, ou do próprio, quando se trate de uma licença individual – *capacidade técnica ou profissional* – que consiste na posse dos conhecimentos necessários para o exercício da actividade, aferida através de exame do IMTT[65] – e *capacidade financeira* – que consiste na posse dos recursos financeiros necessários para garantir a boa gestão da empresa[66].

As licenças constituem um meio de regulação do mercado, uma vez que o acesso à profissão não se encontra liberalizado, mas sim dependente dos *contingentes periódicos fixados* por município e por freguesia, mediante audição prévia das entidades representativas do sector (cf. art. 13.º

---

[63] Este diploma, que disciplina a actividade de *transporte em táxi* foi entretanto alterado pela Lei n.º 156/99, de 19 de Setembro, pela Lei n.º 106/2001, de 31 de Agosto, e pelo Decreto-Lei n.º 41/2003, de 11 de Março. Todas as referências em texto posteriores reportam-se à versão actualizada do diploma, republicado em anexo ao Decreto-Lei n.º 41/2003.

[64] O modelo do alvará é o que consta do Despacho n.º 8894/99, de 5 de Maio.

[65] Cf. Portaria n.º 334/2000, de 12 de Junho.

[66] Este capital mínimo é fixado pela Portaria n.º 334/2000, de 12 de Junho, em € 5.000 no início de actividade, e € 1.000 por veículo licenciado para a renovação.

do Decreto-Lei n.º 251/98), sendo a respectiva outorga efectuada por concurso, ao qual se podem apresentar as empresas, cooperativas, empresários em nome individual, assim como os trabalhadores por conta de outrem e os membros das cooperativas licenciadas, desde que preencham os requisitos legais para o exercício da profissão. Estes concursos são promovidos pelas câmaras municipais, que definem em regulamento municipal os termos gerais dos programas de concurso.

No que respeita à prestação do serviço propriamente dita, cabe destacar os requisitos impostos no que respeita aos veículos e aos motoristas. Quanto aos *veículos*, a lei estipula que apenas podem ser utilizados veículos automóveis ligeiros de passageiros de matrícula nacional, com lotação não superior a nove lugares, inlcuindo o do condutor, e possuidores de certas características pré-estabelecidas, devidamente licenciados pelo IMTT[67], os quais devem estar equipados com taxímetros homologados. Já os *motoristas* de táxi ficam também sujeitos a um procedimento de certificação que consiste na obtenção do *Certificado de Aptidão Profissional (CAP)* emitido pelo IMTT[68].

O *serviço de transporte em táxi* é também um serviço público, o que significa que se trata de um serviço de *prestação obrigatória* sempre que o táxi esteja à disposição do público, não podendo o mesmo ser recusado, salvo se implicar a circulação em vias manifestamente intransitáveis ou que ofereçam perigo para a segurança do veículo, dos passageiros ou do motorista, ou ainda quando sejam solicitados por pessoas com comportamento suspeito de perigosidade[69].

O diploma prevê também alguns regimes especiais. Referimo-nos aos casos em que o transporte em táxi tenha natureza predominantemente extraconcelhia, ou quando esteja em causa a coordenação deste serviço de transporte com terminais de transporte terrestre, aéreo, marítimo ou inter-

---

[67] Sobre os requisitos necessários para o licenciamento de veículos para o serviço de transporte em táxi, *v.* Portaria n.º 277-A/99, de 15 de Abril, alterada pela Portaria n.º 1318/2001, de 29 de Novembro, pela Portaria n.º 1522/2002, de 19 de Dezembro, pela Portaria n.º 2/2004, de 5 de Janeiro e pela Portaria n.º 134/2010, de 2 de Março.

[68] As condições para o acesso ao exercício da profissão de taxista estão fixadas no Decreto-Lei n.º 263/98, de 19 de Agosto, alterado pelo Decreto-Lei n.º 298/2003, de 21 de Novembro, constando os requisitos para a certificação dos motoristas de táxi da Portaria n.º 788/98, de 21 de Setembro, alterada e republicada pela Portaria n.º 121/2004, de 3 de Fevereiro.

[69] Cf. art. 17.º do Decreto-Lei n.º 251/98.

modal, situações em que o director-geral de Transportes Terrestres pode fixar, por despacho, *contingentes especiais* e *regimes de estacionamento* (art. 21.º do Decreto-Lei n.º 251/98). Integram igualmente a categoria dos regimes especiais os táxis para pessoas com mobilidade reduzida, bem como os veículos turísticos e isentos de distintivos.

2.1.5. A REGULAÇÃO SECTORIAL DO TRANSPORTE TERRESTRE RODOVIÁRIO

Com o propósito de garantir uma melhor regulação do transporte terrestre rodoviário, o Estado procedeu, em 2007, a uma reorganização administrativa que culminou com a criação, pelo Decreto-Lei n.º 147/2007, de 27 de Abril, de um instituto público com funções de regulação: o já antes mencionado *Instituto da Mobilidade e dos Transportes Terrestres – IMTT, I. P*[70].

Esta entidade tem por missão regular, fiscalizar e exercer funções de coordenação e planeamento do sector dos transportes terrestres, supervisionar e regulamentar as actividades desenvolvidas neste sector, visando a satisfação das necessidades de mobilidade de pessoas e bens, com promoção da segurança, da qualidade e dos direitos dos utilizadores dos referidos transportes. Para a realização da referida missão foram confiadas ao IMTT, entre outras, as seguintes atribuições: regular as actividades de transportes terrestres e complementares, designadamente autorizando, licenciando e fiscalizando as entidades do sector no exercício dessas actividades e garantindo a aplicação do respectivo sistema de contra-ordenações; autorizar, nos casos previstos na lei, serviços de transporte público de passageiros; certificar profissionais dos transportes terrestres e promover a habilitação dos condutores; reconhecer, licenciar e supervisionar as entidades formadoras e examinadoras sujeitas à sua supervisão, definir as políticas de formação e garantir e fiscalizar a sua aplicação.

Esta entidade deve, tendo em conta as especificidades dos subsectores dos transportes terrestres, e no âmbito das suas atribuições de promoção e defesa da concorrência, colaborar com a Autoridade da Concorrência

---

[70] Este instituto congregou, na sua totalidade, as atribuições e competências da Direcção-Geral dos Transportes Terrestres e Fluviais (DGTTF), do Instituto Nacional do Transporte Ferroviário (INTF), organismos dependentes do MOPTC, que foram extintos, e assumiu ainda as atribuições que vinham sendo exercidas pela Direcção-Geral de Viação (DGV), entidade tutelada pelo Ministério da Administração Interna (MAI).

(AdC), e, em particular, proceder à identificação dos comportamentos susceptíveis de infringir o disposto na lei de defesa da concorrência em matéria de práticas proibidas, bem como na organização e instrução dos respectivos processos e na verificação e cumprimento das decisões neles proferidas.

Em boa verdade, não se pode dizer que o IMTT exerça verdadeiras funções de regulação do subsector dos transportes terrestres rodoviários se atribuirmos à função reguladora o sentido geral que a mesma hoje assume no domínio do direito administrativo económico[71]. Para tanto seria necessário que o IMTT pudesse, de alguma forma, interferir com a actuação dos agentes económicos (os transportadores) influenciando ou dirigindo o exercício daquela actividade ou mesmo impondo parâmetros de eficiência económica às empresas. Mas nada disto se verifica, correspondendo o leque de atribuições daquela entidade, essencialmente, ao núcleo tradicional da actividade típica do direito administrativo de polícia, circunscrito ao licenciamento e outorga de autorizações para o exercício de actividades económicas, após verificação do preenchimento dos requisitos fixados na lei, sem prejuízo do "preenchimento" de espaços de valoração próprios que o legislador lhe conceda. Uma realidade que se compreende atendendo ao carácter maioritariamente liberalizado da actividade de transporte, onde existe um verdadeiro mercado nas áreas economicamente mais rentáveis (transporte de mercadorias e transporte nacional de passageiros) e onde, por essa razão, as principais preocupações se reconduzem ao direito geral da concorrência, assim se explicando a relação próxima entre o regulador sectorial IMTT e o regulador geral AdC.

Excepção feita ao transporte urbano e suburbano, em especial nas áreas metropolitanas, onde a *regulação* efectivamente se faz sentir através das *concessões* e da *atribuição de direitos de exclusivo* e de *direitos de preferência,* que podem pôr em causa a concorrência e que apenas se jus-

---

[71] Na verdade, perante a inexistência de barreiras físicas ao regime de mercado, como acontece no sector do transporte terrestre rodoviário, não é inteiramente correcto falar em regulação em sentido técnico. Como a doutrina especializada bem sublinha, os serviços de transporte de passageiros, em especial os serviços de transporte urbano de passageiros, tradicionalmente integrado no leque dos serviços municipais, encontram-se hoje em fase de transição entre a conformação jurídica tradicional e as novas exigências em matéria de contratação pública, e à luz deste regime as concessões de serviço público transmutam-se na outorga de *missões de serviço público* em regime de concorrência – FEHLING, «Öffentlicher Verkehr», Fehling/Ruffert, *Regulierungsrecht,* Mohr Siebeck, Tübingen, 2010, pp. 500ss (508).

tificam pelas razões de interesse público que também estão presentes em uma regulação económica socialmente informada (questões ambientais e de garantia da missão de serviço público). Todavia, onde a regulação pública é mais visível, as competências foram deslocadas do IMTT para as Autoridades Metropolitanas de Transportes, e delas se espera no futuro, por estarem mais próximas da realidade, que venham a desenvolver novas propostas de regulação deste tipo de transportes (ex. instrumentos que associem a licitação e remuneração pela operação em actividades rentáveis à subsidiação de actividades não rentáveis dentro do sistema de transportes urbanos), ajudando a promover a sua sustentabilidade financeira. Uma finalidade que só será efectivamente alcançada quando for aprovado um novo regime jurídico, substituindo a LBTT e o *Regulamento de Transporte em Automóvel.*

2.2. O TRANSPORTE TERRESTRE FERROVIÁRIO

O transporte ferroviário constitui, sob uma perspectiva dogmática, o subsector dos transportes mais aliciante de estudar, na medida que é aquele onde o facto de o serviço principal ter de ser prestado sobre uma *infra--estrutura de rede*, o torna, por um lado, mais limitado na possibilidade de introduzir concorrência, e, por outro, mais importante sob a perspectiva do direito da regulação. Trata-se de um subsector económico onde, à semelhança do que aconteceu na energia, o Estado se viu compelido a desmantelar um monopólio público explorado em regime de empresa pública verticalmente integrada, assente em uma concepção de "unidade técnica entre rede e serviço", para instituir um regime de separação entre as *actividades de serviços*, nas quais pretende introduzir concorrência, e a *exploração da rede*, que ficou reservada a exploração por uma entidade pública empresarial.

Embora a exploração da rede ferroviária não integre o âmbito deste nosso trabalho, uma vez que o mesmo se limita ao estudo da actividade de transporte, é interessante sublinhar o facto de a Constituição impor um regime de *dominialidade* para as *linhas férreas nacionais*, a que se soma a "recomendação europeia" vertida nas directivas no sentido de "manter" estas infra-estruturas em "mão pública". Dados que nos permitem questionar se este modelo de reserva pública da propriedade das infra-estruturas não pode bem constituir uma das causas do desinvestimento e do atraso que este meio de transporte – o ferroviário –, apontado por muitos como o transporte do futuro, hoje conhece. Veja-se que o *problema do financiamento das redes ferroviárias* constitui também uma *preocupação europeia*, a que as suas instituições tentam dar resposta através da criação de instrumentos europeus de investimento inseridos na política das grandes redes transeuropeias de transportes (*RTE – T*), como acontece com as "Garantias de Empréstimo para os projectos RTE", instituída em 2008 por acordo entre a Comissão Europeia e o Banco Europeu de Investimentos. A reserva de infra-estruturas em mão pública é muitas vezes responsável pela sua desactualização tecnológica.

Uma pergunta provocatória que não podemos deixar de fazer no plano nacional é a de saber se o investimento e o esforço de incentivação do *carro eléctrico,* enquanto forma de optimização da capacidade de produção instalada de energia eléctrica a partir de fontes renováveis, não poderia ter sido canalizado também para a dinamização deste meio de transporte colectivo, sobretudo no segmento do transporte de mercadorias onde a procura é constante ao longo do dia.

2.2.1. O TRANSPORTE FERROVIÁRIO NO DIREITO EUROPEU

O marco de viragem na gestão e organização do transporte ferroviário em todos os países europeus na década de 90 resultou, essencialmente, da transposição para os ordenamentos jurídicos nacionais da *Directiva 91/440/ CEE*, de 29 de Julho, que pretendia dinamizar o sector do transporte ferroviário nacional (excluía-se do seu âmbito de aplicação a exploração de transportes ferroviários urbanos, suburbanos ou regionais), imprimindo maior eficácia ao serviço. Esta Directiva propõe uma ruptura clara com a concepção tradicional de transporte ferroviário como serviço público unitário prestado pelo Estado através de entidades em forma empresarial, reclamando *independência de gestão* para as empresas deste sector, com o objectivo de garantir que as mesmas pudessem passar a pautar a sua actividade por critérios comerciais e de mercado. Por outro lado, exigiu também a *separação* entre a *gestão da infra-estrutura ferroviária* e a *exploração dos serviços de transporte ferroviário*, impondo a obrigatoriedade de *separação contabilística* e prevendo ainda, como facultativa, a separação orgânica ou institucional.

A ideia de que a remuneração da *infra-estrutura* deveria ser suportada a partir dos serviços sobre ela prestados remonta a esta directiva, que estabelecia no art. 8.º a aplicação de uma *taxa de utilização da infra-estrutura ferroviária* pelo gestor da infra-estrutura, a pagar pelas empresas de transporte ferroviário e pelos agrupamentos internacionais que fizessem uso da mesma[72]. Uma taxa que deveria ser calculada de modo a evitar qualquer discriminação entre empresas ferroviárias, tomando nomeadamente em conta a quilometragem, a composição do comboio e qualquer condicionalismo específico resultante de factores como a velocidade, a carga por eixo e o nível ou o período de utilização da infra-estrutura. De sublinhar, todavia, que se salvaguardava o poder de financiamento do gestor da infra-estrutura pelo Estado quando estivessem em causa, por exemplo, investimentos novos, sem prejuízo do respeito devido pelas regras do Tratado em matéria de auxílios de Estado.

Estas normas viriam mais tarde a ser complementadas pelas Directivas n.º 95/18/CE e n.º 95/19/CE, ambas de 19 de Junho, a primeira relativa às licenças das empresas ferroviárias, e a segunda à repartição das capacidades de infra-estrutura ferroviária e à cobrança de taxas de utilização da infra-estrutura. Já nesta fase, o objectivo do legislador europeu era *imprimir concorrência* no serviço do transporte ferroviário, garantindo uma gestão separada da infra-estrutura, financiada a partir dos respectivos utilizadores, sem prejuízo da possibilidade de complementação do financiamento com dinheiro estadual.

Na sequência das propostas avançadas em 1996 no *Livro Branco sobre a estratégia comunitária para a revitalização dos caminhos-de-ferro*[73], e em 2001 no já mencionado *Livro Branco sobre os transportes*, foi aprovado um conjunto de alterações às Directivas da década de noventa, o qual ficou conhecido como o *primeiro "pacote ferroviário"*. Referimo-nos à

---

[72] De acordo com o disposto no art. 3.º da Directiva entendia-se por *«empresa de transporte ferroviário»*, qualquer empresa de estatuto privado ou público, cuja actividade principal consista na prestação de serviços de transporte de mercadorias e/ou de passageiros por caminho-de-ferro, devendo a tracção ser obrigatoriamente assegurada por essa empresa; e por *«agrupamento internacional»*, qualquer associação de pelo menos duas empresas de transporte ferroviário estabelecidas em Estados-membros diferentes, com vista a fornecer serviços de transporte internacionais entre Estados-membros.

[73] COM (96) 421 final. Neste documento a Comissão dá conta dos problemas que este subsector dos transportes enfrenta com a mudança do modelo de desenvolvimento económico da sociedade, o qual explica em parte a perda de importância do caminho-de-ferro em relação ao papel primordial que representou no desenvolvimento económico em finais do séc. XIX, início do séc. XX.

Directiva 2001/12/CE, de 26 de Fevereiro[74], referente ao desenvolvimento dos caminhos-de-ferro comunitários, à *Directiva 2001/13/CE*, de 26 de Fevereiro[75], relativa às licenças das empresas de transporte ferroviário, à *Directiva 2001/14/CE*, de 26 de Fevereiro, respeitante à repartição de capacidade da infra-estrutura ferroviária, à aplicação de taxas de utilização da infra-estrutura ferroviária e à certificação da segurança, e à *Directiva 2001/16/CE*, de 19 de Março, sobre a interoperabilidade no sistema convencional. O objectivo nesta fase consistia em abrir à concorrência o serviço de *transporte internacional de mercadorias*, tendo-se para o efeito recortado uma *Rede Transeuropeia de Transporte Ferroviário de Mercadorias (RTTFM)*[76] na qual se incluíam, necessariamente, as vias de acesso aos portos. Sublinhe-se, pois, que a liberalização do transporte ferroviário subjacente ao modelo previsto nestes diplomas se circunscrevia ao *sistema ferroviário transeuropeu*, o que significava que apenas estava em causa regular o acesso à rede ferroviária transeuropeia, bem como eliminar as barreiras ao reconhecimento dos títulos habilitantes para o exercício da actividade de transporte ferroviário de passageiros e de mercadorias naquela rede.

Em 2004, são aprovadas novas alterações a estes diplomas através daquele que ficou conhecido como o *segundo pacote ferroviário*, no qual se

---

[74] Esta Directiva altera a Directiva 91/440/CEE relativa ao desenvolvimento dos caminhos-de-ferro comunitários.

[75] Esta Directiva altera a Directiva 95/18/CEE relativa às licenças de transporte ferroviário.

[76] Embora, como já antes afirmámos, o nosso estudo se limite ao transporte ferroviário, excluindo as infra-estruturas, não podemos deixar de destacar quanto a este ponto a importância da instituição das *redes transeuropeias*, pois foi a partir desta figura que se tornou possível a interoperabilidade dos prestadores de serviços. Sobre a construção da *rede ferroviária transeuropeia*, assente na implementação de condições de interoperabilidade, destacam-se: a Decisão 1692/96/CE, de 23 de Julho, sobre a dinamização das redes transeuropeias, a Directiva 96/48/CE, de 23 de Julho, respeitante à interoperabilidade no sistema ferroviário de alta-velocidade (transposta entre nós pelo Decreto-Lei n.º 93/2000, de 23 de Maio) e a Directiva 2001/16/CE, de 19 de Março, sobre a interoperabilidade no sistema convencional (transposta entre nós pelo Decreto-Lei n.º 73/2003, de 16 de Abril). As Directivas respeitantes à interoperabilidade nos sistemas ferroviários europeus foram revogadas pela Directiva 2008/57/CE, transposta entre nós pelo Decreto-Lei n.º 27/2011, de 17 de Fevereiro, que revogou também os anteriores diplomas nacionais de transposição das directivas anteriores.

integram: a *Directiva 2004/49/CE*, de 29 de Abril de 2004[77], relativa à segurança dos caminhos-de-ferro da Comunidade[78]; a *Directiva 2004/50/CE*, de 29 de Abril de 2004[79], sobre a interoperabilidade; a *Directiva 2004/51/CE*, de 29 de Abril e 2004[80], referente ao desenvolvimento dos caminhos-de-ferro comunitários; e o *Regulamento (CE) N.º 881/2004*, de 29 de Abril de 2004, que institui a Agência Ferroviária Europeia. A criação da Agência constitui uma das notas mais destacadas desta fase, embora se trate, essencialmente, de uma entidade com poderes sobretudo consultivos que visa contribuir, no plano técnico, para a aplicação da legislação comunitária destinada a melhorar a posição competitiva do sector ferroviário através do reforço do grau de interoperabilidade dos sistemas ferroviários e desenvolver uma abordagem comum no domínio da segurança do sistema ferroviário europeu, com vista à realização de um espaço ferroviário europeu sem fronteiras, garantindo um nível de segurança elevado.

Em 2007 é aprovado o *terceiro pacote ferroviário* composto: pela *Directiva 2007/58/CE*, de 23 de Outubro[81], cujo intuito é imprimir maior concorrência entre as empresas de prestação de *serviços de transporte de*

---

[77] Esta Directiva altera a Directiva 95/18/CE do Conselho relativa às licenças das empresas de transporte ferroviário e a Directiva 2001/14/CE relativa à repartição de capacidade da infra-estrutura ferroviária, à aplicação de taxas de utilização da infra-estrutura ferroviária e à certificação da segurança.

[78] Sobre a certificação da segurança é importante destacar a aprovação em 2007, pelo *Regulamento (CE) n.º 653/2007*, de 13 de Junho, de um *modelo europeu comum de certificado de segurança* e de requerimento, em conformidade com o artigo 10.º da Directiva 2004/49/CE do Parlamento Europeu e do Conselho, e à validade dos certificados de segurança emitidos ao abrigo da Directiva 2001/14/CE do Parlamento Europeu e do Conselho. A Directiva 2004/49/CE viria entretanto a ser alterada pela Directiva 2009/149/CE, de 27 de Novembro de 2009, que na sequência das indicações dadas pela Agência Ferroviária Europeia, estabelece novas regras em matéria de indicadores comuns de segurança e de métodos comuns de cálculo dos custos dos acidentes.

[79] Esta Directiva que altera a Directiva 96/48/CE do Conselho relativa à interoperabilidade do sistema ferroviário transeuropeu de alta velocidade e a Directiva 2001/16/CE do Parlamento Europeu e do Conselho relativa à interoperabilidade do sistema ferroviário transeuropeu convencional

[80] Esta Directiva altera a Directiva 91/440/CEE do Conselho

[81] Esta Directiva altera a Directiva 91/440/CEE do Conselho relativa ao desenvolvimento dos caminhos-de-ferro comunitários e a Directiva 2001/14/CE relativa à repartição da capacidade da infra-estrutura ferroviária e à aplicação de taxas de utilização da infra-estrutura ferroviária

passageiros[82], procurando desta forma reagir perante as ofertas agressivas do *low cost* no transporte aéreo; pela *Directiva 2007/59/CE*, de 23 de Novembro, que pretende criar um sistema comum de certificação dos maquinistas de locomotivas e comboios no sistema ferroviário da Comunidade, querendo com isto dizer que se põe fim à diversidade existente nos sistemas nacionais através da criação de um sistema de *certificado único*; e pelo *Regulamento (CE) n.º 1371/2007*, de 23 de Outubro, relativo aos direitos e obrigações dos passageiros dos serviços ferroviários, um regime que não se limita ao transporte internacional, abrangendo também os transportes no âmbito nacional, embora os Estados-membros possam impor algumas excepções à aplicação deste diploma[83], salvo em matéria de disponibilidade de bilhetes, bilhetes únicos e reservas, sistemas de informação e de reservas, seguro, direito ao transporte de pessoas portadoras de deficiência e de pessoas com mobilidade reduzida, bem como de sistemas de informação para estas e ainda de garantia da segurança pessoal dos passageiros nas estações ferroviárias e nos comboios.

Por último, cumpre ainda mencionar as seguintes alteração: *Directiva 2008/57/CE*, de 18 de Junho, estabelece novas regras em matéria de interoperabilidade das redes, conferindo novos poderes à Agência em matéria de aprovação das Especificações Técnicas de Interoperabilidade, a *Directiva 2008/110/CE*, de 16 de Dezembro, relativa à segurança dos caminhos-de-ferro da Comunidade, que altera a Directiva 2004/49/CE, e a *Directiva 2009/131/CE*, de 16 de Outubro, relativa à interoperabilidade do sistema ferroviário na Comunidade, que altera o anexo VII da Directiva 2008/57/CE.

---

[82] Esta Directiva vem dar especial destaque ao *"serviço internacional de transporte de passageiros"*, que define como «um serviço de transporte de passageiros em que o comboio atravessa pelo menos uma fronteira de um Estado-Membro e cujo objectivo principal é transportar passageiros entre estações situadas em Estados-Membros diferentes; a composição pode ser aumentada e/ou diminuída e as diferentes secções que a constituem podem ter proveniências e destinos diferentes, desde que todas as carruagens atravessem pelo menos uma fronteira» (Cf. art. 3.º).

[83] De acordo com o art. 2.º/4 e 5 do Regulamento n.º 1371/2007, os Estados-membros podem prorrogar a aplicação deste Regulamento aos serviços ferroviários domésticos até um período máximo de 15 anos, bem como isentar da mesma os serviços ferroviários urbanos, suburbanos e regionais de passageiros.

2.2.2. O TRANSPORTE FERROVIÁRIO DE ÂMBITO NACIONAL E INTERNACIONAL NO DIREITO NACIONAL

Entre nós a reestruturação do sector ferroviário, após a respectiva nacionalização em 1975[84], começou com a aprovação da LBTT, na qual se estipulou a separação entre a exploração da infra-estruturas e o serviço de transporte. Com efeito, de acordo com o disposto no art. 11.º/1 da LBTT, a construção de novas linhas, troços de linha, ramais e variantes a integrar na rede ferroviária nacional, bem como a conservação e vigilância das infra-estruturas existentes poderiam ser feitas pelo Estado ou por entidade actuando por sua *concessão ou delegação*, ao mesmo tempo que no art. 13.º se podia ler que a organização e exploração dos transportes na rede ferroviária constituía um *serviço público*, a assegurar em *regime de concessão ou de delegação*.

Assim, após a abertura em 1991 da exploração do serviço público ferroviário à iniciativa privada em *regime de concessão*[85], o art. 2.º dos Estatutos dos Caminhos de Ferro Portugueses E.P.E. teve ser alterado, e a partir de 1992[86] o *objecto principal daquela empresa* passou a ser apenas a *exploração do transporte de passageiros e mercadorias nas linhas férreas*, troços de linha e ramais, integrados na rede ferroviária nacional. De acordo com a opção política adoptada no *Decreto-Lei n.º 116/92, de 20 de Junho*, o acesso da iniciativa privada ao serviço de transportes ferroviários seria realizado através de um regime de *subconcessões* a outorgar pela CP, E.P., mediante concurso público.

A transformação mais importante dar-se-ia, contudo, em 1997, com a aprovação do *Decreto-Lei n.º 104/97, de 29 de Abril*, que procedeu à criação da REFER, E.P – uma empresa pública de âmbito nacional, cujo objecto principal consistiria na prestação do *serviço público de gestão da infra-estrutura integrante da rede ferroviária nacional*, em regime de delegação segundo o próprio diploma legal. De acordo com este diploma, o leque de poderes da REFER, E.P. incluía anda a *construção, instalação e*

---

[84] A Companhia dos Caminhos de Ferro Portugueses foi nacionalizada pelo Decreto-Lei n.º 205-B/75, de 16 de Abril, tendo os respectivos estatutos sido aprovados pelo Decreto-Lei n.º 109/77, de 25 de Março.

[85] A abertura deste sector à iniciativa privada decorreu da aprovação do Decreto-Lei n.º 339/91, de 10 de Setembro, que alterou a redacção do art.º da Lei n.º 46/77, de 8 de Julho (lei de delimitação dos sectores).

[86] Cf. art. 1.º do Decreto-Lei n.º 116/92, de 20 de Junho.

renovação das infra-estruturas ferroviárias, com observância pelas regras gerais sobre o financiamento dos investimentos em infra-estruturas ferroviárias de longa duração, e a *promoção, coordenação, desenvolvimento e controlo* de todas as *actividades relacionadas com a infra-estrutura ferroviária*[87]. Estava assim definitivamente consumada entre nós a separação entre a gestão da infra-estrutura e a exploração do serviço de transporte ferroviário. E é precisamente a evolução deste segundo, no plano nacional, que aqui importa analisar.

Mas a verdadeira reestruturação do sector ferroviário operada com o intuito de introduzir efectivamente mecanismos de mercado no sector, em conformidade com o disposto nas directrizes europeias, apenas viria a ter lugar em 2003, com a aprovação do Decreto-Lei n.º 270/2003, de 28 de Outubro, que transpôs para o ordenamento jurídico nacional o *primeiro pacote ferroviário*[88]. No preâmbulo do diploma pode ler-se que entre os objectivos a cumprir incluem-se: a separação vertical entre as actividades de gestão da infra-estrutura ferroviária e de operação de transporte ferroviário, com ênfase para a necessidade de assegurar o equilíbrio financeiro do gestor da infra-estrutura; a concessão às empresas de transporte ferroviário europeias de direitos de acesso às redes dos vários Estados-membros em casos específicos; a adopção de critérios gerais comuns no licenciamento do acesso à actividade de transporte ferroviário, acompanhada da criação de um modelo uniforme de licença europeia, com vista ao mútuo reconhecimento das empresas de transporte ferroviário, e a publicitação junto dos operadores, pelos gestores da infra-estrutura, das suas características, nomeadamente da capacidade oferecida, bem como das condições da mesma e do respectivo preço. Este diploma procedeu, assim, ao enquadramento do sector ferroviário de acordo com as novas regras europeias, de onde resulta uma separação entre a gestão da infra-estrutura e os serviços de transporte exercidos em regime liberalizado ou mediante concessão. Vejamos, pois, o regime de transporte de mercadorias e de passageiros actualmente em vigor.

---

[87] Cf. arts. 2.º/2 e 3.º/1 do Decreto-Lei n.º 104/97.

[88] Este diploma foi posteriormente alterado pelo Decreto-Lei n.º 146/2004, de 17 de Junho, pelo Decreto-Lei n.º 231/2007, de 14 de Junho, pelo Decreto-Lei n.º 62/2010, de 9 de Junho (diploma que transpõe para a ordem jurídica interna a Directiva 2009/149/CE, que aprovara os indicadores comuns de segurança e os métodos comuns de cálculo dos custos dos acidentes) e pelo Decreto-Lei n.º 27/2011, de 17 de Fevereiro (diploma que transpõe para o ordenamento jurídico nacional as Directivas 2008/57/CE, 2008/110/CE e 2009/131/CE).

O *transporte ferroviário de mercadorias* constitui hoje, em grande medida, um *serviço liberalizado*, podendo ler-se no art. 4.º/1 do Decreto--Lei n.º 270/2003[89] que constituem serviços liberalizados o *transporte ferroviário internacional de mercadorias,* na parte nacional da rede transeuropeia de transporte ferroviário de mercadorias, efectuado por empresas que devam considerar-se estabelecidas num Estado-membro da União Europeia à data da realização do transporte, bem como o *transporte ferroviário de mercadorias para prestação de serviços de transporte combinado internacional* de mercadorias, e ainda o *transporte ferroviário de mercadorias exclusivamente realizado em território nacional*, sem prejuízo, neste último caso, de poderem ser outorgadas concessões (ou actos de delegação) de serviços de transporte de mercadorias quando se verifiquem os pressupostos constantes do art. 2.º/4 da LBTT (preocupação de adequação da oferta à procura).

À excepção dos casos em que existam concessões, o *exercício das actividades de transporte* antes referidas fica apenas subordinado à obtenção de uma *licença* adequada ao tipo de actividade que se pretende exercer. E são *quatro os tipos de licenças* para o exercício da actividade de transporte ferroviário de mercadorias, variando com o âmbito territorial em que terá lugar a prestação do serviço: *suburbano, regional, nacional* e *internacional*. As *licenças* são emitidas pelo IMTT a empresas estabelecidas em Portugal, desde que as mesmas cumpram os requisitos legalmente exigidos: idoneidade, capacidade financeira, capacidade técnica e titularidade de um seguro de responsabilidade civil.

Para além da licença, as empresas que exercem a actividade de transporte ferroviário de mercadorias têm ainda de estar habilitadas com um *Certificado de Segurança,* o qual atesta que a empresa criou o seu sistema de gestão da segurança nos termos previstos no Decreto-Lei n.º 270/2003 e está apta a cumprir os requisitos previstos nas ETI, noutra legislação comunitária aplicável e nas normas técnicas de segurança que facilitam a *interoperabilidade*. O certificado de segurança é emitido para toda a rede ou apenas para uma parte limitada da mesma, tendo em conta o âmbito das actividades da empresa de transporte ferroviário requerente, especificando o tipo e o âmbito das operações ferroviárias abrangidas. A emissão, renovação, alteração, revisão, suspensão, revogação e cassação dos

---

[89] Todas as referências que daqui em diante sejam feitas a este diploma têm por base a sua redacção actualizada, conforme republicação em anexo ao Decreto-Lei n.º 231/2007.

certificados de segurança ou de parte destes é da competência do IMTT, nos termos do disposto nos arts. 66.º-E do Decreto-Lei n.º 270/2003. Os *certificados de segurança* são *títulos europeus,* conforme de se infere do disposto no art. 66.º-D/5 do Decreto-Lei n.º 270/2003, onde se afirma que quando se trate de empresa de transporte ferroviário titular de certificado de segurança emitido noutro Estado-membro e que pretenda aceder à rede nacional para prestar serviços equivalentes àqueles para que já se encontra certificada, é apenas exigida a prova da *Parte B* do certificado, respeitante à demonstração do cumprimento dos requisitos específicos necessários à respectiva operação em condições de segurança, nomeadamente quanto ao cumprimento das ETI e das normas técnicas de segurança, à aceitação dos certificados do pessoal e à autorização de colocação em serviço do material circulante utilizado[90].

Ainda em matéria de certificação, a operação de transporte ferroviário na rede nacional exige também a *certificação do pessoal com funções relevantes para a segurança da exploração,* entre os quais se incluem, entre outros, os maquinistas e aqueles que fazem o acompanhamento de comboios. De acordo com a lei, até à aprovação de um regime legal que discipline o acesso à profissão do pessoal das empresas de transporte ferroviário e do gestor da infra-estrutura, cujas funções são relevantes para a segurança da exploração, e para efeitos da obtenção do certificado de segurança e da autorização de segurança, aplicar-se-ão as regras a fixar por regulamento do IMTT[91]. O regime legal foi entretanto aprovado entre nós pela Lei n.º 16/2011, de 3 de Maio, que transpõe para o ordenamento jurídico nacional a anteriormente referida Directiva 2007/59/CE.

Para além disso, uma vez que estamos perante um *serviço* que tem de ser prestado através de uma infra-estrutura única, de capacidade limitada e com especiais exigências em termos de requisitos técnicos, o *operador do transporte ferroviário* terá ainda de obter *direitos de acesso* (o direito de uma empresa de transporte ferroviário a aceder e a prestar serviços em uma

---

[90] Com a entrada em vigor do Decreto-Lei n.º 27/2011, de 17 de Fevereiro, somam-se novos títulos europeus desta vez associados aos *veículos ferroviários* de que constitui exemplo o *sistema de certificação da manutenção* – Cf. art. 66.ºS do Decreto-Lei n.º 270/2003.

[91] Trata-se do *Regulamento Provisório de Certificação dos Maquinistas e dos Agentes para o Acompanhamento de Comboios de Empresas de Transporte Ferroviário,* que estabelece as condições e os procedimentos para a *certificação* dos maquinistas de locomotivas que realizem comboios de mercadorias na rede ferroviária nacional e de agentes para o acompanhamento de comboios, aprovado pelo IMTT.

dada infra-estrutura) e de *trânsito* (o direito de uma empresa de transporte ferroviário a fazer uso de uma dada infra-estrutura para prestação de serviços de transporte internacional ferroviário que impliquem atravessamento do território português) na rede ferroviária.

Segundo o art. 20.º do Decreto-Lei n.º 270/2003, encontra-se prevista a possibilidade de atribuição dos seguintes direitos: *direito de acesso* à infra-estrutura ferroviária nacional às *empresas nacionais de transporte ferroviário* e a todas as *empresas de transporte ferroviário estabelecidas num Estado-membro*[92] para prestação do serviço de transporte ferroviário de mercadorias no território nacional; *direito de acesso* à infra-estrutura ferroviária nacional às empresas de transporte ferroviário para prestação de *serviços de transporte combinado internacional de mercadorias*; em *condições equitativas, direitos de acesso* e *trânsito* na infra-estrutura ferroviária nacional às empresas de transporte ferroviário, para prestação de *serviços de transporte ferroviário internacional de mercadorias*; *direito de acesso* e de *trânsito* na infra-estrutura ferroviária nacional para prestação de serviços de transporte ferroviário internacional a *agrupamentos internacionais* cuja composição integre uma empresa estabelecida em Portugal; e *direito de trânsito* na infra-estrutura ferroviária nacional a *agrupamentos internacionais* para a prestação de serviços de transporte ferroviário internacional entre Estados membros da União Europeia em que se encontrem estabelecidas as empresas que os constituam.

O exercício dos direitos de acesso e de trânsito na infra-estrutura ferroviária nacional depende, contudo, da *celebração* com o gestor da infra-estrutura ferroviária *dos acordos*, públicos ou privados, sobre matérias administrativas, técnicas e financeiras necessários para regular as questões de controlo e de segurança do tráfego relativas ao serviço de transporte. Acordos que se subordinam às *disposições legais e regulamentares em matéria de repartição de capacidade da infra-estrutura ferroviária* e estão sujeitos ao *pagamento de tarifas* (ver *infra*)[93].

Ainda no que respeita ao *transporte ferroviário de mercadorias*, cabe destacar o regime especial de *transporte de mercadorias perigosas*.

---

[92] Estas últimas apenas começaram a beneficiar do direito de acesso a partir de 1 de Janeiro de 2007 – cf. art. 20.º/7 do Decreto-Lei n.º 270/2003.

[93] Entre nós estão neste momento a operar em regime liberalizado os seguintes *operadores de transporte ferroviário de mercadorias:* a CP Carga, a Takargo (grupo Mota Engil) e a Comsa (empresa espanhola).

Trata-se de um regime jurídico harmonizado a nível europeu e que tem de obedecer ao disposto no Regulamento do Transporte de Mercadorias Perigosas por Caminho-de-ferro, aprovado pelo Anexo II do Decreto-Lei n.º 41-A/2010, de 29 de Abril[94], e cuja redacção corresponde às disposições do *Regulamento Relativo ao Transporte Ferroviário Internacional de Mercadorias Perigosas (RID)*, anexo ao *Contrato de Transporte Ferroviário Internacional de Mercadorias*, que constitui o Apêndice C da *Convenção Relativa aos Transportes Internacionais por Caminho-de-ferro (COTIF)*, concluída em Vilnius, no dia 3 de Janeiro de 1999[95]. As empresas cujas actividades incluam operações de transporte ferroviário de carga ou descarga de mercadorias perigosas são obrigadas a nomear um ou mais *Conselheiros de Segurança*[96] para supervisionar as condições de realização desses transportes e respectivas operações, colaborando na prevenção dos riscos para as pessoas, para os bens ou para o ambiente, inerentes às operações referidas.

Já o serviço de *transporte ferroviário de passageiros no território nacional* constitui maioritariamente um *serviço concessionado*, embora desde 2010, com a aprovação do Decreto-Lei n.º 20/2010, de 24 de Março, se encontre também *liberalizada* a prestação de *serviços de transporte ferroviário internacional de passageiros na infra-estrutura ferroviária nacional*[97].

---

[94] Este diploma transpõe para a ordem jurídica interna a Directiva 2006/90/CE, de 3 de Novembro, e a Directiva 2008/68/CE, de 24 de Setembro, relativa ao transporte terrestre de mercadorias perigosas.

[95] Convenção que foi aprovada para adesão pelo Decreto n.º 3/2004, de 25 de Março.

[96] A formação profissional que deve ser proporcionada aos conselheiros de segurança e aos condutores de veículos de mercadorias perigosas é ministrada por entidades formadoras do Sistema Nacional de Qualificações e reconhecida pelo IMTT (Cf. Deliberação do IMTT n.º 1036/2010, publicada no DR IIª Série, de 16 de Junho, que aprova a Regulamentação da formação profissional dos conselheiros de segurança e dos condutores de veículos de transporte de mercadorias perigosas). Sobre a formação dos *conselheiros de segurança* é importante destacar ainda o papel da *Comissão Nacional do Transporte de Mercadorias Perigosas*, criada pelo Despacho Conjunto n.º 113-A/98, publicado no DR, IIª Série, de 17 de Fevereiro, incumbida de trabalhar na revisão permanente da regulamentação do sector e de acompanhar a sua execução.

[97] Para efeitos deste diploma consideram-se *serviços de transporte ferroviário internacional de passageiros* aqueles em que o comboio atravessa pelo menos uma fronteira de um Estado membro e cujo objecto principal é transportar passageiros entre estações situadas em Estados membros diferentes, podendo a composição ser aumentada ou diminuída, e as diversas secções da mesma terem diferentes origens ou destinos, desde que todas as carruagens atravessem, pelo menos, uma fronteira (cf. art. 1.º/2).

A lei prevê quatro tipos de licenças para a actividade de transporte ferroviário de passageiros – *licença de serviço de transporte ferroviário de passageiros urbano e suburbano; licença de serviço de transporte ferroviário de passageiros regional; licença de serviço de transporte ferroviário de passageiros nacional; licença de serviço de transporte ferroviário de passageiros internacional* – todas emitidas pelo IMTT. Estes títulos apenas podem ser atribuídos às empresas que preencham os requisitos de idoneidade referidos a propósito do transporte de mercadorias.

Entre nós, a CP - Comboios de Portugal E.P.E.[98] (empresa que sucedeu à C.P. - Caminhos de Ferro Portugueses, E.P.) – uma entidade pública empresarial (100% do capital pertence ao Estado Português) – é actualmente a *concessionária do serviço de transporte ferroviário de passageiros no território nacional*, estando assim sujeita a *obrigações de serviço público*. A lei permite contudo à CP, mediante autorização do Governo, a faculdade de *subconcessionar* a prestação de serviços de transporte ferroviário de passageiros através de procedimento concursal.

Para além da *licença* para o exercício da actividade de transporte ferroviário de passageiros, adequada ao âmbito territorial do serviço a prestar, e da obtenção da *concessão* ou *subconcessão* se não se tratar de uma actividade liberalizada (o que entre nós apenas acontece com o transporte internacional), o *operador do transporte ferroviário* tem, à semelhança do que vimos no caso do transporte ferroviário de mercadorias, de obter a *certificação do pessoal com funções relevantes para a segurança da exploração*. Todavia, o art. 82.º do Decreto-lei n.º 230/2007 estabeleceu um *regime transitório especial*, que aproveitou à CP, nos termos do qual as empresas que estivessem a prestar serviços de transporte ferroviário à data da entrada em vigor do diploma gozavam da presunção de cumprimento dos requisitos de capacidade financeira e de capacidade técnica, bem como de um prazo de 12 meses para proceder à adaptação às condições impostas em matéria de segurança, a contar da data da aprovação do regulamento respectivo pelo IMTT.

Também em matéria de direitos de *acesso* e *trânsito*, o art. 20.º/1 do Decreto-Lei n.º 270/2003 garante às empresas nacionais de transporte ferroviário o *acesso à rede* para a exploração de transporte de passageiros no território nacional, assim como o art. 2.º do Decreto-Lei n.º 20/2010 garante

---

[98] Os novos estatutos da Empresa foram aprovados pelo Decreto-Lei n.º 137-A/2009, de 12 de Junho, que revogou os anteriores estatutos da Caminhos de Ferro Portugueses, E.P., aprovados pelo Decreto-Lei n.º. 109/77, de 25 de Março.

o *acesso* àquela infra-estrutura, em condições equitativas, para prestação de serviços de transporte internacional de passageiros às empresas devidamente licenciadas para o efeito, ficando o exercício deste direito dependente da celebração do competente acordo com o gestor da infra-estrutura[99].

A *garantia do acesso equitativo à rede* pelos operadores, seja de transporte de passageiros, seja de mercadorias, depende, ainda, da *garantia de boas práticas* na elaboração do *directório da rede* – documento elaborado pelo gestor da infra-estrutura, onde se enunciam as suas características e as condições de acesso à mesma, os princípios de tarifação e o tarifário e a especificação dos princípios e critérios de repartição e utilização da capacidade da infra-estrutura.

Em suma, verificamos que o *transporte ferroviário de passageiros no território nacional* constitui uma actividade concessionada, explorada pela CP em regime de exclusivo, apenas existindo liberalização no caso do transporte ocasional ou com fins exclusivamente turísticos ou históricos (e mesmo nesta hipótese, o exercício da actividade por empresas devidamente licenciadas, mas estabelecidas noutro Estados-membro, depende de critérios de reciprocidade). Já o *transporte internacional de passageiros*, recentemente liberalizado entre nós, poderá ficar dependente de algumas limitações por razões de ordem técnica, e que se prendem com a saturação das principais linhas durante os horários diurnos, que é quando este tipo de transporte tem maior atractividade comercial, e de ordem financeira, quando ponham em causa a sustentabilidade da concessão nacional.

Quer se trate de transporte ferroviário de mercadorias ou de passageiros o operador da actividade, para além dos requisitos e condições antes mencionados, terá ainda que *adquirir* à empresa que gere a infra-estrutura neste caso à REFER, E.P.E – *os serviços* necessário à efectiva realização da sua actividade. De acordo com a lei, os serviços a prestar por esta entidade às empresas de transporte ferroviário dividem-se em três categorias: *serviços essenciais; serviços adicionais; serviços auxiliares.*

Os *serviços essenciais* constituem, tal como a designação indica, o conjunto mínimo de serviços indispensáveis para se poder efectuar o transporte – assim explicando o facto de o gestor da infra-estrutura estar obrigado à prestação dos mesmos a todas as empresas que os solicitem, respeitando

---

[99] Veja-se, contudo, que o exercício efectivo do acesso à infra-estrutura pela empresa que pretende efectuar o serviço de transporte internacional de passageiros *pode ser limitado* nos termos do disposto no art. 4.º do Decreto-Lei n.º 20/2010.

um princípio de não discriminação entre operadores – e compreendem um conjunto de elementos, designado *"pacote mínimo de acesso"*[100], composto pelo acesso por via férrea às instalações de serviços e ao fornecimento de serviços, pela utilização das infra-estruturas e equipamentos de fornecimento, transformação e distribuição de energia eléctrica para tracção, quando disponíveis, e pela prestação de socorro ferroviário em caso de perturbação da circulação resultante de falha técnica ou acidente.

Os *serviços adicionais* integram os serviços conexos com a actividade de prestação de serviços transporte ferroviário, não incluídos nos serviços essenciais, e são também obrigatoriamente prestados pelo gestor da infra--estrutura, excepto se este demonstrar que existem alternativas viáveis e comparáveis no mercado – incluem: o fornecimento de energia eléctrica para tracção, pré-aquecimento dos comboios de passageiros, abastecimento de combustível, manobras e contratos especiais para controlo do transporte de mercadorias perigosas e de assistência na operação de comboios especiais.

Por último, os *serviços auxiliares*, cuja prestação não é obrigatória para o gestor da infra-estrutura, compreendem os restantes serviços conexos com o transporte, designadamente: o acesso à rede de telecomunicações, o fornecimento de informações suplementares de natureza comercial e a inspecção técnica do material circulante.

A utilização de todos estes serviços depende do pagamento das *tarifas* fixadas no Regulamento n.º 25/2001, publicado no DR IIª Série, de 11 de Março, de 2005.

Tal como afirmámos no início, a introdução de concorrência na actividade de transporte ferroviário torna-se especialmente difícil por causa da capacidade limitada da infra-estrutura, verificando-se neste caso, à semelhança do que ocorre nas outras "indústrias de rede", problemas interessantes em matéria de regulação, decorrentes da necessidade de garantir a optimização do uso da infra-estrutura, e, por esta via, de efectiva concorrência entre os operadores que precisam de aceder a ela para prestar os seus serviços. Tal ciscunstância determina a importância da regulação do uso da

---

[100] O qual inclui, segundo o art. 27.º/*1a*) do Decreto-Lei n.º 270/2003, os seguintes elementos: o tratamento dos pedidos de capacidade da infra-estrutura; o direito de utilização da capacidade concedida; a utilização de vias, agulhas e entroncamentos; o comando e controlo da circulação do comboio, incluindo regulação, sinalização, expedição e a comunicação e transmissão de informações sobre a sua circulação ou movimentos de manobra, com excepção das informações de natureza comercial; e quaisquer informações necessárias à operacionalização ou funcionamento do serviço para o qual a capacidade foi concedida.

rede pelo respectivo gestor, o qual se encontra subordinado às directrizes legais impostas em matéria de *repartição da capacidade da infra-estrutura ferroviária*[101]. Do ponto de vista da empresa que presta serviços de transporte, o mais importante a sublinhar é a necessidade de esta repartição da capacidade ser efectuada de forma equitativa e não discriminatória entre os diferentes candidatos, de modo a garantir a utilização eficiente e eficaz da infra-estrutura. Objectivo que fica desde logo comprometido quando a lei estabelece que na repartição dessa capacidade são primeiro salvaguardados os termos dos contratos de concessão de exploração de serviço de transporte ferroviário – entre eles incluem-se os serviços de transporte de passageiros em território nacional concessionado à CP e eventuais concessões de serviço público em matéria de transporte de mercadorias.

Com efeito, a repartição da infra-estrutura assenta no *horário técnico*[102] definido anualmente pelo gestor da infra-estrutura, que inclui as marchas de comboios, as horas de chegada e de partida nas estações de origem, intermédias, de destino e nos pontos de controlo e ainda as *margens* (os tempos concedidos numa marcha destinados à recuperação de atrasos). Neste contexto, é essencial garantir a igualdade de oportunidades logo na fase de elaboração do horário técnico.

Assim, até oito meses antes da definição do horário técnico, os candidatos apresentam os seus pedidos de *canais horários* (capacidade da infra-estrutura necessária para a circulação e a manobras de um comboio entre dois pontos, num determinado período de tempo), os quais podem estar incluídos em *acordos quadro* (acordo juridicamente vinculativo, de direito público ou privado, que estabelece os direitos e obrigações de um candidato e do gestor da infra-estrutura em relação à capacidade de infra-estrutura a repartir num período superior ao período de vigência de um horário técnico), e prestam uma *garantia financeira*, que deve ser proporcional ao nível de actividade previsto do candidato e à demonstração a capacidade de apresentação de propostas adequadas para obtenção de capacidade de infra-estrutura.

Depois, respeitando os procedimentos fixados nos arts. 38.ºss do Decreto-Lei n.º 270/2003, o gestor da infra-estrutura procede à coordenação dos pedidos de modo a garantir a distribuição equitativa dos canais

---

[101] Cf. arts. 33.ºss e do Decreto-Lei n.º 270/2003.

[102] O *horário técnico* é a designação dada ao conjunto de dados que definem todos os movimentos programados dos comboios necessários à prestação de serviço e dos inerentes à organização do mesmo na infra-estrutura, durante o respectivo período de vigência.

horários, assegurando também o estabelecimento de *canais horários internacionais*, em cooperação com outros organismos, no quadro da rede transeuropeia de transporte ferroviário, de modo a poder aprovar e divulgar o *horário técnico*, com base no qual os operadores elaboram posteriormente os respectivos *horários comerciais*.

De acordo com as informações da REFER (disponibilizadas *on line*), a utilização da *rede ferroviária nacional* durante o ano de 2009, pode resumir-se no seguinte quadro:

Circulações por tipo de Comboio - Ano 2009	
Internacionais	2 927 (média diária - 8)
Longo-Curso	23 004 (média diária - 63)
Inter-Regionais	15 533 (média diária - 43)
Regionais	130 536 (média diária - 358)
Suburbanos	402 067 (média diária - 1102)
Mercadorias	131 268 (média diária - 360)
Marchas	105 117 (média diária - 288)
Total Ano	**810 452 (média diária de circulações - 2 220)**

Entre os serviços de transporte ferroviário de passageiros contam-se no âmbito nacional os serviços alfa-pendular e intercidades e no plano internacional o Sud Expresso, o Lusitânia Comboio-hotel e a ligação Porto-Vigo.

2.2.3. Alusão à alta-velocidade

Em 1999, por ocasião de uma nova fase de desenvolvimento da rede de alta velocidade espanhola, que passava a contemplar a ligação a França, permitindo assim a integração de Portugal ao sistema ferroviário europeu, foi criado um grupo de trabalho com o objectivo de definir a estratégia para a introdução da alta velocidade ferroviária no nosso país[103].

---

[103] Este estudo tinha já alguns antecedentes, pois desde a década de 80 que vinha sendo estudada a possibilidade de introdução deste tipo de infra-estrutura no país. Entre os documentos anteriores mais relevantes contam-se: a Resolução do Conselho de Ministros n.º 52/88, de 30 de Dezembro, na qual se pode ler que "as novas linhas ferroviárias que venham a ser construídas em Portugal para o transporte de passageiros em alta velocidade... deverão adoptar a bitola europeia" e o Plano de Modernização e Reconversão dos caminhos-de-ferro, aprovado pela Resolução do Conselho de Ministros n.º 6/88, de 8 de Fevereiro.

Segundo os resultados desse estudo, a implantação em Portugal de uma rede de bitola europeia, com electrificação em corrente alterna de 25 000 V e 350 km/h como velocidade *standard* de projecto, destinada, em exclusivo, ao transporte de passageiros permitiria que as ligações entre Lisboa e Porto e entre Lisboa e Madrid e Porto e Madrid se fizessem, respectivamente, em menos de uma hora e trinta minutos e em menos de três horas. Neste contexto, foi tomada a decisão política, em Janeiro de 2000, na Cimeira Luso-Espanhola de Salamanca, de criar um grupo de trabalho comum, com a função específica de levar a cabo todos os estudos de apoio à concretização da ligação ferroviária de alta velocidade entre Portugal e Espanha. Trata-se de uma infra-estrutura que integra o universo europeu dos Projectos de Redes Transeuropeias de Transportes (*RTE – T*) e por essa razão conta com o financiamento atribuído a este tipo de projectos.

Quando ao modelo de actuação político-administrativo escolhido podemos dizer, *grosso modo*, que o mesmo repousa, na parte respeitante ao estudo do projecto, na constituição de uma entidade empresarial pública que segue o modelo europeu das *agências de execução*, o mesmo é dizer, entidades instituídas por um determinado período para gerir um determinado projecto, extinguindo-se após a sua realização, e, na parte respeitante ao financiamento, para além das contribuições europeias ao abrigo dos projectos RTE – T e Fundo de Coesão, assenta na constituição de parcerias público-privadas.

Assim, pelo Decreto-Lei n.º 323-H/2000, de 19 de Dezembro, foi constituída a sociedade RAVE — Rede Ferroviária de Alta Velocidade, S. A., (RAVE), uma sociedade anónima de capitais exclusivamente público (os accionistas são o Estado com 60% do capital e a REFER, E.P.E. que detém os restantes 40%), que tem por objecto o desenvolvimento e coordenação dos trabalhos e estudos necessários para a formação das decisões de planeamento e construção, financiamento, fornecimento e exploração de uma rede ferroviária de alta velocidade a instalar em Portugal continental e da sua ligação com a rede espanhola de igual natureza.

Até ao momento o projecto tem tido vários desenvolvimentos, de entre os quais destacamos a constituição, em Janeiro de 2001, do Agrupamento Europeu de Interesse Económico (AEIE – AVEP), constituído pelos gestores das infra-estruturas ferroviárias de Espanha (ADIF) e de Portugal (REFER), encarregado de gerir os estudos das ligações transfronteiriças

(Lisboa-Madrid e Porto-Vigo)[104]; o lançamento, em Julho de 2003, dos primeiros concursos públicos para a realização dos estudos de viabilidade técnica dos corredores de alta velocidade; o lançamento, em 2008, do concurso da Parceria Público-Privada para a concessão do projecto, construção, financiamento, manutenção e disponibilização das infra-estruturas ferroviárias do troço Poceirão – Caia, que foi adjudicado em Dezembro de 2009, e cujo contrato foi assinado em Maio de 2010, constituindo, a esta data, o elemento mais avançado do projecto.

2.2.4. O TRANSPORTE FERROVIÁRIO REGIONAL, URBANO E SUBURBANO

Como já afirmámos anteriormente, o serviço de transporte ferroviário de passageiros em linhas férreas, troços de linha e ramais que integrem ou venham a integrar a *rede ferroviária nacional* encontra-se concessionado pelo Estado à CP E.P.E. Para além do exercício desta actividade em regime de *concessão de serviço público*, explorada nos termos definidos no contrato celebrado com o Estado, fazem ainda parte do objecto social desta entidade pública empresarial, a prestação de serviços de transporte ferroviário de mercadorias em linhas férreas, troços de linha e ramais; serviços de transporte ferroviário internacional de passageiros e de mercadorias, em conformidade com o disposto na lei, tratados, convenções e acordos em vigor; e ainda, outras actividades acessórias, como a exploração de transportes terrestres destinados a complementar o transporte ferroviário[105]. Assim, outros operadores de âmbito nacional, regional, urbano ou suburbano que pretendam operar nos serviços de transporte de passageiros no âmbito regional, urbano ou suburbano terão de fazê-lo em *regime de subconcessão* da CP – E.P.E. à excepção da exploração do eixo Norte-Sul, que hoje se encontra concessionado à FERTAGUS.

Com efeito, o Decreto-Lei n.º 116/92, de 20 de Junho, estabeleceu no art. 4.º a atribuição da exploração, em regime de *concessão*, à CP, E.P., do troço de linha férrea entre Campolide e o Pinhal Novo, a construir pela ponte sobre o Tejo. Todavia, em 1997, o Estado decidiu alterar o modelo

---

[104] Esta entidade lançou diversos concursos públicos internacionais como o da concepção da estação internacional Elvas/Badajoz e o do estudo do modelo de exploração do serviço de passageiros na ligação ferroviária de alta velocidade Vigo-Porto.

[105] Cf. art. 4.º do Decreto-Lei n.º 137-A/2009, de 12 de Junho.

de financiamento do serviço, optando por conceder à iniciativa privada a responsabilidade e os benefícios da exploração, tendo para o efeito organizado um concurso entre os potenciais concorrentes. Todavia, tendo em conta o exclusivo concessionado à CP e a obrigatoriedade de os privados apenas actuarem em regime de subconcessão, o concurso público internacional, cujo procedimento se encontrava regulado pela Portaria n.º 565--A/97, de 28 de Julho, teve de assentar precisamente na atribuição de uma *subconcessão* da exploração do serviço de transporte ferroviário suburbano de passageiros no Eixo Ferroviário Norte-Sul da Região de Lisboa, com extensão a Setúbal (Praias do Sado).

Só mais tarde, com a aprovação do Decreto-Lei n.º 274/98, de 5 de Setembro, é que foi alterada a redacção do art. 4.º do Decreto-Lei n.º 116/92, passando a prever-se que a exploração do serviço de transporte ferroviário de passageiros entre Roma-Areeiro e Pinhal Novo, com passagem pela Ponte de 25 de Abril, fosse atribuída pelo Estado, mediante concurso internacional, em regime de *concessão*, garantindo-se ainda a possibilidade de extensão desta concessão à Gare do Oriente e até Praias do Sado (via Setúbal), determinando-se ainda nessa ocasião que a CP e outros operadores ferroviários só poderiam explorar serviços de transporte ferroviário naqueles troços nos termos e dentro dos limites estabelecidos no regime da concessão que viesse a ser outorgada. Assim, a concessão da exploração do serviço de transporte ferroviário de passageiros no Eixo Norte-Sul da Região de Lisboa viria a ser atribuída à sociedade FERTAGUS — Travessia do Tejo, Transportes, S. A., adjudicatária no concurso internacional, por força do disposto no Decreto-Lei n.º 189-B/99, de 2 de Junho[106].

De acordo com o disposto na cláusula 12ª/2 do contrato de concessão da exploração do serviço de transporte ferroviário celebrado com a FERTAGUS, o contrato poderia ser renegociado no seu todo, caso se constatasse que durante o período inicial da concessão o volume de tráfego não atingia o limite inferior da banda inferior de tráfego. Nesta conformidade, foi aprovado o Decreto-Lei n.º 78/2005, de 13 de Abril, que veio rever as bases da concessão do referido contrato[107].

---

[106] Diploma que aprovou também as bases da referida concessão.

[107] A renegociação destes contratos, sempre no sentido do favorecimento dos operadores privados, constitui também um elemento revelador das ineficiências dos modelos económicos da concessão de serviço público, da incapacidade de o Estado gerir de forma conveniente e repartição do risco e da inexistência de uma verdadeira regulação neste sector. Elementos que devem ser aperfeiçoados de modo a não impedir que os mais modernos

2.2.5. O TRANSPORTE EM METROPOLITANO

Ainda integrado no contexto do transporte urbano em via férrea cumpre destacar os regimes jurídicos do transporte metropolitano.

O *metro de Lisboa* é o mais antigo e a sua exploração rege-se ainda hoje pelo Decreto-Lei n.º 439/78, de 30 de Dezembro, diploma que constitui a Metropolitano de Lisboa, E.P. (ML), empresa pública que sucedeu à Sociedade Metropolitano de Lisboa SARL, nacionalizada pelo Decreto-Lei n.º 280-A/75, de 5 de Junho. Aquele diploma aprovou também os estatutos da empresa, podendo ler-se no art. 2.º dos mesmos, que a ML tem por objecto manter e desenvolver o funcionamento regular do *serviço público de transporte colectivo* fundado no aproveitamento do subsolo da cidade de Lisboa e zonas limítrofes, dispondo para tal de prerrogativas de autoridade, designadamente no tocante ao policiamento das instalações afectadas e à definição dos direitos e deveres dos utentes constantes do Regulamento de Exploração.

O *metro de Mirandela* é o segundo mais antigo. No art. 1.º do Decreto-Lei n.º 24/95, de 8 de Fevereiro, determinou-se a possibilidade de exploração de um metropolitano ligeiro de superfície, em regime de exclusividade, no município de Mirandela, mais precisamente no troço Carvalhais-Cachão. Esta concessão deveria ser atribuída a uma sociedade anónima de capitais exclusivamente públicos a constituir nos termos da lei comercial, permitindo-se à CP participar no respectivo capital social até um máximo de 10% do respectivo total. A empresa Metro de Mirandela, S.A. veio a ser constituída pelo Município de Mirandela que detém 90% do capital social, cabendo à CP os restantes 10%. Entretanto, o troço Tua-Mirandela, explorado pela CP, passou a ser explorado de forma integrada com o troço Mirandela-Carvalhais ao abrigo de um contrato de prestação de serviços celebrado entre a CP, E. P. e a Metro Ligeiro de Mirandela, S. A.

Já o *metro do Porto* é mais recente. O primeiro regime jurídico da exploração de um sistema de metro ligeiro na área metropolitano do Porto, consagrando a atribuição da exploração desse sistema, em exclusivo, a uma sociedade anónima de capitais públicos, designada Metro do Porto, S.A. (MP),

---

instrumentos de financiamento de obras e serviço públicos, divulgados com sucesso, quer na Europa, quer nos Estados Unidos, acabem por ficar arredados da experiência portuguesa, por razões alheias à sua conformação intrínseca, mas apenas por factores como a corrupção ou a inaptidão técnica das entidades públicas – *v.* CARLOS MORENO, *Como o Estado gasta o nosso dinheiro,* Caderno, Lisboa, 2010.

foi aprovado pelo Decreto-Lei n.º 71/93, de 10 de Março. A MP foi constituída em 6 de Agosto de 1993, tendo como sócios a Área Metropolitana do Porto, a CP, e a ML, que subscreveram, respectivamente, 80 %, 15 % e 5 % do capital social. Mais tarde, o Decreto-Lei n.º 394-A/98, de 15 de Dezembro, aprovou as bases da concessão de exploração do sistema de metro ligeiro na área metropolitana do Porto, em *regime de serviço público* e de *exclusividade*, pelo prazo de 50 anos, tendo a concessão sido atribuída pelo Estado à MP[108]. Também nessa data a MP passou a contar com dois novos sócios: a Sociedade de Transportes Colectivos do Porto, S. A., e o Estado[109]. Actualmente, as bases actualizadas desta concessão constam do anexo ao Decreto-Lei n.º 192/2008, de 1 de Outubro, podendo ler-se nas mesmas que a concessão é exercida em *regime de serviço público* e de *exclusividade*, tendo por objecto a exploração de um sistema de metro ligeiro na área metropolitana do Porto.

O mais recente de todos, e o único assente numa concessão a uma empresa privada, é o *metro a Sul do Tejo*, que teve origem na decisão de estabelecer uma rede de transporte de metropolitano ligeiro, a implantar nas áreas dos municípios de Almada e Seixal, podendo estender-se, posteriormente, às áreas dos municípios da Moita e Barreiro. O regime geral da concessão da rede de metropolitano ligeiro da margem sul do Tejo foi aprovado pelo Decreto-Lei n.º 337/99, de 24 de Agosto, no qual se definiu ainda que a concessão abrangeria a realização do projecto, a construção, o fornecimento de equipamentos e de material circulante, o financiamento, a exploração, a manutenção e a conservação da rede do metropolitano. Mais tarde, o Decreto-Lei n.º 167-A/2002, de 22 de Julho, aprovou as bases gerais desta concessão, outorgada ao agrupamento composto pelas sociedades Joaquim Jerónimo, L.da, Teixeira Duarte, Engenharia e Construções, S. A., Mota & Companhia, S. A., Engil — Sociedade de Construção Civil, S. A., Sopol, S. A., Siemens

---

[108] As *bases da concessão foram entretanto alteradas,* sucessivamente, pela Lei n.º 161/99, de 14 de Setembro, e pelos Decretos-Leis n.ºs 261/2001, de 26 de Setembro, 249/2002, de 19 de Novembro, 33/2003, de 24 de Fevereiro, 166/2003, de 24 de Julho, e 233/2003, de 27 de Setembro.

[109] A MP celebrou um contrato para o projecto, construção, financiamento e operação inicial com a Normetro (agrupamento complementar de empresas), cuja minuta foi aprovada por Resolução do Conselho de Ministros n.º 142-A/98, de 25 de Novembro. Este projecto foi posteriormente alterado, dando origem à aprovação do Decreto-Lei n.º 261/2001, de 26 de Setembro, que também introduziu alterações às bases da concessão, modificou o acordo parassocial e os respectivos estatutos.

Aktiengesellschaft, Siemens, S. A., Meci, S. A., mediante a celebração do respectivo contrato de concessão com MTS Metro, Transportes do Sul, S. A[110]. Entretanto, o Decreto-Lei n.º 15/2008, de 23 de Janeiro, alterou as bases da concessão e autorizou os Ministros de Estado e das Finanças e das Obras Públicas, Transportes e Comunicações, a subscrever, em nome e representação do Estado, o aditamento ao contrato de concessão, que consubstancia as alterações ao contrato de concessão relativo ao metropolitano ligeiro da margem sul do Tejo, bem como os respectivos efeitos financeiros[111].

Por último, uma referência ao *metro mondego*, que ainda não foi implantado e cujo projecto de execução se encontra suspenso. A iniciativa do projecto encontra-se no Decreto-Lei n.º 70/94, de 3 de Março, onde se estabeleceu o primeiro regime jurídico de exploração do metropolitano ligeiro de superfície nos municípios de Coimbra, Miranda do Corvo e Lousã, onde essencialmente se consagrava a atribuição da exploração desse sistema, em exclusivo, a uma sociedade anónima de capitais exclusivamente públicos, a qual veio a ser constituída no dia 20 de Maio de 1996, sob a firma Metro-Mondego, S. A., cujo capital social era maioritariamente detido pelos referidos municípios.

Todavia, como o projecto não avançou e os municípios não dispunham, desde logo, de capacidade financeira para a respectiva realização, foi necessário promover algumas alterações para que outras empresas pudessem participar no projecto, o que veio a acontecer com a aprovação do Decreto-Lei n.º 179-A/2001, de 18 de Junho, no qual se fixou que poderiam também participar no capital social da Metro-Mondego, S. A., a CP, o ML, e a REFER E. P. Foi pelo Decreto-Lei n.º 10/2002, de 24 de Janeiro, que, já segundo o novo "modelo de negócio", o Estado atribuiu à Metro-Mondego, S. A.[112], *em exclusivo*, a *concessão em regime de serviço público*, da exploração de um sistema de metro ligeiro de superfície nos municípios de Coimbra, Miranda do Corvo e Lousã. De acordo com as bases da referida concessão, esta incluiria também a concepção, projecto, realização das obras de construção, fornecimento, montagem e manutenção do material circulante e dos demais equipamentos que constituem um

---

[110] A minuta do contrato foi aprovada pela Resolução de Conselho de Ministros n.º 102-A/2002, de 22 de Julho.

[111] A alteração à minuta do contrato foi aprovada pela Resolução do Conselho de Ministros n.º 14/2008, de 24 de Janeiro. Sobre as críticas a esta alteração v. CARLOS MORENO, *Como o Estado gasta o nosso dinheiro...*, pp.

[112] Por essa ocasião a estrutura accionista da empresa era a seguinte: Estado 53%; Municípios de Coimbra, Miranda do Corvo e Lousã 14% (cada um); REFER 2,5%; e CP 2,5%.

sistema de metro. Este diploma foi posteriormente alterado pelo Decreto-Lei n.º 226/2004, de 6 de Dezembro, no qual se estabeleceu, entre outras coisas, que "revelando-se económica e socialmente mais vantajoso, a concessionária, em parte do troço denominado por ramal da Lousã, entre Coimbra-B e Serpins, poderia optar por soluções tecnológicas alternativas àquela que fora escolhida para o restante sistema, assegurando o aproveitamento racional do canal ferroviário existente"[113].

2.2.6. A REGULAÇÃO DO TRANSPORTE FERROVIÁRIO

A regulação do transporte ferroviário está actualmente incluída no leque de atribuição do IMTT, que sucedeu nesta matéria, após a reforma de 2007, ao Instituto Nacional do Transporte Ferroviário – INTF. Apesar de integrada no IMTT, a regulação do sector ferroviário conta com uma estrutura autónoma – a *Unidade de Regulação Ferroviária* – dotada de independência funcional e autonomia técnica com funções de regulação económica e técnica das actividades ferroviárias, incidindo, designadamente, na relação entre os gestores da infra-estrutura e os operadores de transporte.

Segundo o disposto no art. 13.º do Decreto-Lei n.º 147/2007, são atribuições desta estrutura: actuar como instância de recurso para as matérias do directório de rede; regular o acesso à infra-estrutura, de modo a que este seja livre e não discriminatório, bem como o inerente processo de aceitação de operadores; definir regras e atribuir prioridades para repartição da capacidade da infra-estrutura ferroviária, arbitrando e decidindo em caso de conflito; definir as regras e critérios de taxação da utilização da infra-estrutura ferroviária e homologar as tabelas de taxas propostas pelas respectivas entidades gestoras; fiscalizar o cumprimento por parte das empresas e entidades sujeitas às suas atribuições de regulação, das disposições legais e regulamentares aplicáveis[114], bem como das disposições com rele-

---

[113] Esta última modificação propõe a constituição de uma PPP, um modelo que é desaconselhado na exploração dos serviços infra-estaduais pela doutrina italiana (em especial na modalidade institucional, não prevista legalmente entre nós), atendendo à péssima experiência que as sociedades de economia mista vêm constituindo naquele país – Cf. LAURA AMMANNATI, «I servizi pubblici locali: quale concorrenza, come e quando?», *in* Vincenti / Vigneri, *Le virtù della concorrenza,* Il Mulino, Bologna, 2006.

[114] Veja-se, por exemplo, a *Recomendação* relativa aos contratos entre o gestor de infra-estrutura e os operadores de transporte ferroviários.

vância em matéria de regulação constantes dos respectivos estatutos, licenças, contratos de concessão ou outros instrumentos jurídicos que regulem a respectiva actividade; definir ou aprovar, na prossecução das suas atribuições de regulação, regimes de desempenho da infra-estrutura e operadores, de observância obrigatória para as empresas e entidades sujeitas às suas atribuições de regulação, particularmente em matéria de fiabilidade e de pontualidade e dos correspondentes sistemas de monitorização, aplicando penalidades por insuficiências de desempenho[115]; apreciar e decidir sobre reclamações dos operadores em relação ao gestor da infra-estrutura; colaborar com os órgãos de defesa da concorrência, e, em particular, proceder à identificação de comportamentos de empresas e entidades sujeitas aos seus poderes de regulação, que sejam susceptíveis de infringir o disposto na lei de defesa da concorrência em matéria de práticas proibidas, promovendo a organização e instrução dos respectivos processos e verificando o cumprimento das decisões neles proferidas.

Para além da *Unidade de Regulação Ferroviário* inserida no IMTT, cabe ainda destacar, no plano europeu, a *Agência Ferroviária Europeia – Por sistemas ferroviários seguros e compatíveis (ERA)*, instituída com o propósito de prestar assessoria técnica à Comissão e aos Estados-membros. Esta entidade actua no domínio da harmonização de normas de segurança e de interoperabilidade das redes ferroviárias (na fixação das Especificações Técnicas de Interoperabilidade - ETI), e é actualmente responsável pelo desenvolvimento do importante projecto *European Rail Traffic Management System (ERTMS)*.

2.3. O TRANSPORTE MARÍTIMO

Como vimos no início, o desenvolvimento do transporte marítimo constitui uma das linhas de acção da política europeia em matéria de transporte, tendo adquirido especial densidade no *"Livro Azul"* da política marítima integrada, apresentado em 2007 pela Comissão Europeia[116]. Os congestionamentos que actualmente se registam no transporte terrestre, os

---

[115] Cf. Regulamento n.º 437/2010 (publicado no D.R. IIª Série de 20 de Maio de 2010) do IMTT, sob proposta da URF, que estabelece o regime de melhoria de desempenho para a rede ferroviária nacional.

[116] COM (2007) 575 – *Uma política marítima integrada para a União Europeia*.

avultados investimentos exigidos no desenvolvimento do transporte ferroviário, as limitações próprias do transporte aéreo, mostram que a dinamização do transporte marítimo constitui a alternativa que importa explorar, sobretudo através do desenvolvimento de alguns "conceitos novos", entre os quais sobressai o das *"auto-estradas do mar"* associado ao transporte marítimo de curta distância (*Short Sea Shipping SSS*).

Também em Portugal este subsector conta com referências expressas no âmbito da *Estratégia Nacional para o Mar*[117], onde se apontam como medidas estratégicas a aposta na competitividade dos portos nacionais e o fomento do transporte marítimo, enquanto modo de transporte menos poluente, através da promoção da articulação do transporte marítimo com outros modos de transporte, acrescentando valor através de cadeias logísticas, bem como através da implementação de instrumentos de normalização e simplificação de procedimentos, tais como a *Janela Única Portuária*. Outra preocupação imediata das autoridades prende-se com a segurança do transporte marítimo e dos portos, uma competência que hoje se encontra confiada à entidade reguladora que actua em colaboração com as autoridades portuárias, incumbidas da gestão e implementação do sistema de controlo de tráfego marítimo (VTS) e das normas decorrentes do código ISPS. Vejamos, então, como é que se encontra actualmente organizado este sector.

2.3.1. O IMPULSO DO TRANSPORTE MARÍTIMO NO PLANO EUROPEU

As linhas de acção da *política marítima integrada da UE* são muito diversificadas e procuram articular todas as políticas ligadas ao mar (transporte, portos, ambiente, etc.)[118]. Todavia, é possível estabelecer alguns marcos para o desenvolvimento da *política europeia do transporte marítimo*, a qual enfrenta algumas dificuldades de implantação num primeiro estágio, que se devem, em grande medida, à complexidade em estabelecer uma política europeia para o transporte internacional transoceânico.

---

[117] Aprovada pela Resolução do Conselho de Ministros n.º 163/2006, de 12 de Dezembro.

[118] Cf. *Livro Verde sobre a futura política marítima da UE: Uma visão europeia para os oceanos e os mares* – COM (2006) 275; e o já mencionado COM (2007) 575, de 10 de Outubro.

Com efeito, os primeiros registos dignos de referência em matéria de transporte marítimo no direito europeu datam da década de oitenta, quando foi aprovado o primeiro pacote de normas sobre o sector do transporte marítimo, no qual se tentou estabelecer a *liberalização dos serviços de cabotagem marítima*. Referimo-nos, em primeiro lugar, ao *Regulamento (CEE) 4055/86*, de 22 de Dezembro, relativo à aplicação do *princípio da livre prestação de serviços* aos transportes marítimos entre Estados-membros (*cabotagem* ou *transporte intracomunitário*, que segundo o regulamento deve ser definido como o transporte por mar de passageiros ou mercadorias entre um porto de um Estado-membro e um porto ou instalação *off-shore* de outro Estado-membro) e Estados-membros para países terceiros (transporte por mar de passageiros ou mercadorias entre os portos de um Estado-membro e portos ou instalações *off-shore* de um país terceiro).

Na mesma data foi também aprovado o *Regulamento (CEE) 4056/86*, sobre a aplicação aos transportes marítimos dos artigos do Tratado em matéria de auxílios de Estado, segundo o qual não só a Comissão teria dificuldade em aplicar aquelas disposições do Tratado ao transporte marítimo, como ainda essa aplicação se encontrava em grande medida limitada pela ratificação pelos Estados-membros da Convenção das Nações Unidas relativa a um *Código de Conduta das Conferências Marítimas*[119] ou à adesão destes Estados à Convenção, o que justificava a limitação da aplicação daquele regime jurídico aos transportes marítimos internacionais com partida ou destino de um ou vários portos da Comunidade, à excepção *dos serviços de tramp*[120].

O pacote incluía ainda o *Regulamento (CEE) 4057/86*, que estabelecia o procedimento a seguir com vista a fazer face às práticas tarifárias

---

[119] De acordo com o Regulamento, entende-se por *«Conferência marítima ou conferência»*, um grupo de, pelo menos, dois transportadores-exploradores de navios que assegure *serviços internacionais regulares* para o transporte de mercadorias numa linha ou linhas particulares dentro de determinados limites geográficos e que tenha celebrado um acordo ou convénio, seja de que natureza for, no âmbito do qual esses transportadores operem aplicando fretes uniformes ou comuns e quaisquer outras condições de transportes concertadas para o fornecimento de serviços regulares.

[120] De acordo com o Regulamento, entende-se por *«Serviços de tramp»*, o transporte de mercadorias a granel ou de mercadorias a granel embaladas (*break-bulk*) num navio fretado total ou parcialmente por um ou mais carregadores, com base num afretamento por viagem ou por tempo determinado ou por qualquer outra forma de contrato para serviços não regulares ou não anunciados se as tarifas de frete forem livremente negociadas, caso a caso, de acordo com as condições da oferta e da procura.

desleais de certos armadores nacionais de países terceiros que asseguravam o serviço de linhas internacionais de transporte de mercadorias e que perturbavam gravemente a estrutura do tráfego de uma linha destinada, proveniente ou no interior da Comunidade, provocando assim, ou ameaçando provocar, danos importantes aos armadores da Comunidade que operassem nessa linha e aos interesses da Comunidade; e o *Regulamento (CEE) 4058/86,* sobre a realização de uma acção coordenada com o objectivo de salvaguardar o *livre acesso ao tráfego transoceânico,* ou seja, o tráfego marítimo internacional, regular ou de *tramp,* procurando desta forma preservar o princípio da concorrência livre e leal do tráfego marítimo dos países terceiros com a Comunidade. É comum incluir ainda neste pacote o *Regulamento (CEE) 3577/92,* de 7 de Dezembro, que aplica a liberdade de prestação de serviços de transporte marítimo dentro de um Estado-membro (*cabotagem marítima*) aos armadores comunitários que tenham os seus navios registados num Estado-membro e arvorem pavilhão desse Estado--membro, desde que esses navios preencham todos os requisitos necessários à sua admissão à cabotagem nesse Estado-membro.

Sublinhe-se que a *liberalização do transporte marítimo* não é suficiente para garantir concorrência no sector, nem sequer para incentivar esta actividade, na medida em que os elevados investimentos iniciais necessários ao respectivo exercício, em comparação, por exemplo, com os custos associados ao transporte rodoviário, exigem a instituição de instrumentos de apoio e de incentivo financeiro por parte das entidades públicas. É neste contexto que se compreende e enquadra o *Programa Marco Polo,* relativo à concessão de apoio financeiro comunitário para melhorar o desempenho ambiental do sistema de transporte de mercadorias, aprovado pelo *Regulamento (CE) n.º 1382/2003,* de 22 de Junho[121]. Este instrumento financeiro (dotado de um orçamento de 75 milhões de euros) tinha como objectivo reduzir o congestionamento rodoviário e melhorar o desempenho ambiental do sistema de transportes, reforçando o transporte intermodal, contribuindo assim para um sistema de transportes eficiente e sustentável, para o período de 1 de Janeiro de 2003 a 31 de Dezembro de 2010.

O objectivo era alcançar, até ao final do programa, uma transferência do aumento global anual previsto do volume do tráfego rodoviário internacional de mercadorias, medido em toneladas-quilómetro, para o transporte

---

[121] O *Programa Marco Polo* substituiu o Programa PACT, aprovado pelo Regulamento (CE) 2196/98, de 1 de Outubro.

marítimo de curta distância, o transporte ferroviário e a navegação interior, ou uma combinação de modos de transporte na qual os percursos rodoviários fossem tão curtos quanto possível[122]. Com a sua implementação, desejava-se que as quotas de mercado dos vários modos de transporte regressassem aos seus níveis de 1998. A sua aplicação assentava no financiamento de *acções catalisadoras* – uma acção inovadora com o objectivo de superar barreiras estruturais[123] relevantes ao nível comunitário no mercado do transporte de mercadorias prejudiciais ao funcionamento eficiente dos mercados, à competitividade do transporte marítimo de curta distância, do transporte ferroviário ou da navegação interior, e/ou à eficiência das cadeias de transporte que utilizassem estes modos – *acções de transferência modal* – qualquer acção que transferisse directa e imediatamente o transporte de mercadorias do modo rodoviário para o transporte marítimo de curta distância, o transporte ferroviário, a navegação interior ou uma combinação de modos de transporte na qual os percursos rodoviários fossem tão curtos quanto possível, e não pudesse qualificar-se como uma acção catalisadora – e *acções de aprendizagem em comum* – qualquer acção com o objectivo de melhorar a cooperação para optimizar, de maneira estrutural, métodos e procedimentos de trabalho na cadeia do transporte de mercadorias, tendo em conta os requisitos logísticos.

O sucesso do *Programa Marco Polo* permitiu a sua continuidade e relançamento através da aprovação do *Regulamento (CE) 1692/2006*, de 24 de Outubro, que institui o segundo *programa Marco Polo* relativo à concessão de apoio financeiro comunitário para melhorar o desempenho ambiental do sistema de transporte de mercadorias – *Programa Marco Polo II*. Neste segundo diploma, cujo orçamento disponível é o dobro do anterior (115 milhões de euros), passam a ficar abrangidas operações de transporte combinado que envolvam áreas fora a União Europeia e juntam-se às acções já referidas a propósito do primeiro programa, que continuam a ser apoiadas financeiramente, dois novos tipos de acções elegíveis para financiamento: as *acções de auto-estradas do mar* – qualquer acção inovadora que transfira directamente o transporte de mercadorias do modo rodoviário para o trans-

---

[122] Apontava-se o transporte marítimo também como um elemento essencial para superar barreiras no transporte rodoviário de curta distância, como por exemplo o congestionamento no Canal da Mancha, o atravessamento dos Pirenéus entre França e Espanha, etc.

[123] De acordo com o Regulamento, «barreiras estruturais do mercado» corresponderiam a qualquer impedimento não regulamentar, factual e não apenas temporário ao bom funcionamento da cadeia de transporte de mercadorias

porte marítimo de curta distância ou uma combinação do transporte marítimo de curta distância com outros modos de transporte na qual os percursos rodoviários sejam o mais curtos possível (as acções deste tipo podem incluir a modificação ou criação da infra-estrutura auxiliar, a fim de pôr em prática um serviço de transporte intermodal marítimo de grande volume e frequência elevada, e incluindo, de preferência, a utilização dos modos de transporte mais respeitadores do ambiente, como a navegação interior e o caminho-de--ferro para o transporte de carga do porto para o interior e os serviços integrados porta-a-porta e se possível, os recursos das regiões ultraperiféricas também devem ser integrados) – e as *acções para evitar o tráfego* – qualquer acção inovadora que integre o transporte na logística da produção a fim de evitar uma grande percentagem de transporte rodoviário de mercadorias, sem afectar negativamente os resultados da produção ou a correspondente mão-de-obra; as acções deste tipo podem incluir a modificação ou criação da infra-estrutura auxiliar e do equipamento[124].

É necessário depois articular esta linha de orientação com a *gestão das infra-estruturas e respectiva regulação*, o mesmo é dizer que o investimento em transporte marítimo não pode deixar de se interligar com a reforma da *política portuária*. Só assim é possível garantir que o investimento no transporte não fica depois "encalhado" em razão das restrições decorrentes da utilização dos portos, que se apresentam aqui, à semelhança do que acontece com as linhas ferroviárias, como infra-estruturas essenciais à prestação do serviços mas de capacidade limitada, consubstanciando um estrangulamento à possibilidade de expansão deste meio de transporte (novamente o problema dos *gargalos de garrafa*). Assim, seguindo as

---

[124] Entre nós a aplicação destes programas conta com alguns casos de sucesso relatados pelo IPTM: 1) *2003 – Projecto PORTNED* (TMCD entre Portugal e a Holanda. Participação do Grupo Portucel Soporcel; Ibero Linhas e Porto da Figueira da Foz); 2) *2003 – Acção de Transferência Modal; Projecto EUROSTARS* (Serviços marítimos para semi-reboques no Med. Ocid. Participação: Sadomarítima); 3) *2004 – Acção de Transferência Modal; Projecto IBERLIM* (serviço de TMCD entre o Porto de Limay - França, Setúbal, Sevilha e Figueira da Foz para o transporte de aço e de produtos florestais – Portucel Soporcel. Empresa Líder: Naveiro); 4) *2005 – Acção de Transferência Modal; Projecto SCAPEMED* (serviço de TMCD entre vários portos de Itália e Espanha com os Portos de Aveiro e Setúbal, para o transporte de aço. Empresa Líder: Naveiro); 5) *2006 – Acção de Transferência Modal; Projecto ITS-IT:* (Plataforma de informação relativa às rotas com potencial e efectiva transferência modal na europa e tipos de serviços prestados, através de mapas interactivos Participação da TIS; *Acção de Aprendizagem em Comum* (informação on-line, acesso dia 31/12/2010).

directrizes do *Livro Verde relativo aos portos e às infra-estruturas marítimas*[125], a UE aponta os principais desafios que o sistema portuário europeu terá de enfrentar, de entre os quais destacamos o acréscimo da procura de transportes internacionais; a necessidade de adaptação dos portos às novas tecnologias; a promoção de um crescimento sustentável dos portos, através da planificação da respectiva expansão, que inclui a aquisição de terrenos e o estabelecimento de "diálogos com as cidades" onde os portos se localizam, podendo aqueles estender-se a áreas mais alargadas; a integração no contexto das políticas de redução das emissões poluentes; a incorporação na gestão de expansão dos portos de alguns desígnios fulcrais da política europeia, como a transparência e a concorrência.

Para melhor responder a estes desafios, a UE estabelece como principais vectores da política portuária a observar por todos os Estados-membros: a *reorganização de serviços* e actividades, de modo a aumentar as taxas de eficiência e produtividade dos portos, o que significa privilegiar a *expansão da capacidade* relativamente à construção de novas infra-estruturas; a *planificação das infra-estruturas* assente na elaboração e implementação de *planos directores dos portos*, regularmente actualizados em face dos contributos dados por todos os destinatários directos do plano; a *promoção do ambiente* a partir destas infra-estruturas (que, em si, comportam algumas "fragilidades ambientais") através, designadamente, da obrigatoriedade de recepção de resíduos[126] e do fornecimento de electricidade aos navios acostados; a *modernização* de equipamentos e a adopção de procedimentos mais simples e informatizados (*e-maritime* na pilotagem); e a *melhoria do desempenho* através da implementação de esquemas de concorrência interportuária, concorrência intraportuária, cooperação entre portos tendente à especialização (*pooling*) e concentração e criação de cadeias de transporte e logística (*hubs*)[127]. Estas orientações estão também na origem da pro-

---

[125] Cf. COM (97) 678.

[126] Neste contexto, a transposição entre nós da Directiva 2000/59/CE, pelo Decreto-Lei n.º 165/2003, de 24 de Julho, onde se consagra o serviço de recepção de resíduos pelos portos como um *"serviço de consumo obrigatório"* (art. 7.º), radicando na ideia de que se trata de um *bem (serviço) de mérito*, na medida em que reduz as descargas no mar de resíduos gerados em navios e de resíduos da carga, em conformidade com a Convenção Internacional para a Prevenção da Poluição por Navios (MARPOL 73/78).

[127] De acordo com o critério da organização do modelo de gestão portuária, os portos podem ser classificados em três tipos: 1) *landlord* – quando a infra-estrutura é propriedade das autoridades portuárias, que se ocupam apenas da respectiva gestão, não prestando

funda reforma do direito portuário entre nós[128], que aqui não poderemos desenvolver por exceder o âmbito do nosso objecto de estudo.

A dinamização da política portuária e da incentivação do transporte marítimo surgem, de resto, fruto da já mencionada visão integrada europeia deste sector, intimamente associadas às directrizes definidas no âmbito das *Redes Transeuropeias de Transportes (RTE – T)*. Em 2001, na sequência da reunião de Gotemburgo em que o Conselho Europeu declarou que a alteração do equilíbrio entre os modos de transporte estava no centro da *estratégia de desenvolvimento sustentável*, teve início uma nova fase de estudo para desenvolver novas linhas de orientação para as *RET – T,* fase que culminou com a aprovação da *Decisão n.º 884/2004*, de 29 de Abril[129] onde se promovem as *auto-estradas marítimas*. Para além do financiamento do transporte e da imposição de regras de gestão regulada para as infra-estruturas portuárias, a dinamização do *transporte marítimo* baseia-se também na incentivação das *auto-estradas marítimas*, enquanto instrumentos de dinamização da política europeia de transportes e de *RTE – T,* importa, por esta razão, analisar este projecto mais em detalhe.

O conceito de *auto estradas do mar* é utilizado para designar os corredores que suportam o tráfego intracomunitário de mercadorias entre pelo menos duas frentes marítimas na Europa[130], fazendo assim parte integrante da *rede transeuropeia de auto-estradas marítimas,* a qual, segundo o art. 12.º-A da *Decisão n.º 884/2004* tem por objectivo concentrar os fluxos de mercadorias em vias logísticas de base marítima, a fim de melhorar as ligações marítimas existentes ou estabelecer novas ligações marítimas viáveis, regulares e frequentes de transporte de mercadorias entre Estados-

---

quaisquer serviços como operadores, reservando-se, antes, o papel de reguladores (modelo adoptado em Espanha, a partir de 2003, e modelo preconizado para Portugal na nova lei de portos); 2) *tool* – quando a autoridade portuária é proprietária da infra-estrutura, super-estrutura e equipamentos e o sector privado fornece os serviços em regime de licença ou concessão; 3) *services* – quando a autoridade portuária assume a responsabilidade por tudo, ou seja, pela infra-estrutura, super-estrutura, equipamentos e fornecimento dos serviços.

[128] Referimo-nos à transformação, em 1998, das administrações portuárias, então com o formato de instituto público, em sociedades anónimas de capitais exclusivamente públicos com o objectivo de adequar aquelas entidades à evolução do modelo de gestão portuária num sentido empresarial estratégico, e à criação pelo Decreto-Lei n.º 146/2007, de 27 de Abril, do Instituto Portuário e dos Transportes Marítimos, I.P. como *autoridade reguladora* do sector.

[129] Esta Decisão, altera a *Decisão n.º 1692/96/CE.*

[130] Cf COM (2004) 453, de 2 de Julho de 2004.

-Membros, no intuito de reduzir os congestionamentos rodoviários e/ou a melhorar os serviços de acesso das regiões e Estados insulares e periféricos. As auto-estradas marítimas não deverão excluir o transporte combinado de pessoas e mercadorias, sempre que a carga seja predominante.

Ainda segundo o disposto no mesmo documento, a rede transeuropeia de auto-estradas marítimas será composta por meios e infra-estruturas relativos a, no mínimo, dois portos situados em dois Estados-Membros diferentes. Estes meios e infra-estruturas compreenderão, pelo menos num dos Estados-Membros, elementos como os meios portuários, sistemas electrónicos de gestão logística, procedimentos de protecção e segurança, bem como administrativos e aduaneiros, e infra-estruturas de acessos terrestres e marítimos directos, incluindo os que assegurem a navegabilidade durante todo o ano, em especial a disponibilidade de meios para dragagem e acesso com quebra-gelos no Inverno.

As quatro auto-estradas marítimas reconhecidas no *programa TRE – T*, e por isso integradas nos programas de financiamento europeu, são: a *"auto-estrada do Mar Báltico"* – liga os Estados-Membros do mar Báltico com os Estados-Membros da Europa Central e Ocidental, incluindo a rota pelo canal mar do Norte/mar Báltico através do canal de Kiel; a *"auto-estrada do Mar da Europa Ocidental"* – desde Portugal e Espanha através do arco atlântico até ao mar do Norte e ao mar da Irlanda; *"auto-estrada do Mar da Europa do Sudeste"* – liga o mar Adriático ao mar Jónico e à região do Leste do Mediterrâneo, incluindo Chipre; e a *"auto-estrada do Mar da Europa do Sudoeste"* – que abrange a região Oeste do Mediterrâneo, ligando Espanha, França, Itália e Malta e com ligação à auto-estrada do mar do Sudeste Europeu, incluindo ligações ao mar Negro.

Todavia, tem sido defendido que este conceito não pode ser interpretado como um *conceito fechado*, onde apenas se integram as auto-estradas financiadas pela UE e pelos Estados-membros[131], devendo antes ser entendido como um *conceito aberto*, que não se limita aos serviços subvencionados, mas ao qual se podem reconduzir também outros *serviços eficientes de transporte marítimo de curta distância* que cumpram os *critérios de qualidade*: estar incluídos em cadeias logísticas de transporte "porta a porta"; concentrar fluxos de mercadorias em ligações marítimas

---

[131] Cf. Comunicação da Comissão que fornece orientações sobre os auxílios estatais complementares ao financiamento comunitário para o lançamento das auto-estradas do mar (2008/C 317/08, de 12 de Dezembro).

de curta distância, viáveis, regulares, frequentes, de alta qualidade e seguros; absorver uma parte significativa do tráfego rodoviário de mercadorias; melhorar a acessibilidade das regiões e dos Estados periféricos e insulares; e reduzir a congestão de tráfego no transporte rodoviário. Esta interpretação é fundamental, segundo a doutrina, para não distorcer a concorrência no transporte marítimo, e por essa razão foi proposto um sistema de *certificação de qualidade* das auto-estradas do mar, semelhante àquele que se aplica em matéria de praias (*"bandeira azul"*), o qual está em estudo e pode vir a ser aprovado se não implicar esforço burocrático e custos financeiros[132].

Sublinhe-se que Portugal foi dos primeiros países da UE a dinamizar o programa das *auto-estradas do mar,* através do *projecto PORTMOS*, que se estruturou em três fases: na primeira procurou-se a fixação de um modelo de auto-estradas do mar para Portugal, o qual consiste na "disponibilização integrada de um conjunto de serviços e sistemas de carácter operacional, administrativo-burocrático, informacional e de infra-estruturas logísticas que vão possibilitar que as mercadorias passem a ser transportadas por mar em curta distância, de uma forma eficaz, económica e competitiva, constituindo, portanto, uma *alternativa ao transporte rodoviário* e uma forma de contribuir para que a Comunidade atinja os seus objectivos pós-Quioto em matéria de CO_2, tendo como suporte uma profunda interoperabilidade dos vários modos de transporte, possibilitando o porta a porta"[133]; na segunda fase promoveu-se o desenvolvimento da info-estrutura tecnológica; e na terceira a idealização de dois projectos-piloto para auto-estradas do mar (a linha Sines – La Spezia – Sines; e a linha Leixões – Tillbury – Rotterdam – Leixões).

Já em 2009, Portugal e Espanha assinaram um acordo para a instalação de uma *centro de excelência da intermodalidade ibérica,* que procura dinamizar projectos conjuntos de transporte marítimo de curta distância, no qual participam as associações de portos dos dois países, o Instituto Marítimo Espanhol, o Instituto Superior Português de Ciências da Informação, o Porto de Aveiro e a Escola Europeia de transporte marítimo de curta distância.

---

[132] Cf. ESTEPA MONTERO, «Regulación del transporte marítimo: las autopistas del mar», *Derecho de la Regulación Económica VI (Tranportes),* Iustel, Madrid, 2010, pp. 621ss.

[133] Sobre o conceito *v.* http://www.imarpor.pt/informacao_tecnica/projectos.htm (acesso em 31/12/2010).

Nas recentes Comunicações da Comissão ao Parlamento Europeu, ao Conselho, ao Comité Económico e Social Europeu e ao Comité das Regiões, que definem os objectivos estratégicos e recomendações para a *política comunitária de transporte marítimo no horizonte de 2018*[134] e apresentam um plano de acção tendo em vista a *criação de um espaço europeu de transporte marítimo sem barreiras*[135], mantém-se uma visão integrada do sector, aliado ao desenvolvimento das infra-estruturas portuárias, sobretudo das que fazem parte da *RTE – T,* e estabelecem-se, entre outros propósitos, a necessidade de enquadrar a tributação e os auxílios estatais numa política que permita a adopção de medidas positivas para a promoção de um transporte marítimo mais ecológico, a inovação tecnológica e as qualificações e carreiras profissionais nos *clusters* marítimos, bem como *racionalizar* o *tráfego* e o *espaço* nos portos, de modo a optimizar estas infra-estruturas.

Para alcançar aqueles objectivos são também essenciais as *medidas de simplificação dos procedimentos administrativos,* de entre as quais destacamos a harmonização europeia dos *serviços de pilotagem*[136], a criação de um *quadro sem papel para as alfândegas e o comércio*[137], incluindo *um balcão único para o fornecimento de dados* e o desenvolvimento das *Alfândegas electrónicas*[138] no contexto da regulamentação do Código Aduaneiro Comunitário Modernizado[139], assim como *novos meios tecnológicos de localização e seguimento dos navios* e procedimentos de "desembara-

---

[134] Cf. COM (2009) 8, de 21 de Janeiro de 2009.

[135] Cf. COM (2009) 10, de 21 de Janeiro de 2009.

[136] O *serviço de pilotagem* tem sido entendido entre nós como uma actividade reservada às entidades públicas, mas a orientação da política europeia vem agora considerar a pilotagem *tendencialmente* um serviço comercial, embora reconhecendo a sua estreita ligação com a segurança portuária, o que significa que se admite a possibilidade de reservar a respectiva prestação à autoridade portuária, desde que devidamente fundamentada, a par da sua subsunção ao conceito de *serviço de interesse económico geral* (possibilidade de delimitação de obrigações de serviço público nesta actividade ou de outorga de direitos de exclusivo) nos termos do art. 106.º/2 do TFUE.

[137] Na proposta de alteração à Directiva 2002/6/CE, de 18 de Fevereiro, relativa às formalidades de declaração exigidas dos navios à chegada e/ou à partida de portos dos Estados-Membros da Comunidade prevê-se a substituição total dos documentos em suporte de papel por sistemas informáticos o mais tardar a partir de 2013 (*v.* Decisão n.º 70/2008/CE, de 15 de Janeiro – um ambiente sem papel para as alfândegas e o comércio).

[138] Cf. Decisão n.º 70/2008/CE, de 15 de Janeiro.

[139] Aprovado pelo Regulamento (CE) n.º 450/2008, de 23 de Abril.

ço" mais eficazes e céleres para os produtos de origem animal e vegetal no transporte marítimo intracomunitário[140] e para o transporte de mercadorias perigosas regulado pelo Código Internacional para o Transporte Marítimo de Mercadorias Perigosas[141].

2.3.2. A DISCIPLINA DO TRANSPORTE MARÍTIMO NO PLANO NACIONAL

Analisado o contexto europeu em que hoje se desenvolve o transporte marítimo percebemos que uma regulação adequada do mesmo reclama uma intervenção de nível europeu. Isso significa que nos ocuparemos neste ponto, fundamentalmente, do problema do regime jurídico da *cabotagem marítima nacional*, das habilitações e certificações necessárias ao *exercício da actividade de armador*, do *regime jurídico dos navios* e das normas em matéria de *segurança* que regulam o exercício da actividade[142].

O transporte em regime de *cabotagem marítima nacional*[143], ou seja, o transporte de passageiros e de mercadorias efectuado entre portos nacionais, divide-se entre a *cabotagem continental*, quando o transporte tem lugar entre porto do continente, a qual se encontra reservada a armadores nacionais e comunitários e a navios de bandeira portuguesa ou de um Estado-membro da União Europeia, carecendo a utilização de navios de bandeira de países terceiros de uma autorização do IPTM[144]; e a *cabotagem insular*, quando se trata de transporte marítimo de passageiros e de mercadorias efectuados entre os portos do continente e os das Regiões

---

[140] Referimo-nos à Directiva 89/662/CEE relativa aos controlos veterinários, à Directiva 90/425/CEE relativa aos controlos veterinários e zootécnicos e à Directiva 2000/29/CE, relativa a medidas protectoras para as plantas e produtos vegetais.

[141] Código adoptado em 1960 pela OMI. Uma das soluções preconizadas será simplificar as regras aplicáveis às mercadorias perigosas no caso dos navios *ro-ro* que transportem camiões conformes com a
Directiva 94/55/CE ou com o Acordo ADR.

[142] Excluímos da nossa análise, por não se enquadrar no âmbito da actividade do transporte, os *regimes jurídicos* relacionados com a *náutica de recreio*, cujo regulamento foi aprovado pelo Decreto-Lei n.º 124/2004, de 25 de Maio.

[143] Regime jurídico estabelecido no Decreto-Lei n.º 194/98, de 10 de Julho.

[144] De acordo com o art. 5.º do Decreto-Lei n.º 194/98, de 10 de Julho, essa autorização há-de fundamentar-se na indisponibilidade de navios adequados com acesso a cabotagem nacional.

Autónomas dos Açores e da Madeiras, ou entre portos destas e entre os portos das ilhas de cada uma das Regiões Autónomas, que é qualificado como *regime de serviço público*, ficando reservado a armadores nacionais e comunitários com navios de bandeira nacional ou de um Estado-membro, dependendo de uma autorização do IPTM e da garantia de regularidade e de qualidade desses transportes[145].

No que respeita aos operadores da actividade, cabe destacar que em 1998 foi publicado entre nós um conjunto de diplomas legais cujo objectivo era ajustar a disciplina legal do transporte marítimo à nova realidade em que esta actividade vinha sendo exercida. Como se pode ler no preâmbulo do Decreto-Lei n.º 196/98, de 10 de Julho, "à figura do armador, no seu sentido mais amplo, preponderante durante vários anos no desempenho de todas as funções que lhe estavam associadas (como proprietário de navios, armador de navios *stricto sensu,* transportador e afretador), contrapõem-se, hoje em dia, figuras devidamente individualizadas. É o caso do armador/ proprietário de navios *(ship owner),* que arma e faz a gestão técnica, do armador/gestor de navios *(ship manager),* que pratica todos os actos necessários para que o navio possa empreender viagem, e do armador/transportador *(ship operator),* que faz a gestão comercial do navio, exercendo a actividade transportadora propriamente dita".

Assim, de acordo com a nova organização da actividade, passou a distinguir-se entre o *armador de transporte marítimo,* o *armador de tráfego local* e o *gestor de navios.* O *armador de transporte marítimo (ship operator)* é aquele que no exercício de uma actividade de transporte marítimo, explora navios de comércio próprios (cumulando a sua actividade com a de *ship owner*[146]) ou de terceiros, como afretador[147] a tempo ou em casco nu, com ou sem opção de compra, ou como locatário[148]. A inscrição como armador de transporte marítimo deve ser requerida junto do IPTM, I.P., mediante a apresentação da certidão do registo comercial, a identificação

---

[145] Cf. art. 3.º e 4.º do Decreto-Lei n.º 194/98, de 10 de Julho.

[146] Sobre a responsabilidade do proprietário armador *v.* art. 4.º do Decreto-Lei n.º 202/98, de 10 de Julho.

[147] O *afretador* é aquele que, tomando o navio de fretamento, fica a dispor dele mediante o pagamento de uma retribuição pecuniária, denominada «frete» - *v.* art. 1.º/g do Decreto-Lei n.º 202/98, de 10 de Julho.

[148] Cf. art. 1.º/2 do Decreto-Lei n.º 196/98, de 10 de Julho. De acordo com a informação do IPTM existem neste momento 19 armadores de transporte marítimo inscritos em Portugal (acesso 31/12/2010).

dos navios que explora, bem como dos tráfegos a efectuar ou dos serviços a prestar, esta inscrição é comunicada às administrações portuárias e ao Sistema de Autoridade Marítima, podendo a mesma vir a ser cancelada a pedido do armador ou oficiosamente com o fundamento de que o mesmo não exerce a actividade há mais de um ano.

O *armador de tráfego local* é aquele que efectua transportes de passageiros ou mercadorias, no âmbito da navegação local[149], com embarcações registadas no tráfego local[150], podendo ainda, mediante autorização do IPTM, utilizar as embarcações de tráfego local na área da navegação costeira nacional e em zonas diferentes das já legalmente permitidas na referida área de navegação, desde que sejam observadas todas as condições de segurança previstas na legislação aplicável. A inscrição como armador de tráfego local deve também ser requerida junto do IPTM, I.P., mediante a apresentação da certidão do registo comercial, a identificação dos navios que explora, bem como dos serviços a prestar. Esta inscrição é comunicada às administrações portuárias, a outras entidades locais competentes e ao Sistema de Autoridade Marítima, podendo a mesma vir a ser cancelada a pedido do armador ou oficiosamente com o fundamento de que o mesmo não exerce a actividade há mais de um ano.

Por último, o *gestor técnico de navios (ship manager)* é aquele que contratualmente fica encarregado pelo armador da prática do conjunto ou de alguns dos actos jurídicos e materiais necessários para que o navio fique em condições de empreender viagem. Constituem, entre outros, *actos próprios dos gestores de navios:* seleccionar, recrutar e promover a contratação de tripulações; dar cumprimento a disposições legais ou contratuais, executando e promovendo os actos ou diligências relacionados com a gestão de armamento das embarcações que lhes estejam confiadas e a defesa dos respectivos interesses; promover a celebração de contratos,

---

[149] Considera-se *navegação local* a navegação efectuada em águas lacustres fluviais ou em águas interiores da área de jurisdição da capitania ou da delegação marítima ou de outras entidades locais competentes – cf. art. 2.º/*b* do Decreto-Lei n.º 197/98, de 10 de Julho.

[150] Consideram-se *embarcações registadas no tráfego local* as embarcações de comércio registadas como embarcações de tráfego local, em conformidade com as normas de registo convencional ou ao abrigo do regime de registo temporário, e destinadas a operar dentro dos portos e respectivos rios, rias, lagos, lagoas e esteiros e, em geral, dentro das águas interiores da área de jurisdição da capitania ou da delegação marítima em que estão registadas ou de outras entidades locais competentes – cf. art. 2.º/*c* do Decreto-Lei n.º 197/98, de 10 de Julho.

nomeadamente, com entidades relacionadas com o armamento do navio; promover a contratação de seguros marítimos e bem assim a sua administração; praticar os actos relacionados com o aprovisionamento dos navios; praticar actos relacionados com a manutenção do navio[151]. O exercício desta actividade depende também de inscrição junto do IPTM, que poderá ser cancelada a pedido do próprio ou oficiosamente com o fundamento de que o mesmo não exerce a actividade há mais de um ano.

Para além destes operadores, estão também sujeitos a inscrição no IPTM os *agentes de navegação* – sociedades comerciais que tenham por objecto actividades, realizadas em nome e por conta dos armadores[152], afretadores e proprietários dos navios, tais como: cuidar das estadias dos navios nos portos, celebrar contratos de transporte marítimo (incluindo a angariação de carga), praticar actos relacionados com a carga e prestar outros serviços complementares ao transporte marítimo[153].

Já no que respeita ao *regime jurídico dos navios*, deve atender-se ao disposto no Decreto-Lei n.º 201/98, de 10 de Julho, onde se estipulam as regras essenciais sobre o respectivo estatuto. Assim, para efeitos legais, considera-se *navio* todo o engenho flutuante destinado à navegação por água, integrando o mesmo, para além da máquina principal e das auxiliares, todos os aparelhos, aprestos, meios de salvação, acessórios e mais equipamentos existentes a bordo necessários à sua operacionalidade. Os navios estão sujeitos a *registo,* considerando-se nacionais todos os navios cuja propriedade seja registada em Portugal, o que determina o direito ao uso da bandeira.

O navio é identificado pelo nome, mas os navios de tonelagem inferior a *100t* de deslocamento, assim como os destinados exclusivamente a águas interiores, podem ser identificados apenas por um número atribuído pelo serviço público competente. A *navegabilidade* depende da verificação das condições técnicas a que o mesmo deva obedecer, de acordo com a legislação em vigor, e do preenchimento dos requisitos necessários à viagem que vai empreender e à carga que vai transportar. Os navios têm personalidade

---

[151] Cf. arts. 1.º e 2.º do Decreto-Lei n.º 198/98, de 10 de Julho.

[152] A actividade do agente de navegação rege-se pelas disposições legais aplicáveis ao mandato com representação e, supletivamente, pelas disposições respeitantes ao contrato de agência – cf. art. 9.º do Decreto-Lei n.º 202/98, de 10 de Julho.

[153] Sobre os agentes de navegação v. o Decreto Lei n.º 76/89, de 3 de Março, alterado pelo Decreto-Lei n.º 148/91, de 12 de Abril.

e capacidade judiciárias nos casos e para os efeitos previstos na lei[154], a qual também regula os contratos de construção[155] e de reparação daqueles.

Por último, em *matéria de segurança* cumpre destacar, em primeiro lugar, alguns regimes jurídicos que transpõem para o ordenamento jurídico nacional normas internacionalmente estabelecidas em *Convenções Internacionais*, de que é exemplo a *Convenção Internacional das Linhas de Carga*[156], ou por *Organizações Internacionais* das quais Portugal faz parte, como é o caso da *Organização Marítima Internacional,* que aprovou o "Código ISM"[157]-[158]. Ainda sobre a aplicação de normas internacionais e europeias em matéria de *segurança* veja-se o disposto no Decreto-Lei n.º 195/98, de 10 de Julho, que aprova o *Regulamento de Inspecção de Navios Estrangeiros (RINE)* realizado no âmbito do controlo de navios pelo Estado do porto. De acordo com o art. 3.º deste Regulamento são aplicáveis nessas operação as seguintes convenções internacionais: a Convenção Internacional sobre Linhas de Carga, de 1966 (LC 66); a Convenção Internacional para a Salvaguarda da Vida Humana no Mar, de 1974 (SOLAS 74), alterada em 2002, com a adopção do "Código Internacional para a Protecção dos Navios e das Instalações Portuárias", Código ISPS; a Convenção Internacional para a Pre-

---

[154] Por exemplo, se o proprietário ou o armador não forem identificáveis com base no despacho de entrada da capitania, o navio responde, perante os credores interessados, nos mesmos termos em que aqueles responderiam – *v.* art. 11.º/1 do Decreto-Lei n.º 202/98, de 10 de Julho.

[155] O Regulamento sobre Construção e Modificação das Embarcações de Pesca de Comprimento entre Perpendiculares Inferior a 12 m foi aprovado pelo Decreto-Lei n.º 199/98, de 10 de Julho. O Decreto-Lei n.º 248/2000, de 3 de Outubro, que transpôs para a ordem jurídica interna a Directiva 97/70/CE, do Conselho, de 11 de Dezembro, aprovou as normas de segurança para as embarcações de pesca de comprimento igual ou superior a 24 m. E o regulamento técnico que estabelece os requisitos e os procedimentos a observar na construção, modificação, legalização, certificação, reparação e manutenção das embarcações de pesca nacionais de comprimento entre perpendiculares igual ou superior a 12 m e inferior a 24 m, foi aprovado pelo Decreto-Lei n.º 111/2008, de 30 de Junho.

[156] A Convenção Internacional das Linhas de Carga foi adoptada em Londres em Abril de 1966 e as respectivas disposições regulamentares foram aprovadas entre nós pelo Decreto-Lei n.º 189/98, de 10 de Julho.

[157] Referimo-nos ao *Código Internacional de Gestão para a Segurança da Exploração dos Navios e para a Prevenção da Poluição*, aprovado pela Resolução A.741 (18) da Assembleia, de 4 de Novembro de 1993.

[158] As disposições necessárias para a execução do "Código SIM" foram aprovadas entre nós pelo Decreto-Lei n.º 193/98, de 10 de Julho.

venção da Poluição por Navios, de 1973, e o seu Protocolo, de 1978 (MARPOL 73/78) [159]; a Convenção Internacional sobre Normas de Formação, de Certificação e de Serviço de Quartos para os Marítimos, de 1978 (NFCSQM 78); a Convenção sobre os Regulamentos Internacionais para Evitar Abalroamentos no Mar, de 1972 (COLREG 72); a Convenção Internacional sobre Arqueação de Navios, de 1969; e a Convenção sobre as Normas Mínimas a Observar nos Navios Mercantes, de 1976 (OIT n.º 147).

No que respeita à *segurança na actividade do transporte*, hoje especialmente associada aos sistemas de comunicações e de vigilância marítima, destacamos no plano europeu os desenvolvimentos registados na implantação do sistema integrado de gestão da informação que permite a identificação, o controlo, o seguimento e a comunicação de informações de todos os navios que rumem no mar ou em vias navegáveis interiores de e para portos europeus ou que transitem por águas comunitárias ou na proximidade destas, o qual incorpora os contributos do programa *e-Maritime* e os recursos já disponíveis como os sistemas *AIS*[160], *LRIT*[161], *SafeSeaNet* ou *CleanSeaNet*[162], ou em desenvolvimento como *Galileo* e *GMES*. Ainda sobre segurança, merece também referência o desenvolvimento do projecto *EUROSUR*[163] (o "sistema dos sistemas"), que irá originar uma plataforma destinada a assegurar a convergência das tecnologias de base marítima, terrestre e espacial, a integridade das aplicações e a gestão e controlo adequados da informação, com base no princípio da necessidade de conhecer. Para evitar duplicações, dever-se-á promover a cooperação entre os sectores civil e militar"[164]. No plano nacional, destacamos a aprovação do Re-

---

[159] O Decreto-Lei n.º 192/98, de 10 de Julho, determina quais os ministérios competentes para aplicar as regras previstas na Convenção MARPOL 73/78 e estabelece as respectivas competências.

[160] *Sistema de Identificação Automática* imposto pela Directiva 2002/59/CE relativa à instituição de um sistema comunitário de acompanhamento e de informação do tráfego de navios, entretanto modificada pela Directiva 2009/17/CE do Parlamento Europeu e do Conselho, de 23 de Abril de 2009.

[161] Sistema de Identificação e Seguimento de Navios a Longa Distância (LRIT) Regra 19-1 do Capítulo V da SOLAS.

[162] O *CleanSeaNet* é um sistema de vigilância por satélite que identifica a poluição feita por navios e que procura supervisionar a aplicação das normas sobre poluição marítima – cf. Directiva 2005/35/CE

[163] *European border surveillance system* (EUROSUR) v. COM(2008) 68.

[164] Cf. COM (2009) 8, pp. 9.

gulamento do Serviço Radioeléctrico das Embarcações, pelo Decreto-Lei n.º 190/98, de 10 de Julho.

2.3.3. BREVÍSSIMA REFERÊNCIA AO TRANSPORTE FLUVIAL

Portugal não dispõe de *serviços de transporte fluvial* em larga escala limitando-se o fenómeno em grande medida à *travessia do Tejo*, que é explorada hoje por uma única empresa, em regime de *concessão de serviço público*, e cuja regulação cabe à Autoridade Metropolitana de Transportes de Lisboa, razão pela qual não há muito a dizer sobre a matéria.

Em 1975, na sequência da nacionalização pelo Decreto-Lei N.º 701--D/75, de 17 de Dezembro, da Sociedade Marítima de Transportes, Lda, da Empresa de Transportes Tejo, Lda, da Sociedade Nacional Motonaves, Lda, da Sociedade Jerónimo Rodrigues Durão, Herd, Lda e da Sociedade Damásio, Vasques e Santos, Lda, que então exploravam cinco carreiras fluviais do rio Tejo, ligando Lisboa a diversas localidades da margem sul, foi constituída a *Transtejo EP*, que passou a assumir a actividade desenvolvida por aquelas empresas. Mais tarde, o Decreto-Lei n.º 150/92, de 21 de Julho, transformou aquela empresa em sociedade anónima de capitais inteiramente públicos, continuando a ter como objecto a exploração dos serviços de transporte fluvial. Em 1993, foi criada a *Soflusa* - Sociedade Fluvial de Transportes SA, a partir do sector fluvial da CP, que até então se ocupava da ligação fluvial entre a estação Sul e Sueste e a estação do Barreiro, articulando desse modo a rede ferroviária a Norte e a Sul do estuário do Tejo. Em 2001, a Transtejo adquiriu a totalidade do capital social da Soflusa, cujo principal objecto era a travessia fluvial entre o Barreiro e o Terreiro do Paço.

2.3.4. A REGULAÇÃO DO TRANSPORTE MARÍTIMO

A regulação do transporte marítimo, embora se encontre confiada a uma entidade reguladora nacional, pressupõe um alargado esquema de interligações com instâncias reguladoras e normalizadoras europeias e internacionais.

No plano nacional, o destaque vai para o Instituto Portuário e dos Transportes Marítimos, IP, (IPTM, IP), criado pelo Decreto-Lei n.º

257/2002, de 22 de Novembro, que é um Instituto Público, integrado na administração indirecta do Estado, dotado de autonomia administrativa e financeira e património próprio. Trata-se de uma entidade reguladora sectorial a quem a lei confia a supervisão, regulamentação e inspecção do sector marítimo e portuário e a promoção da navegabilidade do Douro, bem como a administração dos portos sob a sua jurisdição, visando a sua exploração económica, conservação e desenvolvimento, abrangendo o exercício de competências e prerrogativas de autoridade portuária que lhe estejam ou venham a ser cometidas, designadamente em matéria de liquidação e cobrança, voluntária e coerciva, de taxas que lhe sejam devidas nos termos da lei e, bem assim, dos rendimentos provenientes da sua actividade, sendo os créditos correspondentes equiparados aos créditos do Estado e constituindo título executivo as facturas, certidões de dívida ou títulos equivalentes.

Trata-se de uma entidade especialmente concebida como *autoridade* para assuntos de gestão portuária e não propriamente como autoridade reguladora do transporte marítimo, podendo ler-se nos respectivos estatutos que quanto a esta matéria os seus poderes se limitam a apoiar a tutela na definição da política nacional para os portos, transportes marítimos, navegabilidade e segurança marítima e portuária nacional e na elaboração de diplomas legais e regulamentares do sector. Veremos, porém, que, à semelhança do que também acontece no transporte aéreo, o facto de o *"modelo de mercado" para este subsector* assentar num *esquema de interligação profunda entre a concorrência no mercado dos serviços e a concorrência entre infra-estruturas* obriga-nos a um olhar mais atento sobre a realidade global e interligada. Neste contexto, já se compreende melhor o relevo do papel regulador sectorial do IPTM quando é chamado, por exemplo, a estudar e propor as normas e os critérios técnicos e económicos em matéria de segurança, tarifas, obras, aquisições, exploração de serviços portuários, concessões e licenças nas áreas de jurisdição dos portos e de relações económicas e comerciais com os utentes.

Uma última nota para sublinhar que em alguns domínios específicos, como a segurança, o IPTM trabalha em relação estreita com a *Agência Europeia da Segurança Marítima*, que é mais uma agência comunitária, instituída após o naufrágio do *Erika,* pelo *Regulamento (CE) n.º 1406/2002*[165],

---

[165] Este Regulamento foi sucessivamente alterado pelo Regulamento (CE) n.º 1644/2003, de 22 de Julho, pelo Regulamento (CE) n.º 724/2004, de 31 de Março e pelo Regulamento (CE) n.º 2038/2006, de 18 de Dezembro.

de 27 de Junho, a qual exerce as suas competências essencialmente ao nível do desenvolvimento de sistema de segurança e de normas antipoluição, fundamentais ao desenvolvimento sustentável do transporte marítimo. Esta Agência tem sede em Lisboa, conforme Protocolo celebrado entre o Governo da República Portuguesa e a Agência Europeia de Segurança Marítima[166].

2.4. O TRANSPORTE AÉREO

Ao contrário do que se verifica no transporte marítimo, onde assume especial relevância o transporte de mercadorias, o transporte aéreo é um transporte sobretudo essencial no transporte de passageiros, uma vez que tem custos enormes que o tornam pouco eficiente no transporte regular de mercadorias. Este subsector partilha porém com o transporte marítimo o facto de corresponder por excelência a um modo de transporte internacional, o que significa que encontramos aqui os mesmos entraves burocráticos, alfandegários e administrativos, que limitam a liberalização e a construção de um mercado mais ágil. Veremos que à semelhança do que acontece no transporte marítimo, onde a União Europeia tomou medidas importantes em matéria de liberalização do transporte intracomunitário (cabotagem marítima), no domínio aéreo a política europeia é ainda mais agressiva, construída hoje sob o desígnio do *"céu único europeu"*.

Para melhor compreender a organização legal deste subsector devemos começar por identificar os diversos tipos legais de *transporte aéreo*. Assim cumpre distinguir, em primeiro lugar, o *transporte aéreo regular*, que consiste em séries de voos comerciais abertos ao público e operados para transporte de passageiros, carga e ou correio, entre dois ou mais pontos com uma frequência regular, segundo um horário aprovado e devidamente publicitado, do *transporte aéreo não regular*, que é a designação dada ao voo ou série de voos operados sem sujeição a normas governamentais sobre regularidade, continuidade e frequência e destinados a satisfazer necessidades específicas de transporte de passageiros e respectiva bagagem ou de carga em aeronaves utilizadas por conta de um ou mais fretadores, mediante remuneração ou em execução de um contrato de fretamento.

---

[166] Publicado em anexo ao Aviso n.º 57/2004, de 22 de Setembro.

Dentro do *transporte aéreo regular*, devemos depois diferenciar o *transporte aéreo regular internacional*, que consiste no transporte aéreo regular efectuado entre pontos situados no território nacional e pontos situados no território de outro ou outros Estados, do *transporte aéreo regular intracomunitário*, que consiste num serviço aéreo explorado no interior da Comunidade, e do *transporte aéreo regular no interior do continente*, designação dada ao transporte aéreo regular exclusivamente efectuado entre pontos situados no território continental português.

2.4.1. A VOCAÇÃO INTERNACIONAL DO TRANSPORTE AÉREO E A CORRESPECTIVA REGULAÇÃO E AUTO-REGULAÇÃO INTERNACIONAL

O estudo do transporte aéreo é indissociável do estudo das regras gerais sobre aviação civil, e embora este exceda em muito o tema de trabalho, não podemos deixar de fazer aqui uma breve referência ao assunto. Com efeito, desde a *Convenção de Paris de 1910*, que estabeleceu princípios gerais sobre navegação aérea, e da *Convenção de Paris de 1919*, sobre Regulação da Navegação Aérea, que estava adquirida a necessidade de organizar a nível internacional alguns aspectos da aviação civil. Todavia, a que veio a ser designada como "Magna Carta" da Aviação Civil é a *Convenção de Aviação Civil Internacional*, adoptada em Chicago, em 1944, após uma reunião que juntou 52 países, com o propósito de estabelecer regras em matéria de aviação civil. Data também deste momento a constituição *da International Civil Aviation Organization (ICAO)*, uma organização internacional cuja missão consiste em estabelecer *standards, recomendações* e *práticas* internacionais para garantir a segurança e o bom funcionamento da navegação aérea. A Convenção de Chicago conta hoje com 12 anexos referentes a: sistemas aéreos; sistemas e procedimentos de comunicações aéreas; regulamentos aéreos; boas práticas sobre controlo do tráfego aéreo; *standards* para o licenciamento e as operações do pessoal mecânico; requisitos dos *log books;* certificados de segurança aérea para aeronaves de aviação civil na navegação internacional; registo e identificação de aeronaves; protecção meteorológica da aeronáutica internacional; cartas e mapas aeronáuticos; procedimentos e garantias dos utentes; investigação de acidentes e salvamento.

2.4.2. A CONSTRUÇÃO DE UM *"CÉU ÚNICO EUROPEU"* E DE UMA *"ZONA COMUM DE AVIAÇÃO TRANSATLÂNTICA"*

O *"céu único europeu"* é um projecto que consiste em organizar o espaço aéreo da União Europeia em *"blocos de espaço aéreo funcionais"*, ou seja, organizá-lo segundo requisitos operacionais independentemente das fronteiras nacionais. Projecto que constitui também, no entender da Comissão Europeia, um ponto de partida essencial para que "a uma só voz" possa vir a ser negociado com os Estados Unidos um Acordo de Céus Abertos Transatlânticos, o qual se espera mesmo que possa substituir a Convenção de Chicago.

A política do *"céu único europeu"* surge já numa fase pós-liberalização do transporte aéreo, o que recomenda que comecemos, primeiro, pelo estudo dos *três pacotes normativos europeus sobre liberalização do transporte aéreo*[167], com referência, depois, ao actual estado da arte nesta matéria, para, numa segunda fase, podermos analisar os pilares do novo modelo preconizado para a gestão do espaço aéreo no território da UE.

a) A liberalização do transporte aéreo intracomunitário

O *primeiro pacote* normativo sobre liberalização do transporte aéreo circunscrevia-se ao *transporte regular intracomunitário*, deixando de fora, quer os serviços *charter*, quer o transporte aéreo com países terceiros, e era composto por *dois blocos*. O *primeiro bloco* incluía: a *Directiva 87/601/CEE,* de 14 de Dezembro, relativa às tarifas dos serviços aéreos regulares intracomunitários e a *Decisão 87/602/CEE,* da mesma data, relativa à partilha da capacidade de transporte de passageiros entre transportadoras aéreas nos serviços aéreos regulares entre Estados-membros, e ao acesso das transportadoras aéreas às rotas dos serviços aéreos regulares entre Estados-membros[168]. O conteúdo destes

---

[167] Para muitos autores, na origem dos pacotes de liberalização do transporte aéreo encontramos a sentença do TJCE no caso *Nouvelles Frontières,* onde se considerou que as normas europeias sobre concorrência também eram aplicáveis ao transporte aéreo. Neste sentido, por último, RUIZ OJEDA / BENÍTEZ MORCILLO, «Cielo Único Europeo y Cielos Abiertos Transatlánticos», *Derecho de la Regulación Económica V (Transportes),* Iustel, Madrid, pp. 722.

[168] Entretanto viria também a ser publicado o *Regulamento (CE) n.º 2299/1989,* de 24 de Julho, relativo a um *código de conduta para os sistemas informatizados de reserva.*

documentos cingia-se, no essencial, à aplicação ao transporte aéreo de normas sobre liberdade de prestação de serviços adequadas ao meio de transporte em causa – em especial, em matéria de rotas, capacidade e tarifas. Já o *segundo bloco* era integrado pelo *Regulamento (CEE) n.º 3975/87*, de 14 de Dezembro, que estabeleceu o procedimento relativo às regras de concorrência aplicáveis às empresas do sector dos transportes aéreos[169] e pelo *Regulamento (CEE) n.º 3976/87*, da mesma data, relativo à aplicação do artigo 85.º/3 do Tratado (hoje art. 101.º do TFUE) a certas categorias de acordos e de práticas concertadas no sector dos transportes aéreos[170].

Em 1990, teve lugar a aprovação do *segundo pacote*, onde se incluía o *Regulamento 2342/1990*, de 24 de Julho, relativo às tarifas dos serviços aéreos regulares (os preços a pagar, na moeda nacional aplicável, pelo transporte de passageiros e bagagem em serviços aéreos regulares e as condições de aplicação desses preços, incluindo as remunerações e condições oferecidas às agências e outros serviços auxiliares), impondo critérios harmonizados para a aprovação pelos Estados-membros das tarifas aéreas regulares das transportadoras aéreas comunitárias como a existência de uma relação razoável entre tais tarifas e os respectivos encargos globais a longo prazo da transportadora aérea requerente, tendo simultaneamente em conta a necessidade de prever uma remuneração adequada do capital e uma margem de custos que permitisse garantir padrões de segurança satisfatórios; o *Regulamento 2343/1990*, de

---

[169] Este Regulamento foi complementado com o *Regulamento (CEE) n.º 4261/88*, de 16 de Dezembro, relativo às denúncias, aos pedidos e às audições previstas pelo Regulamento (CEE) n.º 3975/87 do Conselho, que estabelece o procedimento relativo às regras de concorrência aplicáveis às empresas do sector dos transportes aéreos.

[170] Este Regulamento foi complementado com: o *Regulamento (CEE) n.º 2671/88*, de 26 de Julho, relativo à aplicação do n.º 3 do artigo 85.º do Tratado CEE a certas categorias de acordos entre empresas, decisões de associações de empresas e práticas concertadas que têm por objecto o planeamento e coordenação conjuntos da capacidade, a partilha das receitas, as consultas tarifárias nos serviços aéreos regulares e a atribuição das faixas horárias nos aeroportos; o *Regulamento (CEE) n.º 2672/88*, de 26 de Julho, relativo à aplicação do n.º 3 do artigo 85.º do Tratado CEE a certas categorias de acordos entre empresas respeitantes aos sistemas informatizados de reserva para serviços de transporte aéreo; e o *Regulamento (CEE) n.º 2673/88*, de 26 de Julho, relativo à aplicação do n.º 3 do artigo 85.º do Tratado CEE a certas categorias de acordos entre empresas, decisões de associações de empresas e práticas concertadas respeitantes aos serviços de assistência em escala.

24 de Julho, relativo ao acesso das transportadoras aéreas às rotas dos serviços aéreos regulares intracomunitários e à partilha da capacidade de transporte de passageiros entre transportadoras aéreas nos serviços aéreos regulares entre Estados-membros; o *Regulamento 2343/1990,* da mesma data, relativo à aplicação do artigo 85.º/3 do Tratado (hoje art. 101.º do TFUE) a certas categorias de acordos e de práticas concertadas no sector dos transportes aéreos[171]. Este segundo pacote procura já introduzir regras de concorrência no sector, embora de forma prudente, pois se por um lado tem interesse em combater os acordos entre companhias aéreas, transpondo o poder de regulação tarifária para o Estado, por outro executa esta política de forma cautelosa, de modo a evitar "falhas de regulação"[172].

Por último, em 1992, surge o *terceiro pacote de liberalização do transporte aéreo,* integrado pelo *Regulamento (CEE) n.º 2407/1992,* de 23 de Julho, que unifica os critérios para a atribuição de licenças de exploração das transportadoras aéreas estabelecidas na Comunidade; o *Regulamento (CEE) n.º 2408/1992,* de 23 de Julho, que regula o acesso das companhias aéreas da Comunidade às rotas aéreas intracomunitárias regulares e não regulares; o *Regulamento (CEE) n.º 2409/1992,* de 23 de Julho, sobre tarifas aéreas de passageiros e de carga; o *Regulamento (CEE) n.º 2410/1992,* de 23 de Julho, que altera o Regulamento (CEE) n.º 3975/87 sobre o procedimento relativo às regras de concorrência aplicáveis às empresas do sector dos transportes aéreos; e o *Regulamento (CEE) n.º 2411/1992,* de 23 de Julho, que altera o Regulamento (CEE) n.º 3976/87 relativo à aplicação do art. 85.º/3 do Tratado (hoje

---

[171] Este Regulamento foi complementado com: o *Regulamento (CEE) n.º 84/91*, de 5 de Dezembro, relativo à aplicação do n.º 3 do artigo 85.º do Tratado CEE a certas categorias de acordos entre empresas, decisões de associações de empresas e práticas concertadas que têm por objecto o planeamento e coordenação conjuntos da capacidade, a partilha das receitas, as consultas tarifárias nos serviços aéreos regulares e a atribuição das faixas horárias nos aeroportos; o *Regulamento (CEE) n.º 83/91*, de 5 de Dezembro, relativo à aplicação do n.º 3 do artigo 85.º do Tratado CEE a certas categorias de acordos entre empresas respeitantes aos sistemas informatizados de reserva para serviços de transporte aéreo; e o *Regulamento (CEE) n.º 82/91*, de 5 de Dezembro, relativo à aplicação do n.º 3 do artigo 85.º do Tratado CEE a certas categorias de acordos entre empresas, decisões de associações de empresas e práticas concertadas respeitantes aos serviços de assistência em escala.

[172] As dificuldades ocasionadas pela desregulação do mercado do transporte aéreo tornaram-se de resto bem visíveis em casos de falência como os da PanAm e da TWA.

art. 101.º do TFUE) a certas categorias de acordos e de práticas concertadas no sector dos transportes aéreos[173-174]. Este último foi entretanto revogado pelo *Regulamento (CE) n.º 487/2009*, de 25 de Maio[175]. Para os autores, 1993 constitui um marco no qual podemos afirmar que foi instituída uma *Zona Europeia Comum de Aviação*[176].

Pese embora a importância de muitos diplomas produzidos após a aprovação do *terceiro pacote*, deles destacaremos apenas os dois que consideramos fundamentais para a dinamização do *mercado do transporte aéreo*: a *Directiva 96/67/CE*, de 15 de Outubro, que liberalizou os serviços de assistência em escala (*handling*) e o *Regulamento (CE) n.º 793/2004*, de 21 de Abril, que alterou o Regulamento (CEE) n.º 95/93 do Conselho, relativo às normas comuns aplicáveis à atribuição de faixas horárias nos aeroportos da Comunidade (*slots*).

Em matéria de *handling*, a Directiva 96/67/CE, impôs aos Estados-membros que instituíssem mecanismos para garantir aos prestadores de serviços de assistência em escala o *livre acesso ao mercado da prestação de serviços de assistência em escala a terceiros,* sem prejuízo de estes poderem limitar o número de prestadores de cada um dos serviços de assistência em escala, a saber: assistência a bagagens; assistência a operações em pista; assistência a combustível e óleo; assistência a carga e correio no que se refere, tanto à chegada como à partida ou em trânsito, ao tratamento físico da carga e do correio entre a aerogare e o avião. Acreditava-se que a liberalização deste serviço era compatível com o bom funcionamento dos aeroportos e contribuiria decisivamente para a redução dos custos de operação das companhias aéreas.

---

[173] Este Regulamento foi complementado com: o *Regulamento (CEE) n.º 1617/93*, de 25 de Junho, sobre planificação e coordenação de capacidades, consultas tarifárias e atribuição de períodos horários; e o *Regulamento (CEE) n.º 3652/93*, 25 de Junho, sobre sistemas informatizados de reserva para serviços de transporte aéreo, que alterou o Regulamento (CEE) n.º 83/91, de 5 de Dezembro.

[174] Ainda sob a vigência deste terceiro pacote foi aprovado o *Regulamento (CE) n.º 95/1993*, de 18 de Janeiro, relativo às normas comuns aplicáveis à atribuição de faixas horárias nos aeroportos da Comunidade, mais tarde alterado, primeiro pelo Regulamento n.º 1554/2003, e depois pelo Regulamento (CE) n.º 793/2004.

[175] Este *regime especial* em matéria de direito da concorrência tem igualmente paralelo no domínio do direito do transporte marítimo, ferroviário e rodoviário, no regime jurídico aprovado pelo Regulamento n.º 169/2009, de 29 de Fevereiro.

[176] Cf. RUIZ OJEDA / BENÍTEZ MORCILLO, «Cielo Único Europeo y Cielos Abiertos Transatlánticos»...pp. 725.

Já o *Regulamento (CE) n.º 793/2004*, de 21 de Abril, que altera o Regulamento (CEE) n.º 95/93 do Conselho, relativo às normas comuns aplicáveis à *atribuição de faixas horárias nos aeroportos da Comunidade*, tem como finalidade garantir a utilização eficaz e a distribuição equitativa e não discriminatória das faixas horárias (*slots*) de aterragem e descolagem disponíveis. Nele se estipulam uma série de critérios e normas detalhadas, assimilando algumas directrizes e nomenclaturas, que a *International Air Transport Association* (IATA)[177] já utilizava no âmbito da sua missão de auto-regulação das práticas comerciais no transporte aéreo. De acordo com o Regulamento, os riscos de congestionamento e a boa gestão dos *slots* deve ser resolvido através da *coordenação*, a qual tem de ser promovida por *agentes independentes*, constituindo esta uma garantia que os Estados-membros devem assegurar. Para o efeito, os aeroportos dividem-se em *aeroportos com horários facilitados* (um aeroporto com riscos potenciais de congestionamento em certos períodos do dia, da semana ou do ano, que poderão ser resolvidos através da *cooperação voluntária* entre as transportadoras aéreas, e onde é designado um *facilitador de horários* para facilitar as operações das transportadoras aéreas que operam ou tencionam operar serviços nesse aeroporto) e *aeroportos coordenados* (qualquer aeroporto onde, para aterrar ou descolar, uma transportadora aérea ou qualquer outro operador aéreo necessita da atribuição de uma faixa horária por um coordenador, com excepção dos voos estatais, das aterragens de emergência e dos voos humanitários)[178].

Os Regulamentos que compunham o *terceiro pacote* da liberalização do serviço de transporte aéreo intracomunitário foram revogados pelo *Regulamento (CE), n.º 1008/2008,* de 24 de Setembro, diploma que congrega em um único a regulação da concessão de licenças às transportadoras aéreas comunitárias, o direito de as transportadoras aéreas comunitárias explorarem serviços aéreos intracomunitários e a tarifação dos serviços aéreos intracomunitários. Vejamos, então, os traços gerais do regime jurídico actualmente em vigor.

O transporte aéreo de passageiros, de correio e/ou de carga mediante remuneração e/ou em execução de um contrato de fretamento só pode ser

---

[177] A *International Air Transport Association* é uma entidade internacional de auto-regulação constituída em Havana, em 1945, por um conjunto de companhias aéreas, visando facilitar a respectiva operação comercial, da qual fazem actualmente parte 230 companhias, incluindo a TAP.

[178] Sobre as diferenças entre o Regulamento (CEE) n.º 95/93 e o Regulamento (CE) n.º 793/2004, *v.* RODRÍGUEZ-CAMPOS GONZÁLEZ, *La liberalización del transporte aéreo: alcance y régimen jurídico,* Marcial Pons, 2005, pp. 110-120.

realizado por empresas estabelecidas na Comunidade que sejam titulares de uma *licença de exploração* adequada[179]. Esta *licença de exploração* é emitida pela autoridade competente de um Estado-membro, desde que a empresa cumpra os requisitos enunciados no art. 4.º do Regulamento n.º 1008/2008, designadamente: o seu estabelecimento principal situar-se nesse Estado-membro; ser titular de um *Certificado de Operador Aéreo*[180] emitido por uma autoridade nacional do mesmo Estado-membro cuja autoridade de licenciamento competente seja responsável pela concessão, indeferimento, revogação ou supressão da licença de exploração da transportadora aérea comunitária; dispor de uma ou mais aeronaves de que seja proprietária[181] ou detentora em regime de locação sem tripulação; a sua actividade principal consistir na exploração de serviços aéreos; a sua estrutura permitir à autoridade de licenciamento aplicar as regras sobre licença de exploração; mais de 50% da empresa pertencer e ser efectivamente controlada, por Estados-Membros e/ou nacionais de Estados-Membros, directa ou indirectamente através de uma ou várias empresas intermediárias, excepto nos casos previstos num acordo com um país terceiro no qual a Comunidade seja Parte; preencher as condições financeiras exigidas no Regulamento[182]; cumprir os requisitos em matéria de seguro (art. 11.º do Regulamento n.º 785/2004); e fazer prova da sua honorabilidade. A manutenção destes requisitos é também condição para a validade da *licença de exploração* e o preenchimento dos mesmos deve ser supervisionado pela autoridade de licenciamento de forma permanente.

No que respeita ao *acesso às rotas* vigora um princípio regra de autorização geral para explorar serviços aéreos intracomunitários, sem prejuízo de um Estado-membro poder submeter essa exploração à necessidade de ob-

---

[179] Estão isentos da necessidade de obtenção desta licença os serviços aéreos efectuados por aeronaves sem motor e/ou aeronaves ultraleves com motor e voos locais.

[180] Segundo o Regulamento, entende-se por «*Certificado de operador aéreo*» (COA) um certificado emitido para uma empresa atestando que o operador possui a competência profissional e a organização necessárias para garantir a segurança das operações especificadas no certificado, em conformidade com as disposições relevantes do direito comunitário ou do direito interno aplicáveis.

[181] Estas aeronaves têm de estar registadas segundo as regras vigentes no Estado--membro em causa.

[182] Estas condições são bastante exigentes, na medida em que para o direito europeu a capacidade financeira de uma transportadora aérea constitui uma condição intrinsecamente associada à segurança que a mesma proporciona.

tenção de uma licença ou autorização. O Regulamento dispõe ainda que não obstante as disposições de acordos bilaterais entre Estados-Membros e no respeito das regras de concorrência comunitárias aplicáveis às empresas, as transportadoras aéreas comunitárias são autorizadas pelos Estados-Membros interessados a *combinar serviços aéreos* e a *celebrar acordos de partilha de código* com qualquer transportadora aérea relativamente a serviços aéreos com partida ou destino em qualquer ponto em países terceiros, que cheguem, partam ou façam escala em qualquer aeroporto no seu território.

Todavia, um Estado-Membro pode, no quadro do acordo bilateral sobre serviços aéreos com o país terceiro em causa, impor restrições aos acordos de partilha de códigos entre transportadoras aéreas comunitárias e transportadoras aéreas de um país terceiro, em especial se o país terceiro em causa não proporcionar oportunidades comerciais idênticas às transportadoras aéreas comunitárias que operam a partir do Estado-Membro interessado. Ao optar por esta faculdade, os Estados-Membros asseguram que as restrições impostas ao abrigo desses acordos não restringem a concorrência e não são discriminatórias entre transportadoras aéreas comunitárias, bem como não são mais restritivas que o necessário.

O Regulamento salvaguarda a possibilidade de imposição de *obrigações de serviço público* através de um procedimento que exige a consulta de outros Estados-Membros interessados, informação da Comissão, dos aeroportos interessados e das transportadoras aéreas que operam na rota em questão. Observados aqueles trâmites, um Estado-Membro pode *impor uma obrigação de serviço público* no âmbito dos *serviços aéreos regulares*, entre um aeroporto da Comunidade e um aeroporto que sirva uma região periférica ou em desenvolvimento do seu território ou numa rota de fraca densidade de tráfego para qualquer aeroporto do seu território, se a rota em causa for considerada vital para o desenvolvimento económico e social da região que o aeroporto serve.

Esta obrigação apenas pode ser imposta, na medida do necessário, para assegurar a prestação nessa rota de serviços aéreos regulares mínimos que satisfaçam normas estabelecidas de continuidade, regularidade, fixação de preços e capacidade mínima que as transportadoras aéreas não respeitariam se atendessem apenas aos seus interesses comerciais. Se nenhuma transportadora aérea comunitária prestar livremente os serviços de transporte na rotas e nas condições definidas pelo Estado no âmbito da obrigação de serviço público, o Estado-membro pode *limitar o acesso aos serviços aéreos regulares* nessa rota a uma só transportadora aérea comunitária, por um período não superior a quatro anos. Nesse caso o direito a explorar os serviços seguirá um procedimento de concurso público para obrigações de serviço público (art. 17.º do Regulamento n.º 1008/2008).

Em matéria de *distribuição do tráfego entre aeroportos* e *exercício dos direitos de tráfego* aplicam-se as normas operacionais comunitárias, nacionais, regionais ou locais publicadas em matéria de segurança intrínseca e extrínseca, protecção do ambiente e atribuição de faixas horárias. Contudo, um Estado-membro pode *regular*, sem discriminação baseada nos destinos no território comunitário nem na nacionalidade ou na identidade da transportadora aérea, a distribuição do tráfego entre aeroportos que sirvam a mesma cidade ou conurbação, desde que ambos sejam servidos por uma infra-estrutura de transporte adequada que permita, na medida do possível, uma ligação directa que possibilite alcançar o aeroporto em noventa minutos inclusive no caso de se tratar de um trajecto transfronteiriço, sejam ligados entre si à cidade ou conurbação que sirvam por serviços de transporte público frequentes, fiáveis e eficientes e ofereçam os serviços necessários às transportadoras aéreas e não prejudiquem indevidamente as suas oportunidades comerciais. Esta regulação deve observar os princípios da proporcionalidade e da transparência e ser baseada em critérios objectivos.

O *exercício de direitos de tráfego* pode ser *limitado ou recusado* por um Estado-membro com fundamento em *razões ambientais graves*, quando outros modos de transporte prestem um serviço de nível adequado. Esta medida deve ser não discriminatória, não falsear a concorrência entre transportadoras aéreas e não ser mais restritiva que o necessário para sanar os problemas. Terá sempre um prazo de validade limitado, não superior a três anos, após o qual é objecto de reexame. O *exercício de direitos de tráfego* pode também ser *limitado ou recusado* com fundamento em *medidas de emergência*, para fazer face a problemas imprevistos de curta duração resultantes de circunstâncias imprevisíveis e inevitáveis Tais medidas devem respeitar os princípios da proporcionalidade e transparência e ser baseadas em critérios objectivos e não discriminatórios. Estas *limitações* do *exercício de direitos de tráfego* são obrigatoriamente comunicadas aos outros Estados-membros e à Comissão, a qual dispõe de poderes para ordenar a sua suspensão.

Por último, em matéria de *tarifas*, sem prejuízo do disposto quanto às *obrigações de serviço público,* as transportadoras aéreas comunitárias, e, numa base de reciprocidade, as transportadoras aéreas de países terceiros, têm liberdade para fixar as tarifas aéreas de passageiros e de carga para serviços aéreos intracomunitários. O Regulamento, porém, vai mais longe, e estipula que não obstante as disposições de acordos bilaterais entre Estados-Membros, estes não podem, ao autorizarem transportadoras aéreas comunitárias a estabelecer tarifas de passageiros e de carga para serviços aéreos entre o seu território e um país terceiro, estabelecer discriminações com base na nacionalidade ou identidade de uma transportadora aérea. Medidas que prevaleçam sobre quaisquer outras restrições em matéria de tarifação, incluindo as respeitantes a rotas com países terceiros, decorrentes de acordos bilaterais entre Estados-membros. As tarifas aéreas para o transporte de passageiros ou de carga para o público em geral devem ser previamente divulgadas, e o preço final a pagar deve ser sempre indicado e deve incluir a tarifa aérea de passageiros ou de carga aplicável, bem como todos os impostos, encargos, sobretaxas e taxas aplicáveis que sejam impreteríveis e previsíveis no momento da sua divulgação.

b) A construção do *"céu único europeu"*

A ideia de um *"céu único europeu"* constitui um desenvolvimento e aprofundamento das políticas de *"céu aberto"*, que correspondem a uma ambição das companhias aéreas, pela qual os Estados titulares das mesmas têm feito, em todo o mundo, importantes acções de promoção, assim se explicando o sentido dos diversos acordos bilaterais e multilaterais de regulação do tráfego aéreo internacional. A *Convenção de Chicago* é, de resto, exemplo claro disso, ao procurar fomentar entre os Estados signatários a implementação das *"cinco liberdades do ar"*: o direito a desembarcar no território de um Estado, passageiros e carga embarcados no país de bandeira da aeronave; o direito a embarcar no território de um Estado, passageiros e carga para desembarcar no país de bandeira da aeronave; o direito a sobrevoar o território de outro Estado sem aterrar; o direito a aterrar no território de outro Estado para fins não comerciais (realizar escalas técnicas); e o direito a efectuar serviços de transporte aéreo de passageiros ou de carga entre países partes na Convenção, mas terceiros relativamente ao país de bandeira da companhia aérea.

No fundo, porém, esta Convenção consubstancia uma repartição do espaço aéreo, uma vez que o exercício daquelas liberdades dependeria dos acordos bilaterais e a cabotagem estaria totalmente excluída. Nos acordos bilaterais foram depois acrescentadas mais *quatro liberdades do ar*: embarcar passageiros, correio e carga num país e desembarcá-los noutro através da realização de uma escala no país de bandeira da companhia aérea;

direito a embarcar passageiros, correio e carga e desembarcá-los sem que a rota respectiva inclua uma escala no país de bandeira da companhia aérea; direito a realizar serviços de *cabotagem consecutiva*, que consiste num serviço de cabotagem interna partindo ou culminando no país de bandeira da companhia aérea; e o direito de *cabotagem autónoma*, que consiste em autorizar uma companhia aérea de outro país a realizar transporte de cabotagem interna[183].

Mas aqui interessa-nos, fundamentalmente, analisar a construção do *"céu aberto e único europeu"*, cujo objectivo, como já antes dissemos, consiste em organizar o espaço aéreo europeu em *"blocos de espaço aéreo funcionais"*, ou seja, segundo requisitos operacionais, independentemente das fronteiras nacionais. Assim, o que resulta dos documentos[184] que antecedem os Regulamentos do "céu único europeu" é a necessidade de *governação independente e harmonizada* do céu europeu[185], de modo a permitir uma optimização da sua utilização, bem como maior segurança dos operadores e agentes. Neste contexto surge, em 10 de Março de 2004, um primeiro pacote de quatro Regulamentos que dá início à implementação deste modelo.

Em primeiro lugar, o *Regulamento (CE) n.º 549/2004* estabelece o quadro normativo global para a implementação do *"céu único europeu"*, visando reforçar os padrões de segurança e a eficácia global do tráfego aéreo geral na Europa, optimizar a capacidade de resposta às necessidades de todos os utilizadores do espaço aéreo e minimizar os atrasos, sem pôr em causa a soberania dos Estados-membros. Segundo este diploma, os domínios de intervenção da Comunidade incluem: a prestação de serviços de navegação aérea, a organização e utilização do espaço aéreo, e a interoperabilidade da rede europeia de gestão do tráfego aéreo. Para além destes aspectos, que analisaremos em seguida, o Regulamento impunha ainda a criação de autoridades supervisoras nacionais pelos Estados-membros, as quais assumiriam as funções que lhes eram consignadas nos Regulamentos.

---

[183] Sobre esta matéria v. RUIZ OJEDA / BENÍTEZ MORCILLO, «Cielo Único Europeo y Cielos Abiertos Transatlánticos»…pp. 700.

[184] A *informação de 2000 do grupo de peritos* constituído pela Comissária europeia dos transportes e as *informações da Consultora britânica Booz-Allen-Hamilton* sobre navegação aérea – Cf. RUIZ OJEDA / BENÍTEZ MORCILLO, «Cielo Único Europeo y Cielos Abiertos Transatlánticos»…pp. 727ss.

[185] Sublinhe-se que a *independência* parece surgir aqui como sucedâneo da centralidade, uma vez que estando em causa um elemento de soberania, esta é a única de forma de garantir o respeito pelo modelo político europeu enquanto comunidade de Estados soberanos.

Em matéria de *prestação de serviços de navegação aérea*, o *Regulamento (CE) n.º 550/2004* institui requisitos comuns para a prestação eficiente e segura daqueles serviços na Comunidade, cuja monitorização confiou às autoridades supervisoras nacionais. De acordo com este Regulamento, a prestação de todos os serviços de navegação aérea na Comunidade é objecto de *certificação* pelos Estados-membros, sendo estes certificados válidos em toda a Comunidade. A prestação de serviços de tráfego aéreo é garantida pelos Estados-membros, em regime de exclusividade, dentro de blocos específicos de espaço aéreo pertencentes ao espaço aéreo sob a sua responsabilidade[186]. Para este efeito, os Estados-Membros designam, livremente, um prestador de serviços de tráfego aéreo titular de um certificado válido na Comunidade, desde que este cumpra os requisitos previamente estabelecidos[187]. Os prestadores de serviços de navegação aérea podem, por sua vez, recorrer aos serviços de outros prestadores de serviços certificados na Comunidade. Ainda segundo o Regulamento, deve ser elaborado um *regime de tarifação* dos serviços de navegação aérea que contribua para o aumento da transparência no que se refere à determinação, ao lançamento e à cobrança de taxas aos utilizadores do espaço aéreo.

A *organização e utilização do espaço aéreo no céu único europeu* são disciplinadas pelo *Regulamento (CE) n.º 551/2004,* que tem como objectivo central fixar procedimentos comuns de concepção, planeamento e gestão que garantam o desempenho seguro e eficaz da gestão do tráfego aéreo. Para o efeito, o nível de divisão entre espaço aéreo superior e inferior é fixado no nível de voo 285 e é instituída uma Região Europeia Superior de Informação de Voo (RESIV), que se pretende que venha a ser reconhecida pelo ICAO, sem prejuízo de os Estados-membros conservarem as

---

[186] No que diz respeito aos blocos de espaço aéreo funcionais que se estendem pelo espaço aéreo da responsabilidade de mais do que um Estado-Membro, o Regulamento dispõe que os Estados-Membros em questão devem celebrar um *acordo relativo à supervisão* no que se refere aos prestadores de serviços de navegação aérea que prestam serviços relacionados com esses blocos. Em cumprimento desta instrução, os Estados-Membros podem celebrar acordos relativos à supervisão com um prestador de serviços de navegação aérea que preste serviços num Estado-Membro que não seja aquele onde tem o seu principal centro de actividades.

[187] Sublinhe-se que o Regulamento permite, sem prejuízo do dever de informar a Comissão, que um Estado-membro designe a prestação de serviços de navegação aérea sem certificação na totalidade ou numa parte do espaço aéreo sob a sua responsabilidade, nos casos em que o prestador desses serviços os forneça essencialmente a sectores do movimento de aeronaves que não sejam o tráfego aéreo geral.

suas responsabilidades perante aquela entidade nos limites geográficos das regiões superiores de voo e das regiões de informação de voo que a mesma lhes tenha confiado anteriormente. Mais relevantes ainda se apresentam as medidas de *reconfiguração do espaço aéreo superior em blocos funcionais* (art. 5.º), de optimização de rotas e de configuração dos sectores no espaço aéreo superior (art. 6.º) ou de imposição de uma aplicação uniforme no interior do céu único europeu do conceito de utilização flexível do espaço aéreo, tal como descrito pelo ICAO e desenvolvido pelo Eurocontrol[188]. Este diploma aprova ainda *regras de execução* em matéria de *gestão do fluxo de tráfego aéreo*, em conformidade com as recomendações do plano regional de navegação aérea do ICAO para a região europeia.

Por último, em matéria de *interoperabilidade da rede europeia de gestão do tráfego aéreo* (REGTA), o *Regulamento (CE) n.º 552/2004* estipula algumas regras de execução e impõe uma declaração CE de conformidade ou de adequação para utilização de componentes do sistema.

Estes diplomas foram ainda complementados com o *Regulamento (CE) n.º 2096/2005,* de 20 de Dezembro, que estabelece requisitos comuns para a prestação de serviços de navegação aérea, o qual foi entretanto modificado pelo *Regulamento (CE) n.º 1315/2007,* de 8 de Novembro; pela *Directiva 2006/23/CE,* de 5 de Abril, relativa à licença comunitária de controlador de trânsito aéreo, que procura garantir a mobilidade dos trabalhadores; pelo *Regulamento (CE) n.º 1794/2006,* de 6 de Dezembro, que aprova um sistema comum de tarifação dos serviços de navegação aérea; pelo *Regulamento (CE) n.º 2150/2005,* de 23 de Dezembro, que estabelece normas comuns para a utilização flexível do espaço aéreo; pelo *Regulamento (CE), n.º 730/2006,* de 11 de Maio, relativo à classificação do espaço aéreo e ao acesso dos voos de acordo com as regras do voo visual acima do nível de voo 195; e pelo *Regulamento (CE) n.º 219/2007,* de 27 de Fevereiro, relativo à constituição de uma *empresa comum* para a realização do sistema europeu de gestão do tráfego aéreo de nova geração (SESAR[189]), entretanto modificado pelo *Regu-*

---

[188] Convenção Internacional de Cooperação para a Segurança da Navegação Aérea «EUROCONTROL», de 13 de Dezembro de 1960, que entrou em vigor em Portugal em 13 de Julho de 2001 – Cf. Aviso n.º 103/2001, de 21 de Setembro.

[189] A SESAR Single European Sky ATM Research, é uma *empresa comum* cujo capital social foi subscrito pela Comissão Europeia, pela EUROCONTROL, pela Agência Europeia para as Redes Transeuropeias de Transportes e por empresas do sector, tendo como missão um programa de investigação sobre a Gestão do Trânsito Aéreo no contexto do "céu único europeu" – *Single European Sky ATM Research.*

lamento (CE) n.º 1361/2008, de 16 de Dezembro, para garantir a o respeito pela configuração estatutária de todas as empresas comuns.

Na última informação apresentada sobre a implementação do *"céu único europeu"*[190] pode ler-se que os resultados não estão a ser animadores e que a liberalização do serviço de transporte não consegue optimizar os resultados, especialmente em matéria de tarifas aéreas mais acessíveis, atendendo ao facto de o *controlo do tráfego aéreo* constituir um monopólio natural dos Estados-membros, que estes exploram em *regime de serviço público*, segundo as formas previstas na legislação europeia, mas que ainda assim consubstancia diversas ineficiências. As propostas seguintes assentam em *quatro orientações chave*: regular o rendimento através da *imposição de metas* dentro dos blocos funcionais de espaço aéreo, reforçando a componente de rede; *europeizar a segurança* através da actividade da Agência Europeia de Segurança Aérea; abrir a porta às *novas tecnologias*; melhorar e *optimizar as infra-estruturas* existentes e o respectivo planeamento, bem como promover a intermodalidade e melhoria do acesso aos aeroportos (sobretudo no segmento *avião-comboio*).

c) Breve nota sobre a *"zona comum de aviação transatlântica"*

Um dos propósitos da União Europeia é também o de poder "negociar" em nome dos Estados ("a uma só voz") a criação de uma *zona comum de aviação transatlântica*, pondo fim ao modelo da Convenção de Chicago, centrado na ideia de uma soberania estadual plena sobre o espaço aéreo, a qual, de resto, vinha já sendo arredada com a celebração de acordos de natureza multilateral.

É neste contexto que veio a ser celebrado, em 2007, o *Primeiro Acordo de Transporte Aéreo com os Estados Unidos,* que entrou em vigor em 2008[191] e do qual destacamos as seguintes medidas: autorizações para acesso ao mercado que incluem a possibilidade de as companhias americanas realizarem serviços de cabotagem entre Estados-membros; cooperação em matéria de desenvolvimento normativo e de interpretação do acordo;

---

[190] COM (2008) 389 – Comunicação da Comissão ao Parlamento Europeu, ao Conselho, ao Comité Económico e Social Europeu e ao Comité das Regiões - *Céu único europeu II: para uma aviação mais sustentável e mais eficiente.*

[191] O Acordo foi assinado por Decisão do Conselho, de 25 de Abril de 2007, com o seguinte calendário: entrada em vigor em 30 de Março de 2008, abertura da segunda fase de negociações em 30 de Maio de 2008 e celebração de um segundo acordo em 30 de Novembro de 2009.

possibilidade de reserva de reciprocidade em matéria de propriedade e controlo; livre acesso a serviços de *handling*. Nesta segunda fase, em que as negociações decorrem a um ritmo lento, pensa-se na possibilidade de alcançar um acordo UE-EUA que possa depois ser aberto a terceiros e substituir a Convenção de Chicago, mas a matéria sobre a propriedade das linhas aéreas não parece alcançar consenso[192].

2.4.3. O TRANSPORTE AÉREO NOS INSTRUMENTOS NORMATIVOS NACIONAIS

Analisado o panorama internacional e europeu em matéria de disciplina jurídica do transporte aéreo, cumpre-nos agora analisar a normativa nacional, bem como identificar os actores deste limitado mercado.

Comecemos pelo *licenciamento do acesso à actividade*. De acordo com o disposto no *Decreto-Lei n.º 66/92, de 23 de Abril,* o exercício da actividade de *transporte aéreo regular internacional* depende de *licença* atribuída por despacho do ministro com competência na área da aviação civil. Este diploma veio consagrar entre nós a liberalização do acesso à actividade de transporte aéreo, encerrando também uma preocupação importante na garantia da solidez das empresas de bandeira portuguesa. Assim, apenas ficam *sujeitos a licenciamento os serviços* de transporte aéreo regular internacional em rotas não exploradas, em rotas exploradas exclusivamente em transporte aéreo não regular, em rotas exploradas exclusivamente por empresas designadas por outros Estados, e rotas em que, sendo admitida a designação de mais de uma empresa, a quota de capacidade operada por transportadores nacionais seja inferior a 35% da capacidade total operada na rota. Recorde-se que nos termos do art. 15.º do Regulamento n.º 1008/2008, o acesso às rotas intracomunitárias pelas transportadoras aéreas comunitárias não carece, em regra, de licença.

A atribuição e manutenção da licença para o exercício da actividade transporte aéreo regular internacional e intracomunitário dependem hoje, para além dos requisitos do art. 8.º do mencionado diploma legal[193], tam-

---

[192] Sobre todos estes problemas v. RUIZ OJEDA / BENÍTEZ MORCILLO, «Cielo Único Europeo y Cielos Abiertos Transatlánticos»...pp. 765ss.

[193] No que respeita ao montante mínimo de capital social exigido para a obtenção e manutenção da licença, a Portaria n.º 433/2008, de 17 de Junho, veio revogar a exigência de valores especiais, remetendo esta matéria para o disposto no Código das Sociedades Comerciais, sem prejuízo das exigências europeias. No essencial, a argumentação que sus-

bém do preenchimento dos requisitos fixados no art. 4.º do Regulamento n.º 1008/2008. Entre estes requisitos incluem-se a titularidade de um *certificado de operador aéreo*[194] adequado aos serviços a explorar na rota em causa e os *certificados comprovativos dos contratos de seguro legalmente exigíveis*. No caso das *licenças para transporte aéreo internacional*, só após a publicação do despacho de atribuição de uma licença é efectuada pelo Estado a *designação* da entidade licenciada *para operar na rota em causa*, estando o exercício dos direitos conferidos pela licença dependente da aceitação da designação por parte dos Estados envolvidos. Do despacho de atribuição da licença consta, entre outros elementos, o número mínimo de frequência de serviço e nele podem também ser impostas obrigações de serviço público no que respeita à exploração de algumas rotas. A lei admite que em determinadas situações possa ser efectuada uma *reserva de rota*, o que significa que a exploração não tem início com a atribuição da licença, mas sim dentro de um prazo adequado que esta há-de fixar. A *licença pode ser suspensa* durante um período não superior a seis meses e será cancelada nos termos do disposto no art. 8.º. Em Portugal, a empresa de bandeira é TAP, cujo capital social pertence totalmente à Parpública, SGPS, S.A[195].

A *actividade de transporte aéreo regular no interior do continente*, prevista no *Decreto-Lei n.º 234/89*, de 25 de Julho, é de exploração livre, mas está também sujeita à atribuição de uma *licença,* excepto a TAP e outros transportadores designados por outros Estados que ao abrigo de acordos bilaterais detenham direitos de tráfego de cabotagem. Para obter esta licença, emitida pelo INAC, é necessário preencher todos os requisitos enunciados no art. 4.º do mencionado diploma legal. Estas licenças têm

---

tenta esta medida radica na garantia de igualdade entre as empresas no plano europeu, uma vez que a capacidade económico-financeira não é actualmente avaliada pelo capital social, sobretudo no caso das companhias aéreas que estão sujeitas a uma supervisão intensa por parte do INAC.

[194] Os requisitos para a obtenção do *certificado de operador aéreo* constam do Decreto-Lei n.º 289/2003, de 14 de Novembro, tendo o respectivo modelo sido aprovado pelo Regulamento n.º 700/2010, do INAC.

[195] A TAP foi constituída em 1945, tendo sido, em 1953, depois transformada em sociedade anónima de responsabilidade limitada e parcialmente privatizada, embora mantendo o Estado a titularidade da maioria do capital social, Foi mais tarde nacionalizada pelo Decreto-Lei n.º 205-E/75, tendo depois sido reestruturada, passando a constituir um grupo de sociedades onde para além da principal empresa transportadora encontramos ainda outra transportadora (a PGA – Portugália Airlines) e outras empresas como a *Groundforce*, que explora serviços de *handling*.

um prazo mínimo de três anos e um prazo máximo de dez anos. As tarifas a praticar pelos operadores devem respeitar o disposto no Decreto-Lei n.º 276/87, de 4 de Julho.

Já os *serviços aéreos regulares entre o Continente a as Regiões Autónomas* estão maioritariamente sujeitos ao *regime jurídico das obrigações de serviço público*, aprovado pelo *Decreto-Lei n.º 138/99,* de 23 de Abril[196]. Quer isto dizer que as transportadoras aéreas licenciadas para operar nestas rotas ficam sujeitas a regras especiais em matéria de continuidade, capacidade e regularidade do serviço, bem como de fixação de preços, através do regime de subsídio ao preço do bilhete. O art. 14.º prevê ainda que o Estado possa atribuir, em *regime de concessão*, a exploração exclusiva de uma rota ou de um conjunto de rotas por forma a assegurar a exequibilidade e eficácia das obrigações de serviço público[197].

Por último, os *serviços de transportes aéreos não regulares* estão dependentes de uma licença especial a conceder a empresas nacionais que demonstrem ter idoneidade moral, comercial e técnica, bem como capacidade técnica e financeira adequada[198]. Os voos não regulares podem integrar uma das seguintes categorias: voos de táxi; voos para uso próprio; voos de promoção de tráfego; voos para trabalhadores emigrados; voos para viagens turísticas[199].

As *profissões aeronáuticas* estão também sujeitas a licenciamento, conforme se dispõe no *Decreto-Lei n.º 17-A/2004,* de 16 de Janeiro. Referimo-nos ao exercício das actividades de piloto particular de avião ou de helicóptero, piloto comercial de avião ou de helicóptero, piloto de linha aérea de avião ou de helicóptero, técnico de voo e técnico de certificação de

---

[196] Entretanto actualizado pelo Decreto-Lei n.º 208/2004, de 19 de Agosto e pela Lei n.º 14/2011, de 2 de Maio.

[197] A regulação destes serviços assenta, neste momento, em diversos convénios de serviço público celebrados entre o Estado e a TAP, em contratos de concessão de serviço público celebrados entre o Estado e aquela transportadora e entre o Estado e a SATA, bem como em algumas imposições de obrigações de serviço público e subsídios de bilhete para certas rotas.

[198] Estes serviços estão previstos no *Decreto-Lei n.º 19/82*, de 28 de Janeiro, alterado pelo Decreto-Lei n.º 169/88, de 14 de Maio. O Decreto-Lei n.º 274/77, de 4 de Julho, estabelece um regime especial para os serviços aéreos internacionais não regulares no que respeita ao sobrevoo do território português e à utilização dos respectivos aeroportos por transportadores regulares ou não regulares estrangeiros de Estados contratantes da Convenção sobre Aviação Civil Internacional.

[199] Cf. Portaria n.º 313/84, de 25 de Maio.

manutenção de aeronaves. As regras e os requisitos técnicos exigidos para a outorga destas licenças pelo INAC estão submetidas a um intenso esforço de harmonização não só a nível europeu[200], mas também internacional com a recepção legal das normas estabelecidas pela *Joint Aviation Authority* – esta entidade começou por constituir uma associação de autoridades de segurança e navegabilidade aérea dos Estados Europeus (Conferência Europeia de Aviação Civil), com o objectivo de harmonizar normas e práticas em matéria de segurança e actividades ligadas à navegação aérea, tendo depois feito alguns acordos de uniformização com os EUA. Actualmente incorpora as regras europeias[201] e trabalha em cooperação com a Agência Europeia para a Segurança da Aviação[202].

Ainda no contexto das *profissões ligadas à navegação aérea*, destacamos a *licença comunitária de controlador de tráfego aéreo,* cujo regime jurídico consta do *Directiva, n.º 2006/23/CE,* de 5 de Abril, transposta para o ordenamento jurídico nacional pela Lei n.º 6/2009, de 29 de Janeiro. Esta licença é atribuída pelo INAC e apenas habilita o respectivo titular para o exercício das qualificações nela expressamente averbadas. Entre nós, a prestação dos Serviços de Tráfego Aéreo nas Regiões de Informação de Voo (RIV) sob a responsabilidade Portuguesa – Lisboa e Santa Maria é garantida pela *NAV E. P.,* uma empresa pública, constituída a partir da cisão da ANA, E. P.[203], conforme o disposto no Decreto-Lei n.º 404/98, de 18 de Dezembro. Também esta empresa se subordina aos conjuntos de regras e normas europeias e internacionais em matéria de sistemas de gestão de tráfego. A NAV será responsável entre nós pela gestão nacional do tráfego aéreo nos "blocos de espaço aéreo funcionais" definidos no âmbito do "céu único europeu".

---

[200] Cf. *Directiva 91/670/CEE,* de 16 de Dezembro, relativa a *aceitação mútua de licenças para o exercício de funções na aviação civil.*

[201] *Regulamento (CE) n.º 216/2008,* de 20 de Fevereiro, relativo a regras comuns no domínio da aviação civil e que cria a Agência Europeia para a Segurança da Aviação.

[202] Esta harmonização internacional explica, por exemplo, a uniformização de regras como a fixação de um limite máximo de idade para o exercício das funções de piloto comandante e de co-piloto de aeronaves operadas em serviços de transporte público comercial de passageiros, carga ou correio – Cf. Decreto-Lei n.º 322/2007, de 27 de Setembro.

[203] Este diploma, ao separar as actividades de gestão aeroportuária da navegabilidade aérea, e transformar a ANA em sociedade comercial, tinha também como objectivo preparar a implementação das medidas de liberalização da gestão aeroportuária, no contexto da qual se incluiu, por exemplo, o *regime jurídico da assistência em escala,* aprovado pelo Decreto-Lei n.º 275/99, de 23 de Julho, que actualmente assenta na atribuição de licenças para cada tipo de actividade e na limitação do número de licenças a conceder para cada aeroporto.

Por último, quanto à atribuição de *faixas horárias* (*slots*), o Decreto-Lei n.º 109/2008, de 26 de Junho, procede à designação dos aeroportos coordenados e dos aeroportos com horários facilitados – são designados *aeroportos coordenados* os aeroportos de Lisboa, Porto, e Madeira; o aeroporto de Faro é designado como *coordenado* no período IATA de Verão e com horários facilitados no período IATA de Inverno[204], e o aeroporto de Ponta Delgada é designada como aeroporto com horários facilitados – e da ANA, Aeroportos de Portugal, S.A. como entidade coordenadora nacional do processo de atribuição de faixas horárias e como agente facilitador. Compete ao INAC supervisionar o processo de atribuição de faixas horárias, bem como a sua utilização por parte das transportadoras aéreas, e ao Comité Nacional de Coordenação exercer funções consultivas e prestar assessoria ao INAC sobre esta matéria.

2.4.4. A REGULAÇÃO DO TRANSPORTE AÉREO

A regulação do transporte aéreo é uma tarefa complexa e partilhada por muitas entidades, que envolve maioritariamente relações internacionais e europeias, explicando assim a razão pela qual esta tarefa ultrapassa em muito as fronteiras nacionais. Com efeito, uma boa parte da regulação deste sector assenta ainda no poder dos Estados sobre o seu espaço aéreo e na sua capacidade de negociação de novas rotas internacionais para aumentar os lucros das transportadoras aéreas de bandeira. De resto, este sector comunga ainda de uma outra singularidade que torna a sua regulação muito especial: o facto de existirem companhias de bandeira, ou seja, o facto de os Estados serem os proprietários das companhias aéreas. Isso justifica que muitos acordos sejam por vezes encetados entre as companhias (acordos de empresa) na sequência de boas relações acalentadas pelos Estados titulares das mesmas, conseguindo-se pela via do controlo conjunto de rotas aumentar, em escala, a concorrência a outras transportadoras.

Daqui decorre a enorme dificuldade que a União Europeia enfrenta nesta matéria e o porquê das decisões do TJCE na promoção da política de "céu aberto", procurando neutralizar eventuais entraves injustificados à livre prestação de serviços de transporte aéreo intracomunitários, bem

---

[204] Remissão para a *standardização* de nomenclatura instituída pela *International Air Transport Association*.

como fiscalizar a regularidade das subvenções dadas pelos Estados às companhias[205].

Outra dificuldade que a *regulação deste sector enfrenta*, e que neste ponto comunga com o transporte ferroviário e marítimo, prende-se com a capacidade limitada das infra-estruturas para prestar os serviços de transporte[206], o que significa que é necessário um investimento em tecnologia para melhorar a eficácia dos serviços de navegação aérea. Não se trata apenas, como a Comissão Europeia bem inferiu, de fiscalizar o tráfego intra-comunitário através da promoção do "céu único europeu", mas importará também conseguir competência para regular o tráfego transatlântico, o que explica os desenvolvimentos mais agressivos nesse sentido.

Entre nós, uma boa parte das tarefas de regulação, em especial a supervisão da atribuição de *slots* pela ANA, estão confiadas ao INAC, I. P., um instituto público integrado na administração indirecta do Estado, dotado de autonomia administrativa e financeira e património próprio, criado pelo *Decreto-Lei n.º 145/2007,* de 27 de Abril, responsável, entre outras coisas, por credenciar entidades públicas ou privadas para o exercício de funções técnicas no âmbito das suas atribuições e promover a regulação técnica de segurança e a regulação económica do sector. No âmbito do seu *poder de autoridade reguladora* aprova, entre outros, regulamentos necessários à harmonização das normas de segurança europeias e internacionais, bem como a uma adequada remuneração dos serviços (taxas aeroportuárias), exerce poderes de supervisão, certificação, licenciamento, fiscalização técnica e fiscalização económica das companhias aéreas e dispõe ainda de poderes sancionadores.

Todavia, a regulação do transporte aéreo constitui hoje uma actividade de âmbito global, o que se justifica não só em matérias sensíveis como a *segurança* nas suas diversas acepções (requisitos das aeronaves, qualificação do pessoal aeronáutico, normas de voo, etc.), mas também em matérias económicas como as condições de trabalhos nos serviços de aeronáutica, as ajudas financeiras às companhias aéreas, ou mesmo a construção de aeronaves mais eficientes e menos poluentes. Por essa razão, percebemos que o INAC tem de exercer a sua actividade em estreita colaboração não só

---

[205] Veja-se, por exemplo, o Regulamento (CE) n.º 868/2004, de 21 de Abril, relativo à defesa contra subvenções e práticas tarifárias desleais causadoras de prejuízos às transportadoras aéreas comunitárias, na prestação de serviços de transportes aéreos, por parte de transportadoras de países não membros da Comunidade Europeia.

[206] Não tratamos neste trabalho, por exceder o seu âmbito, da problemática de concorrência entre infra-estruturas aeroportuárias.

com a Agência Europeia para a Segurança da Aviação[207], mas também com entidades já mencionadas como o ICAO, a Eurocontrol, ou a JAA.

3. NOVOS ASPECTOS ADMINISTRATIVOS E REGULATÓRIO--FINANCEIROS DO DIREITO DOS TRANSPORTES

Analisada a organização de cada subsector dos transportes é nosso objectivo fazer agora uma breve análise das principais alterações jurídico--administrativas que se registam neste sector após a respectiva transição para um regime de *mercados regulados*. Com efeito, tal como anunciámos no início, o propósito deste pequeno estudo do direito administrativo dos transportes radica não só na sistematização dos instrumentos normativos sectoriais que disciplinam cada subsector dos transportes, mas também na alusão a algumas novidades trazidas pela mudança de paradigma. Um paradigma que, em nosso entender, repousa no fim do *modelo de transporte público* entendido como o conjunto de meios de transporte proporcionados pelo Estado, cuja finalidade era garantir, através da actividade desenvolvida por entidades públicas (em regra de natureza empresarial), um sistema de transportes regular, contínuo e acessível, pressupondo neste esquema elevadas somas de financiamento público (através de transferências do orçamento de Estado) para cobrir os custos não suportados pelas tarifas, em cuja fixação se atendida sobretudo a uma função social de garantia da acessibilidade, mais do que a uma função económica de cobertura dos custos decorrentes da prestação dos serviços.

A nova era, em grande medida impulsionada pelo *ajuste ao paradigma económico europeu*, centra-se na *garantia de serviços económicos de interesse geral*, incluindo aqueles que cumprem uma missão de interesse público, a partir das liberdades económicas essenciais (apelo ao dinamismo do mercado), exercidas em regime de concorrência, sem prejuízo de intervenções públicas financeiras vocacionadas exclusivamente para sustentar a missão de interesse público dos serviços ou para a incentivação de políticas económicas essenciais ao modelo de desenvolvimento sustentável. Neste sector, como em outros, a intervenção financeira pública tem

---

[207] Esta *agência comunitária* foi constituída pelo Regulamento *(CE) n.º 1592/2002*, de 15 de Julho.

subjacente também algumas preocupações ambientais, a partir das quais é possível moldar as soluções não só com recurso a instrumentos de política financeira, mas também através da utilização de instrumentos fiscais. A todos estes aspectos – mercado, regulação e intervenção financeira – procuraremos, nesta parte, fazer uma alusão geral e breve.

3.1. Aspectos de direito administrativo

O estudo dos aspectos administrativos não pretende ser sistemático, centrando-se antes naquilo que em nosso entender são as novidades essenciais para o direito administrativo decorrentes dos regimes normativos que hoje disciplinam o subsectores dos transportes: *os procedimentos complexos transnacionais de que emanam*, em regra, *actos administrativos transnacionais*. Assistimos neste domínio a um *esboroar da soberania nacional* através da captura do poder de autoridade das entidades administrativas nacionais por directrizes supranacionais, que se suplantam à liberdade de decisão nacional ou impõem fórmulas de decisão em co-administração[208], a que se soma a utilização de critérios técnicos ditados por organismos internacionais e supranacionais como parâmetros de decisão.

No direito dos transportes encontramos diversas modalidades de títulos habilitadores que produzem efeitos transnacionais, como é o caso da *licença comunitária de controlador de tráfego aéreo,* da *licença comunitária multilateral* para o exercício da actividade de transportador rodoviário e da *autorização prévia* para a realização de serviços regulares de transporte internacional de passageiros. No caso da *licença comunitária de controlador de tráfego aéreo* estamos perante um acto administrativo praticado por uma autoridade administrativa nacional (o INAC), neste caso uma autoridade de um Estado-membro, que segundo o nível do direito administrativo europeu constitui apenas uma entidade administrativa de âmbito regional, a qual se pauta na fundamentação da sua decisão por regras, procedimentos, parâmetros, *standards* e critérios definidos a nível europeu e transpostos para o direito nacional através de um diploma legal.

Já no caso da *licença comunitária multilateral* estamos perante um acto administrativo emitido por uma autoridade administrativa nacional

---

[208] Cf. Siegel, *Entscheidungsfindung im Verwaltungsverbund,* Mohr Siebeck, Tübingen, 2009.

(o IMTT), que habilita o seu titular para o exercício de uma actividade económica em todo o espaço da União Europeia (*acto administrativo com efeitos transnacionais*), e em cujo procedimento de instrução a autoridade administrativa nacional se pode ver confrontada com a obrigação de *reconhecimento automático* de actos emitidos por autoridades administrativas de outros Estados-membros, designadamente no que respeita à demonstração dos requisitos de idoneidade e de capacidade técnica do requerente. Neste caso, tal como o acto emanado pela autoridade administrativa nacional constringe os poderes das autoridades administrativas dos outros Estados-membros, que são obrigadas a reconhecer a sua validade e a tolerar a produção dos seus efeitos, também as autoridades nacionais sofrem as mesmas consequências em relação às licenças emitidas pelas autoridades de outros Estados-membros.

Poder-se-ia dizer que, que à semelhança do que acontece na *licença comunitária de controlador de tráfego aéreo,* todos os requisitos são pré-estabelecidos a nível supranacional, o que significaria que apesar de se registar uma perda de soberania, ela seria apenas no âmbito vertical (Estado – UE) e não nas relações horizontais (entre Estados-membros). Mas não é verdade, pois se na *licença comunitária de controlador de tráfego aéreo*, por se tratar de um domínio muito especializado, a União Europeia sentiu a necessidade de uniformizar parâmetros técnicos para a sua atribuição, deixando apenas para os Estados-membros a margem de discricionariedade que caracteriza as avaliações do preenchimento ou não dos requisitos; já no caso da *licença comunitária multilateral* para transporte rodoviário, regista-se alguma margem de livre conformação dos Estados-membros, limitando-se o direito europeu a fixar os requisitos mínimos para a atribuição da licença. O que é que isto significa na prática? Significa que ainda que o legislador português e/ou a autoridade administrativa nacional entenda adequada a fixação de outros requisitos para a outorga da licença comunitária multilateral, na prática isso apenas servirá para penalizar os agentes económicos nacionais na concorrência que este terão de travar no mercado internacional, perante outros agentes económicos que obtenham as respectivas licenças em Estados onde a legislação e/ou os critérios impostos pelas respectivas autoridades reguladoras se revelem mais permissivos.

Assim, um sistema de harmonização assente na mera imposição de requisitos mínimos significa em regra que esses são, na prática, os requisitos exigidos por todos os Estados-membros, pois a "ilusão" da margem de livre apreciação conferida aos Estados, acaba por se transformar num instrumento de concorrência entre ordenamentos jurídicos e actividades reguladoras potenciador de fenómenos de *"forum shopping"*. Isto quer dizer que a soberania quanto à margem de livre conformação deixada pelas instituições europeias aos Estados-membros é neste caso beliscada pela necessidade de defender o mercado nacional no contexto da concorrência intracomunitária.

Por último, a *autorização prévia* para a realização de serviços regulares de transporte internacional de passageiros constitui também um *acto administrativo com efeitos transnacionais*, mas no qual a soberania dos Estados é num primeiro estágio preservada, já que a *«autoridade emissora»* é obrigada a iniciar um procedimento do qual deve resultar um acordo entre todas as autoridades dos Estados-membros para a emissão do acto. Só quando esse acordo não tenha sido alcançado é que a Comissão poderá *"avocar"* a competência para a emissão daquela autorização, seguindo, nesta hipótese, um procedimento de consulta obrigatória aos Estados que irão ficar vinculados pela mesma.

Encontramos aqui três tipos de *actos transnacionais* e três tipos de *procedimentos complexos*: no primeiro caso estamos perante um acto de habilitação para o exercício de uma actividade profissional, emitido pela autoridade reguladora de um Estado-membro segundo um procedimento e um conjunto de requisitos concretos pré-determinados pelas instâncias europeias (e alguns por instâncias técnicas internacionais, como é o caso dos critérios médicos ditados pelo Eurocontrol), que habilita o seu titular a circular livremente no *espaço europeu de prestação de serviços de navegação aérea*, como forma de dinamizar a política do "céu único europeu"[209]. Veja-se que neste caso o titulo habilitador conferido por um Estado-membro vincula obrigatoriamente os outros Estados ao respectivo reconhecimento (*princípio do mútuo reconhecimento*), pretendendo-se por esta via que os controladores aéreos, ao poderem candidatar-se à prestação de serviços em qualquer Estado-membro, "sintam" que esta actividade é europeia e não de âmbito nacional, e que a mesma se pauta por critérios europeus e não nacionais, constituindo esta uma das vias importantes para neutralizar barreiras nacionais ao tráfego aéreo e assim dinamizar o mercado interno do transporte aéreo. O nível nacional na emissão deste acto constitui neste

---

[209] O mercado interno de serviços de navegação aérea no céu único europeu é precisamente um dos objectivos visados pelo Regulamento (CE) n.º 550/2004, de 10 de Março, ao estabelecer, no art. 5.º, o *princípio do mútuo reconhecimento destas licenças*.

caso, no quadro do direito administrativo europeu, apenas um nível de descentralização de competências administrativas de execução.

Em segundo lugar, deparamo-nos com mais uma *licença comunitária*, emitida pelas autoridades competentes de cada Estado-membro onde se localize a sede da empresa e de acordo com os requisitos aí fixados, sem prejuízo de terem de ser respeitados os requisitos mínimos impostos pela "lei europeia". Neste caso, a *licença* constitui mais um título habilitador para o acesso ao mercado, o qual, estando maioritariamente liberalizado, conhece ainda restrições, designadamente, em serviços de cabotagem. Neste caso, a licença é também um *acto administrativo transnacional*, fundado no *princípio do mútuo reconhecimento*, mas em cujo procedimento é deixada ao Estados-membros uma margem de liberdade na fixação dos requisitos para o licenciamento das empresas nacionais, assim como para o reconhecimento ou não do preenchimento dos requisitos através de certificados e outros documentos que comprovem a idoneidade dos requerentes. Sublinhe-se que essencial neste caso acaba por ser a fiscalização contínua que os Estados exercem sobre as empresas, pois se estas deixarem de preencher os requisitos os Estados-membros devem suspender ou revogar as licenças. Este regime exige, portanto, um intenso esforço de *cooperação entre as entidades administrativas dos diferentes Estados-membros* (patente, por exemplo, quando o requisito da idoneidade depende de condições que apenas podem ser verificadas por um Estado-membro diferente daquele que emite a licença, pelo facto de a empresa ter a sede noutro Estado-membro e apenas dispor de um estabelecimento estável nesse país), bem como a utilização de *meios informáticos*, de forma a evitar que as empresas se aproveitem de falhas de comunicação para exercerem a actividade sem cumprir todos os requisitos. Neste caso o "ataque à soberania" resulta sobretudo de *procedimento complexos de cooperação interadministrativa transnacional* para garantir um controlo efectivo dos actos administrativos de habilitação dos agentes económicos e não de imposições originárias das instâncias europeias.

Por último, o procedimento de *autorização prévia* para o transporte rodoviário internacional de passageiros constitui um exemplo de *acto administrativo transnacional regulador do mercado*, por meio do qual se pretende que cada Estado-membro defenda os seus interesses económicos através da participação no procedimento. O *procedimento complexo* promovido pela *«autoridade emissora»* consubstancia um instrumento de legitimação da decisão, sendo o comum acordo um factor de democraticidade do procedimento. Todavia, a Comissão reserva-se o mencionado poder de decisão final (quando o comum acordo não tenha sido alcançado) proferindo neste caso um *acto administrativo europeu*, fundamentado na regulação do mercado do transporte rodoviário internacional, e que é susceptível de lesar os interesses de um Estado-membro.

São apenas três exemplos que seleccionamos para pôr em evidência as questões interessantes que a construção do mercado intracomunitário dos serviços de transporte vem suscitando, permitindo explorar aprofundadamente algumas das principais questões *do direito administrativo europeu*[210], que actualmente constituem um verdadeiro desafio no controlo judicial destes actos administrativos, bem como no contexto da densificação de uma garantia da tutela jurisdicional efectiva nesta matéria.

3.2. ASPECTOS REGULATÓRIO-FINANCEIROS

A intervenção pública no domínio dos transportes após a implementação do mercado nos diversos sectores é bastante visível e intensa. Trata-se, de uma *intervenção reguladora,* como é típico das fases pós-liberalização, que abrange as três formas típicas deste modo de intervenção pública: técnica, económica e social.

A *regulação técnica* encontra-se em grande medida "avocada" por instituições supranacionais – agências europeias e organizações internacionais – que ditam regras harmonizadoras em matéria de segurança e inovação tecnológica, conforme tivemos oportunidade de analisar anteriormente a propósito da regulação sectorial. Quanto a este ponto, cumpre apenas discutir a forma como essas disposições técnicas, que vinculam intensamente as autoridades administrativas nacionais, são recepcionadas e qualificadas no ordenamento jurídico interno. Entre os contributos da doutrina[211] destacamos aqueles que sublinham o papel das normas técnicas no quadro do progresso tecnológico alcançado a partir da dinâmica da Sociedade globalizada, que superou o Estado como entidade promotora do conhecimento e do progresso tecnológico[212] – se no

---

[210] Sobre o tema v. SUZANA TAVARES DA SILVA, *Direito Administrativo Europeu*, Imprensa da Universidade de Coimbra, 2010.

[211] Veja-se o que diz, por todos, PAULO OTERO, *Legalidade e Administração Pública*, Almedina, Coimbra pp. 463ss

[212] Cf. DANIEL SARMIENTO, *El* soft law *administrative*, Thomson-Civitas, Madrid, 2208, pp. 65.

séc. XIX o Estado era o motor do progresso, no fim do séc XX apelámos à sua desintervenção como factor de desenvolvimento, o que não pode deixar de ser assinalado. Deste modo, os agentes económicos, livres de entraves territoriais, promoveram a constituição de entidades privadas com funções de normalização, essenciais ao desenvolvimento da linguagem técnico-científica universal, e acabaram por ser acompanhados nessa dinâmica por organizações internacionais de carácter económico, interessadas no salto qualitativo que aquelas normas permitiam em matéria de progresso do novo modelo de desenvolvimento económico-social. Assim, se num primeiro estágio esta normas pertenciam a uma categoria difusa e maioritamente ajurídica, quanto muito apelidada de *soft law* por gozar de uma estatuto de "baixa juridicidade", a verdade é que a partir sobretudo da década de noventa, perante a inegável força que as *normas técnicas* tinham entretanto adquirido a nível global e a necessidade de enquadra-las no contexto do direito da concorrência, os juristas começaram a discutir o problema da sua localização no sistema de fontes de direito dos Estados[213]. Uma vez resolvido o problema da sua incorporação no ordenamento jurídico[214], ficou ainda por solucionar o problema do respectivo controlo[215] e mais preocupante ainda, o da *adequada articulação* entre estas normas e o direito[216], sobretudo quando decidir exige uma ponderação global[217], que não pode limitar-se à *visão de túnel* dada pela ciência e pela técnica[218].

[213] Cf. Marc Tarres Vives, *Normas técnicas y ordenamento jurídico,* Tirant lo Blanch, Valencia, 2003.

[214] Em regra por transposição em actos jurídicos, técnica especialmente difundida no direito europeu em matéria de regulação de produtos químicos e alimentos, ou então por simples remissão.

[215] Cf. *Il controlo del giudice amministrativo sulla discrezionalità tecnica e, in particolare, sugli atti dele autorità indipendenti,* VII Colloquio Italiano-Spagnolo, Giuffrè Editore, 2009, (em especial, pp. 29ss).

[216] Sobre as dificuldades que o método jurídico actualmente enfrenta e os problemas de identidade do direito público v. Matthias Jestaedt, «"Öffentliches Recht" als wissenschaftliche Disziplin», *in* Engel / Schön, *Das Proprium der Rechtswissenschaft,* Mohr Siebeck, Tübingen, 2007, pp. 241ss.

[217] Ao direito pede-se uma decisão optimizada em termos dos efeitos sociais que irá desencadear enquanto à técnica se pede um critério objectivo para explicar um fenómeno concreto.

[218] Cf. Giacinto della Cananea, *Ai di là dei confini statuali. Principi general del diritto pubblico globale,* il Mulino, Bologna, 2009, pp. 108.

No campo da *regulação económica* parece-nos que muito está ainda por fazer no domínio dos transportes. Em primeiro lugar, seria importante poder contar com uma entidade reguladora que promovesse a regulação económica global ou intermodal deste sector, apontando os parâmetros--guia da eficiência e renovando os instrumentos de intervenção do Estado. Da análise sectorial anterior, pudemos perceber que a regulação económica propriamente dita ficará em princípio circunscrita ao âmbito do transporte urbano e suburbano, através da actividade a desenvolver pelas Autoridades Metropolitanas de Transportes. E este é, desde logo, um domínio essencial de intervenção do poder público, actualizando os conceitos e os instrumentos, como acontece, por exemplo, com as *concessões de serviço público*. O problema que está subjacente às reclamadas alterações prende-se sobretudo com a aplicação do *princípio da eficiência* no contexto da economia de mercado. A novidade, o que distingue uma concessão de serviço público hoje das anteriores concessões de serviço público não é apenas o conteúdo do acto, mas essencialmente o *contexto económico* em que o mesmo é praticado e que, por si, dita inevitavelmente uma mudança na compreensão da respectiva natureza jurídica[219].

Perante um modelo económico no qual os serviços de transporte eram entendidos como uma tarefa estadual ou municipal (serviço público[220]), que as entidades públicas teriam de prosseguir no exercício das respectivas

---

[219] Neste sentido *v.* LUISA TORCHIA, *Lezioni di dirtto amministrativo progredito*, il Mulino, Bologna, 2010, pp. 101-104. Também FERNANDÉZ FARRERES fala da necessidade de reformular o conceito de *serviço público* no actual contexto económico, propondo uma distinção entre *serviço reservado* (*serviço público em sentido subjectivo*), que corresponde ao conceito tradicional de serviço público como actividade reservada por lei às entidades públicas em razão da sua natureza jurídica essencial, e o *novo serviço público* (*serviço público em sentido objectivo, partilhado* ou *concorrente*) ao qual podem ser reconduzidas todas as actividades prestacionais de interesse geral ou essencial que não implicam necessariamente uma gestão pública, e menos ainda a *publicatio* da tarefa, mas a qualidade de que as entidades públicas *garantem a sua prestação*, o que envolve, essencialmente, actividade privada regulada e, eventualmente, subvencionada – *in* «El concepto de servicio público y su funcionalidade en el Derecho Administrativo de la nueva economia», *Justicia Administrativa*, 2003/18, pp. 13. Sobre a posição da doutrina tradicional *v.* PEDRO GONÇALVES, que entende a *concessão de serviços públicos* como a investidura de um agente económico privado no direito de gerir em nome próprio uma actividade que é própria da Administração, *in A concessão de serviços públicos,* Almedina, Coimbra, 1999, pp. 138.

[220] Sobre as características de um serviço municipal no contexto económico actual *v.* ITALIA, VITTORIO, *I servizi pubblici locali. Modalità di affidamento, gestione e tariffe*, Giufrè Editore, Milano, 2010, pp. 4.

atribuições, fosse através de sistemas de gestão directa, por intermédio de entidades empresariais constituídas para o efeito ou contratualizando com privados, através da concessão desses serviços, o que estava em causa era garantir a prestação dos serviços em certas condições (regularidade, qualidade, continuidade e universalidade ou acessibilidade geral) de acordo com a forma de exploração economicamente mais vantajosa, a partir da titularidade pública da tarefa. Assim, ao optar pela concessão do serviço público, a entidade pública estava a confiar a um privado o exercício (a gestão) de uma tarefa pública, impondo certas condições para o respectivo exercício e preocupando-se apenas em escolher aquele que desse melhores garantias de cumprir as obrigações impostas e oferecesse maior rendibilidade para o interesse público.

Hoje, contudo, uma concessão de serviço público deve ser enquadrada num *contexto de mercado*, onde se entende, em regra, que estes serviços integram uma actividade que é própria dos agentes económicos e sobre a qual as entidades públicas apenas dispõem de um *poder regulador* (fixação das regras que presidem ao exercício da mesma de modo a garantir o cumprimento dos objectivos de interesse público que aquela actividade tem de satisfazer), cuja principal preocupação é conseguir implementar um sistema de *"transferência de custos para os utentes"* (*princípio do utente pagador*) sem pôr em crise a subsistência do serviço e a sua missão de interesse geral, ao mesmo tempo que se garante a equidade na concorrência no mercado.

Assim, quando as instâncias públicas decidem "salvaguardar" certas actividades do regime de livre prestação em concorrência no mercado – como acontece, nomeadamente, com os transportes urbanos e suburbanos – e concessioná-los em regime de exclusivo (linhas de transporte urbano) ou segundo contingentes pré-determinados (táxis), elas não estão, como antes, a confiar aos privados um serviço que integrava substancialmente o seu núcleo de tarefas[221], mas sim a *regular mais intensamente uma actividade económica*, consubstanciando essa concessão, em termos materiais,

---

[221] Veja-se o debate na doutrina alemã entre aqueles que defendem a *municipalização* de serviços de bem-estar de proximidade, no sentido que estas tarefas são originárias das entidades públicas municipais e não apenas uma matéria na qual aquelas dispõem de poder regulador de agentes de mercado – HELLERMANN, *Örtliche Daseinvorsorge und gemeindliche Selbstverwaltung*, Mohr Siebeck, Tübingen, 2000 – e aqueles que afirmam a inevitabilidade da mudança de paradigma – MATTHIAS KANUFF, *Der Gewährleistungsstaat: reform der Daseinvorsorge*, Duncker & Humblot, Berlin, 2004, pp. 530ss.

uma forma extrema de intervenção pública no mercado através de um *instrumento regulatório de alocação eficiente de recursos*.

A concessão de sistemas de transporte urbano deve neste contexto ser interpretada como um *acto de alocação pelas autoridades públicas de um bem económico*. A atribuição do direito de explorar de forma exclusiva uma actividade, que apesar de ter natureza económica e ser própria dos agentes económicos, não pode ser alocada de forma eficiente através do jogo da livre concorrência no mercado, reclamando a intervenção estadual, quer na fase da respectiva *atribuição/alocação/ repartição* aos agentes económicos, quer posteriormente na supervisão da actividade desenvolvida por estes durante todo o período de exploração, constitui uma concepção típica do novo paradigma de intervenção do Estado na economia. Um dos contributos mais importantes da moderna ciência económica é precisamente a destruição do mito de que os monopólios fiscais não admitem concorrência e por isso devem ficar em mão pública. Hoje sabemos que eles podem ser transladados para a esfera dos agentes económicos, que é aí onde eles conseguem ser explorados de forma mais eficiente, apenas se tornando necessário garantir que essa exploração se faz sob intensa regulação e supervisão públicas.

Neste enquadramento, a *concessão do serviço* passa a ser interpretada como uma medida *de alocação/repartição*, o que significa que os critérios que presidem à selecção do adjudicatário terão de estar em conformidade com as mais modernas exigências do direito economicamente informado quanto a este tipo de procedimentos e de actos, em especial no que respeita à "habilitação financeira" dos candidatos.

Poderá argumentar-se que esta construção jurídica, embora válida em outros domínios igualmente resultantes do desmantelamento de monopólios fiscais públicos, como é o caso, por exemplo, dos leilões para atribuição de faixas de espectro radioeléctrico, não pode ser transporta para o domínio dos transportes urbanos e suburbanos de passageiros, na medida em que estes são inevitavelmente deficitários, e, por essa razão, os critérios de eficiência que subjazem àqueles procedimentos já instalados em sectores com forte dinâmica económica, não se conseguem ajustar a esta realidade. Ora, sabemos bem que o *deficit* financeiro da exploração destes serviços é neutralizado pelo regime de subvenções públicas, do qual falaremos em seguida, o que permite afirmar que esta é afinal uma falsa objecção a esta construção jurídica das concessões de serviço mais ajustada ao modelo económico em vigor. Assim, parece-nos urgente reformular as actuais concessões de serviço público, sobretudo em matéria de transporte urbano e suburbano de passageiros, ajustando-as às regras europeias sobre *contratos de serviço público*.

Referimo-nos ao *Regulamento (CE) n.º 1370/2007*, de 23 de Outubro, concernente aos serviços públicos de transporte ferroviário e rodoviário de passageiros. Este diploma define o modo como, no respeito das regras do direito comunitário, as autoridades competentes podem intervir no domínio do *transporte público de passageiros* para assegurar a *prestação de serviços de interesse geral* que sejam, designadamente, mais numerosos, mais seguros, de melhor qualidade e mais baratos do que aqueles que seria possível prestar apenas com base nas leis do mercado[222]. Quer isto dizer, portanto, que as entidades públicas só devem intervir (regular) quando o mercado não for a instância adequada para repartir equitativamente os custos e os benefícios do exercício desta actividade. Uma intervenção que pode não estar centrada apenas na garantia do utente, mas também na do prestador de serviços, porquanto a intervenção pública pode destinar-se a limitar o acesso ao mercado para garantir que os operadores alcançam nele um nível de remuneração adequado (*autorizações regulatórias* para exercício de uma actividade). É o que acontece com os actos que fixam os contingentes para as licenças de táxi e que estipulam a bandeirada. Pergunta-se, todavia, se constituindo uma licença de táxi um bem escasso, e estando a remuneração mínima regulada, não seria mais eficiente instituir um sistema de leilões em substituição do actual regime de renovação de licenças[223].

De acordo com o diploma europeu em análise, sempre que uma autoridade competente decida conceder ao operador da sua escolha um direito exclusivo e/ou uma compensação, qualquer que seja a sua natureza, em contrapartida da execução de obrigações de serviço público, deve

---

[222] Veja-se que a própria *Directiva Serviços* (Directiva 2006/123/CE, de 12 de Dezembro) tem o cuidado, no art. 2.º/2/*d)*, de excluir os serviços de transporte do seu âmbito de aplicação, como também acontece na sua transposição para o ordenamento jurídico nacional, no art. 3.º/3*c)* do Decreto-Lei n.º 92/2010, de 26 de Julho.

[223] Crítica idêntica pode encontrar-se na doutrina alemã, relativamente ao sistema de concessão de licenças de táxi e de linhas de transporte urbano previstas na *Personenbeförderungsgesetz* – WOLLENSCHLÄGER, *Verteilungsverfahren,* Mohr Siebeck, 2010, pp. 386ss – e na doutrina espanhola, que se refere aos perigos das "bolhas especulativas" associadas aos títulos administrativos habilitantes – TARRÉS VIVES, «Aspectos jurídicos y económicos en la regulación del táxi: reforma y liberalización en el transporte urbano e interurbano de viajeros», *Derecho de la Regulación Económica,* Iustel, Madrid, 2010, pp. 363ss.

fazê-lo no âmbito de um *contrato de serviço público*, aí definido como um ou vários actos juridicamente vinculativos que estabeleçam o acordo entre uma autoridade competente e um operador de serviço público para confiar a este último a gestão e a exploração dos serviços públicos de transporte de passageiros sujeitos às obrigações de serviço público. Não há aqui uma "delegação" de uma tarefa pública[224], nem sequer a obrigação de utilizar o modelo de concessão de serviço[225], mas mesmo quando é esta a opção escolhida pelas autoridades competentes, a mesma consubstancia apenas uma *alocação* de um direito económico por acto do poder público, segundo critérios de eficiência, acompanhada de uma regulação económica da actividade desenvolvida pelo agente no mercado. O *contrato de serviços públicos* destina-se apenas a *regular* o desempenho eficiente do serviço.

Do *contrato de serviço público* devem constar expressamente as *obrigações de serviço público* a cumprir e as zonas geográficas abrangidas, os

---

[224] A expressão "delegação" é utilizada em alguns diplomas nacionais quando se referem à concessão de serviços públicos, o que parece pressupor que a *concessão de serviços públicos* teria natureza de *contrato translativo*, posição que não é subscrita por toda a doutrina (cf. PEDRO GONÇALVES, *ob. cit.,* pp. 138), mas que actualmente poderia voltar a ajustar-se ao conceito europeu de *concessão de serviço público*, na medida em que estas envolvem a transmissão do direito e do risco económico da exploração – assim VIEIRA DE ANDRADE, *Lições de Direito Administrativo,* Imprensa da Universidade de Coimbra, 2010, pp. 214.

[225] O art. 5.º/1 do Regulamento n.º 1370/2007 estabelece uma diferença clara entre os *contratos de serviço público* adjudicados como *concessões de serviço público* e os adjudicados como *contratos de serviços ou contratos públicos de serviços* previstos nas Directivas 2004/17/CE ou 2004/18/CE. Aos primeiros aplicam-se os procedimentos de adjudicação previstos no regulamento e aos segundos as regras das Directivas 2004/17/CE ou 2004/18/CE. Quer isto dizer que a entidade pública que vai *contratar serviços públicos de transporte* pode optar por uma de duas modalidades: ou aquisição de serviços de transporte no mercado (aplicando-se as regras da contratação pública no procedimento de adjudicação) e a subsequente contratualização de subvenções no âmbito de obrigações de serviço público impostas aos adjudicatários; ou concessão de serviço público, ou seja, *alocação* do serviço em regime de exclusivo a uma entidade, seja interna (contratação *in house* – um expediente que neste caso se destina, em nome da neutralidade do Tratado, a acolher os ordenamentos jurídicos, como o nosso, onde ainda subsiste uma *publicatio legal* do sistema de transportes urbanos), seja um terceiro (contratação por concurso), contratualizando com ele o apoio financeiro que *ainda deva ser concedido* para custear as regras gerais do serviço público ou obrigações concretas de serviço público. Sublinhe-se que são proibidas as sobrecompensações, o que significa que a alocação do exclusivo pode (e deve) ser suficiente para cobrir todos custos.

parâmetros com base nos quais deve ser calculada a compensação e, se for o caso, a natureza e a extensão dos direitos exclusivos eventualmente concedidos para evitar sobrecompensações, e ainda as modalidade de repartição dos custos ligados à prestação dos serviços[226]. No anexo ao Regulamento encontramos as regras aplicáveis ao cálculo das compensações pelo serviço público. Entre nós, estas compensações encontram-se ainda reguladas no Decreto-Lei n.º 167/2008, de 26 de Agosto, sob a denominação de *indemnizações compensatórias*, que são, segundo o diploma, quaisquer pagamentos efectuados com verbas do orçamento do Estado a entidades públicas e privadas, segundo um contrato celebrado com o Estado, que se destinam a compensar custos de exploração resultantes da prestação de serviços de interesse geral. Apesar da aparente sobreposição de normas, o *princípio da prevalência* do direito europeu não deixa dúvidas quanto à necessidade de respeitar os critérios do regulamento em matéria, quer de atribuição de exclusivos, quer de subvenções[227].

É precisamente neste ponto que as autoridades reguladoras nacionais dos sistemas de transportes urbanos as áreas metropolitanas devem insistir, de modo a introduzir *parâmetros de eficiência e de economicidade* na exploração dos mesmos, garantindo assim a eficácia do transporte colectivo e, através, dela, também o cumprimento de objectivos e metas de políticas conexas como as da eficiência energética e do ambiente. Na prossecução desta finalidade seria importante poder contar não apenas com um regime de subvenções (*indemnizações compensatórias*) adequado e racional, mas também com outros instrumentos financeiros que permitissem uma *subsidiação cruzada* do transporte dentro dos parâmetros impostos pela política europeia em matéria de auxílios de Estado. Pensamos, por exemplo, num "fundo de estabilização tarifária", ao qual poderiam ser consignadas receitas de tributos reguladores do transporte (ex. taxas de estacionamento de veículos automóveis, contribuições especiais de congestionamento exigidas pelo acesso em automóvel ligeiro ao interior das cidades, e também uma parte das receitas do imposto automóvel, do imposto sobre produtos petrolíferos e da tributação do transporte rodoviário através da

---

[226] Sobre a proibição de sobrecompensações e a forma como o Regulamento (CE) n.º 1370/2007 deve ser interpretado e aplicado v. SUZANA TAVARES DA SILVA, «Sustentabilidade e solidariedade no financiamento do *bem-estar*: o fim das boleias?», *Estudos em Homenagem ao Prof. Doutor Jorge Miranda* (em publicação).

[227] Na decisão do TJCE que opôs a Antrop à Carris e à STCP ficaram cabalmente esclarecidas as dúvidas quanto a esta matéria – Cf. Proc. C-504/07.

tributação do uso das respectivas infra-estruturas, inspirada no sistema da *"Eurovinheta"*[228]).

A ideia principal consiste em utilizar instrumentos financeiros como forma de orientação de comportamentos dos utilizadores de meios de transporte, fundamentados em critérios ambientais e de uso racional dos recursos disponíveis. Nos estudos sobre economia dos transportes encontramos diversas explicações e fórmulas para (re)equilibrar internamente a equação económica dos sistemas de serviços de transporte que importa pôr em prática[229]. É isso que se espera das autoridades reguladoras nesta fase pós-liberalização, e que tem vindo a ser implementado de forma visível apenas no contexto da regulação tarifária das infra-estruturas – tarifas portuárias, ferroviárias e aeroportuárias –, esquecendo que os serviços de transporte, quando o mercado não é eficiente, também reclamam a aplicação de instrumentos de regulação económico-financeira, seja na subvenção dos serviços de interesse geral rodoviário e ferroviário, seja na autorização de certos acordos de empresa e práticas concertadas no domínio do transporte aéreo – referimo-nos ao Regulamento (CE) n.º 487/2009, de 25 de Maio, que prevê a possibilidade de não aplicação de algumas regras do art. 101.º/1 do TFUE a certas categorias de acordos entre empresas, decisões

---

[228] O sistema de *Eurovinheta* foi instituído pela *Directiva 1999/62/CE,* de 17 de Junho, relativa à aplicação de imposições aos veículos pesados de mercadorias pela utilização de certas infra-estruturas (*redes transeuropeias*), na qual se procurava garantir uma homogeneização da tributação da actividade de transporte rodoviário de mercadorias, através da ponderação conjunta dos impostos sobre veículos, portagens e direitos de utilização, prevendo-se a possibilidade de em alguns casos a tributação ser agravada, desde que os Estados afectassem a receita à protecção do ambiente e ao desenvolvimento equilibrado das redes de transporte. Esta directiva foi entretanto actualizada pela *Directiva 2006/38/CE,* de 17 de Maio, que após a fase de harmonização da tributação pela utilização de infra-estruturas no mercado interno (objectivo concorrência) veio considerar que este sistema de tarifação do uso das infra-estruturas rodoviárias, já fortemente baseado no *princípio do utente pagador* deveria ser complementado com a aplicação do *princípio do poluidor pagador* através, por exemplo, da variação de portagens para ter em conta o desempenho ambiental dos veículos, a fim de encorajar os transportes sustentáveis na Comunidade. Esta Directiva foi já objecto de novas propostas de alteração – COM (2008) 436 – e esteve em revisão durante o ano de 2010, pensando-se que a mesma possa vir a incluir também a ponderação de elementos como as *emissões poluentes*, o *ruído* e os *congestionamentos*.

[229] Cf. Daniel Murta, *Quilómetros, Euros e pouca terra. Manual de Economia dos Transportes,* Imprensa da Universidade de Coimbra, 2010, e Anabela Figueiredo Marcos, *O financiamento dos transportes colectivos urbanos. A escolha da estrutura tarifária adequada*, Almedina, Coimbra, 2000.

de associações de empresas e práticas concertadas em matérias como a exploração conjunta de novos serviços ou a repartição de faixas horárias nos aeroportos, para referir alguns exemplo.

Por último, a regulação económico-financeira do transporte é também complementada através de fundos e programas de financiamento de políticas conexas, como acontece com os programas das *Redes Transeuropeias de Transportes (RTE – T)* cometidos à *Agência de Execução da Rede Transeuropeia de Transportes (TEN-T EA)*, entidade responsável por assegurar a execução e a gestão dos aspectos técnicos e financeiros dos mesmos[230], que embora estejam mais vocacionados para o financiamento das infra-estruturas incluem ainda as auto-estradas do mar e os sistemas de equipamento tecnológico como o Galileo.

Algumas questões ficam ainda por responder como a de saber se o transporte de mercadorias e o transporte de pessoas devem ou não ter evolução jurídica separada, remetendo o primeiro inteiramente para o mercado e reservando o regime jurídico das obrigações de serviço público exclusivamente para o segundo, ou ainda o de analisar se a regulação económica do transporte e das infra-estruturas deve ser conjunta ou separada, na medida em que embora exista um nexo funcional inevitável estamos perante realidades jurídico-económicas distintas e com dinâmicas diferentes, e, por último, a questão de saber se deveríamos ou não optar por uma regulação da intermodalidade que orientasse os comportamentos para um uso sustentável do transporte. Problemas tão complexos, quanto interessantes, aos quais acreditamos que apenas um aprofundamento do direito administrativo europeu, do direito económico europeu e até do direito administrativo internacional poderão vir a dar resposta.

---

[230] A *Agência de Execução da Rede Transeuropeia de Transportes (TEN-T EA)* é uma *agência executiva*, o que significa que foi criada com o propósito de executar um objectivo concreto, prevendo-se a sua extinção uma vez cumprida a sua missão. Esta agência foi criada em 2006 com um mandato que termina em 31 de Dezembro de 2015 e está encarregada da gestão de grandes projectos de infra-estruturas de transportes ao abrigo das perspectivas financeiras de 2000-2006 e 2007-2013. A agência trabalha em estreita colaboração com a Direcção-Geral da Mobilidade e dos Transportes (DG MOVE) da Comissão Europeia, entidade responsável pela política geral, bem como pela programação e avaliação do programa TEN-T.

REFERÊNCIAS BIBLIOGRÁFICAS EM MATÉRIA DE DIREITO DOS TRANSPORTES

BACELAR GOUVEIA (Coord.), *Estudos de Direito Aéreo,* Almedina, Coimbra, 2007

BASTOS, Nuno *Direito dos Transportes,* IDET, Cadernos n.º 2, Almedina, Coimbra, 2004

BOITANI, «Per una riorganizzazione competitiva del sistema dei trasporti» in Vincenti / Vigneri, *Le virtù della concorrenza. Regilazione e mercato nei servizi di pubblica utilità,* il Mulino, Bologna, 2006, pp. 185ss.

CANOSA, Armando, *Régimen administrativo del transporte terrestre,* Editorial Ábaco de Rodolfo Depalma, Buenos Aires, 2002

CARBONELL PORRAS / CANO CAMPOS, *Los transportes urbanos,* Iustel, Madrid, 2006

FERNÁNDEZ FARRERES, Germán (Coord.), *Transportes y competência,* Thomson-Civitas, Madrid, 2004

FIGUEIREDO MARCOS, Anabela, *O financiamento dos transportes colectivos urbanos. A escolha da estrutura tarifária adequada,* Almedina, Coimbra, 2000

MENDONÇA MENDES, A. / LUÍS ESQUÍVEL, J., «O sector dos transportes terrestres: uma realidade em mudança» in Paz Ferreira / Silva Morais / Anastácio, *Regulação em Portugal: novos tempos, novo modelo?,* Almedina, Coimbra, 2009, pp. 421-444

MOURA PORTUGAL, A. / INÊS TEIXEIRA, «Regulação da aviação civil» in Paz Ferreira / Silva Morais / Anastácio, *Regulação em Portugal: novos tempos, novo modelo?,* Almedina, Coimbra, 2009, pp. 445-505

RIVAS CASTILLO, *Régimen Jurídico de las Infraestructuras Ferroviárias,* IAAP, Sevilla, 2007

RODRÍGUEZ-CAMPOS GONZÁLEZ, Sónia, *La Liberalización del Transporte Aéreo: alcance e régimen jurídico,* Marcial Pons, Madrid, 2005.

RUIZ OJEDA (Dir.), *Derecho de la Regulación Económica V (transportes),* Iustel Madrid, 2010

SETUÁIN MENDÍA, *La Administración de infraestecturas en el derecho ferroviário español: el régimen jurídico del ADIF,* Iustel, Madrid, 2009

ÍNDICE GERAL

DIREITO DO DOMÍNIO PÚBLICO
Ana Raquel Gonçalves Moniz

1. Introdução 11
   1.1. O Direito do Domínio Público enquanto parcela do Direito Administrativo dos Bens 11
   1.2. O domínio público: a polissemia de uma expressão 14
   1.3. O estatuto da dominialidade 15
   1.4. Domínio público e domínio privado 17
2. O domínio público entre a Constituição, a lei e o regulamento 22
   2.1. A distinção entre domínio público material e domínio público formal ... 23
   2.2. A remissão para definição legislativa do regime do domínio público: reserva de lei e intervenções normativas em matéria de domínio público 32
3. Os bens do domínio público 39
   3.1. A identificação dos bens do domínio público: cláusula geral ou método enumerativo? 39
   3.2. Os bens classificados como dominiais 41
      3.2.1. Domínio público hídrico 41
         3.2.1.1. Domínio público marítimo 44
         3.2.1.2. Domínio público hidráulico 47
         3.2.1.3. Algumas singularidades 51
      3.2.2. Domínio público aéreo 55
      3.2.3. Domínio público radioeléctrico 61
      3.2.4. Domínio público geológico 66
      3.2.5. Domínio público infra-estrutural 71
         3.2.5.1. Domínio público rodoviário 73
         3.2.5.2. Domínio público portuário 81
         3.2.5.3. Domínio público ferroviário 84
         3.2.5.4. Domínio público aeroportuário 86
      3.2.6. Domínio público militar 89
      3.2.7. Domínio público cultural 90
      3.2.8. Cemitérios 103
4. Os sujeitos do domínio público 105
   4.1. Entidades públicas territoriais e titularidade do domínio público: a ratio de uma identificação 106
   4.2. Domínio público estadual, regional e autárquico 108
   4.3. Titularidade e gestão: os poderes exclusivos dos titulares do domínio público 111

4.4. A gestão do domínio público: o recurso à técnica concessória 114
5. Os regimes do domínio público: a dilucidação de um regime orientado pela nota da comercialidade pública 121
   5.1. A propriedade pública como regime regra. 124
   5.2. A incidência de poderes de domínio como regime especial. 131
   5.3. A extracomercialidade privada e a comercialidade pública 135
6. A aquisição, modificação e extinção do estatuto da dominialidade 137
   6.1. A aquisição do estatuto da dominialidade. 138
      6.1.1. Classificação legal 138
      6.1.2. Classificação administrativa 140
      6.1.3. Afectação. 140
   6.2. A modificação do estatuto da dominialidade 145
      6.2.1. Modificação sem transferência de domínio 145
      6.2.2. Modificação com transferência de domínio: as mutações dominiais 148
         6.2.2.1. Tipologia e formas. 149
         6.2.2.2. Limites 153
   6.3. A extinção do estatuto da dominialidade 154
      6.3.1. Desclassificação legal 155
      6.3.2. Desclassificação administrativa 155
      6.3.3. Desafectação 156
      6.3.4. Degradação 158
7. A utilização do domínio público 159
   7.1. A utilização pela Administração 160
      7.1.1. A utilização pelo titular; em especial, as reservas dominiais. 160
      7.1.2. A utilização por outros entes da Administração (remissão) 163
   7.2. A utilização pelos particulares 165
      7.2.1. Tipos de uso 165
   7.3. A concessão de uso privativo 172
      7.3.1. Noção e objecto da concessão 173
      7.3.2. Procedimento de escolha do concessionário 177
      7.3.3. Relação jurídica emergente da concessão 179
8. A garantia do domínio público. 190
   8.1. O dever de protecção dos bens do domínio público 191
   8.2. Os meios de garantia 192
      8.2.1. Garantia administrativa: a autotutela. 192
         8.2.1.1. O alcance da autotutela 193
         8.2.1.2. Em especial, a classificação e a delimitação. 196
      8.2.2. Garantia jurisdicional. 203
9. Reflexões finais: a «perspectiva do metro cúbico» e o domínio público como impulsionador das políticas públicas. 210

DIREITO DIPLOMÁTICO E CONSULAR
Margarida Salema d'Oliveira Martins

1. Introdução 213
   1.1. A diplomacia – origem etimológica 213
   1.2. A diplomacia como ciência e como arte 214
   1.3. A diplomacia, o direito internacional e a política externa na actualidade.. 216
   1.4. O Direito Diplomático 219
   1.5. O Direito Consular 221
   1.6. O Direito Diplomático e Consular como Direito Administrativo 222
2. A Organização dos Serviços Diplomáticos, em geral 224
3. A Organização dos Serviços Diplomáticos em Portugal 227
   3.1. O Ministério dos Negócios Estrangeiros 227
   3.2. Os Serviços Centrais 232
   3.3. Os Serviços Periféricos Externos 237
4. O Pessoal Diplomático 242
   4.1. Noção de funcionário diplomático 242
   4.2. Categorias 243
   4.3. Ingresso na carreira diplomática 244
   4.4. Progressão e promoção na carreira 245
   4.5. Classificação 246
   4.6. O Conselho Diplomático 247
5. Requisitos e Forma de Provimento dos Cargos Dirigentes; Promoção e Exoneração de Funcionários Diplomáticos e Cargos Dirigentes 248
6. Chefia de Missões Diplomáticas e Representações Permanentes 250
7. Mobilidade (colocações e transferências) 251
8. Direitos e Deveres dos Funcionários Diplomáticos 254
9. Os Postos Consulares e os Funcionários Consulares 260
   9.1. Posto Consular 260
   9.2. Funcionários consulares e categorias 260
10. A Reforma Consular em Portugal 261
11. A rede consular portuguesa 264
12. Os Titulares dos Postos Consulares e os Membros do Pessoal 265
13. A Acção Consular 268
14. A Protecção Diplomática e Consular na União Europeia 269
15. O Novo Serviço Diplomático Europeu 272
   15.1. O Alto Representante da União para os Negócios Estrangeiros e a Política de Segurança 272
   15.2. O Serviço Europeu de Acção Externa (SEAE) 273
Bibliografia 279
   - Em língua portuguesa 279
   - Em língua estrangeira 280
Jurisprudência do supremo tribunal administrativo 282

DIREITO ADMINISTRATIVO DAS TELECOMUNICAÇÕES
Nuno Peres Alves

Nota prévia 283
1. Noção 284
   1.1. Direito administrativo das telecomunicações como ramo especializado do direito administrativo da regulação 284
   1.2. Telecomunicações e comunicações electrónicas 290
   1.3. A separação da regulação da transmissão da regulação dos conteúdos .. 291
   1.4. Os serviços da sociedade da informação 292
2. Fontes 295
   2.1. Fontes europeias 295
   2.2. Fontes internas 304
   2.3. Princípios específicos do direito administrativo das telecomunicações ... 309
   2.4. Fontes internacionais (breve menção) 318
3. Antecedentes do quadro regulatório actual 320
   3.1. Etapas da evolução do modelo de regulação europeu 321
      3.1.1. A Directiva Serviços 321
      3.1.2. A Directiva Plena Liberalização 327
      3.1.3. A Directiva Oferta de Rede Aberta 331
      3.1.4. As directivas de harmonização de 1997 335
      3.1.5. O Regulamento n.º 2887/2000 (acesso desagregado ao lacete local) 345
   3.2. Etapas da evolução do regime legal português 347
      3.2.1. A "Lei de bases" de 1989, o serviço público e a rede básica de telecomunicações 347
      3.2.2. A organização da prestação do serviço público – a privatização e a concessão do serviço, em 1995 352
      3.2.3. A "Lei de bases" de 1997 355
   3.2.3.1. A plena liberalização do sector 356
   3.2.3.2. O regime de serviço universal 357
   3.2.3.3. O conceito e o estatuto da "rede básica" de telecomunicações 359
   3.2.3.4. A regulamentação da "Lei de bases" de 1997 362
      3.2.4. A modificação das bases da concessão, em 2003 369
      3.2.5. A protecção da privacidade no sector das telecomunicações (breve menção) 371
4. Quadro institucional 372
   4.1. O ICP – ANACOM 372
      4.1.1. Atribuições 373
      4.1.2. Cooperação com outros reguladores 375
      4.1.3. Uma autoridade administrativa 376
      4.1.4. Uma autoridade independente 377
      4.1.5. Poderes de fiscalização 380
      4.1.6. Contencioso de actos do ICP –ANACOM 382

4.2. A Comissão Europeia e o ORECE 383
   4.2.1. Os poderes da Comissão Europeia 383
   4.2.2. O ORECE 387
4.3. A ARCTEL-CPLP 389
5. Autorização geral 390
   5.1. A comunicação prévia e a declaração emitida pelo ICP – ANACOM ... 391
   5.2. A *obrigação geral* de dar acesso e interligação 392
   5.3. O dever de colaboração com o regulador e o direito à protecção do segredo comercial 393
   5.4. Direitos procedimentais, em especial o de requerer a resolução administrativa de litígios 395
6. Utilização do espectro radioeléctrico 396
7. Utilização de números 399
8. Instalação de redes 400
   8.1. Alojamento de redes de comunicações electrónicas no solo (Decreto-Lei n.º 123/2009, de 21 de Maio) 400
      8.1.1. Construção de infra-estruturas aptas ao alojamento das redes ... 401
      8.1.2. As ITUR e ITED 402
      8.1.3. O acesso às infra-estruturas aptas ao alojamento de redes: um regime dualista 404
      8.1.4. O Sistema de Informação Centralizado (SIG) 406
   8.2. Instalação de infra-estruturas de suporte das estações de radiocomunicações (Decreto-Lei n.º 11/2003, de 18 de Janeiro) 406
9. Análise de mercados e imposição de obrigações específicas 407
   9.1. Definição do mercado relevante 408
   9.2. Análise de mercado e declaração de Poder de Mercado Significativo (PMS) 410
   9.3. A configuração do procedimento de análise de mercado 411
   9.4. A tipicidade, a natureza e a fundamentação das obrigações específicas .. 412
   9.5. Autonomia dos actos de imposição de obrigações específicas 413
   9.6. A tramitação dos procedimentos de análise de mercado e de imposição de obrigações específicas 415
      9.6.1. Procedimento de notificação ao abrigo do artigo 7.º da Directiva Quadro 416
      9.6.2. Procedimento de notificação ao abrigo do artigo 7.ºA da Directiva Quadro 416
   9.7. As medidas urgentes (artigo 9.º da LCE) 417
10. Serviço universal e protecção dos direitos e interesses dos consumidores ... 418
   10.1. Noção e âmbito do serviço universal 418
   10.2. Designação dos prestadores do serviço universal 420
   10.3. Financiamento do custo líquido do serviço universal 421
   10.4. Medidas de protecção dos direitos e interesses dos consumidores 421
Bibliografia específica 423

DIREITO ADMINISTRATIVO DOS TRANSPORTES
Suzana Tavares da Silva

Introdução	425
1. A política dos transportes	427
1.1. A política europeia dos transportes	428
1.2. A estratégia nacional para o transporte	431
2. O quadro normativo dos subsectores dos transportes	433
2.1. O transporte terrestre rodoviário	433
2.1.1. O transporte terrestre rodoviário internacional	435
2.1.2. O transporte terrestre rodoviário de âmbito nacional	442
2.1.3. O transporte terrestre rodoviário de âmbito municipal, intermunicipal e metropolitano	451
2.1.4. O transporte em táxi	455
2.1.5. A regulação sectorial do transporte terrestre rodoviário	457
2.2. O transporte terrestre ferroviário	459
2.2.1. O transporte ferroviário no direito europeu	460
2.2.2. O transporte ferroviário de âmbito nacional e internacional no direito nacional	465
2.2.3. Alusão à alta-velocidade	475
2.2.4. O transporte ferroviário regional, urbano e suburbano	477
2.2.5. O transporte em metropolitano	479
2.2.6. A regulação do transporte ferroviário	482
2.3. O transporte marítimo	483
2.3.1. O impulso do transporte marítimo no plano europeu	484
2.3.2. A disciplina do transporte marítimo no plano nacional	494
2.3.3. Brevíssima referência ao transporte fluvial	500
2.3.4. A regulação do transporte marítimo	500
2.4. O transporte aéreo	502
2.4.1. A vocação internacional do transporte aéreo e a correspectiva regulação e auto-regulação internacional	503
2.4.2. A construção de um "céu único europeu" e de uma "zona comum de aviação transatlântica"	504
a) A liberalização do transporte aéreo intracomunitário	504
b) A construção do "céu único europeu"	512
c) Breve nota sobre a "zona comum de aviação transatlântica"	516
2.4.3. O transporte aéreo nos instrumentos normativos nacionais	517
2.4.4. A regulação do transporte aéreo	521
3. Novos aspectos administrativos e regulatório-financeiros do direito dos transportes	523
3.1. Aspectos de direito administrativo	524
3.2. Aspectos regulatório-financeiros	528
Referências Bibliográficas em matéria de direito dos transportes	538